Bay Pipo

Bir MİT Görevlisinin Sıradışı Yaşamı:
Hiram Abas

BAY PİPO
Bir MİT Görevlisinin Sıradışı Yaşamı: Hiram Abas

Yazan: Soner YALÇIN / Doğan YURDAKUL

1. baskı / aralık 1999
17. baskı / mayıs 2000 / ISBN 975-6770-28-7
Bu kitabın her baskısı 3 000 adet yapılmıştır.

Kapak tasarımı: Dipnot
Kapak fotoğrafı: Murat DEMİREL
Baskı: Altan Matbaacılık

Doğan Kitapçılık AŞ Hürriyet Medya Towers, 34544 Güneşli-İSTANBUL
Tel. (212) 677 06 20 - 677 07 39 Faks (212) 677 07 49

Bay Pipo

Bir MİT Görevlisinin Sıradışı Yaşamı: Hiram Abas

Soner Yalçın/Doğan Yurdakul

Nimet Arzık ve Gülçin
Telci'nin anısına...

Önsöz

Elinizde tuttuğunuz bu kitap, Türkiye'nin son elli yıllık tarihinin bir bölümünü deyim yerindeyse "büyüteç altına almaya" çalışmaktadır.

Reis[1] kitabında, devletin kullandığı bir tetikçinin yaşamöyküsünü anlatırken, bir yandan da ona ve onun gibilere ihtiyaç gösteren tarihsel ortamı ortaya koymaya çalışmıştık.

Şimdi de, aynı olayların başrollerinde yer almış bir istihbaratçının yaşamöyküsüyle bir adım daha ilerliyoruz ve biraz daha merkeze, perde arkasındaki kişilere ve olaylara ulaşmaya çalışıyoruz. Bu anlamda *Bay Pipo*'ya, *Reis*'in bir devamı veya ikinci bölümü de denebilir.

Ulusal Kurtuluş Savaşı'ndaki istihbarat çalışmaları, ülkeyi zapt etmek isteyen emperyalist düşmanlardan ve onlara teslim olmuş olan padişah çevresinden bilgi toplamak temelinde kurulmuştu. Millîydi ve genellikle dış istihbarata yönelikti. Bu sayede halkın hem saygısını hem de fiilî desteğini yanına almıştı.

Ama 1950'li yıllara yaklaşıldığında Türk istihbaratçılığı bu niteliklerinden uzaklaşmaya başladı.

Bir yandan "yabancı gizli servislerle işbirliği" adı altında ulusal kimliğinden uzaklaştı. Öte yandan tekpartili dönemin

1 Soner Yalçın/Doğan Yurdakul, *Reis, Gladio'nun Türk Tetikçisi,* Su Yayınları, 11. baskı, ekim 1999.

son yıllarından itibaren her iktidarın kendi "özel istihbarat örgütü" haline getirilmeye çalışıldı. Siyasî iktidarlar İstihbarat Teşkilatı'nı hem parti dışındaki hem de parti içindeki muhaliflerinden bilgi almak için kullanmaya çalıştılar. 1960'lı yıllardan sonraki iktidarlar ise bunlara bir de "Silahlı Kuvvetler içinden istihbarat" toplama görevini eklediler. Bütün bu nedenlerle Türk İstihbarat Teşkilatı, hem yasaları hem de kendi yasasını çiğneyerek, dışarıda paylaşım savaşlarına ve uluslararası tertiplere, içerideyse askerî darbelere, kendi vatandaşlarına karşı girişilen operasyonlara, işkencelere, fişlemelere karıştı. Saygı duyulan bir kurum olmak yerine "korku duyulan" bir teşkilat haline geldi.

Yaşamöyküsünü anlattığımız istihbaratçının karakteri bu ortama çok uygun düşüyordu.

Onu övenler de, yerenler de, "Maceracı, atak, çifte tabanca taşıyan, attığını vuran, sıcak çatışmaya girmekten kaçınmayan" bir kişiliği olduğunu anlatıyorlardı. Hatta ona "Türk James Bond'u" diyenler bile vardı.

Başka bir özelliği ise hiç elinden düşmeyen piposuydu. Belindeki veya koltukaltındaki tabanca dışında her zaman bir veya iki piposu olurdu cebinde. Hem evinde hem de işyerinde pipo koleksiyonu vardı. Kendisinin belki haberi yoktu ama, arkadaşları bu yüzden ona "Bay Pipo" diyorlardı. Lise çağlarında başladığı pipo merakı ölünceye kadar sürdü.

Öldürüldüğünde bile yanı başındaydı piposu.

Bir istihbarat elemanının bilgileri değerlendirip, tahlil yaparak sonuca varan "sıkıcı" çalışması yerine, her zaman "hareketli" olmayı yeğleyen bir kişiliği vardı. Bu yüzden her zaman kendi maceracı kişiliğine uygun bir istihbarat örgütünün başında olmayı arzulamıştı: "CIA gibi, Mossad gibi operasyonlar yapan, vurucu bir istihbarat örgütü!"

Bu amacına ulaşmak için örgüt içinde yükselmeye çalışırken, teşkilatı yasal çizgide tutmaya çalışan yönetimlere ters düştü. "İyi anlaştığı" yöneticilerle bir olup, amaçlarının çeliştiği kişilere karşı -çoğu zaman gizli- çatışmalara girdi. O çatışmalar açığa çıkınca da yakın tarihimizde iyi bilinen "skandallar" patlak verdi. Onun otuz yılı aşkın meslek yaşamını incelerken, istihbarat örgütünün yasadışı uygulamalarının tarihiyle tıpatıp örtüştüğünü gördük. Bu tür uygulamalardan hangisinin derinlerine dalmaya kalksak, orada onun da ayak izlerine rastladık. Neden bu istihbaratçının yaşamöyküsünü anlatmaya karar verdiğimiz sorusunun yanıtı da, ulaştığımız bu sonuçlarda yatmaktadır.

Reis'te yaptığımız çalışmaya bağlı kalarak, tümden gelim değil, tüme varım yöntemini kullandık. Yani "önceden doğru" kabul edilen bir düşünceden yola çıkarak olayları incelemek yerine, olayları ve aralarındaki bağlantıları inceleyerek bunlardan sonuçlar çıkarmaya çalıştık. Su götürmez bir gerçekliğe ulaştığımızı düşündüğümüz yerlerde bunları kesin bir dille açıklamaktan kaçınmadık. Sonuca varamadığımız, kanıtlardan emin olamadığımız durumlarda ise olguları ve iddiaları sıralayarak, yargıyı okuyucuya veya başka araştırmacılara bıraktık.

Bir gözlemimizi burada bir kez daha vurgulamak istiyoruz: "herkesin bir parçasını bildiği" olgular, bir sistem dahilinde bir araya getirildiği zaman gerçeğin tamamı daha iyi aydınlanmış oluyor.

Şimdi aynı şeyi bir kez daha yapıyoruz: çoğu mahkeme dosyalarında, resmî belge ve raporlarda, arşivlerde, gazete sayfalarında, TV programlarında görülmüş ve duyulmuş bir yığın olguyu, bir sistem içinde analiz yaparak, bir araya getirip okuyucuya yeniden sunuyoruz. Ortaya çıkan sonuca Türk istihbaratının "resmî olmayan tarihi" ya da "alternatif tarihi" de diyebilirsiniz. Adına ne derseniz deyin, yaptığımız çalışma, tarihin tozlu sayfalarında unutulmaya terk edilmiş gerçekleri araştırıp, bulup, kronolojik bir sistem içinde okuyucuya sunma çalışmasıdır.

Bu çalışma uzun bir dönemi kapsamaktadır. *Bay Pipo*'ya Soner Yalçın 1990 yılında başladı, 1997 yılından itibaren Doğan Yurdakul dahil oldu. Bu süreç içinde bizlere yardımcı olanlara teşekkür ederiz...

Soner Yalçın / Doğan Yurdakul
İstanbul, eylül 1999

Eski bir İngiliz geleneğiydi; soylu ailelerin erkek çocuklarına, delikanlılık çağına geldiklerinde bir kılıç ve bir pipo takımı hediye edilirdi.
Hediye edilen pipo takımı, soylu çocuk doğduğu gün bir uşağa verilir ve onun kullanması istenirdi. Amaç, yıllarca uşak tarafından kullanılan pipoların, ısırgan otu tadından kurtulup, zehiri özümseme yeteneğini geliştirmesiydi. Çocuk büyüyene kadar pipolar, sağlıklı bir içime hazırlanmış olurdu.
Pipo kullanma yaşına gelen asilzadenin delikanlı oğlu da böylece hiç emek harcamadan iyi bir pipo takımının sahibi olurdu...

26 eylül 1990.
Saat 06.00 suları...
Yatak odası güneş görmüyordu. Buna rağmen pervazları dökülmüş pencere, kalın kadife perdelerle sıkı sıkıya kapatılmıştı...

Yine erken uyanmıştı. Yıllardır hasretti uykuya. Ama çok istediği halde öyle doyasıya uyuyamıyordu. Boğazındaki eski kurşun yarası uyku sırasında nefes alıp vermesini zorlaştırıyor, uzun süre uyumasına izin vermiyordu...

Karanlığa rağmen, alışkanlıkla karyolanın başucundaki komodinin üzerinden, piposuna uzandı.

Birkaç yıldır âdet edinmişti; sabah uyanınca yataktan hemen kalkmıyor, boş piposu ağzında sırtüstü yatıp, iki elinin parmaklarını birbirine kenetliyor, gözlerini tavandaki bir noktaya kilitleyip, dakikalarca düşünüyordu...

Düşünceleri son günlerde sadece bir tek konuya odaklanmıştı: Körfez'de savaş çıkacak mı?..

Aklına yine Cumhurbaşkanı Turgut Özal'a gönderdiği son rapor takıldı...

Millî İstihbarat Teşkilatı'ndan ayrıldıktan sonra Turgut Özal'la ilişkisini kesmemişti. Onun istediği konular ve olaylar hakkında analizler yapıp, değerlendirme raporları yazarak Çankaya Köşkü'ne gönderiyordu...

Ama son gönderdiği raporun üzerinden 34 gün geçmişti. Köşk'ten henüz kimse arayıp teşekkür bile etmemişti. "Hadi Cumhurbaşkanı Özal'ın işleri bugünlerde oldukça yoğundu, ama en azından danışmanlarından biri arayabilirdi" diye söylendi kendi kendine. Zaten son bir haftadır Özal, Amerika'daydı. O nedenle fazla üzerinde durmadı.

Ayaklarını indirip yatağın kenarına oturdu. El yordamıyla özel nemlendirici porselen kutudan bir miktar tütün alıp, pipoya yerleştirdi. Pipo karıştırıcısını aramaya üşendi. Tütünü başparmağıyla bastırdı.

Yaktığı kibritin zayıf alevi, başucunda asılı duran tablonun eskimiş çerçevesini aydınlattı...

İki nefes çektiği pipoyu komodinin üzerine bıraktı.

Yataktan kalktı, pencereye gidip, kalın kadife perdeleri aralayarak dışarıya baktı. Kimseler görünmüyordu, sokağa sessizlik sinmişti.

İstanbul sıcak havaları geride bırakan bir güne hazırlanıyordu. İki gündür yağan yağmur, o gün yerini az da olsa güneşli bir havaya bırakmıştı. "Çıkarken pardösümü yanıma alsam mı?" diye düşündü.

Banyoya geçti.

Aynada kendini seyretti; saçlarını gençliğinde bile uzatmamış, sürekli kısa kestirmişti. Kırlaşmış bıyıkları ise hep seyrekti.

Orta boyluydu, ama 58 yaşına rağmen güçlü bir fizik yapısı vardı.

Evleri iki oda bir salondan ibaretti. Annesi Roksan Hanım'ın hediyesiydi. Evlendiklerinde, annesi aynı apartmanda kiralık bir daireye çıkıp, evini "rahat etsinler" diye oğlu ile gelinine bırakmıştı.

Şofbeni yaktı. Alelacele soyunup kendini sıcak suyun altına attı. Vücudunu sabunlarken, karın bölgesinin yağlandığını düşündü. "Yürüyüşleri ihmal ediyorum" diye mırıldandı kendi kendine. "Olsun" diye düşündü, "insanlar beni hâlâ iki yıl önceki fotoğraflarımla tanıyorlar." 1988'in haziranında üç gün süren röportajı çıkmıştı *Sabah* gazetesinde. Poz da vermemişti ama sportmen görünüşlü ve yakışıklı bulmuştu kendini o fotoğraflarda. Ne günlerdi!..

Eşi Gülsen ondan önce kalkmış, mutfakta kahvaltıyı hazırlamaya başlamıştı.

Çocukları Cengiz ve Cenan evlenip, çoluk çocuğa karışmışlardı.

Karıkoca baş başa kalmışlardı.

Ama oğlu Cengiz'i hemen her gün görüyordu, çünkü aynı şirkette çalışıyorlardı...

Üstünde bornozuyla geçti mutfağa. Kahvaltı yapmayı seven biri değildi. Çay içerken bir dilim ekmekle peynir yedi.

Yatak odasına döndü, piposunu alıp geri geldi. Yeniden yaktı. Çayını bitirdikten sonra masadan kalkıp salona geçti...

Koltukların hemen hepsi eskiydi. Gelen misafirler de evdeki eşyaların eski olmasını ilk görüşte yadırgıyorlardı. Sonra alışıyorlardı. Kimi bu mobilyaların eskiliğini, "Eski eşya seviyorlar" diye yorumluyor; kimi "ekonomik durumlarının elverişsizliğine" yoruyor; kimi de "kasten, haklarında dedikodu çıkmasın" diye değiştirmediklerini iddia ediyordu...

Duvarlarda asılı duran tablolar ise annesinin onlara bir armağanıydı ve çok değerliydi.

Raflarında kapağı açılmadan yepyeni kitapların durduğu kütüphaneye kaydı gözleri. Salonun bir köşesini kütüphane yaptırmıştı. Kitap okumaya değil, "biriktirmeye" karşı bir hevesi vardı. Belki de bu isteği entelektüel görünmek istemesinden kaynaklanıyordu. Ama polisiye ve casusluk türünde okumadığı kitap yok gibiydi. Dün gece uyuyabilmek için birini daha bitirmişti. "Cengiz'e söyleyeyim de, yeni çıkanlardan birkaç tane daha alsın bana" diye geçirdi kafasından.

Yıllarca annesini ağırlayan yayları çıkmış koltuğa şimdi sürekli kendisi oturuyordu. Alışkanlık olmuştu ve alışkanlıklarından kolay vazgeçen biri değildi.

Gazeteye şöyle bir göz attı. Birinci sayfa Körfez Krizi haberleriyle doluydu. Köşe yazarlarının bazıları "Körfez'de savaş çıkacak" yorumları yaparken, tam tersini öne sürenler de vardı.

ABD'nin Irak'a müdahale edeceğine inanıyordu.

Tıpkı Cumhurbaşkanı Özal gibi o da, Türkiye'nin de Amerika'nın yanında savaşa girmesinin ülke menfaatleri açısından iyi olacağını düşünüyordu.

Ortadoğu politikasını çok iyi bildiği kanısındaydı.

Konuklarına çeşitli dönemlerde gittiği Beyrut'u anlatmaktan ayrı bir zevk alırdı.

Şirkete gitmek için hazırlık yaptı.

"Patronu" Fevzi Gandur'u tanıdığında kanı ısınmıştı.

Yıllar önce Beyrut'ta tanışmışlardı...

İkisini bir araya getiren Beyrut'a ilişkin anıları değildi kuşkusuz...

İki yıldır birlikte çalışıyorlardı.

Fevzi Gandur müessesesi, deniz nakliyatçılığı yapıyordu. Oğlu Cengiz de aynı şirketteydi, "umumî vekil" sıfatıyla görev yapıyordu. Kendisinin görevi ise "danışmanlık"tı!..

Israrla reddetmesine rağmen şirketin ortağı olduğu iddiaları sürekli dile getiriliyordu...

Merak edilen başka bir soru ise, ne taşıdıklarıydı!

İstanbul'un yoğun sabah trafiğine yakalanmamak için işe biraz geç gidiyordu. Şirketin merkezi Taksim'deydi. Asya ile Avrupa'yı birbirine bağlayan Boğaz Köprüsü trafiği bıktırıcıydı.

Yatak odasına dönüp bornozunu çıkardı, iç çamaşırlarını giydi. Gardırobunu açtı. Temiz beyaz bir gömlek seçti, onu giyerken, dolaptan gelişigüzel bir kravat aldı. Aynaya bakmadan alışkanlıkla bağladı.

Koltukaltı kılıfını boynundan geçirip omzuna astı. Yeni aldığı Magnum 357 marka tabancasını kılıfına yerleştirdi. Suikast silahı olarak bilinen tabancasıyla gurur duyuyordu. Arkadaşlarına tabancasının özelliklerini anlatmaya bayılıyordu: "Domuz kurşunu atıyor, kurşun vücuda girdikten sonra ikinci bir patlama etkisi daha yapıyor..."

İsveç Başbakanı Olof Palme, Magnum 357'yle öldürülmüştü!..

Spor giyinmeyi seviyordu. Yatmadan önce iskemleye astığı koyu gri pantolonunu alıp giydi, kemerini bağladı. Açık gri ekose ceketini sırtına geçirdi. Koltukaltını ceket üstünden bir daha yokladı.

Eşiyle vedalaştı.

Ağzında piposuyla evden çıktı.

Meslekte geçen yılların getirdiği bir alışkanlığı daha vardı; evden çıkarken, siyah küçük gözleriyle dikkatlice etrafına bakar, ortalığı kolaçan ederdi.

Yine öyle yaptı. Sokakta kuşkulu bir durum görünmüyordu...

Kadıköy Çiftehavuzlar semtindeki Cemil Topuzlu Caddesi, 32 numaralı Yuvam Apartmanı'ndan çıktığında saatler 9.40'ı gösteriyordu.

34 HEZ 59 plakalı Şahin marka otomobilini her zaman apartmanın arka bahçesine park ederdi. Anahtarla kapıyı açıp direksiyonun başına oturdu. Piposunu dişlerinin arasına alıp kontağı çevirdi...

Aslında doğrudan Bağdat Caddesi'ne çıkabilirdi. Ama güvenlik gerekçesiyle gelip gittiği yolları sürekli olarak değiştiriyordu... O sabah Cemil Topuzlu Caddesi'ni Bağdat Caddesi'ne bağlayan Mahur Sokak'tan geçmeye karar verdi.

İki üç aydır huzursuzdu. Takip edildiğinden şüpheleniyordu. Eşine ve çocuklarına hiçbir şey söylememişti. Zaten "bu tür konuları" onlarla konuşmazdı.

Bir gün Ankara'ya gittiğinde yıllarca birlikte çalıştığı MİT'ten yakın bir arkadaşına konuyu açmış; "teşkilatın" kendini izlettirdiğini tahmin ettiğini söylemişti.

Arkadaşının isteğine uyup İstanbul'a geldiğinde, şüphelendiği iki otomobilin plakasını MİT İstanbul Bölge Daire Başkanlığı'na bildirmişti.

Durum araştırılmış ancak araç sahiplerinin şüphelenilecek kişiler olmadığına karar verilmişti!..

Son yıllarda MİT'te çalışanların, eski personelin bu tür isteklerini "paranoya belirtileri" olarak değerlendirmeleri, teşkilat içinde "moda" haline gelmişti.

Mahur Sokak'a saptı...

Bağdat Caddesi'ne çıkan tüm ara sokaklara, "otomobiller hız yapmasın" diye kasisler konulmuştu.

Bağdat Caddesi'ne 25-30 metre kala böyle bir tümseğe geldi. Vites küçültüp otomobilini yavaşlattı.

Ve ne olduysa o an oldu...

Otomobilin arka sol camına yaklaşan genç ve uzun boylu bir kişi, elindeki 7,65 çapındaki susturucu takılmış tabancasıyla dört el ateş etti.

Boynuna isabet eden ilk kurşunda ölümcül darbeyi almıştı.

Ne şaşırtıcı rastlantıydı ki, 19 yıl önce İstanbul'da girdiği silahlı çatışmada da ilk kurşunu yine boğazına yemiş, ancak ölmemişti.

İkinci kurşun çenesini parçalayıp çıkmıştı. Niyeti kesinlikle öldürmek olan saldırgan, olayın heyecanından son iki kurşunu isabet ettirememişti... Kurşunlar aracın sağ ön kapı ve sol arka kapı camlarını parçalamıştı...

Başı sağ omzuna düştü, tanınmamak için taktığı güneş gözlüğü hâlâ gözündeydi. Piposu ise sol bacağının yanına, koltuğun üzerine yuvarlanmıştı...

Yanından hiç ayırmadığı tabancasının emniyeti açıktı. Şarjöründe 9 mermi bulunan silahına dokunma fırsatı bile bulamamıştı.

Silahlara karşı inanılmaz bir ilgi duyardı. Çeşitli çapta silahları vardı. Onlarla poligonlara gidip atış talimleri yaptığında, sanki yaşamının en büyük mutluluğunu duyardı. Öyle durduğu yerden nişan alıp ateş etmeyi sevmezdi. Hareketli hedeflere ateş etmeyi severdi. Hedef hareketli olacak o da belindeki silahı çekip hedefi vuracaktı. Yakınları, açık arazide talim yaparken hızla kaçan kertenkelelere ateş ettiğini ve hiç ıska geçmediğini anlatırlardı. Bu hobisi onu Türkiye'nin en iyi silah kullanan birkaç kişisinden biri yapmıştı...

"Teşkilat"taki yakın arkadaşlarına hep 5-6 kişiyle girişeceği bir silahlı çatışma sonucu ölmek istediğini söylerdi. Yatakta ölmek onun kâbusuydu.

İstediği gibi olmuştu, ancak tabancasına davranamamış, gafil avlanmıştı...

Saldırganlar iki kişiydi. Genç olanı silah kullanmıştı. Diğeri 35-40 yaşlarında, kısa boylu ve saçları döküktü, elinde Bond tipi bir çanta vardı.

Silah seslerinin hemen ardından soğukkanlılıkla otomobile yaklaşıp içeri bakmıştı. Direksiyon başındaki kişinin öldüğünden emin olmak istiyordu.

İkinci kişi genç saldırgana başıyla "ölmüş" anlamında işaret ettikten sonra, ikisi iki ayrı yöne, biri caminin olduğu sokağa, öteki 18 Mart Sokağı'na doğru koşarak uzaklaştılar...

Ölmemişti...

İki saldırgan hızla olay yerinden uzaklaşırken, o elini otomobilin anahtarına götürüp kontağı kapattı.

Sürekli kan kaybediyordu.

Dakikalar geçiyor, ama kimse yardımına gelmiyordu.

Nefes almakta zorlanmaya başladı. Ağzının burnunun içi kanla dolmuştu.

Telsiz sesi duyar gibi oldu...

Bu onun yaşamla son buluşması oldu...

Artık nefes almıyordu...

Aracın içi kan gölüne dönmüştü.

Olay yerine gelen ilk polis ekibi, otomobildeki kişinin ünlü bir MİT mensubu olduğunu anlayamamıştı.

Telsizden olayı amirlerine anons ederken sürekli bir ayrıntı üzerinde duruyorlardı: "Maktulün üzerinde tabanca var."

Otomobilin plakasını hemen İstanbul Emniyet Müdürlüğü'ne bildirdiler.

Plakanın çok ünlü bir istihbaratçıya ait olduğu öğrenilince, İstanbul Emniyeti ile MİT Bölge Başkanlığı alarma geçti.

Olay yeri bir anda polis ve MİT elemanlarıyla doldu.

Yıllarca özel kalemliğini yapan Kemal Hacıbeyoğlu ilk şaşkınlığını üzerinden atmış, gözyaşlarını saklamaya çalışıyordu...

Başta bölge başkanı olmak üzere, İstanbul'daki üst düzey MİT personelinin hemen hepsi olay yerine gelmişlerdi.

Şaşkındılar. Çünkü aynı yıl içinde suikasta uğrayan bu ikinci MİT görevlisiydi.

Emekli olmadan önce MİT Ermeni Masası'nda çalışan Albay Rıfat Uğurlutan 24 ocakta öldürülmüştü...

Herkes birbirini arıyor, suikastı öğrenenler duymayanları haberdar ediyordu...

"Büroya daha yeni gelmiştim. Saat 10.30 sularındaydı. Çocuklar telefonu bağladı. Büyük bir gazetenin istihbarat şefi olan arkadaşım kötü haberi verdi. Şoke oldum, dondum kaldım. Ne yapacağımı bilemedim. Kısa bir sessizlikten sonra 'Öldü mü?' diye sordum. 'Maalesef' diye yanıt verdi.

Bir müddet öylece kaldım. Ne yapacağımı düşünüyordum. Aklıma ilk gelen evi, eşini aramak oldu. Alışverişe çıkmıştı, evde yoktu.

İstanbul'da oğlu Cengiz'i aradım. Cengiz, 'Merhaba Ağabey' deyince sesinden anladım, olaydan haberi yoktu. 'Babandan haberin var mı?' diye sordum. '15-20 dakikaya kadar gelir' dedi. Demek haberi yoktu. 'Cengiz kapının önünde babana ateş etmişler, sen hemen eve git, ben de geliyorum' dedim. 'Peki hemen gidiyorum' dedi başka bir şey de sormadı. İlk uçakla hemen İstanbul'a gittim." [1]

Suikastın üzerinden neredeyse bir saate yakın zaman geçmiş, ambulans ve adlî yetkililer hâlâ gelmemişti.

Olay yerine doluşan meraklı vatandaşlar sokağı miting

1 Soner Yalçın'ın, MİT görevlisi Mehmet Eymür'le 31 ekim 1990 tarihinde, Ankara'da yaptığı görüşmenin notlarından.

alanına çevirmişti. Herkes sanki sıraya girmiş gibi merakla otomobilin içine bakıyordu...

Ceset görünmesin diye otomobilin camları gazete kâğıdıyla kapatılmıştı.

MİT ve polis biraz da şaşkın bir halde, çevrede rasgele araştırma yapıyor, her kafadan bir ses çıkıyordu:

"MİT üç gün önce bölgedeki takip tarassut ekibini kaldırmış!"

"Evinin önünde bir haftadır ayakkabı boyacısı varmış, nasıl gözden kaçırmış!"

"Rahmetli takip edildiğini MİT'e bildirmiş, ilgilenmemişler!"

"Birkaç gün önce çocuklarına ve damadına, 'Eve gelip giderken dikkatli olun' diye uyarıda bulunmuş, herhalde bir bildiği vardı!"

"Koruma almayacak kadar cesurdu. Cepheden gelecek hiçbir saldırıdan korkmazdı. Aynı zamanda çok iyi bir atıcı olması, ona bu cesareti vermişti..."

Olay yerinden toplanan mermi, kovan ve çekirdekleri balistik incelemeleri yapılmak üzere Emniyet Müdürlüğü'ne götürüldü.

Çok az sayıda görgü tanığı vardı. İlk ifadelerini zaten korka korka veren bu tanıklara, polisler ve MİT elemanları -sanki suikastı onlar yapmış gibi- sert ses tonlarıyla sorular yöneltiyorlardı.

Tanıklara göre, suikastı üç kişi gerçekleştirmişti. Biri tetiği çekmiş, diğeri otomobilden bir iki metre uzakta beklemişti ve üçüncü kişi ise onlardan biraz daha uzak mesafede gözcülük yapmıştı.

Görgü tanıkları iki otomobile bindirilip MİT Bölge Başkanlığı'na götürüldü.

Bu arada ilk ifadelere bakılarak hemen suikastın nasıl işlendiğine dair yorumlar yapılmaya başlandı. Ortak fikir, saldırının son derece profesyonelce planlanmış olduğuydu. Eylemi yapanların sayısı konusunda tereddütler vardı. Bazılarına göre böyle profesyonel suikastlarda tek tetikçi olmazdı.

"Ne olur ne olmaz diye ikinci bir tetikçi de yedek tutulur"du. Öyle ki, birinci tetikçi, ikinci tetikçiyi tanımazdı bile. Birinci tetikçi görevini aksatır veya başına bir aksilik gelirse, ikinci tetikçi devreye girerdi. Tetikçiler birbirini tanımaz, iki tetikçiyi de sadece üçüncü kişi, yani gözlemci bilirdi...

Gazeteciler telsiz konuşmalarını dinleyip olay yerine gelmiş, sürekli fotoğraf çekip, tanıdıkları polis ve MİT görevlilerinden bilgi almaya çalışıyorlardı. Polis yetkilileri, basın mensuplarına bilgiler veriyorlardı. Tespit edilen bazı tanıkların ifadelerine dayanılarak, saldırganların robot resimleri çizilmeye çalışılıyordu. Bu arada İstanbul'da tüm güvenlik birimleri alarma geçmiş, operasyonlara başlamıştı.

Olay yerine gelen İstanbul Emniyet Müdürü Hamdi Ardalı oldukça sinirliydi. Otomobilin içindeki cesedin yanında, ilk demecini verdi: "Görgü tanıklarının ifadelerine göre, saldırganların eşkalinden daha önceki ölüm olaylarında bulunan kişiler olduklarını saptadık. Bu onların son işidir. Onların işini bitireceğiz. Katiller en kısa sürede yakalanacaktır."

Nihayet ambulans gelebildi, hemen ardından da savcı.

Kadıköy Cumhuriyet Savcısı Sedat Musullu olay yerinde yaptığı ilk belirlemede, cesette iki kurşun bulunduğunu, kurşunlardan birinin boynun sol yanından, diğerinin başın arka bölümünden girdiğini söyledi.

Oğlu Cengiz, ceset otomobilden çıkarılıp ambulansın sedyesine konulurken, olay yerine ulaşmıştı.

Soğukkanlılığını korumaya çalışıyordu.

Babasına son bir kez bakan Cengiz, bir an için sendeledi. Ancak yanındakilere belli etmemeye çalıştı.

Ambulans olaydan tam 1,5 saat sonra, cesedi Adlî Tıp morguna götürmek için, sirenlerini çalarak olay yerinden uzaklaştı.

Oğlu Cengiz gibi, kızı Cenan da soğukkanlılığını koruyordu.

Cenan olay yerine gelmemişti, işyerinden doğru annesinin bulunduğu Çiftehavuzlar'daki eve gitmişti.

Ancak Gülsen Hanım çocukları gibi değildi. Şok geçiriyordu. Annesini o durumda gören Cenan da direncini yitirdi. Anne ve kızın kriz geçirmesi üzerine eve doktor çağrıldı.

Kapılarının önünde bir ambulans bekletildi.

Bazı MİT görevlilerinin, gazetecilerin apartmanın önünden gitmeleri gerektiğini, pek de kibar olmayan bir tarzda söylemeleri ortamı daha da gerginleştirdi.

Ajanslar suikastı Türkiye ve dünyaya bildirmişlerdi.

ABD'de bulunan Cumhurbaşkanı Turgut Özal, Başbakan Yıldırım Akbulut, TBMM Başkanı Kaya Erdem, SHP lideri Erdal İnönü, DYP Genel Başkanı Süleyman Demirel ve MHP Genel Başkanı Alparslan Türkeş, suikastı kınadıklarını belirten demeçler verdiler.

Yaşamı boyunca işadamlarıyla arası hep iyi olmuştu.

Emin Cankurtaran, "Çok iyi tanırdım kendisini. Rahmetli çok iyi dostumdu. Onun haricinde hiçbir ticarî ilişkimiz olmamıştır" derken, Halit Narin, "MİT'ten ilk ayrıldığında Narin grubunda 1-1,5 yıl süreyle danışman olarak çalıştı. Çok yakın arkadaşım, dostumdu" şeklinde konuştu.

İçişleri Bakanı Abdülkadir Aksu, suikastı gerçekleştirenlerin iki kişi olduklarının tespit edildiğini söyledi. Bakan Aksu, Ankara Esenboğa Havaalanı'nda gazetecilerin sorularını yanıtlarken, "Görgü tanıklarına fotoğraflar ve robot resimlerin gösterilmesi sonucu teşhis edildiklerini de zannediyorum" dedi.

Aradan iki gün geçti...

İstanbul Adlî Tıp morgundan alınan Türk bayrağına sarılmış tabut, Selimiye Camii'ne getirildi.

Cami avlusuna gazetecilerin girmesi yasaklandı. MİT görevlileri fotoğraflarının çekilmesini istemiyorlardı.

Gelen bütün çelenkler elektronik araçlarla tek tek kontrolden geçirildi.

Cumhurbaşkanı Turgut Özal, Başbakan Yıldırım Akbulut, KKTC Cumhurbaşkanı Rauf Denktaş, SHP Genel Başkanı Erdal İnönü, DYP Genel Başkanı Süleyman Demirel çelenk gönderenler arasındaydı.

Cami avlusunda üst düzey MİT görevlileri ve bir dönem birlikte çalıştığı Süleyman Seba, Tunca Toskay, Mehmet Eymür, Korkut Eken gibi arkadaşları da vardı.

Genelkurmay Başkanlığı'nın cenazeye ne bir çelenk ne de temsili bir subay göndermemesi dikkat çekmişti.

Türk bayrağına sarılı tabut, yaklaşık 500 metre omuzlarda taşındıktan sonra cenaze arabasına konuldu ve aile kabristanında toprağa verilmek üzere Yakacık Mezarlığı'na götürüldü. Aile mezarlığına defnedilirken, orada bulunan herkesin kafasında aynı soru vardı:

"Bu suikastı kim, neden yaptı?"

Birinci bölüm

"Adı Hiram olsun"

İstanbullular, 1932 yılının sert geçen kış aylarını uzun süre hafızalarından silememişlerdi...

Kalın ve pahalı paltosuyla heyecan içinde içeri giren 62 yaşındaki Mübarek Galip Eldem, kızı Roksan'ı yanaklarından öpüp, titreyen elleriyle torununu kucağına aldı ve gür sesiyle, "Bunun adı Hiram olsun" dedi...

Hiram Abas'ın dedesi Mübarek Galip Eldem arkeologdu. Viyana İmparatorluk Gimnasionu'nda arkeoloji ve filoloji okumuş, arkeolojiye ait birçok eser yazmıştı. Moskova, Londra, Paris, Berlin, Viyana arkeoloji akademilerine fahrî üye olmuş, fahrî doktorluk unvanı kazanmıştı. Hars ve Müzeler Genel Müdürlüğü, Telif ve Tercüme Heyeti azalığında bulunmuştu. Yıllarca, müzeler genel müdürlüğü yapmıştı. Anadolu Millî Mücadelesi'ne iştirak eden Dede Mübarek Galip Eldem, çevresinde çok sevilen ve sayılan bir bilim adamıydı.

Dede Eldem'in diğer bir özelliği ise mason olmasıydı. Torununa "Hiram" adını koymasının nedeni buydu.

Hiram adı, masonluğun kurucusu olan duvarcı ustası Hiram Usta'dan geliyordu.

Küçük Hiram Abas'ın adını aldığı mason ustasının soyadıyla olan büyük benzerliği de dikkat çekiciydi: Hiram

Abiff![1] Mübarek Galip Eldem torunu Hiram'ı, alnından öpüp, iki eliyle havaya kaldırdıktan sonra kızı Roksan'ın kucağına verdi.

Roksan Hanım, İstanbul'un tanınmış ve köklü ailelerinden Eldemlerin kızıydı.

Eldem ailesi, Sadrazam Koca Hüsrev Paşa, Sadrazam Ethem Paşa ve Girit Valisi Müşir Şakir Paşa'ya dayanıyordu. Meşhur ressamlardan ve Türk müzeciliğinin kurucusu Osman Hamdi Bey, Mübarek Galip Eldem'in amcasıydı.

Roksan Hanım, Atatürk'ün Balo Tertip Heyetleri'nde yer alan, kültürlü bir İstanbul hanımefendisiydi. Atatürk'le dans ederken çekilmiş fotoğraflarını evinin en müstesna köşesinde, yıllarca kıymetli mücevherler gibi saklamıştı...

Uzun boyu, yakışıklılığı ve kibarlığıyla Roksan Hanım'ın gönlünü fetheden Abbas Hilmi, Yugoslavya'nın Üsküp ili, Palanka ilçesinde, 1910 yılında doğmuştu. Büyükbaba Süleyman Nadir (Abazoviç) geniş arazisi olan varlıklı bir kişiydi.

Birinci Dünya Savaşı ve arkasından gelen Millî Mücadele yıllarından sonra, artık Balkanlar'da yaşayamayacaklarını düşünen binlerce Türk ailesi gibi Abaslar da, Türkiye'ye göç etmişlerdi.[2]

Abbas Hilmi Abas 12 yaşındayken ailesiyle birlikte Türkiye'ye gelmiş ve tahsilinden sonra gemi kaptanı olmuştu...

Soyadı Kanunu çıktığında, "Abas" soyadını almışlardı...

22 yaşında "çiçeği burnunda bir baba" olan Hilmi Abas, her zamanki saygılı haliyle kayınpederinin kararına uydu ama, "Oğlumun göbek adını da ben koyayım" deyip, Hiram'ın önüne "Mustafa" adını eklemeden yapamadı.

1 Sözcük anlamı "duvarcı" olan masonluk, Kudüs'teki ünlü Hazreti Süleyman Tapınağı'nın mimarı Hiram Abiff Usta'dan gelir. Hiram Abiff, tapınağı yaparken yönetimi altında çalışan duvarcı işçilerinin oluşturduğu bir lonca kurdu ve böylece masonluk ortaya çıktı. Masonluğun bir kolu olan ve ABD'nin Chicago kentinde doğan Rotaryenliğin kurucularından birinin adı da "Hiram Shorey"di. Türkiye'de masonluk resmî olarak 1 ağustos 1909'da kuruldu ve ilk büyük üstadı Sadrazam Talat Paşa'ydı.

2 Türkiye tarihinde iki Abbas Hilmi Bey var. Biri; Mısır eski hıdivi Abbas Hilmi Paşa. Türk uyruğuna girmek için Cumhuriyet Halk Fırkası'na 900 000 TL bağışladı. Bu para, İş Bankası'nın kuruluş sermayesi oldu. Diğeri ise; İbrahim Paşa mahdumu Abbas Hilmi Bey, 17 ocak 1923 tarihinde İzmir İktisat Kongresi'ne, İstanbul Millî Türk Ticaret Birliği temsilcisi olarak katıldı. Ancak iki şahsın, Hiram Abas'la akrabalığı yoktu.

İstanbul'da, Osmanlı'dan beri her zaman entelektüel bir semt olan Kadıköy'de oturuyorlardı. Kadıköy etnik köken açısından mozaiği andıran bir semtti; Rum, Ermeni, Yahudi, Türk, her ırk ve mezhepten halk vardı...

Hiram Abas'ın çocukluğu Kadıköy, Moda'da geçti.

1938 yılı onun için önemli bir yıl oldu.

Hep öğütlerini dinlediği dedesi Mübarek Galip Eldem, vefat etti.

Dedesini kaybettiği yıl Türkiye, kurtarıcısı Mustafa Kemal Atatürk'ü son yolculuğuna uğurladı...

Ve Hiram Abas aynı yıl, Moda Sekizinci İlkokul'da öğrenim hayatına başladı.

Dedesinin boşluğunu, ilkokul öğretmeni Neriman Hanım doldurmuştu.

Bir de, boş arazilerde, kendi yaptıkları bez topla futbol oynamak...

Sessizdi, içekapanıktı.

Okulda notlar 5 üzerinden verilirdi. Ne başarılı ne de başarısızdı. Notları 3-4 arasında değişiyordu.

İlkokul yılları Türkiye için yokluk yıllarıydı, İkinci Dünya Savaşı başlamıştı.

Ekmeğin karneyle satıldığı yıllar...

Anne babaların soluklarını tutarak radyo haberlerini dinlediği yıllar...

Mahallelerine yeni insanlar taşınmaya başlamıştı. Bunlar Nazilerden kaçan Alman bilim adamları ve Yahudilerdi...

Saint-Joseph yılları

Fransızca o yıllarda en popüler lisandı. Genç Türkiye Cumhuriyeti'ne Osmanlı Tanzimatı'ndan miras kalmıştı Fransızca konuşmak...

Azınlıkların çoğu da Fransızca konuşurdu. O yılların Beyoğlusu'nda yürürken Türkçe'den çok Fransızca işitilirdi. Mağazaların, lokantaların, pastanelerin çoğunun adı Fransızca'ydı. Erkeklere "mösyö", kadınlara "madam" veya "matmazel" diye hitap edilirdi.

Fransızca eğitim yapan kolejler vardı: sadece erkek öğrencilerin alındığı Saint-Joseph, Galatasaray, Saint-Benoit ve sadece kız öğrencilerin kabul edildiği Notre Dame de Sion gibi...

Roksan Hanım tek çocuğunun Fransızca eğitim almasını istiyordu. Ailesinde hemen herkes Fransızca biliyordu. Minik bir kız çocuğuyken tanımıştı Fransız mürebbiyeleri. Paris'i görmeyen akrabası hiç yok gibiydi.

Papazların Fransızca eğitim verdiği Saint-Joseph Lisesi, oturdukları yere çok yakındı, okulun ana kapısı ile evlerinin arası 200 metreydi.

Ve Hiram Abas, iki yıl hazırlık, üç yıl ortaokul ve üç yıl lise olmak üzere, 8 yıllık bir öğrenim için Saint-Joseph'e kaydedildi...

Saint-Joseph erkek çocukların kabul edildiği, katı disiplinli bir okuldu. Ağır bir eğitim programı vardı. Fransa'dan gelen öğretmenler çoğunluktaydı. Bunlar genelde kendisini eğitime vermiş papazlardı.

Kıyafet zorunluluğu yoktu. Kravat takmak mecburi değildi. Mecburi olan tek aksesuvar, üstünde okulun amblemi bulunan kasketti. Kasketsiz okula giriş yasaktı.

Öğrenciler saat 8.05'te okulda olmak zorundaydı.

10 dakika "moral dersi" vardı; hangi davranışların yapılması, hangilerinin yapılmaması gerektiği konusunda sınıf öğretmenleri örneklerle ahlak bilgisi verirlerdi.

Saat 8.15'te ders başlardı.

Ve tüm öğrencilerin en çok sevdikleri zaman dilimi, 9.45'ten 10.10'a kadar süren teneffüstü.

Teneffüslerde öğrenciler spor yaparlardı. Hiram Abas, basketbol ve voleybol oynardı. Bir de top ve kalkanla oynanan bukle oyununu çok severdi...

Asıl sevdiği spor ise bokstu. Ancak teneffüste boks yapma olanağı yoktu. Zaten okul arkadaşlarının arasında boksu seven pek kimse de yoktu...

O da bu nedenle hafta sonlarını okul arkadaşları yerine, kendisi gibi boksu seven mahallesinin çocukları Abdi ve Erol'la geçiriyordu...

Teneffüsten sonra iki saat daha ders görüp, öğle paydosu yapılırdı. Herkes evine yemeğe giderdi.

Hiram Abas bu konuda çok şanslıydı. Evi okula en yakın olan öğrenciydi. Öğleden sonra da sabah yapılan ders saati programı aynen tekrar edilirdi.

Sınıflar 33'er kişilikti, sınıf mevcudu bazen birkaç eksik veya fazla olurdu.

Hiram Abas'ın bulunduğu sınıfın mevcudu 30'du.

Sınıflarında Ermeni, Yahudi, Rum, Türk çocukları bir aradaydı: Leon Romano, Arman Seri, Nedret Salungan, Niogos Altıparmak, Yaman Yamaner, Harutyun Kürkciyan, Vorj Vartaliti, Ferruh Yazıcı, Bülent Dikmen, Loris Diraduryan, Marsel Yafet, Vedat Saraçoğlu, Alfred Bağciyan, Metin Cantimur...

İlkokul arkadaşı Nafi Erinç'le Saint-Joseph'te de aynı sınıftaydılar...

Okulda öğrenciler arasında gruplaşma yoktu. Zaten o yıllarda kimin hangi ırktan, hangi dinden olduğu ne sorulur ne de öğrenmek için çaba sarf edilirdi. Merak bile edilmezdi...

Genelde öğrencilerin aileleri zengindi. Hiram Abas gibi memur aileden gelen öğrenci sayısı çok azdı.

Her hafta sonu karne verilirdi. Karne cumartesi öğleyin alınıp, veliye imzalatılıp, pazartesi geri götürülmek zorundaydı.

30 kişilik sınıfın en çalışkanı Erdem Aksoy, en tembeli ise Tahsin Biçer'di. 1772 not ortalamasıyla Hiram Abas, başarı sıralamasında 19'uncuydu.

Vasat bir öğrenci olması lise döneminde de değişmedi.

Lise birde; 32 kişilik sınıfta, 2352 not ortalamasıyla 22'nci sıradaydı.

Lise ikide; 28 kişilik sınıfta, 1577 not ortalamasıyla 24'üncü sıradaydı.

Son sınıfta öğrenciler Fen ya da Edebiyat bölümünü seçmek zorundaydılar.

Hiram Abas, Edebiyat Bölümü'nü seçti.

1951-1952 öğrenim yılında Saint-Joseph'ten mezun oldu.

Diplomasını, ikmale kaldığı için haziran dönemi yerine eylül ayında "orta" dereceyle aldı...

Saint-Joseph'in vazgeçilmez kuralıydı; her sömestrde öğrenciler takım elbiselerini giyip, öğretmenleriyle birlikte toplu fotoğraf çektirirlerdi...

Hiram Abas sadece son sınıftaki fotoğrafında kravat takmamıştı. En arkada dördüncü sırada bulunan Hiram Abas'ın bu fotoğrafı; MİT'e girdikten yıllar sonra, gazetelere yansıyan tek görüntüsü olacaktı...

Türkiye'nin dönüşüm yılları

Hiram Abas'ın buluğ çağından, delikanlılık yaşına geçtiği 1950'li yılların başında, 21 milyonluk Türkiye de kabuk değiştiriyordu...

14 mayıs 1950 tarihinde yapılan seçimleri Demokrat Parti kazanmıştı. Ulusal Kurtuluş Savaşı'nın kahramanı İsmet İnönü, cumhurbaşkanlığı koltuğunu Celal Bayar'a bırakıp, mecliste muhalefete düşen Cumhuriyet Halk Partisi sıralarının başına geçmişti. İnönü, kimi subayların kendisini ziyaret ederek, seçim sonuçlarına rağmen CHP'yi iktidarda tutma önerilerini reddetmişti...

Türkiye yeni bir döneme başlangıç yaparken, dünyada Soğuk Savaş rüzgârları esiyordu. Artık iki kutuplu bir dünya vardı. Birinin başını ABD, diğerini ise Sovyetler Birliği çekiyordu...

İkinci Dünya Savaşı'nın bitiminde, Batılı müttefikleriyle Sovyetler Birliği arasında başlayan "balayı" dönemi pek kısa sürmüştü. Doğu Avrupa'nın Sovyetler Birliği'nin nüfuzu altına girmesinden sonra, Batı Avrupa'da da komünist partilerin iktidara aday görünmeleri, ABD'nin tüm dikkatini Avrupa üzerinde yoğunlaştırmasına neden oldu.

Soğuk Savaş sadece Avrupa'da cereyan etmiyordu, Asya ve Afrika'ya da sıçramıştı.

Üçüncü Dünya ülkelerinde hızla gelişen özgürlük ve bağımsızlık akımları da ABD'yi endişelendiriyordu...

Komünizmin yayılmasını durdurmak için, stratejik öneme sahip ülkeleri ekonomik ve askerî yönden güçlendirip, komünistlere karşı örgütlemek işi ABD'ye düşmüştü.

Soğuk Savaş dönemine giren dünyanın en stratejik ülkelerinin başında ise Türkiye geliyordu...

5 nisan 1946'da Amerikan gemileri Missouri ve Providence İstanbul'u ziyaret etti. Dört gün sonra Türkiye, Amerika'dan 500 milyon dolar borç istedi. Amerika borç vermeyi kabul etti. Ancak bir koşulu vardı; parayı ödünç vermeden önce, Türkiye'ye bir heyet gönderecek ihtiyaçların ve yardımın nerede kullanılacağını kendisi belirleyecekti. Bu yardım ABD onayı olmaksızın başka amaçlarla kullanılamayacaktı. Koşullar kabul edildi...

1947 yılı Türk-Amerikan ilişkilerinin yoğunlaştığı bir yıl oldu. "Truman Doktrini"[3] çerçevesinde, Türkiye ve Yunanistan'ın Sovyetler Birliği tehdidi altında olduğu belirtilerek, bu iki ülkeye ekonomik ve askerî yardım yapılması kararlaştırılmıştı. Türkiye'ye yapılacak askerî yardımı görüşmek üzere bir Amerikan askerî heyeti 22 mayıs 1947'de Ankara'ya geldi. Cumhurbaşkanı İsmet İnönü, Amerika'ya teşekkür mesajı gönderdi. Türkiye, ekim 1947-eylül 1948 arasında ABD'den 73 milyon dolar askerî yardım aldı.

İkili ilişkiler sıklaşmıştı:

14 haziranda bu kez Amerikan iktisadî heyeti geldi. 8 ağustosta Türk askerî heyeti Amerika'ya gitti. 5 ekimde ilk kez bir Türk askerî heyeti, Genelkurmay Başkanı Orgeneral Salih Omurtak başkanlığında Amerika'ya gitti.

8 ekim 1948'de Türkiye ilk kez Dünya Bankası'na borçlandı: 50 milyon dolar aldı.

4 temmuz 1948'de Ankara'da yapılan anlaşmayla Amerika'nın "Marshall Planı"[4] yürürlüğe girdi. Türkiye 1948-1952 yılları arasında Marshall Planı çerçevesinde 351 700 000 dolar dış yardım aldı.

19 eylül 1949 tarihinde CHP Milletvekili Nihat Erim, -Celal Bayar'ın benzer sözünden on yıl önce- "Türkiye küçük bir

3 ABD Başkanı Harry Truman'a göre Ortadoğu'da düzenin sağlanması için Yunanistan ve Türkiye'nin ulusal bütünlüklerinin korunması, bu iki ülkenin Sovyet nüfuzundan korunması gerekiyordu. Truman'ın bu iki ülkeye yardım talebiyle 12 mart 1947'de Kongre'de yaptığı konuşmadaki görüşlerine "Truman Doktrini" adı verildi.

4 ABD Dışişleri Bakanı George Marshall tarafından ortaya atılan ve İkinci Dünya Savaşı'nda yıkıma uğramış Avrupa ülkelerine ekonomik yardım öngören program.

Amerika olacak" müjdesini verdi.

23 eylül 1949 tarihinde BBC; Irak, İran ve Türkiye'nin solculuğa karşı polis ve haberalma kuvvetleriyle tedbirler almak için, birlikte çalışmaya karar verdiklerini açıkladı.

10 şubat 1950'de Behice Boran, Niyazi Berkes, Pertev Naili Boratav ve bazı öğretim üyeleri solcu oldukları gerekçesiyle üniversiteden uzaklaştırıldılar.

Üniversitelerde solcu öğretim görevlileri takip ediliyordu. Komünizm "tehdidi" nedeniyle solcular tek tek fişlenmeye başlanmıştı...

İzmir Fuarı'nda Çekoslovakya standı, ülkesinin nasıl kalkındığını gösteren istatistiklerin yer aldığı panolar sergilendiği için kapatıldı. Bunlar birer komünist propagandası olarak görülmüştü!

Her taşın altında "komünist" arandığı bir döneme girmişti Türkiye...

CHP döneminde başlayan bu politika, Menderes Hükûmeti'yle yoğunlaşarak sürüyordu.

CHP hükûmeti ile DP iktidarı arasındaki tek fark, dış politikadaydı.

Menderes, Atatürk'ün "Yurtta sulh cihanda sulh" ve "Komşular arasındaki itilaflara katılmama" gibi prensiplerin vazgeçme eğilimindeydi. Dış politikada pasiflikten aktifliğe geçilmesi taraftarıydı.

Sonunda bunun fırsatını da yakaladı.

25 haziran 1950... Pazar günü şafak vakti Mareşal Çoe Yong Gun komutasındaki Kuzey Kore birlikleri Güney Kore'ye girdiler.

ABD Başkanı Truman, 27 haziranda Amerikan Hava ve Deniz kuvvetlerine Güney Kore'ye askerî yardım emri verdiğini ilan etti.

25 temmuz 1950'de de Türkiye Kore'ye Tuğgeneral Tahsin Yazıcı komutasında bir tugay asker gönderdi. Üç yıl süren savaş boyunca en ağır kayıplara uğrayan birliklerden biri olan Türk tugayında bine yakın asker ve subay öldü. Amaç Batı'nın gözüne girerek NATO'ya dahil olmaktı. Türkiye'nin bu jestinden memnun kalan ABD Başkanı Truman, Türkiye'ye yaptığı yardımı üç katına çıkardı!

Türkiye'de kamuoyu ikiye bölünmüştü.

Türkiye Millî Talebe Federasyonu, kararından dolayı hükûmete şükran sunuyordu. Kararını ateşli bir bildiriyle açıklayan bu teşkilatın başkanı, bugünün ünlü işadamı Can Kıraç'tı...

Buna karşılık başkanı Behice Boran olan Türk Barışseverler Cemiyeti gibi sol örgütler kararı şiddetle protesto ediyorlardı...

Sonuçta Türkiye arzuladığı ödülü aldı: NATO'ya kabul edildi. 19 eylül 1951 tarihinde Türkiye Büyük Millet Meclisi, NATO anlaşmasını onayladı ve Türkiye resmen NATO'ya dahil oldu. Mecliste NATO'ya girmeye karşı tek ses Adana Milletvekili Cezmi Türk'ten çıktı...

Boks günleri

Türkiye NATO'ya zor kabul edilmişti.

Ancak Hiram Abas'ın Galatasaray boks takımına girmesi kolay oldu.

Parmakkapı'daki Galatasaray boks takımının idmanına gittiğinde ortaokulun son sınıfındaydı.

Galatasaray o yılların en iyi boks takımına sahipti. Yıldızları ise, millî takımın da kaptanlığını yapan Vural İnan, yumruklarıyla meşhur Taci İçsel gibi o günlerin ünlü boksörleriydi...

Zeki bakışlı, bıyıkları yeni yeni terlemeye başlayan Hiram Abas'ı görenler biraz şaşırıyordu. Çünkü yüzü çocuksuydu.

O dönemde İstanbul'da boks çok yaygın bir spordu. İstanbul'da, Fenerbahçe, Paşabahçe, Kasımpaşa, Fatih, Beykoz, Elektrik Kulübü, Langa, Feriköy, Hasköy, Beşiktaş gibi kulüpler vardı...

Hiram Abas'ın bu kadar kulüp arasından Galatasaray'ı tercih etmesinin nedeni, yakın arkadaşı Metin Olgaç'ın Galatasaray Lisesi'nde okumasıydı...

Boks hakemi Hayrettin Erberk'in aracılığıyla Galatasaray'a gelmişlerdi.

Bir başka yakın arkadaşı da Sami Onaran'dı.

Üç genç boksör ayrılmaz bir üçlü gibiydiler.

Kısa zamanda Galatasaray'ın lisanslı sporcuları oldular...

Sırf fazla kilolarından kurtulmak için, peşlerine takılan bir genç daha vardı: Şükrü Elekdağ.[5]

Boks popüler bir spordu ama zengin ve iyi okullarda öğrenim gören çocuklardan çok, orta sınıftan gelen gençlerden rağbet görüyordu. Bu nedenle Hiram Abas ve arkadaşlarının eski takım elemanları tarafından aralarına kabul edilmeleri zor olmuştu. İlk günler idman maçları kıran kırana geçmişti. Antrenörleri izin verse, iki grup birbirlerini ringde öldüresiye dövmeye kalkışacaklardı.

Zamanla dostluklar kuruldu. Antremandan sonra Çicek Pasajı'na gidip bira içilmeye başlandı...

Genç Hiram o yıllarda başlamıştı pipo içmeye...

Moda semtinin gençleri arasında ve Saint-Joseph'te pipo içmek oldukça modaydı.[6]

Kendinden birkaç yaş küçük olmasına rağmen arkadaşı Metin Olgaç'ın da ağzından pipo eksik olmazdı...

Metin Olgaç'ı pipoya Hiram Abas başlatmıştı.

Pipo ile spor birbirine uygun değildi, ama Hiram Abas buna aldırmıyordu.

Antrenörü Fevzi Törk'ün, "Yumruklarınızı ring dışında kullanmayın" tavsiyeleri de bir kulağından girip, öteki kulağından çıkıyordu.

Aniden sinirlenen bir yapısı vardı. Kızdığı zaman gözü hiçbir şey görmüyordu. Kavga ettiği mahalledeki birçok arkadaşının gözünü patlatmıştı.

Bu yüzden bazı aileler çocuklarının Hiram Abas'la arkadaşlık yapmasına izin vermiyordu.

Onun ise "tecrit" edilmeye hiç aldırış ettiği yoktu...

67 kiloda dövüşüyordu.

"Fighter-type" denilen tekniği vardı. Yani yakın dövüşü

5 Kilo vermek için boksa başlayan Şükrü Elekdağ, bu sporda başarılar da kazandı: ağır sıklette İstanbul şampiyonu oldu. Dışişleri'ndeki ilk yıllarında Şükrü Elekdağ'a arkadaşları hep, "Boksör Şükrü" diye takılmışlardı. Yıllar geçip tecrübe sahibi olunca Şükrü Elekdağ'a, arkadaşları "Boksör" yerine, sözcüğün ilk hecesini atıp, "Sör" demeye başladılar...

6 Hiram Abas gibi Moda doğumlu olan Cano Aret Özgener de pipo içmeye Saint-Joseph'te başlamıştı. Eğitimini bitirdikten sonra gittiği ABD'de Türkiye'den götürdüğü lületaşı pipolar sayesinde ticarete başladı. Şimdi adının baş harflerini taşıyan ve dünyaca ünlü CAO purolarını üretiyor (*Hürriyet*, 27.6.1999).

seviyordu. Gongun vurmasıyla rakibine yumruklar atmaya başlıyor, rakip düşene kadar ritmini bozmuyordu. Öyle dans ederek, rakibi yorarak boks yapmayı sevmiyordu.

Rakipleri bu çocuk yüzlü boksörden öyle sert yumruklar çıkacağını tahmin edemiyor, gafil avlanıyorlardı. Sol ve sağ direkleri ok gibi peş peşe çıkarıyordu.

Boksun en önemli kuralını kapmıştı: çok hızlı düşünüp, hemen karar verip, hızlı hareket etmesi gerekiyordu!

Akıllı boksör aynı yere üç kez yumruk almazdı...

Ünlü sanatçı Muazzez Abacı'nın babası, o dönemin çok tanınmış boksörlerindendi: "Sarı Bomba" lakaplı, Oktay Altıok!

Beş santimden, yani kısa mesafeden çok sert çıkardığı yumruklarıyla tanınıyordu. Hiram Abas, "Sarı Bomba"ya hayrandı. Onun gibi bir boksör olmayı isterdi. Zaten fighter-type tekniğini de ondan kapmıştı...

Antrenman parası olarak ayda 15 lira alırlardı. O günlerde gazetenin on, simitin beş kuruş olduğu düşünülecek olursa hiç de fena bir para sayılmazdı. Hiram Abas harçlığını bokstan çıkarıyordu.

Başarılar da kazandı: 67 kiloda İstanbul şampiyonu oldu.

Ama çok istediği halde millî formayı giyemedi.

Giyememesi normaldi; onun kilosunda, dönemin en başarılı boksörü Ermeni Garbis Zakaryan vardı. Türkiye'yi, 67 kiloda Ermeni Zakaryan temsil ediyordu...

Bununla birlikte Hiram Abas da birkaç kez İstanbul karmasına seçilmişti...

Herkesi şaşırtmaktan çok hoşlanırdı.

Abdullah Tomba[7] adlı bir boksör vardı. Rakiplerini nakavt ederek yenmesiyle ün kazanmıştı.

Bir gün Hiram Abas'la karşılaştı. Millî boksör Abdullah Tomba, genç Hiram Abas'ı doğal olarak fazla önemsemedi.

7 Millî boksör Abdullah Tomba, 1977 genel seçimlerinde MSP İstanbul milletvekili olarak meclise girdi. 12 Eylül 1980 Askerî Darbesi'nden sonra gözaltına alınıp, Ankara İstihbarat Dil Okulu'nda başta genel başkanı Necmettin Erbakan olmak üzere, gözaltındaki partili arkadaşlarına sabah sporu yaptırdı.

Ancak Hiram Abas'ın ani bir yumruğunu yiyince kendini boylu boyunca ringe uzanmış buldu. Abdullah Tomba yerdeydi ve herkes şaşkındı. Bu durumda Abas'ın köşesine gitmesi, hakemin de Tomba'ya sayması gerekiyordu. Ancak Hiram Abas zafer sarhoşluğu içinde köşesine gitmeyi unutunca, hakem de saymaya geç başlıyor, o sırada Abdullah Tomba toparlanıyor, ayağa kalkıyor ve maç kaldığı yerden devam ediyordu.

Kurt boksör Abdullah Tomba işin ciddiyetini fark edince, Hiram Abas'tan öcünü fena alıyor ve onu da nakavt ediyordu. Bu maçta Hiram Abas'ın başına yıllarca unutamayacağı bir olay geliyordu: sağ elinin serçeparmağı kırılıyordu![8]

İmdadına masör Yorgo Tagar yetişmişti. Hiram Abas'a ilk müdahale ringde yapıldı.

O dönemde özel boks maçları da yapılırdı. Bu maçlar Kadıköy Altıyol'a ve caddelere bez pankartlar asılarak duyurulurdu: "Büyük boks maçı: Hiram-Aram arasında. Cumartesi kaçırmayın!"

Hiram Abas'ın cumartesi akşamları kaçırmadığı bir eğlencesi daha vardı: Opera sinemasında film izlemek.

Ve o günlerdeki herkes gibi Hiram Abas da Amerikan filmlerinin meraklısıydı...

Her yerde Amerikalı var

Amerikan hayat tarzı Türkiye'yi sarıp sarmalamaya başlamıştı...

"Türkçe tangolar" üstadı Celal İnce'nin bir şarkısı çoluk çocuğun dilinden düşmüyordu: "Amerika Amerika/Türkler dünya durdukça/Beraberdir seninle/Hürriyet savaşında..."

Sadece yaşam tarzı yenilenmiyordu Türkiye'nin, temel askerî politikaları da değişikliğe uğruyordu. *Amerikan Harp*

8 Hiram Abas'ın sağ el serçeparmağının bir kavga sırasında kırıldığı da öne sürüldü. Parmağı iddiaya göre, kuru temizlemede pantolonunu kötü ütüleyen kişiye ütü fırlatırken kırılmıştı. Yine medyada Hiram Abas'ın bir kavga sırasında düşüp, beyin sarsıntısı geçirdiği de yer aldı (*2000'e Doğru* dergisi, 23 ağustos 1987).

Doktrinleri kitabı sivil-asker bürokratlar arasında elden ele dolaşıyordu:

"Bizim güvenliğimizi sadece açık saldırılar tehdit etmiyor. Bu açık saldırılar yanında, ondan daha tehlikeli, fakat saldırı görünüşünde olmayan, başka cins tehditler de vardır. Bu tehditler, içeriden yapılmak istenen değiştirme ve dönüştürmelerdir. Bu maskeli saldırılar, bazen iç harp şeklinde, bazen ihtilalci hareketler şeklinde, bazen demokratik akımlar ve reform hareketleri biçimlerinde karşımıza çıkmaktadır. Bizim amacımız buna benzer akımları önlemek olmalıdır."[9]

Amerikalılara göre, dünya daha uzun yıllar süreceği anlaşılan yeni bir döneme girmişti. Bu yeni duruma uygun nitelikte yeni stratejiler geliştirmek gerekiyordu:

"ABD'nin hoşuna gitmeyen solcu veya solcu olmayan hükûmetleri devirmek için gerilla taktiği kullanılabilir. Bizim amacımız hoşa gitmeyen ve bizimle dost olmayan hükûmetlerin yerine, dost hükûmetleri geçirmek olmalıdır."[10]

Özel savaş konusunda uzman Amerikalı Franklin A. Lindsay, *Gayri Nizami Harp* adlı kitabında ne yapılacağını açık açık yazıyordu: "Kendi personelimizi ve yardımda bulunduğumuz memleketlerin personelini yetiştirmek için, bir eğitim sistemine ihtiyacımız vardır. NATO müttefiklerimizle müştereken komünist tecavüze maruz memleketlerde, Amerika'dakine benzer enstitüler ve özel harp daireleri kurulmalıdır."[11]

Ve Türkiye'de Özel Harp Dairesi, Seferberlik Tetkik Kurulu adıyla, 27 eylül 1952 tarihinde kuruldu.

Düşünceyi, finansmanı ve teçhizatı Amerikalılar verdi.

NATO'ya bağlı olan bu örgüt, sadece Türkiye'de değil, bütün Batı Avrupa ülkelerinde kurulmuştu. Hepsi birden Brüksel'deki NATO merkezinden idare ediliyordu.

"Gladio" denilen bu gizli örgütlerin her ülkede kendi özel kod adı vardı. Ama hepsinin amacı aynıydı: siyasî düşman komünistleri yok etmek!

9 Macit Fahri, *Amerikan Harp Doktrinleri,* Yön Yayınları, 1966, s. 297.
10 a.g.e., s. 305.
11 Franklin A. Lindsay, *Gayri Nizami Harp,* s. 12.

Gizli Özel Harp Dairesi sadece savaş durumunda değil, komünistlere karşı iç politikada da kullanılacaktı...

Amerikalılar, içerdeki komünistlere karşı Türkiye'yi koruyacak, "kontgerilla" yetiştirecekti...

İzmir Menteş'teki Özel Harp kampı bir iki yıl içinde yetersiz kalınca, Amerikalıların önerisiyle Eğridir Dağ ve Komando Okulu açıldı...

Örgütün ilişki ağı içinde sadece askerler yoktu. Sivil unsurları da vardı; faşist örgütler, mafya grupları gibi...

Amerikalılar sadece Özel Harpçi subayları değil, Türk Silahlı Kuvvetleri'nin tüm personelini eğitiminden geçiriyordu. Bu nedenle Anadolu'nun en ücra köşesindeki küçük birliklerde bile, Amerikan ordusunun bir subayı vardı!

Sınavdan geçirilerek seçilmiş Türk subayları Amerika'ya davet ediliyor, Özel Harp kurslarından geçiriliyordu.

İlk giden 16 subay arasında ileri tarihlerde kamuoyunun yakından tanıyacağı bir isim de vardı: Yüzbaşı Alparslan Türkeş! Kansas Eyaleti'ndeki Amerikan Kara Harp Akademisi'nde eğitim görüyorlardı. Yalnız değillerdi; orada, Bolivya, Şili, Brezilya ve Arjantin'den gelen subaylar da eğitilmekteydi. Kursun geri kalanını Georgia'daki Amerikan Piyade Okulu'nda görüp, ülkelerine dönüyorlardı.

Yüzbaşı Türkeş, yurda döner dönmez gerilla eğitimi vermeye başladı: "Amerika'daki staj dönemim bittikten sonra Türkiye'ye döndüm, Gelibolu'daki birliğime intikal ettim. Kısa bir süre sonra Çankırı Gerilla Okulu'na 'gerilla öğretmeni' olarak tayinim çıktı."[12]

Amerikalılar sadece "yerden mantar biter" gibi ülkenin her yanına kurdukları askerî üslerde değillerdi. Neredeyse "her taşın altında" Amerikalı vardı...

Cumhuriyet gazetesi Washington kaynaklarına dayanarak verdiği haberde; Türkiye'de 320'si Dışişleri Bakanlığı'nda, 144'ü güvenlik teşkilatlarında ve 42'si de Ticaret Bakanlığı'nda olmak üzere 507 Amerikalının çalıştığını belirtiyordu. Amerikalılar, Türk Silahlı Kuvvetleri bünyesinde kaç

12 Hulusi Turgut, Türkeş'in anıları, *Şahinlerin Dansı,* ABC Yayınları, 1995, s. 80.

Amerikalının çalıştığını ise sır gibi saklıyorlardı![13]

Sır gibi saklanan Amerikalılar, Türk Silahlı Kuvvetleri'nin yapısını değiştiriyordu.

Ordu, Prusya ekolünü terk ediyordu!

O yıllara kadar Türk Silahlı Kuvvetleri'nde Alman tarzı eğitim, öğretim ve talimleri yapılırdı ve Ordu'ya Alman disiplini hâkimdi.

Şimdi Amerikan ekolü hâkim olmaya başlamıştı...

Örneğin Alman ekolünde askerler tüfekleri sağ omuzda, süngülü taşırken, o yıldan sonra Amerikan ekolünün etkisiyle, tüfekler sol omuzda taşınmaya başlandı. Alman ekolünde tüfeğin dipçiği yere değmezken, Amerikan ekolünde dipçiğin yere değmesi şarttı. Alman ekolünde bir manga 14 kişiden oluşuyordu. Amerikan ekolünde ise bu sayı 11 kişiye düştü.

Alman ekolünde her emir yazılıydı, Amerikan ekolünde ise sözlü.

Yasalar bile değişmeye başlamıştı; Astsubay Kanunu'yla gedikli erbaşlar, astsubay yapılmıştı...

O sıralarda liseyi yeni bitirmiş olan Hiram Abas da, kendi yaşamında değişiklik arayışı içindeydi...

Hiram Abas Paris'te

Hiram Abas, Saint-Joseph'ten mezun olduktan sonra öğrenimini yurtdışında sürdürmek istedi ve Paris'e gitti. Anne ve babası tek evlatlarının gurbet ele gitmesine epey karşı çıkmışlardı, ama Hiram Abas onları dinlememişti.

Kafasındaki plana göre özel boks maçlarından kazandığı parayla Paris'te okuyacak ve üniversite bitirecekti.

İstanbul'dan bindiği tren, üç gün iki gece sonra onu Paris'in Gare de Lyon İstasyonu'na indirdi.

İlk günler kendisine annesinin kuzenleri yardımcı oldu. Ancak akrabaları lüks içinde yaşıyordu, onlara uyum sağlamakta zorlandı. Yanlarından ayrıldı.

Arkadaşlarıyla kalmaya başladı. Para sıkıntısı çekiyordu.

13 *Cumhuriyet,* 16 aralık 1952.

İstanbul'dan gelen para yetmiyordu. Profesyonel maçlar ayarlayıp ringe çıkmak da kolay iş değildi...

Savaşın ve Nazi işgalinin yaralarını yeni yeni sarmakta olan Paris, genç Hiram Abas'ın gittiği günlerde Fransa'nın Vietnam'da sürdürdüğü sömürge savaşını protesto gösterileriyle çalkalanıyordu. Ayrıca Paris sokakları, ABD'deki McCarthy'ci komünist avcılığının sonucu olarak karıkoca Rosenberglerin casusluk suçlamasıyla idama mahkûm edilmelerine karşı gösterilerle de sarsılıyordu. Hiram Abas'ın adlarını lise sıralarında öğrendiği aydınlar, bu gösterilerin başını çekiyordu: Sartre, Camus, Aragon, Picasso...

"Türküm" dediği Fransızlar ona hemen Nâzım Hikmet'i soruyorlardı. Türkiye'de yasak olan Nâzım'ın şiirleri, onun gidişinden bir yıl önce Fransızca olarak yayımlanmıştı. Ünlü şairlerin dizelerinden şarkılar besteleyen Yves Montand, sahnede Nâzım'ın şiirlerini de okuyordu, hatta "Kerem Gibi" şiirine plak yapmıştı.

"Vatan haini, komünist" diye bildiği şairin yurtdışında bu kadar sevilmesini içine sindirememişti. Üstelik orada Türkiye'yi sanki solcular temsil ediyordu: Abidin Dino, Pertev Naili Boratav, Niyazi Berkes, Fikret Mualla...

Şöyle ağız tadıyla Türk yemeği yenecek bir yer yoktu. Saint-Michel Meydanı'nın arka sokaklarında Yunanlılar domuz etinden "suvlaki" (döner kebap) yapıyorlardı, ama o da ağza konacak gibi değildi. Bir tek Ermeni bir karıkocanın işlettiği Sophie'nin Yeri'nde ucuza karın doyurulabiliyordu. Üstelik orada kuru fasulye ve pilav bulmak da mümkündü. Ama Saint-Michel Bulvarı'na çıkan ara sokaklardan Rue du Sommerard'daki bu ufacık dükkânı da solcu öğrenciler dolduruyordu. Bu öğrencilerin çoğu da aynı sokaktaki Grand Hotel de la Loire gibi ucuz otellerde kalırlardı.[14] Zaten "Herifçioğlu Saint-Michel'de koyuvermiş sakalı" sözünün de bu öğrencilerden (ilerisinin Türk dışiş-

14 Paris'in güneyindeki Cité Universitaire çok büyük bir alanı kaplar ve burada hemen hemen her ülkenin bir öğrenci yurdu vardır. Bunlara "İtalyan Evi", "Tunus Evi" vs denir. Ama bunların arasında bir "Türk Evi" yani, Türk öğrenci yurdu yoktur. Site yapılırken Türk hükûmetine de bir arsa teklif edilmiş, ancak zamanın başbakanı İnönü, "Öğrencileri bir araya toplarsak hepsi komünist olur" düşüncesiyle bu öneriyi kabul etmemiştir.

leri bakanı) Turan Güneş için söylendiği rivayet edilirdi.

Hiram Abas, Paris'te kendini nefret ettiği komünistler tarafından kuşatılmış gibi hissediyordu.

Oysa Hiram Abas ağzında piposu, cebinde üç beş frankla Paris sokaklarını arşınlarken, bilmiyordu ki, ileride meslektaşı olacağı Türk istihbaratçıların cebi o günlerde Amerikan doları görmeye başlamıştı...

Amerika, Türk istihbaratına da "el atmıştı!"

MAH'ı Almanlar kurdu

Ulusal Kurtuluş Savaşı'ndan zaferle çıkan Türkiye, güçlü bir istihbarat örgütü kurmak için, Almanya'dan Albay Walter Nikolai'ı Türkiye'ye davet etmişti.

Alman istihbaratçı Nikolai, Türkiye için hazırladığı eğitim planlarıyla birlikte, 1926 yılının ekim ayında gizlice Türkiye'ye geldi. İstanbul ve Ankara'da bir dizi eğitim çalışması yapan Alman istihbaratçı, bazı Türk meslektaşlarını da Almanya'ya kursa gönderdi.

Gerek Türkiye'de kalıp eğitim alanlar, gerekse Almanya'ya gidenler istihbarat konusunda hiçbir şey bilmiyor değillerdi kuşkusuz. Üç esaslı miras devralmışlardı:

II. Abdülhamid'in hafiye (gizli polis) politikası, 1908'den sonraki İttihat ve Terakki ve onun gizli örgütü Teşkilatı Mahsusa ve son olarak, Ulusal Kurtuluş Savaşı'nda işgalcilere karşı yapılan istihbarat çalışmaları...

Bu istihbarat çalışmalarını yapanların başında gelenlerden Fethi Okyar, Hiram Abas'ın büyük eniştesiydi. Anneannesinin kız kardeşiyle evliydi...

Almanya'dan dönenler ilk istihbarat çalışmalarına Ankara Ulus'taki Evkaf Apartmanı ile yanındaki iki binada başladılar.

MAH (Millî Amele Hizmeti) veya MEH (Millî Emniyet Hizmeti) 6 ocak 1927 tarihinde kuruldu.

İstihbarat işleri 1927'nin hemen başında Ordu Müfettişlikleri'nden de alınarak, yeni kurulan Millî Emniyet Hizmetleri Teşkilatı'na (MAH) verildi. Konuyla ilgili olarak Genelkurmay Başkanı Fevzi Çakmak'ın 6 ocak 1927 tarihli emri şöyleydi: "Umumî merkezi Ankara'da ve şubeleri şimdilik İstanbul, İzmir, Adana, Diyarbakır ve Kars'ta olmak üzere bir Millî Emniyet Hizmeti teşkil edilmiştir. Şimdiye kadar Ordu Müfettişlikleri'nce tedvir edilen istihbarat hizmeti badema bu teşkilat tarafından idare olunacaktır."

Başlangıçta MAH'ta; A. Espiyonaj, B. Kontrespiyonaj, C. Propaganda ve D. Teknik ve Destek Faaliyetleri şubeleri vardı.[15] Bir başkan, 13 yönetici personel ve dört şube şeklinde örgütlenen MAH'ın örgüt şeması, başkan ve altındaki şubelerden oluşmaktaydı.

Önceleri "Alman (Prusya) ekolüne" göre kurulan ve istihbarat yapan MAH, 1950'li yılların başında değişime uğrayarak, "Amerikan ekolünü" aldı.

MAH özellikle 1953 yılından sonra CIA'nın yerel bir birimi gibi çalışmaya başladı. Türkiye'nin dış istihbaratını CIA'ya bırakan MAH, tamamen iç politikaya ağırlık vermek zorunda kaldı.

Peki, bu değişiklik nasıl gerçekleştirildi?

MAH'ın 12 yıl aralıksız başkanlığını yapan Tümgeneral Naci Perkel,[16] 1953 yılında sürpriz bir kararla Bağdat büyükelçiliğine tayin edildi.

Naci Perkel'in yerine MAH'ta görevli Albay Behçet Türkmen getirildi.

Behçet Türkmen 1899'da Mustafapaşa'da doğdu. Atina ataşemiliterliği, NATO Güneydoğu KKK yardımcılığı yaptı. 1951'de MAH emrinde görevlendirildi. 1953'te Millî Emniyet Hizmetleri reisliğine atandı.

Albay Behçet Türkmen, göreve başlar başlamaz, aralarında Genelkurmay istihbaratında görevli Kurmay Yarbay Fu-

15 Bu şubelerden C şubesi 1927 yılının ilk altı ayı sonunda kapatıldı. 1956 yılında K şubesi kurularak komünizmle mücadele sorumluluğu B şubesinden alındı. 1962'de G şubesi kurulmak suretiyle "bölücü ve yıkıcı faaliyetler ve güvenlik konuları" bu şubenin görevi oldu.

16 Naci Perkel 1889'da İstanbul'da doğdu. Harp Okulu'ndan mezun oldu. Balkan Harbi'ne katıldı. Esir düştü. 1915'te Irak Cephesi'nde yaralandı. Aynı yıl İngilizlere esir düştü ve 5 yıl Hindistan'da esir kaldı. 1929'da binbaşı rütbesinde MAH emrine tayin oldu. 1934'te reis muavini oldu ve sivil kadroya geçti. İlk MAH reisi olan Tümgeneral Şükrü Ali Ögel'in 1941'de emekli olmasından sonra Millî Emniyet reisliğine getirildi. 1953'te Bağdat büyükelçiliğine tayin edilmesi üzerine MAH'tan ayrıldı. 1954'te yaş haddinden emekli oldu. 1969'da öldü.

at Doğu'nun da bulunduğu altı kişilik çekirdek kadroyu eğitim görmek üzere Amerika'ya gönderdi.

CIA'nın istihbarat kurslarından geçen altı kişilik ekip, yurda döndüklerinde, CIA elemanlarıyla birlikte MAH bünyesinde İstanbul Emirgân'da bir okul kurdular. "Başöğretmen" Kurmay Yarbay Fuat Doğu'ydu.

Türk istihbaratçılar, bu okulda tıpkı CIA elemanları gibi "operasyonel ajan" olmak üzere yetiştirilmeye başlandı. Hiçbir maddî fedakârlıktan kaçınılmıyordu.

O günlerde MAH Başkanı Behçet Türkmen, "Dünya servislerini dolaşmaya gidiyorum" diyerek sık sık yurtdışına çıkıyordu. Öyle ki, bu gezilerin süresi bazen altı ayı bile buluyordu. Başkan Türkmen, o döneme göre hayli iyi harcırah alıyordu...

Behçet Türkmen dünyayı turlarken, Hiram Abas, Paris sokaklarında volta atıyordu.

Yeni mekân Ankara

Hiram Abas'ın Paris sokaklarında dolaşması uzun süreli olmadı.

Beklediği macerayı bulamamıştı. Boks maçlarından da istediği parayı kazanamamıştı. Paris'in ona göre tek güzelliği, genç Fransız kızlarıydı!

Paris macerası bir yıl sürmüş, parasız kalınca soluğu İstanbul'da almıştı. Bu kez ailesinin isteğini yerine getirecekti. Bürokrat olmak için Ankara'ya gidip Siyasal Bilgiler Fakültesi'nde (SBF) okuyacaktı...

İlk kez gördüğü Ankara, Paris'ten sonra ona, küçük bir taşra kasabası gibi geldi...

Yine de başkenti sevimli buldu. Paris'ten millî duyguları kabarmış olarak dönmüş, kendini beğenmiş Fransızları sevmemişti.

Hiram Abas'ın Ankara'ya adım attığı günlerde, Türk Dışişleri, Fransızları memnun edecek bir tavır aldı.

4 ekim 1953 tarihinde, Türk-Fransız görüşmeleri sonucunda yayınlanan bildiride, Türk hükûmeti; Kuzey Afrika,

Tunus, Cezayir ve Fas'taki milliyetçilik hareketlerini bastırmayı amaçlayan Fransız politikasını desteklediğini açıkladı...

Türkiye'nin Fransızları desteklemesinde, görüşmelerden önce Ankara'ya gelen ABD Dışişleri Bakanı John Foster Dulles'ın rolü büyüktü.

O yıllarda müttefikler için Amerikalı kardeş Dulles'ların sözleri birer emirdi sanki. Soğuk Savaş'ı başlatan Amerikan diplomasisini ağabey John Foster yönetirken, kardeşi Allen Welsh Dulles da CIA'nın başına getirilmişti ve 1961'e kadar 8 yıl orada kalacaktı. Şiddetli antikomünist olan her iki kardeş de hukukçuydu ve bir yandan ABD'nin politikalarını yönetirken bir yandan da Rockefeller'ın petrol şirketlerinin avukatlığını yapıyorlardı.

Dünyadaki antikomünist cephenin bir numaralı finansörü Rockefeller Vakfı'ydı.

Üniversite günleri

Ağzından piposunu eksik etmeyen; saçlarını kısacık kestirmiş, daima meşin kısa siyah ceket içine, V yakalı kazak giyen; yumurta topuklu ayakkabılardan vazgeçmeyen orta boylu Hiram Abas, Siyasal Bilgiler Fakültesi'nde herkesin dikkatini çekiyordu.

SBF'de çeşitli öğrenci grupları vardı; Hiram Abas, İstanbullular grubu içindeydi. En havalı gruptular. Anadolu'dan gelen öğrencileri "taşralı" bulup konuşmuyorlardı bile.

İstanbullular arasında da bölünmeler vardı; Hiram Abas daha çok Kel Aydemir, Pablo Selim, Kompas Güngör, Sahtekâr Şükrü, Harlem Erol, Canlı Turgut, İhtiyar Çetin Birmek, Boksör Sami gibi arkadaşlarıyla birlikte olurdu.

O zamanlar Siyasal'da kız öğrenci çok azdı, Hiram Abas'ın sınıfında hemen hemen hiç kız yoktu. Daha küçük sınıflardaki kızlar da genellikle İstanbul'daki Notre Dame de Sion rahibe okulundan veya Arnavutköy Kız Koleji'nden geliyorlardı. Batı kültürüyle eğitim gördükleri ve yabancı dil bildiklerinden hariciyeci olmak için SBF'yi tercih etmişlerdi: Betin, Birsen, Filiz, Sevil, Samuray, Günay ve Dışişleri Bakanı Fatin Rüştü Zorlu'nun kızı Sevin...

Hiram Abas ve arkadaşları yeni keşfettikleri Büyük Sinema'nın üstündeki Madamın Yeri'nde, pipoları eşliğinde café glacé içmeyi seviyorlardı...

Para harcamaktan hoşlanıyordu, arkadaşlarına karşı cömertti.

Birçokları kantinde yerken, Hiram Abas, o günlere göre pahalı sayılabilecek Cebeci'deki Şölen Lokantası'nda yemek yiyordu.

Çoğu arkadaşı yurtta kalırken o ev yaşantısını seçmişti.

Siyasal Bilgiler Fakültesi'nin yakınındaki dairesi, sekiz katlı bir apartmanın iki odalı çatı katıydı. Üniversite hayatı boyunca bu çatı katını hiç değiştirmedi. Bu bekâr evinde çoğu zaman yalnız kalırdı. Ancak arkadaşlarıyla paylaştığı da olurdu. Basketçi Yılmaz (Gündüz) ve Sahtekâr Şükrü (Esirci) Hiram Abas'ın evini sık sık kullanan iki yakın arkadaşıydı. Kızlı erkekli partiler için de kullanılırdı evi. Hiram Abas'ın bu işler için dayısının Gölbaşı sinemasının yanındaki evini kullandığı da olurdu.

Hiram Abas'ın müzik kulağı ve sesi kötüydü, şarkıları çok kötü söylüyordu. Sınıf arkadaşı İhtiyar Çetin (Birmek) ise klasik müzik meraklısıydı ve sesi de iyiydi. Arkadaşları muziplik olsun diye, sık sık aralarında şarkı yarışması yaparlardı. Jüri ise her seferinde aynıydı: Kel Aydemir, Tavuk Kaya, Piç Kaya, Kompas Güngör, Piç Bülent, Canlı Turgut, Harrov Kemal...

Arkadaşları sırf İhtiyar Çetin'i kızdırmak için, her seferinde kötü sesli Hiram Abas'ı birinci seçiyordu! İhtiyar Çetin ise her yarışma sonrası arkadaşlarına ateş püskürüyordu...

Siyasal'da herkesin bir lakabı vardı. Arkadaşları Hiram Abas'a önceleri "Davul" diyorlardı. Çok palavra atanlara böyle denirdi!..

Ancak kısa zaman sonra "Davul" lakabının yerini "Boksör Hiram" aldı...

Herkesle şakalaşmayı seven Hiram Abas, çocuksu yüz ifadesiyle arkadaşlarına sevimli ve yumuşak bir insan olarak geliyordu. Hatta sınıf arkadaşlarından Mehmet Ali Kışlalı'nın ona bazen "Lokum" diye hitap ettiği bile oluyordu.

Ama herkes biliyordu ki bu sevimli adam, sinirlendiğinde bambaşka bir insan haline geliyor, kendisine hâkim olamıyor ve gözü hiçbir şey görmüyordu. Üstelik sinirlendiğinde ses tonu bile değişiyor, cırtlak çıkan sesiyle ürkütücü bir kişiliğe bürünüyordu.

Hırçındı ve sık sık kavga ediyordu. Yumruklarını ring dışında kullanmaya devam ediyordu. Özellikle Mülkiye-Harbiye arasındaki basketbol maçlarında.

O zamanlar Ankara'daki basketbol müsabakalarında en kıyasıya rekabet, başkentin en güçlü iki takımı olan Mülkiye (SBF) ile Harbiye (Kara Harp Okulu) maçlarında yaşanırdı.

Ankara Ondokuzmayıs Stadı'nın yanındaki spor salonu inşaat halindeydi.[17] Henüz büyük bir spor salonu bulunmadığından maçlar Mülkiye'nin küçük salonunda yapılırdı. Seyirci kapasitesi sınırlı olan salonun üst kısmındaki seyirciler, maçı balkon kenarlarından sarkarak izlerlerken, saha kenarına kadar uzatılmış sıralarda oturan seyircilerden, salonun bir yanını dolduran üniformalı Harbiyeliler ile karşı tarafta sivil giysileriyle yer alan Mülkiyeliler birbirlerinden kolayca ayırt edilirdi. Maç öncesi bir tarafın "Yaşa varol Harbiye", karşı tarafın "Ey vatan gözyaşların dinsin" diye kendi marşlarını avaz avaz söylemeleriyle başlayan gerginlik maç boyunca sürerdi. Harbiyeliler, Mülkiyelileri kızdırmak için "Kel Orhan" (Mülkiye kaptanı Orhan Girgin'in saçları seyrek olduğundan) diye tempolu tezahüratta bulunurken, Mülkiyeliler de onlara "Karga Yalım" (Harbiye kaptanı Mehmet Ali Yalım kemerli burunlu olduğundan) şeklinde karşılık verirlerdi.

Bu maçların sonunda bazen büyük kavgalar çıktığı da oluyordu. Salon dışına da taşarak sokaklarda devam eden bu kavgaların başrolünde de her zaman Boksör Hiram olurdu.

"Basket maçı kavgalarının" en büyüğünü Boksör Sami (Onaran) kitabın yazarlarına anlattı:

"Harbiye-Mülkiye basket maçlarından birinde kavga çıkınca hakem maçı tatil edip salonu boşalttırdı. Polis girişi tutmuştu, Harbiyelileri uzaklaştırana kadar içerdekileri dı-

17 Bu salon bittikten bir yıl sonra çöktü. Bereket versin o sırada içinde müsabaka yapılmıyordu, can kaybı olmadı. Daha sonra aynı yere bugün kullanımda olan salon yapıldı.

şarı bırakmadı. Bu arada salonun penceresinden arka bahçede Harbiyelilerin bizden tek kalan bir kişiyi aralarına alıp dövdüklerini gördük. Dövülen Altay Gökakın'dı, çelişkiye bakın ki babası 2. Ordu Komutanı Gökakın Paşa'ydı. Ben, Hiram, vücutçu birkaç kişi, mesela (Hava Kuvvetleri komutanı) İrfan Tansel'in oğlu Mete Tansel pencereden atlayıp kavgaya girdik. Çok uzun süre dövüştük, başıma gelen bir taşla bayılmışım. (Sağ kaşının üzerindeki eski bir yara izini göstererek) İzi hâlâ duruyor. Hiram'ın başına da taş gelmiş. O kadar çok dövüşmüşüz ki birkaç gün ağrıdan yumruklarımı sıkamadım. O gün kavga ettiğimiz Harbiyelilerden askerî ataşe olmuş biriyle ileriki yıllarda meslek hayatında karşılaştık, çok seviştik."[18]

Vali olmak istiyordu!..

O dönemlerde üniversiteli gençler kollarının altına kitap alarak dolaşırlardı. Okumak veya okuduğunu arkadaşlarına hissettirmek önemliydi.

Ancak Hiram Abas'ın hiç öyle kaygıları yoktu.

Okumayı sevmiyordu...

Gençler o yıllarda siyasetle çok yakından ilgili değillerdi. Bazıları "İnönü"cü, bazıları ise "Menderes"çiydi, hepsi o kadar...

Faşizm, komünizm gibi siyasal terminolojiler yoktu henüz dillerinde.

Ancak Hiram Abas, arkadaşlarıyla bir araya geldiğinde, "antikomünist" olduğunu sık sık vurguluyordu: "Dünyada tek başıma kalsam da, yine de komünistlerle şavaşırım!"

Ve bir gün okulda bir dedikodu yayıldı: "Boksör Hiram'ın tabancası var!"

Duyanlar kulaklarına inanamadılar. Çünkü, "çiçek çocuklarının" yeni yeni dünya sahnesine çıkmaya başladığı günlerdi o günler; dünya gençliğinin sevgi ve kardeşlikten

18 Bu kitabın yazarlarından Doğan Yurdakul o yıllarda henüz ortaokul öğrencisiydi, ama küçük bir basketçi olarak bu maçları kaçırmazdı. Bir maçtan sonra salonda çıkan kavgayı balkondan izlerken, bir Mülkiyelinin üstüne gelen Harbiyelileri yumruklarıyla yere düşürdüğünü görmüş ve bunun kim olduğunu sorunca çevresindekilerden, "O meşhur Boksör Hiram" yanıtını almıştı. Doğan Yurdakul, Hiram Abas'ın adını ilk kez orada duymuştu.

bahsedip, savaşa karşı çıktığı o dönemde, Hiram Abas'ın tabancasının olması arkadaşlarını çok şaşırtmıştı!

Hiram Abas'ın nefret ettiği komünistler o günlerde, Sansaryan'da işkenceli sorgulamalardan geçirilip, sanık sandalyelerine oturtulmuşlardı. Aralarında Şefik Hüsnü, Zeki Baştımar gibi isimlerin bulunduğu 167 solcunun yargılandığı dava, 15 ekim 1953'te başlamıştı.

Davanın biri bitmeden diğeri açılıyor, ancak komünistler yılmak nedir bilmiyorlardı. Onca işkenceden geçen Hikmet Kıvılcımlı ve 12 arkadaşı Vatan Partisi'ni kurmak için İstanbul Valiliği'ne başvuruyorlardı...

Hiram Abas vali olmak istiyordu!

Siyasal Bilgiler öğrencileri üçüncü sınıfta bölüm tercihi yapmaları gerekiyordu.

Üç bölüm vardı: idarî, malî ve siyasî şubeler.

Maliyeci olmak isteyenler malî şubeyi seçiyorlardı. İdarî şubeden mezun olanlar kaymakam, emniyet müdürü, vali oluyordu. Hariciyeci yetiştiren siyasî şubeye girmek isteyenlerin ise yabancı dil sınavından geçmeleri gerekiyordu.

Hiram Abas, yabancı dil bildiği halde bu sınava girmedi. Vali olmak için idarî şubeyi seçti...

6-7 Eylül Olayları

Selanik Üniversitesi Hukuk Fakültesi'nde okuyan, Batı Trakya Türklerinden 21 yaşındaki Oktay Engin ise, bombayı attığı 5 eylül 1955 tarihinde, bir gün Nevşehir valisi olacağını bilmiyordu...

25 temmuz 1955.

Yunanistan, Birleşmiş Milletler'den Kıbrıs konusunu gündeme almasını isteyerek adadaki sorunu uluslararası platforma taşıdı...

29 ağustosta Kıbrıs sorununu görüşmek üzere Londra Konferansı düzenlendi. Türkiye'yi, Dışişleri Bakanı Fatin Rüştü Zorlu, Millî Savunma Bakanı Ethem Menderes ve 3 general ile diplomatlardan oluşan bir heyet temsil ediyordu.

Anlaşma sağlanamadı.

Bir hafta sonra; 5 eylül 1955'te Atatürk'ün Selanik'teki evine bomba atıldı! Bomba olayı, DP Milletvekili Mithat Perin'in *Ekspres* gazetesinde özel bir baskıyla manşet yapılarak kamuoyuna duyuruldu: "Atamızın evine bomba!"[19]

Ardından infial geldi!

Bomba Atatürk'ün evine değil de, İstanbul'un 500 yıllık çokkültürlü yapısına atılmıştı sanki.

Yeni oluşmaya başlayan varoşlardan akın akın şehre inen Türkler; binlerce yıldır birlikte yaşadıkları Rum, Ermeni, Yahudi vatandaşlara ait ev ve işyerlerini birkaç saat içinde yakıp yıktılar, yağma ettiler: Lebon, Markiz, Lion pastaneleri, Banco di Roma. Beyoğlu, Arnavutköy, Bebek, Beşiktaş, İstinye, Yeniköy semtlerini dolaşan öfke Adalar'a kadar ulaşmıştı...

Göstericiler, "Kıbrıs Türktür, Türk kalacaktır, Rumlar ittir it kalacaktır" diye slogan atıyorlardı sürekli.

6 ve 7 Eylül günlerinde süren olayların bilançosu korkunçtu: 3 kişinin öldürüldüğü, 30 kişinin yaralandığı saldırılarda, 73 kilise, 1 fabrika, 8 ayazma, 2 manastır, 3 584'ü Rum vatandaşlara ait olmak üzere 5 538 gayrimenkul tahrip edilip yakılmıştı.[20]

Hükûmet hemen teşhisini koydu: bu olay olsa olsa komünist kışkırtması olabilirdi!

Zaten Başbakan Adnan Menderes de 12 Eylül günü meclis kürsüsünde, komünistlerin tertibinden söz etmişti.

Ve polis, Sıkıyönetim Komutanı Nurettin Aknoz'un emriyle harekete geçti, "komünist tertibi" bahanesiyle önde gelen solcu aydınları tutukladı.

19 "Haberi" yapan Mithat Perin'in kişiliği çok ilginçti. 27 Mayıs 1960'tan sonra, 1962 yılı sonlarında MAH Başkanı Fuat Doğu'ya Kayseri Cezaevi'nden bir mektup geldi. Gönderen Mithat Perin'di. Perin, önce geçmiş yıllarda "servise" (MAH'a) verdiği çeşitli hizmetleri, "25 seneyi bulan gazetecilik hayatımda açık veya gizli hiçbir faaliyetten geri durmadığımı herkesten evvel servisin bildiği kanaatindeyim..." gibi sözlerle uzun uzun anlattıktan sonra baklayı ağzından çıkarıyordu. Hapisten çıkınca gazeteciliğe devam edecekti. Yapacağı yayınlarla komünizme ve Kürtçülüğe karşı cephe oluşturacaktı. Bunun için sahibi olduğu Havadis Matbaası'yla (Güneş Matbaacılık AŞ) İstanbul *Ekspres* gazetesine malî yardım, resmî ilan ve kredi kolaylığı rica ediyordu ! O yıllarda Millî Emniyet Hukuk ve Basın Müşaviri Askerî Yargıç Doğan Tanyer bu mektubu dokuz yıl sonra, *Devrim* dergisinin 19 ocak 1971 tarihli sayısında yayımladı.

20 Halen ANAP milletvekili olan Yılmaz Karakoyunlu da *Güz Sancısı* adlı romanının son bölümlerinde 6-7 Eylül Olayları'na geniş yer vermektedir.

Devamını "Dinozor" Mina Urgan'dan okuyalım: "Elli komünistin hemen tutuklanması emredildi. Birinci Şube'deki komünist dosyalarının bir kısmı gelişigüzel raflardan indirilip masaların üstüne yığıldı. Artık piyango kime çıkarsa. Bunların arasında ölenler ya da yıllardır İstanbul'a ayak basmayanlar vardı. Bu yüzden ancak kırk dört kişi tutuklandı. Aralarında anımsadığım kadarıyla Aziz Nesin, Nihat Sargın, Profesör Boratav'ın kardeşleri Dr. Müeyyet ile Dr. Can, Kemal Tahir, Tornacı Emin, İlhan Berktay, Hasan İzzettin Dinamo, Dede Ahmet, Dr. Hulusi (Dosdoğru) ve daha başkaları vardı. Bunlar aylarca Harbiye'de hapis kaldılar. Polis de bu adamların 6-7 Eylül Olayları'yla yakından uzaktan hiçbir ilgisi olmadığını o kadar iyi biliyordu ki, değil mahkemeye vermek, çoğu alelusul sorguya bile çekilmemişti..."[21]

Neden solcuların gözaltına alındığı birkaç yıl sonra ortaya çıktı: o tarihte CIA Başkanı Allen Dulles İstanbul'daydı.

CIA Başkanı Dulles, olaylara bakarak MAH Başkanı Behçet Türkmen'e, "olaylarda gördüğü tahribat şekillerinin tamamıyla komünist taktiği usulüne uygun olduğunu" ifade etmişti.[22]

Yunanistan'da yürütülen soruşturma ve mahkeme kararı gerçeği ortaya çıkardı:

Selanik Konsolosluğu'nda görevli Hasan Uçar ile Batı Trakya Türklerinden üniversite öğrencisi Oktay Engin bombalamıştı Atatürk'ün evini!

Peki, İstanbul'un 52 farklı yerinde aynı anda başlayan olayları kim tertiplemişti? Azınlıklara ait ev ve işyerlerinin listesini günler önce kim hazırlamıştı?

Türk Silahlı Kuvvetleri'nde "orgeneral" rütbesine kadar yükselip Millî Güvenlik Kurulu genel sekreterliği görevinde bulunan, o günlerin genç subayı Sabri Yirmibeşoğlu, Özel Harp Birimi'nde, Seferberlik Tetkik Kurulu'nda görevliydi.

Yıllar sonra orgeneral rütbesinden emekli olduğunda, 6-7

21 Mina Urgan, *Bir Dinozorun Anıları,* Yapı Kredi Yayınları, 1998, s. 281.

22 *Tarih ve Toplum* dergisi, sayı 33, s. 147.

Eylül Olayları'nın perde arkasını Gazeteci Fatih Güllapoğlu'na açıkladı:

"– Sonra 6-7 Eylül Olayları'nı ele alırsak,

– Pardon Paşam, pek anlayamadım. 6-7 Eylül Olayları mı?

– Tabiî... 6-7 Eylül de bir Özel Harp işidir ve muhteşem bir örgütlenmeydi. Amacına da ulaştı. (Paşa bunları söylerken benden de soğuk terler boşandı.) Sorarım size! Bu muhteşem bir örgütlenme değil miydi?

– E, evet Paşam!"[23]

6-7 Eylül tertipçileri bir bir açığa çıkmıştı zamanla...

Kızgın toplulukları kışkırtarak infial yaratan Kıbrıs Türktür Cemiyeti, Menderes Hükûmeti'nin güdümündeydi. Hatta cemiyetin genel sekreteri Kâmil Önal, MAH mensubuydu. Cemiyet öylesine bir koruma altındaydı ki, olaylardan sonra haklarında delil toplamak isteyen bir istihbarat elemanı tutuklanmıştı! Emniyet müfettişlerinden Cemal Sancak Yassıada'da verdiği ifadede, Kıbrıs Türktür Cemiyeti'ne ait bir belgeyi almak için Sıkıyönetim'e başvuran MAH memuru Haydar Tansuğ'un komünist diye tutuklandığını söylemişti! Yassıada'da görülen 6-7 Eylül Olayları Davası'nın 19 ekim 1960 tarihli duruşmasının ikinci celsesinde, sanıklara altında MAH Başkanı Behçet Türkmen'in imzasının bulunduğu ve olayların tertip olduğunu doğrulayan bir Millî Emniyet raporu okundu. Rapora karşı ne diyeceği sorulan Adnan Menderes şunları söyledi: "Millî Emniyet raporlarına fazla önem vermemek lazımdır. Bu raporu tanzim eden Millî Emniyet müfettişi, 7 Eylül'e kadar hiçbir şeyden haberdar değildir. Fakat hadiseler olup bittikten sonra 7 Eylül'de sağdan soldan derlediği haberlerle böyle bir rapor yazıyor."[24]

Yassıada Mahkemeleri'nde olaylardan bu cemiyetin veya komünistlerin değil, DP yöneticileri ve teşkilatlarının sorumlu oldukları sonucuna varıldı. Celal Bayar ile Adnan Menderes ve hükûmetinin üst düzey yöneticileriyle ilgili dava, Ana-

23 Fatih Güllapoğlu, *Tanksız, Topsuz Harekât,* Tekin Yayınevi, 1991, s. 104. Sabri Yirmibeşoğlu emekli olduktan sonra, *Askerî ve Siyasî Anılarım* adlı kitap yazdı (Kastaş Yayınları, 1999). Emekli Orgeneral Yirmibeşoğlu kitabında, Gazeteci Güllapoğlu'na anlattıklarından bahsetmiyordu.

24 Yassıada tutanaklarına dayanarak nakleden: Hulusi Dosdoğru, *6-7 Eylül Olayları,* Bağlam Yayınları, 1993, s. 124.

yasa'nın ihlaliyle ilgili ana davayla birleştirildi.[25]

Şaşırtıcı rastlantılardan biri de, 6-7 Eylül Olayları'nı organize eden Seferberlik Tetkik Kurulu Başkanı Albay Cemal Akbay'ın, tutuklanan Aziz Nesin'in Harp Okulu'ndan sınıf arkadaşı olmasıydı...

6-7 Eylül provokasyonunun nedeni Kıbrıs'tı!

Birleşmiş Milletler 22 eylül günü, Kıbrıs sorununun gündeme alınma önerisini geri çevirdi. ABD, Atina'yı desteklemediğini açıkladı.

Dışişleri Bakanlığı koltuğuna henüz yeni oturan Fuat Köprülü mecliste yaptığı konuşmada, Yunanistan'a çatarak, "Kıbrıs'ın Türk olduğunu ve Türk kalacağını" açıkladı.

İkinci Dünya Savaşı'ndan sonra özel harp tekniklerini öğrenen üç Türk subayı; Mehmet Bozkurt, Remzi Kızılsu ve Muzaffer Temizer gizlice Kıbrıs'a giderek, Türk Mukavemet Teşkilatı'nı kurmuşlardı.

Teşkilatın kod adı; Bozkurt'tu!

Adaya sivil olarak, illegal yollardan giren Türk subayları, Seferberlik Tetkik Kurulu'nun elemanlarıydı. Kıbrıslı Türkleri örgütleyip, tıpkı *Amerikan Harp Doktrinleri* kitabında yazdığı gibi "kontrgerilla" savaş teknikleri öğretiyorlardı.

Bayraktar ve bayraktara bağlı sancaklardan oluşan hücre örgütlenmeleri oluşturulmuştu.

"Mücahit" yetiştiren özel harpçi subaylar görev süreleri dolunca Türkiye'ye dönüyor, onların yerine, yine sahte isimlerle, sivil kıyafetlerle yeni özel harpçiler gizlice Kıbrıs'a çıkıyorlardı.

Yunanistan da benzer yöntemler uygulayarak, EOKA'ya destek veriyordu...

Adada her geçen gün gerginlik tırmandırılıyordu...

Küçük bir kıvılcım Kıbrıs'ın yaşamını altüst etmeye yetecek gibiydi...

O günlerde Hiram Abas'ın okulundaki küçük bir kıvılcım SBF'yi karıştırdı.

Yayımladığı *Forum* dergisinde Menderes Hükûmeti'ni sü-

25 Salim Başol başkanlığındaki Yüksek Adalet Divanı'nın 1960/3 sayılı ve 5.1.1961 tarihli kararı.

rekli eleştiren Siyasal Bilgiler Fakültesi Dekanı Turhan Feyzioğlu'nun 1 aralık 1956 tarihinde görevden alınması Mülkiye'nin karışmasına neden oldu.

Başta Aydın Yalçın olmak üzere bazı öğretim görevlileri istifalarını verdi.

Öğrenciler okulu boykot etti.

Boykotçu öğrencilerin liderliğini bugünün ünlü isimlerinden Yalçın Küçük ve Oktay Ekşi yapıyordu. Gösteriler sonucu 300 öğrenci gözaltına alındı. Gözaltına alınan öğrencilerin götürüldüğü Emniyet Birinci Şube'nin müdürü (geleceğin İstanbul valisi millî savunma bakanı) Nevzat Ayaz'dı.

Hiram Abas, ne gözaltına alınan öğrenciler arasındaydı, ne de boykota katılanlar...

Aynı tarihte, ABD, "Eisenhower Doktrini"ni dünyaya duyurdu:

"Hür dünya devletleri birbirlerine karşılıklı olarak bağlıdırlar. Bir devletin kendi kendine yetmesi artık gerilerde kalmıştır. Ortak egemenlik karşılıklı bağımlılıkla sağlanır..."

Amerika, ekonomik ve askerî yardım isteyen ve hatta ülkelerine, askerî çıkarma yapılmasını bile isteyen Ortadoğu devletlerine bu yardımı sağlayacağını açıkça ilan ediyordu...

Beş günlük bir ziyaret için Benjamin Fairless başkanlığında bir Amerikan heyeti, 11 ocak 1957 tarihinde Türkiye'ye geldi. Heyet, Türkiye'ye yapılan askerî ve ekonomik yardımı incelemek ve bu konuda Başkan Eisenhower'a rapor sunmak için görüşmelere başladı.

20 mart 1957 tarihinde, yine bir Amerikan heyeti rapor hazırlamak için üç günlüğüne Ankara'ya geldi.

Türkiye'ye sadece Amerikan heyetleri gelmiyordu...

Hiram Abas'ın yaşamını değiştirecek, meslek seçimini etkileyecek bir film de, sinemalarda gösterime girmişti...

Rıhtımlar Üzerinde

Sinemaya çok meraklıydı. Haftada en az bir kez giderdi. Pazartesi akşamları yapılan gala gecelerini kaçırmamaya dikkat ederdi...

Bir gün kızlı erkekli bir arkadaş grubuyla yine sinemaya gitmişlerdi. Başrollerini Alida Valli ile Jean-Claude Pascal'ın oynadığı filmin adı *Günahkâr Gönüller*'di. Sinemadan çıktıklarında kızlardan biri, filmin erkek kahramanını eleştirerek, "Siz erkekler hep aynısınız" deme gafletinde bulundu. Bu söz üzerine kendini kaybeden Hiram Abas, genç kızı bir yumrukta kaldırıma seriyordu...

Yine sinirlenmiş ve gözü hiçbir şey görmemişti Hiram Abas'ın!

Ama hayatını değiştirecek filmi iki yıl sonra görecekti...

1954 yılında çekilen *Rıhtımlar Üzerinde* filmi 8 dalda Oscar kazanmıştı.

Film, Marlon Brando'nun canlandırdığı Terry Malloy'un başından geçenleri konu ediyordu. Eski boksör Terry, New York'un rıhtım bölgesinde ağabeyi Charley için ufak tefek işler yaparak yaşamını sürdüren bir gençti.

Ağabey Charley ise; rıhtımdaki sendikanın başında bulunan, kendi menfaatinden başka bir şey düşünmeyen, parasını da cinayet ve dolandırıcılıkla kazanan Johnny Friendly için çalışıyordu.

Rıhtımda tüm çalışanlarca bilinen bazı kurallar vardı.

Birinci kural "gerçekçi"ydi: Johnny Friendly için çalışıyor ve onunla iyi geçiniyorsanız, rıhtımdaki bütün iyi işleri siz alır; az iş yapıp çok para kazanabilirdiniz...

İkinci kural son derece basitti: Friendly'yle anlaşamıyorsanız iş bulamazsınız...

Üçüncü kural ise gayet kesindi: bu sendika üyelerinin yasadışı hareketlerini başkalarına, mesela polise ihbar edecek olursanız, hayatla ilişkiniz kesilirdi...

Marlon Brando, yani Terry, bir gün bilmeden, ağabeyi Charley ve patronu Friendly tarafından, bir adamın öldürülmesine alet edildikten ve kurbanın kız kardeşine âşık olduktan sonra; kendi hayatını sorgulamaya, rıhtımda çalışan insanların yaşam şartları üzerinde düşünmeye başlar. Mahallenin rahibiyle konuşurken ona, "Eğer Friendly ve adamlarını ele verirsem hayatımın hiçbir değeri kalmaz" diye yakınır.

Rahip Barry de ona yaşamını değiştirecek sihirli cümleyi söyler: "Eğer ele vermezsen ruhunun ne değeri kalır?"

Ve Terry tahmin edileceği gibi polise gidip tüm bildiklerini anlatır...

Film Hiram Abas'ı derinden etkilemişti. Filmin kahramanı Terry gibi giyiniyor; yakasını her zaman kaldırdığı siyah mont değişmez parçası haline geliyordu. Terry gibi yürüyor, saçını Terry gibi tarıyor ve hep ondan bahsediyordu.

Zaten kendisi de Terry gibi bir boksördü...

Tek farkı piposuydu!

Burada biraz duralım ve filmin senaryosuna yansıyan gerçek yaşamla ilgili bir saptama yapalım:

Yönetmen Elia Kazan, filmi çektiği 1954'ten iki yıl önce, Amerika'daki McCarthy Soruşturmaları sırasında, "Amerikan Aleyhtarı Etkinlikler Soruşturma Komisyonu"nun (HUAAC) karşısına çıkmış ve "komünist" olan meslektaşlarını ihbar etmişti!..

İşin özünde Elia Kazan, *Rıhtımlar Üzerinde* filminde, bu hareketinin sebebini açıklamaya çalışıyordu. Kendi tutumunun özeleştirisini filmin kahramanı Terry'nin davranışında gösteriyordu. Yani yönetmen Kazan, arkadaşlarını "ruhunu kurtarmak için" ele vermişti.[26]

Film Hiram Abas'ı sadece biçimsel yönden mi etkilemişti?

Yoksa istihbaratçı olmasına da katkıda bulunmuş muydu?

1957 yılında okuldan mezun olduktan 20 gün sonra MAH'ın kapısını çalmasında filmin kahramanı Terry'nin ne kadar etkisi vardı?..

26 Aradan çok uzun yıllar geçtikten sonra, 1999 yılı Oscar töreninde Elia Kazan'a "Onur Ödülü" verildi. 90 yaşına merdiven dayamış olan yönetmen sahneye çıktığında salonda bulunanların yarısı ayağa kalkmayarak ve alkışlamayarak onu hâlâ affetmediklerini belli ettiler. Filmin çekimlerinin bitmesinden sonra Elia Kazan'ı bir daha görmeyen Marlon Brando ise törene gelmemişti!

İkinci bölüm

Mason dayanışması

Heyecanlıydı...

Uzun boylu, üçgen yüzlü, efe görüntüsü veren adam, gerçi kendisine yaşıtı gibi davranıyordu ama, Hiram Abas başta elleri olmak üzere vücudunun titremesine bir türlü engel olamıyordu...

Ne de olsa karşısındaki adam; haşin kişiliğiyle ünlü ve Başbakan Adnan Menderes'in en yakınındaki bürokratlardan biriydi...

Başbakanlık Müsteşarı Ahmet Salih Korur'dan randevuyu, babası Hilmi Abas almıştı. Aile tanıdıklarıydı. Müsteşar Korur asıl, dedesi Mübarek Galip Eldem'in yakın arkadaşıydı. Yakınlıkları, "biraderlik"ten geliyordu; ikisi de masondu...

Devletin en üst katında oturan birinden, dedesi hakkında övücü sözler işitmek gururunu okşamıştı. Heyecanı yatışmış, kendine güveni gelmişti.

Soru üzerine, neden istihbaratçı olmak istediğini, özenle seçtiği cümlelerle tane tane anlattı.

Başbakanlık müsteşarı, aslında Hiram Abas'ın anlattıklarını dinlemiyordu. Biliyordu ki, teşkilatın okumuş, dil bilen yeni elemanlara ihtiyacı vardı.

Artık MAH'a güvenmiyordu ve güvendiği, bildiği, tanıdığı kişilerin teşkilata girmesini istiyordu.

Başbakanlık müsteşarının MAH'a güvenmemesinin nedeni vardı.

Başbakan Menderes'in örtülü ödenekten dağıttığı paraların muhasebesini tuttuğu ve başbakanın gizli işlerini yaptığı için teşkilatla hep yakınlık içinde olmuştu!

İşin özünde teşkilatın "görünmeyen başkanı" kendisiydi. Başbakan gelen raporları okumaz, ona verir, istihbarat bilgilerini de, MAH başkanından değil, kendisinden dinlerdi.

Menderes, 1946'dan sonra kendisine karşı bir silah olarak kullanılan MAH'ı, iktidara geldikten sonra, kendi istihbarat örgütü durumuna getirmekte hiçbir sakınca görmemişti. Zaten bu amaçla 12 yıl başkanlığı yürüten Naci Perkel'i ekarte edip Behçet Türkmen'i MAH'ın başına getirmişti...[1]

MAH Başkanı Behçet Türkmen gerçekte kimin "adamıydı?" Menderes'in mi; askerin mi; yoksa...

"Yoksa"nın yanıtı kısa bir zaman sonra ortaya çıkacaktı...

Başbakanlık Müsteşarı Ahmet Salih Korur'un, o günlerdeki tek korkusu Başbakan Menderes'in gönül maceralarının ortaya çıkmasıydı..

Ne yazık ki korktuğu bir gün başına geldi...

O gün, Menderes kendisini çağırıp, "Millî Emniyet'le ilgili bazı şayialar dolaşıyor" demişti. "Gir içlerine, sor soruştur, kulağımıza gelen bu şayialarda ne kadar gerçek payı var, öğrenelim."

Ahmet Salih Korur'un teşkilat içinde özel istihbaratçıları vardı. Dinlenen telefonların kayıtlarını kendisine de getiriyorlardı. Ama şimdi kendisinden habersiz bir de başbakanı mı dinlemeye başlamışlardı?

Aslında Menderes'in araştırılmasını istediği konular, artık sağır sultanın bile duyduğu kendi gönül maceralarıyla ilgiliydi. Kulağına kadar gelen "söylentilere" göre, ilişkide olduğu kadınlarla yaptığı telefon konuşmaları MAH tarafından dinleniyordu.

1 1969'da vefat eden Naci Perkel anılarını kaleme almıştı. Ancak MİT, ölümünden sonra notlarına el koydu ve yayımlanmasına izin vermedi. Mehmet Eymür'le röportaj, *Tempo* dergisi, 21-27 nisan 1991.

Başbakanlık müsteşarı yaptığı soruşturma sonucunda şaşkınlık verici olaylarla karşılaştı. MAH'ın dinleme istasyonlarını Amerikalıların kurduklarını, özellikle "telefon dinleyen" personelin maaşlarını CIA'dan aldıklarını öğrendi. Ama Menderes'e verdiği rapor bundan ibaret değildi, rapor daha birçok acı gerçeklerle doluydu.

Amerikalılar, MAH'a hâkimdi. Para veriyor, örgüte "nüfuz" ediyorlardı. Millî Emniyet'in bütün dosyaları CIA'nın kontrolündeydi. İstanbul'da Millî Emniyet'e ait bir okul, servisin İstanbul örgütü ve Yeşilköy'deki Soruşturma Teşkilatı tümüyle Amerikalıların emrindeydi. Okullara, Soruşturma Teşkilatı'na Amerikalılar "doğrudan" para veriyorlardı. İstanbul bölge örgüt başkanlığına "doğrudan" para ödüyorlardı. Karşılığında "iş" istiyorlardı.

Dedikleri ne kadar doğruydu bilinmez ama; teşkilatta görev alanların, çalışanların hemen hemen tümü Amerikalılardan para alarak karşılığında "iş" görmekten onurlarının zedelendiğini söylemişlerdi. Bu durumun kendilerine ıstırap verdiğini belirtiyor, yakınıyorlardı...

Müsteşar Korur, öğrendiklerini satır satır Başbakan Menderes'e anlatıyordu:

"Kiminle konuştuysam" diyordu, "Millî Emniyet'in sadece CIA'dan değil, öteki yabancı gizli servislerden de 'para' aldığını söylüyor."

Ne var ki, Türk gizli servisine yardım adı altında yapılan, karşılığı istenen paraların verilmesinde CIA'nın yöntemi ile, öteki servislerin uygulamaları arasında fark vardı. Fransız, İngiliz ve İtalyan gizli servisleri "parayı, Millî Emniyet'in Ankara'daki merkezine" veriyorlardı. CIA ise, ne merkez tanıyordu, ne de yöntem değiştirmeye yanaşıyordu. Egemenliğine aldığı gizli servis ünitelerine her ay CIA'nın adamları gidiyor, birimin başındaki kişiye zarf içinde "para" bırakıyordu...

Yapılan saptamalara göre, Millî Emniyet birimlerine; CIA ayda 100 000, İngilizler 30 000, Fransızlar 7 000-8 000, İtalyanlar da 4 000 lira ödüyorlardı. CIA'nın uygulamalarıyla olay, "hizmet mukabili bir miktar yardım" olmaktan çıkmış, Türk gizli servisini aylık ücretlerle çalıştırmaya yöneltmişti.

Devletin "gizliliğine" giren CIA, sanki bağımsız bir ülkede çalışmıyordu. ABD'nin gözetiminde, denetiminde bir ülkede bulunuyormuş gibi pervasız, dilediği gibi faaliyet gösteriyordu. Gizli servistekiler, CIA'nın "işçileri"ydi. Menderes, müsteşarına döndü: "Ahmet Salih Bey" dedi, "bu böyle gitmez..." Yenice sigarası içerdi Menderes. Bir tane yaktı ve kesin dille konuştu: "Keselim ilişkiyi."[2] Eklemeden de yapamadı; "Ama Amerikalıları darıltmayalım. Yardımına muhtacız. Bizim servis mensuplarının Amerikalılardan -CIA'dan- para alıyor vaziyete düşmelerini derhal önleyelim."

Çözüm yolu da gösterdi müsteşarına: "Bize yapacakları yardımı 'malzeme' olarak yapsınlar."[3]

Sonradan, birkaç yıl sonra yargılanacağı Yassıada Duruşmaları'nda, "Vaziyeti böyle idare ettik" diyecekti...

Ahmet Salih Korur da, yargılandığı Yassıada'da bu ilişkiler konusunda, 22 aralık 1960 günü yapılan duruşmada şunları söyleyecekti:

"Dedim ki, sureti katiyede Amerikalılardan para almayacaksınız. Amerikalıların servis şefini daireme çağırdım. Kati talimatı verdim: 'Hiçbir memurumuzla temas etmeyeceksiniz ve para vermeyeceksiniz.' Evet, deyip gitti"

Aynı oturumda devrik başbakan Menderes de şunları dile getiriyordu:

"Böyledir Beyefendi. Yavaş yavaş yardımı kestik. Bu yardımlar şöyle başlamış: servisler arasında irtibatlar tesis etmek, birbirine malumat vermek suretiyle müşterek çalışılıyor. Bunun bağlı olduğu külfeti karşılamak üzere yavaş yavaş irtibat tesis etmişler, bunu (MAH başkanı) Behçet Türkmen'in uygun gördüğü anlaşılıyor. Ahmet Salih Korur'u bu servise bir de orada neler cereyan ediyor, gayesini anla dinle diye vazifelendirmemin sebebi budur. Netice aldıktan sonra ilişkileri keselim, ama Amerikalıları darıltmayalım. Daimi surette servis olarak yardıma muhtacız. Bizim servise men-

2 Başbakan Menderes'in, ABD'ye kızdığı o yıllarda CIA ajanı Paul Henze Türkiye'de görevliydi. Gazeteci Ufuk Güldemir'e, "1958 yılında ABD'ye Menderes aleyhinde rapor yollamamız yasaklanmıştı" diyecekti (*Texas Malatya,* Bilgi Yayınevi, 1992, s. 87).

3 Cüneyt Arcayürek, *Darbeler ve Gizli Servisler,* Bilgi Yayınevi, 1989, s. 43-46.

sup olan memurlar, doğrudan doğruya Amerikalılardan para alıyor gibi vaziyete düşmeyi önleyelim dedim."

Başbakan Menderes ile Müsteşarı Korur, işin özünü öğrenmişlerdi: "CIA'dan doğrudan para almayı servisin başında bulunan Behçet Türkmen Paşa sağlamıştı."

Başbakan Menderes böylece telefonlarının kimler tarafından dinlendiğini de öğrenmiş oluyordu.

Aslında bunun pek de şaşılacak bir tarafı yoktu; CIA'nın İran Şahı Rıza Pehlevi'nin yatak odasını dinlediği de yıllar sonra ortaya çıkacaktı.[4]

Lüks Nermin'in telefonu dinleniyor...

Başbakan Menderes'in telefonlarının dinlenmesini CIA mı istemişti?

Pek bilinmiyor ancak tahmin ediliyor.

Bilineni; dönemin İstanbul Emniyeti'nin İkinci Şube Müdürü Ergun Gökdeniz anlattı: "O zaman Dışişleri Bakanlığı'nın İstanbul'da kullandığı bir randevuevi vardı. Lüks Nermin adında bir kadın işletirdi. Randevuevinin bazı politikacılar tarafından korunduğunu, dolayısıyla emniyeti ilgilendiren çok önemli bir konuda müdahale edilemediğini görüyorduk. Fuat Doğu MAH'ta operasyon şefiydi; binbaşı idi. Kendisinden rica ettim. Teknik grubunu aldım ve dinledim randevuevinin telefonlarını. Mesela dönemin İçişleri Bakanı Namık Gedik operasyon olarak bazı şeyler vermişti o zaman. Örneğin uyuşturucu kaçakçılarından bir tanesinin DP'li bir bakanın evinde saklandığı iddiası nedeniyle o zamanki MAH'tan rica ettim; bakanın evini dinledim ve doğru çıktı. Uyuşturucu kaçakçısı, bakan evinde saklanıyordu. İşlem yapılmadı. Şimdi de adını açıklayamam."

Ergun Gökdeniz'e göre, Lüks Nermin dinlenirken bazı özel telefon konuşmalarına da şahit olmuşlardı.

Lüks Nermin, mesleğe Beyoğlu'ndaki Rumeli Han'da atılmış, sonra "işlerini" büyüterek Osmanbey'de kendi "mekânı-

4 *Hürriyet,*19 şubat 1978.

nı" açmıştı. O tarihlerde İstanbul'da tam 70 randevuevi vardı.

Müşterileri hep üst düzey zenginler, siyasetçiler ve bürokratlardı.

Devlete hizmet vermiyor da değildi hani.

Örneğin, Cumhurbaşkanı Celal Bayar'ın davetlisi olarak Türkiye'ye gelen Endonezya Cumhurbaşkanı Ahmet Sukarno İstanbul'un güzelliğine ve kendisine sunulan Lüks Nermin'in kızına âşık olmuştu. Gezisini, çok beğendiği "yatak arkadaşı" için bir gün de uzatmıştı.

Endonezya cumhurbaşkanını Türkiye'den gayet memnun uğurlayan Türk diplomatlarının sevinci kursaklarında kalmıştı. Başkent Cakarta'dan gelen mesaj hiç de iç açıcı değildi; Cumhurbaşkanı Sukarno İstanbul'da belsoğukluğuna yakalanmıştı!

Endonezya, Türkiye'yi kınıyordu! Eh kabak tabiî ki Lüks Nermin'in başına patlayacaktı. Döviz kaçakçılığı bahane edilerek birkaç aylığına cezaevine atıldı...[5]

Lüks Nermin cezaevine girerken avazının çıktığı kadar bağırıyordu. Haykırışını Ankara'nın duymasını istiyordu sanki: "Ulan, Allah belanızı versin, parasını bile vermiyorsunuz, sonra da çıkıp hesap soruyorsunuz."

Haklıydı. Öyle ki, bazı Arap şeyhleri birden fazla kız istiyordu koynuna.

Ve hepsinin ihtiyacını Lüks Nermin sağlıyordu.

Devrin şöhretli dansözü Özcan Tekgül de canını Irak Kralı Naibi Abdullah ile Başbakan Nuri Said Paşa'nın elinden zor kurtarmış, DP Milletvekili Mekki Sait Esen'in İstanbul Florya'daki evine sığınmıştı. Anlaşılan devletin yabancı konukları ağırlamak için belli artistleri, dansözleri vb içeren bir protokol listesi vardı!..

Hocası MAH başkanı oldu

Hiram Abas'ın, dedesinin "mason birader"i Müsteşar Korur'u ziyaret ettiği günden 8 ay önce, MAH Başkanı Behçet Türkmen 18 nisan 1957 tarihinde Bağdat Büyükelçiliği'ne gönderilmişti.

5 Murat Bardakçı, *Hürriyet,* 24 mayıs 1998.

Ancak Türkmen Amerikalılarla ilişkisini hiç kesmedi. Has ailesiyle birlikte, Coca Cola'nın Türkiye'deki ortağı oldu ! Herhalde emekli maaşıyla yapılacak bir yatırım değildi bu. O günlerde bu soruları sormak, "servet düşmanlığı"ydı !

Neşet Güriş, MAH'a 1931 yılında, 22 yaşında girmişti. CIA'dan alınan paraların tanıklarından biriydi:

"Behçet Türkmen Paşa teşkilata gelince ne kadar adam alabildiyse hepsini aldı. Koridorlara masalar sığmadı. O kadar genişleme oldu, ama çoğu kıymetsiz ve değersiz insanlardı. Şimdi Amerikalılar tabiî, operasyonlarla ilgili konularda para veriyorlardı. Fakat Behçet Paşa'nın aldığı paralar, onlar illegal paralardı." [6]

MAH Başkanı Albay Behçet Türkmen'in yaşamında Menderes'in varlığı ona her zaman şans getirmedi.

Türkmen, Başbakan Menderes'in uçağının düştüğü kazada oğlu Güner Türkmen'i kaybetti. Tek tesellisi diğer oğlu İlter Türkmen'di.

O da babası gibi, Türk bürokrasisinin merdivenlerini hızla çıkıp, 12 Eylül 1980 Askerî Darbesi'nin dışişleri bakanı olacaktı...

Behçet Türkmen'den boşalan MAH başkanlığına Albay Emin Çobanoğlu vekâleten atandı.

Türkmen'in yerine kimin geleceği konusu, Cumhurbaşkanı Celal Bayar ile Başbakan Adnan Menderes'in arasını açmıştı.

Devletin zirvesindeki tartışma sürdükçe Albay Çobanoğlu'nun MAH'taki görev süresi uzuyordu.

Sonunda Cumnurbaşkanı Celal Bayar'ın dediği oldu; 7 ay sonra atama yapılabildi.

MAH'ın başına ilk kez bir sivil başkan geldi: Hüseyin Avni Göktürk.

57 yaşındaki Göktürk, 1927 yılında İstanbul Hukuk Fakültesi mezunuydu. Cenevre'de lisans, Berlin'de doktora çalışmaları yapmıştı. 1935'te doçent, 1940'ta profesör olmuştu. Hiram Abas'ın Siyasal Bilgiler Fakültesi'nde kısa

6 Tuncay Özkan, *Bir Gizli Servisin Tarihi,* Milliyet Yayınları, 1996, s. 126.

bir dönem öğretmenliğini yapmıştı...

1954 yılında DP'den Niğde milletvekili seçildi. İçişleri ve adalet bakanlığına vekâleten baktı.

Hüseyin Avni Göktürk bu özellikleri nedeniyle MAH başkanı olmamıştı kuşkusuz.

İşin doğrusu, 27 ekim 1957 seçimlerini kazanıp milletvekili olamayan DP'li Hüseyin Avni Göktürk, 21 kasım 1957'de Türkiye'nin istihbaratını yönetmek için MAH'ın başına geçmişti.

İstihbaratta yeni bir döneme mi giriliyordu?..

Hiram Abas'ın, Başbakanlık Müsteşarı Ahmet Salih Korur'la görüştüğünde, MAH'ın başında Hüseyin Avni Göktürk vardı...

Menderes'in "en yakın adamı" Müsteşar Korur'un, yeni MAH başkanıyla arası iyi değildi. İstihbarat raporları eskisi gibi kendisine gelmiyordu. Zaten raporların çoğu, artık Cumhurbaşkanlığı Köşkü'ne, Celal Bayar'a gidiyordu.

Müsteşar Korur'un MAH içinde kendisine yakın elemanlara ihtiyacı vardı. Oturup kalkması ve konuşmasıyla kendine güvenen bir genç izlenimi veren Hiram Abas, neden onun ekibinde olmasındı?

Çaylarını içmişlerdi.

Başbakanlık Müsteşarı Korur, masasının üzerindeki beyaz kâğıda, Menderes'in hediye ettiği dolmakalemle birkaç cümle yazıp, sarı bir zarfın içine koydu, Hiram Abas'a uzatırken, "Bunu Millî Emniyet Reisi Hüseyin Avni Göktürk Beyefendi'ye kendi ellerinle ver. O gerekeni yapacaktır" dedi.

Hiram Abas sarı zarfı aldı, teşekkür edip, müsteşarın elini sıkmak için ayağa kalktı. Tokalaştılar.

Tam çıkmak için kapıya yönelmişti ki, arkasından müsteşarın kendisine seslendiğini duydu: "Hiram Bey evladım, sana ilk öğüdü ben vereyim. Sakın unutma; söz ağzımızda iken biz ona, ağzımızdan çıktıktan sonra o bize hâkim olur!"

Müsteşarın bu öğüdüne bir anlam verememişti...

Bu istihbaratın mı, yoksa masonluğun mu bir ilkesiydi?

Başbakanlık binasından rahatlamış olarak çıkan Hiram Abas cebinden çıkardığı piposunu yaktı. Görüşme hiç de korktuğu gibi geçmemişti. Bir an kendini dünyanın en iyi casusu olarak farz etti. Yürüyüşüne bir fiyaka geldi...

Şimdi sıra sarı zarfın verileceği MAH Başkanı Hüseyin Avni Göktürk'teydi...

CIA'dan zarf içinde para alma dönemi, Behçet Türkmen'in yerine "sivil başkanın" gelmesiyle sona ermiş miydi?

Tabiî ki hayır!

Minare kılıfına uydurulmuştu. CIA-Türk istihbarat örgütü ilişkisine sadece gizlilik maskesi giydirilmişti. Yoksa işin esası değişmemişti.

Teşkilat içinde önemli yerlerde bulunmuş, 1957 yılında İstanbul merkez şefliği yapmış olan Avni Koral, o günleri anlattı: "İşitildi ki, Hüseyin Avni Göktürk, Amerikalılardan Emin Çobanoğlu döneminde alınmamış 7 aylık paranın hepsini istemiş!"

Yani teşkilat ile CIA ilişkisi aynen devam ediyordu...

Bu yakınlaşma dostluğun ötesindeydi. Bu ilişkinin dayatması sonucu MAH, adeta CIA'nın yerel birimi gibi çalışmakta ve sadece iç politik istihbarata ağırlık vermekteydi...

Bu ilişkide Türkiye'nin yararı da yok değildi: CIA'dan sağlanan malî fonlar, ABD'de eğitim imkânları, istihbarat teknolojisindeki ilerlemeden yararlanmak vs.

Bakalım Türkiye bunların faturasını nasıl ödeyecekti?

Ortadoğu'da dengeler değişiyor

Hiram Abas'ın "çiçeği burnunda" bir istihbaratçı olduğu o günlerde, Ortadoğu'da Sovyetler Birliği lehine önemli gelişmeler oluyordu. Mısır'da Sovyet yanlısı Nasır rejiminin kurulmasından sonra, Suriye de Sovyetler Birliği'ne yakınlaşmaya başlamıştı. Nasır'ın "Arap milliyetçiliği" çizgisini benimseyen Suriye'de 20 000 Sovyet askerî personeli yığınak yapmış, Suriye ordusu Sovyet silahlarıyla donatılmıştı.

Sırada Irak vardı. Sovyetler'in ve Nasır'ın desteklediği Yarbay Abdülkerim Kasım, 14 temmuz 1958 tarihinde gerçekleştirdiği darbeyle krallığa son verdi. Kral II. Melik Faysal ve Kral Naibi Abdullah öldürüldü. Devrilen Irak Başbakanı Nuri Said, İstanbul'da eğitim görmüş bir Osmanlı paşasıydı. Türkiye'ye çok yakındı. Irak, Kral Faysal ve Nuri Said Paşa döneminde Türkiye'yle yakınlaşmaya başlamış, Menderes'le aralarında yakın dostluk ikişkileri de kurulmuştu.

Yarbay Kasım'ın ilk işi, Türkiye-İran-Irak-Pakistan arasındaki Bağdat Paktı'ndan çekildiğini ilan etmek ve Sovyetler'le yakın ilişkiler kurmak oldu.[7]

Irak'taki bu hareketle birlikte bölgedeki dengeler de iyice değişmiş oluyordu. Suriye'den sonra Irak'ın da Sovyet nüfuzuna girmesiyle birlikte Türkiye kendisini, Sovyetler Birliği tarafından adeta kuşatma altına alınmış gibi hissetmeye başlamıştı.

Türk Genelkurmayı bu kaygılara karşı belirlenecek askerî stratejileri tartışırken, bu gelişmeleri Washington'dan izleyen tanıdık bir isim vardı: o sıralarda ikinci kez ABD'de bulunan Kurmay Binbaşı Alparslan Türkeş ![8]

Türkeş'in anılarında belirttiğine göre, bu kaygılar şöyle özetleniyordu:

"Türkiye'nin doğusu dağlık bölge. Biz burada hattı tıkadık, savaştık ve düşmanı durdurduk diyelim. Sovyetler Türkiye'nin arkasını alacak, İran'dan dönecek, oradan Irak'a Suriye'ye, İskenderun Körfezi'ne, hatta Süveyş'e doğru akacaktı.

Bu durumda Güneydoğu'da zırhlı bir kolordunun kurulmasına karar verildi. Bunu Amerikalılarla çok müzakere ettik. Ben o sırada Washington'daydım. Tabiî Amerikalılar böl-

7 ABD'nin Sovyetler'i çembere alma politikasının bir ürünü olan ve mimarlığını ABD Dışişleri Bakanı John Fuster Dulles'ın yaptığı Bağdat Paktı, Irak'ın çekilmesinden sonra Cento adını aldı.

8 Alparslan Türkeş, ABD'ye ikinci gidişinde bu kez Genelkurmay Başkanlığı'nın açtığı sınavı kazanarak, 1958'de NATO Daimi Grubu Türk Temsil Heyeti üyeliğine atanmıştı. Washington'da bulunduğu sırada çok ilginç isimlerle tanıştı: daha sonraları orgeneralliğe kadar yükselen, o zamanlar Kurmay Yüzbaşı Ragıp Uluğbay (9 haziran 1999'da güvenoyu alan 57. Hükûmet'te devlet bakanı olan ve 6 temmuz 1999'da intihar girişiminde bulunan Hikmet Uluğbay'ın ağabeyi); 12 Mart 1971 döneminde millî eğitim bakanlığı yapacak olan, o zamanlar Kurmay Yarbay Şinasi Orel; 1974 yılında MİT müsteşarlığı yapacak olan Bahattin Özülker; daha sonra bir suikasta kurban gidecek olan, 12 Mart Darbesi'nin Deniz Kuvvetleri komutanı, o zamanlar Pentagon'da Deniz Ataşesi Kemal Kayacan; 27 Mayıs Hareketi'nin etkili isimlerinden, ataşe yardımcısı Hava Kuvvetleri'nden Agasi Şen.

geyi incelediler. Sonuçta, 'Bu zırhlı kolordunun harekâtına elverişli yol durumu yok bölgede' dediler.

Güneydoğu'da 15 000 zırhlı araç ve tankı yürütecek yol mevcut değildi."[9]

Türkiye'nin kendini savunmaya yönelik bir zırhlı tugay talebini reddeden ABD, onun yerine saldırı önerisi getiriyordu: "Suriye ile Irak'ı işgal edin!"

Türkeş'in anılarının aynı bölümünden okumaya devam ediyoruz:

"NATO da yeşil ışık yakıyor buna. Türkiye hazırlığa başladı, planlar yaptı. 7. Kolordu Irak'ı, 8. Kolordu Suriye'yi işgale memur edildi. Ben o sırada Elazığ'da 7. Kolordu'ya bağlıydım. Orada da bu harekâtın planlaması yapıldı. Her iki harekâta da askerî usule uygun kod isimler konuldu. Birinin adı 'Akın Harekâtı', diğerinin ki 'Bali Harekâtı'ydı. Hükûmet emir verir vermez 7. Kolordu Irak'a, 8. Kolordu Suriye'ye yürüyecekti.

Türk Genelkurmayı bu işte biraz ağır hareket etti. Eksiklikleri olduğunu ileri sürerek, müttefiklerimizden yardımların hızlandırılmasını istedi. Genelkurmay Başkanı Orgeneral İsmail Hakkı Tunaboylu, 'Silahımız yeterli değil, yeterli sayıda tankımız yok' diyordu.

Türkiye ile İsrail arasında 1958 yılında gizli bir anlaşma imzalanmıştı. Hazırlanan işgal planı uygulanacak olsaydı, Şam dahil Şam'ın kuzeyi Türkiye'nin, Şam'ın güneyi İsrail'in olacaktı."

Demek ki Ortadoğu konusundaki "gizli ilişkiler" o yıllarda ABD'yle sınırlı değildi.

İşin içine İsrail de girmişti!..

Gizlice Ankara'ya gelen İsrail heyeti

Tarih 28 ağustos 1958.

Tel-Aviv'den kalkan ve Türkiye semalarında seyretmekte olan El-Al uçağı, tam Ankara üzerindeyken "motorundaki arıza" nedeniyle Esenboğa'ya zorunlu iniş yaptı.

Rastlantıya bakın ki bu uçak, İsrail Başbakanı Ben Guri-

9 *Sabah*, 25 ağustos 1998.

on, Dışişleri Bakanı Golda Meir, Dışişleri Müsteşarı Şimon Peres ve Genelkurmay Başkanı Zvi Zur'u taşımaktaydı! Uçağın pilotu ise yıllar sonra cumhurbaşkanı koltuğuna oturacak olan Ezer Weizmann'dı.

Olayın doğrusu, İsrailli en üst düzey yetkililerin Menderes Hükûmeti'yle gizli görüşmeler yapmak üzere Ankara'ya gelmiş olmalarıydı. "Uçağın motorundaki arıza" ise, geziyi İslam âleminden saklamak için hazırlanmış bir senaryodan ibaretti.

Görüşme masasında siyasî, ekonomik ve askerî konularda işbirliği yapılmasına ilişkin maddeler vardı.

Ama gizli görüşmenin gündemi bununla bitmiyordu. Esas ve çok daha önemli gündem, iki ülke istihbarat teşkilatlarının işbirliği yapmasıydı.

Taraflar görüşmenin ana gündemini oluşturan istihbarat alanında düzenli olarak bilgi alışverişinde bulunulması konusunu "masa altında" ele alıp karara bağladılar. İki ülke istihbarat örgütleri arasında yapılan bu gizli toplantı, Türk kamuoyuna resmî bir ağızdan ilk kez aradan kırk yıldan fazla bir süre geçtikten sonra, Dışişleri eski bakanlarından İlter Türkmen tarafından açıklandı.

MAH eski başkanlarından Behçet Türkmen'in oğlu olan İlter Türkmen, olayı, NTV kanalında Gazeteci-Yazar Yalçın Doğan'ın 12 şubat 1998'de yayınlanan programında anlattı. Konuya bu yayından iki gün sonra da *Hürriyet* Genel Yayın Yönetmeni Ertuğrul Özkök değindi: "Olay 1958 yılında geçiyor. Dönemin başbakanı, rahmetli Adnan Menderes, dışişleri bakanı, rahmetli Fatin Rüştü Zorlu ve Dışişleri Bakanlığı müsteşarı da yine rahmetli Melih Esenbel. Bu üçlü, 1958 yılında bir gece Başbakanlık Konutu'nda çok gizli bir görüşme yapıyor. Görüştükleri kişiler, İsrail'in tanınmış iki siması. Birisi dönemin Başbakanı Ben Gurion, öteki ise Golda Meir. İsrail'in iki tarihî kahramanı bir gece gizlice Ankara'ya geliyor ve Başbakanlık Konutu'nda gizli bir toplantı yapıyor. Türkmen'in açıkladığı bu buluşma, bir gazeteci için müthiş bir haber. Ama dönemin gazetecileri demek ki bu müthiş haberi atlamışlar. Türkmen'in anlattığına göre, Türk ve İsrail istihbarat örgütleri arasındaki işbirliğinin ilk temeli o toplantıda atılmış... Demek ki İsrail ile reel politika ilişkilerinin temeli oldukça eskiye gidiyormuş..."[10]

Oysa, Türk hükûmetlerince 32 yıl saklanan bu gizli toplantı, ilk kez Dan Raviv ve Yossi Melman adlı yazarların 1990'da yayımlanan *Every Spy a Prince* kitabında yer almıştı.

Bu toplantı öncesi hazırlıklar, Raviv ile Melman'ın kitabında özetle şöyle anlatılıyordu:

"Ben Gurion tarafından geliştirilen 'periphery' (dış sınırlar) yaklaşımına göre; Arap dünyasının etrafında yer alan İran ve Türkiye'nin oluşturduğu 'kuzey bağlantısı' ile, diğer uçta yer alan Etyopya'nın bulunduğu 'güney bağlantısı', işbirliği alanının temelini oluşturuyordu. İşbirliğine girilmesi istenen ülkelerin ortak noktasını, Arap komşularıyla olan sınır anlaşmazlıkları ve Sovyet işgali korkusu oluşturuyordu. Türkiye sıralamanın en başındaki ülkeydi. Türkiye'nin önemi, İsrail'i kuşatan Arap dünyasının 'kalbinde' yer alması ve coğrafî açıdan da bu bölgenin 'dış noktasını' oluşturmasından kaynaklanıyordu.

Bölgede güvenliğini sağlamanın yolunu 'düşmanlarının ardına dolaşıp vurma' (outflank) stratejisi temeline oturtan İsrail, askerî istihbarat AMAN (İsrail Silahlı Kuvvetleri İstihbarat Birimi) tarafından organize edilecek bu işbirliğinde, Türkiye'nin müdahale alanları olarak Suriye ve Lübnan'ı belirlemişti. Planlanan güvenlik hattının Türkiye'nin katılımı olmadan gerçekleşemeyeceğini fark eden ABD, Türkiye'ye İsrail'le yakın işbirliğine girmesi konusunda sürekli telkinde bulunmaya başladı.

Ortadoğu'da aniden baş gösteren sıcak çatışmalar ve yönetimlerin yıkılmaya başlaması, o dönemdeki Türk yöneticilerin İsrail'le ilişki kurmadaki 'çekingenliğini' atmada büyük bir rol oynadı. Lübnan'da başlayan iç savaş, Irak'ta monarşinin yıkılması ve Ürdün'deki rejimin Nasır etkisiyle çökme aşamasına gelmesinin ardından, Mısır devlet başkanının Şam'ı ziyareti sırasında Irak'taki devrimci yönetimi destekleyeceklerini açıklaması, Türkiye'nin İsrail'le ilişkiye girme konusundaki 'utangaçlığını' yendi.

İsrail yönetimi 1957 yılı ağustos ayında Mossad'ın Orta-

10 *Hürriyet,* 14 şubat 1998.

doğu bölüm başkanı ve çok deneyimli bir istihbaratçı olan Eliahu Sasson'u Ankara'ya büyükelçi olarak atadı. Türk tarafı işbirliğinin 'gizli' tutulmasında ısrar ettiği için, Sasson kısa zaman aralıklarıyla bir araya geldiği Türk Dışişleri yetkilileriyle iki ülke arasında kurulması planlanan bağlaşmayı adeta ilmik ilmik ördü. İsrail Başbakanı Ben Gurion ve Dışişleri Bakanı Golda Meir'ın da gizli diplomatik ilişkiler konusunda 'en uygun isim' olarak kabul ettikleri Sasson, İsrail devletinin 'özel ajanı' sıfatıyla Türkiye'de bulunduğu süre zarfında 1957 yılının aralık ayında Başbakan Adnan Menderes tarafından kabul edildi. İstihbarat işbirliğinin ele alındığı bu görüşmeden yedi ay sonra iki ülkenin servis görevlilerinden oluşacak heyetlerin yapacakları toplantıda karara bağlandı. Eliahu Sasson 19 temmuz 1958'de de Dışişleri Bakanı Fatin Rüştü Zorlu tarafından kabul edildi.

Ankara'da yapılan heyetler arası istihbarat toplantılarında Türk grubuna MAH reisi Hüseyin Avni Göktürk, İsrail grubuna da Mossad'ın şefi Reuven Şiola başkanlık etti. ABD'nin de Ankara nezdinde yaptığı temaslardan sonra Türk hükûmeti İsrail'le işbirliğine girme konusunda ikna edilmişti. Ankara'nın işbirliği konusundaki 'hevesinden' haberdar edilen İsrail yönetimi kısa bir süre içinde Türkiye'ye üst düzey bir ziyaret ayarladı."

İşte 28 ağustos 1958'de El-Al uçağının Ankara üzerinde "arızalanması"yla gerçekleşen üst düzey ziyaret, bu ziyaretti.

Ve Türkiye anlaşma şartı gereği, "elini taşın altına koydu..."[11]

Parola: Viktorya !..

Görünen o ki; 1958 yılı Türk dış politikası açısından hayli hareketli geçiyordu...

Ankara Etimesgut'taki 12. Üs'te hava kararmaya başlarken, C-47 uçaklarına büyük bir gizlilik içinde sandıklar yükleniyordu. Malzemelerin yüklenmesine DP iktidarının Dışiş-

11 Richard Deadon, *İsrail Gizli Servisi* adlı kitabında (Anahtar Yayınları, 1993), Mossad'ın Türkiye'ye ilk gelişini daha önceki tarihlere götürür: "1949-1950 yılları arasında Tahran ve İstanbul'a gönderilen Mossad ajanları, Sovyetler Birliği tarafından İsrail'e karşı yürütülen faaliyetlerle ilgili olarak çok önemli bilgiler topladılar..." s. 60.

leri Bakanı Fatin Rüştü Zorlu bizzat nezaret etmekteydi.

Bazı pilotlar uçaklara ne yüklendiğini merak edip sorsalar da, hep "yiyecek içecek taşındığı" yanıtını alıyorlardı. Yüklenen uçakların uçuş yönü Lübnan'ın Beyrut Havaalanı'ydı:

"Tam 85 sorti yapıldı, malzemelerin hemen hepsi Lübnan'ın Beyrut Havaalanı'na götürüldü. Bir seferinde merakımızı yenemedik ve sandıkları açtık. Sandıklarda Kırıkkale yapımı silahlar, toplar ve binlerce mermi vardı. Ben 5 kez gittim Lübnan'a. Kıbrıs üzerinden gittik hep. O zaman Kıbrıs, İngiltere kontrolünde. Hava sahalarından geçmek zorundayız. Biz havalanmadan önce, 'Korkmayın, İngilizler size uyarıda bulunurlarsa parolayı söyleyin' derlerdi. Parola, Viktorya'ydı!..

Kıbrıs üzerine geldiğimizde İngiliz uçakları bizi çevirirdi. Ancak Viktorya deyince bırakırlardı. Silahları Beyrut Havaalanı'nda Müslümanlarla çarpışan Hıristiyan milislere teslim ederdik. Müslümanlar o yıllarda giderek güçlenen Nasır taraftarıydılar. Arap milliyetçiliği çığ gibi büyüyordu.

Ankara bize hep uyarıda bulunurdu: 'Aman dikkatli olun, Hıristiyanların içinde Ermeniler var. Uçağınızın başından ayrılmayın, yakıtın içine şeker koyarlar.' Silahlar boşaltılırken uçağın yanında sandviç ve kolalarla karnımızı doyurup hemen Ankara'ya dönerdik."

Emekli Pilot Albay Hüseyin Avni Güler, 27 Mayıs Hareketi'nden sonra kısa bir süre MAH ile Millî Birlik hükûmeti arasındaki koordinasyonu sağladı. 1992 yılında Soner Yalçın'la yaptığı görüşmede tarihî bir olayı ilk kez açıklıyordu: Türkiye'nin Lübnan'daki Hıristiyanlara silah yardımı yaptığı bugüne kadar basında hiç yer almamıştı...

Emekli Pilot Albay Güler, anlatmaya devam ediyordu:

"Yine bir sorti sırasında bizimkilerin haberi yok, Beyrut Havaalanı Müslümanların eline geçmiş. Pilot Binbaşı Rıza Kalaycıoğlu ve ekibi bunu bilmeden Beyrut'a iniyorlar. Müslümanlar, ekibi esir alıp uçağa el koydular. Tam bir yıl hapiste kaldı bizimkiler. Sonra Lübnan iç savaşı bitince Türkiye'ye iade edildiler."

Bu tarihî olayı yaşayan sadece emekli Pilot Albay Hüseyin Avni Güler değildi. Emin Karayavuz da meslektaşı Güler'in anlattıklarını doğruluyordu. Emekli pilot albaylar Ahmet Özsungur, Talat Alpay, Abdül Oksal, Nevzat Balaban, Hasan Bezcioğlu olayın öteki tanıklarıydı...

Bu okul kimin?

Ne İsrail'le yapılan ikili anlaşmalardan ne de Lübnan'a uçaklarla gizlice silah sokulmasından haberi vardı...

Emirgân'daki okulun bahçesinde piposunu tüttürüp, yeni tanıştığı arkadaşlarıyla sohbet ederken, aldıkları habere sadece o şaşırmadı; Ankara'daki Amerikan Büyükelçiliği'ne bomba atılmıştı.

Hiram Abas gayet bilgiç bir havada, "Komünistlerin işidir, iyice azıttılar, aslında hepsini darağacına göndereceksin!" diyordu soğuk bir ses tonuyla...

Menderes Hükûmeti de aynı görüşteydi, komünist parmağı vardı bu saldırıda.

Fakat farklı düşünenler de yok değildi. CHP'ye göre saldırı, "ABD'yi komünizm hayaletiyle ürküterek, daha fazla Amerikan doları elde etmek için, DP tarafından gizli güçlere" yaptırtılmıştı.

Hiram Abas'ın olayla ilgili ayrıntıları bilmeden, tepkisini ortaya koymasının nedeni aldığı istihbarat eğitimi miydi?

Hiram Abas'ı elinde sarı zarfla Ankara'da bırakmıştık. Oradan devam edelim.

MAH Müsteşarı Hüseyin Avni Göktürk'le görüşmemiş, ancak sarı zarfı ulaştırabilmişti. Hakkında kısa bir araştırma yapılmış, zaten Başbakanlık müsteşarı da arada olunca, teşkilata kabul edilmesi için hiçbir engel kalmamıştı...

Aslında askerliğini yapmayanların MAH'a girmesi yasaktı. Ama bu engeli aşmanın bir yolunu bulmuşlardı: "dışarıya gidecek personele Fransızca öğretecekti."

İstanbul'da MAH'ın Emirgân'daki okulunda, casusluk ve karşıcasusluk konusunda kurs görüyordu.

İlgili ve meraklıydı. Derslerindeki başarı nedeniyle 8'inci ayında ilk taktirnamesini almıştı...

O yıllarda CIA'nın, teşkilatın tüm İstanbul merkez ekibine, İstanbul Yeşilköy'deki soruşturma teşkilatına ve Emirgân'daki personele maaş verdiği artık devlet tarafından bilinen bir gerçekti. Zaten bu birimler artık tamamen Amerikalıların emrine girmişti.

Peki sadece CIA mı yardım ediyordu Türk istihbaratına?

CIA tarafından hazırlanan, "İsrail: Gizli Servisler ve Dış İstihbarat" başlıklı bir raporda, Mossad'ın, Türk Millî İstihbaratı ile İran gizli servisi Savak arasında imzaladığı üçlü işbirliği anlaşmasından söz ediliyordu.[12]

Rapora göre; İsrail, Türkiye'den Sovyetler Birliği'ni izleyebilecek ve bunun karşılığında da Arap Birliği'nin eylemlerinden, özellikle Suriye kanadında olup bitenlerden Türkiye'yi haberdar edecekti.

İsrail bu anlaşmayla, Türk istihbaratçılarının eğitimi, istihbarata karşı koyma ve haberalma alanında kullanılan aygıt ve donanımın verimliliği konularında "teknik yardım" vermeyi taahhüt ediyordu.

Üç ülke istihbarat örgütü arasında kurulan ve "Trident" (üç uçlu gladyatör mızrağı) adı verilen bu ağ, İran, İsrail ve Türk gizli istihbarat şeflerinin yılda iki kez, ele geçirdikleri istihbaratlar konusunda değerlendirme toplantıları yapmalarını da öngörüyordu.

Mossad'ın anlaşma imzaladığı bu iki ülkeyle yaptığı işbirliğinin "teknik yardımların" ötesinde başka yönleri de vardı. Eski bir Savak ajanı olan İranlı Muhammed Avşarî, gruplar halinde İsrail'e gidip eğitim aldıklarını ve İsrailli uzmanların da ülkesine geldiğini belirterek, sorgulamalardaki başarılarını, 1960'lı yılların sonunda İsrailli meslektaşlarından öğrendikleri; "tırnak çekme, işkence aletlerinin kullanılması, ızgara makineleri, Filistin askısı" gibi yöntemlere borçlu olduklarını açıklıyordu.[13]

Emirgân'daki MAH Okulu'nda neler öğretildiğini Türkiye, 1970'li yılların başında görecekti...

12 Gazeteci Nezih Tavlaş, *Türk-İsrail Güvenlik ve İstihbarat İlişkileri, Avrasya Dosyası,* sonbahar 1994, s. 9; Amerikan CIA Raporu, *İsrael: Foreign Intelligence and Security Services,* mart 1976, Washington, İran'daki ABD Büyükelçiliği'ni işgal eden öğrenciler tarafından yayımlandı.

13 Mahmut Övür, *Nokta* dergisi, 14 haziran 1987.

Üçlü Trident Anlaşması uyarınca Mossad tarafından eğitilmek üzere İsrail'e gönderilen ilk Türk istihbaratçıların arasında, (deneyimlerini ve bilgisini daha sonraki yıllarda oğlu Mehmet Eymür'e aktaracak olan) Mazhar Eymür de vardı!..

Mazhar Eymür o dönemde Türk gizli servisinin dinleme işlerinden sorumlu Elektronik ve Teknik İstihbarat Başkanlığı'nı yönetiyordu. Ve Emirgân'daki okula ara sıra ders vermeye gidiyordu...

CIA finansmanıyla kurulan, ve Mossad'dan da yardım alan Emirgân'daki MAH Okulu'nda "yabancı eğitmenler" Türk istihbaratçılarına ne tür kurslar veriyordu? Geleceğin istihbaratçıları nasıl yetiştiriliyordu?

Daha sonraki yıllarda, her fırsatta, "Operasyonel istihbarat yapılması gerekir" deyip, elinde silahıyla çatışmalara giren Hiram Abas'ın, "bu yöntemi" seçmesinde bu okulda aldığı eğitimin ne kadar katkısı vardı?

Hiç kuşku yok, MAH elemanları, CIA ajanları gibi yetiştiriliyordu, üstelik ceplerine dolar konularak...

Öğrencilerini, "CIA eğitmenleriyle" birlikte, "Amerikan ekolüne" göre yetiştiren kişi ise, Amerika'da kurs gördükten sonra, Türkiye'ye dönüp okulun başöğretmenliğini yapan Fuat Doğu'ydu!

Nazi Generali Gehlen'in "Türk öğrencileri"

Fuat Doğu Amerika'dan sonra iki kez de Almanya'ya gitti. Ve orada gördüğü bir Alman'ı yaşamı boyunca unutmadı, her öğrencisine, personeline onu anlattı...

Fuat Doğu'nun etkisinde kaldığı Alman istihbaratçı, General Reinhard Gehlen'di.

General Gehlen, Hitler'in politik beyinlerinden biriydi. İkinci Dünya Savaşı'nda Sovyetler Birliği'ndeki Nazi istihbaratının şefiydi. 1945 yılında elindeki arşivle birlikte ABD'ye teslim oldu. Gehlen, teslim olduğu Amerikalı Komutan Orgeneral Luther Sibert'e 129 sayfalık bir rapor verdi. Raporunda; savaştan sonra başlayacak Soğuk Savaş'ta komünizme karşı nasıl istihbarat yapılacağını anlatıyordu.

Amerikalılar rapordan etkilendiler. Çünkü, Sovyetler Birliği hakkında fazla bilgileri yoktu ve General Gehlen'i hemen, 22 ağustos 1945'te ABD'ye götürdüler.

CIA şefi Allen Dulles'la görüştürüldü. Ona, Amerikalıların o güne kadar biraz da küçümseyerek "Uncle Joe" (Joe Amca) dedikleri Stalin'in hiç de yabana atılacak biri olmadığını; ABD ve Batı Avrupa'nın, doğudan gelecek tehlikenin farkında olmadığını anlattı!..

CIA Başkanı Dulles ile Gehlen el sıkıştı; Nazi generali, bu kez Amerika adına, "hür dünya" için eski Nazilerden kurulu bir casusluk örgütü meydana getirip, "servis" faaliyetlerine devam edecekti.

General Gehlen, Amerikalılarla anlaştıktan sonra, 9 temmuz 1946'da tekrar Almanya'ya döndü. Hitler'in istihbarat örgütü Gestapo ile askerî polis örgütü SS'in üst düzey yetkililerini topladı.

Soğuk Savaş döneminin stratejisini, yeni müttefikleri Amerika'nın kendilerinin deneyimlerine ihtiyacı olduğunu anlattı. Artık eski ülküleri nazizm yoktu, sadece düşmanları vardı. Onu da zaten iyi tanıyorlardı: komünizm!

General Gehlen, eski Nazilere yeni sahte kimliklerini verdi. Tahminlere göre Gehlen, iki yıl içinde, 10 000 kadar savaş suçlusu Nazi'yi toplamayı başarmıştı...

Önce Federal Alman gizli servisi, Bundesnachichtendiens'i (BND) kurdu ve başkanı oldu.

Eski Naziler bunun ardından NATO'nun kurulmasıyla birlikte, Avrupa ülkelerindeki yeraltı örgütlenmelerine hız verdiler. Yani, Gladio'nun temellerini attılar...

Alman General Gehlen'in bizzat kendisinden kurs almış olan Fuat Doğu, öğrendiklerini öğrencilerine bir bir anlatıyordu. Onun da öğrencileri üzerinde karizmatik bir etkisi vardı.

Hiram Abas'ı da çok etkilemişti, okul komutanı...

Almanya'daki Nazilerin yöntemleri, Hiram Abas'ın ilerideki yaşamına, öğretmeni Fuat Doğu aracılığıyla nasıl yansıyacaktı?

Fuat Doğu Almanya'da Nazilerden öğrendiklerini Türkiye'de tatbik etmeye başlamıştı bile...

Başbakanlık Müsteşarı Ahmet Salih Korur'un bürosuna kadar gidip, "Menderes'in telefonlarını neden dinliyorsunuz?" diye sorduğu kişi, Fuat Doğu'dan başkası değildi.

CIA'dan para alındığının ortaya çıkması üzerine Fuat Doğu, bunun nedeni olarak teşkilatın içinde bulunduğu malî sıkıntıyı gösterecekti. Müsteşar Korur'a, "Biz onlardan para ve teknik olanak bakımından yararlanacağız, ama onlara kendimizi kullandırtmayacağız" diyordu sürekli.

Fuat Doğu, İstanbul MAH binasının haberleşme sisteminin, Beyaz Saray'ınkiyle aynı olduğunu övünerek anlatıyordu...

Bu tartışmalar sürerken bir yıllık eğitimini tamamlayan Hiram Abas, göğsünü kabartarak yemin etmişti.

Yemin, Türk bayrağı üzerinde bulunan silah ve Kuranıkerim üzerine el konularak gerçekleştiriliyordu.

Yemin töreni sadece üç şahidin bulunduğu bir odada yapılıyordu.

Yeminin içeriği; Türkiye'ye sadakatle bağlı olmak, gerekirse bu uğurda ölmek; anayasal rejimi korumak, bölünmez bütünlüğü savunmak ve Atatürk ilkelerine bağlılıktı...

CIA'dan maaş alanlar yeminlerine ne kadar sadıktılar?

Ulusal Kurtuluş Savaşı'nın zor günlerinden sonra ortaya çıkmış millî istihbarat örgütü ne hale gelmişti?..

Karakol Cemiyeti, Millî Müdafaa Grubu, Yavuz Grubu, Felah Grubu, Güneş Grubu, Hamza Grubu ve Askerî Polis Teşkilatı, Tetkik Heyeti Amirlikleri...

MAH, ulusal amaca hizmet eden bu istihbarat örgütlerinin mirasını devralmıştı...

MAH, Mehmed Akif, İngiliz Kemal, Hasan Tahsin, General Kemal Koçer, Şahande Hanım, Bektaşî İbrahim Ömer Efendi, Sarıyerli Gazinocu Ahmet Bey, Binbaşı Sami Bey ve Siirtli Kolbaşı Ömer Efendi gibi, binlerce yurtseverin, ölümü göze alarak topladıkları istihbaratların temeli üzerinde yükselmişti...

Şimdi bu mirasa Amerikan dolarlarıyla mı sahip çıkıyorlardı?

Amerikan doları karşısında CIA'ya, dış istihbarat değil, iç istihbarat bilgileri veriliyordu. Çünkü CIA parayı, iç istihbarat için ödüyordu.

Türk istihbarat örgütü, bağımsızlıkçı karakterden, CIA'ya hizmet eden bir kimliğe bürünmüştü.

Mücadele süresince ve bitiminde istihbaratçıların oldukça yüksek bir prestije sahip bulundukları biliniyordu.

Peki daha sonraki istihbaratçılar neden halk tarafından sevilmediler ve toplumdan tecrit oldular?

Çünkü Amerikan dolarıyla başlayan ilişkiler zinciri, bazı Türk istihbaratçılarını kişilik erozyonuna uğratmıştı...

ABD Başkanı George Washington 17 eylül 1796 tarihinde siyasî hayattan çekilirken yaptığı veda konuşmasında bakın neler diyordu:

"Belirli bir millete sevdayla bağlanmaktan kaçınınız. Başka bir ülkeye nefret yahut sevgi duyguları beslemeyi âdet edinen milletler köleleşirler, kendi görev ve çıkarlarını unuturlar. Zira bir millet ortaklık hayaline kapılarak başka bir millete bağlandı mı, bu ikincisinin kavgalarına boşu boşuna karışır. Üstelik ona imtiyazlar tanır. Bu ise kendisinin sömürülmesine yol açmakla kalmaz, başka ülkelerin düşmanlığını ve misillemelerini de üstüne çeker. Büyük ve güçlü bir ülkeyle öyle bir ilişki kuran küçük yahut zayıf bir millet, ötekisinin uydusu olmaktan kurtulamaz.

Yabancı entrikaların aleti durumundaki kişiler, güvenini ve alkışını kazandıkları halkı aldatarak, onun çıkarlarını başkalarına teslim etmesini sağlarken, bütün bunlara karşı çıkan gerçek yurtseverler şüpheli duruma düşürülüp lanetlenebilirler."

Gerçek yurtseverleri şüpheli durumuna düşüren bir olay, ABD başkanının bu sözlerinden yüz elli yıl sonra Ankara'da meydana geliyordu...

Çapkın MAH başkanı

17 şubat 1959'da Başbakan Menderes'in uçağı, Kıbrıs görüşmeleri için Londra'ya giderken kazaya uğradı. Uçak, Paris yakınlarındaki bir ormana düşmüştü.

Başbakan Menderes'in sağ kurtulduğu uçak kazasında ölenler arasında Anadolu Ajansı Genel Müdürü Şerif Arzık da vardı.

Gazeteci Nimet Arzık[14] eşini yitirmiş, kızı ve oğlu babasız kalmışlardı.

Ve eşini toprağa verdikten 56 gün sonra Nimet Arzık'ın başına trajikomik bir olay gelecekti.

Gazeteci Nimet Arzık, MAH Başkanı Hüseyin Avni Göktürk'le başından geçen bu dehşet verici olayı *Tek At, Tek Mızrak Anılar* kitabında şöyle yazdı:

"Hocaya (Hüseyin Avni Göktürk'e), İngiliz Kütüphanesi'nde rastlamıştım. Bir açılış mı vardı, bir kapanış mı vardı? Uçak kazasından az sonraydı, emniyet müdürüyle karıştırmıştım. Yurtiçinde bir yolculuk için, ufak bir yardım isteyecektim. Doğunun türkülerini derleyecektim. Saygın vatandaşlığımın bilinmesiydi, öyle şeyler için!

– Sizinle uzun uzun görüşmeliyiz, demişti.

– Eve buyrun!

– Komşularınıza görünmek istemem.

– Büronuza geleyim.

– O da olmaz! Size bir adres versem gelir misiniz?

Kuruluşun bazı bölgelerde büroları olduğunu biliyordum.

Peki, dedim, ama ömrümde ilk kez rahat hissetmemiştim kendimi. Oysa korkusuz büyütülmüştüm.

Bizim Nurettin Fuat Alpkartal'a danıştım:

– Gideyim mi?.. Kavaklıdere'de bir evde otururken, hırsız girmişti de, sonra muhabbetlenmeye kalkmıştı.

– Yok canım, aferin adama... Senin oralar hakkında görüşünü isteyecek kadar zeki, demek...

Çok güvendiğim Nurettin Bey'le yetinmedim. Aynı endişeyi Celal Örge'ye de aktardım. Aramızda sıhriyet vardı. Uzun zaman da MAH Başkanı Behçet Türkmen Paşa'nın yardımcılığını yapmıştı.

– Yok canım, aferin adama... Korkma, kimse o kadar eşek değildir.

14 Nimet Arzık yıllar sonra ağabeyi Taha Carım'ı da Roma'da Ermeni Asala kurşunlarına kurban verecekti.

Gene de içim rahat değildi.

Öğleden sonraydı. Verdiği adres, Kale Yolu, Ertan Apartmanı'ydı.

Yol, yükselen bir nehir gibidir, kaleye kadar. O zaman öyleydi.

– Taksiyi yüz metre ötede bırakın, demişti.

Gene bir anlam verememiştim.

Ertan... Ertan... Ertan Apartmanı. Özelliksiz, beş katlı bir yapıydı, sarı kararmış!

'Allah Allah, buralarda, büro olur mu?' diye geçti aklımdan.

Hoca, bir yırtık tül perdenin arkasında beni bekliyordu. Pencere, demir parmaklıydı. 'Gel gel' işareti yapıyordu, iki elinin parmakları kıvrık.

Olayın gelişmesi... dizelerimde!.."

Gazeteci Nimet Arzık olayın arkasından "56'ncı Gün" adlı bir de şiir yazdı:

"Hayatta olsaydın ne çok gülerdin
Beraber gülerdik
Sonra, sunturlu bir küfür ederdin
Kendi stilince...
Bugün tarihî bir gün tarihimde,
Az kalsın tecavüze uğruyordum
Evet, tecavüze!..
Eğer karşımdaki bu kadar tavşan yürekli olmasaydı...
İftira ediyoruz zavallı hayvancıklara.
Olsaydı kulağın, fıslardın, adını, şanını, unvanını.
Dekor: cimri bekâr yatak odası.
Yatak: baklavalı bir örtüyle örtülü.
Baklavadan nefret ettim o örtüden ötürü.
Bir işkence sandalyası,
Ukalalık kadar dik,
Karşımdakinin vicdanı kadar kuru...
Dinle bu tiyatro değil,
Tiyatroda düzmezler dekoru, bu kadar uygun,
Kendi kişiliğine... (...)
O ne kelimelerdi ne
İki gönül bir olunca, diyordu hazret,

Yerin önemi ne ki,
Hazret seninle, seyranın samanlıklaşacağına,
Kanaatım büyük, aklım yatık,
Fakat samanlığın seyranlaşacağını,
Kuramam en cesur hayallerimde.
Kusura bakma üstat...
Neyse yakayı sıyırdım gözüm
Tavşan yürekliden korkabilsem, korkardım.
İltifatı kabul edilmedi diye
İftiraya geçecek, nasıl geçmesin;
Harpte ilk patlayan tüfek
Ödü patlayanınkiymiş.
Patlasın bakalım, mermisi neymiş!.."

İstihbaratın "bir numaralı patronu" Hüseyin Avni Göktürk kendini temize çıkarmak için yurtsever bir kadın gazeteciyi gözden düşürmeye çabalıyor, "Yurt aleyhine çalışıyordu, ifadesini almak için çağırdım" diyerek karşı saldırıya geçiyordu...

Peki hükûmet ne yapmıştı?

Olayı duyan Dışişleri Bakanı Fatin Rüştü Zorlu, "Kadın kaloriferşiz bir apartmana çağırılır mı?" biçiminde göstermişti tepkisini!..

Olaydan tam 20 yıl sonra, Nimet Arzık, MAH'tan ayrılıp, yedi ay kadar Yassıada'da tutuklu kalan ve 1966 yılında Niğde senatörlüğüne seçilen Hüseyin Avni Göktürk'le meclis asansöründe karşılaştı. Asansörde sadece ikisi vardı. Nimet Arzık yılların acısını çıkarmak için, asansörü bir aşağıya bir yukarıya indirip çıkardı. Hiç konuşmadılar. Sadece başını sürekli eğik tutan tıknaz adam, gözlükleriyle oynayıp, bir kadından neden korktuğunu bir türlü anlamadığını düşünerek, alnında biriken terini silmeye çabalıyordu...

MAH, kayınpederini takip ediyor!..

Hiram Abas da çapkındı...

Lise çağlarında başlamıştı genç kızlarla flört etmeye, el ele tutuşup Kadıköy sahillerinde yürümeye.

Çok da kıskançtı. Sayısını unuttuğu kaç kişiyle kavga etmişti, sevgilisine baktılar diye.

Üniversite yaşamında da, "çapkınlar listesi"nde adı vardı. Bundan gizli bir gurur duyardı. Nereden öğrendi, kimden duyduysa, "Otoriter annelerin çocukları çapkın olur. Ne yapayım benim annem de çok otoriter" diyordu, yaptıklarına bahane aradığında...

Ne çok mazeret dinlemişti kocasından Gülsen Abas!..

Hürriyet gazetesi Ankara temsilcisi Emin Karakuş'un kızıydı Gülsen Abas.

1940'lı, 1950'li yıllarda başkent kulislerine üç gazeteci hâkimdi: *Vatan* gazetesinden Sabahattin Sönmez, *Cumhuriyet* gazetesinden Mekki Sait Esen ve *Hürriyet*'ten Emin Karakuş...

Çetin Altan'ların, Cüneyt Arcayürek'lerin, Metin Toker'lerin, Fikret Otyam'ların "çömez" olduğu yıllar...

Hürriyet gazetesinin Ankara temsilcisi Emin Karakuş'un çocukluğu türlü sıkıntılar içinde geçmişti. Eski adıyla "İmalatı Harbiye" olan Makine Kimya Endüstrisi'nde işçilik yapmıştı. Beden işçiliğinde çalışarak Hukuk Fakültesi'ni bitirmişti.

Diğer gazetecilere göre kendini daha çok işçi sınıfından sayıyordu. Bazı sözleri nedeniyle, MAH ve Emniyet tarafından dikkatlice takip ediliyordu. O dönemde gazeteciler, yazarlar sürekli izleniyor, haklarında raporlar düzenleniyordu. 9 aralık 1957 tarihinde dönemin Basın Yayın ve Turizm Umum Müdürü Munis Faik Ozansoy imzasıyla gazete yönetimlerine, çalıştırdıkları muhabir, yazar ve diğer görevliler arasında komünistlikten mahkûm olmuş veya şüpheli olarak takibe alınmış kimselerle, Sovyetler Birliği ile Doğu Bloku ülkelerinde uzun veya kısa süre bulunmuş kimselerin durumlarının acele bildirilmesi isteniyordu!..

İşin aslı sonradan anlaşılacaktı, MAH, Türk basınında çalışanlar hakkında rapor hazırlamaktaydı.

Örnek mi? İşte Yaşar Kemal'in 42 yıl önce MAH'ta bulunan dosyası:

"Asıl adı Kemal Gökçeli'dir. 1926 yılında Kadiri'de doğmuştur. Mecidiyeköy Kırmızı Gül Sokak 10/1 numarada oturmaktadır. Matilda Serere isimli ecnebi bir kadınla uzun müddet yaşamış ve 1953 yılında bununla evlenmiştir. Bir gözü kördür.(...) Abidin Dino'nun tesiri ile komünizmi benimsemiştir. 1949'da Adana'da çeltik fabrikası işçilerini greve tahrik ve teşvik ettiğinden altı ay mevkuf kalmış ve fakat delil kifayetsizliğinden beraat etmiştir. *Teneke* isimli eserinde Adana'da işverenlerin işçilere karşı olan adaletsizliğini tebarüz ettirmek istemiş ve Komünist Kör Celal, namı müstearı ile kendini bu eserin mevzuunda kahraman rolüne sokmuştur.(...) 1954 yılında *Cumhuriyet* gazetesinde tefrika edilen *İnce Memed* isimli roman lehinde Abidin Dino, Fransız gazetelerinde neşriyat yaptırmış ve bu roman Fransız komünistler tarafından değerlendirilerek Nobel mükâfatı kazandırılmıştır.[15] (...) Kemal Tahir, Orhan Kemal, Aziz Nesin, Melih Cevdet Anday, Yaşar Nabi Nayır gibi tanınmış komünistlerle sıkı fıkı dosttur. İlhamını Orhan Kemal'den almaktadır.(...) Moskova radyosu, 26-27 mayıs 1952 tarihli memleketimizin aleyhindeki neşriyatının sermayesini, Yaşar Kemal'in *Cumhuriyet* gazetesindeki yazılarından almıştır.(...) 6/3/1954 gün ve Em.Ş.1.B 3075 1166 sayılı yazımızla hakkında gerekli bilgiler verilmiştir. Anadolu'yu sık sık dolaşır ise de pasaport aldığına ve Sovyet Rusya ile peyklerine gittiğine dair bir kayıt ve malumat mevcut değildir."

Emin Karakuş takip edilmekten korkmuyordu...

İnatçıydı.

Bu nedenle yaşamının sonuna kadar, üniversitede okuyan kızı Gülsen'i kaçırarak evlenen, onu "eve hapsederek" öğrenimini bıraktıran, kızıyla boşanıp tekrar evlenen Hiram Abas'ı hiç affetmedi.

Ve hayata gözlerini kapattığı son güne kadar, hiç konuşmadı istihbaratçı damadıyla...

Ve evden kaçan kızıyla...

Ailesi tarafından "reddedilen" Gülsen'e, İstanbul'da Roksan Hanım sahip çıktı. Tek evladının eşini, öz kızıymış gibi sevip, her konuda yardımına koştu.

İki kadın, biri kocasından, diğeri oğlundan görmedikleri

15 MAH'ın istihbaratı yanlıştı; Yaşar Kemal, Nobel Ödülü almadı.

şefkati, birbirlerinden esirgemediler uzun yıllar...

Kayınvalidesini kaybettikten sonra da iyiliklerini unutmadı, onu hep rahmetle andı Gülsen Hanım!..

"Konsolos Muavini" Hiram Abas

Hiram Abas'ın ev yaşamıyla bir ilgisi yoktu.

O, çocukluğundan beri sevdiği casusluk oyununu, "James Bond"luğu oynamak istiyordu. Masa başı bürokratik işlemlerden çok sıkılmıştı...

Ancak heyecanlandığı anlar da yok değildi...

Heyecanını yıllar sonra emekli olduğunda gazetecilerle paylaşacaktı:

"Adnan Menderes" demişti, "Menderes, İstanbul'da 'küçük bir birim' kurdurdu. Bazı Demokrat Parti milletvekillerini bu birim izliyor, dosya yapıyordu."

Telefonlarının dinlendiğine sitem eden Menderes, iktidardaki gücü azaldıkça hırçınlaşıyor ve yasal olmayan yollara başvuruyordu...

İktidar oyunu ne tuhaftı.

1950'de Demokrat Parti hükûmet olduğunda, DP'li Samet Ağaoğlu gazetecileri toplayıp, tek parti döneminden örnekler vererek, herkesin, hatta şimdi kendi bakanları olan Hulusi Köymen'in bile "zararlı faaliyetlerde bulunan insan" diye "fişlenmiş" olmasından şikâyet ediyordu. Arkasında da ekliyordu: "Artık bu devir kapandı."

O devrin kapanması bir yana, bu sözlerin söylenmesinden birkaç yıl sonra Başbakan Menderes artık kendi milletvekillerini bile izlettiriyordu!

Menderes, MAH'ı kendi kişisel amaçları için kullanmaya başlamıştı.

O günlerde gerek DP, gerekse muhalefet saflarında Başbakan Menderes'in "bazı 'muhaliflerini izleterek' dosyalar düzenlediği" söylentileri yaygındı. Özellikle Menderes taraftarları bu iddiaları "asılsız dedikodular" diyerek geçiştiriyorlardı.

Ancak dosya belirtileri zamanla yavaş yavaş ortaya çıkmaya başlamıştı.

Çünkü Başbakan Menderes, "fazla ileri giden davranışlarını" gördüğü milletvekili ve bakanlarının önlerine "özel dosya"larını fırlatıveriyordu! Örneğin, DP grubunda "yaylacı" diye adlandırılan, Menderes'e muhalif grubun önde gelenlerinden Sıtkı Yırcalı'nın "dosyalandığı" ortaya çıkmıştı. Dosyasında ne bilgiler yoktu ki: Paris'teki öğrenciliği sırasında solcu mitinglere gitmesinden tutun da, eşini aldatıp bir hanımla ilgilenmesine kadar...

Özellikle gece hayatına düşkün milletvekilleri ve "parasal sorunları" olanlar hakkında dosyalar düzenleniyordu.

MAH'ın bu konudaki en iyi "kaynağı", gazinocu Fahrettin Aslan'dı...

Menderes'in yaptığı kulisler başarılı olmuş, "çapkın" Hüseyin Avni Göktürk'ü gönderip, "sağ kolu" Ahmet Salih Korur'u "vekâleten" de olsa MAH'ın başına getirmişti.

Aile dostu mason Korur'un teşkilatın başına gelmesi Hiram Abas'ı çok mutlu etti.

Kısa bir süre sonra da isteğine kavuştu: dış göreve gidecekti...

Hem de Sovyetler Birliği'nin en önemli üslerinin bulunduğu Batum'a.

Piposunu keyifle tüttürdü.

Nihayet hareketli günler başlıyordu...

Ajan bizden parası sizden!

Sovyetler Birliği, topraklarındaki "Türkî Cumhuriyetler" içinde, Türkiye'ye sadece Batum'da konsolosluk açma izni vermişti.

NATO'nun Sovyetler Birliği'ni dikkatle izlediği o yıllarda Batum'daki Türk Konsolosluğu'nun önemi büyüktü. Başta Sovyetler Birliği olmak üzere Doğu Bloku'na gidecek istihbaratçıların merkezi Batum'du.

İki yıl önce, "CIA'yla parasal ilişkilerinizi düzenleyin" diye MAH Müsteşarı Behçet Türkmen'e sitem eden Ahmet Salih Korur, teşkilatın başına geçince ilk iş olarak, CIA'nın "Türkiye istasyon şefini" makamına çağırdı.

Bu görüşmeyi yıllar sonra Gazeteci Cüneyt Arcayürek'e anlatacaktı:

"İlişkilerimizi ancak 'müşterek hizmet masrafları' olarak sürdürebiliriz. Mesela? Kürt hareketlerini müşterek takip ediyoruz, masrafı ne? Diyelim ki 15 000 lira, 7 500'ünü CIA öder, gerisini biz. 'Mütemadiyen' Batum'a ajan sevk ediyoruz. Ajanı biz temin ediyoruz. Masrafları CIA yapabilir. Uygulamaya geçildi ve bu paralar CIA'dan alınmaya başlandı."[16]

CIA için Batum önemliydi. Çünkü yıllarca Osmanlı egemenliğinde kalan Batum'da Türkiye'nin çok güçlü "ağları" vardı.

Türk ajanların çoğu Batum'a gemici kimliğiyle gidiyordu. Gemiyle Türkiye'ye gelen, Türk asıllı Sovyetler Birliği vatandaşı kimliğini Türk ajana verip, İstanbul'da kalıyordu. Ajan, bilgiler toplayıp tekrar İstanbul'a geldiğinde kimliğini gerçek sahibine iade ediyordu!..

Hiram Abas Batum'a gemici kimliğiyle gitmedi. Kendi kimliğini kullandı. Ama Türk Dışişleri Bakanlığı tarafından kamufle edilmişti.

Sözüm ona Dışişleri Bakanlığı'nın 1957 yılında açtığı meslek memuru sınavını kazanıp, "maiyet memuru" olmuştu. İki yıl merkezde çalıştıktan sonra Batum'a, "konsolos muavini" olarak atanmıştı!..

Hiram Abas, eşi Gülsen ve yeni doğan oğlu Cengiz'i alarak Batum'a gitmek üzere yola çıktı.

Peki CIA, Hiram Abas'ın cebine de Amerikan doları koymuş muydu?

Öyle ya, MAH Başkanı Korur ile CIA'nın "Türkiye istasyon şefi" Batum'a gidenlerin masraflarının yarı yarıya bölüşülmesi için anlaşma yapmamış mıydı?

Ajan bizden, parası sizden!

Millî İstihbarat Teşkilatı'nda istihbarat başkan yardımcılığı görevine kadar yükselen Sabahattin Savaşman da, yazılanları doğruluyordu:

16 Cüneyt Arcayürek, *Darbeler ve Gizli Servisler,* Bilgi Yayınevi, 1989, s. 45, 46.

"Hiram Abas, Odesa'da (Batum'da), Atina'da ve Beyrut'ta aynı şekilde yapılan müşterek operasyonlar sırasında, o şehirlerde bulunan CIA ajanından ücret ve talimat almış, yalnız olarak ikili temaslar yapmıştır."[17]

"Konsolos Muavini" Hiram Abas, anne ve babasına el sallayıp İstanbul'dan ayrılırken, ABD Başkanı Dwight David Eisenhower Türkiye'ye geliyordu.

Ankara'da okullar tatil edilmiş, meydanlara İngilizce "Welcome İke" (Hoş geldin Eisenhower) pankartları asılmış, ilk ve ortaokul öğrencilerinin ellerine Türk ve Amerikan bayrakları verilerek ABD başkanının geçtiği yollarda, "Welcome İke" diye bağırtılıyorlardı.

Başbakan Menderes iki ay önce, 7-9 ekim 1959 tarihinde Amerika'daydı. O zaman ABD başkanıyla görüşmesi mümkün olmamıştı. Şimdi fotoğrafçılara yan yana poz veriyorlardı. Eisenhower, "Şimdiye dek hiçbir yerde böylesine karşılanmadığını" söylüyordu...

Gördüğü manzaraya şaşıran sadece Amerikan başkanı değildi.

CHP lideri İsmet İnönü ise başka "manzaralara" şaşırmıştı. Uşak'ta ve İzmir'de saldırılara uğrayıp, atılan bir taşla alnından yaralanmıştı.

Türkiye gerginleştiriliyordu...

Batum günleri

Hiram Abas'ın da Batum'daki günleri hayli gergin geçmişti...

Genelde diplomatlar, kendileri hakkında raporlar hazırlayıp Türkiye'ye gönderen istihbaratçıları ne severler ne de güvenirlerdi.

Ancak Batum Konsolosu İhsan Aksoy, elinde sürekli pipoyla dolaşan, iki dil bilen, 27 yaşındaki genç istihbaratçıyı sevmişti.

Aralarının daha sonra açılacağını kuşkusuz o ilk günlerde bilmiyordu.

17 Sabahattin Savaşman, *3. Adam Anlatıyor,* Kaynak Yayınları, s. 240, 241.

"Konsolos Muavini" Hiram Abas'ın Batum günlerini meslektaşı Mehmet Eymür şöyle anlatıyor:

"Batum Dışişleri'ndeki dış postların en kötüsü idi. Ancak teşkilat yönünden önemli bir posttu. Belki de bu önem bizden ziyade, o bölgelerde tahditli faaliyeti olan ABD (CIA) istihbaratı için daha fazlaydı.

O tarihlerde Batum'da diplomatlara birçok yer yasaklanmıştı. Hatta şehrin içindeki bazı bölgelere girmeleri yasaktı.

Hiram Bey, Batum'da yalnız değildi. Başında kendisinden kıdemli olan N. Ç. isimli teşkilat mensubu vardı. N. Ç. aşırı içki içiyor bazen konsolosluk dışında, umumî yerlerde sızıyordu. Hiram Bey birkaç kez kendilerini izleyen Sovyet gizli polisinin, N. Ç.'yi kollarına girip konsolosluğa getirdiğini müşahede etmişti.

Konsolosluk tam başıboş durumdaydı. Konsoloslukta görevli Yuri Viktoroviç KGB'nin (Sovyet gizli servisi) adamıydı. Hiram Bey kendisinden önce, KGB'nin konsolosluğa girip gizlilik içeren kasayı açtığını öğrenmişti. Yirmiden fazla odası olan konsolosluk binasının üst katındaki odalarında eşi çocuğu ile kalırken, Hiram Bey gecelerce alt kattaki şöminenin içinde pusuya yatıp, konsolosluğa gizlice girecekleri tespit etmeye çalışmıştı.

Ruslar onun varlığından rahatsız olmuşlardı. Oğluna 'verem' teşhisi koydular, karısının hemen apandisit ameliyatı olması gerektiğini belirttiler. Hepsi asılsız çıktı. Korkutup kaçırmaya, zehirlemeye kalktılar. Hiram Bey kolay pes edecek adam değildi. Sonunda bir yıl kadar sonra Türkiye'ye izinli geldiklerinde Fuat (Doğu) Paşa onu tekrar geri yollamadı. Eşyaları arkasından geldi.

Batum'daki operasyon hasılasını değerlendiren Amerikalılar, Batum'dan dönüşünden sonra N. Ç.'nin Sovyetlerce angaje edilmiş olabileceğini belirterek, MİT'e sorgulanmasını teklif etmişler, o zamanki yönetim herhalde 'teşkilat yıpranır' gerekçesiyle bunu uygun görmemişti."[18]

Hiram Abas'ın amiri N. Ç.'yi, CIA'ya kim ihbar etmiş olabilirdi?

18 Mehmet Eymür, *Analiz,* Milliyet Yayınları, 1991, s. 50, 51.

"Konsolos Muavini" Hiram Abas'ın "ajan kimliği" Batum'da kısa zamanda ortaya çıkmıştı. Sovyetler Birliği, Hiram Abas'ın ülkelerini terk etmesini Moskova Büyükelçisi Kemal Nejat Kavur'dan uygun bir dille istedi.

"James Bond"luk oynamak isteyen Hiram Abas, ilk dış görevinde, daha bir yılını bile doldurmadan "deşifre" olmuştu!

Hiram Abas Türkiye'ye döndüğünde, 1959 yılı başında MAH reisliğine yine sivil bir diplomat getirilmişti: Romanya Büyükelçisi Celalettin Tevfik Karasapan. Dışişleri Bakanlığı genel sekreter yardımcılığı da yapmıştı Karasapan. Karısı Nevzat Hanım'la birlikte Ankara sosyetesinin ünlü simalarından biriydi. Onsuz davet olmuyordu sanki. Üst düzey devlet adamlarının hemen hepsiyle yakın dostluğu vardı. Paris'te öğrenim görmüştü, Paris Siyasî ve Sosyal Bilimler Okulu'ndan mezun olmuştu.

İngilizce, İtalyanca ve Fransızca bilen, 58 yaşındaki Karasapan, Bükreş büyükelçiliğinden alınarak MAH'ın başına getirilmişti...

Tesadüf bu ya, bir önceki MAH başkanı gibi o da masondu!..

MAH Başkanı Celalettin Tevfik Karasapan, Hiram Abas'ın üniversiteden sınıf arkadaşı ve o zamanlar *Yeni Gün* gazetesinin genel yayın müdürü olan Mehmet Ali Kışlalı'nın nişanlısı Sevinç Hanım'ın babasıydı.[19]

Hiram Abas İstanbul'a döndükten sonra Kontrespiyonaj Bölümü'nde çalışmaya başlamıştı. Özellikle Doğu Bloku ve Arap ülkelerinden gelen casusları takip ediyorlardı. "Hedef"lerini takip ederken çeşitli kılıklara girmek hoşuna gidiyor, kendini oyun oynuyor gibi hissediyordu.

Asım Aytek adlı Suriye ajanını yakalayıp, 12 yıl 6 ay hapse mahkûm ettirmişlerdi. Yakaladıkları bir diğer Suriye aja-

19 Sevinç Karasapan ile Mehmet Ali Kışlalı 1959'da evlenip iki çocuk sahibi oldular. Daha sonra ayrıldılar. Sevinç Karasapan, Prof. Mümtaz Soysal'la evlendi. M. Ali Kışlalı, uzun yıllar *Yankı* dergisini çıkardı; *Milliyet, Tercüman, Türkiye* gazetelerinde, Radio Liberty ve *Time*'da gazetecilik yaşamını sürdürdü. Halen yabancı yayın organlarının temsilciliği yanında *Radikal* gazetesinde de köşe yazarlığı yapmaktadır.

nı Cemil Pırıltı, sevk edildiği cezaevinden kaçmıştı.

Bulgaristan adına casusluk yapan; Kadir Çekti, Hilmi Şişman, Davut Çalışkan, Galip Yengil adlı Türk vatandaşlarını da yakalayıp yargıya teslim etmişlerdi.

MAH kurulduğu yıldan o tarihe kadar toplam 64 casus yakalamıştı.

Bunlardan sadece biri Yunan ajanıydı: Dimitri Bundukos adlı Yunan ajanı, Kıbrıs'ta gerilimin doruğa çıktığı 1957 yılında yakalanmıştı.

Bir de, Wilfried Herbecht adında bir Alman vardı yakalanan casuslar arasında. Buradaki önemli ayrıntı, Alman'ın kendi ülkesi adına değil, Bulgaristan için casusluk yapıyor olmasıydı!

Yakalananlar arasında iki de Mısır ajanı vardı: biri Türk vatandaşı Ethem Akıl, diğeri Mısırlı Şeyh İbrahim. Onlar da, Nasır rüzgârlarının estiği Ortadoğu'da, Mısır'ın "çıban başı" olarak görüldüğü dönemlerde yakalanmışlardı.

Geriye kalan 58 ajanın yarısı Sovyetler Birliği, yarısı da Bulgaristan adına casusluk yaparken yakalanmıştı...

Hiram Abas İstanbul sokaklarında "komünist casus" avlarken, Türkiye 1950'li yılları geride bırakıp, siyasal çalkantılarla geçecek yeni bir on yıla giriyordu...

Kayınpederi, Menderes'i kaçırıyor!

Türkiye Büyük Millet Meclisi, 1960 yılına tartışmalı, kavgalı bütçe görüşmeleriyle girdi. Bazı DP milletvekilleri, Millî Savunma Bakanlığı bütçesi görüşülürken, yeni düzenlemeler yapılarak Türk Silahlı Kuvvetleri'nin giderlerinin azaltılmasını istediler. CHP'liler sıra kapaklarını vurarak talebi protesto ettiler...

Benzer eylemi DP'liler CHP Milletvekili Bülent Ecevit'in sözleri üzerine yaptılar. Ecevit, ABD'yle imzalanan "ikili anlaşmalara" karşı çıkıyordu: "İkili anlaşma diyor ki; Türk hükûmeti istediği takdirde, memleket dahilinde vuku bulacak, 'silahsız bilvasıta bir tecavüzü' önlemek üzere, Amerikan hükûmetinin askerî yardımda bulunmasını öngörmektedir. Arkadaşlar, Amerika böyle bir anlaşmayı hiçbir Avrupa devleti ile yapmamıştır. Bu tür anlaşmaları sadece bazı Arap devletleriyle yapmıştır ve bu da kötü sonuçlar doğurmuştur. Oysa Türk hükûmeti, meclisin onayına bile sunmadan, böyle bir anlaşmayı bir yıl önce imzalamıştır."

DP'liler, "Moskova'ya, Moskova'ya" diye bağırıyorlardı!..

Demokratlar mecliste Ecevit'e "Moskova'ya, Moskova'ya" diye bağırırken, Adana İncirlik Üssü'nden kalkan ve CIA ajanı Gary Powers'ın kullandığı Amerikan U-2 "casus uçağı" Sovyet uçakları tarafından Moskova yakınlarında düşürülüyordu.

O günlerde sokakları, caddeleri, ellerinde Türk bayraklarıyla dolduranlar ise, "Hürriyet! Hürriyet!" diye bağırarak DP hükûmetini düşürmeye çalışıyorlardı...

Sloganlar birkaç gün sonra değişecek, binlerce insan, "Katil hükûmet" diye bağırmaya başlayacaktı.

28 nisan 1960 günü İstanbul Beyazıt'ta gösteri yapan öğrencilerin üzerine polisin ateş açması sonucu Turan Emeksiz yaşamını kaybedecekti...

Turan Emeksiz'in adı daha sonra İstanbul şehiriçi feribotuna verilecek ve bu feribotun kaptanlığını kısa bir süre Hiram Abas'ın babası yapacaktı!..

Bir hafta sonra Ankara'daki olaylar sırasında da, Hiram Abas'ın kayınpederi Gazeteci Emin Karakuş'un başına ilginç bir olay gelecekti.

Parola "555 K" yani; 5'inci ayın 5'inde, saat 5'te, Kızılay'da toplanan göstericiler, yanlışlıkla aralarına düşen Celal Bayar ve Adnan Menderes'i görünce çok şaşırmışlardı. Cumhurbaşkanı Bayar, hemen DP İl Merkezi'ne girmişti. Başbakan ise yanına aldığı birkaç polisle göstericilerin üstlerine doğru ilerleyip onlarla tartışıyordu:

– Ne istiyorsunuz?

– İstifanızı istiyoruz!

Ortalık giderek gerginleşiyordu. Birinci Şube Müdürü Niyazi Bicioğlu başbakanı yol kenarında duran siyah Volkswagen otomobile bindirmeye çalışıyordu.

Otomobil *Hürriyet* gazetesinin Ankara temsilcisi Emin Karakuş'a aitti.

"Bulvara bakan büromdan olayları gözlüyordum. Birden gözüme daha taksitlerini ödemediğim ve yeni aldığım Volkswagen çarptı. Arabamın çevresi polislerden geçilmiyordu. Kurtarmak için dışarıya fırladım. Arabaya varıp zor bela içine oturduğumda Adnan Menderes polislere talimat veriyordu. 'Yakalayın şunu, tutun şunu, bu ne rezalettir' diye bağırıyordu. Marşa bastım. İlerlemem mümkün değildi. O sırada yan kapı açıldı. Birisi 'Sayın Başvekilim, lütfen arabaya girin' diyerek Menderes'i benim yanıma oturtmaya çalışıyordu. Başbakan buna hiç niyetli değildi. Arabanın damını yumrukluyor, çevresindekilere bağırıyordu. 'Yuh ne demek ulan, yuh bana mı?' Gaza bastım, kalabalığı yararak uzaklaştım. Menderes'i 300 metre ötede postane önünde bıraktım. Kendisi böyle istemişti."

Emin Karakuş, bu olayı ancak 27 Mayıs'tan sonra, yani DP sansürü bittikten sonra *Hürriyet* gazetesinde, "Menderes Arabama Nasıl Sığındı" başlığıyla yazabilecekti.

Gösteriler durmuyordu, ok yaydan çıkmıştı...

Eylemlere Harp Okulu öğrencileri de katıldı. Genç Harbiyeliler Ankara sokaklarında sessiz bir yürüyüş yaparak hükûmeti protesto etti.

Eymür ile Ağar'ın babaları gözaltında.

27 Mayıs 1960 saat 04.36'da Kurmay Albay Alparslan Türkeş'in Ankara Radyosu'ndan, "Türk Silahlı Kuvvetleri memleketin idaresini ele almıştır" duyurusunu yapmadan birkaç saat önce,[20] İstanbul MAH teşkilatı önlemlerini almaya başlamıştı...

O sıcak gecenin tanıklarından Mehmet Eymür, MAH'ın teknik büro şefliğini yapan babası Mazhar Eymür'ün neler yaşadığını yıllar sonra şöyle anlatacaktı:

"26 mayıs 1960 geceyarısına doğru babama telefonla bilgi geldi. İhtilal hareketi başlamıştı. Babamı ilk defa telaşlı

20 Türkeş, cuntaya girme teklifini kurmay binbaşı olarak Elazığ'da görev yaparken, Kurmay Albay Talat Aydemir'den aldı, bir süre sonra bu öneriye "Evet" diyerek, daha sonra Millî Birlik Komitesi adını alacak olan gizli örgütün üyesi oldu. Radyodan okunan ve kendi kaleminden çıkmış olan ihtilal bildirisinin hikâyesini anılarında anlatır (Hulusi Turgut, Türkeş'in anıları, *Şahinlerin Dansı,* s. 83-89).

görüyordum. Hemen yakında oturan birkaç personel çağrıldı, nöbetçi erlere herhangi bir müdahaleye karşı koymamaları için talimat verildi. Babamın yardımcılarından Necdet Bey de yakınlarda oturduğundan hemen daireye geldi. Birlikte, en üst katta lojmanın karşısındaki dairede bulunan 'özel dinleme' bölümüne geçip, buradaki bazı bant ve evrakı imha ettiler. Öğrendiğime göre orada muhalefet partisi CHP ve onun yöneticileri izleniyordu. Babam Necdet Bey'e, 'Kaç kere söyledim bizi şu işlere karıştırmayın diye, bir türlü dinletemedim' şeklinde yakınıyordu."[21]

Ne kadar önlem alırsa alsın, Mazhar Eymür, 27 Mayıs'tan sonra gözaltına alınmaktan kurtulamayacaktı.

İhtilalciler, MAH içinden ve Emniyet kadrolarından birçok kişiyi gözaltına almaya başlamıştı.

Görevden alınıp sorgulananlar arasında Adana Emniyet Müdürü Zülküf Ağar da vardı!

17 yaşındaki Mehmet Eymür ile 9 yaşındaki Mehmet Ağar, babalarının askerler tarafından götürülmelerini hiç unutmayacaklardı...

Zeki Müren'in komutanı

Ne Cumhurbaşkanı Celal Bayar Çankaya Köşkü'nde ne de Başbakan Adnan Menderes halka hitap etmek için gittiği Eskişehir'de, askerler tarafından "derdest" edilirlerken, iki yıl önceki bir olayı akıllarına getirmediler...

Ya peki tutuklanacağını anlayınca Kara Harp Okulu'nun penceresinden atlayarak intihar eden İçişleri Bakanı Namık Gedik, iki yıl önceki koşuşturmasını hatırlamış mıydı?

Binbaşı Samet Kuşçu adını üçü de çoktan unutmuştu...

27 Mayıs 1960'tan iki yıl önce...

İstanbul Ordu Temsil Bürosu'nda askerliğini yedeksubay olarak yapan Zeki Müren, komutanı Binbaşı Samet Kuşçu'nun o sabahki telaşını bir türlü anlamamıştı.

"Sanat Güneşi" Zeki Müren'in her sabah halini hatırını

21 Mehmet Eymür, a.g.e., s. 29.

soran komutanı, bu kez yüzüne bile bakmamıştı...

Harp Okulu'nda çalışkanlığı ve zekâsıyla sivrilmiş, kısa zamanda kurmay olup NATO'da görev yapmış, birkaç dil bilen Komutan Kuşçu'nun o sabahki halini kimse hayra yormadı...

Binbaşı Kuşçu makamındaki telefonun ahizesini kaldırırken gözleri eline takıldı, sadece eli değil tüm vücudu, deyim yerindeyse "zangır zangır" titriyordu. Ancak kararlıydı, numaraları çevirdi.

Aradığı kişi, Ordu Temsil Bürosu'nda askerliğini yaparken tanıştığı Gazeteci Mithat Perin'di.

Hal hatır sormadan söyleyeceklerini art arda sıraladı: "Tıpkı Mısır'da olduğu gibi bazı subaylar Nasır tipi ihtilal hazırlığı içindeler. Başlarında Yarbay Faruk Güventürk var. Beni Başbakan Menderes'le acilen görüştür!"

Mithat Perin, *İstanbul Ekspres* gazetesinin sahibi ve aynı zamanda DP milletvekiliydi.

Perin, başbakana ulaşamadı, ama İçişleri Bakanı Namık Gedik'le, Park Oteli'nde buluşup, Binbaşı Kuşçu'dan dinlediklerini bir solukta anlattı. Olay, Menderes'e intikal ettirildi.

Başbakan Menderes, İçişleri Bakanı Gedik'e, "Millî Savunma Bakanı Şemi Ergin'i de İstanbul'a çağırın, İstanbul Valiliği'nde bir araya gelip durum değerlendirmesi yapalım" dedi.

Tesadüf. (Hani aksi tesadüf denir ya!)

Binbaşı Kuşçu'nun, "Başlarında Faruk Güventürk var" dediği yarbay tam o sırada Ankara'da, Millî Savunma Bakanı Şemi Ergin'e, "İhtilalin başına geçin" teklifini yapıyordu![22]

Görüşmeyi İstanbul'dan arayan İçişleri Bakanı Gedik'in telefonu yarıda kesti.

22 O sıralarda Ordu içinde birbiriyle ilişkisi olmayan birçok ihtilalci grup vardı. Bu gruplardan birinin başını da yine ihtilale teşebbüsten 1964'te idam edilecek olan Talat Aydemir ile Dündar Seyhan çekiyordu. Gruptan Binbaşı Sadi Koçaş, cuntaya daha üst rütbeli "büyük bir baş" aramaya çıkmıştı. Tavsiyesini almak üzere yakın dostu ve Millî Emniyet'te görevli Binbaşı Cihat Akyol'a gitti. Binbaşı Akyol, Koçaş'a "onlardan başka bir grup daha olduğunu, Şemi Ergin'e liderlik teklif edileceğini, Samet Kuşçu'ya güvenmemesini" tavsiye etti (Sadi Koçaş, *Atatürk'ten 12 Mart'a,* c. 1, s. 354). Koçaş ve Akyol "9 Subay Olayı"ndan tutuklanmadan kurtuldular. İleriki yıllarda biri başbakan yardımcısı, diğeri Özel Harp Dairesi başkanı olacaktı.

Bakan Şemi Ergin askerî bir uçakla İstanbul'a gidip toplantıya katıldı. Darbe yapacaklar arasında Yarbay Faruk Güventürk'ün adının da olduğunu görünce bayağı endişelendi. Ancak hiç renk vermedi.

İçişleri Bakanı Gedik'in, "Bu subayları hemen tevkif ettirelim" önerisine karşı çıktı, "Elinizde delil var mı?" diye sordu.

Delil aramaya başladılar.

Oysa en güçlü deliller, Menderes'in sağındaki koltukta oturan Millî Savunma Bakanı Şemi Ergin ile, arkasında duran yaveri Muzaffer Ersü'ydü...[23]

Nasıl delil elde edileceği kısa bir tartışma sonucu bulundu. Binbaşı Kuşçu, ihtilalci bir subayı evine çağıracak, konuşmaları teybe kaydettirilecekti.

Samet Kuşçu'nun evine çağırdığı İstanbul Kolordu Kurmay Başkanlığı'nda görev yapan Albay İlhami Barut, binbaşının sohbet sırasında neden bağırarak konuştuğuna önce bir anlam verememişti. Ama balkondaki karartıyı görünce işi kavradı. Dikkatli konuşmalıydı.

45 dakikalık bandı dinleyen İçişleri Bakanı Gedik, hırsından dişlerini dudağına geçirdi. "Bu ne rezalet" diye bağırıyordu. Delil kasete göre, ortada ihtilal filan yoktu.

Bakanın hışmından korkan Binbaşı Kuşçu pencereden atlayıp kaçtı...

Birkaç saat sonra...

İstanbul Emniyet Müdürü Hayrettin Nakipoğlu'nun telefonu çaldı. Arayan ABD Konsolosluğu'nda görevli CIA'nın İstanbul istasyon şefiydi:

"Burada bize sığınmak istediğini söyleyen bir Türk subayı var. Türkiye'de ihtilal yapılacağını söylüyor, bilgiler veriyor. Lütfen gelip alır mısınız kendisini?"

Binbaşı Kuşçu, Türk hükûmetini inandıramayınca soluğu Amerikalıların yanında almıştı.

Nakipoğlu emniyet sorgusunu yaptığı Binbaşı Kuşçu'yu MAH'a teslim etti. Onlar da ayrıca sorguladı... Alınan ifade-

23 İhtilalci Muzaffer Ersü, Menderes'in sağ kurtulduğu uçak kazasında yaşamını kaybetti.

ler önce yine İçişleri Bakanı Namık Gedik'in önüne gitti. Gedik artık binbaşıdan bıkmıştı. Ama yine de görevini yaptı, ifadelerini Başbakan Adnan Menderes ile Cumhurbaşkanı Celal Bayar'a sundu.

Üç gün sonra...

Kurmay Albay İlhami Barut, Kurmay Albay Naci Aşkun, Topçu Yarbay Faruk Güventürk, Piyade Binbaşı Ata Tan, Piyade Yüzbaşı Hasan Sabuncu, Piyade Binbaşı Ahmet Dalkılıç, Piyade Yüzbaşı Kâzım Özfırat ve emekli Kurmay Albay Cemal Yıldırım, ihtilale teşebbüsten tutuklandılar.

16 ocak 1958'de hâkim karşısına çıkarıldılar. Askerî mahkemenin başkanlığını -geleceğin Genelkurmay başkanlarından- Tümgeneral Cemal Tural yapıyordu... İhtilalciler kendilerine lider ararken Tural'a da başvurmuşlardı. Tural, kendisiyle görüşmeye giden Albay Kenan Esengin'e, "Bu davaya inanıyorum. Bir er olarak bile çalışırım. Ama tam tanımadığım bir kadronun organizatörü olamam"[24] demişti. Yani, ihtilalcileri yargılayan mahkemeye, kendisine liderlik teklif ettikleri general başkanlık ediyordu!

5 nisan tarihinde sekiz subay serbest bırakıldı. Ceza gören tek kişi, muhbir Binbaşı Samet Kuşçu'ydu. Ordu'yu isyana teşvikten iki yıl ceza aldı...

Celal Bayar o sıcak günleri yıllar sonra Gazeteci Cüneyt Arcayürek'e şöyle anlatacaktı: "Gerek mahkeme ve gerekse daha yüksek makamlar olaya lazım gelen ehemmiyeti vermediler, beraat ettirdiler. Ben, bu mesele üzerinde görüşmek üzere hükûmeti çağırdım. Kendilerini ikaz ettim. Adnan (Menderes) Bey'le konuştum, Heyeti Vekile'yi çağırdım, onlarla da konuştum. Adnan Bey'in de dahil olduğu Bakanlar Kurulu toplantısında kendilerini ikaz ettim ve daha ciddi harekete davet ettim. 'Efendim Türk Ordusu'ndan böyle bir subay çıkmaz' dediler. Ehemmiyet vermeyenlerden birisi Millî Savunma Bakanı Şemi Ergin'dir. Şemi Ergin'in, Faruk Güventürk ile bir konuşma yaptığından, ihtilal liderliği teklifi aldığından, o sıralarda haberim olmadı. Fakat sonra, liderlik teklif ettiklerine dair bilgi aldık. Gerçekten 9 Subay

24 Sadi Koçaş, *Atatürk'ten 12 Mart'a,* c. 1, s. 349.

Olayı iyi değerlendirilmiş olsaydı, 27 Mayıs olmazdı. Bana, bu olayın dışında Ordu'nun iç bünyesi hakkında hiç bilgi verilmemiştir."[25]

Tıpkı MAH gibi, tüm bu olaylardan habersiz Asteğmen Zeki Müren, kışlada asker arkadaşlarına, "Bir İhtimal Daha Var" şarkısını söylüyordu...

MAH ihtilalin ayak seslerini duymuş muydu?..

MAH'ın başında yine bir "birader"

MAH'ın 27 Mayıs Harekâtı konusunda, Cumhurbaşkanı Celal Bayar'ı ve Başbakan Adnan Menderes'i haberdar edip etmediği konusunda iki farklı görüş var.

Birincisi; 27 Mayıs'tan iki gün sonra MAH Başkanlığı'ndan alınan sivil başkan Celalettin Tevfik Karasapan'ın askerî harekâttan haberi yoktu, bu nedenle Bayar ve Menderes'i haberdar edemedi görüşüdür. Bu, oldukça yaygın bir görüştür.[26]

Ancak Celalettin Tevfik Karasapan'ın eski damadı Gazeteci Mehmet Ali Kışlalı yıllar sonra daha farklı bir tez ileri sürdü:

"MAH, Celalettin Tevfik Karasapan döneminde askerî müdahale hazırlıkları hakkında işaretler almış, müsteşar Çankaya Köşkü'ne, Bayar ve Menderes'e bu bilgileri vermek için çıkmıştır. Bu olayın kişisel şahidi de zamanın Basın Yayın Genel Müdürü Altemur Kılıç'tır. Ama MAH müsteşarının naklettiği bilgiler ciddiye alınmamış, haberi getiren 'şeamet tellalı' olmakla zirvedekilerce suçlanmıştır."[27]

25 27 Mayıs öncesinde TSK'da ayrı ayrı birçok gruplar oluşmaya başlamıştı. Bunlardan biri de Belçika Kulübü'ydü; üsteğmen, yüzbaşı ve binbaşı rütbesindeki bazı subaylar, Ordu'da birbirlerini desteklemek ve ileride lider kadroyu ele geçirmek için kendi aralarında "illegal" bir birlik oluşturdular. Adına Belçika Kulübü dediler. NATO'nun merkezi Belçika'da olduğu için bu adı almışlardı. Belçika Kulübü üyeleri zamanla Ordu ve kuvvet komutanlıklarına hatta Genelkurmay Başkanlığı'na kadar geleceklerdi.

26 Bu görüşte olanlar ilginç bir olayı da aktarıyorlar: MAH Başkanı Karasapan bir yıl sonra Afyon'dan senatör seçildi. Turizm bakanlığı yaptı. Talat Aydemir'in 21 mayıs 1963 tarihinde hükûmeti yıkmak için giriştiği hareketten haberi olmadığı için, kırmızı plakalı makam arabasıyla dolaşırken az kalsın gözaltına alınıyordu.

27 *Radikal,* 23 ağustos 1998. MAH Başkanı Karasapan da anılarını yazdı, torunları dedelerinin anılarını kitap yapmak için uğraşmaktadırlar.

MAH sivil otoriteyi askerî hareket konusunda uyardı veya uyarmadı; ancak ihtilali gerçekleştiren Millî Birlik Komitesi'nin teşkilat konusunda kafası karışıktı. MAH'ın başına kimi getirecekleri konusunda her kafadan bir ses çıkıyordu.

Sonunda ihtilalin Orgeneral Cemal Gürsel'den sonra "ikinci komutanı" Orgeneral Fahri Özdilek'in dediği oldu: teşkilatın başına 1926 Harp Okulu çıkışlı, uzun yıllardır MAH bünyesinde çalışan Ziya Selışık getirildi.

Hiram Abas yine şanslıydı.

"Ziya Selışık" adını ortaya atan Komutan Fahri Özdilek de, MAH'ın yeni başkanı da masondu!..

"Birader" öz kardeşten önce gelirdi...

Baş kuraldı; birader, biraderi daima kollardı...

MAH'ın başına yine yeni bir "birader" gelmişti!..

İhtilalcilerin büyük çoğunluğu o tarihlerde "masonluk nedir" bilmiyorlardı.

27 Mayıs'ın hemen ertesi günü bazı genç subayların İstanbul'daki mason locasını basmalarını anlayamamışlardı. Yeni kurulan kabinede başbakan yardımcılığı görevine getirilen "birader" Özdilek Paşa, bu olayı büyük bir sorun haline getirmişti. Hemen ardından subayların politikayla uğraşmaması şeklinde sert bir bildiri hazırlanmıştı.

MAH'ın, CIA-Mossad-Savak'la ilişkisini de birçoğu bilmiyordu. Örneğin Adana ve çevresinin çalışma alanı olarak Mossad'a verildiğinden haberleri bile yoktu.

Tek bildikleri, devletin pek çok kurumu gibi, MAH'ta da, Demokrat Parti'ye bağlı olanların yuvalanmış olduğuydu.

Gerçeği öğrenmeleri fazla zaman almadı. Harp Akademisi'nde öğretmenlik yapan Naci Asutay'ı MAH'ta görevlendirmişlerdi. Aradan bir süre geçti. Asutay'ı ne zaman arasalar bulamıyorlardı. Ya yurtiçinde bir gezide ya da bir başka ülkede oluyordu. Sonunda anladılar ki, "birader" Ziya Selışık, Asutay'ın örgüte egemen olmasını engellemek için sürekli geziye çıkmasını sağlıyordu. Asutay, bir türlü görevinin başında kalamıyordu...

Görevinin başında bulunmayan biri daha vardı: Ziya Selışık. MAH başkanı ne zaman aransa, İsrail Maslahatgüzarlığı'nda bulunuyordu!

İhtilalin üzerinden altı ay geçmişti ve MAH'ta istedikleri değişiklikleri bir türlü yapamıyorlardı...

Teşkilat mensupları, kulaklarına gelen, "Personel tasfiyesi yapılacak" sözlerinin gerçekleşeceği günü endişeyle bekliyorlardı...

Türkiye'nin müttefikleri ise endişelerini çabuk gidermişlerdi. İhtilal hükûmetinin Dışişleri Bakanı Selim Sarper, "NATO'ya ve Cento'ya bağlı olduklarını" açıklamıştı. Ticaret Bakanı Cihat İren de, "yeni rejimin dış yardıma güvenmeye devam edeceğini, daha çok yardım almayı umduklarını" söylemişti.[28]

Amerikan Başkanı Eisenhower'ın, ihtilalin lideri Orgeneral Cemal Gürsel'i kutlayan ve hükûmete başarılar dileyen 11 haziran 1960 tarihli mesajı, Millî Birlik Komitesi'nde birkaç subayın suratını asmasına yol açsa da, çoğunluk tarafından çoşkuyla karşılanmıştı.

Amerika ihtilali destekliyordu! İlk etapta Türkiye'ye 400 milyon dolarlık yardım gönderecekti...

Sovyetler Birliği'nin ise, Türkiye'deki yeni "rejiminin rengi" konusunda kafası karışmıştı. Çünkü KGB'nin raporlarına göre, ihtilali gerçekleştiren Millî Birlik Komitesi içinde Amerikan aleyhtarlığıyla bilinen subaylar vardı.

Sovyetler, bir ilişki kurulabilir düşüncesiyle yeni hükûmete bir öneri götürdü: "NATO'dan çıkarsanız, Kafkasya'daki Türkiye sınırından ve Karadeniz kıyılarından itibaren 250 km derinliğe kadar bütün bir alanı askerden arındırırız. Ayrıca 500 milyon dolar hibe ederiz."

Konu Cemal Gürsel'e aktarıldı, Sovyetler Birliği'nin teklifi MBK'da görüşülmeye değer bulunmamıştı.

28 İki bakan da masondu! 27 Mayıs kabinesinde 6 bakan masondu. Bkz. İlhami Soysal, *Türkiye'de ve Dünya'da Masonluk ve Masonlar,* Der Yayıncılık, 1978.

CIA'nın 27 Mayıs raporu

Neler olup bittiğini yerinde görmek için, 18 haziranda NATO Başkomutanı General Norstad Türkiye'ye geldi, onu bir ay sonra Amerikalı bir heyet takip etti. Ve raporlarını yazdılar: ortalık süt limandı! Rejim konusunda endişe edilecek bir durum yoktu. ABD Dışişleri Bakanlığı İstihbarat ve Araştırma Dairesi, 17 nisan 1961 tarihli, 8453 sayılı, "Türk Siyasetinde Silahlı Kuvvetler'in Rolü" başlığıyla, üzerinde, "Gizli/Yabancıların Bakması Yasaktır" damgalı 11 sayfalık bir rapor hazırladı. Rapor Türk Silahlı Kuvvetleri'nin yönetime neden el koyduğunu değerlendiriyordu: "Türk Silahlı Kuvvetleri'nce yapılan kansız darbe, Türkiye dışında genellikle ağırlık taşıyan, Türk Silahlı Kuvvetleri'nin 'apolitik' olduğu ve ciddi bir siyasî bunalımda müdahale etmeyeceği yolundaki inanışı yıkmıştır." Rapor, Millî Birlik Komitesi'ni ise şöyle tahlil ediyordu: "MBK adı altında yönetimi ele geçiren grubun gerçek boyutu bilinmiyor. Ancak belirlenen tüm üyeler asker ve profesyonel subay kadrosunun ortanın üstündeki temsilcileri. Mevcut bilgilere göre, esas olarak belirlenen 38 üyenin beşi general, yedisi albay, yedisi yarbay, 12'si binbaşı ve yedisi yüzbaşı. Yaş ortalaması 41. Yaşlar 27 ile 65 arasında değişiyor. Dördü hariç hepsi evli. Altısı hariç hepsi kurmay okul mezunu. Üyelerinin 24'ü yurtdışına seyahate çıkmış ve 20'si yurtdışında askerî eğitim ve öğretim görmüş. Askerlik öncesi geçmişleri değişik olmasına rağmen, hemen hepsi Türkiye ve halkı hakkında esaslı bilgilere sahip ve ortak hareketlerinin bütün ülke nüfusunca destekleneceğine inanmışlar. Siyasî eğilim olarak hemen hepsi Batı yanlısı, antikomünist ancak bazıları, Menderes rejiminin Batı'ya karşı çok fazla boynu eğik olduğuna inanıyorlar. Belirli kişilerin seçimindeki kesin ölçütte olduğu gibi MBK üyelerinin seçimindeki mekanizma hâlâ gizli kalmış durumda." Rapor bir ekleme yapmayı da ihmal etmiyordu: "Ordu yeniden müdahele edebilir!"

Türk Silahlı Kuvvetleri bir türlü durulmuyordu. 235 general ve amiralle birlikte, çeşitli rütbelerdeki 4 000 subay emekliye sevk edildi.

Subayların emeklilik ikramiyelerini Millî Birlik Komitesi

üyesi Kurmay Albay Alparslan Türkeş, Amerikalılardan buluvermişti!

Başbakanlık müsteşarlığı görevine getirilen, Albay Türkeş o günlerde neler bulmuyordu ki.

TBMM'nin kuzey cephesinde yer alan İçişleri Bakanlığı binası üç bölümden oluşuyordu. Bunlar bakanlık merkez binası, Emniyet Genel Müdürlüğü ve Jandarma Genel Komutanlığıydı.

"27 Mayıs'tan sonra, bakanlıkları dolaşmaya başladım. İçişleri Bakanlığı'na gittiğimde, orada, ayrı bir odada, bir ayrı büroda Amerikalıları gördüm. Bizim yetkililere 'Nedir bu?' diye sorduğumda şu cevabı aldım:

– Biz komünizmle mücadele için Amerika ile işbirliği yapıyoruz. Buradaki Amerikalılar da, onlarla bizim aramızdaki işbirliğinin koordinasyonunu yapıyorlar.

Ama işi biraz daha inceleyince gördüm ki, İçişleri Bakanlığı'na dışarıdan gelen şifre, telgraflar ile bakanlıktan dışarı çıkan tüm evraklar oradan geçiyor. Yani onlar, bunları görüyorlar, kontrol ediyorlar.

Bunu öğrenince dedim ki:

– Bunlar buradan çıksınlar, Amerikan yardım binasına gitsinler. Orada çalışsınlar.

Ben bu talimatı verdikten sonra CIA'nın Ankara'daki başkanı olan Amerikalı zat (Arthur V. Miller) bana geldi. Çankaya'da oturuyordu. Hatta bir iki defa birlikte yemek yemiştik." [29]

CIA'nın Türkeş'ten ricası (!)

Burada Türkeş'in anılarına küçük bir ara verip kafamıza takılan bir soruyu soralım: "ihtilalin kudretli albayı" Türkeş ile CIA'nın Ankara istasyon şefi, birkaç kez niçin yemek yemişler ve ne konuşmuşlardı? Bunlar anılarda geçmiyor.

Devam edelim: "Derken Amerikan büyükelçisi geldi. Aynı talebi ileri sürdü. Israr ediyorlardı üzülüyorlardı. Ona da aynı şeyi söyledim. Bununla da yetinmeyip ardından daha sonra da bir mektup yazdı Amerikan sefiri. 'Orası zaten kü-

29 Hulusi Turgut, Türkeş'in anıları, *Şahinlerin Dansı,* ABC Yayınları, s. 202.

çük bir odadır, önemli değildir. Orada kalmalarına müsaade edin' diyordu."

Bu arada ABD'nin Ankara Büyükelçiliği Birinci Sekreteri William H. Doyle tarafından Başbakanlık Müsteşarı Albay Alparslan Türkeş'e gönderilen 25 temmuz 1960 tarihli mektupta, İçişleri Bakanlığı'ndaki büronun CIA ofisi olduğu da açıklanıyordu.

Doyle, mektubuyla birlikte ayrıca, Türk polisi ile CIA'nın işbirliğini içeren bazı dokümanları da Albay Türkeş'e göndermişti.

Doyle'un mektubu aynen şöyleydi:

"Değerli Albay:

CIA, Türk millî polisiyle yaklaşık on yıldan beri irtibat içerisindedir. Şu anda, polislik deneyimi çok fazla olan Mr. Arthur V. Miller, CIA'nın Türk polisi ile irtibatını temsil etmektedir.

Bizim irtibat görevlimiz, geçtiğimiz yıllar içerisinde Türk polisi ile ülkenizde yıkıcı eylemlere karşı gelmek üzere Little Grups (Küçük Gruplar) adındaki grupların örgütlenip eğitilmesinde çalıştı.

Bu gruplara "karşı tahrip" edici hareketler konusunda uzman olmaları için yaygın bir eğitim verildi. Geçtiğimiz birkaç yıl içerisinde bu grupların yaklaşık altı tanesi eğitildi.

Bir süre önce, Millî Güvenlik Genel Direktörlüğü, Mr. Miller'a artık bu alanlarda çalışmasının istenmediğini bildirdi. Ayrıca Mr. Miller'dan polis karargâhınızdaki küçük ofisten çıkması da istendi...

Geçtiğimiz birkaç yıl boyunca Türk millî polisi ile ilişkimizin kısa bir özetini ilişikte bulacaksınız. Ayrıca, aslında bizim teşvikimizle ve ortak çabalarımızı harekete geçirmek amacıyla 1959 yılında yayınlanan, bakanlığa ait kararnamenin bir kopyasını da gönderiyoruz..."

Bu önemli mektupta, söz konusu büronun açık seçik bir biçimde, "CIA İrtibat Bürosu" olduğu belirtiliyor, mektupla birlikte verilen dokümanda ise, CIA'nın Türk polisinin yetiştirilmesi konusunda yaptığı çalışmalar ile verdiği paralar açıklanıyordu.

Mektubun ekinde bir de, "Türk Millî Polisi ile Resmîleştirilmiş İşbirliği" başlığını taşıyan resmî yazı bulunuyordu.

Üzerinde "Secret" -gizli- damgası bulunan yazıda, CIA kanalıyla Türk polis örgütüne verilen hizmetler ve yapılan yardımlar sıralanmaktaydı.

1- Türk millî polisiyle irtibat eylemlerinin, ilk CIA temsilcilerinin Türkiye'ye varışından beri devam etmesine karşın, Türklerden işbirliği için resmîleştirilmiş bir isteğin dosyalardaki kaydı, 1950 yazını gösterir. Bu zamanda Halk Güvenliği Genel Müdürü Mr. O'Donnell'a, Amerikan hükûmetinin Türk millî polisinin yeniden örgütlenmesinde yardımcı olması için, Amerikan polis görevlilerinden bir danışma kadrosu sağlama konusunda yardım talebinde bulundu. Bu başarıldı.

2- İlk operasyon fonları için o zaman 15 000 dolarlık bir başlangıç fonu konmuştu. Bu ilk giderlere 1950-1951 malî yılında 200 000 dolarlık bir değişiklik getirildi.

Belgede, bunlar karşılığında, "Türk millî polisinin tam bir tefrişinin" başarıldığı belirtiliyordu.

Anlaşılan Amerikalılar istihbarata da, polise de tam anlamıyla hâkim olmuşlardı. Türkiye son 10 yılda "küçük Amerika olma" yolunda epey yol kat etmişti...

Aynı günlerde kapısında bekleyen nöbetçi er, iktidarı boyunca "küçük Amerika olma" isteklerini sık sık tekrarlayan devrik cumhurbaşkanı Celal Bayar'ı, hücresinde bel kemeriyle intihara teşebbüs ederken yakalayıp, ölümden kurtaracaktı.

Celal Bayar; Anayasa'yı değiştirmek, Türk halkını iç savaşa sürüklemek ve Türk topraklarının bir kısmını yabancı bir devletin egemenliğine bırakmak suçuyla yüce divana verilmişti.

Konu edilen "yabancı devlet" Türkiye'nin her köşesinde üsleri, kurumlarında CIA ofisleri bulunan Amerika değildi! Menderes Hükûmeti, "yapacağı yardım karşılığında Doğu Anadolu'nun bir kısmını Sovyetler Birliği'ne bırakma teşebbüsüne geçmekle" itham ediliyordu! Sonunda Menderes de komünist suçlamasıyla hâkim karşısına çıkacaktı!

Demokrat Partililer hakkında açılan dava Yassıada'da başladı. Davanın başlamasından 10 gün önce, Amerikan 6. Filosu ile Türk gemileri Karadeniz'de ortak tatbikat yapmışlardı!

İhtilalciler, 27 Mayıs'tan bir hafta sonra Ordu'nun üst kademesinde değişiklik yaptılar. Genelkurmay Başkanı Orgeneral Rüştü Erdelhun Yassıada'ya gönderilmişti. Genelkurmay başkanlığına Ragıp Gümüşpala getirildi. Menderes Hükûmeti döneminde Genelkurmay ikinci başkanı olan Cevdet Sunay Kara Kuvvetleri komutanı yapılmıştı.

İhtilalin güçlü isimlerinden, "Osmanlı tipi son paşa", Cemal Madanoğlu korgeneralliğe terfi ettirilmişti...

3. Ordu Komutanı Ragıp Gümüşpala'nın,[30] 27 Mayıs günü öğleye kadar ihtilale katılmakta tereddüt göstermesi nedeniyle bazı subaylar yeni Genelkurmay başkanına tepki gösterdiler...

Aslında Ordu'nun başına İkinci Başkan Cevdet Sunay düşünülüyordu.

Cevdet Paşa, Orgeneral Gümüşpala'nın yeni görevinden dolayı çok huzursuz oldu. Değişiklik iki ay sonra gerçekleşti. Gümüşpala emekli edildi, Sunay Genelkurmay başkanlığına getirildi!

O tarihlerde, Orgeneral Sunay'ın alt rütbedeki subayların komuta kademesini hiçe sayarak, ihtilal yapmalarını hazmedemediğini kimse bilmiyordu.

"Sıfır general" parolasıyla yola çıkan, yani Cemal Gürsel dışında Ordu'nun üst kademesindeki tüm generalleri emekli etmeyi düşünen idealist genç subaylar, gelişmeleri hayal kırıklığı içinde izliyorlardı...

27 Mayıs coşkusu yerini düş kırıklığına bırakıyordu...

MAH'ta Naci Aşkun dönemi

23 ekim 1960 günü yapılan genel sayıma göre Türkiye'nin nüfusu, 27 milyon 800 bindi.

Millî Birlik Komitesi'nde radikallerin sayısı ise 14'tü. Aralarında Alparslan Türkeş'in de bulunduğu 14 üye yurtdışına sürgüne gönderildi.

İki yıl önce ihtilal yapma teşebbüsünden, dokuz arkadaşıyla birlikte tutuklanıp, yargılanan Naci Aşkun, MAH'ın başına getirildi...

30 Ragıp Gümüşpala daha sonra kurulacak olan Adalet Partisi'ne genel başkan oldu. Onun ölümünden sonra genel başkanlığa Süleyman Demirel geldi.

Dokuz subayla birlikte yargılanmıştı.

Aylarca soğuk bir hücrede tek başına kalmıştı. Hava alması, volta atması için bile avluya çıkarılmamıştı. Tuvaletini bile hücresine konan bir kovaya yapmıştı.

Tüm baskılara dayanarak; Ordu içinde hükûmeti devirmek için bir faaliyet olmadığını, eğer varsa böyle bir girişimden haberi olmadığını söyleyerek, kimseyi ele vermemişti.

Sonunda beraat etmişti.

Komiteci arkadaşları, Türk Silahlı Kuvvetleri'nin belirli stratejik yerlerini kontrol altında tutuyorlardı. İhtilalin başarısızlığı halinde tüm kadroların ele geçmemesi için bazı arkadaşlarını yurtdışı görevlerine göndermişlerdi. Başarısızlık halinde bunlar tekrar cunta faaliyetlerine yeniden başlayacaklardı.

Bu subaylar arasında Sadi Koçaş, Talat Aydemir gibi Naci Aşkun da vardı.

Naci Aşkun'un Roma ataşemiliterliğine tayinini çıkarmışlardı...

İhtilal başarılı olunca, komitenin ilk çekirdek kadrosunda bulunan Naci Aşkun'a yine görev düşmüştü. MAH'ı millîleştirmesi için Roma'dan Ankara'ya çağrıldı.

Teşkilatı tanıyordu ve ne yapacağını iyi biliyordu, kurmay yüzbaşıyken MAH'ta çalışmıştı.

Ve beklenen büyük operasyon gerçekleştirildi: teşkilat içindeki sivil personelin tamamına yakını ya devletin başka kurumlarına gönderildi ya da emekliye sevk edildi.

Hiram Abas bu tasfiye dalgasını ucuz atlatmıştı. Onun içinde bulunduğu Kontrespiyonaj Bölümü'ne fazla dokunulmamıştı. Yeni yönetime göre onlar daha çok casus kovalamış, iç siyasal tertiplerde ve polemiklerde pek fazla kullanılmamışlardı.[31]

Başkan Aşkun, MAH'ı millîleştirmek için Türk Silahlı Kuvvetleri'nden tanıdığı subaylara güveniyordu. Bunlardan biri de Kurmay Yarbay Talat Turhan'dı:

31 Hava Kuvvetleri Komutanı İrfan Tansel'in oğlu Mete Tansel, Hiram Abas'ın SBF yıllarından çok yakın arkadaşıydı. Hiram Abas'ın tasfiye hareketinden kurtulmasında bu ilişkinin rolü olduğunu söyleyenler de vardır.

"1961 yılı başlarında dönemin MAH Başkanı Tümgeneral Naci Aşkun ziyaretime geldi. Sohbet ederken çok yalnız olduğunu, bu nedenle bana gereksinimi bulunduğunu, eğer kabul edersem, beni bir süre Ankara'da çalıştırdıktan sonra, İstanbul bölgesi daire başkanlığına atayacağını söyledi ve fikrimi sordu. Güç bir durumda kalmıştım.

Benzeri çok az bulunan bir çalışma azmi, engin bir genel kültürü vardı. Çok uzun yıllar istihbarat işlerinde çalıştığı için temkinli, dikkatli, irdeleyici bir kişiliği vardı. Adı Demokrat Parti dönemindeki 9 Subay Olayı'na katıldığı için de epeyce çekmişti. Zaman kazanmak için 'Teşkilatı bana tanıtır mısınız' dedim, kabul etti.

Günlerce o dönemde Evkaf Apartmanı'ndaki odasında istihbarat ve örgütleri hakkında fikir alışverişinde bulunduk ve Millî Emniyet'in dağınık binalarda bulunan tesislerini Etlik'ten Florya'ya kadar dolaştık...

Herkesin içeri girmek için kuyruğa girdiği bir kuruluşun en üst düzeydeki görevini neden kabul etmemiştim? Öncelikle gördüklerim beni tatmin etmemişti. Teşkilat Naci Aşkun'un elinde sürekli kalamazdı. Her ne kadar o, yasa hudutları içinde kalmak için kesin inanç sahibi bir kişi idiyse de, MAH yapısı itibariyle başkanın eğilimleri doğrultusunda hızla görev alanı dışına kaydırılabilirdi. Teşkilat içindeki kişilerin birçoğunun 'istihbaratçılık megalomanisi' içinde olduğunu görmem de midemi bulandırmıştı. Zamanla çok isabetli karar verdiğimi anladım."

Hiram Abas ve arkadaşları teşkilata son günlerde gelen muvazzaf ve emekli subaylardan oldukça rahatsızdılar. Ancak seslerini çıkarmıyorlardı.

Sürekli yaramazlık yapan oğlu Cengiz'le oynamakla meşguldü o günlerde Hiram Abas.

Tıpkı küçük Cengiz gibi, Ordu da yerinde durmuyor, huzursuzluk her geçen gün artıyordu...

Hava Kuvvetleri Komutanı Orgeneral İrfan Tansel yeni görev yeri olan Washington'a gitmek istemediğini hükûmete ilginç bir biçimde ifade ediyordu: jet uçaklarını başkent semalarında uçuruyor ve yerinde kalıyordu! Buna sinirlenen ihtilalin güçlü paşası Cemal Madanoğlu MBK'dan istifa ediyordu...

Türk uçakları Ankara üzerinde protesto gösterisi yaparken, Sovyetler Birliği uzaya ilk insanı, Yuri Gagarin'i göndermişti.

Aynı yıl Yassıada Mahkemesi'nin idama mahkûm ettiği Adnan Menderes, Fatin Rüştü Zorlu ve Hasan Polatkan darağacına gönderiliyordu...

Türkiye, 1961 yılında bir referandum ve bir de seçim yapmıştı. Referanduma sunulan yeni Anayasa, "Evet derseniz Menderes asılacak" ve "Hayır da hayır vardır" propagandalarına karşın aldığı yüzde 60,4 kabul oyuyla yürürlüğe girdi.

Yapılan genel seçimlerden CHP 36,7 oy yüzdesiyle birinci parti çıktı. İsmet İnönü başbakanlığında koalisyon hükûmeti kuruldu. "Cemal Ağa" lakaplı Gürsel ise artık reisicumhurdu!..

Yeni Anayasa'ya göre kurulan Millî Güvenlik Kurulu ilk toplantısını Başbakan İnönü başkanlığında yaptı.

27 Mayıs Anayasa'sının getirdiği özgürlük ortamında, Türk-İş'e bağlı bazı sendikacılar 13 şubat 1961'de Türkiye İşçi Partisi'ni (TİP) kurdular. 20 aralık 1961'de de *Yön* dergisinin çıkmasıyla, sosyalist fikirler tartışılmaya ve taraftar toplamaya başladı.

İstanbul'da ise, 27 Mayıs'tan umdukları radikal atılımları göremeyen ve 15 ekim 1961'de yapılan genel seçimlerden, DP'nin devamı niteliğindeki sağcı partilerin toplam yüzde 63'lük oy oranıyla çıkmaları üzerine düş kırıklığına uğrayan, 10'u general 28'i albay, "Silahlı Kuvvetler Birliği" üyesi 38 subay, Harp Akademilerinde bir araya geldiler. 21 ekimde bir "ihtilal protokolü" imzaladılar.

Aralarında, 10 yıl sonra 12 Mart 1971 Muhtırası'nı imzalayacak, Faruk Gürler, Celal Eyiceoğlu ve Muhsin Batur başta olmak üzere, Kemal Kayacan, Namık Kemal Ersun, Vecihi Akın, Bahattin Özülker, Bedrettin Demirel, Emin Alpkaya, Turan Çağlar gibi bu kitabın ilerleyen bölümlerinde tekrar karşılaşacağımız subaylar vardı.

Benzer bir toplantıya Ankara'da katılanların başında ise Kurmay Albay Talat Aydemir geliyordu...

Peki MAH bu toplantılardan haber alabiliyor muydu?

Genelkurmay Başkanı Orgeneral Cevdet Sunay'ın toplantılardan bilgisi olmuştu.

Yeni yılın başında, 19 ocak 1962 günü Orgeneral Sunay, 72 üst düzey komutanla toplantı yaptı. Herkes, "eteğindeki taşları döksün" toplantısıydı bu.

Birkaç subaydan sonra sözü, Harp Okulu Komutanı Kurmay Albay Talat Aydemir aldı. Orgeneral Sunay'ın gözlerinin içine baka baka, "Paşam gelin başımıza geçin, memleket için en hayırlı, en az tehlikeli ihtilal hiyerarşik ihtilaldir" dedi. Genelkurmay Başkanı Sunay şaşırmıştı, "Yoo, beni mesuliyet altına sokma, olmaz" diye yanıt verdi.

Talat Aydemir, Genelkurmay Başkanı Sunay'a "darbe yapalım" önerisini götürmüş, ama ret cevabını almıştı.

Orgeneral Sunay toplantı sonrasında Aydemir'in kulağına eğilerek, "Sen çok ateşlisin Albayım, dikkat et, başın belaya girmesin" dedi...

"Ateşli Albay" Talat Aydemir, kendisini üniformasından, MAH Başkanı Naci Aşkun'u da koltuğundan edecek, yeni bir ihtilal hareketine bir ay sonra start verecekti...

MAH, ihtilalciler ile Ordu arasında arabulucu

22 şubat 1962 ihtilal girişiminden üç gün önceydi.

Silahlı Kuvvetler Birliği'nin en etkili subaylarından Kurmay Yarbay Talat Turhan'ın o gün önemli bir konuğu vardı: MAH Başkanı Naci Aşkun.

"Sivil kıyafetiyle bana geldi. Ben o sırada Millî Savunma Bakanlığı özel kalem müdürüyüm. Aynı zamanda Başbakanlık özel kalem müdürlüğünü de yürütüyorum.

Biz Naci Aşkun ile Millî Savunma Bakanlığı ile Kara Kuvvetleri Komutanlığı koridorlarında bir aşağı bir yukarıya dolanıyoruz. MAH başkanı bir tümgeneral, bir kurmay yarbayın koluna girmiş koridorlarda dolaşması oldukça yadırganıcı bir olay. Herkes şaşkın şaşkın, çekingen gözlerle bize bakıyordu...

Ne konuşuyoruz; bana, 'Ordu içinde özellikle alt rütbelilerin bir hareket hazırlığı içinde olduğunu, bunu benim bildiğimi' söylüyor. Benden ne yapılması konusunda fikrimi soruyor. Ben de dedim ki, o tarihte hareketin başında olan başta Talat Aydemir olmak üzere bazı subaylar tayin edilmişti. 'Onları tekrar eski görevlerine döndürün' dedim."

MAH başkanı umduğu istihbaratı yapmış mıydı bilinmez.

Üç gün sonra, 22 şubat 1962 akşamı...

Belki de Türk siyasî yaşamının en hareketli bu gecesini Talat Turhan'dan öğrenelim:

"Gece saat 22.00. Millî Savunma Bakanlığı'nda odamda oturuyorum. Odam kalabalık, herkes merak içinde, tedirgin. Başta Harp Okulu öğrencileri olmak üzere, dışarıda büyük çoğunluğu silahlı 18 000 kişi var. Genelkurmay Başkanı Cevdet Sunay, Mürted Havaalanı'nda pistte bekliyor, ne olacak diye. Menfi bir şey olsa kaçıp gidecek. Cumhurbaşkanı Cemal Gürsel kayıp. Deniz Kuvvetleri komutanı Bartın'da Pelikan Üssü'nde. Hava Kuvvetleri Komutanı İrfan Tansel Eskişehir'de Muhsin Batur'un yanına sığınmış. Her şey Kara Kuvvetleri Komutanı Memduh Tağmaç'ın elinde.

Telefonum çaldı, arayan kişi MAH Başkanı Naci Aşkun. Beni hareket içinde sanıyor, 'Ülke elden gidiyor bir şeyler yap' diyor. Ben yine, 'Tayinleri durdurun' dedim.

O sırada, Talat Aydemir'in akrabasıydı; Yeni Türkiye Partisi Genel Başkanı Ekrem Alican, Harp Okulu'na elçi olarak gönderilmiş.

İlk telefonundan sanıyorum yarım saat sonraydı, Naci Aşkun ikinci kez telefonla beni aradı. Tayinleri durdurun isteğimi Genelkurmay'da tek bulabildiği general, KKK Kurmay Başkanı Tümgeneral Zeki İlter'e ilettiğini, beni beklediklerini söyledi. Genelkurmay'a gittim, Tümgeneral İlter'i buldum.

Birlikte Orgeneral Tağmaç'ın yanına gittik. Bana, 'Sen ne biçim kurmay subaysın, bana nasıl böyle öneri getirirsin' dedi. Ben de kendisine, 'Bana bak, ben senin etrafındaki subaylara benzemem. Senin etrafındakiler senden, NATO görevi, ataşelik, harcırahlı iş, lojman, hiç olmazsa askerî öğretmenlik isterler. Beni onlarla karıştırma. Askerî kanuna göre, her kurmay subay fikir ve düşüncelerini her platformda söyler' dedim. Çekip çıktım yanından.

Bu sırada Genelkurmay'da, 'Harp Okulu öğrencileri gelecek hepimizi teslim alacaklar' diye bir korku var. Hatta ateş emri çıkarılmıştı, ancak altında emri çıkaranın imzası yok. Ne olur ne olmaz diye kimse cesaret edip imzalamamış.

O sırada Fethi Gürcan, Cumhurbaşkanlığı Muhafız Alayı'nı enterne edip, başlarındaki albayı teslim almış. Köşk'te İnönü'nün başkanlığında Bakanlar Kurulu toplantısı var. Fethi Gürcan, Talat Aydemir'e haber gönderiyor, 'Hepsini toplayayım mı' diye. 'Hayır' yanıtını veren Talat Aydemir'in ikircikli davranışı hareketi başarıya ulaştıramadı."

Kurmay Albay Talat Aydemir, 72 arkadaşıyla birlikte üniformasını kaybetti; hepsi emekliye sevk edilmişti.

Talat Aydemir'in yerine Kara Harp Okulu komutanlığına -15 yıl sonra, 1977 yılında, başarısız bir darbe girişiminde bulunup, emekli edilecek- Kurmay Albay Namık Kemal Ersun getirildi!

"Ordu'yu izle" emri

Gelelim MAH Başkanı Naci Aşkun'un koltuğunu nasıl kaybettiğine:

22 şubat ihtilal girişiminden dört gün önce...

Amerika'daki kurstan döndükten sonra, terfi edip MAH'ta göreve başlayan Kurmay Binbaşı Ragıp Uluğbay,[32] 18 şubat günü Talat Turhan'ın yanına gitti. "Yarbayım" dedi, "Fuat Doğu başkanlığında ben ve sizin akrabanız Albay Hayrettin Hanağası'nın bulunduğu üç kişilik bir heyeti İsrail'e gönderiyorlar. Ankara karışık, isterseniz bana ihtiyacınız varsa ben gitmeyeyim."

MAH'ta Naci Aşkun'un sağ kolu olarak bulunan Binbaşı Uluğbay, açıkça ihtilalin içinde olmak istediğini söylüyordu.

Talat Turhan, bu genç ve başarılı subaya, İsrail'e gitmesinin doğru olacağını belirtti.

Türk istihbarat heyeti, ihtilal teşebbüsünün yaşandığı o geceyi Tel-Aviv'de öğrendi.

Binbaşı Uluğbay heyecana kapılarak, "Ben hemen Ankara'ya dönmeliyim" diyerek tavrını açığa çıkarmıştı. Tabiî ulaşım olanağı olmadığı için Ankara'ya gelememişti. Ancak,

32 Ragıp Uluğbay adının daha önceki bölümlerde de geçtiğini anımsatalım. Alparslan Türkeş'le birlikte Amerika'da kursa gönderilen subaylardan biriydi. Kardeşi devlet bakanlığı görevinde bulunan Hikmet Uluğbay'dı.

Mossad'la çeşitli görüşmeler ve bilgi alışverişi yaptıktan sonra Türkiye'ye dönmüşlerdi.

Bir hafta sonra Naci Aşkun'u Genelkurmay Başkanı Sunay çağırdı. Orgeneral Sunay, MAH başkanını azarlar gibi konuşuyordu. "Hani Binbaşı Uluğbay çok başarılı bir subaydı. Hani ondan çok iyi yararlanacaktınız. Ne oldu ? İsrail'de neler yapmış, neler söylemiş biliyor musunuz ? Bilmiyorsanız ben söyleyeyim" deyip, Uluğbay'ın Tel-Aviv'de iki Türk meslektaşına söylediklerini elindeki kâğıttan okuyordu.

Naci Aşkun "poker suratlı", heyecanını ve sinirini hiç belli etmeyen bir istihbarat subayıydı. Tel-Aviv'de, üç Türk subayı arasında geçen sohbetin, Fuat Doğu tarafından Genelkurmay Başkanı Sunay'a iletildiğini, teşkilatta kimseye hissettirmedi. Bu konudan kimseye bahsetmedi...

Ancak 15 gün sonra Genelkurmay Başkanı Sunay'la yaptığı görüşmenin ardından istifasını yazmak zorunda kalacaktı...

Millî Birlik Komitesi çekilip, seçimler yapıldıktan sonra, Ordu'nun güçlü adamları Sunay-Tağmaç ikilisi, aynen Adnan Menderes gibi, MAH'ı "özel örgüt" gibi çalıştırmak, kendilerine "Ordu içinden" istihbarat toplamaya yönlendirmek istiyorlardı...

"Bu olaylar hep senin yüzünden oldu, sana kaç kez söyledim, istihbaratı Ordu'nun peşinden ayırmayacaksın diye. Herkesin her adımını izleyeceksin. Hep bana gereksiz yere direniyorsun. Şimdi emir veriyorum, gerekirse her subayı izleyeceksin."

Sunay'ın bu sözlerini soğukkanlılıkla dinleyen MAH Başkanı Aşkun, "Bu emrinizi yarından itibaren uygulayacağım ve izleme işine ilk olarak sizden başlayacağım" diyerek çekip çıktı. Ve kendisinden beklenmeyen ölçüde ağır bir üslupla istifasını yazdı.[33]

33 Naci Aşkun'a benzer bir davranışı da, MAH'ın ilk başkanı olan Albay M. Şükrü Ali Ögel göstermişti. Dönemin başbakanı Rüşdü Saracoğlu, CHP içindeki muhaliflerinin telefonlarının dinlenmesini isteyince, 1927'de Atatürk'ün emriyle geldiği MAH başkanlığından 1941'de istifa ederek ayrıldı.

27 Mayıs'ı birlikte yaptığı arkadaşları, "Ordu'da kal, kıtaya çık, kolordu yönet, ama çekilme. Gün gelir gerekirsin" diyorlardı.

Naci Aşkun'un ataması Gelibolu'ya, kolordu komutanlığına yapılmıştı, ama o, Sunay'ın sözlerini onuruna yediremedi ve emekliliğini isteyip Türk Silahlı Kuvvetleri'nden de ayrıldı.[34]

Genelkurmay Başkanı Sunay'ın Naci Aşkun'dan istedikleri aslında istihbarat tarihi açısından da bir dönemecin başlangıcıydı. O güne kadar teşkilatı sadece iktidar partileri, muhaliflerini izletmek için kullanıyorlardı.

O günden sonra ise MAH, artık Ordu içindeki gelişmeleri de izlemeye alacaktı, hem de Genelkurmay başkanının emriyle!..

27 Mayıs'ın tasfiyesi

Naci Aşkun'un yerine kim geldi?

Nazi Generali Gehlen'in öğrencisi Fuat Doğu!..

İki yıl içinde; ihtilalci subaylar bir bir tasfiye edilirken, Cevdet Sunay, Memduh Tağmaç, Fuat Doğu gibi, 27 Mayıs'a muhalif askerler, Ordu'nun ve devletin en kritik noktalarını ele geçirmeye başlamışlardı...

MAH artık subay peşindeydi!..

21 Mayıs 1963.

Talat Aydemir ve arkadaşlarının onurlarını kurtarmak için giriştikleri ikinci ihtilal girişimi de başarısızlıkla sonuçlandı. Ankara, İstanbul ve İzmir'de bir aylık sıkıyönetim ilan edildi. Darbeciler tutuklandı. Talat Aydemir ve iki subay arkadaşı 5 temmuz 1964'te asıldı.

Harbiye, 1963 ve 1964 yılında mezun veremedi. Çünkü öğrencilerin tamamı, 1 459 askerî öğrenci Kara Harp Okulu'ndan atılmıştı...

34 Aynen eski başkanlardan Naci Perkel gibi, bu idealist subay da ölümünden sonra yayımlanmak üzere anılarını yazdı. Ancak Aşkun'un ailesi bu anıları henüz ortaya çıkarmadı.

Aydemir'in yeni bir cunta hareketine başladığı bilgisi bir ay önce, MAH Başkanı Fuat Doğu tarafından Başbakan İnönü'ye bildirilmişti...[35]

İstihbaratı alan İnönü, hareket içinde olanların hemen gözaltına alınması emrini verebilirdi, ama bekleyip, ihtilalcilerin kesin sayısını öğrenmek istemişti.

Zaten MAH durumdan o kadar emindi ki Fuat Doğu, ihtilal teşebbüsünün olduğu gün İran'a gitmişti.

İnönü ile Fuat Doğu'nun ilişkisi yıllar önce başlamıştı. Fuat Doğu en üst makamlara rapor yazmayı çok seviyordu. Henüz yüzbaşı rütbesiyle Genelkurmay İstihbarat Dairesi'nde çalışırken, savaşın son yıllarında Cumhurbaşkanı İnönü'ye, Onikiada'yla ilgili iki rapor sunmuş ve onun övgüsünü kazanmıştı.

Fuat Doğu'nun bir özelliği de, "nabza göre rapor vermekti!" Raporunu kime sunacaksa, sunduğu kişinin özelliklerine göre hazırlıyordu. Bazen, cumhurbaşkanı, başbakan ve genelkurmaya olmak üzere üç rapor hazırlıyordu; her birinin içeriği de başka başka oluyordu!..

21 Mayıs Hareketi'nden sonra Ankara, İstanbul ve İzmir'de sıkıyönetim ilan edildi. Siyasî terminolojimize o günlerde yerleşti "zinde güçler!" sözü.

Zinde güçler her yerde cuntacı arıyordu.

Birini bulmuşlardı:

"Bir ağustos gecesi sabaha karşı kapı çaldı, evde yalnızım, kalktım baktım. Üç kişi duruyor kapıda. Biri Şükrü Balcı, o zaman Ankara trafik müdürü. Biraz şaşırdım. Trafikle ilgili bir sorunum yok, Şükrü Balcı kapımı neden çalar.

Açıkladı:

– Sıkıyönetim Komutanlığı'nın emriyle arama yapılacak, sizi tanıdığım için ben geldim.

Daha çok şaşırdım. Ne aradıklarını sordum, söylemiyorlar. Kâğıtlar, kitaplar, mektuplar yığıldı odamın ortasına. Bir valize doldurduk. Balkon kapısında gün ağarırken Şükrü Balcı biraz üzgün:

35 Talat Aydemir, *Hatıralar* adlı kitabında şöyle der: "Mahkeme safhasında sıra Alparslan Türkeş'e gelince işin içyüzü anlaşılır. Meğer ihbarı yapan Türkeş'miş", s. 338.

– Sizi Emniyet Müdürlüğü'ne götüreceğiz, bir soruşturma var.

Aşağıda cip, bindik, gittik Emniyet Müdürlüğü'ne.

Saatlerce bekledikten sonra Ali Sulukioğlu'nun karşısına çıktım:

– Başka bir soruşturma nedeniyle şimdi sizi daha yetkili görevlilere yolluyoruz, Harp Okulu'na gidiyorsunuz.

Bir cip ve Harp Okulu. Şaşkınlığım sürüyor, bir yandan da seviniyorum. Harp Okulu'nda 21 Mayıs olayına katılan Harbiyeliler yatıyor, bir gazeteci için ilginç olabilir. Akşam bastırıyor, Harp Okulu'nun koridorlarında ilerliyoruz. Kapılarda Sıkıyönetim Mahkemeleri'nin numaralarını okuyarak koridorun sonuna geliyoruz. Bir kapı, bir kapı daha, bir odaya giriyorum. Camlar kapalı, ortada bir karyola, temiz çarşaflı yastığıyla çok hoşuma gitti, hemen yattım, bir güzel uyudum. Sonra bir kadın çığlığıyla uyandım birden, yan odadan sesler geliyor. Başını karyolaya vurarak bağıran bir kadın suçsuzluğundan bahsediyor. Ben de suçumu merak ediyorum, ama sabahı beklemek gerek.

Ertesi günü akşam saatlerinde sorgu yargıcının karşısına çıkınca suçumu öğrendim neyse! Mamak'ta yatan Talat Aydemir ve arkadaşları için vurucu bir kuvvet suçüstü yakalanıyor, ben de o kuvveti yönetenlerden biriyim!.. Mamak'a gidip kaçıracağız onları!.. Kargaların bile güleceği bir olay...

Valizimdeki mektupların, yazıların okunması bitince benden özür dilediler..."[36]

Gazeteci Müşerref Hekimoğlu başından geçenleri yıllar sonra kaleme aldığı *Başkent Günleri* adlı kitabında böyle anlatıyordu...

Müşerref Hekimoğlu'nu yakalama emrini MAH Başkanı Fuat Doğu vermişti.

48 yaşındaki Fuat Doğu'nun bir diğer özelliği de, herkesten kuşkulanmasıydı...

MAH başkanlığına gelmesi için Fuat Doğu'ya en büyük desteği, Millî Birlik Komitesi üyelerinden Sami Küçük vermişti.

36 Müşerref Hekimoğlu, *Başkent Günleri,* Çağdaş Yayınları, nisan 1990, s. 186, 187.

Fuat Doğu koltuğuna oturduğu ilk günlerde, Sami Küçük, komiteden arkadaşı Suphi Karaman'ı da yanına alıp, kutlama ziyaretine gitmişlerdi.

Sonradan MAH içindeki arkadaşlarından öğrendiler ki, Fuat Doğu, kendisini kutlamaya gelen bu meslektaşlarının konuşmalarını teybe aldırmıştı!..

Fuat Doğu, Genelkurmay Başkanı Sunay'ın emrini yerine getirmeye başlamıştı; Türk Silahlı Kuvvetleri'ni izliyordu!

MAH yeniden içedönük istihbarat faaliyetlerine başlamıştı...

Günlerini tavla oynayarak geçiriyor

İki yıldır sessizce İstanbul'daki teşkilata gidip gelen ve pek bir iş yapmayan 30 yaşındaki Hiram Abas, günlerini tavla oynayarak, atış talimleri yaparak geçiriyordu.

"Öğretmeni" Fuat Doğu'nun MAH başkanı olmasını, teşkilattaki arkadaşlarına rakı ısmarlayarak kutladı.

Fuat Doğu İstanbul'da ilk değişikliği yapmış, 27 Mayıs'ta gözaltına alınan Mazhar Eymür'ü, MAH İstanbul bölge başkanlığına getirmişti...

Hiram Abas bilmiyordu ve kendisine de cesaret edip soramamıştı; Mazhar Eymür'ün mason olduğu söyleniyordu...

Yeni bölge başkanının 19 yaşındaki oğlu Mehmet Eymür'ü, o tarihlerde, babasını ziyarete geldiğinde tanımış ve kanı çok ısınmıştı. Gerçi biraz yaramazdı... Ankara Koleji erkek kısmında okuyordu. İngilizce öğretmeniyle derste tartışmış iki arkadaşıyla birlikte okuldan uzaklaştırma cezası almıştı. Okul arkadaşlarıyla birlikte, olayı kınamak için 97 metrelik dilekçe yazıp Millî Eğitim Bakanlığı'na göndermişti. Mehmet Eymür istihbarat konularına da çok meraklıydı. Sık sık babasını ziyarete geliyordu:

"Babam 1962 yılında 62 yaşında iken İstanbul ve bölgesi merkez şefliğine veya diğer bir adıyla İstanbul ve bölgesi emniyet baş müfettişliğine tayin edilmiş, Trakya, Bursa, İzmit'in de dahil olduğu geniş ve önemli bir bölgenin başına geçmişti. Bir hafta sonu Bursa'ya gittik. Babam daireye gidecekti. Benim de gitme isteğim üzerine birlikte yola çıktık.

Daireye uğrayıp bir müddet kaldıktan sonra Bursa'daki görevlilerle birlikte iki katlı küçük bir eve gittik. Evde yerde bağdaş kurmuş oturan, iki sakallı adamla ayakta duran iriyarı muhafız tipli birkaç adam vardı. Oturanlar biz girince ayağa kalktılar. Babam adamlardan daha yaşlısı ile tercüman vasıtasıyla bir şeyler konuştu. Ben yanlarında fazla kalmayıp dışarı çıktım, şoförlerin yanına gittim. 'Bunlar da kim böyle' diye sorduğumda İran'dan sürülen bir şahıs olduğunu, Türkiye'de misafir edileceğini söylediler... Yıllar sonra babamla konuşan o yaşlıca sakallı adamın dünyanın ve İran'ın kaderini değiştireceğini nereden bilebilirdim. O adam İran'ın dinî lideri Ayetullah Humeyni idi."[37]

Ayetullah Humeyni'nin Türkiye'de bulunduğu o yıllarda Amerikan Barış Gönüllüleri akın akın Anadolu'ya geliyorlardı. Gelmelerinin "nedeni" de, "geri kalmış toplumlara Batı uygarlığını götürmekti!"

Köy Enstitüleri'ni kapatan Türkiye, kapılarını ardına kadar Amerikan Barış Gönüllüleri'ne açmıştı.

Barış Gönüllüleri'nin organizasyonunu, -bugün artık CIA'nın "sivil toplum kuruluşu" olduğu açığa çıkan- Mormon misyonerleri yapıyordu...

ABD'de geniş bir kampanyayla gençler toplanıyor, kurslardan geçiriliyor ve şu sloganla Türkiye gibi az gelişmiş ülkelere uğurlanıyorlardı: "Amerika'nın daha iyi yaşanacak bir yer olmasını sağlamak için ülkeyi terk et!"

Barış Gönüllüleri'nin dolaylı ajanlık yaptıkları kısa bir süre sonra ortaya çıkacaktı. Örneğin, geldiklerinin üçüncü yılında Genelkurmay Başkanlığı, Barış Gönüllüleri'nin Doğu Anadolu Bölgesi'ne gitmesine izin vermeyecekti...

Hiram Abas'ın da içinde bulunduğu Kontrespiyonaj Bölümü, Barış Gönüllüleri'nin ne yaptıklarını, neleri merak ettiklerini, kimlerle temas kurduklarını araştırmamıştı. 1962-1964 yılları arasında üç Türk vatandaşını Bulgaristan adına casusluk yapıyor diye yakalamışlardı.

Ama müttefiklerin casusluk yapacaklarına hiç, ama hiç inanmıyorlardı!..

37 Mehmet Eymür, *Analiz*, Milliyet Yayınları, 1989, s. 28-30.

Türkiye'deki Barış Gönüllüleri'nin sayısı 1 201'di. Bu rakam, Hindistan'dan sonra dünyada en çok barış gönüllüsünün bulunduğu ikinci ülkenin Türkiye olduğunu gösteriyordu...

İşin ilginç bir yanı ise Barış Gönüllüleri'nin en çok başkent Ankara'da (317) bulunmalarıydı. İstanbul ikinci sırada (64) gelmekteydi...

"Batı uygarlığını öğretecek" Barış Gönüllüleri'ne kapılarını sonuna kadar açan Türkiye, iki yıl önce "komünist" oldukları gerekçesiyle, 147 öğretim üyesini üniversitelerden kapı dışarı etmişti!

CIA anketi

1960'lı yıllar ne Türkiye için, ne de Amerika için "hayırlı" geçiyordu...

ABD telaş içindeydi, dünya elinin altından kaymaya başlamıştı. Birleşmiş Milletler'deki ağırlığını her geçen yıl kaybediyordu. 1952 yılında üye ülkelerin yüzde 85'i Amerika'yla birlikte hareket ederken, bu oran 1960 yılında yüzde 56'ya düşmüştü.

Güney Amerika, Afrika, Asya ve Ortadoğu'da Amerika'ya karşı sert tepkiler başlamıştı. 1960-1964 yılları arasında 27 Afrika ülkesi bağımsızlığını kazanmıştı. "Yankee go home" afişleri asılıydı dünyanın her köşesinde...

Amerika sertleşmeye başlamıştı. Hâkimiyetini reddeden "Üçüncü Dünya ülkeleri" liderleri CIA tarafından ya tasfiye ediliyor ya da öldürülüyordu...

Ve Türkiye de bundan "nasibini" alacaktı.

21 aralık 1963...

Akdeniz'in en sorunlu adası Kıbrıs yine karışmıştı. İki Türk öldürülmüştü. Türkiye'de gösteriler başlıyor, Türk uçakları Kıbrıs göklerinde gövde gösterisi yapıyordu. Bir gün sonra da Türk donanmaları Kıbrıs karasularına giriyordu.

İngilizler ve Yunanlılar eğer Türkiye adaya çıkarma yaparsa karşı koyacaklarını söylediler. Türkiye çıkarma yapmadı.

Ancak Kıbrıs durulmuyordu. Lefkoşa'nın Yunan Mahallesi'ndeki Bayraktar Camii'ne bomba atıldı.

Adada gerginlik artıyordu. Kıbrıs sorunu konferanslarla ve Birleşmiş Milletler nezdinde çözüme kavuşturulmaya çalışıldı.

Daha önce Kıbrıs konusunda Türkiye'nin lehine, Yunanistan'ın aleyhine tutum alan Amerika saf değiştirmişti. ABD ve İngiltere Türkiye'yi sıkıştırıyordu.

Başbakan İnönü başta olmak üzere, Türkiye geri adım atmıyordu...

22 şubat 1964 tarihinde saat 11.45'te, Başbakan İsmet İnönü'ye, Başbakanlık'tan çıkarken, Mesut Suna adındaki bir kişi tarafından dört el ateş edildi. Kurşunlar otomobilin kapısına isabet etmişti...

Suikastı gerçekleştiren Mesut Suna'yı MAH ve Emniyet birimleri birlikte sorguladılar. Kayseri'den gelmişti. Hiçbir örgütle bağlantısı yoktu! İnönü'nün yaptığı konuşmalardan olumsuz etkilenip onu öldürmeye karar vermişti!..

Hepsi buydu!..[38]

Mesut Suna yargılanıp ceza yedi ve "dosya" kapandı...

Bu arada Kıbrıs krizi giderek tırmanıyordu...

6 mart 1964 tarihinde İnönü gazetecilere, adaya çıkarma yapabileceklerini söyledi. 13 martta Türk jetleri bir kez daha ada üzerinde uçtu.

16 martta meclis oybirliğiyle, hükûmete Kıbrıs'a çıkarma yetkisini verdi.

Soluklar tutulmuş, çıkarma saati beklenirken ABD Başkanı Lyndon Johnson'dan Başbakan İnönü'ye bir mektup geldi. Amerika Türkiye'yi uyararak, "Bizim verdiğimiz NATO silahlarını kullanamazsınız" diyordu!

38 Türkiye'de başbakanlara yapılan suikastlarda nedense hiç örgüt bağı bulunamıyordu. Demirel iki kez, Ecevit biri yurtdışında olmak üzere iki kez ve Özal bir kez bu tür saldırılara maruz kalmıştı. Ancak hiçbir suikastta siyasî neden bulunamamıştı. Garip!..

O güne kadar Türkiye'nin yüzüne gülen Amerika gerçek yüzünü gösterivermişti. Silahlar sadece "komünistlere" karşı kullanılabilecekti!..

Başbakan İnönü, siyasî literatüre geçen, "Yeni bir dünya kurulur, Türkiye'de orada yerini alır" ünlü sözüyle yanıtladı mektubu...

Ardından Amerika ve İngiltere'de bir dizi görüşmelerde bulundu.

Sovyetler Birliği fırsatı kaçırmıyor, NATO içinde yalnız kalan Türkiye'ye sıcak mesajlar gönderiyordu...

"İhtiyar Kurt" İnönü pes etmiyordu. Türk uçakları bir kez ada üzerinde gövde gösteri yaptı...

O sıcak günleri Başbakan İnönü'nün damadı gazeteci Metin Toker yakından yaşamıştı:

"Benim bildiğim kadarıyla, biz Kıbrıs'a çıkmaya ciddi olarak ilk defa 1964 yazında azmettik. O teşebbüsümüz de, Johnson'ın ünlü mektubuyla durdurulmuştu.(...)

General Porter diye bir Amerikalı geldi. General Ankara'ya bizzat Başbakan Johnson tarafından gönderilmişti. Görevi İsmet Paşa'nın 'hayır' dediği birtakım teklifleri Türkiye adına kabul edebilecek bir başbakan aramaktı.(...)

General Porter'ın gelişi günlerinde CIA ajanları da, Türkiye'de bir anket yapıyorlardı: 'Başbakan kim olsun?'."[39]

Aranan başbakan bir yıl sonra bulunacaktı: Süleyman Demirel...

O günlerde Fuat Doğu da, Cento kursuna gidecek Türk istihbaratçılarını tespit etmişti; listesinin başına en beğendiği "öğrencisi" Hiram Abas'ı yazmıştı...

Hiram Abas'a Cento kursu

19 nisan 1964...

Genelkurmay Başkanı Orgeneral Cevdet Sunay, Kıbrıs'la ilgili gazetecilerin sorularını, "Sabrımız tükendi, artık bundan gerisini dostlarımız düşünsün" diye yanıtlayıp, Cento Askerî Komitesi'nin toplantısına katılmak için Amerika'ya

39 Metin Toker, *Demokrasimizin İsmet Paşalı Yılları*, Bilgi Yayınları, 1990, s. 195-211.

giderken, Hiram Abas ve teşkilattan arkadaşları Londra'daki Cento kursuna gitmek için son hazırlıklarını yapıyorlardı...

Hiram Abas arkadaşlarına karşı sürekli sıcak, neşeli ve espriliydi. Oysa eşi ve oğluna karşı soğuk davranıyordu. Kimsenin gelip kendisini havaalanından yolcu etmesini istemedi. "Zaten" diyordu, "abartacak bir şey değil, topu topu bir aylığına gidiyorum, göz açıp kapayıncaya kadar biter."

Arkadaşlarıyla Yeşilköy Havaalanı Dış Hatlar bölümünde buluştular. Görevli olarak ikinci kez yurtdışına çıkıyordu...

Cento, (Merkezî Anlaşma Teşkilatı) Türkiye ile Amerikan, İngiliz, İran, Pakistan istihbarat birimleri arasında sıkı bağların kurulmasına ve gizli faaliyetlerin yürütülmesine yol açan bir ittifaktı.

Bu teşkilat Türkiye, İran, Irak, Pakistan ve İngiltere arasında Sovyetler'in Ortadoğu'da nüfuz kurmasını önlemek amacıyla Bağdat Paktı adıyla 1955 yılında oluşturulmuştu. İşin özünde Nasır harekâtına karşı Ortadoğu'da bir örgütlenmeydi Bağdat Paktı. Ancak Irak, temmuz 1958'de yapılan bir darbe sonrasında Sovyet yanlısı rejimin işbaşına geçmesiyle ittifaktan ayrılmıştı.

Trajikomik olan, Irak'ta askerî darbe olduğu gün Kral Faysal'ın Türkiye'ye gelecek olmasıydı. Bayar ve Menderes konuk kralı karşılamak için İstanbul Yeşilköy Havaalanı'nda bekliyorlardı. Kral Faysal değil, ama devrildiğinin haberi geldi İstanbul Yeşilköy Havaalanı'na!

Bunun ardından da Bağdat Paktı üyeleri Londra'da toplanarak, teker teker Amerika'yla savunma ve işbirliği anlaşmaları imzalanmasına ve paktın Bağdat'ta olan merkezinin Ankara'ya taşınmasına karar verdiler.

Bu ülkeler, Amerika'yla olan ilişkilerini daha da geliştirerek, örgütün adını 21 ağustos 1959'da Cento yaparak faaliyetlerine devam ettiler.

Cento giderek, ABD'nin Ortadoğu'daki casusluk örgütü haline geldi. Cento'nun bir istihbarat birimi de Ankara'daydı. Bu merkezde sadece istihbarat değil, Sovyetler Birliği'ne karşı dezenformasyon da yürütülüyordu.

Yapılan anlaşmalar, Amerika'nın "iç kargaşa" durumları dahil her türlü dolaylı veya doğrudan saldırı durumlarında üye devletlere müdahale etmesi koşuluna kadar getirildi.

Cento, Ortadoğu'da Amerikan-İngiliz gizli servislerinin rahat, verimli çalışmalarında çok etkili oluyordu. Örgütün küçük hücrelerden oluşan istihbarat koordinasyon ve yönlendirme birimleri kendi ülkelerinde operasyonlar yürütüyorlardı...

Hiram Abas ve arkadaşları Londra'daki "Cento Koruyucu Güvenlik Kursu"nda, İran ve Pakistan'dan gelen meslektaşlarıyla kısa zamanda kaynaştılar.

Amerikalılar ile İngilizler dostluk kurmuşlardı. Aslında hepsi sıkı birer "antikomünist" olarak yetiştirilmişler ve ülkelerinde bu konuda "gözlerini budaktan esirgemiyorlardı." Ama işte yine de kursta gruplaşma olmuştu...

Eğitim daha çok psikolojik harbin nasıl yürütüleceği üzerineydi.

Bu kurslarda özellikle basında gazeteci yazarlardan oluşan bir "casus ağının" nasıl kurulacağı öğretiliyordu. Cento, medyada Sovyetler Birliği aleyhinde yazı yazanlara yüksek miktarlarda paralar ödüyordu. İşin gülünç yanı, yazılan haber veya makalenin içeriğine değil, sütununa, santimine para verilmesiydi. Cetvelle ölçülerek para veriliyordu... Bu "demode uygulama" 1974 yılına kadar devam etti.

O yıldan sonra artık para değil, "fırsat" vermeye başlandı!..

Basında "casus ağına" takılan gazetecilere, "görüş lideri" deniyordu.

Cento kursunda ayrıca, "gizlilik dereceli bilgilerin korunması, personel teftişleri' gibi konularla, "SSCB, Çin istihbarat teşkilatları" hakkında bilgiler veriliyordu...

Hiram Abas Cento'da komünizmle mücadele yöntemlerini öğrenirken, Türkiye ile Sovyetler Birliği arasındaki dostluk temelindeki ilişkiler de hızla gelişiyordu.

İlk adımı Türkiye, 8 eylül 1964'te attı, Hasan Esat Işık, Fahri Korutürk'ün yerine Moskova büyükelçisi olarak Sovyetler Birliği'ne gönderildi. Bu atama Türk hükûmetinin

Sovyetler Birliği'yle ilişkilerine daha fazla önem verdiğini göstermek için yapılmıştı.

Sovyetler Birliği bu jeste hemen yanıt verdi: Ankara Büyükelçisi Nikita Rijov, Hasan Esat Işık şerefine bir öğle yemeği verdi. Yemekte Dışişleri Bakanı Feridun Cemal Erkin de hazır bulundu.

30 eylülde de Dışişleri Bakanı Erkin Moskova'ya gitti. Sovyetler Birliği, Kıbrıs konusunda Türkiye'nin yanında olduğunu belirtti. İki ülke arasında "Kültür Anlaşması" imzalandı.

Amerika ve NATO gelişmeleri endişeyle izliyordu... Ancak bir ay sonra rahat nefes alacakları bir gelişme oldu.

Bir ay sonrası...

Divan başkanı konuşurken delegelerin nefesleri bile duyulmuyordu.

Başkan da herkesin gözünün ve kulağının kendi üzerinde olduğunu bildiğinden, tane tane konuşuyordu: "Sadettin Bilgiç 522, Tekin Arıburun 39 ve Süleyman Demirel 1 062 oy. Sayın Demirel, Adalet Partisi'nin genel başkanı seçilmiştir. Allah yolunu açık etsin..."

Divan başkanının bundan sonraki sözleri salonda yapılan tezahürattan duyulmuyordu...

İki ay sonra, İsmet İnönü başbakanlık koltuğundan indirildi. Kayseri AP listesinden bağımsız senatör seçilen Suat Hayri Ürgüplü başkanlığında, AP, YTP, CKMP koalisyonu kuruldu.

Süleyman Demirel başbakan yardımcısı olmuştu; deyim yerindeyse "devleti öğrenme stajına" başlamıştı...

Cento kursunda "stajyerlik yapan" Hiram Abas, yurda döndüğünde "öğretmeni" MAH Başkanı Fuat Doğu'nun, tuğgeneral olup kıtaya çıktığını öğrendi.

Fuat Doğu'nun yerine, MAH başkanlığına ikinci kez Ziya Selışık getirilmişti.

Selışık'ın göreve ikinci kez gelişinde masonların bir rolü var mıydı? Bilinmez, ama MAH Başkanı Ziya Selışık, "mason olduğunu" reddeden Başbakan Yardımcısı Süleyman Demirel'e "tuhaf şeyler" söylüyordu.

Demirel çeşitli işlerinin yanı sıra MAH'la da "mesaiye" başlamıştı. Sonraki yıllarda o günleri gazeteci Cüneyt Arcayürek'e şöyle anlatıyordu:

"Allah rahmet etsin, Ziya Selışık vardı, sık sık gelir ve 'iyi sıhhatte olsunlar da herhangi bir şey yok' der ve giderdi. Ben bu ifadeyi dinler, fakat hiçbir şey anlamazdım. Kimdi, neydi bu 'iyi sıhhatte olsunlar' derdim içimden. Utanır, Ziya Selışık'a soramazdım.

Sonunda bir gün dayanamadım, sordum Selışık'a, 'Kim bu iyi sıhhatte olsunlar?' Cevabı çok kısaydı: 'Ordu' dedi."

Başbakan Yardımcısı Demirel, devleti öğrenmeye çalışırken, mecliste yeni istihbarat yasa tasarısı görüşülmeye başlanmıştı...

MAH'tı, MİT oldu

1963'te İsmet İnönü koalisyon hükûmeti tarafından meclise sevk edilen Millî İstihbarat Teşkilatı (MİT) kanunu tasarısı, iki yıl sonra, 6 temmuz 1965'te yasalaştı.

Yasanın TBMM'den çıkana kadar geçtiği aşamaların öyküsü ilginçti:

1960'ta Bayar-Menderes yönetimini deviren ihtilalci subaylar, MAH'ta personel tasfiyesi yaptıkları günlerde; MAH'ın, CIA, Savak ve Mossad'la iç içeliğini, teşkilatın içinde asker-sivil çekişmesi olduğunu, hükûmetlere istihbarat vermediğini, dış istihbaratla uğraşmak yerine iç siyasete karıştığını, Emniyet istihbaratı ve Genelkurmay istihbaratıyla aralarında rekabet ve çekişme olduğunu görmüşler, teşkilat yasasını çıkarmak için kolları sıvamışlardı.

Devlet Planlama Teşkilatı (DPT) Başkanı Şinasi Orel'e görev verilmişti. Orel, MAH'ı daha belirgin biçimde organize edecek, görevlerini yasal hükümlerle sınırlayacak bir millî istihbarat teşkilatı için komisyon kurdu. Üyeler arasında, Ankara Sıkıyönetim Karargâhı Komutanlığı'ndan Binbaşı Recep Ergun, MAH'ın hukuk müşavirleri, İçişleri Bakanlığı adına Önemli İşler Müdürü Ergun Gökdeniz, Genelkurmay İstihbarat Dairesi temsilcileri vardı.

Komisyon, MİT tasarısını hazırlarken dünyada benzeri

bulunan gizli servislerin iç yapılarını, uğraşılarını uzun uzadıya incelemişti. Gizli servisler birbirine benziyordu. "Yapısal ayrımları" yoktu. Ancak uygulama yöntemleri ayrıydı. Örneğin ABD'de casusluk -espiyonaj- görevini CIA üstlenmişti. Karşıcasuslukla FBI ilgileniyordu. Sovyetler'de KGB'nin yanı sıra GRU örgütü vardı ve bu ikinci örgüt, Ordu istihbaratı diye anılıyordu.

Yasa komisyonda hazırlanırken MİT'e iki görev birden verildi. Bu ana kural hiç değiştirilmedi, tasarı meclisten geçerken de korundu. Komisyonun uzun süre tartıştığı ana konu, MİT dışında kalan devlet istihbarat birimlerinin MİT'le organik ilişkilerinin nasıl düzenleneceğiydi. Bir eğilime göre, örneğin İçişleri Bakanlığı istihbaratı da MİT bünyesine alınmalıydı, Genelkurmay istihbaratı MİT'in dışında kalmalıydı, ama "ötekiler" MİT'e bağlanmalıydı. Emniyet Genel Müdürlüğü de "kontrespiyonaj" yapıyordu. Bütün istihbarat birimlerinin MİT'e bağlanmasını savunanlar birbirinden ayrı örgütlerin aynı konuları araştırırken, ister istemez kimi çatışmalardan kaçınılamayacağını öne sürüyorlardı. Öteki istihbarat birimlerinin MİT'e bağlanması fikrinden vazgeçildi.

Komisyon "MİT yasa tasarısı"nı hazırlayıp Millî Birlik Komitesi'ne gönderdi. Onlar da meclise havale etti.

İşte bundan sonrası biraz kafa karıştırıyordu.

Çünkü...

1961 Temsilciler Meclisi tutanaklarına göre (cilt 6, s. 2) 1/38 sayılı MİT tasarısı Temsilciler Meclisi'nde görüşülmek üzere Başkanlık Divanı'na verilmişti. Daha sonra Millî Savunma ve İçişleri komisyonlarına ve Maliye Komisyonu ile Kurucu Meclis Bütçe Komisyonu'na seçilen temsilci üyelerden oluşan karma komisyona gönderilen tasarının metni ne yazık ki mecliste kayboluvermişti!

Basına kapalı görüşme

Sonunda şu oldu, bu oldu ve MİT yasa tasarısı, 2 yıl sonra, 23 mart 1965 tarihinde meclis genel kuruluna geldi.

Millet Meclisi'nde salı günü başlayan 79. birleşimde Başbakan Suat Hayri Ürgüplü adına Başbakanlık Müsteşarı Vekili Muhlis Fer ve Millî Emniyet Hizmetleri Başkanı Ziya Selışık yazılı yetki belgesiyle oturuma katılmışlardı.

Başbakan adına konuşma yapmak üzere meclis kürsüsünde MAH başkanı vardı!

Başkan Ziya Selışık, daha çok personel yasasıyla ilgili sorunlardan bahsetdiyse de, millevekilleri dediklerinden fazla bir şey anlamadılar.[40]

Ancak Tabiî Senatör Haydar Tunçkanat'ın konuşması Senato'yu sinirlendirmişti:

"27 Mayıs İhtilali'nden sonra Millî Emniyet Teşkilatımız bünyesindeki yabancı unsurlardan temizlenmiş ve teşkilata yeni bir düzen verilmeye çalışılmıştır. İhtilalin o günkü zor şartları içinde dahi, yeni bir teşkilat kanunu hazırlanması için emir verilmiş ve personel içinde tensikata (azaltmalara) geçilmiştir.

Rejimin güvenliği ile ilgili görevlerin İçişleri Bakanlığı'na devri kararlaştırılarak kanun tasarısına ithal edilmişti (içine alınmıştı). Bugün huzurunuza gelen kanun tasarısı o zamandan beri birçok tadillere uğradıktan sonra bugünkü şekli ile huzurunuza gelmiş bulunmaktadır.

Bu devrede müttefiklerimiz Amerika'nın CIA istihbarat teşkilatının da gelip Millî Emniyet'in içine yerleşmesi ve bizim hakkımızda elde etmek istedikleri siyasî, iktisadî, sınaî, sosyal ve diğer önemli istihbaratı yine bizim teşkilatımız aracılığı ile ve kendi paraları ile sağlamaları da Millî Emniyet Teşkilatı'nı dış istihbarattan ziyade iç güvenlik faaliyetlerine zorlamış ve bunda da başarı sağlamışlardır. Bihassa teşkilatta önemli mevkiler işgal edenlerin, Amerikalılar tarafından tertiplenen dış seyahatlere katılmaları ve hibe şeklindeki bazı yardımlar Amerikalıların bu teşkilatın sırtından kendi millî güvenliğimiz aleyhine geniş imkânlar sağlamalarına sebep olmuştur."[41]

Hiram Abas ve tüm teşkilat meclisteki tartışmaları gazete sayfalarından heyecanla takip ediyorlardı. Onların daha çok ilgilendiği, kendilerine daha iyi maddî olanak sağlayacak personel yasasıydı.

40 *Millet Meclisi Tutanak Dergisi,* dönem 1 (1965), cilt 37, s. 591.

41 *Cumhuriyet Senatosu Tutanak Dergisi,* birleşim 86 (1965), cilt 28/1, s. 29 ve Haydar Tunçkanat, *Amerika Emperyalizm ve CIA,* Tekin Yayınevi, 1987, s. 97.

Ancak meclisin daha sonraki birleşimlerinde neler olduğunu ne onlar ne de Türkiye öğrenebildi. Çünkü, MİT yasa tasarısı, Büyük Millet Meclisi'nde görüşülürken Adalet Partisi'nden Giresun Milletvekili Ethem Kılıçoğlu ve 14 arkadaşının önerisiyle 10. maddeden sonra gizli oturuma geçildi. Ve bu nedenle tartışmalar hakkında bugüne kadar sağlıklı bir bilgi alınamadı.[42]

1963'te İsmet İnönü koalisyon hükûmetince parlamentoya sevk edilen tasarı, iki yıl gecikmeyle, 6 temmuz 1965 günü 644 sayılı Millî İstihbarat Teşkilatı Yasası adıyla yürürlüğe girdi.[43]

1965 MİT Yasası'yla MAH ortadan kaldırılmamıştı. Tam tersine yeni kurulan MİT'in beynini ve çekirdeğini yine MAH oluşturuyordu. Yapılan iş, yasanın gerekçesinde de açıkça belirtildiği üzere, MAH'ın yeni Anayasa karşısındaki hukukî statüsünün belirlenmesinden başka bir şey değildi. Yani bir anlamda peçe değiştirilmiş, MAH'ın adı MİT olmuştu!

İşin aslında ise, istihbarat örgütü sadece kâğıt üzerinde "yasal sınırlar" içine çekilebilmişti. Çünkü teşkilat elemanları hiçbir zaman kendilerini bu yasaya bağlı kalmadıklarını birçok yasadışı işlere girerek göstereceklerdi...

Yasa incelendiğinde, Millî İstihbarat Teşkilatı'nın, Millî Güvenlik Kurulu'nun (MGK) bir organı şeklinde düşünülmüş olduğu görülüyordu. Sanki MİT, Millî Güvenlik Kurulu'nun bilgi toplama merkeziydi!..

MİT'in bilgi vereceği "protokol" sırası şöyleydi; cumhurbaşkanı, başbakan, Genelkurmay başkanı ve Millî Güvenlik Kurulu Genel Sekreterliği.

MİT müsteşarının kim olacağına da MGK karar verecekti. Başbakan önerecek, MGK görüşüp karar verecek, cumhurbaşkanı onaylayacaktı...

644 sayılı yasanın 1. ve 2. maddelerine göre, MİT Başbakanlık'a bağlı olarak kurulmuş, MİT müsteşarı tarafından yönetilen ve Millî Emniyet Hizmetleri Başkanlığı (MAH), İstihbarat Başkanlığı (İB), Psikolojik Savunma Başkanlığı

42 *Millet Meclisi Tutanak Dergisi,* dönem 1 (1965), cilt 37, s. 634, 635.
43 *Resmî Gazete,* 22 temmuz 1965, sayı 12055.

(PSB), İdarî İşler Başkanlığı (İİB) Teftiş Kurulu Başkanlığı ve Hukuk Müşavirliği'yle diğer gerekli dairelerden oluşuyordu.

MİT'in daire başkanlarını bile, MGK belirleyecekti.

Daire başkanlarını, MİT müsteşarı önerecek MGK görüşecek, başbakan ve cumhurbaşkanının onayıyla atama yapılacaktı...

1965 yılına kadar, İçişleri Bakanlığı ve Millî Savunma Bakanlığı bünyesinde 4.000 memurla işlerini yürüten Türk İstihbarat Servisi, bu tarihten sonra, ülke içinde ve dışında gerçek anlamda örgütlenmeye başladı.

MİT'in kendisine verilen görevleri yerine getirebilmesi ve devletin diğer istihbarat birimleriyle koordineli çalışması için ayrıca bir de, Millî İstihbarat Koordinasyon Kurulu (MİKK) oluşturuldu.

Yasanın 8'inci maddesindeki şemaya göre bu kurul, MİT müşteşarının başkanlığında; Millî Güvenlik Kurulu genel sekreteri veya yardımcısı, MAH ve İstihbarat başkanları, Genelkurmay istihbarat başkanı veya yardımcısı, bakanlıkların istihbarat hizmetleriyle görevlendirilmiş daire ve benzeri kurumlar başkanları ile MİT müsteşarının çağıracağı kimselerden teşekkül ediyordu.[44]

Tarihî dönemeç

MİT Yasası en çok Başkan Ziya Şelışık'ı üzdü.

Yeni yasaya göre müsteşar 65 yaşını geçmiş olamayacaktı.

Ziya Selışık, 1900 doğumluydu ve 65 yaşındaydı.

Yaş haddinden emekli oldu...[45]

Eski Başkan Behçet Türkmen Adalet Partisi'ne girmişti. Ziya Selışık da, "Siyasete atılsam mı" diye düşündü, sonra vazgeçti...

44 MİT Yasası'yla ilgili ayrıntı bilgi için, Hikmet Özdemir'in AFA Yayınları'ndan 1989'da çıkan *Rejim ve Asker* kitabına ve Sami Küçük'ün, *Cumhuriyet* gazetesi, 31.7.1965 tarihli makalesine bakılabilir.

45 Yaş haddinden emekli olan bir diğer istihbaratçı ise Mazhar Eymür'dü. Adını, İstanbul'da İtalyanların kurduğu bir dinleme merkezine verdiler; Mazhar Eymür Dinleme Merkezi!

Hükûmet MİT'in başına hemen bir atama yapmadı.
Ekim ayında genel seçimler vardı. Bu nedenle göreve "vekâleten" teşkilatın Ankara bölge başkanlığını yapan, 1932 Harp Okulu çıkışlı Avni Kantan getirildi.

10 ekim 1965 seçimleri, başbakanlık koltuğuna 41 yaşındaki Süleyman Demirel'i oturttu.

Devletin yeniden yapılandığı bir dönem başlamıştı.
"Bazı kurumlar" dönüşüme uğruyordu...
1952 yılında kurulan Seferberlik Tetkik Kurulu o yıl, "gerçek hüviyetine" kavuştu ve Özel Harp Dairesi adını aldı...
İlk başkanı Tuğgeneral Recai Engin oldu...
Seferberlik Tetkik Kurulu'nun başkanlığını hep albay rütbesindeki subaylar yapıyordu. Şimdi "ihtiyaç" doğmuştu ki, daire büyütülmüş, tugay seviyesine çıkarılmış ve başına da tuğgeneral rütbesiyle bir paşa getirilmişti.[46]
Bir paşa da MİT'in başına getirildi: Fuat Doğu bu kez tuğgeneral rütbesiyle yeniden MİT'in başındaydı...
Kuşkusuz Başbakan Demirel, Fuat Doğu'yu tanımıyordu. Bazı "sivil arkadaşlarının" önerisiyle Sivas'ta tugay komutanlığı yapan Fuat Doğu'nun adını Millî Güvenlik Kurulu'na sunmuştu.
İsim kabul görmüştü; Tuğgeneral Fuat Doğu, 5,5 yıl sürecek olan görevine başlamıştı...

Hiram Abas'ın bulunduğu istihbarat başkanlığının başına ise Kurmay Albay Cihat Akyol getirilmişti.
İlginçtir ama, fikirleri ve istihbarat anlayışları aynı olan MİT İstihbarat Başkanı Albay Cihat Akyol ile Mit Başkanı Fuat Doğu'nun arası hiçbir zaman iyi olmamıştı.

Cihat Akyol, binbaşı rütbesindeyken Millî Emniyet Hizmetleri'nde çalışmış, kurmay albay rütbesiyle Kara Kuvvet-

46 Zamanla Türkiye'nin "ihtiyaçları" daha da artınca, Özel Harp Dairesi de bu ihtiyacı gideremediği için bir kez daha büyütüldü, Özel Kuvvetler Komutanlığı adını aldı. 23 ekim 1992 yılında kurulan Özel Kuvvetler Komutanlığı'nın başında da artık tuğgeneral değil, bir korgeneral olacaktı. 1952 yılında Amerikalılarla küçük bir binada hizmet vermeye başlayan, özel harp ünitesi, Seberberlik Tetkik Kurulu zamanla "kolordu" seviyesine gelmişti.

leri istihbarat başkanlığı ve Genelkurmay istihbarat başkan yardımcılığı görevlerinde bulunmuştu.

Paris'te NATO karargâhında kurslar gören Cihat Akyol, Moskova ataşemiliterliği de yapmıştı.

Fuat Doğu, Cihat Akyol'u "yerinde gözü olmakla" suçluyordu.

Sonunda devlet kavgaya müdahale etti.

Cihat Akyol, tuğgeneralliğe terfi ettirilerek Özel Harp Dairesi'nin (ÖHD) başına getirildi...

O yıllarda, gerek MİT, gerekse ÖHD kadrolarının, başta Amerika olmak üzere, bazı Avrupa ülkelerine özel harp ve istihbarat kurslarına gitmeleri sıklaşmıştı.

CIA'yla ilişkiler kesilmemiş, artarak sürüyordu. Özel Harp Dairesi, Amerikan Askerî Yardım Kurulu'yla aynı binada, "teşriki mesai" yapıyordu!

1988'de Fuat Doğu'nun ziyaretine gelen misafirlerine söylediğine göre, "1965'lerde MİT ile CIA aynı binalarda çalışmaya" devam ediyordu...

O günler, Devleti Kurtarma Planı, "Dev-Kurt Planı"nın Genelkurmay Başkanı Orgeneral Cevdet Sunay tarafından yürürlüğe konulduğu günlerdi. Genelkurmay bir genelge yayınlayarak, *Komünizmle Mücadale Metotları* adlı kitabın askerî okulların ders programlarının içine alınacağını ve bütün Silahlı Kuvvetlerce okunacağını bildirdi...

Radikal sağ kanatta da değişiklikler vardı:

1 ağustos 1965 CKMP kongresinde genel başkanlığa emekli Kurmay Albay Alparslan Türkeş seçildi...

Devlet yeni döneme "eli silahlı" giriyordu...

28 haziran 1965 tarihli oturumunda meclis, toplum polisinin zırhlı araba ve otomatik makineli silahlar kullanılmasına izin veren yasayı kabul etti...

Yeni döneme uygun cumhurbaşkanı da bulundu: Genelkurmay eski başkanı Cevdet Sunay!

İddia: Cevdet Sunay 1966 yılının başında bir NATO toplantısına katılmak için Paris'e gitmişti. Aynı günlerde eski Başbakan Suat Hayri Ürgüplü'nün oğlunun Paris'te düğünü vardı. Düğünde herkes Cevdet Sunay'ın cumhurbaşkanı olup olmamasını tartışıyordu. Eski Başbakan Ürgüplü bu düğünde Sunay'a bir teklifte bulundu: "Mason olur musun?" Ürgüplü ailesi Türkiye'nin önde gelen mason ailelerinden biriydi. Genelkurmay Başkanı Cevdet Sunay öneriye sıcak baktı. Dönüşünde Roma'ya uğrayıp masonluk yemini etti. İki ay sonra da, 17 mart 1966'da tabiî senatörlük, 28 mart 1966'da ise cumhurbaşkanlığı yemini etti.

Genelkurmay başkanlığına ise Orgeneral Cemal Tural getirildi.

Tıpkı Sunay gibi Orgeneral Tural da, 27 Mayıs Hareketi'ne soğuk bakan subaylardandı...[47]

Cumhurbaşkanı Cevdet Sunay;

Başbakan Süleyman Demirel;

Genelkurmay Başkanı Cemal Tural;

ÖHD başkanı, önce Recai Engin, ardından Cihat Akyol;

MİT Başkanı Fuat Doğu...

Ve "komünistlerin nefes alışlarını bile izlediğini" söyleyen, solcu milletvekillerinin meclisteki odalarında gizlice arama yaptıran, "zehir hafiye" İçişleri Bakanı Faruk Sükan!..

Operasyon başarıyla sonuçlanmıştı...

Gazeteciye Özel Harp dayağı

8 eylül 1966...

Gazeteci İlhami Soysal, Ankara Çankaya'daki evinden Kızılay'daki gazetesine gitmek için dolmuş beklerken, siyah bir Buick otomobil kendisini "buyur" edince, arabaya bindi.

Şoför çok kibardı. İki yüz metre ileride bekleyen iki kişiyi

47 Talat Turhan, Cemal Tural'ı şöyle anlattı: "1958 yılında İstanbul 66. Tümen komutanı. 27 Mayıs Hareketi içine davet edildi, kabul etmedi.

27 Mayıs'ta Gelibolu'da 2. Kolordu komutanı. O gün, ihtilalciler, 'Hemen İstanbul'a gel' diyor. Makam arabasıyla üç kez Korudağı'na çıkıp çıkıp iniyor, bekliyor; 'Bakalım ihtilal başarılı olacak mı ?' diye.

Sonuçta başarılı olduğunu görünce, İstanbul'a geliyor ve karşısına çıkan iki kurmay yarbaya selama duruyor. Diyor ki; 'İhtilalin subayına selam durulur !' Sonuçta bu ikircikli davranışını, ihtilalden sonraki yıllarda 27 Mayıs düşmanlığına dönüştürdü."

daha aldı. Otomobilde kimse konuşmuyordu. Gazeteci Soysal, dışarıyı seyrederken, yanında oturan kişinin, "Sen bizim büyüklerimizi, komutanlarımızı nasıl tenkit edersin ?" diye küfretmesiyle irkildi. Ardından suratına ilk yumruğu yedi !

Ankara dışına çıkan meçhul otomobil, dayaktan yüzü gözü kan içinde kalan gazeteciyi Çayyolu köyünde yol kenarına attılar...

Haber başkentte bomba etkisi yaptı. Herkes birbirine aynı soruyu yöneltiyordu, "Kim dövmüş ?"

Gazeteci Soysal aslında kendisi "kaşınmıştı"; *Akşam* gazetesindeki köşesinde, "Erkekçe" başlıklı bir yazı yazıp, Genelkurmay başkanlarının da yasalara saygılı olmak zorunda olduklarını söylemiş, daha sonraki makalelerinde de, komutanlara lüks köşkler yapılmasını eleştirmişti.

Önce uyarılmış, ardından imzasız mektuplar almış, ama oralı bile olmamıştı ! Şimdi de, kendisini kimlerin dövdüğünü ortaya çıkarmak için kolları sıvamıştı.

Buldu da: Soysal'ı dövenler, Özel Harp Dairesi'nden Yarbay Raci Tetik,[48] Astsubay Başçavuş Yüksel Aşçıoğlu ve Astsubay Sadık Görmez'di.

Buick marka otomobil Yarbay Raci Tetik'indi. Ancak kendisi gibi otomobili de "sırra kadem" basmıştı.

Yarbay Raci Tetik, Kıbrıs'ta "kontgerillacılık oynasın" diye adaya gönderilmişti.

Bu arada kamuoyundaki yoğun baskılar nedeniyle, bu saldırıya göz yuman ÖHD Başkanı Tuğgeneral Recai Engin de "hava değişikliğine" Londra'ya ataşemiliterliğe gönderiliyordu...

Basında ilk kez; ÖHD subayı konuşuyor

Özel Harp Dairesi basının gündeminden uzun yıllar düşmedi. Kitabın yazarlarından Soner Yalçın, basında ilk kez ÖHD'de subaylık yapmış bir Özel Harpçi subayla röportaj yaptı. 30 eylül 1992 tarihinde yapılan röportajda Özel Harp Dairesi mensubu Binbaşı Bahadır Özel bakın neler anlatıyordu:

48 Raci Tetik 12 Eylül 1980 Darbesi'nden sonra, işkenceleriyle meşhur (!) Mamak Askerî Cezaevi'nin komutanlığını yapacaktı.

"– Sayın Bahadır Özel, Özel Harp Dairesi'nde çalışmaya ne zaman başladınız?

– 1966 yılında üstteğmendim. araştırılıp, belli normlara uygunluğumuzu görünce bizi ÖHD'ye aldılar. Alınmadan önce takip ediliyorsunuz; dürüstlük, milliyetçilik, vatanseverlik gibi değerlere sahip olmanız gerekiyor. Kursa alınıyorsunuz; psikolojik harp, gerilla faaliyeti, özel harp konularında dersler veriliyor. Komanda kursları da var. Tüm bunlardan geçenler ihtiyaca göre daireye alınıyor.

– İlk görev yeriniz?

– Mücahit yetiştirmek üzere Kıbrıs'a gittim. Orada lider görevi yaptım. Tabiî, subay olarak gitmedim, sahte bir kimlikle öğretmen olarak gittim. Mücahitleri asker gibi eğitiyorduk. Biliyorsunuz, 1952 yılından beri Kıbrıs'ta Türk Mukavemet Teşkilatı var. Söylendiği gibi fazla sayıda subay yoktu. 20-30 kişiydik. Çok sayıda olsaydık kokusu çıkardı. Gerçi Rumlara da Yunanistan'dan subaylar geliyordu. İki tarafta biliyordu aslında olayın gerçeğini.

– Kıbrıs'tan sonra Türkiye'de nerelerde çalıştınız?

– Çeşitli bölgelerde çalıştım. Yerlerini söyleyemem. Bölge başkanlıkları vardı. Bölge başkanları albaydı. Onun emrinde 3-4 subay bulunur. ÖHD'nin o zaman toplam subay sayısı 50-60'ı geçmezdi. Şimdi ne kadar bilmiyorum. Benim tek yaptığım vatansever insanları -bunlara nüve derdik- ÖHD'nin emri altına almaktı.

– Sivil nüveleri nasıl seçiyordunuz?

– Önce takip ediyorsunuz. Sohbette görüşlerini filan öğreniyorsunuz. Sonra merkeze durumu bildiriyorsunuz. Merkez onaylarsa gidip adamla konuşuyorsunuz. Merkez, Ankara'daki daire. Adamla konuşmayı üst rütbeli subay yapıyor.

– Albay seçtiği nüveye ne diyor?

– Detaya giremem, o zaman dairenin çalışmalarını ifşa etmiş olurum. Nüve gelişigüzel seçilmiyor, eğitimi vb iyi olmalı. Sır tutacak biri olmalı. Rasgele seçim yapılmıyor. Çok titiz davranmak gerekiyor.

– Nüveleri nasıl bir eğitimden geçiriyorsunuz?

– Bunları söyleyemem.

– Silahlı eğitimi kim veriyor?

– Bakın bu konuda kamuoyu yanlış yönlendirildi. Biz silahlı eğitim filan vermezdik. ÖHD'nin bir tek görevi vardır; yurt işgal edildiğinde düşmana karşı gerilla savaşı yapmak. Sabotajlar düzenlemek filan. ÖHD benim görev yaptığım 70'li yıllarda illegal faaliyet içinde olmamıştır.

– 70'li yıllarda MGK dış tehdit ve iç tehdit değerlendirmesi yaparken Sovyetler Birliği ve komünizmi tehdit olarak değerlendiriyordu. O halde ÖHD 70'li yıllarda oturup 'komünistlerin işgalini mi' bekleyecekti? Yoksa işgal etmesini önlemek için birtakım illegal faaliyetlerle komünistlerin güçlenmesini mi önleyecekti?

– ÖHD yasal bir kurumdu. Görevinin ne olduğu yasada bellidir. Genelkurmay Başkanlığı'na bağlıdır. Tartışmalar sırasında kimse çıkıp bunları söylemedi. Kimse ÖHD'yi savunmadı. Zaten ben bu nedenle 1979 yılında istifa ettim. Kurumun kamuoyunda bu hale gelmesinin nedeni Cihat Akyol'dur. Teşkilatı Cihat Akyol bozdu.

– ÖHD'nin hiç mi kusuru yoktu. İlk dönemlerinde personel maaşlarını ABD ödüyordu. Merkezi ABD'nin askerî yardım teşkilatı JUSMMAT ile iç içeydi. Bu nasıl bağımsız örgüt?

– Türk Silahlı Kuvvetleri'nde normal subay ne kadar maaş alıyorsa ben de o kadar aldım. Ben dolarla filan maaş almadım. Sonra tuttular, bizi MHP'li yaptılar. Yahu ne alakası var. Bizzat ben nüve olarak CHP'lileri, AP'lileri bile seçtim. MHP'yi çökertme uğruna ÖHD harcandı. Piyon olarak kullanıldık."

MİT'te 67'liler dönemi

MİT'in illegal faaliyetlerinin tartışıldığı günlerde Hiram Abas Tunus'a gidiyordu.

Müsteşar Fuat Doğu, "Evladım" dediği Hiram Abas'ın yıldızını parlatmak için elinden geleni yapıyordu. Devletin üst kademeleriyle ilişki kurmasını istiyordu sürekli.

1 aralık 1966 tarihinde, Cumhurbaşkanı Cevdet Sunay resmî bir ziyaret için Tunus'a gittiğinde heyette Hiram Abas da vardı.

Cumhurbaşkanı Sunay'ın güvenliğinden sorumluydu.

Bir hafta süren ziyarette bir an olsun Sunay'ın yanından ayrılmamıştı. Özellikle İngilizce'siyle ve ana dili gibi konuştuğu Fransızca'sıyla Türk heyetinin dikkatini çekmeyi başarmıştı.

Birkaç ay sonra ise yakın arkadaşlarını MİT'e çekmeyi başaracaktı...

MİT'te, "67'liler" denilen bir grup vardı...

Fuat Doğu asker olmasına rağmen teşkilatı sivilleştirmek istiyordu. Bu yüzden de 1967 yılında MİT'e rekor sayıda personel alınırken, özellikle üniversite mezunu sivilleri tercih etmişti.

Fuat Doğu'nun, asker istememesinin nedeni, Harp Okulu'nda belirli bir nosyonu alan subayların, daha sonraki dönemlerde ideolojik olarak yönlendirilememesiydi...

Fuat Doğu'nun teşkilata personel alımında en büyük yardımcısı, Hiram Abas'tı. Hiram Abas, birlikte pipo içip, boks yaptığı arkadaşı Metin Olgaç'ın MİT'e girmesine yardımcı oldu.

Galatasaray'ın iki boksörü şimdi, MİT çatısı altında birleşmişlerdi...

Yine Hiram Abas'ın Siyasal Bilgiler Fakültesi'nden yakın arkadaşı Kompas Güngör (Salman) de teşkilattaydı...

Zamanla MİT'in üst düzey yöneticiliğine kadar yükselecek olan Mikdat Alpay, Ertuğrul Güven, Şenkal Atasagun gibi isimler hep o dönemde teşkilata girenlerdendi.[49]

İstanbul'da da yoğun çalışma vardı; 1967 yılında teşkilata giren en ünlü isimlerden biri de Mahir Kaynak'tı...[50]

MİT'teki yeni yapılanmayı *Cumhuriyet* gazetesi bir yıl sonra haber yapıyordu: "Bundan bir süre önce Millî İstihbarat Merkez Teşkilatı özellikle Siyasal Bilgiler ve Hukuk Fakültesi mezunu olan lisan bilir gençler tarafından takviye edilmiş,

49 Yıllar sonra, her üçünün de adı MİT müsteşarlığına aday olarak geçti. Aralarından Şenkal Atasagun, 8 şubat 1998'de bu göreve getirildi.

50 Mahir Kaynak MİT'e girişini kitabın yazarlarına şöyle anlattı: "Üniversitede aktif bir öğrenciydim. Solcuydum. Ama millîci bir solcu. O dönemde üniversitedeki bazı asistanlar -ki bunların teşkilatla ilişkisi olduğunu biliyordum- beni taciz etmeye başladılar. Açıkça tehdit de ediyorlardı. Sonra bana teklifi yaptılar. Düşündüm ve kabul ettim."

yurdun çeşitli kentlerinde de yeniden örgütlenme faaliyetine girilmiştir."[51]

Çerkez kökenli Fuat Doğu, Kafkas ve Orta Asya kökenli elemanlar arıyordu: Azerî, Gürcü, Çerkez, Abaza, Dağıstanlı, Özbek, Türkmen, Tatar...

Örneğin Harp Okulu'ndan atılan Enver Altaylı, tam Fuat Doğu'nun istediği özelliklere sahipti: hem ülkücü hem de Özbek'ti!..

Aslında Fuat Doğu'nun bu "personel politikasının" altında, CIA'nın isteği yatıyordu.

Amerika, Sovyetler Birliği topraklarındaki, "Anadolu'yla akraba azınlıkları" kullanmak istiyordu. En iyi istihbarat kaynağı onlardı. Bu politikanın perde arkasındaki CIA görevlisi ise Özbekistan kökenli Ruzi Nazar'dı...

İkinci Dünya Savaşı'nda Kızıl Ordu'dan kaçıp Alman SS'lerine katılmıştı. Nazi ordusunun ünlü "Türkistan Birliği"ni kurmuştu.

Kısa zamanda Nazi Generali Gehlen'in en güvendiği isimlerden biri oldu. Gehlen'in "CIA"laştırdığı adamlarından biri de Ruzi Nazar'dı.

1959 yılından beri Türkiye'deydi ve CIA ajanı olarak, Amerikan Büyükelçiliği'nde çalışıyordu! Ankara Bahçelievler'deki evinde her gün ünlü konuklarını ağırlıyor, sohbetler yapıyordu. Örneğin Ayten-Cüneyt Gökçer çifti bu ünlülerdendi.

O tarihlerde, CIA'nın "Antikomünist Orta Asya Operasyonu"nu planlayan bir diğer uzmanı da Paul Henze'di...

Bir diğer CIA şefi ise Graham Fuller'dı. Harward Üniversitesi'nin "Rus İncelemeleri" kürsüsünden lisans ve lisans üstü diploması vardı. Sovyetolog Fuller, 1964-1967 yılları arasında İstanbul'da görev yaptı. 20 yıl boyunca Sovyetler Birliği'ni çevreleyen ülkelerde görevlerde bulundu.

Nazi Generali Gehlen'in öğrencileri Türkiye'de iyi bir "ittifak" oluşturmuşlardı; Fuat Doğu, Ruzi Nazar, Paul Henze ve Graham Fuller!

51 *Cumhuriyet,* 13 ağustos 1968.

Hiram Abas'ın hepsiyle de yakın mesaisi vardı...

Tabiî bu teşkilatın "sivil unsurları" da vardı:

24 şubat 1967 tarihinde CHP Aydın Milletvekili Şükrü Koç, mecliste düzenlediği basın toplantısında, "AP Senatörü (üsteğmen-doktor) Fethi Tevetoğlu, özel olarak eğitilmiş bir CIA ajanıdır" dedi.

Senatör Tevetoğlu'nun adı daha önce, "Türkiye'deki zararlı isimlerden" oluşan gizli bir rapor hazırlayıp, CIA'ya verdiği iddialarıyla gündeme gelmişti...[52]

CIA ajanlığı iddialarının bir önemi yoktu, önemli olan komünist ajanlığıydı! Ve MİT ile Emniyet sürekli komünist avındaydı...

Sovyetler Birliği gezisinden dönen Aziz Nesin, Komünist Partisi'nin gizli belgelerini getirdiği iddiasıyla gözaltına alınıp, dayak atıldıktan sonra serbest bırakıldı...

İzmir'de konuşma yaparken tartaklanan Türkiye İşçi Partisi Milletvekili Çetin Altan'ın "Aya Doğru" yazısından dolayı mecliste dokunulmazlığı kaldırıldı...

Ozan Hasan Hüseyin Korkmazgil, "Kızılırmak" şiirinde komünizm propagandası yaptığı gerekçesiyle tutuklanıp cezaevine kondu...

Ve aynı yıl, yani 1967'de Hiram Abas'ın "başına talih kuşu kondu!"

Hiram Abas'tan Demirel'e brifing

Başbakanlık Müsteşarı Ahmet Salih Korur'un makamına çıkmasının üstünden 10 yıl geçmişti. O zaman duyduğu heyecan çoktan nasırlaşmıştı.

Baba Hilmi Abas oğlunun istihbarat teşkilatına girmesine önayak olmuştu, ama yıllar sonra sanki bundan pişman

52 MİT psikolojik savaş çerçevesinde elde ettiği "doğru-yanlış" bilgileri güvendiği "yazarlara" verip kitap olmasını sağlıyordu. Fethi Tevetoğlu'nun, *Türkiye'de Sosyalist ve Komünist Hareketler,* (Ankara, 1967), Aclan Sayılgan'ın *Türkiye'de Sol Hareketler* (İstanbul, 1968) bu tür yayınlara iki örnektir. Her iki yazar da CIA ajanı Ruzi Nazar'ın yakın arkadaşıydı.

olmuş gibiydi. Oğlunu iş yerinde ziyaret edememekten şikâyetçiydi. Yakın arkadaşları Hilmi Bey'in bir gün oğluna şöyle dediğini duymuşlardı: "Çöpçü bile olsan hiç değilse yerini bilirdim, sokakta da olsa seni görmeye gelirdim. Şimdi çalıştığın yerde bir çayını içmeye bile gelemiyorum!"

Ancak şimdi oğlu Başbakan Süleyman Demirel'e brifing veriyordu.

Başbakan Demirel önemli konuklarını hep saat 22.00'de kabul ederdi. Hiram Abas'ı saat tam 22.00'de kabul etti.

Brifingin konusunu, o tarihte bir yıllık MİT elemanı olan Mehmet Eymür anılarında şöyle anlatır: "Avusturya asıllı Adolf Slavik, 1918 tarihinde Viyana'da doğmuştu. Viyana Üniversitesi'nden 'hukuk doktoru' olarak mezun olan Slavik, 1932 yılında 'Hitler Gençleri' ve 'Avusturya Gençleri', 1938 yılında 'Waffen SS Teşkilatı' isimli Nazi organizasyonlarına üye olmuş ve aktif faaliyette bulunmuştu. İkinci Dünya Harbi sonunda Amerikalılara esir düşen Slavik, 1945 yılında Viyana'ya dönmüş ve Halk Mahkemesi'nde yargılanarak mahkûmiyet almıştı. Sovyet istihbarat teşkilatı KGB ile ilk teması Stein Cezaevi'nde başlayan Slavik işgal kuvvetlerinin Avusturya'yı terk etmesinden sonra Viyana'daki Sovyet Sefareti'ndeki özel bir şubeyi, KGB binbaşısı rütbesiyle yönetmişti. Daha sonra Cezayir'e giderek, Çekoslovak silahlarının dağıtımını organize eden Slavik, 1949-1960 yılları arasında çeşitli ülkelerde güvenilir bir Sovyet ajanı olarak çalıştı. 1960 yılında İstanbul'a gelen Adolf Slavik ithalat-ihracat işleri ile iştigal eden bir şirkete hissedar olarak katıldı. Slavik bilahare şirketin tüm hisselerini alarak adını da değiştirdi. Faaliyetin maskelenmesi tamamlanmıştı. Şimdi istihbarî çalışmalara başlamanın sırasıydı. Slavik, gazetelere Türkçe ders verecek öğretmen aradığına dair ilan verdi. Emekli Hava Subayı Küçükkutlu bu işe talipti.

MİT, Küçükkutlu ile temas kurdu. Faaliyet izlenmeye başladı. Slavik, Küçükkutlu'dan tanıdığı generallerin ve önemli görevlerde çalışan subayların listesini istedi. Bunu, Türkiye'deki siyasî partilerin ve koalisyon hükûmetlerinin durumu hakkındaki rapor isteği takip etti. MİT Küçükkutlu'yu besliyor, iştahını kabartacak bilgiler Slavik'e akıyordu. Slavik'in faaliyeti ile ilgili birçok başka teması da öğrenilmişti. Sıra faaliyetin çökertilmesi safhasındaydı. Slavik, Küçükkutlu'dan NATO'ya veya Harp Akademileri Komutanlığı'na girmesini istemişti. Küçükkutlu'nun Harp Akademileri'nde tercüman olarak görevlendirildiğine dair belgeler ve kimlik kartları MİT'çe hazırlandı. Slavik, 1 şubat 1967 günü, istemiş olduğu askerî maksatlı bilgileri Küçükkutlu'dan alırken suçüstü yakalandı. Sorgulanmasından sonra 1. Ordu Askerî Mahkemesi'nde yargılandı ve Sovyetler lehine casusluktan 6 yıl hapse mahkûm oldu. Slavik daha sonra Bulgaristan'da mahkûm Türklerle (iki MİT ajanı, y.n.) takas edildi."[53]

Eymür'ün anılarını dinleyen teşkilattan arkadaşları, "anlatımı biraz abartılı" bulmuşlardı. Emekli Albay Küçükkutlu kendisi korkup MİT'e her şeyi anlatmıştı. O günlerde MİT'in başarıya ihtiyacı olduğu için, operasyonu "KGB'nin Türkiye'deki istihbarat ağını" çökertmiş gibi abartmıştı!..

MİT Müsteşarı Fuat Doğu, kendisinin ve teşkilatının nasıl casus yakaladığını Başbakan Demirel'e göstermek için Slavik Operasyonu'nu fırsat bilmişti. Slavik yakalanmadan önce faaliyeti yürüten Hiram Abas'ı Başbakan Demirel'e göndererek prim yapma olanağı bulmuştu.

Gerçi MİT, sıradan bir operasyon yapmıştı. Ama Fuat Doğu, Başbakan Demirel'in "toyluğundan" yararlanmıştı. O tarihe kadar 20 KGB ajanı yakalanmıştı, ancak hiçbirinin operasyonu dönemin başbakanlarına anlatılmamıştı...

35 yaşında başbakana brifing veren Hiram Abas'ın teşkilatta "havasından" geçilmiyordu. Özellikle Fuat Doğu'nun "Evladım" sözleriyle başlayan övgülerini göğsü kabararak dinliyordu...

Hiram Abas'ın "havalarda uçtuğu" 1967 yılında, Türkiye'nin tam merkezinde bulunduğu bölgede, savaşlar ve darbeler birbirine karışmıştı...

21 nisanda Yunanistan'da alt rütbeli subaylardan kurulu faşist cunta, genel seçimleri önlemek için darbe yaptı. Darbe, Türkiye'nin de ileriki yıllarda kendi topraklarında göreceği bir metotla yapılmıştı. Yunanistan'ın birçok yerinde, kimin yaptığı belli olmayan bombalar patlatılıyor (örneğin Girit'te nedeni anlaşılamayan yedinci bomba 23 mart

53 Mehmet Eymür, a.g.e., s. 53.

1967'de patlamıştı), cinayetler işleniyordu.

Özel harp metoduydu; isteniyordu ki, Yunan halkı terörden bıksın, gelecek yönetime -bu darbe bile olsa- razı olsun! Darbenin arkasında CIA vardı. Çünkü yapılacak seçimlerde solun iktidar olacağına kesin gözüyle bakılıyordu.

Türkiye, komşusunda rejim değişikliğine yol açan darbeye tıpkı Amerika gibi sessiz kaldı...

Yunanlı albaylar ilk "icraat" olarak, Kıbrıs'ta Enosis ilan etmek için kolları sıvadılar. Ada yine karıştı. Grivas adlı eski bir faşist subay, EOKA adlı gizli örgütü aracılığıyla Türkleri vuruyordu. CIA'nın komünizm tehlikesine karşı yetiştirdiği "Kızıl Teke Derisi Örgütü" ile ırkçı Yunanlı subaylar da adaya dolmuştu.

TBMM bir kez daha Türk Silahlı Kuvvetleri'nin Kıbrıs'a çıkmasına onay verdi. Onay verdi ama; ne Genelkurmay İstihbaratı'nın ne de MİT'in, Kıbrıs'la ilgili bir dosyası yoktu... Kıyılarda su derinliği nedir, adadaki Yunan ordusunun gücü ne kadardır, denizi mayınlamışlar mıdır, vs...

Bu soruların yanıtları Türk istihbaratında yoktu!..

ABD Başkanı Johnson, özel elçisi Cryus Vance'yi arabuluculuk yapması için Atina ve Ankara'ya gönderdi. 29 aralık 1967'de Kıbrıs'ta geçici Türk yönetimi ilan edildi... Bu arada Türk hükûmeti 20 ocak 1968 tarihinde, -Amerika'dan iki gün önce- Yunanistan'daki albaylar hükûmetini tanıdı!..

Atina'da deşifre olan "ikinci kâtip"

MİT, artık NATO müttefiki Yunanistan'ı "kara listesine" almıştı. MİT'in takip tarassut (gözetleme) elemanları Yunanlıların peşine düşmüştü...

Tabiî Yunan Gizli Servisi'nin personeli de Türkleri izlemeye başlamıştı...

İşin garip yanı, her iki ülkenin istihbarat teşkilatını CIA'nın kurup, eğitmiş olmasıydı...

Bakalım en çalışkan öğrenciler hangi taraftaydı?..

Yunanistan'dan bilgi ihtiyacı vardı, bu nedenle Hiram Abas'a Atina "seferi" gözüktü.

Hiram Abas, "istihbaratçı kimliği ortaya çıkmasın" diye; eşi Gülsen Hanım'ı, oğlu Cengiz ile yeni doğan kızı Cenan'ı da Yunanistan'a götürdü.

Tıpkı Batum'da olduğu gibi, yine Dışişleri mensubu kimliğiyle Atina'ya yerleşmişti. Bu kez görevi, Atina Büyükelçiliği ikinci kâtipliğiydi!..

Terfi almıştı; konsolos muavinliğinden, ikinci kâtipliğe yükselmişti![54]

Hiram Abas'ın Atina'daki en büyük yardımcısı kuşkusuz Türkiye'den göç eden Rumlardı.

Atina'nın en güzel semtlerinden Paleon Faliron, sanki bir küçük İstanbul semtiydi. Sokakta herhangi bir kişiyle rahatlıkla Türkçe konuşuluyordu. Bir diğer semt Kallitea'da da çok sayıda Anadolu'dan göçen Rum yaşıyordu. Nea Smirni (Yeni İzmir) semtinde de öyle.

Nea Filadelfiya'da ise, Türkiye'nin bazı şehirlerinin ve ilçelerinin adlarını, sokak ismi olarak görmek Abas ailesini çok şaşırtmıştı. Sık sık İzmir Sokağı'na gidip, küçük lokantalarda yemek yiyorlardı. Etli kabak dolması, salçalı köfte, kıymalı patates, taskebabı, musakka ve zeytinyağlılar, yemek konusunda da hiç sorunu yoktu Abas ailesinin.

Atina'nın kuzey kesimindeki dağların adı Türk Dağları'ydı!

Futbol takımı bile kurmuşlardı: AEK (Atletiki Enosis Kontsantinopoliton) yani, "İstanbullular Spor Birliği".

Yunanistan'da yaşayan insanların neredeyse yarısını Türkiye'den göçen Rumlar oluşturuyordu. Hiram Abas aslında Atina'nın göbeğinde bir Türk lobisiyle karşılaşmıştı. Türkiye'den göçen Rumlar Türklere karşı hâlâ sıcak duygular içindeydiler ve Türkiye'ye hâlâ yürekten bağlıydılar. Türklerden bahsederken "biz", yaşadıkları ülke insanlarından "Yunanlılar" diye bahsediyorlardı... Yunanlılar bu nedenle göçmen Rumları hep "Türkî" diye küçümsüyorlardı!

Ve yıllardır birbirine karışmış, komşu olmuş iki toplum için şimdi ne yazık ki savaş çanları çalıyordu...

Abas ailesi Atina'nın düzenine uyum sağlamakta biraz zorlandı. Örneğin buradaki çalışma saatleri Türkiye'ye hiç benzemiyordu.

54 Hiram Abas'ın gerek Batum, gerekse Atina'daki "kadrosu", Dışişleri Bakanlığı'nın 1967'de yayımladığı mensuplarına ait katalogdan alınmıştır.

Atina'da 14.00-17.30 arası "siesta" saatiydi. Başkent Atina bu saatler arasında çalışmıyor, uyuyordu. Çünkü sıcak bunaltıyordu bu saatlerde. Yaşam, gece 22.00'den sonra başlıyor ve sabaha kadar sürüyordu. Tabiî kaçta yatarsanız yatın, sabah 08.30'da işinizin başında olmak zorundaydınız.

Hiram Abas'ın "Atina macerası" da tıpkı Batum'da olduğu gibi daha bir yılı doldurmadan son bulacaktı. İkinci Kâtip Mustafa Hiram Abas yine deşifre olmuştu.

Hiram Abas, Atina'da Yunan Dışişleri Bakanlığı'nda çalışan K. Çangarakis adlı bir kadınla samimi olmuştu. Hiram Abas akşamları buluşup birkaç kadeh içki içtikten sonra "angaje" ettiği bu kadından çok özel bilgiler almaya başlıyordu. Aldığı bilgileri büyükelçilikten kriptoyla Ankara'ya gönderiyordu...

Her şey güzel gidiyordu...

Ancak kısa bir süre sonra şansı yardım etmese, az kalsın soluğu Atina Cezaevi'nde alacaktı...

Hiram Abas'ın, angaje ettiğini düşündüğü kadın, Yunan Gizli Servisi'nin bir elemanıydı. Üstelik kadının kocası da, binbaşı rütbesiyle Yunan Genelkurmay İstihbaratı'nda çalışıyordu!..

Yunan Gizli Servisi, elemanları Çangarakis'in, Hiram Abas'tan öğrendiği bilgilerle Atina'daki "Türk Büyükelçiliği'nin ikinci kâtibine" suçüstü yapmak için plan hazırladı. Hiram Abas'ın angaje ettiği başka bir Yunanlı olan 29 yaşındaki Atanassiadis Pantelis'ten bilgi ve belgeler alırken baskın yaptılar. Hiram Abas bu baskından kurtulup kendini büyükelçiliğe zor attı. Hemen o gece elçilikteki bir diplomatın otomobilinin bagajında Yunanistan'ı terk etti...

"Casus avcısı" Hiram Abas, "faka basıp" açığa çıkmıştı!..

"Türk James Bond'u" ava gittiği her dış görevde avlanıyordu!

Akropolis gazetesi, Hiram Abas'ın, "Yunanistan hakkında; Amerikan askerî yardımları, verilen malzeme ve teslim tarihleri, Ege'deki füze üslerinin yerleri, liman, havaalanı, sanayi tesisleri hakkında ayrıntılar, Yunan savaş sanayii ve 2, 6, 8, 10, 11, 12, 15. Yunan tümenleri" konularında son derece gizli bilgileri toplamaya çalıştığını yazıyordu.

Hiram Abas'ın angaje ettiği Yunanlı 10 yıl ağır hapse mahkûm edilecekti. Yunan gazeteleri haberi şöyle veriyordu: "Bir denizcilik işletmesinde çalışan 29 yaşındaki Atanassiadis Pantelis adında bir Yunanlı, Türk Büyükelçiliği için casusluk yapma suçundan 10 yıl hapse mahkûm edilmiştir. Savcının 'müebbet hapis' isteğiyle mahkemeye sevk edilen Atanassiadis, Türk Büyükelçiliği'nin ikinci kâtibi Mustafa Abas'a, Yunan donanmasının nerelerde bulunduğu, kesin rakamlarla gücü, Yunan Deniz Kuvvetleri'nin üsleri ve Kıbrıs'ta bulunan Yunan kuvvetlerinin mevcudu ile ilgili bilgiler vermekle suçlanmıştır."

Hiram Abas, dokuz ay önce gittiği Atina'dan haziran başında İstanbul'a dönmek zorunda kalmıştı.

Doğrusu oldukça şanslıydı: eğer bir istihbaratçı müttefik bir ülkede açığa çıkarsa, o ülkenin büyükelçiliği ve konsolosluğu uyarılır ve ajanın ülkelerini terk etmesi istenirdi. Tıpkı Hiram Abas'ın başına geldiği gibi.

Eğer ülke dost ve müttefik değilse, işte o zaman casusun işi zordu. Tıpkı, Suriye'de Faik Kelican adlı MİT görevlisinin başına geldiği gibi, işkenceler görüp, cezaevinde zor şartlarda kaldıktan sonra, ancak karşılıklı casus takasıyla kurtarılabilirdi...

Veya MİT görevlisi Cenan Kocahakimoğlu'nun Irak'ta uğradığı suikast gibi, pusuya düşürülüp, açılan çapraz ateş sonucu suikasta kurban giderdi!..

CIA ajanı Clarridge, "Hiram'la kardeş gibiydik"

Hiram Abas'ın İstanbul'a döndüğü günlerde, Mayıs 68 Hareketi tüm dünyada olduğu gibi Türkiye'yi de kasıp kavuruyordu. Özellikle üniversite gençliği yeni bir dünya özlemiyle ayağa kalkmıştı. 1961 Anayasası'nın getirdiği özgürlük ortamı, Türkiye'nin toplumsal gerçeklerinin daha tartışılır olmasını sağlamıştı. Özellikle aydınlar ve üniversite öğrencileri arasında sosyalist bilinç hızla yayılıyordu. Öğrenciler Deniz Gezmiş ve arkadaşlarının kurduğu Devrimci Öğrenciler Birliği (DÖB) ve adı daha sonra Dev-Genç olacak olan Fikir Kulüpleri Federasyonu (FKF) çevresinde örgütleniyorlardı.

"Tam bağımsız ve gerçekten demokratik Türkiye" sloganıyla düzenlenen gösteriler ülkenin her yanına yayılıyordu.

Resmî ideolojiye göre, komünizmin panzeri İslam'dı! Gelişen sol dalgayı kırmak için devlet kollarını sıvadı.

1946 yılında dinî amaçlı dernek sayısı 11'di. 1968 yılına gelindiğinde ise, dinî amaçlı dernek sayısı 10 730'a ulaşmıştı. 1963'ten itibaren kurulmaya başlanan "komünizmle mücadele dernekleri"nin sayısı 1968'de 141'e varmıştı...

"Umumî menfaatlere dayalı" derneklerin başında gelen "İlim Yayma Vakfı"nın (1971'de İlim Yayma Cemiyeti adını aldı) şube sayısı 46 olmuştu.

1951 yılında sadece yedi adet olan imam hatip okulu sayısı, 1968'de 69'a ulaşmış, aynı yıllarda Kuran kursu sayısı da 237'den, 994'e çıkmıştı.

Fahrî Kuran kursu sayısı ise 3 573'tü...

Bir yandan da 27 Mayıs'ın tasfiyesi sürüyordu...

Cumhuriyet Senatosu, 27 Mayısçı beş tabiî senatörün; Mucip Ataklı, Ekrem Acuner, Sezai Okan, Suphi Karaman ve Şükran Özkaya'nın dokunulmazlıklarını kaldırdı. 27 Mayısçılardan, Mustafa Kaplan, Şefik Soyuyüce, Münir Köseoğlu ve Numan Esin de, Alparslan Türkeş'in partisi haline gelen CKMP'den ayrılmak zorunda kalmışlardı...

Devletin 27 Mayıs'a nasıl baktığını emekli Korgeneral Nevzat Bölügiray şöyle anlatıyordu:

"Ben 1968-1970 tarihinde Genelkurmay İstihbaratı'nda kurmay subay olarak Yıkıcı Faaliyetler şube müdürü idim. O günlerde MİT'ten bize ulaşan istihbarat raporları genellikle, '1961 Anayasası'nın sağladığı geniş özgürlüklerden yararlanarak...' diye başlar ve anarşinin nedenleri arasına Anayasa'da sokulmuş olurdu. Kuşkusuz bu yorumlar aynı görüşleri, bir süreç içinde bize de aşılamış oluyordu."[55]

27 Mayıs'a artık devlet değil, sokak sahip çıkıyordu!

Ve o yıllarda "1961 Anayasası'nın sağladığı geniş özgürlüklerden yararlanılarak" yapılan her "antiemperyalist" gösteri, karşısında polis, milliyetçi ve köktendincilerden oluşan "kutsal ittifakı" buluyordu...

55 Nevzat Bölügiray, *Sokaktaki Askerin Dönüşü,* Tekin Yayınevi, 1990, s. 41.

"İslam'ın siyasallaşması" devlet eliyle organize ediliyordu...

Toplumu dönüştürmeyi isteyenler güçlerini Atatürk devrimlerinden alıyorlardı. Miting ve yürüyüşlerinde "Atatürk geliyor" sloganı atılıyordu. Buna karşı çıkanlar ise çareyi dine sarılmakta bulmuş; devrimcilerle, muhafazakârlar tarihte bir kez daha karşı karşıya gelmişlerdi...

Ankara'da Millî Şahlanış Mitingi'nde binlerce sarıklı, "Yaşamız Ordumuz, İslamiyet'tir yolumuz" diye bağırıyordu, İstanbul'daki "Uyanış Mitingi"nde ise, "Komünizmi ezeceğiz, Türkistan'a geçeceğiz" sloganı atılıyordu...

Başbakan Demirel İzmir'de İslam Enstitüsü'nün temelini tekbir sesleri arasında atıyordu...

İmam hatip okullarını bitirenlere üniversite sınavına girme hakkı verilmeye başlanmıştı...

İlahiyat Fakültesi'nde başörtü giymek istemeyen Hatice Babacan adlı kız öğrenciyi protesto edenler okulda açlık grevi başlatmıştı...

Konya'da, bir grup *Yeni Konya* gazetesine saldırmış, "Yaşasın şeriat" diye bağıran grup, içki satan dükkânları ve lokantaları tahrip etmişti. Öğretmenlerin oturduğu Selçuk Mahallesi'ne girmeleri güçlükle önlenmişti. İçişleri Bakanı Faruk Sükan, "Sağı kışkırtanlar solculardır" diyordu. Adana Osmaniye'de halk, "İstanbul'da Kuran'ı yırtmışlar" kışkırtmaları üzerine olaylar çıkarmıştı. Haberin asılsız olduğu sonradan anlaşılmıştı!..

İzmir'de 10 ağustosta, üç olay arka arkaya meydana gelmişti: Hisar Camii'ne bomba, Amerikan Haberler Merkezi'ne molotofkokteyli atılmıştı. Komünizmle Mücadele Derneği'nde yangın çıkarılmak istenmişti. Dört gün sonra yakalanan sanıklar, "Bizlere yüklenen suç yalan, olayları bizzat İçişleri Bakanlığı ve MİT tertipledi" demişlerdi...

Ankara Üniversitesi Hukuk Fakültesi ikinci sınıf öğrencisi Mahmut Nedim Aksoy basın toplantısı düzenleyerek, "MİT üniversite içinde ajanlık yapmam için bana şantaj yapıyor"[56] diyordu...

56 *Cumhuriyet*, 14 nisan 1968.

Gençlik içindeki "ilerici-gerici" biçimindeki ayrım 1968 yılında yerini, "sağcı-solcu" kavramlarına bırakmıştı. "Üniversite hastaneleri kurulsun; öğrencilere daha fazla burs sağlansın; üniversite idaresine öğrenciler de katılsın; üniversite mezunları işsizlik sigortasından yararlansın; Latince ders zorunluluğu kaldırılsın" gibi masum isteklerle eylem yapan öğrencilere polis çok sert karşılık veriyordu...

Üniversitelerden toplam 308 öğretim görevlisi yayınladıkları bildiriyle, "NATO'yla ilişkilerin yeniden gözden geçirilmesini" istemiş, İstanbul'da öğrencilerin düzenlediği "NATO'ya Hayır" haftasında, toplam 106 öğrenci gözaltına alınmıştı.

7 mart 1968 günü Devlet Bakanı Seyfi Öztürk'ü yuhaladıkları iddiasıyla, dört üniversite öğrencisi gözaltına alınıyordu. Bu öğrencilerden biri de, "68 kuşağının simgesi" haline gelecek olan Deniz Gezmiş'ti...

15 mayısta İstanbul ve Ankara'daki TİP kongrelerine saldırılar oluyordu. Kongrelerden birinin yapıldığı yer polis karakolunun 30 metre yakınındaydı, ancak polis salona 45 dakika sonra gelebilmişti.

Ve ilk kan dökülüyordu...

24 temmuzda İstanbul Hukuk Fakültesi öğrencisi Vedat Demircioğlu polisin açtığı ateş sonucu yaşamını kaybediyordu... Öğrenciler başka bir "arenaya" çekilmek isteniyordu!..

1968, Türkiye'de uzun yıllar sürecek "iç savaşın" başladığı dönem olarak tarihteki yerini alacaktı...

İşte o günlerde Türkiye'ye geldi, ABD'nin yeni büyükelçisi Robert Commer...

28 kasım 1968: ABD Büyükelçisi Robert Commer'ın Türkiye'ye gelişi İstanbul'da gösterilere neden oldu. Eylemciler Büyükelçi Commer'ın CIA görevlisi olduğunu, Vietnam'da binlerce kişinin ölümüne neden olan "yatıştırma programında" aktif rol oynadığını söyleyerek, Türkiye'nin yeni bir Vietnam yapılmak istendiğini belirtiyorlar ve ABD elçisinin ülkeyi terk etmesini istiyorlardı...

Bir hafta sonra CIA ajanı büyükelçinin makam arabası ODTÜ'de yakıldı...

Büyükelçi Commer'ın yıllar sonra söyledikleri sanki o

günkü eylemcilerin ne kadar haklı olduğunu doğrular gibiydi: "ODTÜ olayı bence siyaset bilimi açısından yeni bir gelişmenin göstergesiydi. Amerika'nın meselenin siyasî boyutunu göremeyip başarısızlığa uğramasının göstergesi, biz o yıllarda müfredatını teknik alanlara oturtmak suretiyle ODTÜ öğrencilerini politika dışı tutabileceğimizi sanmıştık. Elektronik ve fiziğin ağır konsantrasyon gerektiren dersleri o günkü kafamıza göre, öğrencilerin politize olmasını önleyecekti."[57]

Görünen oydu ki Büyükelçi Commer, bırakın Türkiye'nin içişlerine müdahaleyi, ODTÜ'deki ders müfredatıyla bile ilgiliydi...

Ve CIA'nın en deneyimli şeflerinden Commer, Türkiye'ye kendi "ekibiyle" birlikte gelmişti...

CIA'nın kontrterör merkezi başkanıyken emekli olan Duane Clarridge, 1968-1973 yılları arasında CIA Türkiye İstasyon şefiydi. Anılarını *Bütün Mevsimlerin Casusu* adlı kitabında topladı. İstanbul'a gelişini şöyle yazıyordu: "Haziran 1968'de İstanbul'a indik. Aynı gün bir yemeğe davetliydik. Allen Dulles'in eski sevgilisi olan Betty Carp'ın Dolmabahçe açıklarına bakan evinde öğle yemeği yedik. Manzaranın keyfini çıkarıp, 6. Filo askerinin kıyıya taşınmasını seyrediyorduk. Askerler Dolmabahçe Sarayı'nın önünde şehir turuna çıkmak için otobüs bekliyordu. Aniden kalabalık bir öğrenci grubu stadyumu geçip aşağıya doğru aktı. Amerikan aleyhtarı sloganlar atıyor, denizci askerlere saldırıyorlardı. Betty'nin apartmanından Amerikan askerlerinin Boğaziçi'nin gri sularına atılmasını çaresizlikle seyrettik. Bu benim CIA kariyerimde terörizmle ilk karşılaşmamdır."[58]

Nikaragua'daki solcu Sandinist yönetimini devirmek için sağcı kontraların örgütlenmesi ve uyuşturucu ticaretiyle güçlendirilmesi; Latin Amerika'daki "ölüm mangaları"nın kurulması ve yönetilmesi; "İrangate" diye bilinen İran'a silah satılması ve elde edilen parayla CIA'nın tüm dünyadaki yeraltı operasyonlarının desteklenmesi gibi ileriki yıllarda bir-

57 Ufuk Güldemir, *Kanat Operasyonu,* Tekin Yayınevi, İstanbul, 1985.

58 CIA İstasyon Şefi Clarridge tarih konusunda küçük bir yanılgıya düşmüştü: 6. Filo İstanbul'a 15 temmuz 1968'de geldi.

çok operasyonda CIA Kontrterör Dairesi Başkanı Duane R. Clarridge'in "imzası" olacaktı!.. Ancak o yıllarda "çömezdi".

CIA içindeki adıyla Deweyn Clarridge'in *Bütün Mevsimlerin Casusu* adlı kitabında Hiram Abas da yer alıyordu: "Hiram Abas eşsiz biriydi. Kendi döneminden Türkiye'nin en iyi istihbarat memuruydu. Bu görüşü, onu tanıma ayrıcalığına sahip olan bütün yabancı istihbaratçılar paylaşırdı. Onunla iyi arkadaş olmuştuk, neredeyse Hiram Abas'la kardeş gibiydik."

Ama Hiram Abas "kardeşi" bu CIA şefinden ne yazık ki(!) ayrılmak zorundaydı...

Hiram Abas'ın 30 eylül 1968 günü Beyrut'taki görevine başlaması gerekiyordu...

Beyrut'ta da ikinci kâtip

Beyrut...

Zenginlik, sefahat ile yoksulluğun iç içe geçtiği 1,5 milyonluk bir başkent...

Farklı dinleri, mezhepleri, ırkları; farklı ideolojileri bir arada barındıran, Ortadoğu'nun en kozmopolit yeri...

Akdeniz, Ortadoğu, Balkanlar, Önasya ve Afrika finans kapitalinin kol gezdiği serbest bölge...

CIA, KGB, Mossad, MİT... Casusların "cirit attığı", gizliden gizliye kapıştığı dünyanın en stratejik şehri...

Filistin Kurtuluş Örgütü'nün en önemli merkez üssü...

Beyrut'un en parlak zamanıydı o yıllar. 1967 yılındaki Arap-İsrail Savaşı'ndan sonra Beyrut daha da önemli bir kent haline gelmişti.

MİT'te dil bilen tecrübeli kadrolar çok azdı. Bu nedenle Hiram Abas'a bir kez daha dış görev yolu görünmüştü...

Fransızca ve İngilizce bilen Hiram Abas'a iki seçenek sunmuştu, "öğretmeni" MİT Müsteşarı Fuat Doğu; ya Paris'e gidecekti ya da Beyrut'a...

"James Bond" olma isteği tercihine yön verdi...

En yakın arkadaşı Mehmet Eymür neden Beyrut'u seçtiğini şöyle anlatıyordu: "O görev bakımından Beyrut'un daha aktif olacağı ve kendisinin daha yararlı hizmetler yapabileceği düşüncesiyle Beyrut'a karar vermiştir. (...) O silahların patladığı, casusların çarpıştığı Beyrut'u tercih etmişti."[59]

Batum ve Atina'da deşifre olduğu için Beyrut'ta daha dikkatli davranıyordu...

Yine Dışişleri görevlisiydi ve yine Atina'daki gibi ikinci kâtipti!..

"Kamufle" olmak istediğinden ailesini de yine yanında götürmüştü...

Gülsen Abas yıllar sonra hep dost sohbetlerinde, "En mutlu olduğumuz yer Beyrut'tu" diyecekti...

Akdeniz'in kıyısındaki ünlü Hamra Caddesi'ndeki turlarını hiç unutamamıştı. Bazen çocuklarıyla birlikte gittikleri Commodore Oteli'nden de sık sık söz ederdi...

Yurt özlemini gidermek için, zaman zaman Akdeniz'in nefis mavisinin en iyi görüldüğü "Ras Beyrut" denilen bölgeye gidiyorlardı...

Filistinlilerin Gazze Şeridi'ni terk etmeye zorlanıp, Beyrut'a yerleşmelerine ailece tanıklık etmişlerdi.

27 ay kaldıkları Beyrut'ta iyi dostluklar da kurmuşlardı.

Askerî ataşe Muhittin Fisunoğlu ve eşi Neriman Hanım'la Rabieh bölgesindeki Türk sefaretinde bazı akşamlar bir araya geliyorlardı.

Ancak daha sonraki günler Abas ile Fisunoğlu ailelerinin arası açılacaktı...

Hiram Abas'ın Beyrut'taki arkadaşlarından biri de Roger Tamraz'dı...[60]

Tamraz ailesi Lübnan'ın zengin bir Ermeni ailesiydi.

Tamraz ailesi CIA ajanlarıyla içli dışlıydı. Öyleki bazı CIA ajanları Beyrut'ta Tamrazların şirketlerinde çalışıyor gözüküyordu...

Lübnan karıştığında CIA'nın Beyrut şefi William Backley, Tamraz ailesinin uçağıyla ABD'ye kaçırılmıştı.

59 Mehmet Eymür, *Analiz,* s. 55.

60 Roger Tamraz, 1995 yılında Bakü-Ceyhan Boruhattı'nın kulisini yapmak için, MHP lideri Alparslan Türkeş ve onun referansıyla Başbakan Tansu Çiller'le görüşecekti...

Amerikalı gazeteci James Risen, 27 eylül 1997 tarihli *Los Angeles Times*'ta Tamraz'ın, Özer Çiller'e rüşvet verdiğinin CIA tarafından tespit edilip, Beyaz Saray'a rapor edildiğini yazdı. Roger Tamraz'ın adı Azerbaycan darbesine de karıştı.

Hiram Abas'ın Beyrut'ta tanıştığı bir diğer yabancı da Abdurrahman Fevzi Gandur'du...

Gandurların da tıpkı Tamrazlar gibi, Ortadoğu'nun en büyük silah kaçakçılarından olduğu söyleniyordu...

Lübnan'da 200 000 Ermeni yaşıyordu... Hiram Abas, Atina'da Anadolu'dan gelen Yunanlılarla kurduğu ilişkiler gibi, Beyrut'ta da bu kez Anadolu'dan göçen Ermenilerle yakın dostluklar kurup, istihbarat ağı oluşturmaya çalışıyordu...

Tabiî bu "kolektif" bir çalışmaydı, CIA, Mossad, Savak ve MİT işbirliği yapıyorlardı...

Hiram Abas'ın Mossad içinde yakın dostları oluştu. Bunların başında ileriki yıllarda Mossad başkan yardımcılığına kadar yükselecek olan Ravfi Eytan vardı. Mavi gözlü, kısa boylu, şişman Ravfi Eytan ile Hiram Abas'ın dostluğu uzun yıllar sürecekti.

Hiram Abas, "Karanlıklar Prensi" adıyla tanınan CIA ajanı Frank Terpil'la da Beyrut'ta tanışacaktı. Binbaşı Terpil, Hıristiyan gerillaların, yani falanjistlerin kampında "antikomünist militanlar" yetiştiriyordu. Aynı zamanda da silah kaçakçılığı yapıyordu...

Hiram Abas da kendisini silah konusunda daha iyi yetiştirmek için haftada iki üç kez sefaretteki poligonda atış talimi yapıyordu. Ancak sabit hedeflere ateş etmekten bıkmıştı. "Kan görmeden" ateş etmenin zevki kalmadığı için, hedefe tavuk koymaya başlamıştı!..

Hiram Abas'ın kurşunlarına hedef olan tavuklar poligonu kan içinde bırakırken, İstanbul Taksim Meydanı'nda oluk oluk insan kanı akıyordu...

MİT'in darbe ihbarı

16 şubat 1969...

Amerikan 6. Filosu'nu protesto eden üniversite öğrencilerinin üzerine, "Müslüman Türkiye" diye saldıranlar, Mehmet Ali Aytaç ve Duran Erdoğan'ı öldürüp yüzlerce eylemciyi yaraladı. "Kanlı Pazar"ı polis sadece seyretmişti...[61]

Benzer saldırı Ankara'da Yargıtay Başkanı İmran Öktem'in cenaze töreninde yaşandı. "Tekbir" getiren kalabalık, "Dinsizlerin namazı kılınamaz" diye cenazeye saldırdılar. Namaz, güvenlik güçlerinin duruma hâkim olmasından sonra camiye gelen İsmet İnönü'nün ısrarıyla kılınabildi. Ertesi gün Ankara'nın o güne kadar gördüğü en büyük kalabalık toplanarak olayı protesto etti ve "Atatürk geliyor" sloganıyla Anıtkabir'e yürüdü.

7 temmuzda Kayseri'de, Türkiye'nin artık görmeye alıştığı provokasyonlardan biri daha yaşandı: iki cami ile imam hatip okulunun yakınında bomba patlatıldı. Ve doğal olarak Kayseri karıştı!..

"Müslüman" kimliği yerini "komandolara" bırakıyordu...

Partisinin adını Milliyetçi Hareket Partisi olarak değiştiren Alparslan Türkeş, ne yapılan saldırılarla, ne de komando kamplarıyla bir ilgilerinin olmadığını açıkladı!..

Ancak gazeteler, Alparslan Türkeş'in Mudanya'da 35. Komando Kampı'nı açtığını, her bir komandoya yemek ve yatma dışında 350 000 TL maaş verildiğini yazıyordu...[62]

Solcu öğrenci Taylan Özgür'ün 23 eylül 1969'da vurularak öldürülmesi üzerine, İstanbul'daki bazı alt rütbeli subaylar bildiri yayınlayarak, "Gençliğe sıkılan kurşun Mustafa Kemal'e sıkılıyor" dediler. Gazeteci Can Ataklı, Taylan Özgür'ün öldürülüşünü nasıl gördüğünü 17 ocak 1999 tarihli *Sabah* gazetesindeki köşesinde yazdı: "Annem babamla birlikte Beyazıt tarafından Kapalıçarşı'ya gidecektik. O gün meydan çok kalabalıktı. Çünkü birkaç gün önce Millî Türk Talebe Birliği'nde yaptığı bomba elinde patlayan Mustafa Bilgi adlı sağcı öğrencinin cenazesi vardı. Bu nedenle Beyazıt Meydanı çarşaflı, türbanlı kadınlar ve sakallı cüppeli erkeklerle doluydu. Biz o zaman Marmara sineması olan binanın

61 Kanlı Pazar'a neden olan isimlerden biri de yazılarıyla İslamcıları kışkırtan Mehmet Şevket Eygi'ydi. Ne ilginçtir, Kanlı Pazar'dan 20 gün sonra Hollanda'da bir bankaya M. Şevket Eygi adına 350 000 dolar yatırılmıştı. München Commerzbank A. G. Jurnalist M. Şevket Eygi. Konte no: 86473/4936. Tarih: 8.3.1969. Para Cidde'den gönderilmişti. Ayrıntılı bilgi için, M. Şahap Tan'ın *Bugünün Dervişi Mehmet Şevket Eygi Kimdir* kitabına bakılabilir.

62 *Akşam*, 27.9.1969.

girişinde durup uzaktan kalabalığa bakıyorduk. Tam o sırada önümüzde, otobüs durağında siyah renkli bir otomobil durdu. İçinden iki üç kişi fırladı. 1,5 metre kadar önümüzde yürüyen iki kişinin üzerine çullandılar. Bunlardan biri zorla otomobile bindirildi. Ama bu kişi otomobilin diğer kapısından çıktı. Arkasından biri ceketinin yakasını tuttu. Ceket ve gömlek yırtılarak gencin üzerinden sıyrıldı. Gencin üzerinde sadece kırmızı bir atlet kaldı. Koşmaya başlayan genç, yolu ayıran demir bariyerin üzerinden tam atlayacakken, yine 2 metre önümüzde duran, gri takım elbiseli biri, elinde rulo olarak tuttuğu gazeteyi kenara bıraktı, içinden çıkan silahı kaçan kişiye doğru yöneltti, nişan aldı. Mantar tabancası patlar gibi bir ses çıktı. Kaçan genç yere yığıldı, birileri koşup onu aldılar ve bir cipe bindirip götürdüler. Akşam radyo haberlerini dinliyorduk. Spiker, 'Bugün Beyazıt Meydanı'nda çıkan silahlı çatışmada Taylan Özgür adlı ODTÜ öğrencisi vurularak öldürüldü. Taylan Özgür'ün üzerinden iki tabanca çıktı' deyince donup kaldık. Çünkü öldürülen Taylan Özgür'ün üzerinde silah yoktu, çatışma çıkmamıştı, sadece bir tek el ateş edilmişti. İlk kez bir öğrenci liderinin, sokak ortasında, üstelik resmen öldürülmesi Türkiye'nin yakın geleceğini etkileyecek baskı tehdit döneminin habercisiydi."

Küçük rütbeli subaylar siyasî gelişmelerden duydukları rahatsızlıkları dile getirirken, Türk Silahlı Kuvvetleri'nin üst komuta kademesi hayli karışıktı. Ve MİT, Türk Silahlı Kuvvetleri'ndeki her gelişmeyi Cumhurbaşkanı Cevdet Sunay'a bildiriyordu. Genelkurmay eski başkanı Sunay'ın "onayladığı" raporlar Başbakan Demirel'e gidiyordu...

1969 yılında bir gün MİT'in verdiği rapor "doğru" çıktı. Başbakan Demirel'e gelen MİT yazısına göre: "Genelkurmay Başkanı Orgeneral Cemal Tural bir darbeyle yönetime el koyma hazırlığı içinde"ydi.

Başbakan Demirel hemen Köşk'e, Sunay'a koştu. Çankaya'daki zirvede Cevdet Sunay "Evet" dedi, ve "ne önerirsiniz?" diye sordu. Genelkurmay eski başkanının yanında olduğunu gören Demirel, "Yapacağımız iş basit, Genelkurmay Başkanı Tural'ı hemen emekliye sevk edip yerine başka birini getireceğiz" dedi.

Türkiye tarihinde ilk kez; darbeye kalkıştığından kuşkulanılan bir Genelkurmay başkanının "yasal yollardan tasfiye edilmesi" gündeme geliyordu.

Demirel, Millî Savunma Bakanlığı Personel Dairesi Başkanlığı'na bir kararname hazırlattı. Bakanlar Kurulu toplandı. Başbakan Demirel, kabine üyelerine, "Şimdi üstü açık bir kararname gelecek. Hepiniz imzalayacaksınız. Üstünü daha sonra biz, usulüne uygun doldurup gerekeni yapacağız" dedi.

Yedi dakikada imzalar tamamlandı. Başbakan Demirel, müsteşarı Munis Faik Ozansoy'la kararnameyi Köşk'e Cevdet Sunay'a gönderdi.

27 Mayıs İhtilalili'nin Genelkurmay Başkanı Cevdet Sunay, "darbe yapma ihtimaline karşı" Genelkurmay Başkanı Orgeneral Cemal Tural'ı emekliye sevk eden kararnameyi onayladı!..

Yeni Genelkurmay başkanı, Cumhurbaşkanı Cevdet Sunay'a bağlılığıyla tanınan Orgeneral Memduh Tağmaç'tı.

Başbakan Demirel, Orgeneral Tağmaç'ı Genelkurmay başkanlığına getiren kararnameyi imzaladığı 11 mart 1969 tarihinde, "demokratik rejime bağlı subaylar da varmış" sevincini yaşıyordu...

Ne var ki, MİT Müsteşarı Fuat Doğu kaynaklı "Tural Operasyonu"nun aslında Sunay-Tağmaç kliği tarafından düzenlendiğini bundan iki yıl sonra, 12 Mart 1971 tarihinde anlayacaktı...

Başbakan Demirel'in bilmediği tarihî bir gerçek daha vardı: 1946 seçimlerinden sonra, İsmet İnönü'nün seçimlere gitmeyeceğini düşünen DP yanlısı bazı subaylar, Ankara ve İstanbul'da cuntalar kurmuşlardı.

İstanbul'da "Yıldız Harp Akademileri Grubu" içinde Tuğgeneral Cevdet Sunay ile Kurmay Yarbay Memduh Tağmaç da bulunuyordu!

Bu grup gizli toplantılarını MAH'ın Parmakkapı'daki lokalinde yapıyordu.[63]

Bir dönemin cuntacı ekibi Cevdet Sunay ve Memduh Tağ-

63 Ayrıntılı bilgi için bkz. Abdi İpekçi/Sami Coşar, *İhtilalin İçyüzü,* İstanbul, 1965.

maç şimdi kendilerini devirecek bir hareket olmaması için, MİT Müsteşarı Fuat Doğu aracılığıyla Türk Silahlı Kuvvetleri'ni izliyordu.

Ve "27 Mayıs'ın albayları" tek tek tasfiye ediliyordu.[64]

"Balon Operasyonu" son rauntlardan biriydi.

Balon Operasyonu

Neydi bu "Balon Operasyonu?"

En kısa anlatımla, MİT'in, Türk Silahlı Kuvvetleri içinde "9 Martçılar" diye bilinen cuntaya ajan sokup, toplantılarını kaydederek hazırladığı bir dosyaydı...

Peki, MİT'in izlemeye aldığı "9 Mart Cuntası" ne istiyordu?

"Atatürk'ün başlattığı ulusal kurtuluş devrimi yarı yolda bırakılmış ve yolundan saptırılmıştır. Türkiye'de yapılacak devrim, yarım kalmış Atatürk devrimlerini tamamlamaktır."

MİT 1967'den 1971'e kadar uzun bir süreç içinde "cuntasal olayları ve gelişmeleri" izleyen bilgileri dosyalamış, bir raporla ilgililere sunmuştu.[65]

Balon dosyasının bilgileri, MİT'in 9 Martçılar'ın arasına soktuğu ajan olan "Fakülteli" kod adlı, İktisat Fakültesi asistanlarından Mahir Kaynak'tan alınmaktaydı. Dosyanın izlenmesi görevi ise o zamanlar genç bir eleman olan (halen MİT müsteşar yardımcısı) Mikdat Alpay'a verilmişti. MİT ajanı Mahir Kaynak, 9 Martçılar'ın arasına nasıl sızdığını şöyle anlattı: "Türk Devrim Ocakları'na gelip giden Cemal Madanoğlu'nun yeğeni Hıfzı Kaçar beni 27 Mayıs'ın ünlü komutanlarından Cemal Madanoğlu ile tanıştırmak istedi. Kabul ettim. Ben o zaman Türk Devrim Ocakları'nın başkan yardımcısıydım. Madanoğlu ile yan yana gelince bana cuntaya girmemi teklif etti. Ben de kabul ettim.

Karnıma teypi koyup, sırtımda da anteni vardı, konuş-

64 Ağustos 1970'deki Yüksek Askerî Şûra'da, 56 general ve 516 albay emekliye sevk edildi. Bunların arasında 1. Ordu ve Sıkıyönetim Komutanı Korgeneral Kemal Atalay da vardı. Demirel, Atalay'a Kara Kuvvetleri komutanlığını söz vermiş, ama bunu başaramamıştı. Onun yerine bu göreve kitabın ilerleyen bölümlerinde yakından tanıyacağımız Faik Türün atandı. Sunay-Tağmaç ikilisi istedikleri değişikliği yapmışlardı.

65 MİT, ihtiyaç gösterdiği için(!) bünyesi içindeki daire başkanlıklarına ek olarak 7'nci bir başkanlığı, Elektronik ve Teknik İstihbarat Başkanlığı'nı 1971'de kurdu.

maları kaydederdim. Toplantılar genellikle Madanoğlu'nun evinde olurdu. Bazen de İlhan Selçuk'un. Yıl 1966 filan. Madanoğlu beni herkesle tanıştırdı, referansım Madanoğlu olduğu için kimse benden şüphelenmiyordu...

İşin bence mükemmel yanı, ilk yıllarda Hiram Abas gibi Kontrespiyonaj'daki arkadaşlar benim ajan olduğumu bilmiyorlardı. Beni de cuntacı sanıp takibe bile almışlardı!"

Ama işin içinde iş vardı...

MİT'in Cumhurbaşkanı Sunay'a, Başbakan Demirel'e ve Genelkurmay Başkanı Tağmaç'a verdiği bu bilgiler, komuta kademesindeki "9 Martçı" Hava Kuvvetleri Komutanı Muhsin Batur'a da gidiyordu.

Muhsin Batur, 27 Mayıs'ta Adnan Menderes'i Eskişehir'den Ankara'ya getiren eli Thomsonlu albay olarak o günün gazetelerinde resminin çıkmasıyla ün kazanmıştı. Ordu içinde "solcu" diye biliniyordu...[66]

Yani MİT tarafından "izlenen" 9 Martçı generaller, izlendiklerini biliyorlar, haklarında yukarıya ne bilgi gittiğini anında haber alıyorlardı!

Mahir Kaynak, bu gizli istihbarat savaşını şöyle değerlendiriyor: "Garip bir oyundu aslında hepsi. Ben bilgileri MİT'e aktarıyorum, MİT bilgileri dosya haline getirip MGK'ya sunuyordu. MGK'daki paşalar da bilgileri tekrar cuntaya veriyordu! MGK içinde cuntaya bilgi sızdıran bana göre, Muhsin Batur'du."

Cumhurbaşkanı Sunay'ın Muhsin Batur'u sevdiği ve koruduğu biliniyordu. Batur 1968'de korgeneralken Hava Kuvvetleri Komutanı İrfan Tansel'i eleştiren uzun bir şikâyet mektubunu Sunay'a göndermişti. Daha sonra da Sunay ABD'ye yaptığı resmî ziyaretteki heyete askerî danışman olarak Batur'u almıştı. MİT Müsteşarı Fuat Doğu "Balon Operasyonu" dosyasını MGK'ya sunmadan önce Sunay'a ver-

66 Muhsin Batur, zaten emekli olduktan sonra kontenjan senatörü oldu ve CHP'ye girdi. 12 Eylül'den önce CHP'nin cumhurbaşkanı adayıydı. Daha sonra SHP'ye de üye oldu. Ancak partililer tarafından darbecilikle itham edilince istifa etmek zorunda kaldı. 1999 yılında vefat etti.

miş, tabiî oradan da Batur'a gitmişti.

MİT raporunun MGK üyelerine açıklandığı gün Muhsin Batur Balon Operasyonu dosyasını çoktan okumuş, yanıtını bile hazırlamıştı...

Tarih 20 ocak 1970.

Yer: Marmara Köşkü, yani Ankara Atatürk Orman Çiftliği'nde MİT'in hizmetine verilen bina.

Katılanlar: Cumhurbaşkanı Cevdet Sunay, Başbakan Süleyman Demirel ve MGK'nın (o gün hasta olan Genelkurmay Başkanı Memduh Tağmaç hariç) asker ve sivil üyeleri.

Cumhurbaşkanı Sunay toplantıyı açtı.

MİT Müsteşarı Korgeneral Fuat Doğu ve ekibi, Ordu içindeki cuntalarla ilgili Balon Operasyonu hakkındaki uzun sunuşlarını yaptılar.

Sunay başka söz isteyen olup olmadığını sorunca, suçlananlardan Hava Kuvvetleri Komutanı Muhsin Batur söz aldı.

Demokrasiye bağlılığı konusunda geçmişten örnekler verdikten ve Talat Aydemir'in ihtilal girişiminde bulunduğu 21 mayısta Ankara üzerinde havadan attırdığı bildiriyi[67] okuduktan sonra şöyle dedi:

"MİT başkanının açıkladığı Balon Projesi meselesinin tamamen yabancısı değilim. Orhan Kabibay, Ekrem Acuner ve Mucip Ataklı[68] gibi bazı kimseler bir buçuk, iki yıl evvel benimle de temas aradılar. Kendilerini, ihtilal için ortamın müsait olmadığı ve esaslı bir sebep bulunmadığı, Türkiye'yi dış dünyada desteksiz bırakacağı, ekonomik bir felakete yol açacağı ve eninde sonunda yine demokratik rejime dönüleceği gerekçeleriyle reddettim."

İnanılacak gibi değildi! Kendisine güvenip "ihtilal için fik-

67 "Türk milletince kabul edilmiş olan Anayasamızın meclis ve hükûmet tarafından ihlal edildiği hususunda millet çoğunluğu vicdanında bir kanaat belirmediği müddetçe, ufak veya büyük olsun hiçbir zümre veya kuvvetin meşru düzeni bozmaya hakkı olmadığına inanmış biz havacılar, bu gibi hareketlere tevessül edenlere karşı aynı kanı ve aynı üniformayı taşıdığımız halde, silahla karşı koymaya azimliyiz. Türk milletinin geleceğini şahıs ve isteklerimizin üstünde tutarak arzularınızdan sarfınazar etmenizi ve kardeş kanı dökülmesini önlemenizi son defa hatırlatırız. 1. Hv. Kv. K." Ayrıca, Marmara Köşkü'nde yaptığı konuşmanın tam metni için de bkz. Muhsin Batur, *Anılar ve Görüşler,* Milliyet Yayınları, temmuz 1985, s. 148-172.

68 Milli Birlik Komitesi üyesi 27 Mayısçı subaylar.

rini" soran meslektaşlarını Muhsin Batur, cumhurbaşkanı, başbakan ve MİT müsteşarına isim isim söylüyordu!..

Sonra ne oluyor; Batur'a güvenen Ekrem Acuner'in dokunulmazlığı 20 temmuz 1970'te kaldırılıyordu! Gerekçesi, ihtilal hazırlığı! Acuner 23 temmuz 1970'te yaptığı basın toplantısında, "MİT'in şahsıma tevcih etiği bir komplo ile karşı karşıya kaldığımı anladım" diyordu...

Neyse toplantıya dönelim;

Toplantının ikinci versiyonu:

Balon Operasyonu olayını Demirel'den naklen anlatan gazeteci Cüneyt Arcayürek'e göre ise, Fuat Doğu cuntanın "Ordu üst kademeleriyle ilişkileri" olduğunu belirttiğinde Muhsin Batur "Kimi kastediyorsunuz?" diye çıkış yapmıştı. Fuat Doğu, "Sizsiniz" dedi.

Somut soruya somut yanıttan sonra Muhsin Batur demokrasiye bağlılığını kanıtlayan geçmişteki eylemlerinden söz etti. 22 şubat darbe girişiminde uçaktan attığı demokrasiyle ilgili düşüncelerini içeren küçük bildiriyi okudu. Batur anılarında Fuat Doğu'yla ilgili olarak şunları da söylüyor: "Ben o dönemde Fuat Paşa'nın bazı tutumlarını beğenmezdim, birbirimize karşı biraz kapalıydık. Yıllar sonra kendisi Lizbon'da büyükelçi iken yedi gün süre ile geçmiş dönemin konularını görüştük ve tartıştık. O dönemde basına yansıyanın ve bende bıraktığı izlenimin tersine, kendisinin doğru bir yol izlemiş olduğunu anladım ve takdir ettim."[69]

Ardından, 24 nisan 1970 günü yapılan Millî Güvenlik Kurulu toplantısında MİT Müsteşarı Fuat Doğu söz alarak yine aynı konuyu gündeme getirdi, raporda suçlananlara Hava Kuvvetleri Komutanı Batur'un yanı sıra Kara Kuvvetleri Komutanı Faruk Gürler de eklenmişti, ama suçlamalar biraz yumuşatılmıştı: "İhtilal heveslileri bilhassa Ankara'da artmıştır. Emekli General Madanoğlu, Doğan Avcıoğlu, Osman Köksal çalışma içindeler, Millî Birlikçi Ekrem Acuner de 'Devrimci Kemalizm Grubu' olarak muvazzaf ve emekli subaylarla ilişki halindeler. Hıfzı Kaçar; Orgeneral Gürler ve

69 Muhsin Batur, a.g.e., s. 200, 201.

Orgeneral Batur'la ihtilalin liderliği için temas aramış, bu istek reddedilmişti."[70]

9 Martçılar için önemli bir tehlike atlatılmıştı, ama MİT, cunta toplantılarını izlemeyi sürdürüyordu.

MİT, kamuoyunda "Madanoğlu Cuntası" diye bilinen 9 Martçılar'ın sivil kesiminin toplantılarını, 19 mart 1967'den 8 nisan 1971'e kadar dinledi. Cuntacıların arasına sızdırılmış olan ajan Mahir Kaynak, dört yılda bir kısmı Ankara, bir kısmı İstanbul'da yapılan 61 gizli toplantıyı banda aldı.

Madanoğlu ve arkadaşları 12 Mart'tan sonra bu bantlara dayanılarak yargılandılar.

Belki de dünya istihbarat tarihinde bir rekor sayılabilecek olan bu dinleme olayının dört yıl boyunca açığa çıkmamasının başlıca nedeni darbecilerin ve özellikle örgütün lideri Emekli General Cemal Madanoğlu'nun Mahir Kaynak'a son derece güvenmesiydi.

Öyle ki, bu güvenden emin olan Mahir Kaynak, 24 ekim 1969 tarihindeki toplantıyı annesinin evinde düzenlemişti! Hatta, toplantıların "dinlendiği" yolunda aldıkları bilgilerin artması üzerine 24 eylül 1970 toplantısına katılanlar ceketlerini çıkardılar ve üstleri arandı, ama Madanoğlu herkesin üstünü Mahir Kaynak'a aratmıştı![71]

Mahir Kaynak, karnındaki dinleme cihazı ile sırtındaki antenin yakalanmasından, sağladığı bu güven sayesinde kurtulmuştu.

Madanoğlu ekibi aralarında ajan olabileceğinden kuşkulanıyordu. Mahir Kaynak anlatıyor: "Aslında cunta benim içlerine sızdığımı daha ilk günden beri biliyordu. Beni bilmiyorlardı, ama içlerinde ajan olduğunu biliyorlardı. Bir gün Sovyet basın ataşesi, Doğan Avcıoğlu'nu ziyarete geliyor. Sohbet ederlerken -dinlenmemesi için- cebinden bir kâğıt çıkarıyor ve kâğıda, 'İçinizde ajan var, bilgilerinizi istihbarata veriyor' diye yazıyor. Zaten bu nedenle şüphelendikleri Hayri Yalçıner adlı generali cuntadan uzaklaştırdılar."

70 Batur'a göre MİT, bu muvazzaf ve emekli subayların adlarını da vermişti. Ayrıca kendisiyle Fuat Doğu'nun söylediği şekilde bir temas aranmamıştı. Muhsin Batur, a.g.e., s. 181.

71 İstanbul Sıkıyönetim Komutanlığı Askerî Savcılığı'nın 9.1.1973 tarihli iddianamesi (Madanoğlu Cuntası Davası iddianamesi).

MİT "açtığı" mektupları nasıl karıştırdı ?

9 Martçılar, bu nedenlerle toplantılarının ve ilişkilerinin deşifre olmaması için çeşitli önlemler alıyorlardı. Konuşmaların herhangi bir yolla kaydedilme olasılığına karşı, kayıt cihazına parazit yaptırma amacıyla odanın orta yerinde radyo, teyp veya pikap gibi müzik aletleri çalıyorlardı...

Birtakım "nazik" sayılan konularda konuşmak yerine kâğıt kalem kullanıyorlardı...

Ele geçmesi tehlikesi mevcut olduğundan çalışmalarında yazılı belge kullanmama kararına varmışlardı. O kadar ki, ileride aleyhlerinde delil olmaması için okudukları gazetelerde bile iz bırakmamaya titizlik gösteriyorlardı...[72]

Ancak bunun tek istisnası, Cemal Madanoğlu'nun "Kadro Örgütü" başlığını taşıyan, örgütün tüzüğü ile "Devrim Genel Kurulu" başlığını taşıyan devrim programıyla, Devrim Genel Kurulu genel başkanlığına Cemal Madanoğlu, genel sekreterliğine Doğan Avcıoğlu'nun atandıklarını bir toplantıya yazılı olarak getirmiş olmasıydı. Madanoğlu'nun[73] kendi el yazısıyla ve 1965 seçimlerinden arta kalan oy pusulalarının arkalarına yazdığı bu belgeler, daha sonra yargılanacakları davada karşılarına kanıt olarak çıkarılacaktı...

Devrim dergisi mensupları, MİT'in kendilerini nasıl izlediğini, gökte ararken yerde bulacaklarını akıllarına bile getiremezlerdi.

Türkiye İşçi Partisi'nin (TİP) İzmir İl Örgütü kasım 1970 ortalarında bir gün postadan gelen bir zarfı açtıklarında, içinde partinin genel merkezinden gelen bir yazının yanında başka bir yazı daha bulunduğunu fark ettiler.

"TC MİT Müsteşarlığı" antetli kâğıda yazılmış, iki yerinde

72 *Devrim* dergisinin iki yazı işleri müdüründen biri olan Hasan Cemal anlatıyor: "Ordu'daki 30 ağustos tayin terfileri gazetelerde yeni yayımlanmıştı. Ben de bu haberleri okurken bana yabancı olmayan bazı subay isimlerinin altını çizmiştim. Doğan Bey (Avcıoğlu) görünce bozulmuş, 'Aman bunu bir daha yapma !' deyip gazeteyi bana imha ettirmişti. Gizlilik esastı o günlerde ! MİT hiç şüphesiz bazı yerleri dinliyordu. Örneğin o tarihlerde *Akşam* gazetesinin Ankara temsilcisi olan İlhami Abi'nin (Soysal) bürosunda bir iki tane minnacık mikrofon bulmuştuk (Hasan Cemal, *Kimse Kızmasın Kendimi Yazdım,* Doğan Kitapçılık, şubat 1999, s. 37).

73 Emekli General Madanoğlu, 1965 seçimlerine İstanbul'dan bağımsız aday olarak girmişti. O seçimden kalan pusulaların arkasını müsvedde kâğıdı olarak kullanıyordu.

"ÇOK GİZLİ" damgası bulunan ve "İzzettin Cebe, Millî Emniyet Hizmetleri Başkanı Y." İmzası bulunan yazıyı okuduklarında hayretten donakalmışlardı:

"IV.Mr.D.IX.Şb.Gr./343574.

Konu: İbrahim Uzun Hk, Ankara,

27 ekim 1970

İzmir ve Bölgesi Daire Başkanlığı'na

Maliye Bakanlığı Hesap Uzmanı İbrahim Uzun imzası ile Söke'den Doğan Avcıoğlu'na gönderilen mektubun bir sureti ilişikte gönderilmiştir.

Mektupta Kuş Adası İzmir sahil yolu güzergâhının, Demirel ailesinin büyük hissesi bulunduğu ve Şevket Demirel'in de yönetim kurulu başkanı olduğu bildirilen Kuş-Tur Tesisleri'nin hazine arsası üzerine kurulmuş olduğu belirtilerek Doğan Avcıoğlu'nun bu haberleri piyasaya sürmesi, böylece Demirellerin yıpratılmaya çalışılmasının sağlanması istenmektedir. Nitekim *Devrim* gazetesinin 20 ekim 1970 tarih ve 53 sayılı nüshasında bu mealde bir yazı neşredilmiştir.

Mezkur şahsa daha evvel de mektup yazdığı anlaşılan İbrahim Uzun hakkında gerekli incelemenin yapılarak, ideolojik durumu, temas ve faaliyetleri hakkında derlenecek bilgilerin gönderilmesini rica ederim." [74]

İşin aslı şuydu: MİT, *Devrim*'e gelen mektupları açıyor, bir fotokopisini alıp aslını tekrar sahibine gönderdikten sonra "gereğini" yapıyordu. Hesap Uzmanı İbrahim Uzun, Demirellere ilişkin yolsuzluk iddialarıyla ilgili olarak yaptığı incelemeleri bir mektupla *Devrim* Başyazarı Doğan Avcıoğlu'na göndermişti. Bu mektup Avcıoğlu'na varmadan önce MİT tarafından açılmış, kopyası alınıp, aslı yeniden dergiye gönderilmişti. Bu arada MİT İzmir Bölge Başkanlığı'na Uzun'un ideolojik durumu hakkında bilgi toplanması için bir talimat yazılmıştı.

Ama MİT, TİP'in mektuplarını da açıyordu. TİP Genel Merkezi'nin İzmir örgütüne gönderdiği bir yazı okunduktan sonra yerine gönderilirken bir yanlışlık yapılmış, MİT'in İz-

74 *Devrim* dergisi, 22 aralık 1970.

mir bölgesine gönderdiği İbrahim Uzun'la ilgili talimatı da bu zarfa konmuştu.

İşin dibi kurcalanınca, Daire Başkan Yardımcısı İzzettin Cebe'nin MİT'e "aile boyu" yerleşmiş olduğu ortaya çıktı. Cebe'nin kızları Nurdan ve Emel de MİT'te çalışıyorlardı. Ertan ve Taner Sürsal kardeşlerle evliydiler. Yanlışlığı Cebe'nin büyük kızı Nurdan Sürsal yapmıştı. Cebeler ile Sürsallar Bahçelievler son duraktaki blok apartmanlardan birinde, altlı üstlü dairelerde oturuyorlardı. Sürsalların kız kardeşi de MİT'te tercüman olarak çalışıyordu. Rastlantı bu ya, Taner Sürsal mektupları açılan İbrahim Uzun'la meslektaştı, o da hesap uzmanıydı. Cebe'nin "dalgın kızları" için de "ideolojik durum araştırması" yapıldı. Temiz çıktılar! Olayda "komünist parmağı" olmadığı anlaşılmıştı![75]

Bir de şu anlaşılmıştı: MİT, "Demirel ailesini yıpratma faaliyetlerine" karşı da istihbarat yapıyordu.

Haberleşme özgürlükleri çiğnenen *Devrim* ve TİP, MİT'i ve PTT'yi dava ettiler. Olay TBMM'de gündem dışı konuşmalarla dile getirildi.[76]

"Yerin kulağı var" diye düşünen 9 Martçılar, başka bir önlem olarak da, sivil kesimin ilişkide olduğu komutanlara kod isimleri vermişlerdi: Kara Kuvvetleri Komutanı Orgeneral Faruk Gürler: "Selim Bey", Hava Kuvvetleri Komutanı Orgeneral Muhsin Batur: "Yavuz Bey", Korgeneral Atıf Erçıkan: "Erçil Bey", Tümgeneral Celil Gürkan: "Nuri Bey", Hava Tuğgeneral Aydın Kirişoğlu...

Darbenin dönüm noktası: 9 mart

9 Martçılar başarıya ulaşsalardı bu isimlerden Faruk Gürler devlet başkanı, Muhsin Batur başbakan, Celil Gürkan başbakan yardımcısı, Atıf Erçıkan Genelkurmay başkanı, Aydın Kirişoğlu Devrim Konseyi genel sekreteri olacaktı.

75 Millî Emniyet Hizmetleri Başkanı Kurmay Yüzbaşı İzzettin Cebe hakkında, müsteşara yakınlığı nedeniyle bir soruşturma açılmadı. 12 Mart'tan sonra Sadi Koçaş aleyhinde yazılan imzasız mektup olaylarına da adı karıştı, ondan da kurtuldu. Ama Nurettin Ersin'in müsteşarlığa gelmesinden sonra MİT'ten tasfiye edilenlerin arasındaydı.

76 *TBMM Tutanak Dergisi,* 27.1.1997.

Ama başarıya ulaşamadılar; bölündüler, ihanete uğradılar, tasfiye edildiler...

Ve 27 Mayıs'ın hemen ardından başlayıp on yıl süren darbe hazırlığının yenilgiyle sonuçlanan son raundu, on günlük nefes kesen bir süreye sığdı:

2 mart günü Batur, 12 generali çağırarak bir nabız yoklaması yaptı. Çıkan sonuç sekiz generalin darbeden yana, ikisinin çekimser, ikisinin de karşı olduğuydu.

7 mart: CHP milletvekili ve darbeden sonra millî savunma bakanı yapılması düşünülen Fakih Özfakih'in evinde alelacele toplanıldı. Darbeciler telaşlıydı, çünkü Tağmaç bütün kuvvet ve Ordu komutanlarını "Genişletilmiş Komuta Konseyi" adı altında 10 mart günü Ankara'ya çağırmıştı... Ne oluyordu? Yoksa Tağmaç, Gürler-Batur cuntasının kendini devirecek bir darbe hazırlığında olduklarını haber almış, buna karşı önlem mi düşünüyordu? Toplantıda bulunmayan Gürler'in de Tağmaç'a yaklaşmakta olduğu söyleniyordu. Sonunda, Genişletilmiş Komuta Konseyi toplanmadan, yani 9 martta düğmeye basılması kararlaştırıldı.

Toplantıda sık sık tuvalete giden Korgeneral Atıf Erçıkan'ın durumu kuşku uyandırmıştı. Kimileri prostatı, şekeri var derlerken, kimileri de, "Gerekirse Gürler'i de bertaraf edelim" yolundaki konuşmaları banta alıp Gürler'e ve Tağmaç'a dinlettiğini öne sürüyorlardı. Batur anlatımı: "Silahlı Kuvvetler'in Ankara grubunda en yüksek rütbeli subay, Korgeneral Atıf Erçıkan'dı. Hemen hemen bütün toplantılar sıkı takip altındaydı, zaten Korg. Atıf Erçıkan her toplantıya katılıyor, albayları tahrik edici konuşmalar yapıyor ve ertesi sabah ilk iş olarak ele alınan konuları Genelkurmay başkanına rapor ediyordu. Kendisi mart yaklaşırken örgütten koptu. Zannederim 12 Mart'tan sonra evinin bombalanması kendisinin bu oynak ve güvenilmez tutumundan olsa gerek."[77]

9 mart, saat 17.00: beklenen gün gelmişti. Gürler ve Batur'un çağrısıyla Hava Kuvvetleri komutanının karargâhında dokuz darbeci general toplandı. Koridorlarda çoğu havacı birçok genç subay vardı; toplantıdan darbe için "düğmeye

77 Muhsin Batur, a.g.e., s. 218.

basma" kararının çıkmasını bekliyorlardı.

Oysa bu, Batur'un deyimiyle "bir darbe girişimi toplantısı değil, bir darbe girişiminin durdurulması toplantısı"ydı. Toplantıya katılanlardan Tümgeneral Celil Gürkan'ın anlatımı ise Batur'unkinden çok farklıdır: "Benimle herhangi bir ilintisi yoktu, bir beraberlik içinde değildi bir hazırlığın içinde ve başında olmadığını söylüyordu, o zaman neden beni çağırır? Muhsin Batur bir kuvvet komutanı olarak karargâhında resmî çalışma odasında bir 9 mart günü Faruk Paşa'yla beraber karacı, denizci, havacı (Korg. Atıf Erçıkan, Tümg. Celil Gürkan, Tümg. Şükrü Köseoğlu vs) çağırıyor. Erkekse desin ki bunları çağırdım, Nasrettin Hoca fıkraları anlattık, bir saat sonra yemeğe gittik desin çok daha onurlu bir şey olur. Ama onu demiyor, hareketi önlemeye matuf bir toplantıydı diyor. Harekete karar veren kişi senin karargâhında saat 17.30'da yaptığın toplantıya gelir de boynunu kemende uzatır mı?" [78]

Generaller artık okun yaydan çıktığını belirterek "düğmeye basılmasını" istediler. Ama Faruk Gürler, "Hiçbir harekete tevessül edilmeyecek, varsa hazırlıklar durdurulacak, yarın genişletilmiş Komuta Konseyi toplanıyor, orada alınacak karar beklenmelidir" dedi ve toplantı bitti.

Batur, koridorda bekleyen genç subayların geri gönderilmesini emretti. Olaydan şu veya bu şekilde haberdar olan hiç kimse o gece uyumadı. Hepsinin kulakları kirişte, boşu boşuna Gürler'in düğmeye basmasını, Ankara'da uçakların uçmasını, tankların yürümesini, radyodan devrim bildirisinin okunmasını beklediler.

Hiçbir şey olmadı.

Gürler ve Batur devrim isteyen kurmaylarını durdurmuşlar, anayasasına kadar yeni bir rejim hazırlayıp anahtarını kendilerine uzatanlara sırtlarını dönmüşlerdi.

9 mart akşamı ihtilal toplantısından çıkan Gürler ile Batur, Genelkurmay başkanının ertesi gün toplanacak olan Genişletilmiş Komuta Konseyi onuruna verdiği yemeğe gittiler. 9 mart önlenmişti.

Artık Sunay ve Tağmaç'la birlikte 12 Mart'a yürüyeceklerdi.

78 Celil Gürkan, *12 Mart'a Beş Kala,* Tekin Yayınevi, 1986.

Beyrut'ta Abas-Gündeş kapışması

9 Martçılar ihtilali yapamamışlardı...
Ancak;
2 mart 1969'da Hafız Esad Suriye'de;[79]
25 mayıs 1969'da Cafer El Numeyri Sudan'da;
1 eylül 1969'da Kaddafi Libya'da başarmıştı...

Binlerce yıldır nice ihtilallere, ayaklanmalara ve cuntalara ev sahipliği yapan Anadolu topraklarında" tarihin yönünü değiştirmek isteyen" başka gruplar da vardı. Onlar Anadolu'da devrim yapmak istiyorlardı...

Kitle eylemlerinden kopan 68 kuşağı, "maceracı" eğilimlere rağbet etmişti. Onlarca idealist genç Suriye ve Lübnan'a gidip gerilla eğitimi alıyorlardı. "Ülkenin makus talihini" silahla değiştireceklerine inanıyorlardı...

Suriye El-Fetih Gerilla Kampı'nda eğitim gördükten sonra Türkiye'ye giriş yapan Fikir Kulüpleri Federasyonu eski başkanı Yusuf Küpeli sınırda yakalanmıştı. Yakalananlardan biri de, Deniz Gezmiş ve Yusuf Aslan'la birlikte idam edilen Hüseyin İnan'dı. 10 kasım 1969 tarihli *Cumhuriyet* gazetesinin haberine göre, "Türk güvenlik örgütleri dönüşünden haberliydi."

Hiram Abas, bölgedeki Türk öğrencilerin bulunduğu kampların yerlerini ve kimlerin askerî eğitim gördüğü bilgi-

79 Seyfi Öztürk dokuz yıl çeşitli bakanlıklarda bulunmuş Türk siyasî yaşamındaki ender renkli politikacılardan biriydi. Bir dönem Süleyman Demirel'in en yakınındaki siyasetçilerdendi. Demirel özellikle MİT'ten gelen gizli dosyaları Seyfi Öztürk'e okutur, böylece raporların özetini ondan dinlerdi ! Soner Yalçın çeşitli kez kendisiyle sohbet yapma olanağı buldu. 2 aralık 1991 tarihli görüşmesinde ilginç bir anısını anlattı: "Başbakan Demirel yanıma geldi, 'Seyfi gel, seninle bir şey konuşacağım' dedi. Ben sanıyorum ki makamında konuşacağız, 'Çıkalım' dedi, Başbakanlık'tan çıktık. Makam arabasına da binmedi, ben de binmedim. Dinleniyor diye binmedi. Kim dinliyor tahmin edersin ! Neyse, yürüyoruz. Makam arabalarımız ve korumalarda arkamızdan geliyor. Fısıldayarak dedi ki, 'Yahu Seyfi, Fuat Doğu geldi bugün bana. Bir haber verdi, doğru mu değil mi, bilmiyorum valla. Bizimkiler (MİT), CIA ile birlikte Suriye'de darbe yapacaklarmış. Hafız Esad diye bizim çok iyi tanıdığımız bir Çerkez'i başa getireceklermiş. Adam bize çok bağlıymış. Sen akşam radyoyu bir dinle de bana haber ver, iş doğru mu ?' Ayrıldık. Akşam radyoyu dinledim. Sahiden darbe olmuş. Hafız Esad da başa gelmiş. Lakin adam bizimkilerin değil, KGB'nin adamı çıktı arkadaş !" Kamuoyu, Fuat Doğu'nun "Çerkez arkadaşı" Hafız Esad'ın o günden sonra Türkiye'nin ne denli "dostu" olduğunu yakından görecekti.

lerini Mossad'dan alıyordu...

İsterseniz buna bir MİT'ten bir de Mossad'dan tanık gösterelim.

Yedi yıl sonra "ABD hesabına casusluk" iddiasıyla tutuklanacak olan Mit görevlisi Sabahattin Savaşman anılarında şöyle yazıyor: "... İran'da şahlık rejimi mevcutken, birkaç ayda bir Savak ve İsrail servisi Mossad'la periyodik buluşmalar yapmaktaydık. Bu periyodik görüşmeler sadece idareci makamlar seviyesinde değildir. Çeşitli seviyelerdeki teşkilat kuruluşları müttefik servisin kendi seviyelerindeki organlarıyla görüşürler. Bu görüşmede yalnız uluslararası konular değil, ulusal konular da ele alınır. Her ülkedeki sol faaliyetler, millî azınlıkların faaliyetleri, tedhişçi Filistin'e karşı önlemler, yıkıcı diğer faaliyetler, anarşi hakkındaki ikili üçlü temaslar kurulur. Bu görüşmelerde genellikle yol gösterici olan üstün tekniğiyle Mossad'dır ve Mossad'ın memleketimizde hayli geniş imkânları bulunmaktadır. Şahsî ve politik menfaatlerine engel olduğum için benim ekarte edilmem operasyonuna katılan karşıcasusluk ekibindeki şahıs (y.n. Hiram Abas, y.n.), Beyrut'ta böyle temaslarda çok bulunmuştu. Lübnan'da CIA'yla beraber operasyonlara katılan, onlardan yüklü ücret ve ikramiyeler temin eden, Filistin kamplarındaki bir kısım solcu genci hedef alan faaliyetlerde gösterdiği başarı sonucu mükâfatlandırılan bu kişinin..."[80]

Bir de Mossad'dan tanık demiştik, o da şöyle: "İsrail'de İbranîce yayımlanan günlük *Ma'ariv* gazetesinin Mossad örgütünde görevli üst rütbeli bir subaya dayanarak verdiği haberde şunlar belirtiliyor: Mossad Türkiye'deki sol örgüt elemanlarını eğiten Filistin örgütleri hakkında MİT'e önemli bilgi ve belgeler sundu. Bu konuda MİT'e yardım etti."[81]

Ama gel gelelim sadece Türk solcuların peşinde koştukları için, ne Hiram Abas ne de ondan sonra göreve gelen MİT elemanları, o yıllarda temelleri atılan Ermeni terör örgütü Asala'nın Beyrut'ta kök salıp filizleneceğini görememiş, değerlendirememiş ve analiz edememişlerdi... Ve bu nedenledir ki, Asala şiddet eylemlerine başladığında MİT de, Türk dev-

80 Sabahattin Savaşman, *3. Adam Anlatıyor,* s. 24.
81 *2000'e Doğru* dergisi, 28 şubat-5 mart 1988.

leti de "nereden çıktı bunlar" dercesine şaşıp kalmışlardı!..

MİT'in sürekli iç politikaya endekslenmesinin faturası, Asala konusunda da ağır oldu: 28 Türk diplomatı öldürüldü. Ne yazık ki bunlardan biri de, 1967-1970 yılları arasında Beyrut'ta büyükelçilik yapan İsmail Erez'di. Asala, Beyrut'ta görev yapan birçok Türk diplomatı, özellikle de diplomat kimliğindeki MİT görevlilerini hedef almıştı. Asala'nın bu bilgileri elçilikte "kavas" yani yardımcı hizmetli olarak çalışan Ermeni karıkocadan aldığı yıllar sonra ortaya çıkacaktı.

Beyrut, MİT içinde yıllarca sürecek bir kavganın da başlama noktası oldu...

İki MİT görevlisi; Hiram Abas ile Nuri Gündeş arasındaki amansız mücadelenin başlangıcı 1970'li yılların başıydı...

Önce taraflardan Nuri Gündeş'i dinleyelim:

"Ben asker kökenliyim. Paris'te Şef Karargâhı'nda görevliyken, binbaşılığımda, Fransızca bilen bir subaya ihtiyaç başgösterdi, Fuat (Doğu) Paşa zamanında İstanbul bölge başkanlığına tayin oldum. O zaman oranın ismi İstanbul Merkez Şefliği idi. Mehmet Eymür'ün babası Mazhar Eymür Bey merkez şefiydi. Oraya geldim ve Espiyonaj Şubesi müdürü olarak geldim asker olduğum için. Muhtelif evrelerden geçtim, beni yurtdışına göndermek için askerî rütbemden soyutlanmam gerekliliği üzerinde ısrar ettiler. Ordu beni vermek istemiyordu, muhtelif yerlerde tahsile gönderdiler, Ortadoğu Amme İdaresi'ne, Fransa'ya Montpellier'e, beni menagement hocası olarak Bursa'ya tayin etmek ve general yapmak istiyorlardı ve Ordu ile MİT arasında bir çekişme; fakat kızım Dame de Sion'da okuyordu.[82] Onun okumasını sağlamak amacıyla askerlikten, yarbaylığın son senesinde ayrıldım. Sonra bir sene hak verdiler, askerlik şubesinde albaylığa terfi ettim, İstanbul'da bölge daire başkan yardımcılığına kadar çıktım. Oradan Beyrut'a gittim; üç sene Beyrut'ta kaldım. Efendim Hiram'la (Abas) benim aramda ihtilaf olamaz; çünkü çok uçurum farkı var; o şube müdürü, ben

82 Nuri Gündeş'in kızı İstanbul Üniversitesi öğretim üyelerinden Nükhet Güz, bir dönem TRT Genel Müdürü Tayfun Akgüner'in de "danışmanlığını" yaptı.

başkanım. Yalnız kader bizi bazı görevlerde... Mesela Beyrut'ta halef selef olduk. O deşifre oldu, oradan gelenler deşifre olduğunu söylediler, beni tayin ettiler, onun yerine gittim... Mesela yurtdışında, işte ben oradan üstün başarıyla geldim, o kovularak geldi..."[83]

Söz sırası Hiram Abas'ın konuyla ilgili düşüncelerini anlattığı MİT eski daire başkanı Mahir Kaynak'ta: "Hiram Abas kendisi Beyrut'ta iken, Nuri Gündeş'in Beyrut'a gönderilmesini, bir başka ülkenin kendisine yaptığı operasyon olarak değerlendirdi. Yani Hiram'a göre, Nuri Gündeş kendisini kontrol için gönderilmişti. Hiram Abas'a göre. Gündeş'i yabancı güçler kendisine operasyon yapılması için göndermişti."

Hayretten küçük dilinizi yutacağınız bir iddia!.. Aynı zamanda kavganın boyutlarını da göstermesi bakımından hayli ilginç...

Kısaca ortaya çıkan sonuç şuydu ki Hiram Abas Beyrut'ta da deşifre olmuştu! Bunu Nuri Gündeş söylüyor, Hiram Abas da, Nuri Gündeş'in "kendisine karşı yapılacak operasyonda kullanılması için gönderildiğini" belirterek, deşifre olduğunu doğruluyordu.

"İkinci Kâtip" Mustafa Hiram Abas, Batum ve Atina'dan sonra Beyrut'ta da açığa çıkmıştı...

Nuri Gündeş, Hiram Abas'ın Beyrut'ta kurduğu ilişkileri bile kullanmak istemedi. Örneğin Ermeni Fevzi Gandur'dan "yararlanmak istemediğini" yıllar sonra açıklayacaktı: "Fevzi Gandur Beyrutlu, benim zamanımda orada hedef olarak vermişlerdi, hatta, bir ara dediler ki bunun atları vardır, seyislerinden istifade edin, istihbarat yapın diye, ben de bu adamdan ne istifade edeceğiz, başka elemanlarım var benim onların içinde onlardan bilgi alabilirim dedim ve bu suretle onu da eleman olarak almadım. O, Yukarı Volta devletinin fahrî konsolosuydu. Silah için oradayken bir silah işine, tahmin ediyorum, Makine Kimya'yla ilişkili bir işe, o zaman bir duyumum var. Yani Makine Kimya Enstitüsü'yle silah alış-

83 Nuri Gündeş, Susurluk Komisyonu üyelerine böylece biyografisini de anlatmış oluyordu. (Susurluk Komisyonu Tutanakları, Nuri Gündeş'in ifadesi, cilt II, s. 1165-1169.)

verişi hakkında bir işe girişecekler, bunu da kati bilmiyorum; ama bir duyumum var..."[84] Nuri Gündeş, Gandurların silah kaçakçısı olduğunu ima ediyor!..

Ve Hiram Abas ailesiyle birlikte 1 kasım 1970 tarihinde İstanbul'a döndü.

Artık, İstanbul Kontrespiyonaj şube müdürüydü...

Türkiye'de olaylar hızla ivme kazanıyordu...

"Kimliği belirsiz kişiler" İstanbul'daki Kültür Sarayı'nı yaktı.

TİP Amasya İl Başkanı Şerafettin Atalay öldürüldü...

Ankara Üniversitesi Fen Fakültesi Ülkü Ocakları'na bağlı komandolar tarafından işgal edildi..

Silahlı çatışmalar, banka soygunları, adam kaçırmalar artıyordu.

Toplum polisi önce Hacettepe Yurdu'nu, sonra SBF Yurdu'nu basıyor, yakaladığı öğrencileri döverek, sürükleyerek gözaltına götürüyordu.

Ziraat Bankası'nın Ankara Küçükesat Şubesi silahlı militanlarca soyuldu...

Amerikalı Çavuş James Finley kaçırıldı. Fakat zenci olduğu için özür dilenerek bırakıldı...

TİP Sivas Yıldızeli İlçe Başkanı Ali Han Uluğ öldürüldü...

Devrimci Avukatlar Derneği Başkanı Niyazi Ağırnaslı Diyarbakır'da yakalanan gençlere MİT'in ajanlık önerdiğini söyledi.[85]

Yabancı ajanlar da boş durmuyordu.

Bunlardan biri de Aldrich Ames'ti. CIA ajanı olarak 1968-1971 yılları arasında Türkiye'de çalışmıştı.

O dönemde Türkiye'de yaptıklarını, KGB adına casusluk yaptığı için 1994 yılında cezaevine girdiği ABD'de yazdığı *Bir Casusun İtirafları* kitabında anlatıyordu.

CIA ajanı Ames kitabında Deniz Gezmiş'ten de bahsediyordu.

İddiasına göre, Ankara Basın Yayın öğrencisi güzel bir genç kızı, 75 dolar karşılığı solcu öğrencilerin arasına sokup, bilgiler almıştı...

84 Susurluk Komisyonu Tutanakları, Nuri Gündeş'in ifadesi, cilt II, s. 1175.
85 *Cumhuriyet*, 7.3.1970.

Ancak CIA ajanının bilmediği bir ayrıntı vardı; kız öğrenci CIA ajanıyla ilişkisini solcu öğrencilere anlatmıştı. CIA ajanı oyuna getirilmişti. Örneğin, "4 mart 1971 tarihinde solcu öğrenciler Basın Yayın Yüksek Okulu'nu basacaklar" bilgisinin verildiği gün, Deniz Gezmiş ve arkadaşları Ankara Balgat'taki ABD üssünden dört Amerikalıyı kaçırmışlardı!

Ava giden avlanmıştı...

4 mart 1971'de biri çavuş, üçü hava eri dört Amerikalı kaçırıldı. Deniz Gezmiş ve arkadaşları kaçırdıkları Jimmy Sexton, Richard Caraczi, James Gholson ve Larry Haevner'i Amaç Sokak, Martı Apartmanı üç numaraya götürdüler. Ertesi sabah Anadolu Ajansı'na bırakılan bir zarfta, eylemin Türkiye Halk Kurtuluş Ordusu tarafından üstlenildiğini ve serbest bırakılma koşullarını açıklayan bir mesajla, Amerikalıların kimlikleri bulunuyordu. Eylemciler 400 000 dolar fidyeyle tutuklu tüm devrimcilerin serbest bırakılmasını istiyorlardı.

ABD Başkanı Nixon, Türk hükûmetinden "tedhişçilerle pazarlık yapılmamasını" istedi.

Güvenlik güçleri eylemcilerin saklandığını düşündükleri ODTÜ yurtlarını kuşattılar. Rektör Erdal İnönü polisi okula istemedi. Ama İçişleri Bakanı Haldun Menteşeoğlu jandarmaya yurtlara girme emri vermişti. Jandarmanın ateşine yurtlardaki öğrenciler karşılık verdiler. 5 martta direniş kırıldığında 3 ölü, 26 yaralı vardı, ama Deniz Gezmiş'ler ile kaçırılan Amerikalılar orada yoklardı. Amerikalı havacılar 8 martta serbest bırakıldılar.

Türkiye hızla yeni bir döneme giriyordu.

Ve bu yeni dönemde Hiram Abas'ı "yeni görevler" bekliyordu...

Üçüncü bölüm

Nazmiye Demirel istihbarat topluyor

10 mart 1971 çarşamba.

Genişletilmiş Komuta Konseyi[1] üyeleri Genelkurmay Başkanlığı'nda bulunan Yüksek Askerî Şûra salonunda toplandı.

Genelkurmay Başkanı Tağmaç başkanlığında 32 general ve amiralin katıldığı toplantının konusu "Hükûmeti devirip yönetime el koyalım mı, yoksa sert bir uyarıyla yetinelim miydi. Altı saat süren toplantıdan sonra Ordu'nun müdahaleden yana olduğu anlaşıldı. Müdahale emir komuta zinciri içinde yapılacaktı ve uygulanacak yöntem dört komutana bırakılmıştı.

11 mart 1971 perşembe.

Öğleden önce.

Başbakan Süleyman Demirel neler olup bittiğinden hiçbir haber almıyordu, ama yine de tedirgindi. "İstihbarat" alabilmek için çok ilginç bir yönteme başvurdu: eşi Nazmiye Hanım'ı Genelkurmay Başkanı Memduh Tağmaç'ın eşi ile kuvvet komutanlarının eşlerinin katıldığı bir öğle yemeğine gönderdi. Nazmiye Hanım yemekten dönüşte, "Hiçbir şey görünmüyor, herkes sakin ve normal konuşmalar ya-

1 O zamana kadar, askerî hiyerarşi geleneklerinde "Komuta Konseyi" deyimi vardı, ama "Genişletilmiş Komuta Konseyi" diye bir şey yoktu.

pıldı" şeklinde izlenim getirdi![2]

Oysa Nazmiye Hanım'ın eşine "her şey normal görünüyor" bilgisini verdiği saatlerde komutanlar Başbakan Demirel'e verecekleri muhtıranın müsveddesi üzerinde çalışmalar yapıyordu!

Saat 17.30.

Genelkurmay Başkanı Tağmaç'ın çağrısı üzerine Kuvvet Komutanları Gürler, Batur ve Eyiceoğlu Genelkurmay'a gittiler. Toplantının gündemi muhtıraydı. Genelkurmay Harekât Başkanı Korgeneral Kemal Taran'a bir müsvedde hazırlaması görevini verdiler ve dağıldılar.

Saat 21.30.

Kara Kuvvetleri Komutanı Gürler, Hava Kuvvetleri Komutanı Batur'un evine geldi. Önce Deniz Kuvvetleri Komutanı Eyiceoğlu, sonra da o saate kadar Cumhurbaşkanı Sunay'ın yanında olan Genelkurmay Başkanı Tağmaç eve çağrıldı.

Sunay'ın yanından dönmüş olan Tağmaç, cumhurbaşkanıyla neler konuştuğunu anlatmıyordu, ama müdahaleye henüz ikna olmadığı belliydi. Başbakan Demirel'in istifaya ikna edilmesini savunuyordu. Üç saat süren tartışmalardan sonra Cumhurbaşkanı Sunay'ın fikrinin alınmasına karar verildi. MİT Müsteşarı Fuat Doğu çağrılarak Sunay'a gönderildi.

MİT Müsteşarı Doğu, Cumhurbaşkanı Sunay'a: "Sayın Cumhurbaşkanım, beni Genelkurmay başkanı gönderdi. Şimdi toplantıdalar. Yarın bir darbe yapacaklar. Size bildirmemi emrettiler" dedi. Haberi yokmuş gibi davranan Sunay, yorum yapmadı, "Peki Fuat Paşa" demekle yetindi.

Köşk'ten gelen cevap üzerine Tağmaç'ın da direnci kırıldı. "Yarın bildiriyi getirin imzalayayım" dedi.

Müdahaleyi cumhurbaşkanına bildirmiş olan Fuat Doğu'yu o gece uyku tutmadı. Söylediğine göre resmen bağlı

2 Demirel, MİT'ten emekli bir dostunun AP sempatizanı eşinden de "istihbarat" alıyordu: komutanlar şubat 1971'de Cumhurbaşkanı Sunay'la Eskişehir'de bir toplantı yapmışlardı. MİT emeklisinin eşi Demirel'e, Eskişehir'deki toplantıda, komutanların, Sunay'ın bir dönem daha cumhurbaşkanı kalmasında anlaşmaya vardıklarını bildirdi (C. Arcayürek, *Darbeler ve Gizli Servisler,* s. 133, 165).

bulunduğu başbakana bilgi vermemiş olmasının iç muhasebesini yapıyordu: "Eve geldiğim zaman düşündüm. Demirel'e söylesem karşı gelecek, karışıklık çıkacak, belki kan dökülecek. Ben şahsen bunu Demirel'e söylemedim. Söylemediğim için bugün çok memnunum."[3]

Her darbeden sonra aynı soru sorulur: acaba MİT, bir askerî müdahale yapılacağını bağlı bulunduğu başbakana haber vermiş miydi?

Evet vermişti!

Ama darbeden sadece 2 saat önce! Ve cumhurbaşkanının emriyle![4]

MİT darbeyi bildiriyor!

12 Mart 1971 cuma.

Saat 10.45.

Cumhurbaşkanı Cevdet Sunay, MİT Müsteşarı Korgeneral Fuat Doğu'yu aradı ve gece kendisine verdiği haberi Başbakan Demirel'e iletmesini istedi.

Saat 11.00.

Başbakan Demirel Güniz Sokak'taki evinden henüz çıkmamıştı.

Birinci kattaki telefon çaldı.

Arayan Fuat Doğu'ydu: "Sayın Başbakanım sizi sayın cumhurbaşkanının bir dileğini iletmek için rahatsız ettim. Biraz önce yanlarındaydım, Süleyman Bey istifasını versin buyurdular..."

Şaşıran Demirel, "Fakat Fuat Paşa, daha iki gün önce siz bana, cumhurbaşkanından başka bir mesaj getirdiniz. Sayın Sunay, 'Ben ne 22 Şubat'lar, 21 Mayıs'lar gördüm, kaygı duymasınlar' demişti. Şimdi ne değişti de istifamı istiyor?" dedi boğuk bir ses tonuyla.

MİT Müsteşarı Fuat Doğu, üstü kapalı bir şekilde Or-

3 Fuat Doğu bunları Mehmet Ali Birand'ın 5 haziran 1994'te Show TV'de yayınlanan "12 Mart Belgeseli"nde anlattı.

4 Demirel kendisiyle yapılan bir söyleşide şöyle diyor: "27 Mayıs'ta rahmetli Adnan Bey'in, 12 Mart'ta ve 12 Eylül'de benim resmen devletin bir organı tarafından bu hadiselerin olacağına dair bir bilgimiz olmamıştır. Genellikle mesela Angola'da olan hareketleri biz biliriz de, Ankara'da olan hareketleri pek bilmeyiz" (*Nokta,* 16 mart 1986).

du'nun müdahale kararı aldığını söyleyebildi.

Demirel, "Fuat Paşa ben buraya seçimle geldim. Bunu nasıl yaparlar. Partimle konuşmam lazım" dedi.

Doğal olarak "emrindeki" MİT müsteşarından yanıt alamadı, telefonu kapattı.

Aceleyle Başbakanlık'a gitti. Bir yandan Millî Savunma Bakanı Ahmet Topaloğlu'nu çağırırken, bir yandan da kırmızı telefonla Cumhurbaşkanı Sunay'a ulaşmak istedi. Sunay telefona çıkmıyordu. Köşk bürokratları, "Bahçede dolaşıyor" gibi bahanelerle Başbakan Demirel'i oyalıyorlardı.

Demirel'in telaşla bir çare bulmaya çalıştığı sırada, dört komutan Genelkurmay başkanının makam odasında Tümgeneral Kemal Taran'ın hazırladığı muhtıra taslağı üzerindeki son düzeltmeleri yapıyorlardı. Kesin şeklini alan metni imzaladılar, sarı bir zarfa koydular ve TRT'ye gönderdiler. Tağmaç, Gürler, Eyiceoğlu ve Batur'un imzalarını taşıyan "12 Mart Muhtırası", Tuğgeneral Musa Öğün tarafından TRT Haber Müdürü Doğan Kasaroğlu'na teslim edildi.[5]

Cumhurbaşkanı Sunay saat 13.00'e çeyrek kala gibi çıktı Başbakan Demirel'in telefonuna.

Başbakan, "Böyle bir durum var. Çok yanlış oldu. Türkiye'nin itibarını da, demokrasiyi de zedeler. Ben size bunları daha önce de söyledim" dedi.

"Ne yapayım? Beni de aştılar. Mani olamıyorum. Sağlık nedenleriyle istifa etseniz iyi olur" diye yanıtladı cumhurbaşkanı.

Demirel'in sağlığından bir şikâyeti yoktu. "Meclise giderim, güvenoyu isterim" diyebildi.

Telefonu kapattıklarında saat 13.00'ü gösteriyordu ve Spiker Çetin Çeki radyodan Ordu'nun verdiği muhtırayı okudu...

Başbakan Demirel arkadaşlarıyla görüştü. İstifa etmezse muhtıranın üçüncü maddesine göre Ordu meclisi kapatacaktı.

5 O gün ayağı alışmış olacak ki Musa Öğün daha sonra TRT'ye genel müdür oldu. Tam 12 Mart günü tanışmış olan Musa Öğün ve Doğan Kasaroğlu, 12 Eylül Darbesi'nden sonra kurulan ve darbeciler tarafından desteklenen Milliyetçi Demokrasi Partisi'nde (MDP) kurucu olarak yer aldılar.

Müsteşar Yardımcısı Muhlis Fer'le Köşk'e yollayacağı istifa mektubunu yazmaya başladı...

Ana muhalefet cephesine gelince...

CHP Genel Başkanı İsmet İnönü darbeye ilk gününden karşı çıktı ve 14 mart günü CHP grubunda çok sert bir konuşma yaptı.

Paşa'nın "yumuşatılması" gerekiyordu.

İş yine MİT Müsteşarı Fuat Doğu'ya düştü.

Demirel'e istifasını istemekle görevlendirilen MİT müsteşarı, şimdi de İnönü'yü yumuşatmaya çalışacaktı.

Fuat Doğu müsteşarlık döneminin ilk yıllarından başlayarak İsmet İnönü'ye hep yakın olmuştu. Şimdi, muhtıracılarla İsmet Paşa'nın Pembe Köşkü arasında mekik dokumaya başlamıştı.

Komutanlar MİT müsteşarı aracılığıyla İnönü'ye en kısa zamanda demokrasiye dönüleceği mesajını gönderiyorlar, bunalımdan çıkmak için kendisinden yardım istiyorlardı.

Sonunda İnönü'yü Ordu'nun yönetime el koymayacağına, 12 Mart'ın Ordu'nun iç sorunlarından kaynaklandığına ikna eden Fuat Doğu, fırsatını yakalamışken komutanların, CHP Genel Sekreteri Ecevit'in solculuğundan şikâyet ettiklerini de paşaya aktarıvermişti laf arasında. Zaten MİT daha önce Ecevit'in "komünizmi öven Bursa konuşmasını" da el altından Turhan Feyzioğlu'nun Güven Partisi'ne ulaştırmıştı.

Bunlar İnönü'yü rahatsız ediyordu. İsmet Paşa yavaş yavaş Ecevit'e güvenini kaybediyordu. CHP Genel Başkanı ile genel sekreterinin arasına "MİT" girmişti!

Kutlu Savaş'ın "Haşhaş Raporu"

12 Mart ve ABD deyince akla gelen ilk konulardan biri, ABD ile Türkiye arasında yıllarca süren "haşhaş sorunu"ydu.

ABD yönetimi "Amerikan gençliği uyuşturucudan zehirleniyor" gerekçesiyle harekete geçti, bunun baş sorumlusu olarak da hep haşhaş eken ülkeleri gördü. Bunların başında Türkiye geliyordu ve ABD Türkiye'yi uzun yıllar "haşhaş ekimini yasaklamaya" zorladı:

1950'de Adnan Menderes'ten istendi, reddedildi.

1965'te İnönü'den istendi, reddedildi.

1965'te Demirel'den istendi, reddedildi.

1970'te tekrar Demirel'den istendi, reddedildi.

12 Mart'tan sonra darbecilerin denetimindeki Nihat Erim Hükûmeti'nden istendi. Kabul edildi.

29 temmuz 1971'de Erim Hükûmeti, 1972 yılından itibaren haşhaş ekiminin yasaklanmasına karar verdi.[6]

"İran 1969 yılında topraklarında haşhaş tarımının tekrar yapılmasına izin vermişti. İlginçtir, bu kez Türkiye haşhaş ekimini yasaklıyordu. Türkiye önemli bir döviz kapısını kapatıyordu. Afyon üretiminde dünya üçüncüsüydü. Milyonlarca dolarlık geliri vardı. 90 000 aile haşhaş ekimiyle geçiniyordu..."[7]

Haşhaş ekiminin yasaklanması zorlamasının son reddinin ilginç de bir öyküsü vardı:

Devlet Planlama Teşkilatı (DPT) yöneticilerinden Nevzat Yalçıntaş, bir gün genç uzmanlarından birini çağırıp, "Şu haşhaş sorununun önünü arkasını bir inceleyin bakalım, gerçekten haşhaş ekimi yasaklanmalı?" dedi.

Genç uzman sekiz ay araştırdı ve "Haşhaş Raporu"nu hazırlayıp sundu.

Gizli rapor DPT Müsteşarı Turgut Özal'ın önüne gitti. Rapor, "Haşhaş ekimi kesinlikle yasaklanmamalı ekimi yasaklamak ülkenin zararınadır. Ancak kaçağa karşı bütün tedbirler alınmalıdır" demekteydi özetle.

Özal raporu beğendi, cumhurbaşkanına, başbakana ve Millî Güvenlik Kurulu Genel Sekreterliği'ne gönderdi.

Raporu yazan genç adamın adı Kutlu Savaş'tı.[8]

Raporun da etkisiyle AP hükûmeti haşhaş ekiminin durdurulmasını isteyen Amerikan önerisini reddetti.

Dışişleri eski bakanlarından İhsan Sabri Çağlayangil haşhaş ile 12 Mart Askerî Darbesi arasında şöyle bir ilişki kurar:

6 Kamuoyunun büyük tepkisi sonunda bu yasak, 1973 seçimlerinden sonra kurulan CHP-MSP Koalisyonu tarafından kısmî olarak kaldırıldı.

7 Soner Yalçın, *Beco, Behçet Cantürk'ün Anıları,* Su Yayınevi, 5. baskı, mart 1999.

8 Türkiye, Kutlu Savaş'ın adını 1. MİT Raporu, 2. MİT Raporu ve Susurluk soruşturmalarında duyacaktır. 1986'da adı MİT müsteşarlığı için bile geçmiş, ama sonunda Radyo ve Televizyon Üst Kurumu (RTÜK) başkanı olmuştur.

"Ben Dışişleri bakanıydım. Amerikan büyükelçisi bana geldi. 'Sayın Demirel'e söyleyiniz. Sizde nerede, ne kadar haşhaş ekiliyorsa biz onun parasını verelim, ekimi durdursunlar' dedi. 'Peki söylerim' dedim. Sayın Demirel'e söyledim. Aldığım cevap şöyleydi:

'Bizim 27 ilimiz ve çevresinde haşhaş ekiliyor. Bizde ismini afyondan alan ilimiz var. Bunu yapamayız. Ama ekim alanlarını giderek daraltabiliriz.' Gittim, Amerikan elçisine söyledim. Bana, 'Beni bir kere bu konuda başbakanınızla görüştürebilir misiniz' dedi. 'Peki söylerim' dedim. Gittim Demirel'e yine söyledim. Demirel kabul etti. Aynı cevabı verdi Sayın Demirel. Bu görüşmeden sonra Amerikan büyükelçisi, 'Çok yazık, bundan fena neticeler doğacak' dedi. Çok fena neticeler belli oldu. Üç ay sonra bizim hükûmetimiz düşürüldü."[9]

12 Mart ve ABD deyince akla gelen başka bir konu ise dönemin Hava Kuvvetleri Komutanı Orgeneral Muhsin Batur'un 12 Mart Darbesi öncesi ABD'ye gitmiş olmasıydı.[10]

Ziyaretin resmî nedeni, ABD Hava Kuvvetleri Komutanı Orgeneral Ryan'ın, Batur'a "Legion of Merit" nişanını verecek olmasıydı. Ama General Ryan, tören sırasında "darbenin ne zaman yapılacağı" konusunda Batur'un ağzını aramaktan da geri kalmamıştı:

Orgeneral Muhsin Batur'un, bu geziye alışılagelenin tersine, yanına karargâhından hiçbir yardımcı almadan, deyim yerinde ise tek başına çıkması arkadaşları tarafından şüpheyle karşılanmıştı.

Batur ABD'den dönünce Kurmay Albay Kemal Tunusluoğlu'nun Tandoğan Meydanı'ndaki evinde bir toplantı yapıldı. Celil Gürkan ve diğerleri ABD temaslarının nasıl geçtiğini sordu. Batur'un yanıtı şöyleydi:

"Benim onuruma verilen bir kokteylde Orgeneral Ryan ile baş başa olduğumuz sırada bana Türkiye'deki olaylar hakkında bazı sorular sordu ve sözü getirip: 'Siz askerler, bir müdahalede bulunmanın tam zamanı olduğunu düşünmüyor musunuz' gibi bir niyet yoklamasında bulundu. Ben de

9 İhsan Sabri Çağlayangil, *Anılarım,* Yılmaz Yayınları, 1990, s. 63.

10 Ne hikmetse, 12 Eylül 1980 Askerî Darbe öncesinde de yine dönemin Hava Kuvvetleri Komutanı Orgeneral Tahsin Şahinkaya ABD'ye gidecekti!

açık vermeyen bir mukabelede bulundum."[11]

12 Mart'tan haberi olan sadece ABD yönetimi değildi. İran Şahı Pehlevî'nin de haberi vardı askerî darbeden:

Çağlayangil şahın acele çağrısı üzerine İran'a gitmişti. Şah, "Birkaç ay içinde Ordu Türkiye'de darbe yapacak" dedi. Türkiye'nin içişlerini ilgilendiren bir konuyla ilgili bir şey söylemek için Tahran'a çağrılmasını yadırgamıştı Çağlayangil. Ama şahın derdi sadece Türk hükûmetini uyarmak değildi. Kendi canının derdindeydi: "Benim çevremde uğraşacağım sorunlarım var. Ruslara inanılmaz. Doğuda Pakistan sınırında Patonlar. Kuzey İran'da Kürtler. Biz çokuluslu bir devletiz. Babam cahil adamdı, ama bana daima Türklerle iyi geçin demişti. Sizde sağlam bir rejim oldukça benim için Türkiye sınırında mesele olmaz."

Şah istihbaratın kaynağını söylememişti. Ama Çağlayangil'in tahminine göre bilgi Savak'tan gelmiş olabilirdi.

Savak bilir de Mossad bilmez mi?

Dönemin CIA şefi Richard Helms, İsrail istihbarat örgütüyle yaptığı bir toplantıdan dönerken Ankara'ya uğradı:

"12 Mart'tan bir hafta veya birkaç hafta önce CIA Başkanı Helms, Tel-Aviv'den ülkesine dönerken açıklanmayan kısa bir ziyaret için Ankara'ya uğramış ya da başka bir deyimle Ankara'dan geçmişti. Sonradan öğrendiğimize göre görüştüğü ilgililere bir liste vermiş, vakit geçirilmeden Ordu'dan ekarte edilmeleri gereken subaylardan söz etmiş ancak böyle bir tasfiye operasyonunun kamuoyunda yaratacağı çalkantıyı dikkate alarak, listede adları yazılı, ama en üst düzeyde bulunan komutanların şimdilik yerlerinde bırakılmaları gereğini vurgulamıştı!.."[12]

11 Celil Gürkan, a.g.e., s. 205, 207. Muhsin Batur'un reddettiği bu olay Gürkan ile Batur arasında tartışmalı olarak kaldı. Batur toplantının yapıldığı yeri de reddediyordu. Gürkan ise Yuvam Apartmanı'nda olan dairenin Tunusluoğlu'na ait olup olmadığını aradan geçen zaman nedeniyle tam olarak hatırlayamıyordu. Tunusluoğlu maalesef artık hayatta değildi. Ama güzel bir rastlantı Celil Gürkan'ı doğrulamamıza yardımcı oldu: bu kitabın yazarlarından Doğan Yurdakul'un kayınpederi ile kayınvalidesi, Albay Tunusluoğlu'yla kapı komşusuydu. Maltepe Yuvam Apartmanı altıncı kat 17 numaralı dairenin sahibi Talat Özışık ve ailesi ile 18 numaralı dairenin sahibi Kemal Tunusluoğlu ve ailesi hem komşu hem de yakın dosttular. Çocukları da arkadaştı. Bir motosiklet kazasında ölen besteci Uzay Heparı'nın eşi modacı Zeynep Tunusluoğlu, Kemal Tunusluoğlu'nun kızıydı.

12 Celil Gürkan, a.g.e., s. 207.

CIA'nın eylemli katkıları

İşin içyüzünü "yabancılardan" öğrenmek için fazla beklemeye gerek kalmadı. Darbeden tam 9 ay 10 gün sonra bir İngiliz gazetesi yazıyordu olup biteni.

21 ocak 1972 tarihli *Daily Telegraph* gazetesi CIA kaynaklarına dayanarak verdiği haberinde, CIA'nın hangi ülkelerde darbe yaptığının listesini yayımlarken, 12 Mart'ı da listeye almıştı:

"1960. Türkiye. CIA'nın General Gürsel'e Menderes Hükûmeti'ni devirmesi için yardımı.

1971. Türkiye. Ordu'nun girişiminden hemen sonra hükûmetin zorunlu istifasında CIA ajanlarının eylemli katkıları."

CIA'nın "eylemli katkıları"nın ne olduğunu kitabın okuyucuları artık tahmin ediyordur!

12 Mart'ın devirdiği hükûmetin Dışişleri Bakanı İhsan Sabri Çağlayangil ise başka bir kaynaktan okumuştu aynı listeyi.

Önce Gazeteci İsmail Cem'le[13] 12 mart 1976'da *Politika* gazetesinde çıkan söyleşide patlattı ilk bombayı İhsan Sebri Çağlayangil:

"12 Mart'ta CIA vardır. Büyük ölçüde vardır. 12 Mart'ta haşhaş vardır. CIA Papadopulos'ta vardır. CIA Gizikis'te vardır. CIA'nın nasıl hareket edeceği tahmin edilemez. Şimdi nasıl yapar CIA? Organik bağlarıyla yapar. Benim istihbarat şefim, kendisi farkında bile olmadan CIA benim altımı oyar. Elinde imkân var adamın. Girmiş, enfiltre benim içimde. Onun için hiç şaşmam, aramam da, bulamam ki. Nasıl yaptı, bulamam."

Sonra bu söylediklerini düzeltmek isterken daha da açıklık getirdi:

"Demeç öyle değildi. Zaten demeç de değildi, bir sohbetti. Cem bana, 'Darbenin içinde Amerika'nın parmağı var mı?' diye sormuştu. Verdiğim cevapta *Economist* dergisinin 'Blue Report' adlı az sayıda basılan özel ekinde, CIA'nın darbe yaptığı ülkelerin bir listesini yayımlandığını, bunda 27 Mayıs ve

13 Bu kitabın yazıldığı sırada DSP-MHP-ANAP hükûmetinin dışişleri bakanı.

12 Mart'ın da CIA darbeleri arasında gösterildiğini söyledim. MİT'in CIA, Mossad ve Savak ile bilgi alışverişi içinde olduğu zaten biliniyordu."[14]

Tasfiyeler başlıyor

Yeni hükûmet henüz kurulmamıştı. Ama "devlette devamlılık esas"tı. Yenisi "atanana" kadar Demirel başbakanlığa vekâlet ediyordu.

16 martta 13 subayın emekliye sevk kararnamesi "getirildi" Demirel'in önüne.

Demirel, "Getirin imzalayayım" dedi.

Emekli edilenler arasında dört general ve bir amiral vardı: Tümgeneral Celil Gürkan, Tuğgeneral Şükrü Köseoğlu, Tuğamiral Vedii Bilget, Tuğgeneral Ömer Çokör, Tuğgeneral Mehmet Tuğcu.

Demirel'e muhtıra veren komutanlar, Demirel'i devirmek için birlikte yola çıktıkları, ama son anda ihanet ettikleri arkadaşlarının tasfiyesini aynı Demirel'e imzalatıyorlardı.

Karışık gibi görünse de anlaması zor değil. İhtilal her zaman olduğu gibi kendi evlatlarını yiyordu.[15]

Yoksa İsrail dönüşü Ankara'ya uğrayıveren CIA başkanının bıraktığı Ordu'dan tasfiye edilecekler listesi mi uygulanıyordu?

9 Martçılar'ın üst düzeyinden geriye bir tek Kara Kuvvetleri Komutanı Gürler ile Hava Kuvvetleri Komutanı Batur kalmıştı.

Ordu'da tasfiyelerin yapıldığı 16 mart gününün gecesi, dönemin öğrenci liderlerinden Deniz Gezmiş ve Yusuf Aslan Sivas Gemerek'te yakalanıp, Ankara'ya getirildi. Sinan Cemgil ve arkadaşlarıyla buluşacağı Nurhak Dağları'na ulaşamamışlardı.[16]

14 Cüneyt Arcayürek, *Darbeler ve Gizli Servisler,* s. 147.

15 1 ocak 1971'den 1 temmuz 1972'ye kadar geçen 18 aylık süre içinde Kara Kuvvetleri bünyesinden 115 subay, 89 astsubay, 64 Harp Okulu öğrencisi; Deniz Kuvvetleri'nden 78 subay, 10 astsubay, 32 öğrenci; Hava Kuvvetleri'nden 264 subay, 54 astsubay ve 70 öğrenci atıldı.

16 30 mayısta Adıyaman'ın İnekli köyü yakınında kıstırılan Sinan Cemgil, Kadir Manga ve Alpaslan Özdoğan öldürüldü, iki arkadaşları da yaralı olarak yakalandı. 23 martta da Hüseyin İnan, Kayseri Pınarbaşı'nda yakalandı.

Türkiye kaynarken, CHP Kocaeli Milletvekili Nihat Erim, 19 martta hükûmeti kurmakla görevlendirildi. Partisiyle bazı sürtüşmeleri olduğu zaten biliniyordu. O gün partisinden istifa edince bir anda aranan "partilerüstü ve tarafsız" başbakan niteliğini de kazanmış oldu!

Aslında Nihat Erim'e teklif bir önceki gün, 18 martta Çankaya Köşkü'ne çağrılarak, Cumhurbaşkanı Sunay ve Genelkurmay Başkanı Tağmaç tarafından yapılmıştı. Öteki üç komutanın bundan haberleri yoktu. Başbakanın atanmasında devre dışı bırakılmışlardı. Darbenin üstünden bir hafta geçmeden 12 Martçılar arasında emir komuta Sunay-Tağmaç kliğinin eline geçmişti.

Nihat Erim'in başbakan olmasından iki gün sonra, Bülent Ecevit, "Bu muhtıra ortanın soluna ve bana karşıdır" diyerek CHP genel sekreterliğinden istifa etti.

Kabinede MİT kavgası

Bir hafta sonra açıklanan Erim kabinesine, muhtırada yer alan "reformları" gerçekleştirmek görevi verilmişti. Kurulan hükûmete kamuoyunda "teknokratlar kabinesi" deniyordu.

Hükûmette "siyasî işlerden sorumlu" başbakan yardımcılığına, 27 Mayıs Askerî Hareketi'nin kurmaylarından Sadi Koçaş getirilmişti. CHP Konya milletvekiliydi.

Ve MİT'in ona bağlanması söz konusuydu.

Teşkilatı bilmeyen biri değildi.

Daha önce MİT'te reform yapılmasının düşünüldüğü iki kez, 1962'de ve 1965'te örgütün başına getirilmek istenmişti. Ama ikisinde de teşkilata Fuat Doğu'yu getirmek isteyenlere yenik düşmüştü.

Şimdi başbakan yardımcısı olarak MİT ona bağlanıyordu.

Ve MİT'in başında hâlâ Fuat Doğu vardı. Hem de, Sunay ve Tağmaç'ın artık vazgeçilmez adamı haline gelmiş olan Fuat Doğu.

Çok önceki yıllardan kalan "çekişme" 12 Mart sonrasına taşınıyordu. MİT'in tepesinde siyasî tarihimize "Koçaş-Doğu kavgası" adıyla geçecek olan çatışmanın fitili tutuşturulmuştu.

Bu kavganın tüm ayrıntılarına az sonra gireceğiz.

12 Mart öncesinde, pipo tüttürürken İstanbul'da bıraktığımız Hiram Abas'ı da orada unutmayalım.

Hiram Abas, 12 Mart 1971 saat 13.00 haberlerinde radyodan okunan muhtırayı dinlediğinde Beyrut'tan İstanbul'a döneli dört buçuk ay olmuştu. Bölge Başkanı Necip Yusufoğlu, Kontrespiyonaj Şube Müdürü Hiram Abas'tı. Eski bölge başkanlarından Mazhar Eymür'ün oğlu Mehmet Eymür de artık teşkilata girmiş ve Hiram Abas'ın ekibinde grup amiri olmuştu.

Ekip olarak uğraşı alanları, Hiram Abas'ın "uzmanlık alanı" olan Ortadoğu sorunlarıydı. Ama esas işleri, Filistin kamplarında eğitim görüp geri dönen ya da halen orada olan solcu Türkleri saptamak ve yakalatmaktı.[17]

Eski tüfeklerden (Türkiye'nin en eski kuşak komünistlerine böyle denir) Mihri Belli, mayıs ayı başında sınırdan gizlice geçti ve Şam'daki El-Fetih bürosuna gitti. Orada Filistin Kurtuluş Örgütü (FKÖ) lideri Yaser Arafat'la tanıştı. Eylül ayında Türkiye'ye dönerken sınırda Suriye askerî istihbaratı tarafından tutuklandı. Şam'daki El-Mezze Askerî Hapishanesi'nde üç aydan fazla tutuklu kaldı. Serbest bırakıldıktan sonra 1972 başında yine gizli yollardan yurda döndü.[18]

MİT-Mossad işbirliği gururla sunar!..

Hiram Abas ve ekibinin neler yaptıklarını Mehmet Eymür'den dinleyelim:

"O tarihlerde Arap talebelerin kurduğu birçok illegal cemiyet vardı. El-Fetih, El-Saika, Demokratik Cephe, Halk Cephesi, Irak Talebe Birliği, Suriye Talebe Birliği vb gibi. Kanunlarımıza göre kökü yurtdışında olan bu tip cemiyetlerin faaliyetleri yasaktı. Bu cemiyetlerin aşırı soldaki Türk talebeleri ile irtibatları oluyor, onların Ortadoğu ülkelerinde terör eğitimi görmelerine ve silahlanmalarına aracılık yapıyorlardı.

(...) İlgili kuruluşlarla işbirliği yaparak bu cemiyetlerin

17 12 Mart'tan sonra Filistin'e ilk gidenlerden biri de Mihri Belli'ydi. Kod adı Ebu Hayr'dı (Faik Bulut, *Filistin Rüyası*, s. 77).

18 Mihri Belli, *Mihri Belli'nin Anıları, İnsanlar Tanıdım II,* Doğan Kitapçılık, s. 219-232.

elebaşılarını tespit ettik. Bir kısmını sınırdışı ettik. Daha sonra sıkıyönetim bu cemiyetleri kapattı. İyi bir eleman ağı kurmuş ve her türlü yeni faaliyetin daha başlangıcında haberini almaya başlamıştık.

(...) Arap talebelerle irtibatlı olan Nahit Töre'yi Teşvikiye'deki bir evde bu şekilde, elemanlarımızdan haber alarak yakalatmıştık. Hedef ülkelere gelen giden mektuplar sansüre tabi tutuluyordu. Çok iyi Arapça bilen bir tercümanımız vardı."[19]

MİT İstihbarat Daire Başkanı Sabahattin Savaşman, Beyrut'ta görev yapan meslektaşı Hiram Abas için şunları söylüyordu: "Mossad'ın memleketimizde hayli geniş imkânları bulunmaktadır. Karşıcasusluk ekibindeki şahıs, Beyrut'ta böyle temaslarda çok bulunmuştu. Lübnan'da CIA'yla beraber operasyonlara katılan, onlardan yüklü ücret ve ikramiyeler temin eden, Filistin kamplarındaki bir kısım solcu genci hedef alan faaliyetlerde gösterdiği başarı sonucu mükâfatlandırılan bu kişi..."[20]

İşte tam o sıralarda çıkmıştı teşkilatın tepesindeki kavga. Şimdi devletin doruklarında kopan MİT fırtınasına kaldığımız yerden devam edebiliriz.

Sadi Koçaş-Fuat Doğu kavgası

Anımsayalım...

Önce Başbakan Menderes'in müsteşarı Ahmet Salih Korur şaşırmıştı MİT'te neler olup bittiğine.

Sonra 27 Mayısçılar.

Şimdi şaşma sırası 12 Mart'ın başbakan yardımcısı Sadi Koçaş'a gelmişti.

Korur'dan Sadi Koçaş'a yirmi yılı aşkın bir zaman geçmiş, MAH'ın adı MİT olmuş, yasası çıkmış, ama teşkilatın işleyişi değişmemişti. Üstelik MİT müsteşarı artık başbakanları aşmış, Genelkurmay başkanı ve cumhurbaşkanına istihbarat veriyordu. Dediğimiz gibi Sadi Koçaş teşkilatı tanıyordu, arkadaşları vardı. Ama daha işe başladıkları gün, di-

19 Mehmet Eymür, *Analiz,* s. 57, 58.
20 Sabahattin Savaşman, *3. Adam Anlatıyor,* s. 24.

renişle karşılaşacağını doğrusu pek aklına getirememişti.

MİT'in ilk itirazı yeni bakanlardan Atilla Karaosmanoğlu'naydı. Bakanlar Kurulu açıklanır açıklanmaz MİT Müsteşarı Fuat Doğu, Başbakan Nihat Erim'e koşup ilk "ihbarını" yaptı: "Karaosmanoğlu, Sosyalist Kültür Derneği kurucularındandır, Devlet Planlama Teşkilatı'ndayken sol eğilimli olarak tanınmıştır."

Karaosmanoğlu ABD'den, Dünya Bankası'ndaki görevinden ayırtılıp getirtilmişti hükûmete.

Başbakan Erim'in kafası karışmıştı. Karaosmanoğlu'nu Amerikalılar önermişti. MİT'in itirazına karşı referans olsun diye, hemen Dünya Bankası genel başkanı, ABD eski savunma bakanı Mc Namara'ya düşüncesini sordu. "Temiz raporu" hemen geldi: "Mr. Karaosmanoğlu, başarılı, milliyetçi, pırıl pırıl bir beyindir." Bunları başbakandan duyan Sadi Koçaş kulaklarına inanamadı:

Türkiye Cumhuriyeti'nin bir bakanı, yabancı bir bankanın başından, ABD eski savunma bakanından soruluyordu![21]

Ama bu Başbakan Yardımcısı Koçaş'ın şaşıracağı daha ilk olaydı. Kendi başına neler geleceğini henüz bilmiyordu.

27 Mart günü kabine içinde görev bölümü yapıldı. Karaosmanoğlu ekonomik işlerden, Sadi Koçaş siyasî işlerden sorumlu başbakan yardımcıları oldular. Koçaş'ın ağırlıklı görevi MGK ve MİT ile hükûmet arasındaki ilişkileri yürütmekti.

Aksilik bu ya, Koçaş ertesi günü küçük bir trafik kazası geçirdi. Kaburgalarında çatlak vardı. Üç gün evden çıkamadı, başbakanı göremedi.

Dördüncü gün Başbakanlık'a gittiğinde onu bir sürpriz bekliyordu: görev dağılımı değişmiş, MİT ve MGK ondan alınıp başbakana verilmişti. Fuat Doğu, o yokken Cumhurbaşkanı Sunay'a ve Genelkurmay Başkanı Tağmaç'a gitmiş ve "kendisinin bir albayın (Koçaş) emrine verilmemesini, zaten kanunen başbakana bağlı olması gerektiğini" söylemişti.

Koçaş'ın istifaya kalkışması üzerine durum yeniden Cumhurbaşkanı Sunay'a intikal etti, onun da onayıyla yeni bir formül bulundu: MİT'in başbakan yardımcısına bağlan-

21 Sadi Koçaş, *12 Mart Anıları*, 1978, s. 104, 105.

masında yasal engel yoktu, MGK Genel Sekreterliği ve MİT Müsteşarlığı idarî işlerde Koçaş'a bağlı olacaktı, müsteşar sadece kanunda yazılı bazı hallerde başbakana karşı sorumlu olacaktı.[22]

İlk kriz kâğıt üzerinde aşılmıştı. Ama aynı zamanda yaklaşık beş ay sürecek bir çatışmanın da ateşleyicisi oldu.

MİT'in tepesinde başlayan kavga derhal örgütün içine sıçradı. Bir taraf "MİT'i Koçaş'a bağlamayacaklar" propagandasını yürütürken, öbür taraf Fuat Doğu'nun gidici olduğu bilgisini yayıyordu. Teşkilat içinde birdenbire imzasız mektuplar fırtınası esmeye başladı. Cumhurbaşkanına, başbakana, Genelkurmay başkanına, MİT'teki her ilgiliye mektuplar postalanıyordu.

Koçaş'ın adayları: Haydar Saltık, Cihat Akyol

Bazı çevrelere göre, Başbakan Yardımcısı Sadi Koçaş'ın MİT Müsteşarı Fuat Doğu'yla kavgasının nedeni, bu kritik göreve kendisine yakın bir kişinin gelmesini sağlamaktı.

Bu kişi Koçaş'ın Harp Okulu'ndan sınıf arkadaşı ve aynı zamanda akrabası, MİT Dış İstihbarat Daire Başkanı Abdullah Argun'du.

Bu olasılığın MİT içinde yayılması köstebeklerin hemen harekete geçmesine yol açtı. "Başkan adayı Argun" hakkında fısıltı gazetesi yayınına belden aşağı vurarak başlamıştı:

"İstihbarat çalışması yapıyorum diye, Ankara'nın ünlü Funda ve Milka pastanelerinden topladığı hayat kadınlarını teşkilata götürüp Nuri Gündeş ve Süleyman Yenilmez'le birlikte âlem yapan adam..."

"Elindeki çantasını KGB'ye kaptıran bir istihbaratçı nasıl teşkilata başkan olabilir?.."

Sadi Koçaş'ın MİT'in başına düşündüğü bir diğer isim ise, Özel Harp Daire eski başkanı Tümgeneral Cihat Akyol'du.

22 Aralık 1971'e kadar sürecek olan bu kısa dönem, MİT'in bir başbakan yardımcısına bağlandığı son istisna oldu. Bir de, ileride göreceğimiz Birinci MC döneminde "aşırı akımları ve güvenlik konularını" incelemek üzere bazı bakanlar ve MİT temsilcisinden bir kurul oluşturulmuş, bu kurulun başına, MHP Genel Başkanı ve Başbakan Yardımcısı Alparslan Türkeş getirilmişti. MİT dolaylı yoldan Türkeş'e bağlanmıştı!

Yakın arkadaştılar. Fuat Doğu, 1969 yılında MİT istihbarat daire başkanı olan Cihat Akyol'un gözünün yerinde olduğunu düşünüp, ayağını kaydırdığını daha önceki bölümde yazmıştık. Cihat Akyol, MİT'ten, Özel Harp Dairesi'ne "transfer" olmuştu...

Sadi Koçaş, yakın arkadaşı Cihat Akyol'u MİT'in başına getirerek Fuat Doğu'dan kurtulmayı planlıyordu...

Başbakan Yardımcısı Koçaş her fırsatta, Tümgeneral Akyol'un İngilizce, Fransızca ve Rusça bildiğinin altını çiziyordu. Arkadaşı, yıllarca istihbarat birimlerinde çalışmıştı ve deneyimliydi.

Sadi Koçaş'ın aklının bir köşesindeki aday ise, Haydar Saltık'tı. Kamuoyu Haydar Saltık'ı 12 Eylül 1980 Askerî Darbesi'nden sonra yakinen öğrenecekti.[23]

Sadi Koçaş stratejisini Fuat Doğu'yu MİT'ten uzaklaştırma üzerine kurmuştu. Ancak Fuat Doğu öyle kolay pes edecek bir istihbaratçı değildi...

Fuat Doğu ekibinden olduğunu gizlemeyen K. F. rumuzlu bir MİT mensubu, Gazeteci Arcayürek'e şunları anlatmıştı:

"Birdenbire serviste bir mektup salgını başgösterdi. Tabiî mektuplardaki hedef, doğrudan Doğu Paşa'ydı. Öyle yazılmışlardı ki hukuk bilgisi olan birinin kaleminden çıktığı anlaşılıyordu. O zaman anlayamamış, sonradan öğrenmiştik. Serviste Doğu'ya ve ona yakın olan bizlere karşı Koçaş yanlısı bir cunta kurulmuş. Cuntada Nuri Gündeş, Abdullah Argun, Mehmet Ali Kaşıkçılar, Necdet, Sadi Koçaş'ın sınıf arkadaşı Behçet'in olduğunu öğrenecektik. Tabiî neden sonra!"[24]

Olayı teşkilatın o günlerini bilenler şöyle anlatıyor;

Talat Turhan: "Sadi Koçaş'ın amacı MİT'te üst düzey görevli olan akrabası Abdullah Argun'u müsteşar yapmaktı. Bunu yapmaktaki amacı akrabasını yükseltmek değil, MİT'e hâkim olma isteğiydi. Biliyordu ki MİT'e hâkim olamazsa başarıya ulaşamazdı. Fuat Doğu öteki kanadı temsil ediyordu. 27 Mayısçılar ile 12 Martçılar MİT'te, hükûmette ve Ordu'da

23 Sadi Koçaş, Haydar Saltık'ı MİT müsteşarı yapamadı, ama Haydar Saltık, Sadi Koçaş'ı 12 Eylül'ün Millî Güvenlik Konseyi'ne "danışman" yaptı.

24 Darbeler ve Gizli Servisler, s. 174, 175. Nuri Gündeş o sıralarda Beyrut'ta görevlidir. Eğer K. F.'nin verdiği bu bilgi doğruysa, çatışmaya o da yurtdışından "katkıda" bulunmaktadır. Hepsinin emekli albay olması da rastlantı mıdır bilinmez !

son kez kapıştılar ve galibi 12 Martçılar oldu."

MİT eski daire başkanı Mahir Kaynak: "Fuat Doğu, Sadi Koçaş ile mücadeleye girdiğinde teşkilatta mektuplar furyası başladı. Mektup yazanlardan biri de Hiram Abas'tı. İlk kazan kaldıranlardan biri Abas olmuştu. Bunun nedeni bence, Abas'ın kim olursa olsun kimsenin liderliğini kabul etmemesiydi. Önünün hep açılmasından yanaydı. Bu nedenle çok kişiyle, yani önündeki çok kişiyle kavga halindeydi."

Evet, Hiram Abas'la yeniden buluşuyoruz. MİT'te kıyamet koptuğu sırada demek ki o da kollarını sıvayıp dalmıştı kavgaya.

MİT'in tepesinde meydana gelen çatışmanın boyutlarını biraz daha açalım.

Sadi Koçaş'a yapılan teklifler

Sadi Koçaş ile Fuat Doğu'nun "mücadeleleri" çok eskilere dayanıyordu.

Tarih, 27 aralık 1961.

Dönemin MAH Başkanı Naci Aşkun, 27 Mayıs 1960 Hareketi'ni birlikte yaptıkları arkadaşı Sadi Koçaş'a birlikte çalışma teklifi götürdü: "Size önermek istediğim asıl görev muavinliğimdir. Fakat halen bu görevde Albay Fuat Doğu vardır. Örgütte uzun yıllar çalışmış, tecrübeli ve çalışkan bir insandır. Bu sebeple onu ayırmayı düşünmüyorum. Ama birinci adam olacak nitelikte değil. MİT Yasası çıktıktan sonra ben kalırsam benden sonraki en yüksek göreve, ben kalmazsam benim yerime geçirilmek üzere yetişmeniz için sizi şimdiden örgüte almak istiyorum. Size şimdi bağımsız çalışan İstanbul daire başkanlığını teklif ediyorum. Genelkurmay Başkanı Orgeneral Sayın Cevdet Sunay ile ilişkilerim pek iyi değil. Kendileriyle hiçbir görev bağım olmamasına rağmen, sırf general olduğum için beni ve dolayısıyla örgütü kendi emrinde sayıyor. Nereye gidersem kendisine önceden haber vermemi istiyor. Genelkurmay'la ilgili olsun olmasın her istihbaratın hatta haberin mutlaka kendisine de verilmesini istiyor. Bunlar pek önemli olmayabilir. Fakat şimdi özel istihbarat isteklerinde de bulunmaya başladı."[25]

Sadi Koçaş, MAH Başkanı Naci Aşkun'un teklifini reddediyor. Anımsarsanız benzer bir görevi Kurmay Yarbay Talat Turhan'a da teklif etmiş, o da reddetmişti.

Aradan birkaç yıl geçti.

Suat Hayri Ürgüplü Hükûmeti (1965) sırasında, Sadi Koçaş'a bizzat başbakan tarafından MİT müsteşarlığı teklif ediliyordu. Koçaş: "İyi, ama Sayın Başbakan üç ay sonra seçim var. Eğer AP iktidara gelirse ben nasıl çalışırım onlarla?"

Başbakan Ürgüplü: "Onu düşünmeyin Sayın Koçaş. Onlar iktidara geldiği zaman siz teşkilata hâkim olmuş olacaksınız. Cumhurbaşkanı ve Millî Güvenlik Kurulu'nun asker kanadı sizinle beraber. Hiçbir şey diyemezler."

Dönemin Genelkurmay Başkanı Sunay da ısrar edince Koçaş kabul edecek gibi oldu. Albay Cihat Akyol ve Albay Macit Akman gibi arkadaşlarını dolaşıp onaylarını aldı. Ama Koçaş'a oyun oynanacak, Sunay sonradan Müsteşar Yardımcısı Fuat Doğu ve MAH başkanı olarak iki general tayin edecekti. Gerekçesi de hazırdı: "Albayın emrine general verilmez!"[26]

Fuat Doğu, Sadi Koçaş'ın MİT müsteşarı olmasını "rütbe farkıyla" önlemişti.

MİT'te "meydan savaşı"

Koçaş artık başbakan yardımcısıydı, üstelik MİT'ten sorumluydu. Bu kez yenilmeyi istemiyordu.

Koçaş'ın MİT içinde bir "cuntası" var mıydı bilinmez, ama "adamları" olduğu muhakkaktı. Başbakandan ve kendinden saklanan dosyalar olduğunu da bu kanallardan öğrendi. Bunlardan biri Yaşar Tunagür raporuydu.

Kimdi Yaşar Tunagür?

Bunu öğrenmek için 12 Mart öncesine kısa bir geri dönüş yapmamız gerekecek.

25 Sadi Koçaş, *Atatürk'ten 12 Mart'a,* III. cilt, s. 1067-1070.
26 Sadi Koçaş, a.g.e., IV. cilt, s. 1552, 1555.

Tunagür, İzmir gezici vaiziyken Nurcu ve Atatürk düşmanı olduğu İçişleri Bakanlığı tarafından belirlenmiş, buna rağmen 1965'te AP hükûmeti tarafından diyanet işleri başkan yardımcılığına getirilmiş bir kişiydi. Zaman içersinde Tunagür'ün rejim aleyhtarı faaliyetleri basında sık sık yer almış, ancak iktidara sırtını dayadığı için kimse onu yerinden oynatamamıştı. Ama Tunagür'ün marifetleri bu kadarla kalmıyordu. *Cumhuriyet* gazetesi 1 mayıs 1969'da Dışişleri Bakanlığı'na verilmiş bir raporu açıklayarak, Yaşar Tunagür'ün Aramco petrol şirketi ve Rabıtatül-Âlemül-İslam Derneği'yle ilişkilerini belgeledi. Sık sık Irak'a ve Londra'ya seyahat ediyor, her yıl hac bahanesiyle Suudî Arabistan'a giderek Arap dernekleriyle durum değerlendirmesi yapıyordu.

Rezalet ayyuka çıkınca Tabiî Senatör Mehmet Özgüneş, ocak 1970'te Senato kürsüsünden Tunagür'le ilgili bir konuşma yaptı ve ardından da Senato'da "Yaşar Tunagür'ün zararlı faaliyetlerini araştırma komisyonu" kuruldu.[27]

Komisyon MİT'ten bilgi istediğinde aldığı yanıt "MİT'te Tunagür'le ilgili belgeye dayalı bilgi olmadığı"ydı. MİT ve Demirel Hükûmeti, Tunagür dosyasını hasıraltı etmişti. Tunagür'ün Başbakan Süleyman Demirel'in kardeşlerinden Hacı Ali Demirel'in en yakın dostu olduğu ve Nazmiye Demirel'in Çankaya'daki bir apartman dairesinde kira vermeden oturduğu da gene Özgüneş'in bilgisi dahilindeydi.[28]

28 temmuz 1970 tarihli *Devrim* dergisinde de açıklanan bu MİT raporunda, Tunagür'ün Nurculuktan Kürtçülüğe, Komünizmle Mücadele derneklerinden milliyetçi öğretmenlere, Müslüman Kardeşler ve Irak'taki Nurculardan Rabıta örgütüne ve örgütün İsviçre Şube Başkanı Dr. Said Ramazan'a kadar ilişkiler zinciri anlatılıyordu. Sonuç olarak aşırı sağın lideri haline geldiği ve doldurduğu kadrolarla Diyanet İşlerini de buna alet ettiği belirtiliyordu.

İşte Başbakan Yardımcısı Koçaş'tan saklanan dosyalardan biri buydu. Olay hakkında daha önceden bilgisi olan

27 12 Mart hükûmetinde devlet bakanı olan Mehmet Özgüneş, Yaşar Tunagür'ü Diyanet'ten uzaklaştırdı. Ama 12 Eylül'de de devlet bakanı olan aynı Özgüneş bu kez Rabıta'yla kendisi ilişki kurdu ! Rabıta örgütüyle ilgili daha geniş bilgi için bkz. Uğur Mumcu, *Rabıta,* um:ag ve Soner Yalçın, *Hangi Erbakan,* Öteki Yayınevi.

28 İlhami Soysal, *Cumhuriyet,* 25.3.1987.

Koçaş, MİT'in Senato Komisyonu'na gönderdiği "Belgeye dayalı bilgi yoktur" yazısıyla, Cumhurbaşkanı Sunay'a verdiği raporun bir kopyasını buldurttu. Bunları zamanı gelince kullanmak üzere çekmecesine koydu.

Diğer yanda MİT Müsteşarı Fuat Doğu her fırsatta aynı sözlerini tekrarlamayı sürdürüyordu; ona göre "anarşinin" kaynakları, 1961 Anayasası, bunun sonucu oluşan üniversite özerkliği, özerk TRT, basın özgürlüğü, bağımsız yargı, sendikalar, CHP'nin sol kanadı ve Cumhuriyet Senatosu'ndaki 27 Mayısçı tabiî senatörlerdi!..

Hangi devlet yetkilisi istihbarata ilişkin bir şey sorsa, MİT müsteşarı hemen "anarşinin sebepleri" diye konuya giriyor ve bunları sıralıyordu.

Önerdiği çözüm ise hep aynıydı: Anayasa değiştirilsin, sıkıyönetim ilan edilsin, MİT'te dosyası olan bütün solcular tutuklansın!

Nisan ayı başında MİT, Bakanlar Kurulu'na yedi saat süren bir brifing verdi. Yedi saat boyunca yine aynı şeyler tekrarlandı ve yine haklarında ne bir belge, ne bir yargı kararı gösterilmeyen birçok aydın suçlandı.

Toplantının sonunda söz alan Koçaş, MİT'in "daha kolay fakat renkli olaylarla ilgilenme eğilimini, hiç uğraşmamaları gereken iç politikaya yönelmesini, asıl görevlerini ikinci plana atmasını" eleştirdi ve "MİT Kanunu içinde kalacak faaliyetlerini destekleyeceklerini, ama bunun dışında özellikle partilerarası faaliyetlere yönelirlerse buna müsaade etmeyeceğini" kesin bir dille söyledi.

Kartlar açılmış, kılıçlar çekilmişti...

Bundan birkaç gün sonra 9 Martçılar'ın içinde bulunup da, toplantıları banda kaydeden Korgeneral Atıf Erçıkan'ın evine bomba atıldı.

Sadi Koçaş, MİT müsteşarından bombayı atanlar konusunda istihbaratları olup olmadığını, terör eylemlerine karşı ne önerdiklerini sordu. Fuat Doğu iki dosyayla çıkageldi: bunlardan biri Anayasa'nın 40'tan fazla maddesinin değiştirilmesi, diğeri ise sıkıyönetim ilan edilmesiyle ilgiliydi.

Genelkurmay Başkanı Tağmaç da Anayasa değişiklikleri ve sıkıyönetim için hükûmete baskılarını artırmıştı.

Hükûmet, özgürlüklerin kısıtlanması için kendilerinin dışında esaslı hazırlıklar yapıldığını ancak o zaman öğrenebiliyordu.

Devletin zirvesindeki bu tartışmalar sonucunda Koçaş, artık bir gerçeği görmüş oluyordu: "Genelkurmay Başkanı maalesef cumhurbaşkanının kayıtsız şartsız emrindedir. Cumhurbaşkanı da MİT müsteşarının etkisindedir. Yani onlar bir sacayağıdır."

Zaten, Koçaş'ın bu konularla ilgili olarak destek istemeye gittiği İsmet İnönü de ona, "Bugün, bir ay sonra, duruma Sunay'la Tağmaç hâkim. Şimdi anlıyorum ki onların akıl hocası Millî Emniyet (MİT)"[29] diyordu.

Korgeneral Atıf Erçıkan'ın evine bomba olayı üzerine Nihat Erim bir açıklama yaptı, alınacak önlemlerin "balyoz" gibi ineceğini söyledi. 26 nisanda 11 ilde sıkıyönetim ilan edildi.

Sunay-Tağmaç-Doğu üçlüsünün istediği olmuştu. Bu sayede "anarşi" konusunda hükûmeti devreden çıkardılar ve sıkıyönetim komutanlarını perde arkasından yönlendirmeye başladılar.

MİT'in "Balyoz Operasyonu"

Sıkıyönetimin ilanının ertesi günü *Cumhuriyet* ve *Akşam* gazeteleri, *Devrim* ve *Ortam* dergileri kapatıldı. Ardından da Türkiye İşçi Partisi, Millî Nizam Partisi, Dev-Genç, Ülkü Ocakları.

Balyoz sözcüğünü duymak, zaten tetikte bekleyen insan avcılarını harekete geçirmeye yetti. Özellikle de komutanı Faik Türün olan İstanbul Sıkıyönetimi "sıkı" çalışıyordu: "Balyoz Operasyonu" başlamıştı...

Çetin Altan ve İlhan Selçuk tutuklandı. Daha sonra da Sabahattin Eyüboğlu ve Azra Erhat. Turhan Selçuk gözaltında dövüldü.

Aydınların tutuklanması başlar başlamaz işkenceler de beraberinde geldi. Gazeteci Emil Galip Sandalcı'ya gözaltında işkence yapıldığı, Gazeteci Nimet Arzık tarafından hükûmete duyuruldu.

29 Sadi Koçaş, a.g.e., s. 161-165.

MİT dosyaları raflardan indirilmişti. Tutuklamaların çoğu MİT'in sıkıyönetim komutanlıklarına verdiği "kara listelere" göre yapılıyordu. Ama MİT'e bu kadarı yetmemişti.

Genelkurmay'da yapılan haftalık sıkıyönetim brifinginde müsteşar şöyle dedi: "Dev-Genç'e ait yardım makbuzlarının dip koçanlarını elde ettik. Dev-Genç'e yardım yapan herkesin adları şu an elimizdedir. Listelerini sıkıyönetim komutanlığına vereceğiz. Hepsi tutuklanırsa bu iş kökünden halledilecektir."[30]

Hükûmet engel olmaya çalıştıysa da bir kere ok yaydan çıkmıştı.

Fuat Doğu brifingden çıkar çıkmaz tutuklanmasını istediklerinin isimlerini sıkıyönetime verdi. Böylece "şu veya bu nedenle" Dev-Genç'e bağış verenler de toplanmaya başlıyordu.

17 mayısta İsrail'in İstanbul Başkonsolosu Efraim Elrom kaçırıldı.

Tüm Türkiye'ye yayılan ikinci ve daha büyük bir tutuklama dalgası da beraberinde geldi.

Eylemi Türkiye Halk Kurtuluş Partisi-Cephesi (THKP-C) örgütü üstlenmişti. "Tutuklu devrimciler üç güne kadar serbest bırakılmazsa konsolosu öldüreceklerini" duyuruyorlardı.

Hükûmetin uzun tartışmalar sonucu hazırladığı bildiriyi Sadi Koçaş radyonun 22.45 haberlerinde okudu: "Elrom hemen serbest bırakılmazsa, konsolosu kaçıran, öldürmekle tehdit eden veya onlara yardım edenler, onları tahrik edenler gözaltına alınacak. Kaçıranlar ve onlara yataklık edenler idamla yargılanacak. Elrom öldürülürse kanun geçmişe dönük olarak da uygulanacak"tı.

Bildirinin hazırlanması sırasında Özel Kalem'de olan MİT Müsteşarı Doğu, "Bildiri çok güzel oldu, yayınlanır yayınlanmaz ben valilerle temas ederim, bütün şüphelileri tutuklatırız" demişti.

Ne diyorsa öyle oldu.

18 mayıs günü 11 ilin sıkıyönetim komutanlıkları ile geri kalan 56 ilin valileri korkunç bir insan avı başlattı.

Elrom'u THKP-C kaçırmıştı, ama Türkiye'nin dört bir ye-

30 Sadi Koçaş, a.g.e., s. 204.

rinde, bu örgütle yakından uzaktan ilgisi olmayan yazarlar, çizerler, üniversite hocaları, öğretmenler, memurlar, öğrenciler gözaltına alınıyordu.

Ve Hiram Abas'a gün doğmuştu. Hiç sevmediği masa başı işini nihayet bırakmış, çift tabancası ve ağzından düşürmediği piposuyla "operasyon" sahnesine çıkmıştı.

"Sorgulardan" alınan bilgilerle saptanan evlerin basılması için kurulan ekibin başındaydı. MİT'ten altı-yedi kişinin bulunduğu ekipte Mehmet Eymür de vardı. Emniyet Birinci Şube ekipleriyle birlikte çalışıyorlardı. MİT ekibi baskın sırasında geri planda kalıyor, esas olarak evin aranmasında rol alıyordu. Ama Hiram Abas'ın bu kurala uyduğu pek söylenemezdi.

Burada yapılacak bir saptama belki de Hiram Abas'ın neden "komünistlere karşı" hep en ön safta koştuğunu anlamaya biraz yardımcı olabilir. O dönemde Ortadoğu'daki gelişmeler ve İsrail'in Arap ülkeleriyle girdiği savaş, Türk hükûmeti tarafından çekimserlikle izlense de kamuoyunda, özellikle de sol ve sağın bazı gruplarında İsrail aleyhtarı güçlü bir hava vardı. Resmî ideoloji 10 yılı aşkındır "komünizmi" başdüşman olarak göstermişti. Ancak kamuoyunda yavaş yavaş masonluk ve siyonizm de hoş karşılanmaz olmaya başlamıştı. Hiram Abas mason olarak biliniyordu. Bu söylentiyi örtmek için görevi olmamasına rağmen herkesten fazla "antikomünist" gözükmesi gerekiyordu!

12 Mart'ın bu ilk büyük tutuklama kampanyasının boyutlarını anlamak için, sadece Faik Türün'ün emriyle gözaltına alınan ünlülerden bir kısmını saymak bile yeterliydi: Mümtaz Soysal, Cemal Madanoğlu, Doğan Avcıoğlu, İlhami Soysal, Altan Öymen, Uğur Alacakaptan, Uğur Mumcu, Uluç Gürkan, Bahri Savcı, Muammer Aksoy, Bülent Nuri Esen, Behice Boran, Sadun Aren, Nihat Sargın, Adil Özkol, Tarık Zafer Tunaya, Yaşar Kemal, Fazıl Hüsnü Dağlarca, Fakir Baykurt, Kemal Türkler...

Tüm Türkiye'de süren beş günlük Balyoz Operasyonu'nun sonucu 547 tutukluydu.

İşin ilginç tarafı, 1961 Anayasası'nı hazırlayan öğretim üyeleri; Aksoy, Savcı, Soysal, Esen, Alacakaptan ve Tunaya'nın gözaltına alınmasıydı. Hedef belliydi; 27 Mayıs ve onun getirdiği özgürlükçü Anayasa!..

Gördüğü tablodan dehşete düşen Koçaş, "Bildirideki amacımız Konsolos Elrom'u kaçıranları korkutup serbest bırakmalarını sağlamaktı. 'Tahrik eden' deyince, basında AP iktidarını, Türkiye'nin bozuk düzenini tenkit eden ne kadar yazar, ne kadar üniversite hocası varsa hepsini tutukladılar. Yaptığımız hatanın azametini bir defa da o zaman anladım. Ve kendimi hiç affetmeyecektim böyle bir oyuna getirilmiş olmaktan dolayı"[31] diyordu.

Yılmaz Güney'in evinde saklanıyorlar

22 mayısta İstanbul'da sokağa çıkma yasağı kondu ve kent, 30 000 güvenlik gücü tarafından didik didik arandı. Ama ne Elrom ne de kaçıranlar bulunamadı.

Neden mi?

Çünkü eylemciler aramanın yapıldığı gece, ünlü sinema sanatçısı Yılmaz Güney'in evinin çatı aralığında saklanmışlardı.

THKP-C'nin hükûmete verdiği üç günlük süre dolduğunda örgüt yönetimi "öldürelim mi, fidye alıp bırakalım mı" konusunu tartışmış ve "öldürme" kararı çıkmıştı. Elrom'u Nişantaşı Hamarat Apartmanı'nda rehin tutanlar birkaç gün daha beklemek niyetindeydiler. Ama 23 mayısta sokağa çıkma yasağı uygulanacağını radyodan duyunca infazı erkene aldılar. Sonrasını Askerî Savcı Naci Gür'ün iddianamesinden okuyalım: "(22 mayıs) Saat 18.00 sıralarında radyoyu sonuna kadar açan Mahir Çayan, 6,35'lik tabancasını Efraim Elrom'un sağ kulak sayvanı ön üst kısmı, saçlı deri mıntıkasına yönelterek üç el ateş etmiştir. Başkonsolos anında ölmüştür... Mahir Çayan, Hüseyin Cevahir ve Oktay Etiman evden ayrılarak Yılmaz Güney'in arabası ile beklediği sokağa gelmişlerdir. Yılmaz Güney ile saklanma konusunu konuşan sanıklar çatıya açılan bir kapağın varlığını öğrenince burada gizlenmeyi daha emin bulmuşlar; 23 mayıs 1971 günü aramanın biteceği vakte kadar burada gizlenmişlerdir."

31 Sadi Koçaş, a.g.e., s. 218.

Elrom'un cesedi 23 mayıstaki aramalar sırasında Hamarat Apartmanı'nda bulundu.

Ama olayla ilgili spekülasyonlar günümüze kadar sürdü. İddialara göre İstanbul Emniyeti, Elrom'un kaçırılacağını bir ay önceden biliyordu. Sadi Koçaş da anılarında bu iddiayı doğruluyor. Elrom'un kaçırıldığının haber alınması üzerine İçişleri Bakanı Hamdi Ömeroğlu, Koçaş'a şöyle diyordu: "Asıl suçlu İstanbul Emniyeti'dir. 10-15 gün evvel Emniyet Genel Müdürlüğü, konsolosun kaçırılması ihtimalini tespit etti. Kendilerine emir de vermiş olmamıza rağmen nasıl önlenemez bu iş anlayamıyorum."[32]

Hatta Emniyet bunu istihbarat örgütüne de bildirmişti. Elrom'un kaçırılacağının haberi MİT İstanbul Bölge Başkanı Turan Deniz'e gelmişti.[33]

İddialara destek olarak, bilindiği halde önlem alınmaması, üstelik Elrom kaçırıldıktan sonra sanki kaçıranların onu öldürmesini ister gibi İstanbul'un karış karış aranması gösteriliyordu. Sıkıyönetimin yürüttüğü tutuklama kampanyasıyla da yine Elrom'un öldürülmesi istenir gibiydi. Elrom öldürülürse, tutuklamalar gerekçe kazanacak, dış dünyaya "İşte görün bu anarşistler ne biçim insanlar" denebilecekti. Psikolojik harp uygulanıyordu!

Yüzbaşı İlyas Aydın ajan mıydı?

Olaya adı karışanlardan ve Konsolos Elrom'u öldürdüğü söylenen THKP-C militanı, Hava Harp Okulu'nda istatistik öğretmenliği yapan Yüzbaşı İlyas Aydın'ın sonu da merak konusuydu. Ajan olduğu için Filistin'de öldürüldüğü söyleniyordu. Acaba öyle miydi, yoksa bugün bir başka kimlikle mi yaşıyordu?

Mehmet Eymür ise şöyle diyor: "İlyas Aydın benim için de

32 Sadi Koçaş, a.g.e., s. 213.

33 İTÜ Öğrenci Birliği Başkanı Harun Karadeniz, *Yaşamımdan Acı Dilimler* (MAY Yayınları, 1975) adlı kitabında 1971 yılında kaldığı Maltepe Askerî Cezaevi'ndeki bir anısını şöyle anlatır: "Koğuştaki gençler CIA'dan MİT'ten bahsediyorlar ve onları küçümsüyorlardı. (27 Mayıs 1960 Hareketi'nin önde gelen isimlerinden MBK üyesi) İrfan Solmazer, 'Çocuklar siz MİT'i pek kenara atmayın, bu işler sizin bildiğiniz gibi değil' dedi. Gençlerin umursamaz tavrını görünce Solmazer sinirleniyor; 'Siz biliyormusunuz ki, Elrom'un kaçırılacağını hükûmet sekiz gün önceden biliyordu.' Gençler pek ihtimal vermediler" (s. 32-35).

bir şüphedir. MİT değil, ama herhangi bir başka örgütün THKP-C içindeki ajanı olabilirdi."[34]

THKP-C mensuplarından Yüzbaşı Orhan Savaşçı: "İlyas Aydın'ın ajan olduğu yolunda dün kuşkularımız vardı, bugün de vardır. Fakat bu kuşkuları doğrulayacak kanıtları -maddî kanıtları- elde edebilmiş değiliz."[35] Ertuğrul Kürkçü: "Benim kanım da İlyas Aydın'ın ajan olduğu yolundadır. Ancak ben İlyas Aydın'ın bir kışkırtıcı ajan değil, bir muhbir olduğu kanısındayım."[36]

THKP-C lideri Mahir Çayan, konuyla ilgili olarak dava arkadaşı Oktay Etiman'a şunları söylüyordu: "İlyas Aydın'la MİT bağlantı kurmuş, MİT, İlyas'a ajanlık önermiş. Kabul etmesini, bize de istihbarat getirmesini istedim."[37]

Bir iddiaya göre ise, Elrom, Araplarla yakınlaşmayı savunuyordu ve zaten Türkiye'ye sürgün gelmişti. Ülkesinde antifasişt olarak tanınıyordu. Zaten neden Elrom'un kaçırıldığı ise bugün hâlâ muamma. Çünkü, örgüt İspanya veya Portekiz konsolosunu kaçırmak istiyordu, ancak bugün kimsenin de bilemediği bir nedenle birden Elrom'un "esir alınması" gündeme gelmişti.

İddialar çeşitliydi. Ama olayda polisin en azından ihmali bulunduğu saptanmıştı: iddiaları incelemek üzere Emniyet Genel Müdürlüğü Teftiş Kurulu Başkanı Adnan Çakmak[38] görevlendirildi.

Elrom'un öldürülmesinde İstanbul Emniyeti'nin ihmali görüldüğü için Emniyet Müdürü Muzaffer Çağlar ve Emniyet Birinci Şube Müdürü Ilgız Aykutlu[39] görevden alındılar.

İsrail Başkonsolosu Elrom'un ölü bulunmasından sonra Mahir Çayan ve arkadaşları İstanbul'da sıkışmışlar, yakalanmaları için takip ve baskınlar da yoğunlaştırılmıştı.

27 Mayıs'ta basılan bir evde Necmi Demir, İlkay Demir, İrfan Uçar ve Necati Sağır yakalandı. 28 mayısta da Ziya Yıl-

34 Mehmet Eymür, *Analiz,* s. 84.
35 Uğur Mumcu, *Çıkmaz Sokak,* s. 88, 89.
36 Uğur Mumcu, aynı yer., s. 88, 89.
37 Turhan Feyzioğlu, *Mahir,* s. 364.
38 Adnan Çakmak, Mareşal Fevzi Çakmak'ın yeğeniydi. 1973'te Ziverbey'de işkenceli sorgulamaya alındı.
39 Ilgız Aykutlu, 6 şubat 1979 tarihinde uğradığı silahlı saldırı sonucu öldürüldü.

maz, Ulaş Bardakçı ve Rüçhan Manas ele geçirildi. 30 mayısta ise Maltepe Rıhtım Caddesi'ndeki bir evde kıstırılan Mahir Çayan ile Hüseyin Cevahir sığındıkları evin küçük kızı Sibel Erkan'ı rehin aldılar. Bina güvenlik güçleri tarafından kuşatıldı.

Kuşatma 51 saat saat sürdü. Sonunda dünya atıcılık şampiyonası üçüncüsü Deniz Binbaşı Cihangir Erdeniz,[40] Hüseyin Cevahir'i uzaktan dürbünlü silahla tek atışta öldürdü.

Çıkan çatışmada Mahir Çayan yaralı olarak ele geçirildi. Operasyona katılanlar arasında Hiram Abas'ın ekibi de vardı.[41]

Hiram Abas'ın çarpışmaya girdiği iki genç Mahir Çayan ve Hüseyin Cevahir de kendisi gibi Siyasal Bilgiler Fakültesi'ndendi. Aynı fakültenin mezunları iki ayrı gruptaydı!..

MİT'in yok ettiği rapor

Cezaevleri doluyordu, ama MİT doymuyordu. Bu kez de TÖS'ün[42] kapatılmasını ve içindeki "komünistlerin" tutuklanmasını istiyorlardı.

20 mayısta Başbakanlık'ta yapılan brifingde MİT temsilcisinin verdiği bir örnek Sadi Koçaş- Fuat Doğu kavgasında bardağı taşıran son damla oldu.

Brifingdeki uzun izahlardan sonra Sadi Koçaş dayanamayıp müsteşara sordu: "Bir yazarın komünist olduğunu nasıl anlıyorsunuz?"

Müsteşar Doğu, sorunun yanıtını konuşmacı olan MİT görevlisine bıraktı. Emekli subay olan MİT mensubu açıkladı: "Kara Harp Okulu'nda bir makinalı tüfek hocamız vardı. Tüfekte arıza varsa tak tak seslerinden arızanın yerini ve sebebini hemen anlardı. Biz de komünizm konusuna o kadar alıştık ki bir yazıyı okurken komünizm propagandası olup olmadığını hemen anlarız. Sosyal adalet, sosyal güvenlik, reformlar, diye başlar, bu maske altında gider..."

Bu acayip benzetme hükûmetin kesin kararını vermesi-

40 Cihangir Erdeniz birkaç yıl sonra yarbay rütbesinden emekli oldu. İstanbul'da açtığı av malzemeleri satan mağazasında 23 haziran 1978 tarihinde öldürüldü.

41 Mehmet Eymür, *Analiz,* s. 58.

42 O zamanlar 80 000'den fazla üyesi olan Türkiye Öğretmenler Sendikası.

ne yetmişti: Fuat Doğu gitmeliydi. Çünkü artık biliniyordu ki, MİT daha, THKP, THKP-C ve THKO arasındaki farkı bile bilmiyordu! Hepsini aynı örgüt sanıyordu!..

O ay sonundaki MGK'ya hükûmet kanadı kararlı ve hazırlıklı gelmişti. Bu kez kulis çalışmasında başarılı olan hükûmetti: Sadi Koçaş, manevî lideri İsmet İnönü'ye gidip destek sözü almış, Başbakan Erim de Cumhurbaşkanı Sunay'ı yumuşatmıştı.[43]

MİT müsteşarı bilinen uzun sunuşlarından birini yapıp erken ayrıldı toplantıdan. Fuat Doğu gidince hükûmet konuyu açmak için daha bir rahatladı. Aslında herkes ne konuşulacağını biliyordu, iş kuruldaki güçler dengesine kalmıştı.

İlk sözü Başbakan Yardımcısı Koçaş aldı ve hemen konuya girdi: MİT kendi yasasıyla belirlenen stratejik istihbarat görevini yapmak yerine, siyasî işler peşinde koşmak, tertipler almak, siyasî akıl hocalığı yapmak, siyasî ve idarî icraatta bulunmak gibi görevi olmayan işler yapmaktaydı. "Bu suçtur" dedi Koçaş devam etti: "MİT'in yasadışı eylemlerinin bundan ibaret olduğunu da sanmıyorum. Biz bu suçun işlenmesine daha fazla tahammül edemeyiz. Şu kanaata vardık ki bu müsteşar ve onun istinat ettiği (dayandığı) ekiple MİT görev yapamaz ve biz de hükûmet olarak bu zatla daha fazla çalışamayız."

Tartışmayı yöneten Cumhurbaşkanı Sunay'ın sözü bekletmeden verdiği Genelkurmay Başkanı Tağmaç, özetle Ordu'nun böyle bir değişikliğe taraftar olmadığını söyledi; "Muharebe ortasında karargâh değiştirilmez" dedi. Sunay bu sözü, "Çay geçerken at değiştirilmez" biçiminde yinelerken Koçaş tekrar söz istedi.

İndirici darbeyi sona saklamıştı. Genelkurmay başkanına cevaben sözü, daha hâlâ Cumhurbaşkanı'nda olduğunu bil-

43 Bu çatışma sürerken Özel Harp Dairesi (ÖHD) başkanlığını Cihat Akyol yapıyordu. Geçen bölümlerden anımsanacağı gibi Koçaş'ın 27 Mayıs Darbesi'ne davet ettiği kişilerden biri de Cihat Akyol'du. 1967'ye kadar istihbarat daire başkanlığı yaptığı MİT'ten Fuat Doğu'yla anlaşamadığı için ayrılıp ÖHD'ye başkan oldu. Yani, Sadi Koçaş'ın kavgasında Cihat Akyol onun yanındaydı. 1971'de Trakya tümen komutanlığına tayin oldu ve ÖHD başkanlığını, yardımcısı Tuğgeneral Kemal Yamak'a bırakan Akyol, 1973'te emekli oldu.

diği Diyanet İşleri Başkanı Yaşar Tunagür dosyasına getirdi: "MİT yanlış, hatta yalan rapor da veriyor. Tunagür hakkında soruşturma açan Senato Komisyonu'nun bilgi isteğine MİT, 'Bu zat hakkında bilgi yoktur' diye cevap verdi. Ben bakan olunca yazışmaları okudum, MİT 'belgeye bağlı bilgi olmadığını' bildiriyordu."

Oyun tutmuştu, Cumhurbaşkanı Sunay hemen müdahale etti:

– Olmaz öyle şey, o dosya duruyor bende. Koçaş:

– Olmaması lazımdı, ama oldu. Bunun üzerine MİT'ten Tunagür hakkında "belgeye dayalı bilgi" istedim, üç gün sonra dosya geldi.

Cumhurbaşkanı Sunay sinirlendi:

– Olamaz. Olursa ben o dosyayı Fuat Paşa'nın başına fırlatırım.

"İşte biz de başına dosya atacağınız bu müsteşarla çalışamayacağımızı söylüyoruz" diyerek Koçaş son noktayı koydu.

Genelkurmay Başkanı Tağmaç'ın direnci kırılmaya başlamıştı: "Hep Başbakan Yardımcısı Koçaş konuştu, başbakan ne diyor bu işe" diye yardım aradı. Ama bulamadı, Başbakan Nihat Erim'in yanıtı kesindi: "Sayın Koçaş hükûmet adına konuşuyor, kendisiyle aynı görüşteyim."

Tağmaç bu kez komutanlara başvurdu. Kara Kuvvetleri Komutanı Gürler çekimser kaldı. Hava Kuvvetleri Komutanı Batur, "Hükûmet bu müsteşarla çalışamam diyorsa çalışması mümkün değildir" dedi. Bakanlardan da -daha sonra başbakan olacak olan Millî Savunma Bakanı Ferit Melen hariç- destek gelmeyince Genelkurmay Başkanı Tağmaç "müsteşarını" kaybettiğini anladı.

Artık iş Fuat Doğu'nun yerine aday bulmaya gelmişti. Hükûmet General Şefik Erensü'den söz edecek oldu. Tağmaç, "Çok bilgilidir, benden bile kültürlüdür. Ama emekli olmaz. Muvazzaf da vermem. Fuat Paşa'yı da bırakamam artık. Bir sivil bulsunlar" şekline dönüştürdü direnişini. Aday tartışması bir sonraki MGK'ya bırakıldı.

Dışişleri Bakanı Osman Olcay'ın deyişiyle hükûmet o gün "MİT meydan savaşı vermiş ve kazanmıştı".

Ama yanılıyorlardı. Savaşın sadece bir cephesi kapanmıştı.

Hiram Abas "başöğretmenini kaybetti"

Fuat Doğu'nun "istinat ettiği" ekibe gelince.

O akşam MİT'in Hoşdere Caddesi'ndeki "safehouse" denilen güvenli evlerinden birinde eşleriyle birlikte toplanmışlardı. MGK'dan erken ayrılan müsteşar, "muzaffer bir komutan" edasıyla gelmişti ekibinin karargâhına. "MGK'da geniş açıklamalar yaptığını, cumhurbaşkanı başta olmak üzere başbakandan, bakanlardan övgüler aldığını, Koçaş'ın isteklerinin artık kapanacağını" anlatınca, rakılar açıldı, kadehler kaldırıldı. Tatlı bir kutlama başlamıştı ki kapı çalındı.

Gelen Çankaya Köşkü'nde MİT görevlisi olan Kemal Çelik'ti. Gizli toplantı yerini bildiğine göre Sunay'ın yardımcısı da "ekipten"di. Eğilip kulağına bir şeyler fısıldadığı Fuat Doğu'nun yüzünün rengi bir anda değişti.

Haber toplantının ortalık yerine bomba gibi düşmüştü: Fuat Doğu'nun MGK'dan övgüler, teşekkürlerle ayrılmasından sonra rüzgârın yönü değişmiş, hükûmetin önerisiyle görevine son verilmişti.

Kadehler yeniden dolduruldu. Ama artık neşeden değil kederden içiyorlardı.

Oracıkta alıverdiler mücadeleye devam kararını.

Fuat Doğu'ya "kara haber" ertesi gün Sunay tarafından Köşk'e çağrılarak verildi. "Bir hastalık bahane ediver" demişti cumhurbaşkanı. Kaderin cilvesi mi, yoksa Sunay'ın ağız alışkanlığı mı nedir, 12 Mart günü Demirel'e dendiği gibi, ona darbeyi haber veren MİT müsteşarına da "hastalık bahanesiyle" ayrılması öneriliyordu...

Beş yıl dört ay süren bu ikinci müsteşarlık dönemi de biten Fuat Doğu, Lizbon büyükelçiliğine atanmış, hazırlıklarını tamamlaması için bir ay süre verilmişti.

MİT Müsteşarı Doğu, Sunay'ın tavsiye ettiği "bahaneyi" bu bir ayı iki aya çıkarmak için kullandı.

Yenilgiyi hemen kabul etmedi. Daha iki ay yerinde kaldı ve giderayak teşkilatı hem alttan hem üstten karıştırmayı sürdürdü.

Yine mektup, rapor ve belgeler uçuşmaya başladı. Bu imzasız raporlarda Başbakan Erim'den "Çingene", Koçaş'tan "Beria", Karaosmanoğlu'ndan "Raşel'in oğlu" diye söz ediliyordu.

Müsteşarın tayininin durdurulması için AP'den Ahmet Nusret Tuna ve CHP'den Kemal Satır gibi isimler araya girdi, basında lehinde yazılar çıktı. Hepsi sonuçsuz kaldı.

Bu arada Demirel, Fuat Doğu'ya AP'ye girmesi için teklifte bulundu. Devletten kopmayı düşünmediğini belirterek teklifi reddetti. Gün gelecek yine MİT'in başına geleceğini düşünüyordu...[44]

Fuat Doğu, bir yandan gidişini uzatmaya çalışırken, bir yandan da yerine gelecek kişiyi aramış, taramış ve bulmuştu. Bir zamanlar MİT'te birlikte çalışmış olduğu Korgeneral Nurettin Ersin'in adı, Fuat Doğu tarafından tek aday olarak getirildiği MGK'nın temmuz sonundaki toplantısında kabul edildi.

Fuat Doğu 23 temmuzda Lizbon'a gitti.

Portekiz'de onu bir sürpriz bekliyordu: çok sevdiği Hiram Abas'ın gençlik ve boks arkadaşı Sami Onaran Lizbon'da başkâtipti.

2 ağustosta MİT'in başına Nurettin Ersin geldi. 2 ağustos 1971'den 25 temmuz 1973'e kadar müsteşarlık yapacak olan Nurettin Ersin, 1918 Gelibolu doğumluydu. Harp Okulu'ndan 1932'de mezun oldu. Ordu'nun çeşitli kademelerinde görev yaptı. 1967'de 66. Tümen komutanlığından MİT emrine atandı. Psikolojik savunma ve istihbarat daire başkanlıklarında bulundu ve aynı yıl tümgeneral oldu. Tekrar Ordu'ya döndü. 1971'de korgeneral rütbesiyle MİT müsteşarlığına atandı. Yardımcılığına da Tümgeneral Recep Ergun'u getirdi.

Fuat Doğu gitmiş, ama kavga bitmemişti. Çok yakında yeniden alevlenecekti. Çünkü Nurettin Ersin ekibi ayaklarının tozunu silmeden işe tasfiyeyle başlamışlardı. Daha koltuklarına oturur oturmaz önlerine "Fuat Doğu ekibinden" oldukları belirtilen bir liste kondu. MİT'te tasfiye, merkezden uzaklaştırılıp, kızak görevlere göndermek anlamına gelirdi. Bu kişilere de aynı işlem yapıldı. "Kurmay Albay Ferhat Başdoğan, Kurmay Albay Yaşar Okçu, Kurmay Albay Sabahattin Cip, emekli Tümgeneral Fethi Ertem, Hâkim Yüzbaşı İz-

44 O günlerde bilmiyordu, ama Fuat Doğu için, artık MİT kapısı tamamen kapanmıştı. Yıllar sonra, 1992 yılında torununu MİT'e sokmak için torpil aramak zorunda kalacaktı.

zettin Cebe, Osman Barbarosoğlu, Raci Mete, Faik Kelican, Ali Ünal, Hüseyin Uyanık, Şahap Şar, Necmi Çetinelli..."[45]

Burada bir saptama yapmak gerekiyor; Fuat Doğu, Sovyetler Birliği'nin "yumuşak karnı" Türkî Cumhuriyetlerini karıştırmak için CIA ekibiyle birlikte stratejiler belirliyor ve uygulamaya koyuyordu. Görünen o ki yeni MİT ekibinin böyle bir "dış politikası" yoktu!

1971 sonbaharı Erim Hükûmeti'nin krizlerle sarsılma dönemi oldu. Demirel ve AP "dışardan destekledikleri" hükûmeti yıpratma mücadelesine girişmişlerdi. AP eylül ayı sonunda kabinedeki bakanlarını çekmeye kalkışmış, Sunay ve Tağmaç'ın baskısıyla bundan vazgeçmişti.

Bu arada, Tuğgeneral Ali Elverdi[46] başkanlığındaki Askerî Mahkeme 9 ekimde Deniz Gezmiş ve 16 arkadaşına idam cezası vermişti.

Başbakan Nihat Erim, 27 ekimde Çankaya'ya çıkarak hükûmetinin istifasını sundu. Ama istifa Sunay tarafından kabul edilmedi.

3 aralık 1971 günü Başbakan Erim'in Bakanlar Kurulu'na haber vermeden AP'li Mesut Erez'i devlet bakanı olarak kabineye alması üzerine 11 bakan hükûmetten istifa etti: Sadi Koçaş, Özer Derbil, Atilla Karaosmanoğlu, Hamdi Ömeroğlu, Atilla Sav, Şinasi Orel, Osman Olcay, Mehmet Özgüneş, Selahattin Babüroğlu, Ayhan Çilingiroğlu, Türkân Akyol.

Yayınladıkları sert bildiride reformların yapılamamasından ve sıkıyönetim uygulamalarından şikâyet eden bu bakanların istifası tarihe "11'ler Olayı" şeklinde geçti.

11'lerin istifasıyla, Koçaş-Doğu kavgasının ikinci kahramanı da sahneden çekiliyordu. Ama her ikisi de siyaset sah-

45 Cüneyt Arcayürek, *Darbeler ve Gizli Servisler,* s. 178. Bu arada Müsteşar Yardımcısı Recep Ergun, Enver Altaylı'nın "Sovyetolog" olarak MİT'ten aldığı maaşı da kestirdi. Altaylı, Fuat Doğu tarafından Almanya'ya gönderilmiş ve "Sovyetoloji araştırması" yaptığı için teşkilattan 2 000 mark alıyordu.

46 Talat Aydemir'in anılarında 21 Mayıs Darbesi sırasında hayatının bağışlanması için kendisine yalvardığını anlattığı Ali Elverdi, *Bu Vatana Kastedenler* adlı kitabında 21 Mayıs Hareketi'ni sinema sanatçısı Kartal Tibet'ten haber alır almaz radyoevini bastığını yazar. Ali Elverdi 1974'te emekli olduktan sonra AP'den Bursa milletvekili seçildi. Kasım 1998 başında kamuoyu Elverdi soyadını bir kez daha duydu: Ali Elverdi'nin yeğeni Şükrü Elverdi'nin, Bursa'da işlenen Nesim Malki cinayetinin tetikçisi olduğu iddia ediliyordu.

nesinden ayrıldıktan sonra bile bu kavganın etkisinden kurtulamamışlardı.

Fuat Doğu sonraki yıllarda Demirel'e mektuplar yazdı, özellikle 1975'ten sonra tırmanan olaylara bakarak yeni bir darbenin gelmekte olduğu yolunda uyarılar yaptı. Yakın çevresinin belirttiğine göre, "Bana düşmanlık edenleri Allah'a havale ediyorum" diyordu.[47]

Koçaş ise 1978'de yayımlanan anılarında: "MİT'in bu hale getirilişinin baş günahlısı Sunay'dır. Allah taksiratını affetsin..." diyor, kitabında saydığı suçların mahkemelerde hesap sormaya yetip de artacağını belirtiyor ve sözlerini şöyle bağlıyordu: "Sağlığımda Türkiye'de bana bu fırsatı verecek bir devlet anlayışı gördüğüm gün, gerçekten ülkemin geleceğine güvenle bakabilmek mutluluğuna ereceğim." Koçaş'ın anıları yayımlandığında, aralarında Hiram Abas'ın da bulunduğu Fuat Doğu taraftarlarının kitabı piyasadan toplamaya çalıştıkları öne sürüldü. Sadi Koçaş 12 ocak 1998 tarihinde öldü; ölünceye kadar beklediği o hesaplar sorulmadı.

7 aralık 1971'de "İkinci Erim Hükûmeti" kuruldu.

CIA "pis işleri" ihale ediyor

Türkiye "hükûmet bunalımını" yaşadığı günlerde ABD Başkanı Nixon, 5 kasım 1971 tarihinde gizli istihbarat servislerinin yeniden düzenlenmesi kararını açıkladı. Elektroniğin, yani teknolojik istihbaratın artık "James Bond" tipi istihbarat ajanlarının dönemini sona erdirdiğini belirten Nixon, eski tip ajanların yerlerini artık mühendislerin ve bilimsel araştırmalar yapan bilim adamlarının alması gerektiğini söyledi. ABD başkanının bu kararı almasındaki en önemli nedenlerden biri de CIA'nın özellikle Güneydoğu Asya olmak üzere birçok yerde başarısız olmasıydı. CIA özellikle Türkiye gibi az gelişmiş ülkelerde istihbarat toplamaktan çok, söz konusu ülkenin içişlerine müdahale edip siyasal gelişmeleri etkilemekteydi.

47 Fuat Doğu yedi yıl kaldığı Lizbon'da yaşadığı Portekiz darbesiyle ilgili bir de kitap yazdı: *Kırmızı Karanfiller İhtilali.* Halen 85 yaşında olan Fuat Doğu anılarını yazıyor.

Newsweek dergisi (22.11.1971) CIA'nın 1965 yılına kadar sürdürdüğü "yöntemleri artık değiştirmeye başladığını haber veriyordu:

"... 1965 yılına kadar CIA'nın temel birimi yabancı bir ülkedeki görevli ajanıdır. Bu ajan o ülkenin gazetecilerine rüşvet yedirip Amerika lehindeki yazıları yayınlatmakta yahut bir gün kullanabilecek siyasal hareketlere sessizce para yardımı yapmaktadır. CIA'nın adamları bulundukları ülke vatandaşlarının özel hayatını ve önemlerini incelemekte, şantaj yahut rüşvet yoluyla kimleri ajan olarak kullanabileceğini araştırmaktadır."

"... Zaman zaman CIA'nın daha cesur girişimleri olmuştur. Bunların bazıları artık bilinmektedir. 1953'te Tahran'da düzenlenen ve şahı tekrar iktidara getiren hükûmet darbesi, zengin petrol kaynaklarını Ruslardan uzak tutabilmiştir. Guatemala'daki solcu hükûmeti deviren 1954 ayaklanması CIA tarafından düzenlenmiştir. Daha sonraları, çeşitli pis görevlerin yerine getirilmesini CIA başkalarına bırakmış, başkalarını kullanmıştır. CIA darbe kapasitesini kaybetmiş değil tabiî."

CIA'nın "pis görevlerin" yerine getirilmesini "başkalarına" bıraktığı bu yeni strateji, birçok ülke gibi Türkiye'yi de yirminci yüzyılın son çeyreğinde yaşadığı kan, şiddet ve gözyaşı dolu bir döneme sokacaktı.

CIA dilinde "dirty action" (kirli harekât) denilen bu işlerin bırakıldığı Türkiye'deki "başkaları", zaten bir süredir görev başındaydılar.

11'lerin istifasından az önceydi. Kasım ayı sonlarına doğru Tümgeneral Memduh Ünlütürk, eski dostu Sadi Koçaş'ı aradı. İstanbul'a tayin edildiği için veda etmek istemişti. Koçaş bu "mevsimsiz" tayine şaşırıp "Hayrola ?" diye sorunca, Ünlütürk, "Sayın Genelkurmay başkanı İstanbul'da çalışmamı emrettiler, 1. Ordu Karargâhı'nda olacağım. Kesin yerini ben de bilmiyorum"[48] yanıtını veriyordu.

Ünlütürk, Genelkurmay Başkanı Tağmaç'ın emriyle 1. Or-

48 Sadi Koçaş, a.g.e., s. 194.

du'da, yani Faik Türün'ün yanında, "kesin yerini bilmediği" bir yere gidiyordu. Tıpkı bir süre sonra gözaltına alınmalarını emredeceği kişilerin "bilmedikleri bir yere" götürülmeleri gibi!

Komutanın da, tutukluların da neresi olduğunu geldikten sonra öğrenecekleri bu yer, MİT'in İstanbul'daki gizli sorgulama merkezlerinden biri olan Ziverbey'deki Zihnibey Köşkü'ydü.

29 kasım akşamı THKP-C'nin beş lideri tutuklu bulundukları Maltepe Askerî Cezaevi'nden kaçtı: Mahir Çayan, Cihan Alptekin, Ömer Ayna, Ulaş Bardakçı ve Ziya Yılmaz, bir ay çalışarak kazdıkları tünelden hapishane dışına çıkmışlardı.

Hem nasıl kaçtıklarının hem de şimdi nerede saklandıklarının araştırılması gerekiyordu. Peki, ama kim arayacaktı kaçanları?

Evet, iyi tahmin ettiniz, Hiram Abas ve arkadaşları yine sahnedeydiler.

Ünlü Zihnibey Köşkü'nde ve Ankara'dan "bu işler için" özel olarak getirtilmiş olan Tümgeneral Memduh Ünlütürk'ün emrinde, sıkıyönetim, Emniyet ve MİT işbirliğinde.

THKP-C liderleri tutuklanıp Maltepe'ye götürülür götürülmez cezaevindeki bazı görevlilerle ilişki kurdular, bir kısmını örgüte çekmeyi başardılar. Bunlardan biri de Teğmen Fuzuli Yazıcı'ydı. Örgüt mensuplarından Ulaş Bardakçı genç teğmenin kadın tutuklulardan Rüçhan Manas'a duygusal bir yakınlık duyduğunu fark etti ve onunla görüşmeye başladı. Teğmen Yazıcı'yı etkilemek üzere Mahir Çayan'ın kayınbiraderi ve örgüt militanı Yüzbaşı Orhan Savaşçı'yı devreye soktular. Böylece Teğmen Yazıcı onlara hem dışarıyla bağlantıda kuryelik yapmıştı hem de kaçma planına yardımcı oldu; hapishanenin ve zırhlı birliğin planlarını temin ederek tünelin nereden nereye kazılacağının saptanmasını sağladı.

Ama Teğmen Fuzuli Yazıcı ilişkisini saklayamadı. Cezaevi yönetimine tutuklulardan Rüçhan Manas'la evlenmek istediğine ilişkin bir dilekçe verince, 4 kasımda görev yeri değiştirildi, sonra da cezaevi tüzüğüne aykırı davranıştan Selimiye'de gözaltına alındı.

Yani Çayanlar kaçtığı sırada artık Maltepe'de değildi.

Kaçma olayını soruşturanlar arasında Hiram Abas ekibinden Mehmet Eymür de vardı: "Çok çalışıyorduk... Çayan ve arkadaşları kaçmışlardı. Ankara'dan gelen Memduh (Ünlütürk) Paşa olayın soruşturulması ile görevliydi. Teşkilattan İstanbul Daire Başkan Yardımcısı Y. S. Albay (Yaşar Savaş) ile beni bu soruşturma ekibinde görevlendirdiler."[49]

Hiram Abas ve ekibi artık İstanbul Bölge Başkanı Turan Deniz'in denetiminden çıkmışlar, 644 sayılı MİT Yasası'na aykırı bir biçimde Türün-Ünlütürk hiyerarşisi altında çalışıyorlardı.

Sorgulama ekibi zırhlı birlikteki erden subayına kadar hepsinin sicillerini inceledi, tutukevinde görevli bütün subay ve erlerle teker teker mülakat yaptı, ama bir sonuç alamadı.

Kaçış sırasında Selimiye'de tutuklu bulunduğu için kimsenin aklına gelmeyen Teğmen Fuzuli Yazıcı, Mehmet Eymür'ün aklına geldi, cezaevine verdiği evlilik dilekçesini görmüştü. Sıkıyönetim Komutanı Faik Türün'den ve MİT Bölge Başkanı Turan Deniz'den izin alınarak Teğmen Fuzuli Yazıcı, Ziverbey'de sorguya alındı. Ve günler süren sorgulama sonunda Mehmet Eymür tarafından konuşturuldu.

Elde ettiği bu başarı nedeniyle üslerinden çok fazla övgü alan Mehmet Eymür, Fuzuli Yazıcı'yı konuşturmuş olmaktan öylesine keyiflenmiştir ki, kitabında bu sorguyu en "ince ayrıntılarına kadar" tam dört sayfa ballandıra ballandıra anlatır. Örneğin şöyle: "O gece genç teğmen nöbetçiydi. Hücrelerin dışında oturduğu yerden hücreye bakarken Rüçhan Manas ile göz göze geldiler. Genç teğmen etkilenmiş, içinde bir şeyler kıpırdanmaya başlamıştı. O günkü göz göze bakış-

49 Mehmet Eymür, *Analiz,* s. 58. Eymür'ün Y. S. rumuzuyla sözünü ettiği Yaşar Savaş hakkında Talat Turhan şunları yazmaktadır: "12 Mart'tan sonra 'teknik sorgulama ekibinde' görev aldığını ikrar eden Ulş. Albay Yaşar Savaş, Genelkurmay Başkanlığı'na verdiği dilekçesinde Ankara Merkez Komutanı Tevfik Türüng'ün Orgeneral Memduh Tağmaç ve Cumhurbaşkanı Cevdet Sunay'dan külliyetli paralar alıp üzerine oturduğunu belirtmiştir" *(Bomba Davası Savunma,* cilt 1, s. 122). Tevfik Türüng'ün Kızıldere Olayı'ndan önce Ünye ve Fatsa'da yapılan operasyonlarda da çok para harcadığı söylendi. Ünye'de tutuklananlardan Avukat Şener Şadi TBMM'ye verdiği dilekçesinde şöyle yazdı: "Samsun Bölge Jandarma Komutanı Albay ile Tümgeneral Tevfik Türüng tarafından bizzat işkence yapıldı. Yüz bin lira para dahi teklif edildi." Faik Türün'ün akrabası olan Tevfik Türüng, sıkıyönetimin kaldırılmasından sonra hakkında çıkan söylentiler üzerine Ankara merkez komutanlığı görevinden uzaklaştırıldı (Mehmet Kemal, *12 Mart, Öfkeli Generaller ve İşkence,* s. 271).

ma kısa bir süre içinde teğmenin Rüçhan Manas'a bağlanmasını sağlamış, karşılıklı sohbet, sarılma ve öpüşmeler, nöbetçi subay odasına konulan bir yatak ile neticelenmişti. Teğmen askerî birlik içindeki cezaevinde Rüçhan Manas'la ilişkisini iyice ilerletmişti. Cezaevine rakılar getirtiliyor, çiğköfteler yapılıyordu..."[50]

MİT'in sıkıyönetim emrinde sorgulama yapma kanunsuzluğu Ankara'da da yürütülüyordu. İşkenceli sorgulamaların yapıldığı yerler İstanbul'a oranla biraz daha yaygındı: emekli bir MİT mensubunun bize anlattığına göre, Yenimahalle MİT Merkezi'nin altındaki sorgu odaları, Atatürk Orman Çiftliği'nde MİT'e tahsis edilmiş olan Marmara Köşkü, Atatürk Orman Çiftliği Bira Fabrikası ile Çimento Fabrikası arasında telsiz tamirhanesi adı altındaki sorgulama odası... ve bunlara Uğur Mumcu'nun ekledikleri:[51] Bahçelievler'deki eski Gönen Koleji ve Mamak Muharebe Okulu'ndaki radyoevinin altındaki odalar...[52]

Hiram Abas silahlı çatışmada

22 ocak 1972'de İstanbul'da "Fırtına 1 Operasyonu" yapıldı. Saat 06.00'dan 18.00'e kadar İstanbul yine didik didik arandı. Arananlardan Mahir Çayan, Ulaş Bardakçı ve Ziya Yılmaz o gün Levent Menekşe Sokak no 1'deki evin alt katın-

50 Mehmet Eymür, *Analiz,* s. 61. Ziverbey'de verdiği kendisini suçlayan ifadeler yüzünden Teğmen Yazıcı, THKP-C davası iddianamesinin 598'inci sayfasında şöyle yer aldı: "84-Sanık Emekli Top. Tğm. Fuzuli Yazıcı'nın, muhafazasına memur olduğu tutuklunun kaçmasını kolaylaştırmak ve fesat heyetinin varlığını bildiği halde derhal hükûmete haber vermemek suçunu işlediği sabit görüldüğünden, fiiline uyan TCK'nın 151/1..."

51 "Şu Kontrgerilla", *Cumhuriyet,* 7 aralık 1992.

52 Soner Yalçın'ın notu: 9 temmuz 1993'te, Hasan Yalçın'la birlikte bir dönem MİT'in Ankara'daki en önemli sorgucularından olan Engin Ataünal'ın Ankara Batıkent'teki evine gittik. MİT görevlisi Ataünal, 12 Mart Darbesi sonrasında Ankara'da kurulan işkence merkezinde Hasan Yalçın'a günlerce işkence yapmıştı. Haber şuydu; işkenceye uğrayanla işkencecisi yıllar sonra buluşmuştu. Bu Türkiye'de ilk kez oluyordu. MİT'ten emekli olan Ataünal alkol bağımlısıydı. MİT'in kendisini sürekli takip ettirdiğini ve bir trafik kazası süsüyle öldürüleceğini iddia ediyordu. Ruhsal durumu son derece bozulmuştu. MİT'e nasıl girdiğini şöyle anlattı: "Giriş tarihimi hiç unutmuyorum. 30 nisan 1970. Mülkiye'yi bitirmiştim. Gülveren Lisesi'nde öğretmenlik yapıyordum. Bir gün Ankara Kızılay'da yolda yürürken iki kişi koluma girdi. Teklif ettiler kabul ettim. 1979'da MİT'ten ayrıldım, Başbakanlık'ta ve Maliye Bakanlığı'nda müşavirlik yaptım. 14 nisan 1988'de emekli oldum." *Aydınlık* gazetesi bu görüşmeyi dizi halinde yayımladı.

da kazılan çukurda gizleniyorlardı. Evde şüpheli bir durum görmeyen ekipler orayı aramadan geçtiler. Genel aramadan bir süre sonra Mahir Çayan ev eşyası taşınıyormuş süsü verilen bir kamyonetteki sandığın içinde Ankara'ya götürüldü. Ulaş Bardakçı ile Ziya Yılmaz o evde kalmayı sürdürdüler.

Mahir Çayan yakalanamamış, ama Teğmen Fuzuli Yazıcı'nın ifadelerinden hareket eden Ziverbeyciler, başında Mahir Çayan'ın kayınbiraderi Hava Yüzbaşı Orhan Savaşçı'nın bulunduğu THKP-C'nin askerî kanadına baskınlara girişmiş, önde gelen birçok subayı ele geçirmişlerdi. Ele geçirilenlerden biri, örgüt içinde kuryelik yaptığından birçok örgüt mensubunu ve hücre evini tanıyordu ve bildiği evlerin hepsinin yerini ve iç yerleşim planlarını Ziverbey ekibine veriyordu.

Sıra yavaş yavaş daha büyük operasyonlara geliyordu.

Hiram Abas ve ekibi yine başrollerdeydiler: "Olayların gelişmesi üzerine ilgili daire başkan yardımcısı dahil bu şubenin görevlileri Ziverbey'e dolmuşlardı. Memduh Ünlütürk'ün[53] yeni karargâhı burasıydı. Ziverbey Köşkü bir anda Türkiye'nin en önemli yeri olmuştu. Bina gözaltına alınanlara yetmiyordu. Zemin kat ve müştemilatlar da kullanılmaya başlamış, dış emniyet ve nöbet hizmetleri için bir iki manga komando eri getirilmişti. Siyasî Şube, Merkez Komutanlığı ve Ziverbey Köşkü gözaltına alınanlarla doluydu..."[54]

Çayan'la arkadaşlarının izini sürüyorlar, Ziverbey'de alınan ifadelerden çıkan her evi basıyorlardı. Bazen de Ankara'ya gidip oradaki baskınlara katılıyor, geri dönüyorlardı.

Bu arada Ziverbey'de sorgulananlardan biri Mahir Çayan ve arkadaşlarının Menekşe Sokak'taki evde saklandıklarını söyleyince oraya operasyon yapılmasına karar verildi.

Ev 13 şubat akşamı üç kalabalık ekip tarafından kuşatıldı... Hiram Abas ile Mehmet Eymür de operasyona katılanlar arasındaydı. Ulaş Bardakçı, Ziya Yılmaz ve Ülkü Ahmet Cafer içerdeydiler. Ziya Yılmaz'ın panjurların kıpırdamasından kuşkulanması üzerine dışarıyı kontrol eden Ülkü Ahmet Cafer sarıldıkları haberini verdi. THKP-C iddianamesine

53 Memduh Ünlütürk, 7 nisan 1991 tarihinde İstanbul'da öldürüldü.

54 Mehmet Eymür, a.g.e., s. 63.

göre, bunun üzerine evden dışarıya kurşun ve bomba yağmaya başladı. Dışardakiler de eve doğru gelişigüzel ateşe başlayınca ortalık toza ve dumana boğuldu. Kargaşalıktan ve karanlıktan yararlanan Bardakçı, Yılmaz ve Cafer bomba atmaya ve silahla ateş etmeye devam ederek arka pencereden bahçeye atlayıp kaçmayı başardılar.

Ziya Yılmaz anlatıyor

Bu kaçışın öyküsünü olayın baş kişilerinden Ziya Yılmaz, evin krokisini çizerek anlattı: "Villa tipi bir evdi. O gece oradan ayrılacağımız için bavullarımızı hazırlamış, bizi götürmeye gelecek olanları bekliyorduk. Evin iki taraftan da giriş kapısı vardı. Girişteki uzun bir koridorun sağında ve solundaki birer büyük salon arka bahçeye ve bir yamaca bakıyordu. Yamaç dik olduğundan o taraftan kimsenin gelmesi pek mümkün değildi. Ön cephedeki yatak odasına gittim. Akşam olmuştu, biraz uzanayım demiştim. İyi ki gitmişim, pencerenin panjurunun kımıldadığını fark ettim. Ülkü'ye 'Dışarıya bir göz atsana, galiba bir anormallik var' diye seslendim. Ülkü ön kapıya gidip baktı ve 'Sarıldık' diye bağırdı. O anda dışarıdan ateş açıldı, kurşun yağmaya başladı. Ön tarafta çok büyük bir bahçe vardı, oradan ateş ediyorlardı. Ulaş'la ikimiz ön pencereden karşılık verince dışarıdan gelen ateş biraz hafifler gibi oldu, Ulaş'a 'Sen kaç, ben seni korurum' dedim. Ulaş ateş ederek ön pencereden atladı, ben de iki tabancayla sürekli ateş ediyordum. Ulaş evin yanından arkaya dönüp kaçarken bir polisle karşılaşmış, onu vurup kaçmaya devam etmiş. O kaçınca ben salona geçtim, Ülkü'ye 'Sen teslim ol, sana bir şey yapmazlar' dedim. Hazırladığımız bavullardan biri dinamit doluydu. Kaçmadan önce, 'O bavula ateş etsem ev havaya uçar mı, zaman kazanır mıyım' diye düşündüm, ama sonra Ülkü'nün evde olduğu aklıma geldi. Hem zaten patlayıp patlamayacağını bilmiyordum, şimdi bile bilmiyorum. Salonun penceresinden arka bahçeye atlayıp kaçmaya başladım. Bir ağacın altında dört beş polis vardı, yanımdaki el bombalarından birini onlara doğru fırlattım. Patlamadı, ama polisler tam siper yere yatmışlardı. Koşarak caddeye çıktım, Ulaş'a yetiştim. Bizim arkamızdan Ülkü de kaçmış.

Kıyafetim böyle bir duruma hiç müsait değildi. Hani şu yün gömlekler vardır, vücuda yapışır, üstümde ondan vardı. Tabancalar belli oluyordu. Yoldan bir taksi çevirdik, 'Hastanede hastamız var' deyip Taksim'e dedik. Şoför pek inanmadı, ama herhalde tabancalardan ve halimizden korkup bizi götürdü. Oradan bir dolmuşla Beşiktaş'a indik. Dolmuştaki kalabalıkta durumumuz anlaşılmıyordu. Oradan da bir dolmuşla Arnavutköy'e gittik. Ulaş orada kaldı, ben daha sonra Fındıkzade'deki o yakalandığım eve geçtim."

İçerden gelen ateşin kesilmesi üzerine eve giren operasyon ekipleri içerdekilerin kaçtıklarını anlayınca şiddetli bir tartışmaya giriştiler. Mahir Çayan'ın da içeride olduğunu ve ellerinden kaçırdıklarını sanıyorlardı. Her kafadan bir ses çıkıyor, Emniyetçiler MİT'çileri korkup kaçmakla ve kendilerini yalnız bırakmakla suçluyorlardı.

Evde bulunan örgüt içi belgeler THKP-C yönetici kademesinde ideolojik ayrılık başgösterdiğini, "şehir gerillası" eylemlerine karşı çıkan Yusuf Küpeli ile Münir Aktolga'nın "pasifistlikle" suçlanarak örgütten ihraç edildiklerini ortaya koyuyordu.

Ziya Yılmaz'ın sonradan anlattığına göre, hapisten kaçanlar İstanbul'da ve Ankara'da sıkışmışlar, saklanacak ev bulmakta bile güçlük çekmişlerdi. Örgüt içi muhalefeti bastırmak için daha büyük bir eylem koymaları gerektiğini düşünüyorlardı. En uygun bölge olarak da henüz çok fazla tutuklama yapılmadığı için güçlerini korudukları Karadeniz'i, Ünye ve Fatsa çevresini görüyorlardı.[55]

Menekşe Sokak'ta ele geçen belgeleri dikkatle inceleyen tecrübeli bir istihbarat teşkilatı, hapisten kaçanların yeni bir eylem koymak zorunda olduklarını, hatta bunu nerede nasıl yapacaklarını tahlil edebilirdi. Ama MİT'te değil böyle tahlil yapacak, daha yeni duydukları THKO, THKP-C adlarını anlayabilecek eleman bile yok denilecek kadar azdı.

Hele Hiram Abas'ın o "taraklarda hiç bezi" yoktu, "komü-

55 Koray Düzgören, *THKP-C ve Kızıldere*, s. 84.

nist" değil mi, onun için hepsi birdi.

Hiram Abas'ı esas ilgilendiren son operasyonda uğradıkları "korkaklık" suçlamasıydı. Bu çok ağrına gitmişti. Bundan sonraki baskınlara çelik yelek giymeden ve en önde girmeye karar vermişti. Eline geçecek ilk fırsatta cesaretin ne demek olduğunu herkese göstermek için sabırsızlanıyordu.

Bu fırsatı bir hafta içinde yakalayacağını henüz kendisi de bilmiyordu...

Hiram Abas vuruluyor

Menekşe Sokak'tan kaçan Ziya Yılmaz Fındıkzade'de Hüseyin ve Safiye Özkan'ın, Ulaş Bardakçı ise Arnavutköy'de Lale Arıkdal'ın evinde gizlenmişlerdi.

Ziverbey'dekiler bunun istihbaratını 18 şubatta aldılar. Geceyarısı her iki eve de baskın yapılması kararlaştırıldı. İlki Ziya Yılmaz'ın saklandığı eve yapılacaktı...

9 şubat 1972.

Saat 02.30.

Yer İstanbul Fındıkzade Kızılelma Caddesi, Tevfik Fikret Sokak, Kısmet Apartmanı'nın bodrum katı.

Buraya kadar bir sorun yok, herkes aynı şekilde anlatıyor. Yani tarih, saat ve yer tamam.

Ama olayın bundan sonrası için iki ayrı anlatım var; biri dışarda olan Mehmet Eymür'ün, öteki içerde olan Ziya Yılmaz'ın anlatımı. Önce Mehmet Eymür'den dinleyelim, bakalım Fındıkzade Baskını onun penceresinden nasıl görünüyor:

"Emniyet ve MİT elemanları evi sardı. MİT ekibinin başında Hiram Abas var. Bu kez çelik yelek giymemiş. Kalabalık bir grup sessizce apartmandan içeriye giriyor. Bodrum katındaki dairenin kapısını birkaç kez çalıyorlar. İçeriden ses gelmiyor.

Hiram Abas'ın emri üzerine iki polis kapıya yüklenip kırıyor. Eve dalınıyor. En önde Hiram Abas var.

İki odalı evin ilk odasında bulunan iki kadın evde kendilerinden başkasının olmadığını söylüyor.

Yine Hiram Abas en önde olmak üzere ikinci odaya girdiklerinde dört erkekle karşılaşıyorlar ve birdenbire silahlar patlıyor.

Kimin kime ateş ettiği belli değil. Ortalığı barut dumanı ve kokusu kaplıyor.

Hiram Abas elinde silahı sendeleyerek odadan dışarı çıkıyor.

Ziya Yılmaz onu, o da Ziya Yılmaz'ı yaralamıştı.

Ateş edilen odadan haykırışlar ve inlemeler geliyordu. Kanlar içinde iki kişi sürünerek dışarıya çıktı. Çelik yelekli polisler yer değiştirerek içeriden açılan ateşe mukabele ediyorlardı. Biraz sonra içeriden 'Ateş kesin teslim oluyoruz' diye bağırmalar geldi. Polisler 'Tek tek ve yerde sürünerek çıkın' diye karşılık verdiler. Çıkanlardan biri örgütün muhasibi Ziya Yılmaz'dı. Polisler çekince buzda kayar gibi büyük bir kan izi bırakarak odanın ortasına geldi. Yarı ölü gibiydi. Yerde cansız gibi yatanların pek yaşayacağına ihtimal vermiyordum. Hepsi yaşadılar. Çatışma bitmişti. Odaya girildi. Ziya Yılmaz'ın kullandığı silah 14'lü tabir edilen cinstendi, şarjörü özel yapılmış, 30 mermi alıyordu. Ziya Yılmaz karnından, bacağından ve kolundan üç kurşun yarası almıştı. Oradaki sahneyi gördükten ve bana adeta saatlerce sürmüş gibi gelen silah atışlarına şahit olduktan sonra onların nasıl yaşayabildiğine akıl erdiremiyordum.

Sonradan Hiram Bey'den odaya girer girmez Ziya Yılmaz'ın açtığı ateşle yaralandığını, kendisinin de ateşe cevap verdiğini, Ziya Yılmaz'ın kalorifer peteğinin üstüne çıkıp odada bulunanlardan birini önüne siper alıp kendisini koruduğunu öğrendik."[56]

Bu anlatılanları bir de karşı taraftan dinlemek istediğimiz için Ziya Yılmaz'a başvurduk. Çok eskiden yakın arkadaşlarına anlatmıştı, ama bunlar basında yer almamıştı. Aradan onca zaman geçince Fındıkzade Baskını her anlatanın kendinden bir şeyler katmasıyla masalımsı bir havaya girmişti.

Söze; "Ben Hiram Abas'ı tanımıyordum. Yani o zaman onun o kişi olduğunu bilmiyordum. Baskın sırasında da görmedim. Mehmet Eymür'ün kitabından öğrendim" diye girdi. Belli ki o gün yaşadıklarını çoktandır aklına getirmiyordu. Olayı bir de kendinden dinlemek istediğimizi söyleyip ısrar edince biraz düşündü. Gözleri daldı. Kolay değil, 28 yıl

56 Mehmet Eymür, a.g.e., s. 68, 69.

öncesine geri dönmesini istiyorduk. "Çizerek anlatırsam daha kolay olacak" dedi. Hiram Abas'ın onun için, "Arkadaşlarının arkasına saklandı" dediğini anımsatmış, buna ne dediğini de sormuştuk.

Kâğıt kalem istedi ve bir ev krokisi çizmeye başladı. Çizdiği bu krokinin üzerinden anlatıyordu:

"Daire bodrum katındaydı. Dairenin hemen girişindeki küçük bir odada dört kişiydik. Uzunca bir koridorun sonunda iki oda daha vardı, birinde iki kız arkadaş kalıyordu, öteki boştu. Bulunduğumuz küçücük odanın penceresi sokağa bakan yarım bir pencereydi, yani yarısı kaldırıma kadar kapalı, yarısı kaldırımdan yukarısını görüyor. Kapı odanın ortasından açılıyordu, kapının tam karşısındaki duvara bitişik bir gaz sobası vardı. Yani kalorifer peteği falan yok, zaten evde kalorifer yok. İki arkadaş (Şerafettin Serdar ve Osman Cahit İyigün) o gaz sobasının yanına uzanmış uyukluyorlardı. Ben pencerenin tam karşısındaki duvara dayalı olan sedire uzanmıştım, gece geç vakit olmuştu. Hüseyin Özkan da, 'Az ileri git' deyip yanıma uzandı. Odanın kapısı bize göre sedirin sağ tarafında, duvarın ortasındaydı. Açıldığı zaman içeriye ve bize doğru açılıyordu, içeri girenin bizi çok dar bir açıdan göreceği şekilde. Sobanın yanındaki arkadaşlar kapının arkasında kalıyor, görünmüyorlardı.

Bize kuryelik yapan arkadaş ellerindeymiş, anahtarı vardı, dış kapıyı açıp girmişler. Biz hiçbir şey duymamıştık. Birdenbire hem pencereden hem de odanın kapısından ateş başladı, kurşun yağıyordu. Pencere anlattığım gibi olduğundan menzil dışında kalıyorduk, oradan gelen kurşunlar kimseye isabet etmiyordu. Hüseyin sedirden aşağı kayıp yere yattı, o da hem pencerenin hem kapının atış menzilinin dışına çıkmış oldu. Ben sedirin üstünde oturur vaziyete geçtim, dediğim gibi kapıdan çok dar bir açıdan görülüyordum ve zaten içeri bakmadan gelişigüzel taradıkları için o ana kadar isabet almamıştım. Beş kurşunum vardı, silahımı sol elime alıp beşini de peş peşe sıktım. Tabiî o zaman sol tarafım hedef olmuştu, sol dirseğimden ve sol bacağımdan yaralandığımı hissettim. Dirseğimi parçalayıp geçen kurşun Hüseyin'in dizine gelmiş ve onun da dizini dağıtmış. Benden başka kimsede silah yoktu. Kurşunlarım bitip silah sesi kesilince odaya doldular. Ölmediğimi anlayınca, 'Vuralım mı, vurmayalım mı' diye tereddüt geçirdiklerini fark ediyordum. Başımda duran biriyle göz göze gelince bunu hissettim. Sanırım silah sesleri kesildikten sonra tekrar ateş ederlerse savunmasız birini öldürdükleri anlaşılır diye vazgeçtiler. Ama götürürlerken çok hırpaladılar, beni gören her polis yumruk, tekme, dipçik vurmadan geçmiyordu.

Yani arkadaşlarımın arkasına saklandım, siper aldım diye bir şey yok. Öyle olsa yakınımda bir tek Hüseyin var, onun delik deşik olup ölmesi gerekirdi.

Hiram Abas'ın boynundan vurulmuş olduğunu çok sonra öğrendim. Zaten yüz yüze bir çarpışma değildi ki kapı aralığından görmeden tanıyorlardı, ben de kapıya doğru ateş etmiştim. Kimseyi vurduğumun farkında bile değilim. Yüz yüze çatışma bile olsa, üstüne kurşun yağarken o kargaşalıkta nişan alacaksın, tam boynuna isabet ettireceksin, bu olsa olsa kovboy filmlerinde olur.

Anlık bir zaman içinde olupbitti. Düşünün, beş kurşunun peş peşe sıkılması kaç saniye sürer? Eymür'ün anlattıkları belki çok uzun süren çatışmalarda olabilir."

"Emniyet Müfettişi Mehmet Ali"

Çatışma bitince Mehmet Eymür hemen hastaneye koştu. Boğazından ve omzundan yaralanmış olan Hiram Abas kendindeydi. Mehmet Eymür'e, "Hüviyetimin bulunduğu cüzdanı ve silahımı sen al, sende kalsın, eve bir şey söylemeyin" dedi. Hiram Abas evdekilerin merak etmesini istememişti, ama annesi olayı biliyor, gizlilik kurallarına uyuyor, soğukkanlılığını koruyordu. SBF'den gençlik arkadaşı Aydemir Koç bize şunları anlattı: "12 Mart döneminde bir çatışmada yaralanmıştı ve hastanedeydi. Ben yurtdışından izinli gelmiştim, Hiram'ın başına gelenlerden haberim yok, Roksan Hanım'ı ziyarete gittim. Sohbet ederken Kompas Güngör (Salman) geldi. Alçak sesle, 'Teyze Aydemir'e söyledin mi' dedi. O da, 'Hayır, bilmiyormuş gibi davranıyor sandım hiçbir şey söylemedim' dedi. Meğer benim görevimin ne olduğunu bilmediğinden, gizli bir tahkikat yürütüyorum sanmış ve hiç renk vermemiş, ne ağlama ne sızlama... Annesi Roksan Hanım'ın çelik gibi sinirleri vardı. Cesaret ve soğukkanlılık Hiram'a ondan geçmiş olmalı. Demek ki soğukkanlılık bunlarda genetik..."

Hiram Abas tanınmaması için başka bir kimlikle kamufle ediliyordu: "... Bu sırada Ziya Yılmaz'ın kullandığı tabancadan çıkan bir mermi, görevliler arasında yer alan Emniyet Müfettişi Mehmet Ali'nin sol çenesinden girip boyun sağ nahiyesinden çıkmış, sağ köprücükten tekrar girerek, sağ sırtta kalmak suretiyle hayatî tehlike teşkil edecek derecede yaralanmıştır..."[57]

Hiram Abas "Mehmet Ali" kod adını kitabın ilerleyen bölümlerinde göreceğiniz gibi başka operasyonlarda da kullanacaktı!..

Mehmet Eymür şefini hastanede bırakıp çıkmak zorundaydı, operasyon devam ediyordu, o gece yapılacak bir baskın daha vardı. Yola Hiram Abassız devam edeceklerdi.

Gün ağarmaya başlamıştı.

Arnavutköy'de Mahir Çayan ve arkadaşlarının kalma olasılığının bulunduğu bir yer daha söylenmişti. Kesin yer belirtilmemişti, Üvez Sokak'taki üç apartmandan biri denmişti. Üçer katlı bu küçük apartmanları daire daire aradılar. Sabahın o erken saatinde uyandırdıkları insanların evlerini yatak odalarına kadar didik didik ediyorlardı. Sonuncu ve 8 no'lu yüksek apartmana geldiklerinde apartman yöneticisinden bilgi aldılar. Apartmanda oturan kuşkulu pek bir kimse yoktu. Buna rağmen bodrum kattaki 1 no'lu dairenin kapısını çaldılar. Kapıyı açan Lale Arıkdal dairede yalnız oturduğunu söyledi. Ekiptekiler yine de dairede bir arama yapmak için dağılmışlardı ki koridorun dibindeki odayı arayan polisin sesi geldi: "Burada bir erkek ceketiyle peruk var!"[58]

O anda odanın duvar tarafından bir cayırtı koptu. Duvara dayalı fermuarlı elbise dolabının içinden otomatik tabanca ateşi başlamıştı. Ani açılan ateşle karnından vurulup yere düşmüş olan polis memuru Tamer Gürbüz, odanın kapısına gelen arkadaşlarına duvardaki dolabı işaret ediyor, ora-

57 THKP-C Davası iddianamesi, s. 264. Hiram Abas'ın boynundaki yara iyileştikten sonra da etkisini sürdürecek, ölünceye kadar nefes almasında güçlük yaratacaktı.

58 Arananların fotoğraflarının bulunduğu afişlerde saçlarının ön tarafı iyice azalmış olduğu görülen Ulaş Bardakçı, bunu gizlemek için peruk takıyordu.

dan ateş edildiğini söylüyordu. Fermuarlı elbise dolabı bir anda kurşun yağmuruna tutuldu. Silah sesleri kesildiğinde yere devrilmiş olan dolabın fermuarını açan polisler, vücudunun her yerinden isabet alıp o anda ölmüş olan Ulaş Bardakçı'yla karşılaştılar.

Silah sesleri üzerine kaçıp apartmanın içinde bir yere sinmiş olan Lale Arıkdal'ı da alıp götürdüler.[59]

Aynı gün MİT Müsteşarı Nurettin Ersin'den bir kutlama ve teşekkür mesajı aldılar. Ersin mesajında başta Bölge Başkanı Turan Deniz olmak üzere tüm personele teşekkür ediyor, "Değerli arkadaşımız Hiram Abas'ı ayrıca takdir eder, acil şifalar dileği ile gözlerinden öperim" diyordu. Müsteşarın yasalarda izin verilmemiş olan bu "örtülü operasyonları" açık bir mesajla kutlaması alışılagelmiş bir davranış değildi. MİT Kanunu'na aykırı olduğu için yasadışı görülen bu eylemler basında eleştirildiği kadar teşkilat içinden de tepki görüyordu. "Hiram Abas ekibi kontrespiyonajla yetinmedi. MİT'te operasyon emniyet gibi değildir. Beyinle çalışır. Esaslı bir istihbarat çalışması gerektirir, kulaktan dolma bilgiyle, teyit edilmemiş bilgiyle yapılmaz. Yukardakiler bunu bilmez, 'Şunu yakalayın, falana operasyon yapın' derler. Hiram Abas da böyleydi. MİT için her zaman CIA'nın organizasyonunu ideal olarak görürdü. Oysa MİT'in operasyonu çok uzun bir süreç ister."

Hiram Abas o sırada yurtdışında bulunan eski amirlerinden K. A.'dan bir geçmiş olsun mektubu aldı. İmza yerine "Kahraman Asker Şvayk" yazılmış olan mektup önce kendisine ve ailesine geçmiş olsun dilekleriyle başlıyordu, ama geri kalanı sanki Hiram Abas'ın kişiliğini tanımlıyordu: "... Karakterini, heveslerini, deliliğini bildiğim için maalesef tahmin ettim. Artık sana nasihat vermekten, yazmaktan bıktım usandım. Birazcık şu ağabeyinin nasihatlarından nasiplen ne olur. Hayrola ne oldu? Yine kahramanlık mı yaptın? Değer mi bu risklere girmeye? Çoluk çocuğunu hiç mi düşünmezsin? Aklını mı yitirdin? Bak oğlum aklını ba-

59 Apartman, Siyasî Şube Müdürü Mahmut Dikler'e aitti ve Dikler operasyonu telsizden izliyordu. Birlikte oturdukları kız kardeşi de apartman yöneticisiydi. Bu olaydan sonra polis teşkilatı içinde Dikler'e espri olsun diye "Komünist Mahmut" denmeye başlandı. 6 şubat 1980 tarihinde öldürüldü.

şına topla. Geride bırakacaklarını, küçücük yavrularını bir gözünün önüne getir. Arkandan onlardan başka kimsenin ağlamayacağını peşinen bilesin. Birkaç gün ah, vah, aslan çocuktu vs derler, ondan sonra da realite ile baş başa kalınır..."[60]

Hiram Abas yaralandıktan üç ay sonra bir geçmiş olsun mektubu da Lizbon'daki eski müsteşarından aldı. Fuat Doğu, yaralanma olayını kendisini Lizbon'da ziyaret eden Hiram'ın babası Hilmi Abas'tan öğrenmişti. "Beybabanı tanımak benim için büyük bir bahtiyarlık oldu. Senin gibi güler yüzlü, hoşsohbet ve gün görmüş olan bu çelebi insanla konuşmak, şu yalnızlık içindeki hayatımda bana renk verdi" diyordu mektubunda.

Kaptan Hilmi Abas, oğlunun yaralanmasından birkaç ay sonra yönetimi altındaki Ragıp Gümüşpala gemisiyle gitmişti Portekiz'e. Limana varınca oğlunun gençlik arkadaşı Boksör Sami'yi aramıştı.

Sami Onaran anlatıyor: "1971'de Lizbon'da başkâtiptim. Benden sonra Fuat Doğu büyükelçi olarak geldi. Bir gün telefon çaldı, arayan kişi, 'Ben Abbas Kaptan, Hiram Abas'ın babasıyım. Arkadaşlarını topla gel, benim gemide yiyip içelim' dedi. Biz de gemiye gittik. Hiram'ın bir çatışmada yaralanmış olduğunu o zaman babasından duydum. Babası çok üzülüyordu, oğlunun işi nedeniyle her an tehlikede olmasından memnun değildi. Hiram'ın babasını Büyükelçi Fuat Doğu ile tanıştırdım..."

Eski müsteşardan gelen mektuba çok sevinmişti Hiram Abas. Yeni müsteşardan gelen mesajı da geleceğe dönük olarak değerlendirecekti.

Bu arada Müsteşar Nurettin Ersin ve yardımcısı Recep Ergun teşkilatın başına geldiğinden beri MİT'te huzursuzluk azalacağına giderek artmıştı. Ersin ve Ergun aleyhinde Hiram Abas'ın kaleminden çıktığı söylenen imzasız mektuplar, bildiriler dolaşıyordu teşkilat içinde...

Oraya da geleceğiz, önce İstanbul'daki operasyonlara biraz daha değinelim...

60 Mehmet Eymür, a.g.e., s. 163, 164.

Hiram Abas sorguda

Operasyondan vakit buldukça Ziverbey'deki sorgulamalara da katılıyordu Hiram Abas.

Ulaş Bardakçı'nın öldüğü Arnavutköy Operasyonu'nda sağ ele geçen Lale Arıkdal Ziverbey'de sorguya alınmıştı.

Lale Arıkdal, sorgu odasında tanıdığı Hiram Abas'ı daha sonra şöyle anlattı:

"İşkence sırasında diğerleri ona 'Albay' ya da 'Yarbay' diye hitap ediyorlardı.[61]

Uzun boylu, kısa kesilmiş saçlı, açık renk gözlüydü Hiram Abas. Erenköy'de tutulduğum 4 no'lu hücreye birkaç kez geldi. Bir keresinde kolu sarılıydı. Daha önce Fındıkzade Baskını'nda yaralandığı için Arnavutköy'de bizim eve yapılan ve Ulaş Bardakçı'nın öldüğü baskına katılamadığından yakınıyordu. 'Herkesin bir merakı vardır, kimisi pul koleksiyonu yapar ben de silahla oynamasını severim. Çocukluktan kalma bir alışkanlık işte' diyordu.

Bu arada onun kafa yapısı hakkında beni dehşete düşüren bir şey anlattı. 'İşkence yapmak benim için özel bir uğraş haline geldi. Mesela bir dostumun karısı kurbağadan çok korkar. Eğer bir gün ona işkence yapmam gerekirse, bir yatağa bağlar, bırakırım. Kurbağa zıpladıkça o kadın korkusundan ölür' diye devam etmişti. Bir insanın dost kabul ettiği başka biri için böyle bir şeyi düşünmesi gerçekten dehşet vericiydi."[62]

Mehmet Eymür Ziverbey Köşkü'nde sorguladığı Lale Arıkdal'dan kitabında L. A. rumuzuyla söz eder. Ankara Koleji'nde okumuş olan Arıkdal'a kendisi de aynı okuldan olduğu için bu yoldan dostça yaklaşmıştı. Gözaltında olduğu sürece ona iyi davranılmasını sağlamaya çalışmıştı. Eymür'e göre Arıkdal'ın gazeteye anlattığı "kurbağa" hikâyesi Hiram Abas'ın bir şakasından ibaretti ! Çünkü Hiram Abas, kendisini iyi tanımayanların ne zaman şaka, ne zaman ciddi konuştuğunu anlayamadıkları bir kişiydi. L. A. da Abas'ın şaka yaptığını anlayamadığı için onu "işkenceci ve sadist" olarak görmüştü !

61 Basında da Fındıkzade Baskını anlatılırken bir albay yaralandı diye yazılmıştı.
62 *Aydınlık*, 9 ağustos 1978.

Eli kolu bağlı, korku içinde sorgulanan bir sanığı kurbağa işkencesiyle tehdit etmenin nasıl bir "şaka" olduğunu herhalde ancak ruh doktorları çözebilir!..

Ziverbey Köşkü, bir süre sonra daha başka ünlü ve üst düzey kişileri "konuk etmeye" hazırlanıyordu. Hiram Abas'ın da bazılarında yine boy göstereceği yeni sorgulamaların.

Oraya geçmeden önce, 1968'de büyük ideallerle başlanan bir yolculuğun 1972'de nasıl bir dramla sonuçlandığını görelim.

Süleyman Demirel'i kaçırma planı

İstanbul'dan kaçıp Ankara'ya gelen Mahir Çayan oradaki arkadaşlarıyla buluştu. Sıkışıklıktan kurtulup nefes alabilmek için bir eylem yapmaları gerekiyordu. Süleyman Demirel'i kaçırmayı düşündülerse de devrik başbakanın Güniz Sokak'taki evinin çevresinde yaptıkları araştırma sonucu bundan vazgeçtiler.

Sadece Demirel'in evinin çevresinde değil, Ankara'nın her yerinde çok sıkı güvenlik önlemleri vardı. 13 şubatta Mahir Çayan ve birkaç arkadaşı Oğuzhan Müftüoğlu'nun kalmakta olduğu Yavuz Gökmen[63] ile Füsun Gökmen'in[64] evine geçtilerse de, dışarıda bir sivil polisin görülmesi üzerine oradan da ayrıldılar. Şubat sonuna doğru Müftüoğlu'nun yakalanması ve Koray Doğan'ın öldürülmesi üzerine, Mahir Çayan ve arkadaşları Ankara'dan ayrılıp, Karadeniz'e geçmeye ve Ünye Radar Üssü'ndeki İngiliz teknisyenleri kaçırmaya karar verdiler. 18 martta makarna yüklenen bir kamyondaki çuvalların arasına gizlenerek Ünye'ye geçtiler.

Türkiye, 27 mart 1972 günü, Ünye'de görevli ikisi İngiliz biri Kanadalı üç teknisyen Charles Turner, John Stuart Law ve Gordon Banner'ın THKP-C tarafından kaçırıldıkları haberiyle sarsıldı. Kaçıranlar Deniz Gezmiş ve arkadaşlarının idamlarının durdurulmasını istiyorlardı.

Konuyla ilgili Millî Güvenlik Kurulu bildirisi radyodan okunup, Başbakan Nihat Erim'e tam yetki verildiği sırada

63 24 kasım 1998 tarihinde ölen ünlü gazeteci ve *Hürriyet* köşe yazarı.
64 Gazeteci.

Mahir Çayan ve arkadaşlarıyla üç rehineden oluşan 14 kişilik topluluk, Niksar'ın Kızıldere köyüne ulaşmış ve Muhtar Emrullah Aslan'ın evine yerleşmiş bulunuyorlardı.

Bölgeye cemseler dolusu asker sevk edildi, helikopterler kaldırıldı, Ünye ve çevresi adeta bir askerî harekât bölgesi haline geldi. İçişleri Bakanı Ferit Kubat, MİT Müsteşarı Korgeneral Nurettin Ersin, Jandarma İstihbarat Daire Başkanı Tuğgeneral Vehbi Parlar, Ankara Merkez Komutanı Tevfik Türüng de olay yerindeydi.

Mahir Çayan ve arkadaşlarını hâlâ İstanbul'da aramakta olan Hiram Abas ve ekibi, Ünye'deki olayı duyduklarında akıllarına hemen Fatsalı olan Ziya Yılmaz geldi. Hiram Abas zaten kendisini yaralayan rakibini görmek ve tanımak da istiyordu. Mehmet Eymür yazıyor: "Kolu alçılı Ziya Yılmaz Erenköy'e getirilerek sorgulandı. Hiram Bey Ziya'ya kendini tanıtarak, ateş ederken arkadaşlarını siper almasını yakıştıramadığını söyledi. Ziya inkâr etti. Ona göre öyle bir şey vaki değildi. Hiram Bey üstelemedi. Ringe çıkmış dövüşmüşler ve ikisi de hasar almışlardı. Ziya'ya kişisel bir husumet duymuyordu."[65]

Ziya Yılmaz'a bu olayı da sorduk. "Doğru. Kızıldere'den önce Mahir'lerin nerede olduğunu sormak için beni tekrar MİT'e götürdüler. O sorguyu yapanın Hiram Abas olduğunu ben yine bilmiyordum. Hiram Abas olduğunu bilmediğim o kişi, 'Arkadaşlarının arkasına saklandın' dedi. Çatışmanın nasıl olduğunu anlattım. Bulunduğum yerde arkasına saklanacak hiçbir şey yoktu. 'Ben sedirin üstünde açık hedeftim, sizler iyi nişancı değilmişsiniz' dedim."

Ziya Yılmaz'dan bilgi alamayınca İstanbul MİT'ten Yaşar Savaş, Mehmet Eymür ve iki eleman daha, yanlarına tutuklu bir üsteğmeni de alarak Ankara'ya geçtiler. Ankara bölgede onları bekleyen MİT ekibini de alarak Ünye'ye gittiler. Çok gitmek istemesine rağmen İstanbul Bölge Başkanlığı henüz iyileşmemiş olan Hiram Abas'a izin vermemişti.

Gerisini, Kızıldere Operasyonu'na katılanlardan MİT görevlisi (haydi biz de rumuz kullanalım) K. D. bakın nasıl anlatıyor:

65 Mehmet Eymür, a.g.e., s. 77.

"Mahir Çayan Maltepe Askerî Cezaevi'nden kaçtıktan sonra biz onun Ankara Necatibey'deki Elektrik Etüt Dairesi'nde çalışan kız arkadaşını takibe aldık. Her gün kızın peşindeyiz, adım adım takip ediyoruz. Sık sık Zafer Çarşısı'ndaki kitapçılara gidiyordu. Biz önceleri kitap alışverişi yaptığını sanıyorduk. Halbuki mesaj alışverişi yapıyormuş.

Bu kızın yardımıyla Ziya Yılmaz'ın Ankara makarna fabrikasında çalışan akrabası bir kamyon şoförü ayarlanıyor. Kamyon yolda aranmadan hep rahatlıkla geçiyor. Çünkü elinde irsaliye belgesi var. Hatta kamyonun Samsun'a 13 km kala vantilatör kayışı kopuyor. Gidip Samsun'dan kayış alıp yola devam ediyorlar.

MİT'in Ankara ve İstanbul ekibi Ünye Jandarma Karakolu'nda bir araya geldi. Ünye'de isimler tek tek araştırılarak herkes gözaltına alınıyordu. Çalışmalar sonucu Mahir Çayan'a rehberlik eden çoban (Mehmet Eymür'ün kitabında H. Y. rumuzuyla tanımladığı Yüncü Hasan denilen kişi, y.n.) bulundu. Çoban her şeyi anlattı. Aslında hep Kızıldere muhtarının ihbar ettiği söylenir, ancak doğrusu çobanın verdiği bilgiler sonucu her şey ortaya çıkmıştır.

Nevşehir'den komando taburu getirildi. Jandarma tümgeneralinin arabasından Ankara ile sürekli telsiz irtibatındaydık.

Biz ellerindeki yabancıları öldürmeyip bize teslim etmelerini istiyorduk sürekli. Mahir Çayan içeriden bağırdı. 'Atatürk Çanakkale'de yüzlerce İngiliz'i öldürdü. Ülkemizin bağımsızlığı için bir avuç İngiliz'i öldürmekten geri durmayacağız. Bu arada marşlar söylüyorlar. Slogan atıyorlardı... Söyledikleri marşlardan biri Mülkiye Marşı'ydı.

Olay bittikten sonra öldürülenlerin kimlik tespitini yapıyoruz. Biz ölenlerin arasında bulunan kamyon şoförünü Ertuğrul Kürkçü sandık. Yüzü fazla benzemiyordu, ama biz, 'Bak işte Ertuğrul estetik ameliyatla yüzünü değiştirmiş' dedik. Hatta gazete ve radyoda ölenler arasında Ertuğrul'un adı da açıklandı. Sonra Ertuğrul'un babası, 'Bu benim oğlum değil' deyince kafamız iyice karıştı. Evi tekrar aramaya başladık, işte o zaman Ertuğrul samanlıktan çıkıp teslim oldu. Hemen helikoptere bindirip Ankara'ya götürdük. Yanında bizden Gülleci Necdet dediğimiz bir arkadaş vardı, 16,5 metre gülle atardı, o götürdü Ankara'ya. Atatürk Orman Çiftliği bira fabrikası ile çimento fabrikası arasında bir bina vardı, orası bizim sorgu yerimizdi. Telsiz tamirhanesi olarak bilinirdi. Ertuğrul'u orada sorguladık."

Kızıldere'de 30 mart, saat 14.30'da karşılıklı ateşle başlayan çatışma, güvenlik güçlerinin eve bazoka ve havan mermileri yağdırmasıyla kısa sürede sona erdi.[66] Evin önüne serilen parçalanmış cesetlerin gazetelerde çıkan fotoğrafları uzun süre kimsenin gözlerinin önünden gitmedi: Mahir Çayan, Cihan Alptekin, Ömer Ayna, Saffet Alp, Sinan Kâzım Özüdoğru, Hüdai Arıkan, Ahmet Atasoy, Ertan Saruhan, Sabahattin Kurt ve Nihat Yılmaz ölmüşlerdi. Ertuğrul Kürkçü sağ yakalanmıştı.

Rehine teknisyenlerin Çayan'lar tarafından mı, yoksa dışarıdan yapılan atışlarla mı öldürüldükleri bir süre tartışma konusu oldu. Ama Ertuğrul Kürkçü, "Ben Mahir'le uğraştığım süre içersinde diğer arkadaşlardan biri veya birkaçı üç İngiliz'i vurarak öldürmüşlerdi" diyordu. Otopsiyi yapan Doktor Şehsuvar Savuran da "rehinelerdeki ölüm katılığının diğerlerinden daha fazla olduğunu; vücutlarındaki şarapnel yaralarının kanama yapmadığını, bunun da şarapnellerin ölümden sonra isabet etmesi anlamına geldiğini; sonuç olarak İngiliz teknisyenlerin son çatışmadan bir saat kadar önce ölmüş olduklarını" söylüyordu.[67]

Yanında küçük bir makine götürerek fotoğraflar da çekmiş olan Mehmet Eymür'e, Kızıldere Olayı'ndan sonra arkadaşları "Gazi" unvanını verdiler. Operasyonda herhangi bir yara bere almamıştı, ama teşkilat içinde bir süre "Gazi Bey" adıyla çağrıldı.

Sağ yakalanan Ertuğrul Kürkçü'yü helikopterle olay yerinden götürdüklerinde yanında MİT elemanlarından "Ayı Mehmet" vardı. Yıllar sonra Ayı Mehmet adaşı Mehmet Eymür'ün Antalya'daki buz fabrikasında çalışacaktı...

66 Kızıldere Operasyonu'nda Özel Harp Dairesi (veya kontrgerilla) personelinin kullanıldığını, ileride Kenan Evren'in anılarından öğrenilecekti.

67 Koray Düzgören, *THKP-C ve Kızıldere,* s. 14 ve 142, 143.

Deniz Gezmiş'leri kurtarmak isterken Kızıldere'de ölenler, onların idam sürecini hızlandırmış olduklarını nereden bileceklerdi?

Deniz Gezmiş, Yusuf Aslan ve Hüseyin İnan, Kızıldere'den bir hafta sonra, 6 mayıs 1972 günü sabaha karşı idam edildiler. "68 kuşağı" liderlerinden bir kısmının umutları Kızıldere'de ve darağaçlarında dramatik bir biçimde son buldu...

Başbakan Nihat Erim'in umutları ise idamlardan yirmi gün önce son bulmuştu. İkinci Erim Hükûmeti 17 nisanda istifa etti.[68] Cumhurbaşkanı Sunay'a sunulan istifa gerekçesi bu kez hastalık değil, "aşırı yorgunluk"tu. Sunay, Erim'in önerisiyle başbakanlığa bir süre Ferit Melen'in vekâlet etmesini uygun bulmuştu. Erim siyasal yaşamını bundan sonra kontenjan senatörü olarak sürdürecekti.[69]

31 mart 1972 günü SBF birinci sınıf amfisinde yapılan Kızıldere Katliamı'nı protesto toplantısından çıkanlar bildiriler dağıtıyorlar, boykot çağrısı yapıyorlardı. Göstericilerden 12'si yakalanarak gözaltına alındı. Bu 12 kişinin arasında o günlerde adı duyulmamış bir üniversite öğrencisi olan, ama bugün artık herkesin tanıdığı bir isim de vardı. Abdullah Öcalan!

Abdullah Öcalan ve Pilot Necati

Bu, Abdullah Öcalan'ın 1999'da İmralı'ya götürülmesine kadar geçen 27 yıldaki ilk ve son tutuklanmasıydı.

SBF birinci sınıf öğrencisiydi.

Yani o da Hiram Abas'la aynı fakültedendi!

7 nisanda gözaltına alındı, 27 nisan 1972'de tutuklandı, 27 ekim 1972'de serbest bırakıldı.

Bu serbest bırakılma pek "normal" görünmüyordu.

Başlangıçta aynı davadan yargılananlar arasında, hakkında en ağır ceza istenen iki kişiden biriydi. Ama askerî

68 Sadi Koçaş, Erim'in idamların kendi zamanında yapılmaması için istifa ettiğini yazar, *12 Mart Anıları,* s. 609.

69 Nihat Erim, 1980'de İstanbul Dragos'taki evinin yakınında düzenlenen bir suikastta öldürüldü.

savcı daha sonra "fikrini değiştirdi". Önce Öcalan hakkında istediği cezayı hafifleştirdi, sonra da tahliyesini istedi. İşi daha da ilginç kılan, bu askerî savcının antikomünistliğiyle ünlü Baki Tuğ olmasıydı. Deniz Gezmiş davasında da iddia makamında yer almıştı. Kolay kolay kimsenin tahliye isteğine katılmazdı.

Apo'nun tahliyesinden sonra da "garip" şeyler oldu. Önce askerliği ertelendi. Sonra da 21 yaşını geçmiş olduğu ve disiplin cezası almış bulunduğu halde, yönetmeliğe aykırı olan burs isteği kabul edildi.

Gazeteci Uğur Mumcu öldürülmeden az önce başladığı ve tamamlayamadığı *Kürt Dosyası*'na, Öcalan'ın 12 Mart döneminde herhangi bir nedenle "kayırıldığı" kuşkusunu araştırarak girişti.[70]

Biraz ilerleyince PKK liderinin yakınında kuşkulu iki kişi daha olduğu bilgisine ulaştı: 1978'de evlendiği karısı Kesire Yıldırım ve yanından hiç ayrılmayan Ağrılı Pilot Necati.[71]

Öcalan, kendisine konuyla ilgili sorular soran gazetecilere, "Pilot Necati'nin MİT ajanı olduğunu bile bile yanında tuttuğunu, onu kullanarak MİT'i kandırdığını" söylemişti.[72] Bundan 4 yıl sonra Mahir Sayın'la yaptığı bir TV röportajında ise "PKK'nın kuruluş aşamasında Pilot Necati aracılığıyla MİT'in parasını yediklerini, Atatürk'ün manevî kızı Sabiha Gökçen'e suikast planı gibi bazı provokasyonlarda kullanılmak istendiğini" anlatacak ve "İşte Uğur Mumcu bunları yazacaktı. Adam 10 gün sonra öldürüldü. Bilemiyorum bunun etkisi var mı yok mu? Bu açılsa çok iyi bir olaydır. Hatta tam bu aile ilişkisini, pilot ilişkisini inceliyordu" şeklinde imalarda bulunacaktı.[73]

Mumcu'nun öldürülmesinden kısa bir süre sonra bir açıklama yapan ve o zamanlar CHP grup başkanvekili olan Uluç Gürkan konuya yeni bir boyut getirdi: "Ben, Uğur

70 Uğur Mumcu, *Kürt Dosyası,* um:ag, mart 1997.

71 Bu kişilerin MİT ajanı olduklarına ilişkin iddialar daha önce 7.8.1979 tarihli *Aydınlık* gazetesinde çıkmış ve Doğu Perinçek'in genel başkanı olduğu Türkiye İşçi Köylü Partisi'nin bildirisinde yer almıştı.

72 *Tempo,* 14 nisan 1993.

73 *Gazete Pazar,* 22 haziran 1977.

Mumcu, Prof. Bahri Savcı, Mümtaz Soysal gibi bazı isimler aynı koğuşta tutukluyduk. Bu koğuşa zaman zaman üzerlerinde Apo'nun yazdığı mektuplarla yakalanan bazı gençler getiriliyordu. Bizler bu gençlerin polis olduğundan kuşkulanıyorduk. Gerçekten de iki üç gün gözaltında tutulan bu gençler daha sonra serbest bırakılıyorlardı. Ancak işin garip yanı, üzerinde mektup bulunan gençler birkaç günlüğüne de olsa içeri alınırken, mektubu yazan Abdullah Öcalan, Siyasal Bilgiler Fakültesi'nde kimse dokunmadan öğrenciliğine devam ediyordu. O tarihlerde bizim aklımıza giren bu kuşku, uzun yıllar açıklığa kavuşmadı. Yıllar sonra, geçtiğimiz aylarda rahmetli Uğur Mumcu ile bir sohbetimiz sırasında yine gündeme geldi. Mumcu bu konuşmamızdan sonra konuyu araştıracağını söyledi. Ardından çeşitli kişilerle konuştuğunu duydum."[74]

Uğur Mumcu'nun konuştuğu kişilerden biri, 12 Mart döneminde Öcalan'ın tahliyesini sağlayan Askerî Savcı Baki Tuğ'du. Artık emekli olmuştu ve DYP'den milletvekili seçilmişti. Uğur Mumcu'ya bazı belgeler arayacağını söylemişti.

Uğur Mumcu, Baki Tuğ'dan beklediği cevabı ve belgeyi bir türlü alamamıştı.

Mumcu'nun ölümünden üç gün sonra *Sabah* gazetesinden Nezih Tavlaş, Baki Tuğ'u aradı.

Aralarında şu telefon görüşmesi geçti:

"– Baki Bey saygılar sunuyorum. Nezih Tavlaş ben.

– Buyur canım sağ olasın. Saygı benden canım.

– Şimdi bilmiyorum arkadaşlar şey yaptı mı? Benim Uğur Ağabey ile çok yakın ve özel bir ilişkim vardı.

– Söyledi arkadaşlar söyledi, söyledi.

– Şimdi Baki Bey, ben, bundan yaklaşık 10 gün önce Uğur Ağabey ile yaptığımız konuşmada sizinle görüştüğünü söylemişti bana.

– Görüştü benle konuştuk. Biz 6 aydan beri konuşuyoruz.

– Öyleymiş.

– Ben şimdi üç akşamdan beri uyuyamıyorum.

– Evet efendim. Şimdi Uğur Ağabey'in bana aktardığı bir

74 *Günaydın,* 3 şubat 1993.

şey vardı. Size de bunu bir ileteyim istedim. Sizinle yaptığı konuşmada, kendisinin bu Apo'yla ilgili, Apo'nun tutuklanmasıyla ilgili şeyi araştırdığını -siz eksik olmayın yardımcı olmuşsunuz kendisine- o, Apo'nun gözaltına alındıktan sonra salıverilmesi için size bir telkinde bulunulduğu ve yukarıdan bir şey geldiğini söyledi bana.

– Şimdi, şöyle Nezih. Ben o tür bir olay hatırlıyorum ancak Apo'yla mı ilgili, başka mensupla mı ilgili onu çözemedik. Sayın Mumcu'ya da söylediğim oydu. Bana böyle bir şey gelmişti. Ancak onla ilgili mi, değil mi bende resmî yazı olacak dedim. Ben o yazıyı ararken o olay oldu.

– Yani size bu şahsı bırakın ya da bu şahsa dokunmayın gibisinden bir şey geldi mi?

– O, -dokunmayın- mealinde değil -bizim mensubumuzdur- şeklindeydi. Yalnız o mu, değil mi çözemedik. O belgeyi arıyordum ben.

– Anladım. Yani belgeyle...

– Aradığım belge oydu bulsaydım onu verecektim."[75]

Baki Tuğ telefonu kapattıktan sonra aradığı *Sabah* TBMM Büro Şefi Mehmet Çetingüleç'e de şunları söyledi: "Mumcu'ya söylediğim sürede istediğim belgeyi henüz bulamadım. Bunu kendisine de en son telefon görüşmesinde bildirdim. İnceleme 10-15 gün daha sürecek. Belgede bir şahıs ismi var. MİT hesabına çalışan bir şahsın ismi. O belgeyi arıyorum onu bulursak Uğur Mumcu'nun aradığı düğüm çözülecek."

Baki Tuğ hâlâ o belgeyi arıyor!..

Ama şurası belgelenmişti ki MİT, sıkıyönetim makamlarının "yanlışlıkla" tutukladığı ajanları olursa devreye giriyor, "mensubumuzdur" diye yazı gönderiyordu.

MİT ajanlarını sıkıyönetimden koruyor

İşte birkaç örnek:

Ankara Sıkıyönetim Savcılığı'na 1 eylül 1971 tarihli, MİT Müsteşarı Korgeneral Nurettin Ersin imzasıyla bir yazı geldi.

75 27 ocak 1993 çarşamba, Baki Tuğ-Nezih Tavlaş telefon görüşmesinin banttan deşifre edilen metni.

"ODTÜ öğrencisi Eyüp Temeltaş, teşkilatımızca kendisinden uzun süre istifade edilmiş bir kimsedir. Adı geçenin durumunun açığa vurulması, gerek kendisi, gerekse teşkilatımız yönünden birtakım sakıncalar tevlit edecektir. Bu bakımdan Eyüp Temeltaş'ın durumunu deşifre etmeden, tatkibat dışı bırakılması yerinde bir tedbir olacaktır. Bilgilerinize arz ederim."

25 ağustosta tutuklanan MİT ajanı Eyüp Temeltaş bu yazıdan iki gün sonra, 3 eylül 1971 tarihinde serbest bırakıldı...

Prof. Uğur Alacakaptan, Şevket Can Özbay[76] adlı bir hukuk fakültesi öğrencisi tarafından dekanlığı sırasında Dev-Genç'le işbirliği yaptığı şeklinde ihbar edilmişti. Bu kişinin MİT görevlisi olduğu dosyadan çıkan belgelerden anlaşılmıştı.

MİT ajan kullanır da polis boş durur mu?

"5.3.1971 tarihinde ODTÜ'de cereyan eden olaylarla ilgili olarak hakkında gıyabi tevkif kararı verilmiş olan Sami oğlu, Terme 1951 doğumlu, ODTÜ Fizik Bölümü öğrencisi Mahmut Erdoğan daha önce mimlenmiş olup, 29.5.1970 tarihinde angajesi yapılmış ve kendisinden müteaddit raporlar alınmıştır."

18.6.1971 tarihinde tutuklanan Mahmut Erdoğan, Emniyet Genel Müdürü Sedat Kirtepe'nin bu yazısı üzerine sekiz gün sonra serbest bırakıldı...[77]

... Sefer Sayılır... Kubilay Kılıç... Muzaffer Köklü... Ahmet Yılmaz... Uğur Sani... Mevlut Bayraktar... Sezai Akalın... Erdal Gökyüzü... ajan listesi uzayıp gidiyordu...

Sıkıyönetim mahkemeleri bu yazılara göre kararlar veriyordu:

"... Ankara Hukuk Fakültesi öğrencisi sanık Uğur Sani'nin eyleme, suç konusu bildiriyi dağıtanlar, suç failleri ile kesin delilller ortaya çıkarmak amacıyla Emniyetçe verilen görevi icabı katıldığı yolundaki savunması, Emniyet Genel Müdürlüğü'nün 18.3.1972 tarih ve 387 sayılı, 13.11.1972 gün ve 516 ve 28.3.1973 tarih ve 169 sayılı yazıları doğru-

76 İmralı'daki Öcalan davasında müdahil avukatlık yaptı.
77 Uğur Mumcu, *Yeni Ortam,* 22 mart 1974 ve Örsan Öymen, *Milliyet,* 23 mart 1976.

landığından sanığın müsnet suçtan beraatine oybirliği ile karar verilmiştir..."

Ve Sıkıyönetim Mahkemeleri'nde açılan davaların iddianameleri sanıkların işkenceyle alınan ifadeleriyle, bu ajanların ihbarlarından başka hiçbir delile dayanmıyordu.

Hatta bazı davalar bunlara bile dayanmayan senaryolar üzerine kuruluyordu.

"Uçak kaçırma örgütü" bunlardan biriydi.

THY'nin Boğaziçi uçağı 4 mayısta kaçırılarak Sofya'ya indirilmişti. Uçağı kaçıran dört kişi Deniz Gezmiş'lerin idamını önlemek istemişlerdi. Daha sonra teslim oldukları Bulgar makamları tarafından tutuklandılar.

Ama bu olay nedeniyle Ankara'da "gizli bir örgüt" keşfedilmişti! Örgütün yöneticileri oldukları söylenen Altan Öymen, Emil Galip Sandalcı, Erdal Öz, Mükerrem Erdoğan, İlhan Kalaylıoğlu, Abdi Yazgan, Ömer Polat başta olmak üzere otuzdan fazla aydın tutuklanmıştı. Zamanın Ankara Sıkıyönetim Adlî Müşaviri Albay Muzaffer Gücür'ün Sıkıyönetim Komutanı Orgeneral Semih Sancar'ı inandırdığı senaryoya göre, tutuklananlar uçakta oğlu da bulunan İsmet İnönü'yü Deniz Gezmiş'lerin idamını önlemeye razı etmek için bu eylemi yapmışlardı!

İşin aslı ise bu aydınların her birinin başka nedenlerle "mimlenmiş" olmalarıydı. Örneğin Sandalcı, TRT Yönetim Kurulu'ndayken Musa Öğün Paşa'nın TRT genel müdürlüğüne getirilmesini eleştirmişti. Altan Öymen ve Erdal Öz idamlara karşı çıkmışlardı. Mükerrem Erdoğan, Deniz Gezmiş'in avukatıydı vs. Gerçek hava korsanları Sofya'da yargılanıp ikişer yıl hapis cezasına çarptırıldılar. Ankara'daki uydurma örgüt mensupları ise dört-beş ay yatıp çıktılar. Sandalcı, Ankara Sıkıyönetim Komutanlığı'na açtığı tazminat davasından beş bin lira kazandı!

Diyarbakır'da Kürdistan Demokrat Partisi sanığı olarak yargılanan Şerafettin Elçi aleyhindeki tek delil MİT'in mahkemeye sunduğu mektup fotokopileriydi. Asılları hiçbir zaman bulunamayan mektupların Irak KDP'den geldiği öne sürülüyordu. Elçi kendisine mektup gönderdiği söylenen kişiyi buldurup, böyle bir mektup yazmadığını kanıtlamasına rağmen sekiz ay yattı. Tahliyesinden sonra Diyarbakır MİT Bölge Başkanı Hava Albay Sait Faik Kelican'a gidip, durumu anlatan Elçi'nin aldığı yanıt şöyle oluyordu: "Şerafettin Bey, bizim için önemli olan bir insana teşhisimizi koymaktır. Biz teşhisimizi koyduktan sonra o doğrultuda gerekirse tanık, gerekirse herhangi bir belgeyi mahkemeye sunmakta sakınca görmeyiz."[78]

Albay Talat Turhan hakkında Boğaziçi Köprüsü'nün ayaklarına bomba koyma planı yaptığı gerekçesiyle açılan "Bomba Davası"nı da daha sonra göreceğiz.

Asılsız veya gülünç ihbarlarla açılan davalar yüzünden bu ihbarları yapanlara "Sayın muhbir vatandaş" denmesi de o zamanlardan kalmadır. Birkaç çarpıcı örnek verip geçelim: 12 Mart'tan sonra gözaltına alınan en yüksek bürokrat olan TEK Genel Müdürü Mehmet Erdemir, AP eski milletvekili ve TEK Yönetim Kurulu üyesi Mehmet Ali Aytaç tarafından ihbar edilmişti. Aytaç'ın ihbarında (Jandarma Genel Komutanı Kemalettin Eken'e suikast girişimi duyulunca), "Bravo gençlere, kana kan gerekir" dediğini öne sürdüğü Mehmet Erdemir, Semih Sancar'dan sonra Ankara sıkıyönetim komutanı olan Namık Kemal Ersun'un emriyle gözaltına alındı. Beraat etti. Ersun kararı temyiz etti, reddedildi...

Ankara İktisadî ve Ticarî İlimler Akademisi Rektör Yardımcısı Naci Kınacıoğlu aynı akademiden Doçent Erzan Erzurumluoğlu'nu ihbar etti. "Nisan'da kızıl bayrağı çekeceğiz" dediği iddia edilen Erzurumluoğlu, ailesiyle tatil kampında bulunduğu Erdek'ten apar topar Emniyet'e götürüldü. Hakkında takipsizlik kararı verildi.

Siyasal Bilgiler Fakültesi Dekanı Mümtaz Soysal bir resepsiyondaki sohbet sırasında, "Fakültede tek renk vardır o da kırmızıdır. Bunun değişik tonları vardır. Fakat başka renge müsaade edilemez" dediği için ihbar edildi. Soysal hakkında koğuşturmaya yer olmadığına karar verildi, ihbarı yapan Prof. Ali Ertuğrul ile Prof. Vedat Sezer hakkında iftira suçundan dava açıldı.

78 *İkibine Doğru* dergisi, 17-23 ocak 1988.

Bu kadar ucuz kurtulamayanlar da vardı: Yazar Sevgi Soysal, 26 şubat 1972'de Çöl İskelesi adlı restoranda Altan Öymen'le yemek yerken "Silahlı Kuvvetler'e hakaret içeren" konuşmalar yaptığı gerekçesiyle ihbar edildi. Muhbirlerin tanıklığına dayanılarak 10 ay hapse mahkûm edildi![79]

Sofya'ya kaçırılan uçakta İsmet Paşa'nın oğlu Ömer İnönü de vardı demiştik.

Haberi alan İsmet İnönü bir kalp spazmı geçirdi.

Oysa ertesi gün CHP kurultayı toplanacaktı. 12 Mart'tan hemen sonra Ecevit'in genel sekreterlikten istifasıyla başlayan İnönü-Ecevit gerginliği, artık açık bir mücadeleye dönüşmüştü. Çözüm bu kurultaya kalmıştı.

Bir gün ertelenen kurultay, İsmet Paşa'nın durumu biraz düzelince 6 mayısta toplandı.

Ve 6 mayıs 1972'de İsmet İnönü'yü genel başkanlıktan indiren Bülent Ecevit CHP'nin yeni lideri oldu.

13 mayısta Cumhuriyet tarihinin en kısa ömürlü hükûmeti kuruldu: Kontenjan Senatörü Suat Hayri Ürgüplü'nün Bakanlar Kurulu, radyonun 13.00 haberlerinde açıklandı. Gece haberlerinde ise "onaylanmadığı" bildirildi. Yarım gün içinde Genelkurmay Başkanı Tağmaç devreye girmiş ve Cumhurbaşkanı Sunay'a, "Böyle hükûmet olmaz" demişti.

16 mayısta kurulan Ferit Melen Hükûmeti ise Sunay'dan "onay", meclisten de güven oyu aldı.

Hükûmet yenilenmişti, ama Türkiye'nin ufkunda kapkara bulutlar dağılmamıştı.

Ağustos 1972'de Genelkurmay Başkanı Tağmaç'ın, mart 1973'te de Cumhurbaşkanı Cevdet Sunay'ın görev süreleri doluyordu. Ordu komuta kademesi her iki olayla ilgili kararını 12 Mart'tan hemen sonra vermişti. Bu karar temmuz 1971'de Eskişehir'deki gizli bir toplantıda Sunay'a tebliğ edilmişti: ağustosta Gürler, Genelkurmay başkanlığına getirilecek, sonra da Cumhurbaşkanı Sunay'ın görev süresi üç yıl uzatılacaktı!

79 Bu olayların ve daha fazlasının belgeleri *7 Gün* dergisinde 19 aralık 1973'ten, 13 şubat 1974'e kadar yayımlanmıştır.

Ama Sunay ikili oynuyordu. Ordu'daki Gürler karşıtı güçlü ekiple de ilişki içindeydi. Bu ekibin başını Faik Türün çekiyordu. Ankara Sıkıyönetim Komutanı Semih Sancar da Gürler karşıtı gruptaydı. Sancar'ın Demirel yanlısı olduğu biliniyordu.

Sunay, "Gürler'i ekarte ettiği" takdirde Türün'e de Genelkurmay başkanlığı sözü vermişti![80] Gürler karşıtı ekip, ilk aşamada Tağmaç'ın süresinin uzatılmasını istedi. Tağmaç'ın süresi uzatılırsa Gürler'in önü tıkanacak, seneye Kara Kuvvetleri komutanlığından emekli olacaktı. Bu yüzden kapalı kapılar arkasından Gürler'i yıpratma kampanyası başlattılar. Türün, eski dosyaları açtı, Gürler'in sol bir darbe içinde olduğunu kanıtlayacaktı. Ve başında kendi ekibinden Memduh Ünlütürk'ün bulunduğu Ziverbey'deki işkenceli sorgularla Faruk Gürler aleyhinde ifade toplama çabasına girişti.

Devletin çatısındaki siyaset oyunu çok sert oynanıyordu...

MİT ajanını harcıyor

Artık Ziverbey'e getirilen herkes iki kişi aleyhinde ifade vermeye zorlanıyordu: Kara Kuvvetleri Komutanı Faruk Gürler ile Hava Kuvvetleri Komutanı Muhsin Batur.

27 Mayıs'tan sonra bir ara MAH İstanbul bölge başkanlığı'na getirilmesi düşünülen Kurmay Albay Talat Turhan, Ziverbey'e temmuz 1972'de alındı. O sırada MİT müsteşar yardımcılığı koltuğunda oturan Recep Ergun'la Kara Harp Okulu'nda sınıf arkadaşıydılar.

31 gün süreyle işkencede kaldı. "Boğaziçi Köprüsü'nün ayaklarından birine bomba yerleştirmek"le suçlanıyordu. Bu yüzden yargılandığı davanın adı da "Bomba Davası" olarak anıldı. Ama ona asıl söyletilmek istenen "Gürler ve Batur'la Marksist-Leninist bir cunta içinde yer aldıkları"ydı.

İşkenceciler kaba falaka ve elektrikten öte daha ince ve sistematik işkence yöntemleri uyguluyorlardı. İşkence metotlarını nereden öğrendiklerini Talat Turhan daha sonra çı-

80 Faik Türün, Sunay'dan bu teklifi aldığını daha sonraki yıllarda açıkladı. Faruk Gürler'i de "Marksist-Leninist bir cuntanın başı" olmakla suçladı. *Tercüman,* 6-25 aralık 1985.

karıldığı mahkemede açıklıyordu: "Washington Uluslararası Polis Akademisi, Panama'daki üslerde bulunan 'Southern Command (Güney Komutanlığı) bağlı Kontrgerilla Okulları, Albrook Hava Üssü'ndeki İnter-American Air Force Academy..."[81]

Ziverbey'de sorgulanan herkese "Genelkurmay Başkanlığı'na bağlı kontrgerilla örgütünde bulunduğu, kendilerinin Anayasa ve yasalara bağlı olmadıkları" söyleniyordu. Köşk'teki sistematik işkence, Kızıldere'den sonra sorgulamaları ele alan "kontrgerillanın teknik sorgulama timi" tarafından yürütülüyordu. Başında MİT İstanbul Kontrkomünizm Daire Başkan Yardımcısı Eyüp Özalkuş vardı.[82]

İşkence köşkünün "misafirlerinden" Doğan Avcıoğlu anlatıyor: "Teknik yardım ve eğitim sağlama yoluyla CIA, ulusal gizli polis örgütlerine kolayca sızmayı başarmıştır. 1972 sonbaharında bana 'Kontrgerilla üssü' diye bildirilen ünlü köşke götürüldüğümde, odamdaki yatak bir Amerikan yatağı idi. Yatağın üstünde markası ve fiyatı yazılıydı: 'New Beauty Rest, 69,5 dolar.' Pencereleri siyah kâğıtla kaplanmış ve içinden tüten bir soba borusu geçen eski köşkün harap odasına, 69,5 dolar fiyatlı yeni bir Amerikan yatağı pek az yakışıyordu. İhtimal, köşkte benim görmediğim, fakat varlığını feryatlardan sezdiğim, Amerikan yardımından sağlanmış bir çok 'teknik araç' bulunmaktaydı. Kontrgerillada bana yöneltilen ve yazılı cevap istenen belli başlı sorulardan biri, Amerika'yı neden eleştirdiğimiz idi."[83]

İlhan Selçuk da insanların bu köşkte neler çektikleri, ne işkenceler gördükleri hakkında bir kitap yazdı.[84]

Ziverbeyciler çok "uğraştılar", ama sanıklardan ne kendilerini, ne de Orgeneral Gürler'i suçlamaya yetecek ifade alamadılar. Çünkü İlhan Selçuk, Doğan Avcıoğlu ve İlhami Soy-

81 Talat Turhan, *Bomba Davası Savunma,* s. 191.

82 Ziverbey'deki işkenceleri yöneten MİT görevlisi Eyüp Özalkuş ile Bomba Davası'ndan Gürler-Batur aleyhinde siyasî malzeme üreten dönemin ünlü Sıkıyönetim Savcısı Süleyman Takkeci (12 Eylül Askerî Darbesi'nde de DİSK ve Barış Davası'na baktı), daha sonra THY Sivil Savunma Kurumu'nda birlikte çalıştılar.

83 Doğan Avcıoğlu, *Devrim ve Demokrasi Üzerine,* s. 103 ve Uğur Mumcu'nun *Suçlular ve Güçlüler* kitabına önsöz.

84 *Ziverbey Köşkü,* Çağdaş Yayınları.

sal, Ziverbey'e götürülmeden önce nasıl ifade vereceklerini aralarında kararlaştırmışlardı.

Savcıların ellerinde MİT ajanı Mahir Kaynak'ın katıldığı "cunta toplantılarını" kaydettiği bant çözümlerinden başka bir delil yoktu.

Davayı bu şekilde açamazlardı, kanıt gerekliydi.

MİT, ajanını tanık yapmaya karar verdi.

Ve ajanlarını Sıkıyönetim Mahkemeleri'nden koruma ilkesine istisna getirerek, sol örgütlerin içine soktuğu en önemli ajanı olan Mahir Kaynak'ı deşifre etti.

Ayrıca Mahir Kaynak MİT'in koruduğu öteki muhbir veya ajanlar gibi salt istihbarat toplamak amacıyla görevlendirilmiş biri değildi. Bir ajan-provokatördü[85] Bu görevde olanlar, istihbarat görevinin yanında, aralarına girdikleri insanları daha yıkıcı olmaya, daha fazla suç işlemeye kışkırtırlardı.

Kaynak, bu yüzden yurtdışına da gönderilememişti. Fuat Doğu Lizbon'a gitmeden önce MİT, başbakandan bir memuruna (Mahir Kaynak'a, y.n.) bir dış görev verilmesini istemiş, konu Sadi Koçaş'a havale edilmişti. Koçaş, memurun durumunu incelemiş, "Madanoğlu-Köksal dosyasının hazırlanmasında yardım eden ajan-provokatör" olduğunu görünce dış görev verilmesi talebini reddetmişti.[86]

Sanıklardan elde edemediklerini ajan-provokatörlerini gözden çıkararak sağlayacaklardı. Mahir Kaynak'tan sadece Madanoğlu davasına tanık olması değil, Gürler aleyhinde de tanıklık yapması isteniyordu. Açığa çıkma tehlikesiyle karşı karşıya kalan Kaynak, MİT'e direndi. "Olayın içindeyken, yaptığın yanlışlığı görüp itirafta bulunmuş gibi yap" dediler, kabul etmedi. Rapor yazmasını istediler, reddetti. "Ben anlatırım, anlattıklarımı rapor haline getirirsiniz" dedi. Öyle yaptılar.

Mahkemede okunan raporların kendisine ait olduğunu kabul etti.

Ama Ziverbeycilerin foyası hemen meydana çıktı. Mahkeme heyeti, sanıkları beraat ettiren gerekçeli kararında MİT

85 Kışkırtıcı ajan.
86 Sadi Koçaş, *12 Mart Anıları*, s. 318.

ajanının tanıklığına itibar etmedi. Anayasa Mahkemesi'nin son kararları buna olanak tanımıyordu. Ajanın raporunda ve duruşmalardaki ifadelerinde çelişkiler vardı. Tasdikli ve tasdiksiz raporları karşılaştıran mahkeme aralarında fark bulmuştu. Üstelik üzerinde değişiklik yapılan tasdiksiz rapor Faruk Gürler'le ilgiliydi!

Gerekçeli karardaki en önemli saptama şuydu: "Millî İstihbarat Teşkilatı'nın görevleri arasında adlî görev de ifa edeceğine dair herhangi bir hüküm mevcut bulunmamaktadır. MİT'in yaptığı takibin kanunî bir takibat olarak nitelendirilmesine ve kabulüne imkân görülmediği..."

Yani, Askerî Mahkeme, MİT'in sanıkları takibini yasadışı bulmuştu!

Cumhurbaşkanı Cevdet Sunay da mecliste grubu olan partilerin liderlerine bundan yakınıyordu: "Teypler delil sayılsa idi o zaman daha erken netice alınırdı. MİT'in temin ettiği deliller, teypler ve ajanlar delil sayılmadı. Anayasa Mahkemesi kararı delilsizlik doğurdu. Böylece senelerden beri hazırlanan dosyalar hiçe sayıldı."[87]

Mahir Kaynak sonrasını şöyle anlatıyor: "12 Mart mahkemelerinde ben tanık olmak için mecburen kimliğimi açık ettim. Açığa çıkarılan bir adamın yapabileceği hiçbir şey yoktur. Günlerce evden dışarı bile çıkamadım. Bir gün Hiram Abas beni Park Otel'e içki içmeye davet etti. Park Otel benim için çok lüks bir yerdi. Gittiğimde sıkıntılıydım. O ise çok rahattı, piposunu rahatlıkla tüttürüyordu. Doğrusu bu rahat tavrı beni etkiledi."

Talat Turhan ise bu durumu şöyle değerlendiriyor: "Balon Operasyonu'nda ajan harcandı, ama dava beraatla sonuçlanınca kabak değil de balon Mahir Kaynak'ın başında patladı. Zor ve sıkıntılı anlar yaşayan eski ajan kuralı bozan teşkilatını kural dışı da olsa sürekli eleştirdi. Sade vatandaş, eski MİT'çinin söylediklerinin çok azını dile getirse çoktan 141-142'nin hışmına uğrardı.[88] Kaynak'ın buna getirdiği açıklama ise şöyle: "Benim bertaraf edilmem onların kaybı

87 13 Temmuz 1972 Florya Köşkü Tutanakları, Cüneyt Arcayürek, *Çankaya'ya Giden Yol*, s. 312.

88 Talat Turhan, *Doruk Operasyonu*, s. 47.

olacaktı. O yüzden hiçbir şey yapamadılar. Belki de şansım var, belki de ömrüm uzundu, bilemiyorum."[89]

Bu olaydan sonra resmen MİT kadrosuna geçen Mahir Kaynak Ekonomik İşler Daire Başkanlığı'na getirildi. Öylesine işlevsiz bir yere getirilmişti ki bir gün Recep Ergun'dan "İran'daki tavuk fiyatlarını öğrenip hükûmete bildirmek" görevini bile almıştı!

Çok sonraları MİT'ten ayrılıp öğretim üyeliğine geri döndü. Artık teşkilatı daha rahat eleştirebilecekti.

MİT'in Marmara Brifingi

Faik Türün ekibinin ağustos tayinlerini değiştirmeye gücü yetmedi.

Hava Kuvvetleri Komutanı Batur'un, Kara Kuvvetleri Komutanı Gürler'e desteği tamdı. Gürler, Aslanlı Kapı'dan (Genelkurmay Başkanlığı) sonra Çankaya'ya tırmanırsa, en kıdemli orgeneral olarak Genelkurmay başkanlığı Batur'a geçebilirdi. "Uçan general" de denilen Muhsin Batur, Gürler karşıtlarına gözdağı vermek üzere Ankara üzerinde jetlerini uçurdu.

Muhsin Batur şöyle diyordu: "O arada benim emrimle Ankara semalarında jetler uçmaya başlamıştı. Ne yapalım... kimileri el altından maksatlarına ulaşmak isteyince bu yollara sapmak gerekli oluyordu."[90] Başkentliler bunu yaklaşan 30 Ağustos Bayramı'nın provası sandılar. Ama anlayan anlamıştı. Mücadeleye henüz hazır olmayan karşı tarafın direnci kırıldı, esas çarpışma ikinci raunda kaldı.

Memduh Tağmaç fazla direnemeden emekli oldu. Genelkurmay başkanlığına Orgeneral Faruk Gürler geldi.

Gelmesiyle birlikte, yakın tarihimizde devletin zirvesinde görülen en büyük kavgalarından birine start verildi. Sanki görünmeyen bir el devletin bütün güçlerini savaş sahnesine sürmüştü. Taktikler, ayak oyunları, ikili oynayanlar, köstebekler, dinlenen telefonlar, yayılan söylentiler, dedikodular, adam yıpratmalarla tam yedi ay sürecek bir savaş başlıyordu.

89 Cüneyt Arcayürek, *Darbeler ve Gizli Servisler*, s. 121.
90 Muhsin Batur, *Anılar ve Görüşler*, s. 362.

Savaşın nedeni açıktı: Cumhurbaşkanı Cevdet Sunay'ın görev süresi 1973 martında doluyordu. Bu durumda gelenek devam ederse onun yerine Faruk Gürler cumhurbaşkanı olacaktı. Ve bunun bütün dengeleri altüst etme olasılığı vardı.

Böylece Türkiye her şeyin cumhurbaşkanı seçimine endekslendiği bir döneme girdi.

Faruk Gürler karşıtı ekip yerini sağlamlaştırmıştı: Faik Türün yerinde kalmış, Turgut Sunalp Genelkurmay ikinci başkanı olmuş, Semih Sancar Kara Kuvvetleri komutanlığına getirilmişti.

Şimdi bu cepheye çok önemli siyasî bir güç de ekleniyordu: AP Genel Başkanı Demirel henüz açıkça girmediği, ama yavaş yavaş hazırlandığı bu savaşta "solcu" Faruk Gürler'den 12 Mart'ın "rövanşını" almak istiyordu.

Ordu'nun zirvesindeki kavgalara katılmayı artık bir "görev" haline getirmiş olan MİT de mücadelenin taraflarından biriydi. İstihbarat örgütünün Nurettin Ersin, Recep Ergun, Rüştü Kazandağı ve Hulusi Suman'dan oluşan dörtlü yönetimi Faruk Gürler'den yana saf tutmuşlardı. Nedeni açıktı: Pasif görevlerden alınıp oraya getirilmelerini 12 Martçılar'a borçluydular.

Bu saflaşmanın ilk güç denemesi 3 kasımdaki "Marmara Brifingi"nde[91] yapıldı. Brifing, dışarıdan bakıldığında devletin üst kademelerini "anarşi ve terörün kaynağı olan sol ve sağ örgütler" konusunda rutin bilgilendirme toplantılarından biriydi.

Ama işin perde arkası öyle değildi.

Toplantı MİT'e ait bir yerde yapılıyordu ve o güne kadar bu brifingleri MİT'in vermesine alışılmıştı. Ama brifingi veren MİT değildi! Hatta brifing ekibinde temsilcisi bile yoktu!

Brifing ekibi Turgut Sunalp, Memduh Ünlütürk ve subaylarından oluşuyordu.

91 Brifing, MİT'in Ankara Atatürk Orman Çiftliği'ndeki Marmara Köşkü'nde yapıldığı için bu adı almıştı. Bilgilendirme ekibinin hepsi askerdi ve rütbe sırasıyla şu kişilerden oluşuyordu: Turgut Sunalp, Abdurrahman Ergeç, Recai Engin, Memduh Ünlütürk, Fazıl Polat, Nahit Arda, Fikret Küpeli, Ali Pirgil, Turgut Akan, Ragıp Horozoğlu, Sabahattin Ar, Necdet Timur.

"Anarşiyle mücadele" konusunda inisiyatif, Türün-Sunalp-Ünlütürk ekibine geçmişti! Yani "Ziverbeycilere", yani kontrgerillaya...

Başında Gürlerci Nurettin Ersin ve ekibinin bulunduğu MİT, uyanıklık yaparak brifinge katılmamıştı! Başlaması çok yaklaşan kavganın ilk devresinde pasif güreşerek ilk hamlenin Faik Türün cuntasından gelmesini beklemiş, sorumluluğun onlarda kalmasını hedeflemişti.

Ama karşı taraf uyumuyordu.

Gürler'in en önemli destekçilerinden olan MİT'in yönetimini sarsmak için ilk gürültüyü Ersin'e karşı koparacaklardı.

Hiram Abas'tan Nurettin Ersin'e "muhtıra"

MİT Müsteşarı Nurettin Ersin'in, Fındıkzade ve Arnavutköy baskınlarından sonra gönderdiği kutlama mesajı Hiram Abas'ta ikili bir etki yaratmıştı. Fuat Doğu'nun gitmesinden ve MİT'in tepesindeki değişiklikten pek hoşnut olmadığı için yeni yönetimden kendisine gelen kutlama ve geçmiş olsun dileklerine çok sevinemedi. Ama birçok kişinin "yasadışı" diye suçladığı operasyonların bizzat müsteşar tarafından kutlanması önemli bir olaydı. Onun "bildiği yolda" yürümesinin kapılarını açıyordu. Bundan aldığı cesaretle bölge yönetimini "baypas"[92] ederek Nurettin Ersin'e ulaştırılmasını istediği uzun bir yazıyı kaleme aldı. Son olaylarla prestijinin çok yükseldiği İstanbul bölgedeki arkadaşlarına da imzalattırdığı, kendisiyle birlikte otuz imzalı yazıyı, 7 ekim 1972'de İstanbul Bölge Başkanlığı aracılığıyla müsteşara gönderdi.

Yazıda sekiz madde halinde "servis"in[93] sorunları anlatılıyor ve çözüm yolları öneriliyordu. Ama öyle bir bölüm vardı ki orada tam Hiram Abas'ın idealindeki örgüt anlatılıyordu: "Servisimizin Türkiye iç ve dış politikasında rol oynamasını ve bunun hükûmet ve bakanlıklarca normal karşılan-

92 Hiram Abas'ın ileriki yıllarda çok sık başvuracağı, hiyerarşiyi atlayarak en üst makama ulaşma yöntemine teşkilatta böyle deniyordu.

93 İlginç bir özellik daha: mensuplarının büyük bir çoğunluğu MİT'ten "teşkilat" diye söz ettikleri halde, Hiram Abas gerek yazarken, gerekse konuşurken hep "servis" deyimini kullanırdı. Bu deyim, genelde CIA ve Mossad ajanları tarafından kendi örgütleri için kullanılır.

masını gerekli görmekteyiz. Son sol hareketlerde servisin geçmiş yıllarda ne kadar haklı olduğu anlaşıldığı, dış temsilciliklerimizdeki bazı casusluk olaylarında servisimizin buralarda ne kadar lüzumlu bulunduğu görüldüğü halde servis, ilgili bakanlıklardan ve hükûmetten çalışmalarla ilgili gerekli tavizleri alamamıştır. Servis politika dışında, fakat Türkiye politikasını etkileyen ve hatta politikaya yön veren bir müessese haline gelmelidir."

Yazının sonlarına doğru ise örgüt içi bir ihbarda bulunuluyordu: "İspat edemeyeceğimiz, fakat emarelerini şifahî olarak karinelerle belirtebileceğimiz bir husus, servis içinde idarî mekanizmaya etkisi olan, yabancı devletler lehine çalışan şahıs veya şahısların bulunduğudur. Geçmiş senelerde birçok emsal servislerde bu gibi olayların meydana çıkarılması nedeniyle bu hususa önemle eğilinmesini ve gerekli çalışmaların güvenilir şahıslar tarafından gizlilikle yapılmasını istemekteyiz." Bu son bölümün tercümesi, Hiram Abas'ın müsteşar eğer arzu ederse şifahî, yani sözlü bazı ihbarlarda bulunmak istemesiydi.

Nurettin Ersin "muhtıra" diye adlandırdığı bu yazıya yazılı tepkisini dört ay sonra gösterdi. Çünkü o sırada cumhurbaşkanına, başbakana, Genelkurmay başkanına ve kuvvet komutanlarına 2 aralık 1972 tarihli imzasız bir bildiri gönderilmişti. "Çiçeği burnunda" CHP Genel Başkanı Bülent Ecevit'in masasına bile uzanmış olan mektupta şöyle deniyordu:

"Nurettin Ersin, Rüştü Kazandağı ve Recep Ergun'a açık mektup!

Son tutum ve davranışlarınızla gerçek niyet ve düşüncelerinizi bütün ayrıntıları ile ortaya sergilenmiş bulunuyorsunuz. Sizin kafanızda bulunan şahısların bu görevde bulunması bizler için, servis için büyük şanssızlıktır.

Daha dün operasyonlardaki hedefler arasında ismi geçen şahıslarla birlikte oyun tezgâhlayarak Çankaya Operasyonu'nu yürütmek için AP ileri gelenleri ile bazı devlet adamlarımızın telefonlarını dinlettiğinizi herkes biliyor. Cuntasal faaliyet yürüten bazı şahısların konuşmalarında MİT'teki adamımız dedikleri Recep Ergun'u cuntacılar bilmekte ve ona güvenmektedirler.

Sizler daha önceki Müsteşar Fuat Doğu ile MAH Başkanı İzzetin Cebe ve arkadaşlarını hırsızlıkla, ırz düşmanlığı ile itham etmek küstalığını göstermiş müfteri durumuna düşmüştünüz. Asıl siz R. K.'nın (Rüştü Kazandağı, y.n.) eşine tahsis edilen otoyu, devletin herhalde size bu iş için vermediğini idrak edebilecek durumdasınız. Bayan S. ile sizlerin de bir ilişkisi olmalı ki bu kadını yeniden işe aldınız.

Sizler önceki dönemde kurulan şube müdür muavinlikleri kadroları için konulan öğrenim mecburiyetini unutarak ne idüğü belirsiz kara cahil bir K. T.'yi personel daire başkan yardımcılığına tayin ettiniz. Bütün intibak ve tayinler dururken personelde memur olarak çalışan eratın şube müdür muavinliklerine tayinini çıkardınız.

MİT'in selameti için açıklarınızı ve yolsuzluklarınızı şimdilik açıklamakta fayda görmüyoruz. Ancak sırtınızdaki üniformanın şerefini kurtarabilmek için bulunduğunuz makamlardan istifa ettiğinizi, çekildiğinizi 15 gün içinde açıklarsanız yukarıda bir kısmı açıklanan çalışmalarınız umuma açıklanmayacaktır. Aksi halde bütün oyunlarınız hem MİT içinde hem de MİT dışında açıklanacak ve rezil olacaksınız. Bu açıklama Türkiye'de de bir Watergate Olayı yaratacaktır. MİT'te sevilmiyorsunuz, istenmiyorsunuz.

Bunun için size 15 gün mühlet verilmiştir. MİT'te soysuzların ve müfterilerin yeri olmadığını ve barınamayacaklarını bilmelisiniz. Görevden çekilmediğiniz takdirde sizi başbakanın beyanları da kurtaramayacaktır."

Faik Türün cuntasının MİT'teki yandaşları Nurettin Ersin'i yıpratma harekâtını başlatmışlardı. Müsteşar Ersin, "Çankaya Operasyonu" yani Gürler'in seçilmesi için AP'nin ve başka devlet adamlarının (Semih Sancar'ın, y.n.) telefonlarını dinletmekle suçlanıyordu. Mektupçular böylece MİT yönetiminin cumhurbaşkanlığı seçiminde kimi tuttuğunu da açıklamış oluyorlardı.

Müsteşar bu mektubun Hiram Abas ve arkadaşları tarafından yazıldığı kanısındaydı. MİT merkezi, İstanbul'daki otuz muhtıracının her birine birer uyarı yazısı yolladı. İmzasız mektubu yazmakla suçlanıyorlardı ve muhtıra ve mektubun tekrarı halinde gereken yasal işlemin yapılacağı belirtiliyordu.

Hiram Abas müsteşara yazdıkları yazıya böyle sert bir yanıtı hiç beklemiyordu. Hemen kaleme sarıldı ve müsteşarı bu kez sadece kendi imzasıyla yanıtladı.

Hiram Abas, 1 mart 1973 tarihli mektubunda, imzasız yazıların tarafından gönderildiği hükmüne varmış olmalarından duyduğu üzüntüyü bildirdi. O, böyle imzasız bir mektup gönderecek kadar "şerefsiz ve servis terbiyesinden uzak" biri değildi. O güne kadar kaç müsteşarla çalıştığını ve aldığı takdirleri sıraladı. Daha yakınlarda "Cumhurbaşkanı'nın Tunus seyahatinde kendisini korumak şerefine eriştiğini" belirterek Sunay'ı da kendisine referans gösteriyordu.

Bu yazışmalardan sonra Hiram Abas, Müsteşar Nurettin Ersin gerginliği yatışır gibi oldu.

Daha doğrusu Ersin'i kızdıran "imzasız mektupçular" yayınlarına ara verdiler.

Çünkü mart ayı gelmiş, herkes gibi onlar da nefeslerini tutmuşlardı.

MİT'teki kavganın son darbesi cumhurbaşkanı seçiminden sonraya ertelenmişti.

Cumhurbaşkanlığı seçimi MİT'i bölüyor

Ziverbey'de işkenceyle alınan ifadeler hiçbir dava dosyasına konmamıştı. Ama birer kopyaları Süleyman Demirel'in kasasında gün ışığına çıkarılmayı bekliyordu. Mektupları ona kim vermişti? Bir süre sonra AP'den milletvekili olacak olan Faik Türün mü?[94] Orası bilinmiyor. Gürler'in cumhurbaşkanlığını engellemek için mi verilmişti? İşte burası kuşkusuz.

23 ocakta Başbakan Ferit Melen'in Demirel'i konuta çağırıp gizlice söyledikleri, AP genel başkanının açık mücadeleyi başlatmasına neden oldu. Başbakan Melen, "Sunay'ın süresini üç yıl uzatalım, Ordu'nun görüşü bu" demişti. Demirel, sözlerinin Ordu üst kademelerine gideceğini bilerek Melen'e,

94 Konuyla ilgili bir yazısında Uğur Mumcu da, "Belki Faik Türün vermiştir" der. Ama buna bir not daha ekler: "Geçenlerde bir otomobil kazasında ölen 12 Mart savcılarından Yargıç Albay Naci Gür'ün üzerinden dokuz ayrı kimlik çıkmamış mıydı ? Gazeteler, Albay Gür'ün üst derecede bir MİT görevlisi olduğunu açıklamamış mıydı ?" *Cumhuriyet,* 17 mart 1978.

"Sonra? Üç yıl sonra da Gürler cumhurbaşkanı olsun. Böyle bir şey tartışılamaz bile" yanıtını verdi. Melen'den sonra başka arabulucular da geldi, hepsi Demirel'den "ret" cevabı aldılar.

Demirel, Ordu üst kademesinin Gürler konusunda fikir birliği içinde olmadığını biliyordu. Sancar'ın tutumundan haberi vardı.

Batur'un Gürler'le arasının açıldığı haberleri de geliyordu. En genç, ama aynı zamanda en kıdemli orgeneral olan Muhsin Batur, Gürler'den artık geleneklerin değişmesini, havacılara da Genelkurmay başkanlığı yolunun açılabilmesini istemişti. "Amerika'da havacılar da, denizciler de bu göreve gelebiliyorlardı." Ayrıca cumhurbaşkanı olursa arkasında Batur gibi güvenebileceği biri olmalıydı, Sancar ekibine güvenemezdi.

Faruk Gürler gelenekleri değiştirmeye yanaşmadı.

Gürler'in adı artık kulislerden kamuoyu önüne çıkıyordu. AP üst düzey yöneticileri buna açıkça tavır koydular. Demirel Güven Partisi (GP) lideri Turhan Feyzioğlu ile CHP'den ayrılıp Cumhuriyetçi Parti'yi (CP) kuran Kemal Satır'dan destek arıyordu. CHP'de belirgin bir tavır yoktu. Genel Sekreter Kâmil Kırıkoğlu kulislerde "Ecevit'in Gürler'e söz verdiğini" söylüyordu. Kasım 1972'de partisinden ve milletvekilliğinden istifa etmiş ve kontenjan senatörlüğüne getirilmiş olan İsmet İnönü'nün adı da bir ara kulislerde dolaştı, ama Paşa eski Paşa değildi, arkasında siyasî bir destek kalmamıştı.

MİT'in iki kanadı da girmişti tartışmalara. Bir kısmı, "Müsteşar Ersin'in Gürler'i desteklediğini, Gürler seçilmezse Ordu'nun darbe yapacağını" yayarken, öteki bölümü, "Sunay'ın ve Kara Kuvvetleri Komutanı Sancar'ın Gürler'e karşı olduğunu" fısıldıyordu kulaklara.

Beklenen gelişme seçime bir hafta kala gazete manşetlerinde yer aldı: "Gürler Genelkurmay başkanlığından kendi isteğiyle emekli edildi. Semih Sancar Genelkurmay başkanlığına getirildi."

Gürler'e onu destekleyen 400 parlamenter olduğu söylenmiş, seçileceğinin kesin olduğuna inandırılmıştı. "Sivilleşen"

Gürler, cumhurbaşkanı tarafından kontenjan senatörlüğüne atandı. Çünkü, Anayasa cumhurbaşkanının TBMM içinden seçilmesini şart koşuyordu!

Ardından sansür geldi. Ankara Sıkıyönetim Komutanı Namık Kemal Ersun'un yayınladığı bildiri, cumhurbaşkanlığı seçimleriyle ilgili "Silahlı Kuvvetleri rencide edecek ve meclisin iradesini baskı altında tutacak yayınlardan kaçınılmasını" tavsiye ediyordu. Ecevit'in "Bu bir sansürdür!" demeci bile basında yer alamadı. Artık TRT'nin Gürler propagandası yapan yayınlarından başka bir şey kalmamıştı.

13 mart günü TBMM'nin dinleyici locası başta Semih Sancar, yüksek rütbeli subaylar tarafından doldurulmuştu. Bugün geri dönüp o fotoğrafa bakanlar parlamentonun Ordu tarafından işgal edilmiş olduğunu bile sanabilirler.

Bir tek Hava Kuvvetleri Komutanı Muhsin Batur yoktu aralarında. Genelkurmay başkanlığı hayali suya düştüğünden beri Gürler'den desteğini çektiği söylentisi doğrulanıyordu.[95]

Milletvekilleri mesajı hemen aldılar: "Gürler seçilmezse jetler uçmayacaktı!"

Ve... Seçilmedi.

AP'li Tekin Arıburun 292, Faruk Gürler 175, DP lideri Ferruh Bozbeyli 45 oy almıştı.

O gün yapılan üç turda da oranlar değişmeyince Gürler adaylıktan çekildi.

Jetler uçmadı, ama komutanlar o gece Cumhurbaşkanı Sunay'a gittiler. Önerdikleri yeni formül Sunay'ın süresinin bir iki yıl daha uzatılmasıydı. Sunay'ın cevabı o sıralarda Ankara'da anlatılan kendisiyle ilgili fıkralara yakışır gibiydi: "Bir iki yıl için kimse evini bile kiraya vermiyor. Yeni bir dönem için olursa kabul ederim."

Gürler'in seçilememesi sorunu yeniden kitlemişti. Ordu'nun Köşk'te bir AP'liyi istemediğinin bilinmesi, mecliste yeni yeni aday isimlerinin dolaşmasına neden olmuştu. MİT'te boş durmuyordu; MİT ile meclis arasına sanki bir istihbarat köprüsü kurulmuş, adaylık için kimin adı geçse

95 *The Economist* 19 mart 1973'te şöyle yazıyordu: "Güçlü ve popüler bir asker olan Muhsin Batur, General Gürler'in cumhurbaşkanlığını destekleyenlerden biriydi. Ancak Gürler'in yerine Genelkurmay başkanı olamayınca bu destek eridi."

onunla ilgili aleyhte söylentiler yayılıveriyordu kulislere.

Cumhurbaşkanlığı seçimi turları sürerken, Sunay'ın görev süresinin uzatılması için Anayasa değişikliği oylaması yapıldı. "Sunay formülü" bir oy farkla reddedildi: 300-299! Parlamento askerlere direniyordu.

Demirel ile Ecevit bir ara Anayasa Mahkemesi Başkanı Muhittin Taylan üzerinde anlaştılar. Kontenjan senatörlüğüne atanmasını istemek üzere Çankaya Köşkü'ne çıktıklarında, Taylan'ın dosyası Cumhurbaşkanı Sunay'ın önüne çoktan konmuştu: "Başkan, Deniz Gezmiş'lerin idamına karşı çıkmıştı!"

Sunay, Muhittin Taylan'ı senatoya atamayı reddetti. Konuyla ilgili son eylemi de bu oldu. Süresinin dolduğu 28 mart günü de Köşk'ten inip senatodaki koltuğuna oturdu.

Çözümsüzlük sürerken ve Ordu'nun partiler üzerinde "Gürler'i seçmeleri için" baskıları yeniden artarken beklenmedik bir gelişme oldu: Demirel ile Ecevit Deniz Kuvvetleri eski komutanlarından, emekli Oramiral Fahri Korutürk üzerinde anlaşmışlardı. Konuyu açtıkları Feyzioğlu MİT'in yaydığı söylentiden, Korutürk'ün Moskova büyükelçiliği sırasında geçirdiği ruhsal bunalımdan söz ederek itiraz etti.[96]

AP ve CHP liderleri ona aldırmadan Korutürk'e haber yolladılar. Hakkında kulislerde söylenenlere üzülüp İstanbul'daki evine çekilmiş olan kontenjan senatörü Korutürk, Ankara'ya döndü. Ve seçildi. 6 nisan 1973'te frak giyip Cumhurbaşkanlığı yeminini etti. Devletin en tepesinde bir istihbaratçı vardı artık; Fahri Korutürk, bir dönem Genelkurmay İstihbarat Dairesi'nin başında bulunmuştu. Zaten istihbaratçı kimliği bilindiği için Moskova'ya büyükelçi olarak gönderilmişti...

Ziverbey'de son perde

Daha önceki bölümlerden anımsayacak olursanız, 21 ocak 1972 tarihli *Daily Telegraph* gazetesi Türkiye'deki CIA ajanlarının eylemli katkılarından söz etmişti.

96 İkinci Erim Hükûmeti'nin istifasından sonra tarafsız başbakan arayışları sırasında da Korutürk'ün adı geçmiş, o zaman Cumhurbaşkanı Sunay şöyle demişti: "Amiral hastalık geçirdi. Sinirlidir, reaksiyoneldir. Haksız müdahaleler oldu mu tahammül edemez. Bir haftada istifa eder." Cüneyt Arcayürek, *Çankaya'ya Giden Yol,* s. 284.

Eski CIA ajanı Philippe Agee ise *Firar* kitabında şöyle diyordu: "CIA kendisinin en önemli düşmanları ve aleyhtarları hakkında geniş bir liste hazırlar. Bu liste bu kişilerin hayatlarını ve onların nasıl, nerede bulunabileceklerini de içerir. Amaç, askerî darbe olduğu zaman bu bilgi arşivini, o ülkenin gizli askerî istihbarat teşkilatına verip, bu kişilerin derhal bulunup tutuklanmalarını sağlamaktır. Darbe yapıldığında Amerikan aleyhtarları CIA'nın sızdırdığı liste sayesinde tutuklandıklarında, o ülkenin istihbarat teşkilatı üyeleri kurumlaşmış işkence yöntemlerini bu insanlar üzerinde uygularlar."[97]

Amerikan aleyhtarlarının arasına kışkırtıcı ajan sokulması... eylemli katkılar... istihbarat elemanlarının kurumlaşmış işkence yöntemleri... O yıllardaki Türkiye'ye, özellikle de Ziverbey'e bakınca, sanki önceden yazılmış bir senaryonun adım adım sahneye konduğunu görür gibi oluyorduk.

Kurmay Albay Talat Turhan, "Boğaz Köprüsü'nün ayaklarından birine bomba koyma" suçlamasından mahkemeye çıkarılmayı beklerken, işkenceli sorgulamalarla "itirafları" alınan 22 kişi hakkında da "sabotaj davası" açılmıştı.

27 kasım 1970'te İstanbul Kültür Sarayı'nın yakılması...

5 mart 1972'de Marmara yolcu gemisinin yakılması...

28 haziran 1972'de Eminönü araba vapurunun batırılması...

Bunlar Türkiye'nin daha önce görmeye alışık olmadığı türden provokatif kirli operasyonlardı!..

Ama Ziverbeyciler "sabotajcıları" hem bulmuşlar hem de "itirafta" bulundurmuşlardı.

3 kasım 1972'deki Marmara Brifingi'nde Turgut Sunalp'in başında bulunduğu konuşmacılar, henüz mahkemeye bile çıkarılmamış olan sanıkları suçlu ilan ettiler. Devlet büyüklerini şöyle "brife" ediyorlardı: "Neticede sabotajcıların hepsi tümü yakalanmıştır. Bugün için edinilen kanaat, sabotajcıların sınırdışı Türkiye Komünist Partisi'nin ortaya sürdüğü büyük paralarla elde edilerek eyleme itildikleri merkezindedir. Hepsi tutuklanmış olan sabotaj ekibi, bir

97 *Tempo* dergisi, 29 ekim 1988.

bütün halinde bir sendikanın görevli mensuplarıdır."

Sorgulamalardan vereceğimiz tek bir örnek, Sunalp ekibinin bu "kanaati" nasıl edindiğini anlamaya yetecektir: sanıklardan O. K. adındaki bir avukat, "gemi batırmak için Bülent Ecevit'ten 465 000 lira aldığını" itiraf etmişti!

Dava Turgut Sunalp'in İstanbul sıkıyönetim komutan vekili olduğu dönemde açıldı.

Ve sanırız artık bu davanın sonucunu tahmin etmişsinizdir: idamla yargılanan 22 sanığın 22'si de beraat ettiler!

Faruk Gürler'in cumhurbaşkanı seçilememesi Ziverbey ekibinin hızını kesmedi. Yeni hedefleri Gürler ile Batur'u cunta davalarının sanıkları haline getirmekti.

Talat Turhan önce "84 Sanıklı Dava" adlı davada yargılanıyordu. Mahkeme sanıkları beraat ettirmeye başlayınca Faik Türün'ün emriyle 11 mayıs 1972'de "lağvedildi". Bomba Davası sürecekti, ama Talat Turhan ve davanın öteki sanıkları bir süre "beklemeye alınmışlardı." Bekleyişin bir nedeni ifadelerinin siyasî arenada kullanılacak olmasıydı. Ama bir başka nedeni daha vardı: Ziverbey'de işkenceyle haklarında delil toplanmaya çalışıldığı, Kayacan, Batur ve Gürler'e ulaştırılmıştı. Madanoğlu davasından yargılanan emekli Hava Kurmay Yarbay Necdet Düvencioğlu, kendisinden işkenceyle bazı komutanların adının alındığını Numan Özdalga'ya iletebilmişti. Tuğamiral Numan Özdalga da bu olayı bir mektupla Muhsin Batur'a iletti. O da o sırada artık Genelkurmay başkanı olan Gürler'e. Bu koşullar altında Ziverbeyciler dava açılmasını bekletmek zorundaydılar. Bu davanın ilk iddianamesinde Gürler, Batur ve Kayacan'ın adı henüz geçmiyordu. Ama Gürler cumhurbaşkanı seçilemeyince bu generaller derhal savcının esas hakkında mütalaasına eklendiler ve Anayasa'yı ihlal etmekle suçlandılar.

Talat Turhan bu mütalaaya karşı yaptığı savunmada, "Sunay-Tağmaç cuntası ile Gürler-Batur cuntası arasındaki mücadelede kendilerinin piyon durumuna düşürüldüklerini" söyledi. "Anayasa'yı ilga suçu işlenmişse bunun baş sorumluları bu dört komutandı. Yok eğer Bakanlar Kurulu'nu cebren görevinden men etmek suçu söz konusuysa, tasfiye edilen Gürler ile Batur değil, başarıya ulaşan Sunay ile Tağmaç bu suçu işlemişlerdi." Turhan'a göre "Bomba Davası, Sunay-Tağmaç-Türün üçlüsü tarafından, Gürler-Batur-Kayacan üçlüsünü temizlemek amacıyla açılmıştı."

Mayıs ayı sonunda Ziverbey'deki konuklara emekli Tümgeneral Celil Gürkan da eklendi. 31 mayıs 1973 günü gözleri bağlanıp, bilekleri kelepçelenerek işkence köşküne götürüldü. Daracık bir odaya ellerinden ve ayaklarından zincirlenerek hapsedildi. Tuvalet ihtiyacını bile zincirli olarak görmek zorunda bırakıldı. Gözleri bağlı olarak kendisine "Albayım" diye hitap edilen birisi tarafından sorgulandı. Sorgusu sırasında sık sık Gürler ve Batur'a ağır hakaretler ediliyor ve onlardan hesap sorulacağından söz ediliyordu. Söz Atıf Erçıkan'a geldiğinde, "Ondan bahsetmeyin, o görevli" dendi. Gürkan'dan, 16 mart 1972'de Ankara Kent Oteli'nin gece kulübünde on üç emekli subay toplanıp, Silahlı Kuvvetler'den öç alma yemini ettiğini kabul etmesi isteniyordu. İddiaları reddetti. Daha sonra kâğıt kalem verilip, Gürler ve Batur'u suçlayan bir ifade yazması istendi. Üç kez baştan yazdırıldıktan sonra sonuncusu beğenilmiş olacak ki gözaltının altıncı gününde serbest bırakıldı. Tümgeneral Gürkan, serbest bırakıldıktan sonra kendisini sorgulayan kişinin Kel E. (Eyüp Özalkuş, y.n.) olduğunu öğrendi.[98]

Celil Gürkan'la birlikte, emekli Tümgeneral Ömer Çokgör, emekli Kurmay Albay İlyas Albayrak, emekli Deniz Binbaşı Erol Bilbilik, emekli Kurmay Albay Bahattin Taner, emekli Kurmay Albay Nedim Arat ve Fakih Özfakih de Ziverbey'e götürülmüşlerdi.

Muhsin Batur ve Kemal Kayacan tertibin kendilerine doğru yöneldiğini fark edince "aktif müdahale" tehdidiyle bu tırmanışı durdurdular. Ziverbey'e götürülenler mahkemeye bile çıkarılmadan serbest bırakıldı. Askerî savcı görev yerini değiştirdi.

Ziverbeyciler zoru görünce rotayı değiştirmişlerdi.

Kimler geçmedi ki Ziverbey'den?

Mareşal Fevzi Çakmak'ın yeğeni, eski Emniyet Teftiş Ku-

98 Celil Gürkan, *12 Marta Beş Kala*, s. 451-486.

rulu Başkanı Adnan Çakmak, oğlu yaşında erlerden küfür yiyordu.

O sırada Genelkurmay başkanı olan Faruk Gürler'in oğlu Metin Gürler, 1 ekim 1972'de Ziverbey'e götürülüp, 7 ekimde kendisine ve babasına küfredilerek Sultanahmet Meydanı'nda serbest bırakıldı.

Gözaltına alınıp Ziverbey Köşkü'ne getirilen subaylara polisler tarafından işkence yaptırdığı için Tümgeneral Osman Fazıl Polat yıllarca Türk Silahlı Kuvvetleri tarafından "afarozla" cezalandırıldı. Ordu, sol görüşlü bile olsa subaylarına polisler tarafından işkence yapılmasını kabul edememişti.

Ziverbey Köşkü, "tarihsel işlevini" bitirdikten sonra sık sık ateşli tartışmalara konu oldu.

12 Mart döneminde bu köşke girebilen tek gazeteci Nimet Arzık oldu. Nimet Arzık, 27 Mayısçılardan Numan Esin'e burada işkence yapıldığını duymuş ve bunu Faik Türün'le konuşmak istemişti. Türün, Arzık'ın köşkü ziyaretine izin verdi. Memduh Ünlütürk de Arzık'a odaları gezdirdi.[99]

Peki, ama yerinin sır gibi saklı tutulduğu Ziverbey Köşkü ve orada "sorgucuların" tanınmamak için kurbanlarının gözlerini bağladığı işkenceler basına nasıl sızmıştı?

12 Mart'ta MİT İstanbul Bölge Başkanı Necip Yusufoğlu'ydu.[100] Yardımcısı da Süleyman Yenilmez'di. Darbenin ilk günlerindeki operasyonlar bu ikilinin yönetiminde yapılıyordu.

Necip Yusufoğlu Ankara'ya atandıktan sonra Ziverbey'in kontrolü Eyüp Özalkuş ve ekibinin eline geçti.[101]

İşte Ziverbey Köşkü'ndeki insanlıkdışı davranışların gazetelere girmesi, bu ekibe karşıt olan Turan Deniz yandaşları

99 Sıkıyönetim kalktıktan sonra Nimet Arzık artık yerini bildiği Ziverbey'e bir de Numan Esin'le birlikte gitti. 27 Mayısçı Esin, köşkü tanıdı, kendisinin hangi odada sorgulandığını anlattı. Daha sonraki yıllarda da Uğur Mumcu "Bomba Davası" yazı dizisini yazarken *(Cumhuriyet,* 9-13 kasım 1985.) köşkü Talat Turhan'la birlikte ziyaret etti. Köşkün önünde çektirdikleri fotoğraf Talat Turhan'ın *Kontrgerilla Cumhuriyeti* adlı kitabının kapağında yer aldı.

100 Necip Yusufoğlu'nun işkencecilerden biri olduğu daha sonraki yıllarda gazetelerde yer aldı. Bkz. *Hürriyet,* 30 ocak 1978.

101 Bu ekibin, daha sonraki yılların ünlü film yapımcısı o dönemin subayı Ümit Utku, adı bazı yolsuzluklara ve provokasyonlara karışan Subay Şahap Atalay, ABD'de eğitim görmüş Mehmet Erhan, Nezih Sarış gibi isimlerden oluştuğu basında yer aldı (*Aydınlık,* 2.8.1978).

sayesinde oldu. Onlara ise emekli Kurmay Albay Turan Çağlar[102] yardım etti. Kitabın ilerleyen bölümlerinde tekrar karşılaşacağımız Turan Çağlar Yusufoğlu'ndan sonra İstanbul bölge başkanlığına gelen Turan Deniz'in yakın arkadaşıydı. Aynı zamanda Gazeteci Nimet Arzık'la da iyi tanışırdı.

Sorumlulara gelince;

Ziverbey Köşkü için önceleri, "İstanbul'da MİT'e ait bir yer" diyorlardı. Ama daha sonra, "Ziverbey Köşkü nedir?" sorusu daha sık sorulur olunca yavaş yavaş itiraflarda bulunmaya başladılar:

Faik Türün: "İşkence iddialarına konu olan Erenköy, Ziverbey Köşkü'nde yapılan soruşturmaya bir kez yarım saat katıldım. Burada MİT'ten gelen müşavirlerin görev aldığını gördüm. MİT, bilindiği gibi yarı askeri bir örgüttür. Bu örgüt içinde büyük sayıda sivil giyinmiş asker görev yapmaktadır. Burada gözaltına alınanların gözlerinin bağlanması bu güvenlik elemanlarının tanınması için tedbir özelliğini gösterir."[103]

"Ben Kadıköy'deki köşkü Kontrgerilla örgütüne özel olarak hazırlattım."[104]

Turgut Sunalp: "Uygulanan sorgulama yöntemi özel bir teknik aslında. Özel olarak yetişmiş insanlardır bunlar... Bir kıza copla tecavüz edildiği iddia edilmişti. İddia eden kız da ciddi şekilde, ağır derecede komünistti. Özür dileyerek söylüyorum, taş gibi delikanlı oğlanlar var elimizde, yirmi yaşında, yirmi bir yaşında. Yani kalkıp da bir kıza bu yoldan işkence yapacaksa copa müracaat etmek ihtiyacını hisseder mi? Yani bazı şeyler var böyle mantıkla çürütülüyor. Benim bildiğim o köşkte bir tek tokat atılmıştır. Bir asker kişiye."[105]

Memduh Ünlütürk: "Başta sıkıyönetim komutanı olmak üzere, yardımcıları Donanma Komutanı Oramiral Kemal Kayacan, Kolordu Komutanı Korgeneral Turgut Sunalp, MİT Müsteşarı Korgeneral Nurettin Ersin bölgedeki garnizon ko-

102 Emekli Kurmay Albay Turan Çağlar, 27 Mayıs'tan sonra kurulan Silahlı Kuvvetler Birliği adlı hareketin İstanbul kesiminin imzaladığı 1961 protokolüne katılmıştı. Çağlar, Talat Aydemir hareketlerinde de yer almıştı.

103 *Hürriyet,* 27 ocak 1978.

104 *Yankı,* 1 temmuz 1993.

105 *Nokta,* 3 kasım 1985. Sunalp'in söz ettiği tokat olayı, Talat Turhan'ın Eyüp Özalkuş tarafından tokatlanmasıdır.

mutanı Tümgeneral Rüştü Naiboğlu, bazı askerî savcı ve güvenlik kuvvetleri yetkilileri sık sık buradaki çalışmaları izlemişlerdir."[106]

Demirel ve Adalet Partisi, bütün bunları bile bile 1973'te Faik Türün'ün Kara Kuvvetleri komutanı yapılması için Genelkurmay Başkanı Semih Sancar'a baskı yaptılar. Ama iş işten geçmiş, Türün'ün emekliliğine, Eşref Akıncı'nın Kara Kuvvetleri komutanı yapılmasına karar verilmişti.[107] Demirel ünlü "Dün dündür, bugün bugündür" sözünü de Sancar'la yapılan bu gizli görüşmelerin basına yansıması üzerine yapmıştı!

MİT'te mektuplar savaşı

"Gürler operasyonu"ndan sonra sıra MİT'in yönetimindeki Korgeneral Nurettin Ersin ekibini tasfiyeye gelmişti. Bir ara kesildiği sanılan "imzasız mektup furyası" yeniden başlatıldı: Bu kez "1 numaralı bildiri" başlığıyla.

"İdealist MİT mensupları" diye başlayan "1 numaralı bildiri", tüm MİT çalışanlarının dolaplarına konmuş, cumhurbaşkanından başlayıp gazete bürolarına dek dağıtılmıştı.

Şöyle diyorlardı idealistler:

"Vatanperver, namuslu insan kisvesi altında teşkilatın üst kademesinde görev alan Nurettin Ersin, Recep Ergun, Rüştü Kazandağı, Hulusi Suman ve şürekâsı şahsî çıkarları yolunda müstevlilerle işbirliği yapacak derecede pervasızca hareket ederek, servis sırlarını uluorta her yerde anlatmaktadırlar. Hükûmetüstü bir teşkilat olan servisi şahsî menfaat ve çıkarları uğruna, efkârı umumiye nezdinde taraf tutucu bir duruma düşürmüşlerdir. Cumhurbaşkanlığı seçiminde oynanan komedi bunun bariz bir örneğidir.

Zaten hakkımız olan ve kafasızlıkları yüzünden bugüne kadar verilemeyen birkaç yüz liralık yan ödemeyi temin edip, personelin karnını doyurdum diyerek, personelin gözünün memleketin ve MİT'in gerçeklerini görmeyeceğini zanneden ve Faruk Gürler'i tutup, Süleyman Demirel'in ve Semih Sancar'ın telefonlarını dinleten, Naim Talu'ya Ermeni çocuğu

106 Uğur Mumcu, *Cumhuriyet,* 13 nisan 1973.
107 Muhsin Batur, *Anılar ve Görüşler,* s. 361.

dedirten, Fahri Korutürk'ün akıl hastası olduğu söylentisini çıkarttıran ve genel sekreteri ile emir subayını MİT'i idarede söz sahibi yapan Ersin, Ergun ve Kazandağı generaller gaflet ve ihanetin içinde yüzmektedirler..."

MİT içinden bir grup, müsteşar ve üst düzey bazı görevlilerin kellesini istiyordu.

Müsteşar Nurettin Ersin tüm teşkilata yolladığı 14 haziran 1973 tarihli yazıyla bu mektupların "malum mihrakların işi" olduğunu söyleyerek ortalığı yatıştırmaya çalıştı.

Hiram Abas ile Mehmet Eymür imzasız mektupları üreten bu "malum mihrakın" Ankara'da, "Personel Güvenilirliği Daire Başkanlığı" olduğu kanısındaydılar.[108] Ne kadar isabetli bir "tahminse", başında bir albayın bulunduğu bu daire bir süre sonra kapatıldı!

Müsteşar tarafından durumdan haberdar edilen Başbakan Ferit Melen durumu idare etmeye çalıştı. Ama Genelkurmay Başkanı Semih Sancar telefonlarının dinlenmesine köpürmüştü. Zaten Ersin'in gitmesini isteyenlerle birlikte olan Sancar'ın öfkesini dindirmek mümkün olmuyordu.

Sonuçta ne mi oldu? Ersin ekibi bu yeni saldırı dalgasına dayanamayıp yenik düştü. Temmuz 1973 sonunda Müsteşar Nurettin Ersin ile yardımcısı Recep Ergun kışlalarına geri döndüler. Ersin Adana 6'ncı Kolordu komutanlığı, Recep Ergun Afyon yurtiçi menzil komutanlığı görevine gönderildi. Aslında yükselemeyecekleri yerlere atanmışlardı, ama şansları yaver gitti. Bir yıl sonraki Kıbrıs Barış Harekâtı, Ersin ile Ergun'u[109] kurtardı, yükselişleri devam etti ve 12 Eylül'de de yıldızları parladı.

MİT müsteşarlığına vekâleten Tuğgeneral Bülent Türker getirildi.

108 Mehmet Eymür, *Analiz,* s. 97.

109 Soner Yalçın'ın notu: Recep Ergun'la 1992 yılının ekim ayı başında mecliste bir görüşme yapmıştım. O dönem MİT'in sivilleştirileceği tartışmaları vardı. Söylediklerini not etmiştim: "MİT müsteşarı için hükûmet herhalde uygun bir isim arıyor. Tabiî oraya paraşütle gelecek bir insanı bilmek zor bir olay. Allah kolaylık versin gelecek kişiye. Teşkilatı tanımak zordur. Orada yetişmeyen birinin işi gerçekten zordur. 1954 yılında Hüseyin Avni Göktürk ile sonra Bükreş'te elçilik yaparken getirilen Celal Tevfik Karasapan teşkilata hâkim olamadılar. Sadece odalarında oturdular." Recep Ergun o günlerde ANAP milletvekiliydi. Ve MİT'in başına sivil bir kişinin getirilmesine karşıydı...

Filistin'de öldürülen devrimciler

Hiram Abas ve ekibi operasyonlardan alınmış, Kontrespiyonaj'daki işlerine geri dönmüşlerdi. Ortadoğu sorunlarıyla da "ilgilenmeye" devam ediyorlardı. Nuri Gündeş ise 1971'den beri hâlâ Beyrut'taydı.

Mossad, İsrail'in İstanbul Başkonsolosu Efraim Elrom'un mayıs 1971'de öldürülmesi olayından sonra Türk solu ve özellikle Filistin'de bulunan mensupları üzerinde çalışmaya başlamıştı. Çok kısa bir sürede bu örgütlerin Filistin kamplarındaki silahlı eğitim notlarından malî kaynaklarına kadar elindeki bütün bilgileri MİT'e ulaştırmıştı. Zaten o sıralarda Beyrut ajan kaynıyordu. Eski bir Mossad ajanı olan Victor Ostrovski'nin anlattığı ve Kanadalı Gazeteci Claire Hoy'un kaleme aldığı *Hile Yolu*[110] adlı kitap İsrail gizli servisinin Filistin Kurtuluş Örgütleri içindeki haber sızdırma, yanlış yönlendirme, servisten servise ajan devşirme, sabotaj, suikast, bilgi toplama ve ajan sokma gibi faaliyetlerini ayrıntılarıyla anlatır. Dönemin İçişleri Bakanı Suriye ve Lübnan'ı ziyaret etmiş ve bölgedeki Türk "teröristlerin" teslim edilmesini istemişti Suriye Türklerin ülkedeki varlığını inkâr etmiş, Lübnan hükûmeti ise yakalayıp teslim edeceğine söz vermişti. Beyrut'taki Türk devrimcilerinin kaldıkları evler sık sık baskına uğruyordu.

Filistin'deki Türk devrimcileri konusunda MİT-Mossad işbirliği, semeresini 21 şubat 1973'te çok kanlı bir biçimde verdi. Türkiye İhtilalci İşçi Köylü Partisi (TİİKP) üyesi Bora Gözen ve arkadaşlarının bulunduğu Nahr El Bared Kampı'nı basan İsrail birlikleri, kamptaki hemen herkesi katlettiler.[111] MİT-Mossad ortaklığı Elrom'u kurtaramamış olmanın intikamını mı alıyordu?

Bora Gözen, Kerim Öztürk, Cafer Topçu, Ali Kiraz, Gürol İlban, Şükrü Öktü, Ahmet Özdemir ve Yücel Özbek, geceyarısı aniden başlayan İsrail topçu ateşi altında neye uğradıklarını anlayamadan parçalanarak can verdiler. Bombardı-

110 Türkçesi E Yayınları tarafından 1990'da yayımlandı.

111 O sıralarda Filistin'de bulunan Cengiz Çandar (halen *Sabah* gazetesi yazarı) ve Şahin Alpay (halen *Milliyet* gazetesi yazarı), kısa bir süre önce bu örgütten ve kamptan ayrılmışlar ve Avrupa'ya geçmişlerdi. Şans eseri ölümden kurtulmuşlardı...

man sırasında Türklerin olduğu barakanın dışında nöbet tutan Faik Bulut ağır yaralı olarak esir alındı.

Gecenin karanlığında Türklerin olduğu yeri elleriyle koymuş gibi bulan İsraillilerin baskını, tipik bir ortak operasyon biçiminde hazırlanmış ve planlanmıştı: önce her türlü istihbarat yapılmıştı, kamptakiler isim isim biliniyordu, silah ve cephane durumları hakkında bilgi alınmıştı, operasyondan bir süre önce yavaş yavaş boşaltılmaya başlanan kamptaki Türklerin savunması zayıftı ve bölge hakkında bilgileri yoktu, dahası kampın Filistinli yöneticileri arasında silah ve uyuşturucu kaçakçısı olan "köstebekler" vardı. Operasyondan yaralı olarak kurtulup İsrail'e götürülen Faik Bulut, bütün bunları tutukluluğu sırasında öğrenecekti, hatta kendisini sorgulayanlar kamptaki Türklerin fotoğraflarını bile göstermişlerdi.[112]

MİT'in Martı Operasyonu

Hiram Abas ekibi aralık 1972'de Mehmet Erel adında bir şüpheliyi sorgulamıştı. Mehmet Erel geçmiş yıllardaki bir MAH-CIA ortak operasyonunda kullanılmıştı. Ama 1958 yılından beri Bulgaristan'la çok sıkı iş ilişkileri vardı ve o zamandan beri Bulgar casusu olduğundan kuşkulanılıyordu. Sorgulamayı Hiram Abas'ın görevlendirdiği Mehmet Eymür yaptı. Mehmet Erel bütün soruları yanıtladı ve 70-80 sayfalık ifade verdi.[113]

Bu ifadeden, takip şefliği ve sorgu bürosu amirliği gibi önemli görevlerde bulunmuş "Şemsi Bey" adındaki MİT mensubunun Bulgarlarla ilişkileri; Bulgarların, sağcı-İslamcı İlim Yayma Derneği'ne para ve silah yardımı yaptıkları gibi bilgiler almışlardı. Mafyayla ilgili bazı bilgilere de ulaşmışlardı.[114]

112 Faik Bulut, *Filistin Rüyası* adlı kitabında bu olayı tüm ayrıntılarıyla anlatır.

113 Mehmet Eymür bu sorgudan şöyle söz eder: "Onun kibarlığı, bizim de ona kibar davranmamıza neden oluyordu" (*Analiz,* s. 100). Demek ki MİT'in sorgulamalarında "kibar davranmak" istisnaydı !

114 Mehmet Erel'in ifadelerinde Bulgar istihbaratına tanıştırdığı kişiler arasında Olgaçay adlı bir diplomatın da adı geçiyordu. Büyükelçi İsmail Berdük Olgaçay bunu dört yıl sonra öğrendi ve emekliliğinde yazdığı *Tasmalı Çekirge* adlı kitapta, Hiram Abas ve Mehmet Eymür'ü, CIA'nın Türkiye İstasyon Şefi Paul Henze'in adamları olmakla ve masonlukla itham etti.

Türkiye'de, önceleri sigara, viski, oyun kâğıdıyla başlayan kaçakçılık, giderek demir, sac, dövizle büyümeye başlamış, nihayet uyuşturucu ve silaha el atmıştı. Uluslararası boyut kazanmaya başlamıştı.

Darbe yapanlar rejimi korumak için harekete giriştiklerini göstermek ve sadece solcuların üzerine gitmediklerini ispat etmek için, 12 Mart Askerî Darbesi'nde de yeraltı dünyasının ünlü isimlerini gözaltına aldılar.

Haziran 1973'te İstanbul Sıkıyönetim Komutanı Faik Türün "Babalar Operasyonu" yapılmasına karar verdi. MİT ile Malî Şube ortaklığında yapılan ve Mehmet Eymür'ün de katıldığı "Martı Operasyonu"nda, yeraltı dünyasının ünlü isimleri gözaltına alınıp, sorgulandı, ev ve işyerlerinde aramalar yapıldı. Aramalarda birçok bürokrat, subay ve emniyetçinin ünlü babalarla çekilmiş fotoğrafları, mektupları, kartvizitleri bulundu.

Daha da önemlisi, o zamanlar İstanbul emniyet müdür yardımcısı olan Şükrü Balcı'nın mafyayla ilişkisi olduğu ortaya atıldı. Tutuklanan mafya babalarının ifadelerinde, Şükrü Balcı'nın Hüseyin Uğurlu, oğulları Abuzer ve Mustafa Uğurlu, silah kaçakçısı Zihni İpek ve silah ve uyuşturucu kaçakçısı Mahmut Karaduman gibi yeraltı dünyasının ünlülerinden rüşvet aldığı, bazı suçlarına ve Bulgaristan'dan kaçak silah getirmelerine göz yumduğunu söylediler.

İşte tam bu noktada Faik Türün Şükrü Balcı'yı korumak üzere soruşturmaya müdahale etti. Bu müdahale fezlekeye şöyle geçti: "Aynı tarihlerde İstanbul Sıkıyönetim Komutanı Orgeneral Faik Türün, soruşturmayı yapanları makamına çağırarak o anda İstanbul emniyet müdür muavini olan Şükrü Balcı'nın aşırı sola karşı çok darbe vurmuş bir kimse olduğunu, yolsuzluklarının duyulması halinde bunun sol mihraklarca istismar edilebileceğini belirterek, Şükrü Balcı ile ilgili kısımların ifadelerden çıkarılmasını, ayrı bir dosya haline getirilmesini, kendisinin idarî soruşturma açtırarak neticesinde Şükrü Balcı'yı cezalandıracağını belirtmiştir. İşlemler sıkıyönetim komutanının talimatı doğrultusunda geliştirilmiştir."[115]

115 Birinci MİT Raporu'nun ekleri, Belge-5: Şükrü Balcı'yla ilgili iç yazışma.

Korgeneral Türün, Şükrü Balcı hakkındaki iddiaların mahkemeye intikalini işte böyle önledi. Sonra da tahmin edileceği gibi hiçbir soruşturma yapılmadı, hatta Balcı terfi ettirildi.[116]

Öteki sanıklar çeşitli ağır cezalara çarptırıldılarsa da, bir yıl sonra 1974 affından yararlanarak serbest kaldılar.

"Martı Operasyonu" bazı "ilk"lere yol açtı:

Cezaevine konulan babalar ileri tarihlerde silah ticaretine girişecekleri örgütlerle ve liderleriyle ilk kez burada tanıştılar.

MİT ve Türk Silahlı Kuvvetleri yeraltı dünyasını ilk kez bu operasyonda yakından tanıdılar.

Fazla da samimi oldular; yeraltı dünyasının ünlü isimlerinden Oflu Hasan (Cevahir) öldüğünde Cumhurbaşkanı Cevdet Sunay'ın oğlu Dr. Atilla Sunay[117] cenazeye çelenk gönderecekti...

Babalar Operasyonu, uzun yıllar sürecek bir çatışmanın da başlangıç noktası oldu: MİT ile Emniyet'in bugüne kadar birbirlerini suçlayagelmelerinin ilk kıvılcımı atıldı.

Emniyet, MİT'in yasal olarak böyle bir operasyona yetkisi olmadığını söyledi. MİT ise yeraltı dünyasıyla ideolojik örgütlerin ve diğer ülkelerin istihbarat teşkilatlarının içli dışlı olduklarını söyleyerek mafya operasyonlarının kendilerinin eylem sahasına girdiklerini belirtti.[118]

Ecevit'in telefonu MİT üzerine kayıtlı!

Ferit Melen Hükûmeti istifa edince, Ecevit ile Demirel yeni başbakan konusunda anlaşamadılar. Ayrıca Demirel, Ecevit'in "fikir suçlularının affı" önerisine sıcak bakmıyordu. AP ile CHP arasındaki diyalog koptu. Demirel, Turhan Feyzioğlu'nun CGP'siyle (Cumhuriyetçi Güven Parti) anlaşarak

116 Bu olayın tekrarı 12 Eylül 1980 Askeri Darbesi'nde aynen yaşanacaktır. İstanbul Emniyet Müdürü Şükrü Balcı'yı bu kez İstanbul 1. Ordu Komutanı Orgeneral Necdet Ürüğ koruyacaktır.

117 Cumhurbaşkanı Cevdet Sunay'ın oğlu Dr. Atilla Sunay daha sonraki yıllarda Amerikan vatandaşı olup, bu ülkede yaşamaya başladı.

118 Bu tartışma 1983'teki İkinci Babalar Operasyonu'nda, 1987'deki Birinci MİT Raporu'nda ve 1996'daki İkinci MİT Raporu'nda da sürmüştür.

Naim Talu'yu başbakanlığa getirdi. 14 ekimdeki seçimlere bu hükûmetle gidildi.

Ağustosta Muhsin Batur ile Faik Türün de emekli olunca TSK açısından 12 Mart bitmiş oldu.[119]

Seçimlere katılacak "yeni" bir parti vardı: Necmettin Erbakan'ın Millî Selamet Partisi (MSP). Erbakan, Millî Nizam Partisi'nin (MNP) Anayasa Mahkemesi tarafından kapatılmasından sonra İsviçre'ye gitmişti. 12 Martçılar AP'nin tek başına iktidara gelmesini istemiyorlardı. Ayrıca radikal İslam'ın reformcu İslam'la önlenebileceğini düşünüyorlardı. Bu nedenlerle Erbakan'ın Türkiye'ye dönüp parti kurmasını uygun görüyolardı. Orgeneral Muhsin Batur ile Orgeneral Turgut Sunalp İsviçre'ye gidip Erbakan'a "dönerse başına bir şey gelmeyeceği" güvencesini vermişlerdi.[120] Erbakan da bu güvenle, Türkiye'ye dönerek 11 ekim 1972'de Millî Selamet Partisi'ni kurdu.

CHP'nin AP'yle "af" konusundaki anlaşmazlık sonucu hükûmet dışında kalması, seçim kampanyasında işine yaradı. Ecevit mayıs ayı sonlarında "MİT'in ne yaptığı karanlıktadır"[121] diyerek karanlık güçlere karşı mücadele sinyali verdi. Seçim kampanyası boyunca işkencecilerden ve kontrgerilladan hesap sorulacağı konularını işleyen CHP, seçimlerden birinci parti olarak çıktı.

14 ekimde yapılan seçimlerde CHP 186, AP 149, MSP 49, DP 45, CGP 13, MHP 3, BP 1 sandalye kazandılar. CHP-MSP'yle koalisyon hükûmeti kurdu, Ecevit ilk kez başbakanlık koltuğuna oturdu.

Koalisyon ortakları siyasî af konusunda anlaştılar. Hem sağ hem de sol görüşten siyasî tutuklulara af çıkarılacaktı.

Askerî hapishaneler de çok hareketliydi. Siyasî tutuklular, af çıkacağından emin, harıl harıl eşyalarını topluyor, valizlerini hazırlıyorlardı. Tutuklu aileleri üç yıla yakın süredir

119 Bir süre sonra Batur CHP'ye, Türün AP'ye girdi. İlerleyen bölümlerde bu ikilinin 1980 cumhurbaşkanı seçimlerinde yine karşı karşıya geleceklerini göreceğiz.

120 Soner Yalçın, *Hangi Erbakan,* s. 77, 78.

121 *Hürriyet,* 27 mayıs 1973.

hasret oldukları evlatlarının, eşlerinin özledikleri yemekleri pişirmek için kolları sıvadılar.

Ama kamuoyu henüz MSP'nin oyunlarının tadını tatmamıştı. CHP çiçeği burnunda ortağına karşı iyi niyetle doluydu. Bu yüzden önce Türk Ceza Kanunu'nun 163. maddesinden yatanların, yani şeriat düzeni kurmak isteyenlerin affının görüşülmesini kabul etti.

163. madde affi göz açıp kapayıncaya kadar geçti genel kuruldan.

Sıra 141., 142. ve 146. maddelerden yatanların, yani solcuların affına gelmişti.

Ama o da ne?

MSP sıraları bomboştu.

Erbakan ve arkadaşları istediklerini elde ettikten sonra sırra kadem basmışlardı.

Çoğunluk sağlanamadığından solcu tutukluların affi gerçekleşememişti.

Daha "balayı günleri" dolmadan ortağının ilk ihanetine uğrayan CHP, Anayasa Mahkemesi'ne başvurdu.

Yüksek Mahkeme'nin kararı eşitsizliği ortadan kaldırdı.

Solcu tutuklular da üç ay gecikmeyle, haziranda hapisten çıktılar.

Af sorununu çözen Başbakan Ecevit'in gündeminde MİT vardı.

Seçimlerden kısa bir süre sonra, Madanoğlu davasında Mahir Kaynak'ın MİT ajanı olduğunun açığa çıkmasına Ecevit'in tepkisi sert olmuştu. *Yankı* dergisine verdiği demeçte: "Önemli devlet kuruluşlarının kışkırtıcı ajan kullanmak gibi hiçbir demokratik hukuk devletinde kabul edilemeyecek bir huydan ve uygulamadan henüz vazgeçtiklerine güvenmiyoruz. Vatandaşlar, kışkırtıcı ajanlara karşı uyanık olsun" diyordu.

Sanki bu demeç bekleniyormuş gibi eşzamanlı olarak CHP Genel Merkezi'ne Ecevit'in telefonunun dinlendiği yolunda bir ihbar geldi. CHP'lilerin yaptığı araştırma sonucu Ecevit'in makam telefonunun MİT'in üzerine kayıtlı olduğu ve faturalarının MİT tarafından ödendiği anlaşıldı. Soruşturmalar uzadıkça uzadı. Sonunda Ecevit, "gizli saklı faaliyetleri olmayan politikacıların konuşmalarının dinlenmesinin sakıncası olmadığı" gibi bir görüş ortaya koyunca skandal unutulmaya terk edildi.[122]

Bu olaydan iki ay sonra Talat Turhan, 11 şubat 1974'te Başbakan Bülent Ecevit'e bir mektup göndererek, Erenköy'deki Ziverbey Köşkü'nde işkence gördüğünü yazıyor, işkencelerin sorumlusu olarak Sıkıyönetim Komutanı Faik Türün ile Tümgeneral Memduh Ünlütürk'ü suçluyordu.

Seçim meydanlarındaki sözlerinin tersine, artık "geçmişe sünger çekmeye" karar vermiş olan Ecevit, konunun üstüne gitmedi.

Ama o ne kadar kaçarsa kaçsın kontrgerilla konusu peşini bırakmıyordu.

ABD parayı kesince...

Başbakan Ecevit temmuz ayında Genelkurmay başkanının şaşırtıcı bir talebiyle karşı karşıya kaldı. Orgeneral Sancar örtülü ödenekten "birkaç milyon lira" istiyordu.

Ecevit anlatıyor: "O yıllarda milyonlar büyük paraydı, benden istenen miktar da örtülü ödenekteki paranın tümüne yakındı. Genelkurmay'dan bu paranın ne amaçla istendiğini sordum. 'Özel Harp Dairesi için istiyoruz' yanıtı geldi. Öyle bir resmî dairenin o zamana kadar adını bile duymamıştım. Şimdiye kadar bu dairenin ihtiyaçları nereden karşılanıyordu diye sordurdum. O zamana kadar bu dairenin tüm giderlerini, bir gizli ödenekle ABD'nin karşıladığı, ancak artık ABD'nin bu katkıyı kestiği bana bildirildi. Bu dairenin, Özel Harp Dairesi'nin nerede bulunduğunu sordum. 'Amerikan Askerî Yardım Heyeti'yle aynı binada' yanıtını aldım. Bu yanıtlar beni hayrete düşürdü ve kaygılandırdı."[123]

Millî Savunma Bakanı Hasan Esat Işık, Paris ve Moskova büyükelçiliklerinde bulunmuş deneyimli bir diplomat ve

122 Faruk Bildirici, *Gizli Kulaklar Ülkesi,* s. 67, 68.

123 Ecevit bu sözleri, Kenan Evren'in 1990'da *Milliyet*'te yayımlanan, sonra da kitap olarak çıkan *Anılar*'ına karşı, *Milliyet*'te kasım 1990'da çıkan yazı dizisinde söylüyordu. Bu yazı dizisi de daha sonra *Karşı Anılar* adıyla kitap oldu. Ancak, yine Ecevit ile Sancar arasındaki bu görüşme, daha önce Cüneyt Arcayürek'in 1985'te yayımlanan *Demokrasi'nin Sonbaharı* adlı kitabında yer almıştı (s. 372).

devlet adamı olduğu kadar cesaretiyle de tanınırdı. Paris büyükelçiliği sırasında başkonsolosluktaki bir görevlinin sürekli olarak Paris'teki öğrencileri jurnallediğini, büyükelçilikteki MİT tarafından atanmış bir kişinin de raporlarını doğrudan Ankara'ya gönderdiğini saptadı. MİT görevlisinin direkt ilişkisini kesti ve her türlü yazışmanın kendisinden geçeceği ilkesini uygulatarak MİT'e karşı koydu.

Hasan Işık, temmuz ayı başında bir gün ok gibi Devlet Bakanı İsmail Hakkı Birler'in odasına daldı. Gerisini Birler anlatıyor: "Onun kızgınlığı, sevinci ve coşkusu hep çok abartmalı olurdu. 'Özel Harp Dairesi kucağımıza düştü' dedi, 'biliyorsun bu daireyi Amerika kurmuştur. Kontrgerilla örgütü bu daireye bağlıdır. Millî Savunma Bakanlığı'nın bu gizli örgüt üzerinde hiçbir denetimi yoktur. Örgütün talimatı da Amerika'dan gelir.' Kıbrıs çıkartması dolayısıyla Amerika Türkiye'ye kızdığı için dairenin tahsisatını ödememiş. Özel Harp Dairesi bu durumda Millî Savunma'dan bütçe istemek zorunda kalmış. Hasan Bey bu konuyu Bülent Ecevit'e açmış, o da 'Ne istiyorlarsa verelim, gerekirse meclisten ek bütçe alırız' demiş. Sayın Işık bu konuda çok heyecanlıydı, bana 'Sen benim yanımda olacak mısın, olmayacak mısın' diye sordu. 'Bunların ne olduğunu artık öğreneceğiz, Özel Harp Dairesi'ni kontrolümüze almak için bundan daha iyi fırsat olamaz. Bütçelerini karşılayacağım, ama bir şartla, bunların girdisini çıktısını öğrenmeliyiz. Kimler yönetiyor bu örgütü? Asıl amaçları nedir? Örgüt nasıl çalışıyor? MİT'le ilişkisi nedir? Personel durumu nedir. Amerika'dan nasıl ödenek alıyorlar? Bütün bunları bilmeden beş para veremeyiz.' Ben, 'Elbette Hasan Bey, sizin yanınızdayım' dedim.

Akşam birlikte konuta gittik. Hasan Bey konuyu açtı. Bülent Bey, 'Evet' dedi, 'Jusmmat[124] sorunu. (Özel Harp Dairesi'ne Jusmmat deniyordu.) İstedikleri parayı vereceğiz, ama önce onlar bizim istediğimiz bilgileri versinler.'

124 Truman Doktrini çerçevesinde Türkiye'de 10 ağustos 1947 yılında "Amerikan Askerî Yardım Kurulu" (Jammat) kuruldu. Kurul adını 1958 yılında "ABD Askerî Yardım Kurulu" (Jusmmat) olarak değiştirdi. Amerikalılar kurula büyük önem veriyorlardı, başında hep tümgeneral bulunduruyorlardı. 1965 yılında Seferberlik Tetkik Kurulu'nun, Özel Harp Dairesi'ne dönüşmesiyle Ankara'da aynı binada "hizmet" verdiler. Jusmmat'ın ayrıca, Genelkurmay içinde de bir odası vardı !

Hasan Bey bu kararı Özel Harp Dairesi'ne iletti, ama bir türlü onlardan istediğimiz bilgiler gelmedi. İşi uzattıkça uzattılar. Sonunda 12 ekimde Ecevit istifa etti. Bu sorun nasıl sonuçlandı, ne ben öğrenebildim ne de Hasan Bey!"[125]

Ecevit Türkiye Cumhuriyeti başbakanının o zamana kadar haberi olmadığı, devlet belgelerinde adı geçmeyen, ABD'den gelen gizli ödenekle ve ABD Askerî Yardım Kurulu'yla aynı binada çalışan bu dairenin işlevleri ve kuruluş biçimi hakkında bilgi istedi.

Başbakan Ecevit ile Millî Savunma Bakanı Işık'a brifing verecek olan ÖHD'ciler, önce brifingin yapılacağı Başbakanlık Konutu'nun duvarlarında mikrofon bulunup bulunmadığını anlamak için elektronik aygıtlarla iyice taradılar!

Yine Ecevit anlatıyor: "Bilgi vermek üzere rahmetli Semih Sancar'la o sırada Özel Harp Dairesi başkanı olduğunu öğrendiğim Tuğgeneral Kemal Yamak ve bir iki subay geldiler. Anlattıklarının özeti şu idi: ÖHD, Türkiye'nin veya bir kısım topraklarımızın düşman istilasına uğraması durumunda, istilacılara karşı gerilla yöntemleriyle ve her türlü yeraltı etkinliğiyle mücadeleye hazırlanmak üzere kurulmuştu. Adları gizli tutulan bazı 'vatansever gönüllüler' Özel Harp Dairesi'nin sivil uzantısı olarak çalışmak üzere ömür boyu görevlendirilmişlerdi. Gereğinde bu gönüllü sivil vatanseverlerin kullanmaları için de Türkiye'nin bazı yerlerinde gizli silah depoları oluşturmuşlardı."

Edindiğimiz bilgilere göre Özel Harp Dairesi, Rum baskısına karşı Kıbrıs'taki Türk direnişiyle ilgili bazı işlevler de üslenmişti. O yüzden sorunun üzerine gitmeyi, Kıbrıs Barış Harekâtı sonrasına ertelemek zorunluluğunu duyduk. Fakat Kıbrıs Barış Harekâtı'nın hemen ardından hükûmetten ayrıldık."[126]

Kıbrıs Harekâtı yüzünden kapanan ÖHD konusunun daha çok uzun yıllar konuşulacağını ilerleyen bölümlerde göreceğiz.

Son bir noktayı daha belirtip geçelim. Ecevit, ÖHD'nin üze-

125 İsmail Hakkı Birler'den nakleden Hıfzı Topuz, *Parisli Yıllar,* s. 261, 262.
126 Bülent Ecevit, *Karşı Anılar,* s. 40.

rine Kıbrıs Harekâtı yüzünden gidemediğini belirtirken şunu vurguluyordu: "Diyorlardı ki, Rum tarafında Özel Harp Dairesi'nin adamları varmış, onlardan bilgi alınıyormuş. Oysa bunlarla harekât sırasında telsiz irtibatı bile kuramadık."[127]

Kıbrıs'ta istihbarat savaşı

Fransız *Le Monde*[128] gazetesi, Kıbrıs'ın süper güçler için taşıdığı önemi şöyle yazmaktaydı:

Adadan gelen son haberler, ABD, İngiliz ve Sovyet gizli istihbarat teşkilatlarının amansız bir mücadeleyi sürdürdüklerini belirtmektedir. Kıbrıs kaynaklarının bildirdiğine göre, İngiliz gizli servisi ve ünlü CIA, adanın Kirenya bölgesindeki Karavas'ta kurmuş oldukları büyük dinleme merkezlerinden Ortadoğu'daki bütün radyofonik yayınları izlemektedirler. Buna karşılık Sovyetler Birliği'nin Lefkoşa Elçiliği'nde olağanüstü kabul edilecek sayıda diplomat bulunmaktadır. 60 diplomat görev yapmaktadır. Bu kimselerin çoğu gizli haberalma uzmanıdır ve görevleri adadaki İngiliz askerî üssü ile İsrail'i sürekli tarassut altında tutmaktır."

Kıbrıs konusunda Yunanlılar da ikiye bölünmüştü: Grivas (arkasında ABD ve İsrail desteği vardı) Kıbrıs'ı Yunanistan'a bağlamayı amaçlarken, Makarios (arkasında Sovyetler Birliği ve Araplar vardı) Kıbrıs'ın bağımsızlığını hedef almaktaydı. ABD Dışişleri eski bakanı Henry Kissinger anılarında şöyle diyordu: "Makarios'a bayılmadığımız doğruydu. Ama onu devirmek için plan yapmadık. Kıbrıs'ı Doğu Bloku'na sokmak istemesinden endişe duyduğumuz ise doğrudur. Castro olduğu için değil, her iki süper devleti birbirine karşı kullanmaya çalıştığı için."[129]

NATO'nun hedefi ise Ortadoğu'nun en stratejik adasını ne olursa olsun, şemsiyesi altında tutmaktı... Bu nedenle Makarios ile Türkiye'nin ittifak yapmasından korkuluyordu. Çünkü Türkiye o yıllarda geçmiş dönemlere oranla biraz daha bağımsızlıkçı bir dış politika izliyordu...

127 Cüneyt Arcayürek, *Demokrasi'nin Sonbaharı*, s. 372.
128 6.1.1971.
129 *Milliyet*, 15.7.1999.

Türkiye'nin Kıbrıs'a müdahalesinden 25 yıl sonra yazılan bir kitap ise, 1960'lı ve 1970'li yıllarda Kıbrıs üzerinde oynanan başka bazı oyunları aydınlatıyordu.

Brendan O'Malley ve İan Craig adlarında iki İngiliz gazeteci bu yıl yayımlanan kitaplarında, 1964'te yapılan gizli bir Amerikan-İngiliz planını aydınlatıyorlardı. ABD ile İngiltere 1960'tan beri Kıbrıs'ın "kontrollü olarak bölünmesinden" yanaydılar ve "kendi üsleri ve dinleme faaliyetlerini sağlama almak için İngitere'nin çekilme ihtimaline karşı her zaman Türkiye'nin bir miktar toprağı kontrol etmesinden yanaydılar." Plana göre Rumlar Enosis ilan edecek, Türkler de ABD'ye üs garantisi karşılığında belli bir bölümü işgal edebilecekti.

Bu nedenlerle, Kissinger'ın 1974'te "Watergate Skandalı'yla boğuşurken Kıbrıs'la fazla uğraşamadığı" açıklaması doğru değildi. Kissinger, Ecevit'i arayıp şunları söylemişti: "Köprübaşını ele geçirdiniz. Takviye güçleriniz de adaya çıkmak üzere. Ateşkes ilan ederseniz yine de güçlerinizi yığmayı sürdürebilirsiniz."

Yunanistan'daki Albaylar Cuntası 15 temmuz 1974'te Kıbrıs Cumhurbaşkanı Makarios'u devirip yerine EOKA'cı Nikos Sampson'u[130] oturttu. Bunun üzerine Başbakan Ecevit, Londra ve Zürich anlaşmalarından doğan müdahale hakkının kullanılması için İngiltere'nin işbirliğini aradı. Bundan bir sonuç alınamayınca, Türk Silahlı Kuvvetleri 20 temmuz 1974 günü Kıbrıs'a çıktı.

Askerî harekât iki aşamalı planlanmıştı. Birinci aşama bir köprübaşı tutulup, diplomatik görüşmelerle sonuç almaya çalışmaktı. Cenevre'de yapılan barış görüşmelerinde Kıbrıslı Rumlar oyalama taktiği kullanmaya başladılar. Bu arada Kıbrıs'taki Türk birliklerinin önüne mayın döşendiği haberleri gelince, ikinci aşama, yani elde edilen bölgenin genişletilmesi harekâtına girişildi. 14 ağustosta ilerlemeye başlayan Türk birlikleri adanın yüzde otuzdan fazla bir kısmını kontrol altına aldıktan sonra durdular.[131] Kıbrıs'ta o gün Türkiye'nin yarattığı fiilî durum günümüze kadar süregeldi.

130 Sampson, sahibi olduğu *Mahi* (Savaş) adlı gazetede darbeden 25 yıl sonra yazdığı yazıda cunta tarafından kullanıldığını itiraf etti. (*Hürriyet,* 16.7.1997.)

131 Mehmet Ali Birand, *30 Sıcak Gün* adlı kitabında Kıbrıs Müdahalesi'ni gün gün anlatmaktadır. Milliyet Yayınları.

Türkiye, dış istihbarata en çok gerek duyduğu Kıbrıs Müdahalesi sırasında iç politikayla ve kendi iç çatışmalarıyla uğraşan MİT'ten bir verim alamamıştı. MİT'in dış istihbarattaki zayıflığı ve yabancı servislerin yanıltıcı etkilerine açık hale gelmesi nedeniyle istihbarat daha çok Genelkurmay çevresine akmaya başlamıştı. Siyasîler de MİT'e güvenmez olmuşlardı. Harekât sırasında ne MİT'in ne de ÖHD'nin çalışmaları hükûmet tarafından yeterli görülmemişti. Harekât büyük ölçüde Genelkurmay istihbaratına ve Dışişleri Bakanlığı'nın sağladığı açık istihbarata dayanılarak yürütülmüştü.

MİT müsteşarının kuşkulu ölümü

Kıbrıs Savaşı olanca sıcaklığıyla sürerken ve yeterli istihbarat alınamazken, MİT'in başında hâlâ vekâleten Bülent Türker vardı.

MİT müsteşarlığına kimin getirileceği tartışmaları altı aydır sürüyordu.

Sonunda bir isim üzerinde uzlaşma sağlandı:

MİT müsteşarlığına 28 şubat 1974'te emekli Koramiral Bahattin Özülker getirildi. 1914 İstanbul doğumlu olan Bahattin Özülker, 1933'te Harp Okulu'ndan mezun oldu. ABD'ye Türkeş'le birlikte giden ilk subay ekibindendi. 27 Mayıs'tan önce kurulan "Silahlı Kuvvetler Birliği" örgütü üyelerinden ve 21 ekim 1961 ihtilal bildirisini imzalayanlardandı. 1964'te donanma komutanlığı, 1966'da Genelkurmay istihbarat başkanlığı yaptı. Koramirallikten emekli oldu.

Cumhurbaşkanı Fahri Korutürk kendisi gibi denizci olan Özülker'i müsteşarlığa getirmek için tam altı ay mücadele vermek zorunda kalmıştı.

Özülker geldiğinde, Fuat Doğu'nun son zamanlarında başlayan ve bütün bir Nurettin Ersin döneminde süren kavgalar dinmemişti.

Teşkilat içinde sürüp giden çalkantılar 1970'lerin başında Beyrut'ta başlayan bir çatışmanın, Hiram Abas-Nuri Gündeş kavgasının yeniden tutuşmasının da habercisi gibiydi.

Hiram Abas'a ağustos 1974'te Beyrut'a gitme görevi verildi. Nuri Gündeş Beyrut'tan dönerken, bu kez de Hiram Abas tekrar oraya gidiyordu.

Anımsarsanız 1970'te de Hiram Abas dönerken, Nuri Gündeş Beyrut'a gitmişti. Ne hikmetse hiçbir zaman ikisi aynı anda Beyrut'ta olamadılar. Sanki görünmeyen bir el, ikisinin aynı bölgede bir arada çalışmasına izin vermiyordu! Sanki Hiram Abas İstanbul'da olduğu için, Gündeş, Beyrut dönüşü Ankara'ya atanıyordu!

Nuri Gündeş, Ankara'da personel daire başkanlığına getirilmişti.[132] Daire başkanlığına terfi ederek gelmişti, çünkü Beyrut'a gitmeden önce İstanbul bölge başkan yardımcısıydı. Bu yüzden yakınlarına, "Hiram Abas Beyrut'tan kovularak döndü, ben üstün başarıyla geldim" diye övünüyordu.

Hiram Abas bu çok kısa süreli görev için Beyrut'a giderken yanında Mehmet Eymür de vardı. EOKA'nın ve Kıbrıs Rum Kesimi'nin bölgedeki faaliyetleri, Filistin Kurtuluş Örgütü'yle (FKÖ) ilişkileri, Filistin'den Kıbrıs'a silah ve cephane sevkiyatı hakkında bilgi toplamaları gerekiyordu.

Mehmet Eymür anlatıyor: "Herkesin birbirini vurduğu Beyrut'a giderken bize bu kritik görev emrini veren zamanın Müsteşarı rahmetli emekli Amiral Bahattin Özülker sanki geri dönmeme ihtimalimiz varmış gibi sarılıp bizi öpmüş, sırtımızı sıvazlamıştı. Hiram Bey'i babası Abbas Kaptan'dan, beni ise Bahriyeli olan dayılarım dolayısıyla tanıyordu. Her ikimizle de şakalaştı. Bana, 'Ne o bıyıklar öyle; manavlara dönmüşsün' diye takıldı. Yanından ayrılır ayrılmaz bıyıklarımı kestim."

O tarihlerde Hiram Abas da favori bırakıyordu. MİT Müsteşarı Özülker, onun da favorilerine takıldı mı bilmiyoruz.

Mehmet Eymür devam ediyor:

"Bu seyahatte Beyrut Elçiliği Konsolosu Bilge Erol'la tanıştık. Renkli bir kişiliği olan Dışişleri'nin 'Korkunç Yengesi' ile dostluğumuz, takip eden yıllarda da devam etti. Onun dostu olmak her zaman düşmanı olmaktan daha iyiydi. Bir kez hışmına uğradım ve birbirimize girdik, ama sonra ilişkimiz düzeldi."[133]

Bilge Erol da ilişkiyi doğruluyor; "Hiram Abas'ı 1974-

132 Nuri Gündeş personel subayıydı. Genelkurmay'da protokol şubesinde de çalışmış, orada en üst düzey subaylara yakın olmuştu.

133 Mehmet Eymür, *Analiz,* 1976, s. 106.

1976 yılları arasında Beyrut Büyükelçiliği'nde Konsolosluk Şubesi'ni tedvir ettiğim zaman tanıdım. Kendileri Beyrut Büyükelçiliği'nde benden önceki dönemde görev almışlar ve görevi bugün meşhur bir isim olan Nuri Gündeş Albay'a teslim etmişler. Biz bir müddet sonra eşimin bıçaklanması dolasıyla 1975 ekim ve kasımında Hacettepe Hastanesi'ne geldiğimiz dönemde, Hiram Abas ve Mehmet Eymür ikilisinin, teşkilattaki mevcut kumanda merkezi ile çok büyük sancıları olduğunu kendilerinden dinlemiştik."

Bu nottan sonra tekrar dönelim Müsteşar Bahattin Özülker'e; "Arnavut Bahattin" olarak bilinen Müsteşar Özülker, Kemalist yanıyla tanınan, kısa süreli görevi sırasında kendisini teşkilata sevdirmiş bir müsteşardı. Göreve MİT'in olaylara bakışını eleştirerek başlamıştı. MİT'in olayların kaynağında hep solcuları gören tutumunu beğenmiyordu. Ona göre en büyük ve yakın tehlike irticaydı.[134]

Hükûmetler, Genelkurmay ve başta CIA olmak üzere müttefik istihbarat örgütleri, ne İslamî ne de MHP gibi milliyetçi örgütler hakkında bilgi istiyordu. Örneğin, CIA'nın tek öğrenmek istediği Türkiye'deki sol hareketlerdi. CIA bu yıllarda MİT'ten hep sol örgütlere ilişkin raporlar istiyordu.

Müsteşar Özülker MİT'in önceki tutumlarını eleştiren bir rapor hazırladı. Bu raporu yazdıktan bir hafta sonra, 26 eylül 1974'te, bir denetleme için gittiği Samsun'daki otel odasında ölü bulundu. Yanında, 12 Mart'ta İstanbul bölge başkan yardımcısı olan, Kızıldere Operasyonu'na da katılmış bulunan, o sırada Ankara bölge başkanı emekli Albay Süleyman Yenilmez vardı.

Olayla ilgili olarak görüşlerine başvurduğumuz üst düzey yöneticilikten emekli iki MİT mensubu ölümün kuşkulu olduğunu belirttiler: "Bir ilaç var çaya atılıyor. Üç dakika içinde kalp krizi geçirtiyor, ve arkasından ölümü getiriyor. Otopside ne olduğu anlaşılmıyor."

Emekli Binbaşı Erol Mütercimler 5 ocak 1997 tarihli *Ay-*

134 MHP Genel Başkanı Alparslan Türkeş'e gönderilen imzasız bir MİT raporunda Müsteşar Bahattin Özülker'in bu niteliklerinden şikâyet edildiğini az sonra göreceğiz.

dınlık dergisinde, "Bahattin Özülker'i zehirleyerek öldüren kişi yurtdışına kaçırıldı. Sonra da yurtdışında yok edildi" diye yazdı.

Bahattin Özülker'in eşi ise kocasının bir cinayete kurban gittiğine emindi.

Bahattin Özülker'in ölümünden sonra yine Bülent Türker, bu kez iki aylığına müsteşar vekilliğini yürüttü.

Müsteşarlığa 25 kasımda emekli Orgeneral Hamza Gürgüç getirildi. Hamza Gürgüç, 1913'te Sinop'ta doğdu. 1933'te Harp Okulu'ndan mezun oldu. Washington kara ataşe muavinliği, Bükreş ataşemiliterliği (o dönemde Bükreş büyükelçiliğinde, kısa bir süre sonra MAH başkanı olacak Celal Tevfik Karasapan vardı), Dağ Tümeni komutanlığı, Güneydoğu Avrupa Müttefik KKK Türk yardımcılığı, Cento Türk askerî temsilciliği, Genelkurmay istihbarat başkanlığı, Yüksek Askerî Şura üyeliği, 3. Ordu komutanlığı yapmış. 1974 yılında orgenerallikten emekli olmuştu.

Gelmesiyle birlikte çarpıcı bir gerçekle karşılaşıp hayrete düşmesi de bir oldu: "Müsteşar olduğumda MİT'i ABD, İngiltere, Fransa, İtalya, B. Almanya, İran ve İsrail ile çeşitli konularda işbirliği yapar buldum. Bu ülkelerin bazılarından miktarca farklı para ve malzeme alıyorduk. Bu münasebetlerin geçmişini aradım, ortada hiçbirine ait yazılı bir belge yoktu..."[135]

12 ekim 1974'te CHP-MSP koalisyonu yıkıldı. Ecevit'in istifası birçokları tarafından "erken seçime gidip Kıbrıs zaferiyle yükselen itibarını oya çevirme arzusu" olarak yorumlandı.

Ama kendisi bu yoruma itiraz ediyor ve istifasının nedeninin Erbakan'a güvensizlik olduğunu açıklıyordu.

Ecevit'in istifasından sonra yeni hükûmet arayışları başladı. Kontenjan Senatörü Sadi Irmak'ın kurduğu hükûmet 450 kişilik meclisten sadece 18 milletvekilinin güvenoyunu aldı! Bu bir rekordu!

Ve 31 mart 1975'te AP, MSP, MHP ve CGP'nin oluşturduğu Birinci Milliyetçi Cephe (MC) kuruldu...

Kurulmasıyla birlikte "bazı vatansever gönüllülerin" ha-

135 Dönemin MİT Müsteşarı Hamza Gürgüç'ün ölümünden sonra yayımlanan anıları, Mehmet Yalçın, *Aktüel,* 18-24 temmuz 1991.

rekete geçmesi de bir oldu. Terör olaylarında ölenlerin sayısı 1974'te 4'ken, 1975'te 35'e; 1976'da 104'e ve 1977'de 292 kişiye fırladı. 1974'te Ecevit'e verilen brifingde sözü edilen Özel Harp Dairesi'nin sivil uzantısı olarak ömür boyu çalışmak üzere görevlendirilmiş, adları gizli tutulan kişilerdi bunlar. Türkiye 1975-1980 yıllarını bu kişilerin yarattığı korkunç bir terör dönemi olarak yaşadı.[136]

Demirel'in başbakanlığındaki koalisyon hükûmetinde MHP Genel Başkanı Alparslan Türkeş başbakan yardımcısı oldu. MİT de onun sorumluluk alanına giriyordu.

Alparslan Türkeş'in MİT'e nasıl el attığı birkaç yıl sonra ortaya çıkacaktı...

Türkeş'in kasasındaki MİT raporu

1970'li yıllara biraz ara verelim.

12 Eylül 1980 Askerî Darbesi'nin olduğu gün tüm parti genel merkezleri gibi MHP'nin Ankara Bahçelievler'deki genel merkezi de aranmıştı.

Alparslan Türkeş'in odasındaki özel kasasında ilginç bir rapor bulundu. Rapor MİT'ten geliyordu.

Raporun içeriğinden yazılış tarihinin MC hükûmetinin kurulmasından hemen sonra, 1975 nisan ayı olduğu anlaşılıyordu.

Türkeş'in beş yıl özenle sakladığı MİT raporunu kimin gönderdiği belli değildi. İmzasız rapor şöyle başlıyordu:

"Naçiz bir MİT mensubu olarak bundan sonra vereceğiniz büyük mücadelede kendisine büyük vazifeler düşen Millî İstihbarat Teşkilatı'nın, basiretsiz ve yeteneksiz ellerde adeta millîlik vasfı kaybettirilmiş hazin ve elem verici halini acı fakat gerçekleri yansıtan bu raporumla zatıâlinize duyurmayı bir borç bildim.

30 temmuz 1971 tarihinde teşkilattan uzaklaştırılan Korgeneral Fuat Doğu'nun yerine dört sene içerisinde atanan, teşkilat ve istihbarat bilgisi ve tecrübesinden yoksun üç müsteşar ile aynı paraleldeki general başkanların isabetsiz

136 Soner Yalçın/Doğan Yurdakul, *Reis, Gladio'nun Türk Tetikçisi* adlı kitabın ikinci bölümü tamamen bu olayları anlatmaktadır.

ve yeteneksiz sevki idareleri sonucu teşkilat her müsteşar değiştirildiğinde gizli servis hüviyetini yitire yitire nihayet bugünkü hazin durumuna getirilmiştir."

Buraya kadar şu sonuç çıkıyor: raporu yazan, eski müsteşar Fuat Doğu'ya yakın bir MİT görevlisiydi. Fuat Doğu'ya yakın olan bu MİT görevlisinin aynı zamanda yönetici konumunda da olduğu anlaşılıyor. Çünkü Fuat Doğu'dan sonra arka arkaya müsteşarlık yapan dört müsteşarı da yakından tanımaktadır.

"Nurettin Ersin; Gürlerciydi!"

Raporun eleştiri okları önce Nurettin Ersin'e yöneliyordu:

"1) Temmuz 1971 yılında müsteşarlığa getirilen Korgeneral Nurettin Ersin tarafından alınan bir kararla teşkilat bir gizli istihbarat servisi fonksiyonunu bir tarafa bırakıp;

a) Adeta eşkıya takibine çıkan bir jandarma taburu gibi başında müsteşarı olduğu halde zamanın içişleri bakanının peşinde mahalle aralarından dağ başlarına uzanan bir sahada elde tüfek anarşist avına çıkarılmıştır.

b) O tarihe kadar büyük bir titizlikle maskelenen teşkilata ait sorgulama tesisleri personeli ile sıkıyönetim komutanlıkları emrine verilerek bir mahalle polis karakolu ölçülerine bile sığmayacak fütursuz bir aleniyet içerisinde MİT adı altında beceriksizce sorgulamalar yaptırılmış ve dolasıyla teşkilatın gerek basında ve gerekse halk efkârı üzerinde her türlü itibar ve güveninin sarsılmasına sebep olunmuştur.

2) Gene aynı devrede, cumhurbaşkanlığı seçimleri sırasında parlamentoda cereyan eden demokratik parlamenter nizamın mevcudiyeti mücadelesinde, teşkilat mensupları General Nurettin Ersin, MAH Başkanı Tuğgeneral Rüştü Kazandağı, İstihbarat Başkanı Tuğgeneral Recep Ergun ve Ankara Bölgesi Daire Başkanı Piyade Albay Süleyman Yenilmez tarafından Faruk Gürler'in cumhurbaşkanı seçilmesini temin maksadıyla parlamento kulislerinde senaryolar tertiplemeye ve parlamenterleri Silahlı Kuvvetler'in adı kullanılmak suretiyle Gürler lehinde oy temini için vazifelendirilmişlerdir.

3) Gene bu devrede zamanın Cumhurbaşkanı Cevdet Su-

nay'ı yanıltmak için hilafı hakikat MİT raporları düzenlenmiş Köşk'ün telefonları dinlenilmeye yeltenilmiş, Sayın Demirel'in ev telefonları ise devamlı surette dinlenilmiştir. (Sunay'a sorulabilir.) Bu devrede teşkilat adeta Silahlı Kuvvetler'deki cuntanın tam bir istihbarat ve terör örgütü olarak kullanılmış bu çirkin ve utanç verici davranışlara tahammül edemeyen yüksel tahsilli, milliyetçi ve bilgili yüzlerce MİT mensubu üzülerek teşkilattan ayrılmak mecburiyetinde bırakılmışlardır."

Ağır eleştirilere maruz kalan Nurettin Ersin, mektubun Türkeş'in özel kasasından çıktığı 12 Eylül günü, askerî darbe yapan Millî Güvenlik Konseyi'nin beş generalinden biriydi...

"Solcu" MİT müsteşarları!

MİT görevlisi Türkeş'e gönderdiği raporunda, Nurettin Ersin'den sonra vekâleten MİT müsteşarlığına gelen Tuğgeneral Bülent Türker için de hiç iyi sözler sarf etmiyordu:

"Bülent Türker ise;

a) Teşkilat ve istihbarat bilgisi noksanlığını, personele hakaret etmek, izzetinefisleri ile oynamak ve dolayısıyla sindirmek suretiyle örtme gayreti içine girmiştir.

b) Ortanın solu görüşe yatkın, Ecevit sempatizanı AP ve sağ partiler tandansı karşısında olan bu general Millî Güvenlik Kurulu'na cumhurbaşkanına ve Silahlı Kuvvetler komutanlarına sunulan MİT raporlarında maksatlı olarak aşırı sağ ve milliyetçilik faaliyetlerini adeta aşırı solun tahribatından daha tehlikeli bir şekilde gösterme gayreti içine girmiştir.

c) Aşırı milliyetçidir şeklinde fişletilmek suretiyle yüzlerce gencin ve öğretmenin burs almalarına, yurtdışına çıkmalarına memuriyet almalarına mani olunmuştur.

d) Sayın Ecevit tarafından çok beğenilen ve takdir edilen General Türker, gene Sayın Ecevit'in emri ile teşkilatta milliyetçi, sağcı ve AP sempatizanı olarak tespit ettirdiği oldukça kabarık bir yekûn tutan MİT personelini tasfiye hazırlığı sırasında, müsteşarlığa merhum Amiral Özülker'in getirilmesiyle bu tasarrufu akim (sonuçsuz) bırakılmıştır."

Raporu yazan MİT görevlisi, Samsun'da otel odasında ölen MİT Müsteşarı Bahattin Özülker'i de beğenmemektedir:

"Merhum amiral, insan olarak muhterem ve iyi bir kişi olmasına rağmen gene teşkilat konularına yabancılığı ve meslekî yetersizliği sebebiyle General Türker'in ve Sayın Ecevit'in oyuncağı durumuna girmiş ve bunun neticesinde;

a) Bölge daire başkanlıkları ve haber kaynaklarından gelen sol ve aşırı sağ faaliyetlerle ilgili raporları, teşkilatta böyle dedikodulara yer vermeyin, bunlar hayalî ve uydurma raporlardır, şeklinde dosyalara atılmasını ve itibar edilmemesini emretmiş.

b) Psikolojik savunma başkanlığı tarafından programlı bir şekilde sanayi müesseselerinde ve işçi teşekküllerinde tertiplenen aşırı sol ve yıkıcı faaliyetleri önleyici ve işçileri aydınlatıcı mahiyetteki konferansları Sayın Ecevit'in emri ile hemen durdurulmuş ve bu konferansları tertipleyiciler hakkında sual açtırmaya kalkmış.

c) Psikolojik savunmanın başında bulunan Ali Kuralı'nın sağ tandanslı ve milliyetçi bir görüşe sahip olması karşısında psikolojik savunma faaliyetlerine MİT içinde yer yoktur, bu başkanlık MİT bünyesinden çıkarılacaktır şeklinde bir görüşle bu başkanlığın komünizm ve aşırı uçlarla mücadelede zaten haddi asgariye indirilmiş birkaç kırıntı faaliyetine de nihayet verdirmiş.

d) Bu arada eski CHP Kastamonu milletvekili adayı olup yoklamayı kazanamayınca teşkilata giren Kemal Eker'i idarî işler başkanlığına getirmiş ve onun marifeti ile tahsilsiz, yeteneksiz fakat CHP sempatizanı olan bir kısım personeli layık olmadıkları halde şube müdürü ve daire başkan yardımcısı gibi kilit noktalarına getirmek olmuştur."

"Komünizmle mücadele etmeyen müsteşar"

Raporu yazan MİT yöneticisinin Alparslan Türkeş'e şikâyet ettiği bir diğer MİT müsteşarı ise Hamza Gürgüç'tü:

"Her şeyi herkesten iyi bildiğini ve her şeyin kendisinden başkası tarafından yanlış bilindiği ve uygulandığı vehmi içerisinde bulunan kelimenin tam manasıyla renksiz ve herhangi bir heyecan ve hayatiyetten mahrum bulunan bu şahıs ise, beş aylık müsteşarlığı sırasında en önemli fonksiyonlarını zaten yitirmiş olan teşkilatı şu şekle sokmuştur;

a) Müsteşarlık merkez daireleri dahil bütün bölge daire başkanlıkları ve bölge müdürlükleri personeli, muhtelif mihrak ve vasatlarda cereyan eden olaylara hemen bütün kapı ve pencerelerini kapatarak adeta kış uykusuna yatırılmıştır. Merkezlerin bütün faaliyeti, müsteşar tarafından yapılacak denetlemelere, eldeki mevcut eski kırıntı bilgilere brifingler ve şemalar çizmek ve hazırlamakla meşguldürler. Bu arada hâlâ aldıkları eski terbiye icabı, vazife aşkı ve şevki ile teşkilata hizmet arz etmek isteyen ajan ve mutemetlerimizin vaki müracaatlarına bile amirler, 'Ne söyleyecekse telefonda söylesin veya yazsın da göndersin' şeklinde cevap vermekte ve memurlarını terslemektedirler.

b) Hemen hemen en küçüğünden en büyüğüne kadar bütün teşkilat mensupları bizzat müsteşar tarafından, 'tabldot, kantin, iş ocakları talimatından başlayıp adeta bahçede nasıl gezilir, merdivenden nasıl inilir, çiçek nasıl dikilir adlı talimat ve etütlerin' hazırlanması ve müzakeresi ile vakit öldürmektedirler.

c) Gizli faaliyetlere operasyonlara ve ajanlara sarf edilmesi gereken gizli ödeneğin sarfında, Muhasebeyi Umumiye Kanunu'nda bile bulunmayan öyle kayıt ve formaliteler konulmuştur ki, görevliler bu parayı operasyon ve ajan faaliyetleri için sarf etme yerine, operasyon tertiplememeyi ve ajan kullanmamayı daha uygun bulmaktadırlar. Şimdi MİT bir tasarruf sandığı gibi tasarruf ettiği bu on beş milyon lirayı Sayın Ecevit'in önerdiği halk sektöründe yatırım sermayesi olarak kullanılmak üzere yüzde 10 faizle Halk Bankası'nda muhafaza etmektedirler.

d) Yıkıcı faaliyetlerde mücadele için sarf edilmek üzere devlet tarafından verilen bu 15 milyon lira Halk Bankası'nda işletilirken, Psikolojik Savunma Başkanlığı'nca hazırlanan antikomünist mahiyetteki makale ve broşürlerin bastırılması ve yayımlanması, dairesince müsteşara teklif edildiğinde bizzat müsteşarın cevabı, 'Ben icra değilim. Bu makale ve yazıları Başbakanlık'a gönderin. Basın ve Yayın Genel Müdürlüğü marifetiyle neşretsinler' şeklinde olmaktadır.

e) Gene bizzat Müsteşar Hamza Gürgüç'ün emirleri ile artık MİT raporlarında sol, aşırı sol, komünist gibi ifadelerin kaldırılması ve kullanılmaması gayreti içine girilmiştir. Bu deyimleri kullanan memurlara bizzat müsteşar, 'Komünist ne demek, komünizm dünyada tahakkuk etmemiş, komünizm ütopyadır, hal böyle iken bir şahsa nasıl komünist dersiniz' sualini sormaktadır. Gene müsteşarın, üzerinde ısrarla durduğu bir konu kendisinin tarafsız olduğu, teşkilat mensuplarının dolasıyla teşkilatın da mutlaka tarafsız olması gerektiğidir. Ancak burada tarafsızlık ölçülerinin sırrını vermemektedir. Devletin bekâsı ile ilgili millî güvenlik istihbaratını yapmakla görevli bir teşkilat nasıl renksiz ve tarafsız olur?

f) Hemen her seviyedeki vasatlarda ve bilhassa Silahlı Kuvvetler ile cumhurbaşkanlığı nezdinde, teşkilat görüşü olarak yaymak istediği bir fikir de; sağcı tabir olunan dindar vatandaşlar tarafından masumane emeller ile tertiplenen Kuran kursları ile, solun ortaokul sıralarındaki öğrencilerden başlatıp çeşitli sınıf ve seviyelerde uyguladığı ideolojik eğitimi aynı seviye ve tehlikede imiş gibi gösterebilme gayreti içinde olmasıdır.

g) Bugün sokaktaki sade vatandaşın bile renklerini teşhis ve tefrik ettiği, sağ ve sol tandanslı basın hakkında dahi teşkilatta sol veya aşırı sol ifadesini kullandırtmamakta ve görevlileri, 'bu tabirler yerine bir kısım basında intişar eden' deyimini kullandırmaya zorlamaktadır.

h) En önemli konulardan bir tanesi de, çok yakın bir gelecekte, işbirliği halinde bulunduğumuz yabancı servislerle olan münasebetlerimizin müsteşarın medenî münasebetler ölçülerine sığmayan çok garip bir tutumu sonucu kopmak üzere olmasıdır. Bu servisler temsilcileri üzerinde adeta kiracısına katını tahliye etmesini bildiren bir ev sahibi edasıyla çekilen protesto mahiyetindeki memorandumların reaksiyonu çok üzücü olmuştur."

Ve MİT görevlisi raporunu bir taleple bitiriyor:

"Bu ölçüler ile hareket eden bir müsteşarın (Hamza Gürgüç) yönetimi altında bulunan bir Millî İstihbarat Teşkilatı'nın komünizmle mücadeleyi koalisyon protokolünde ve hükûmet programında birinci planda ele alan milliyetçi partiler topluluğu hükûmeti ile birlikte çalışmasına ve komünizm ile mücadelede bu iktidara ne ölçüde yardımcı olabileceğini takdirlerinize sunarım."

MHP lideri Türkeş'in yıllarca özel kasasında sakladığı MİT raporu burada bitiyordu.

MİT'ten Türkeş'e rica

Alparslan Türkeş'in kasasında bir başka MİT belgesi daha vardı. Bu belgede ise, MİT'te hangi kişilerin nereye atanmasının iyi olacağı belirtiliyordu.

"1- Albay Cahit Vural: Genelkurmay İsth. Bşk. da görevli. MAH bşk. yardımcısı veya güvenlik daire başkanlığına atanması."

Burada araya girip daire başkanlığına atanması istenen Albay Cahit Vural'la ilgili bilgi vermemiz gerekiyor: 12 Mart Darbesi'nde Ankara'da "hayli etkin görevler alan" Albay Vural, Genelkurmay İstihbarat Başkanlığı bünyesinde, Gerillaya Giriş adlı bir kitap yazdı. Albay Vural kitabında, "gerillaya karşı mücadelede yardımcı faaliyetlerden nasıl yararlanılacağını" bakın nasıl anlatıyor: "Kalabalık şehirlerde kışkırtıcı ajanlar organize edilip üniversite ve fabrikalara sokulurlar. Endüstri ve eğitim merkezlerini ele geçirirler. Bu ajanlar sabotaj malzemeleri ile yıkıcı harekâtta bulunurlar. Tedhiş hareketleri düzenleyerek gaye uğruna soygunlar yaparlar, cinayet işlerler."

MİT'ten "sorumlu" Türkeş'ten istenen atamalara devam edelim:

"2- Visali Günaydın, PSB'nda görevli, MAHK (Komünizm) daire başkanlığına atanması;

3- Topçu Albay Alaattin Tosun, Genelkurmay İsth. Bşk'nda görevli. Ankara bölge başkanlığına getirilmek üzere uygun bir göreve tayini;

4- Fuat Birsay, İstanbul bölge daire bşk. yrd.'dan emekli. Kendisi ile görüşülmesinde yarar vardır. İstanbul bölge daire bşk.'na veya uygun görülecek bir göreve atanması;

5- Jan. Yb. Hasan Cemil Erdem, Nevşehir Jandarma komando Tb. K. iken Kıbrıs'a gönderildi. Ankara'ya uygun görülecek bir göreve atanması;

6- Metin Erdem, PSB'da görevli, Ankara Bölge d. bşk g. şb. md. atanması.

Not: diğer görevler için uygun aday kişiler bulup tezkiye edemediğimi üzüntü ile arz ederim."

Son cümle gösteriyor ki, MİT görevlisi oturup Alparslan Türkeş'e rapor yazmamıştı. Türkeş illegal yoldan MİT hakkında bilgi istemiş ve rapor bunun üzerine yazılmıştı. Çünkü raporu yazan MİT görevlisi istenen tüm görevlere uygun birilerini bulamadığını belirtmekteydi.

Ama bu arada MİT'te dosyası bulunan CHP milletvekillerinin listesini de Alparslan Türkeş'e ulaştırmakta bir sakınca görmemişti. MİT'in izlemeye alıp, araştırmalar yaptırdığı ve takip ettiği CHP'liler şunlardı:

Bülent Ecevit, Mahmut Türkmenoğlu, Mustafa Üstündağ, Orhan Birgit, Hasan Esat Işık, Mustafa Ok, Deniz Baykal, Orhan Eyüpoğlu, M. Yılmaz Mete, Ferda Güley, Selahattin Cizrelioğlu, Turan Güneş, Ali Topuz, Önder Sav, Cahit Karakaş, Cahit Kayra.

MİT yasal olarak başbakana bağlıydı, ama Türkeş'in MİT'le ilgilenmesinin formülü hazırdı. İçinde MİT'in de bulunduğu kurulun başına Türkeş getirilmişti.

"Aşırı akımları ve güvenlik konularını inceleyerek, sonucu Bakanlar Kurulu'na sunmak üzere bir kurul görevlendirilmişti. Bir devlet bakanı veya başbakan yardımcısı başkanlığında bazı bakanlar ve MİT temsilcisinden oluşan bir kuruldu bu. AP hükûmeti zamanında bu kurulun başına, MHP Genel Başkanı ve Başbakan Yardımcısı Alparslan Türkeş getirildi. İlk toplantıya yanımda Millî Emniyet Hizmeti başkanı ile gittim. Türkeş, Devlet Bakanı Seyfi Öztürk ve biz çalışmaya başladık."[137]

Gestapolaşan MİT

Ekim 1975'teki Millî Güvenlik Kurulu toplantısında Başbakan Yardımcısı Alparslan Türkeş'in "Asayiş Planı" kabul edildi.

O yıl CHP'nin Uşak, İzmir, Fethiye gibi birçok mitinginde

137 Hamza Gürgüç'ün anıları, *Aktüel*, 18-24 temmuz 1991.

olaylar çıktı. Ülkücüler Ecevit'in mitinglerini basmaya başladı.

MHP'nin "MİT'i ele geçirme planı" da adım adım yürüdü. Özellikle Müsteşar Yardımcısı Tümgeneral Nihat Yıldız'ın çabalarıyla, 12 Mart'ta adı işkenceciye çıkmış kişiler MİT içinde cunta oluşturmaya başladılar. Daire başkanlıklarının hemen hepsi MHP'ye yakın kişilerin eline geçiyordu.

Emekli bazı MİT mensuplarının anlattıklarına göre Müsteşar Hamza Gürgüç başta MİT Yasası olmak üzere yasalara o derece bağlıydı ki, teşkilattakiler bu yüzden kendisine "Kanunî Hamza" derlerdi. Zaten az önce gördüğümüz Türkeş'e gönderilen raporu yazanlar da, Gürgüç'ün bu yönlerinden ve "tarafsızlığından" nasıl rahatsız olduklarını açıkça ortaya koyuyorlardı.

Peki, Birinci ve İkinci MC dönemleri boyunca görev yapan "Kanunî Hamza", olup biten kanunsuzlukları görmüyor muydu? Görüyor, "esef ediyor" ama kendinden istenilenleri de yerine getiriyordu.

Gürgüç'ün anılarından okumaya devam edelim:

"MHP, MİT'e nüfuz etme çabası gösteriyordu. Fakat başarısızdı. AP iktidara gelince başbakan, MİT değerlendirmelerini eleştiren emirler göndermeye başladı. Emir ve istekler dozunu artırdı. Başbakan haber kaynaklarını ister oldu. Ayrıca 1973 affı ile hapisten çıkanların nerelerde bulunduklarını da istiyordu. Başbakanın istihbarat konularında kimlerden faydalandığını araştırınca, karşımıza MHP'liler çıktı.

Esefle söyleyeyim ki, MİT şüphelileri namı altında eski komünistlerin adreslerinin takibi de görevlerimiz arasındaydı. Başbakan eski devirlerden kalan alışkanlığından, bu adresleri istemekteydi. Ne yapacağını merak edip, bunlardan TRT'dekilerin listesini verdirttim. İstanbul, Ankara ve İzmir belediyelerinde çalışanların da listesini hazırlattım. Aradan haftalar geçti, bunlara bir şey olmadı. Ben de diğer listeleri vermeyi kestim.

Seyfi Öztürk anarşi ile mücadele için öyle şeyler söyledi, öyle şeyler yapmamızı beklediğini ifade etti ki, kendisine kanunumuzun müsait olmadığını hatırlatmak mecburiyetini duydum. Bunun üzerine anarşistleri kastederek, 'Onlar kanunla mı hareket ediyor?' deyince 'Biz hukuk devletiyiz. Eşkıya olamayız' cevabını verdim...

Ülkücü dernek mensuplarının gördüğü teşvik nedeniyle bir gün Bay Demirel'e, Bay Türkeş'i kastederek, şu yardımcınıza lütfen söyleyiniz, bir gün gelir onu asarlar, demek ihtiyacını duydum. Bu konuları hep dinleyip konuşmayan başbakan, ilk kez 'Ben onunla konuşurum Hamza Paşa' deyince hayret ettim." [138]

1976'ya geldiğimizde MİT'te artık Türkeş'in akrabaları bile vardı. Türkeş'in dünürü Şahap Homriş, MİT Hukuk Dairesi'nin başına getirilmişti. Damat Yüzbaşı Davut Homriş de Özel Harp Dairesi'nde görev yapıyordu. Şahap Homriş'in Türkeş'le yakınlığı çok eskilere dayanıyordu. Türkeş'in 30 kasım 1960 günü "14'ler" içersinde yurtdışına sürgüne gönderildiğinde Türkeş'e yakınlığıyla bilinen Türk Kültür Dernekleri de kapatılmıştı. Ve bu derneklerin başında Şahap Homriş vardı!..

16 yıl önce Türk Kültür Dernekleri'nin başından devlet tarafından uzaklaştırılan "dünür" Şahap Homriş, bu kez MİT'in önemli bir koltuğunun başına oturuvermişti: hukuk müşavirliği. Kim bilir, belki de artık MİT'in hukuk dışı uygulamalarını önleme işi de MHP'den sorulacaktı!

Türkeş'in dünürü Şahap Homriş Fuat Doğu'nun has adamıydı. MİT'e 1966 yılında getirilmişti. CIA görevlisi Ruzi Nazar'ın da yakın dostuydu.

Fuat Doğu'nun, Hiram Abas'ın istediği oluyor, MİT hızla Gestapolaşıyordu!..

1976 yılında dönemin İçişleri Bakanı Oğuzhan Asiltürk'le birlikte Almanya'ya giden, İstanbul Emniyet Müdürü Mustafa Yiğit ilginç bir anısını anlatıyordu:

"Almanya'da bizi Anayasa'yı Koruma Örgütü'nün Başkanı Bay Mayer'le görüştürdüler. Bay Mayer bize önce, 'Siz polis misiniz, istihbaratçı mısınız?' diye sordu. Biz kendisine, 'Hem polisiz hem de istihbaratçıyız' yanıtını verdik. O, 'Olmaz' dedi. Nedenini sorunca, 'Siz öyleyse düpedüz Gestaposunuz' dedi. Doğrusu Bay Mayer'in sözü canımızı sıkmıştı. Sonunda izah etti. Kendi polislerinin geniş yetkiye sahip

138 *Aktüel*, 18-24 temmuz 1991.

olduğunu söyledi. Ama istihbarat biriminin operasyon yapma yetkisi ve gücü olmadığını belirtti. Sonra da, 'Çünkü, aynı örgüt hem istihbarat yapar hem operasyona giderse orada sanık karşısında tarafsız olamaz' dedi. Sonra düşündük ki Bay Mayer'in dediği doğruydu."[139]

MİT, MİT'i izliyor!

Nuri Gündeş'in 1974'te Ankara'ya dönüp personel daire başkanlığına getirilmesiyle birlikte, Hiram Abas-Nuri Gündeş kavgasının yeniden patlak vereceğinin ilk belirtileri de görülmeye başlandı.

Ankara merkezde kaynaşmalar oluyordu. O arada Mehmet Eymür 1975'te takip şube müdürü olarak Ankara'ya getirilmişti. Olayları yakından izleyebiliyordu. Hiram Abas bölge başkan yardımcısı olarak İstanbul'da kalmıştı, ama merkezde olup bitenleri Ankara'daki yakın arkadaşından günü gününe öğrenebiliyordu:

Nuri Gündeş'in rakipleri olan İstihbarat Daire Başkanı Necip Yusufoğlu (12 Mart'ın İstanbul bölge başkanı) ile Diyarbakır bölge başkanlığından Ankara'ya atanan Faik Kelican 'takibe alınmış'lardı. MİT yine MİT'i izliyordu...

Takip Şube Müdürü Mehmet Eymür kendisine verilen bu görevin arkasında ne yattığını biliyordu:

Esas mücadele konusu, o tarihlerde boş olan MİT'in en önemli birimi MAH başkan yardımcılığı koltuğuydu. Nuri Gündeş ile MAH başkanlığına vekâlet eden Mehmet Ali Kaşıkçılar bu koltuğu karşı tarafa kaptırmak istemiyorlardı. İstihbarat Daire Başkan Yardımcısı Sabahattin Savaşman da onların safındaydı. Eymür'ün bu takip görevine yaptığı itiraz amirleri tarafından müsteşara iletildi ve sonunda takipten vazgeçildi.

Aslında, Faik Kelican, Başbakan Demirel'in bir ara müsteşar yapmayı bile düşündüğü bir yakınıydı. Takipten vazgeçilmesinin önemli nedenlerinden biri de buydu.[140]

Faik Kelican kendi isteğiyle emekli oldu. Necip Yusufoğlu

139 Oktay Ekşi, *Hürriyet,* 29 haziran 1994.

140 16 mart 1989 tarihli görüşmesinde Mehmet Eymür, Soner Yalçın'a, "Aslında Demirel de MİT'i sivilleştirmek istedi. Onun adayı da Faik Kelican'dı" diyerek bilgiyi teyit ediyordu.

ise olası bir Nuri Gündeş operasyonundan Mehmet Eymür tarafından kurtarıldığını öğrenince, zaten koruyucusu olduğu Hiram Abas ekibine daha da yakınlaştı.

Nuri Gündeş'in rakiplerini tasfiye etmek için "MİT'i MİT'e izlettirme" operasyonlarında Kelican ve Yusufoğlu kadar şanslı olmayanlar da vardı. Yeni hedef Nuri Gündeş'in personel dairesinin bağlı bulunduğu İdarî İşler Başkanı Kemal Eker'di. Celal Bayar'ın eski yaveri olan Eker'in gelini Sonia, Belçika asıllıydı. MİT içi mücadelede her yol "meşru" sayıldığı için Eker'in tasfiyesinde basın da kullanıldı. Bir gün bir gazetede gelin Sonia'nın kayınpederi Kemal Eker'in makam otosuna binerken fotoğrafı yayımlandı!

Elbette bu "iş" için de Mehmet Eymür'ün başında olduğu Takip Şubesi kullanılmıştı. Eymür bu kez "kurbanı" koruyamamıştı. Kemal Eker emekliye sevk edildi. Nuri Gündeş bir rakibini daha safdışı bırakmıştı.

Sürüp giden bu gerginlik, sonunda kavgaya dönüştü.

1976 yılında MİT'te reorganizasyon hareketi başlatılmıştı. Başında Nuri Gündeş'in yer aldığı bu "yeniden yapılanma" girişiminin dış görünüşteki amacı, istihbarat ile değerlendirmenin birbirinden ayrılması, çalışma tarzının "modernize edilmesi"ydi.

Nuri Gündeş TBMM Susurluk Komisyonu'na verdiği ifadede şöyle diyordu: "Dönmeden evvel Bahaddin Özülker Amiral, Türk gizli servisinin reorganize ve modernize edilmesi için benim mazide aldığım buna ilişkin eğitimle ilgili olarak beni personel başkanlığına getirdiler. Ömrü vefa etmedi, Hamza Paşa geldi. Hamza Paşa'ya bu durumu anlattık ve bir reorganizasyona gittik. Teşkilat o dönemde, 1976'da yüz sene ileriye giden bir atılım gösterdi reorganizasyonda. Her şey modernize edilmeye başlandı, her şey kompütere edilmeye başlandı ve esaslı bir tabana oturtuldu."[141]

141 Meclis Susurluk Komisyonu Tutanakları, s. 1165-1166, 1191. Hasan Fehmi Güneş anlatıyor: "Nurettin Ersin Paşa MİT'in başındayken CIA ile MİT arasında bir işbirliği anlaşması imzalandı. Buna göre NATO ülkelerine ve ABD'ye bilgi aktaracaktık. Bilgi alışverişi yapılacaktı. MİT'in teknik donanımı CIA tarafından sağlandı. Bilgisayarlar getirildi. Bilgisayar terminallerine CIA istediği giriş çıkışları yapmıştı. MİT'in terminallerinden dilediği anda istediği gibi elbette yararlanıyordu.

Nuri Gündeş teşkilatı "yüz sene ileriye götürdüklerini" söylüyordu, ama Hiram Abas grubu hiç de aynı kanıda değildi. Mehmet Eymür bu "reorganizasyonun" Gündeş'in kendi yerini sağlamlaştırma ve rakiplerini tasfiye operasyonu olduğunu söylüyordu.[142]

Peki ama hangisine inanılacaktı? İkisinden birine mi, ikisine birden mi, yoksa hiçbirine mi?

Dilerseniz gelin her iki belgede yazılanları alt alta koyup kapışan grupları karşılıklı konuşturalım.

Nuri Gündeş: "Bizim zamanımızda toplar, değerlendirir ve bu iki faaliyeti destekler üç ana ünite vardı. Hamza Paşa'nın zamanında şu üç noktadan hareket ettik. Bir adam hem haberi toplar hem de değerlendirirse subjektif olarak kendi topladığı habere doğrudur der. Onun için toplamayla değerlendirme arasına bir çelik duvar girsin, haber faktörlerinden yoksunsa değerlendirme, yahu sen bana bu haberi gönderdin ama, üç tanesi noksan... Yani, bir otokontrolle böyle bir sistem yapmıştık." (Tercümesi: Hiram Abas operasyon yapmasın, sadece değerlendirme yapsın!)

Mehmet Eymür: "Nuri Bey tesir kabiliyetini ustaca kullanarak Müsteşar Hamza Paşa'yı etkisine almış, teşkilatta reorganizasyon yapmak bahanesi ile teşkilatın şemasını değiştirerek, kademe kademe yerini sağlamlaştırmaya başlamıştı." (Tercümeye gerek yok!)

Nuri Gündeş: "O grup bunun böyle olmadığını, toplamanın ve değerlendirmenin aynı ünite olduğu üzerinde ısrar ediyordu. Ben daha aktif olduğu için bu organizasyonun daha randımanlı olacağını, onlar da öbür organizasyonun daha randımanlı olacağını iddia ediyorlardı." (Tercümesi: karşı taraf direniyor!)

Mehmet Eymür: "Haber toplama ve kıymetlendirme birimleri ayrıldı. Teşkilatın kuruluşundaki en önemli temel birimlerinden biri olan Kontrespiyonaj Dairesi bir kıymetlendirme ünitesi haline getirildi." (Tercümesi: bizim istihbarat olanağımızı elimizden aldılar!)

Nuri Gündeş: "Hiram Abas reorganizasyonu bozdu. O zaman öyle bir programa geçildi, tez ve antitez. Yani onlar da

142 M. Eymür, *Analiz*, s. 107-109.

bunu kabul ediyorlar." (Tercümesi: biz kazandık!)

Mehmet Eymür: "Bazı personelin tasfiyesi için başında bulundukları ünitelerin fonksiyonları azaltıldı, bazı personel için yeni fonksiyonel üniteler kuruldu. Müsteşar yardımcılığı ihdas edilerek bu makama General Nihat Yıldız atandı. Nuri Bey'in Personel Dairesi, İdarî İşler'den koparak müsteşara bağlı müstakil bir ünite haline geldi." (Tercümesi: Gündeş çevirdiği dolaplarla yerini sağlamlaştırıyor!)

Kavga bu noktadayken, yukarıdan gelen bir atama emri ateşe benzin dökmüş gibi oldu.

Hiram Abas, Ankara Kontrespiyonaj daire başkanlığına atanmıştı.

Tam da gönlünde yatan İstanbul bölge başkanlığını ele geçireceğini sandığı bir sırada Ankara'ya atanmak, Hiram Abas için ağır bir darbeydi. Ankara'daki kavganın o ana kadarki aşamasından iki taraf da hasar görmüştü.

Biraz daha kazançlı olan Nuri Gündeş'in kaybı, Abas ekibini koruyan Yusufoğlu'nu tasfiye edememiş olmasıydı. Hiram Abas'ın ise başına getirildiği bölüm istihbarattan koparılmış, hiç sevmediği "masa başı değerlendirme" işine indirgenmişti.

Yıllar sonra yine Ankara'da

Hiram Abas, 1976 yılında Ankara'ya geldi.

Siyasal Bilgiler Fakültesi'nden mezun olduktan sonra başkente sadece resmî ve özel ziyaretler nedeniyle kısa süreler için gelmişti.

Şimdi artık uzun bir süre için ve Kontrespiyonaj daire başkanı olarak Ankara'daydı. Hiram Abas Ankara'da pek yalnızlık çekeceğe benzemiyordu. Bağlı olduğu istihbarat başkanı, İstanbul'dan iyi tanıdığı Necip Yusufoğlu'ydu. Yine İstanbul'dan tanıdığı Süleyman Yenilmez Ankara bölge başkanıydı.

Yakın arkadaşı Mehmet Eymür takip şube müdürüydü.

12 Mart'ta birlikte çalıştıkları Yaşar Savaş, Eymür'ün daire başkanıydı.

Hiram Abas çocuklarının okulu nedeniyle ailesini İstanbul'da bırakmış, Ankara'ya "bekâr" gelmişti. Eymür'ün nazik davetini kabul ederek onun Kavaklıdere'de kirada oturduğu çatı katındaki evinde birlikte kalmaya başladılar.

Hiram Abas Ankara'da İstanbul'dan tanıdığı birine daha rastlamıştı: Mahir Kaynak.

"Ben Ankara'ya tayin olduktan sonra Hiram Abas da tayinle Ankara'ya gelince arkadaşlığımız arttı. Daire başkanı olarak Ankara'ya gelmesi kıdem olarak iyiydi. Ancak o İstanbul bölge daire başkan yardımcılığını istiyordu. Ankara'ya gönderildiği için bozuktu, İstanbul yaptığı iş için daha etkiliydi. Ankara'da bazen Mehmet Eymür'le kaldı, bazen teşkilatın evlerinden birinde yalnız kalırdı. Ailesini getirmedi. Çapkındı. Bana tabanca kullanmayı o öğretti. Öğle paydoslarında tavla oynardık. Bazı akşamlar da birlikte rakı içerdik."

Hiram Abas, "beyaz Türk'tü"; oruçla namazla arası iyi değildi! İyi bir rakı içicisiydi...

Hiram Abas yeni görev yerinde yeni durumlarla karşı karşıyaydı. Dış politikadaki değişiklikler dış istihbaratın ve kontrespiyonajın önemini artırmıştı.

Hiram Abas'ın tam Ankara'ya geldiği sıralarda Türkiye, onun 1970'ten beri Mossad'la birlikte takip ettiği Filistin'e karşı yumuşama havasına girmişti.

1976'daki 7. İslam Konferansı İstanbul'da toplanmıştı. Türkiye bir yandan Kıbrıs nedeniyle ABD'nin uyguladığı ambargo, bir yandan da petrol fiyatlarındaki baş döndürücü artışlar nedeniyle İslam ülkelerine yaklaşıyordu. 1967'den beri üye olmadan katıldığı konferansa Türkiye o yıl tam üye olarak katılma kararı aldı. Rauf Denktaş'ın da hazır bulunduğu konferansa Türkiye "Kıbrıs tezi"ni kabul ettirdi. Konferansın İsrail ve Siyonizm'i kınama kararı almasına paralel olarak Türk hükûmeti de FKÖ'nün Ankara'da büro açmasına izin vereceğini açıkladı.[143]

143 İsrail'e karşı bu soğuk tavır hükûmetler üzerindeki MSP etkisiyle devam etti. MSP 1979'da İsrail'le ilişkisini kesmediği için Dışişleri Bakanı Hayrettin Erkmen'i düşürdü, 28 ağustos 1980'de de Türkiye Kudüs'teki başkonsolosluğunu kapattı. 12 Eylül Askerî Rejimi ABD'nin "yeşil kuşak" projesi uyarınca İslam ülkeleriyle ilişkileri artırdı ve İsrail'le ilişkiler "donduruldu". Ta ki MİT 1982'de Asala'ya karşı Mossad'la ortak eylemlere girişene kadar.

Kıbrıs Müdahalesi'nden sonra ABD'nin uyguladığı silah ambargosu, Yunanistan'la Kıbrıs ve Ege sorunları yüzünden her geçen gün artan gerginlik istihbarat örgütlerine de yansımıştı.

MC Hükûmeti MİT-CIA ilişkileri ve kontrgerilla iddialarından bunalmıştı. Üstelik AP önde gelenlerinden Çağlayangil'in açıklamalarından[144] sonra daha da dikkatliydiler.

Hükûmetin bu çabası MİT'e de bazı sırların Yunanistan'dan saklanması, hatta "dost" servislere karşı daha temkinli olunması şeklinde yansıyordu.

Hiram Abas teşkilat içindeki kavgasını bu yeni politikalara uydurarak yürütmek zorundaydı. MHP'liler bazı kilit görevlere gelmişlerdi ama, MİT'te "yeniden yapılanma" adı altındaki iç çekişmeler sürüyordu.

Nuri Gündeş'le kavga kızışıyordu.

Birinci raundun yaralarını sarmaya henüz vakit bulamamış olan iki ekip, yeni mücadelenin sahasını Ankara olarak belirlemişti. "Yakın ve atak dövüş uzmanı" Hiram Abas ile "strateji ve taktik ustası" Nuri Gündeş artık aynı şehirdeydi.

Hiram Abas'ın hem bu kavgada üstünlük sağlamak hem de eskiden olduğu gibi operasyonlu "güzel" günlere dönmek için esaslı bir fırsat yakalaması gerekiyordu.

Bu fırsatı Ankara'ya geldikten bir süre sonra yakalayacağını ileride göreceğiz.

Tam o sırada başka bazı ülkelerle birlikte Türkiye'yi de sarsan yeni bir olay patlak verdi.

Lockheed rüşvet skandalı

Amerikalı Senatör Frank Church, şubat ayı başında bütün dünyayı sarsan bir açıklama yaptı: Lockheed uçak firması, Japonya, Almanya, İtalya, Fransa ve Türkiye'de toplam 15 milyon dolar rüşvet dağıtmıştı. Bunun 876 000 doları Türkiye'deki üst düzey yetkililere dağıtılmıştı. ABD Senatosu Dışilişkiler Komisyonu Alt Komitesi Başkanı Church,

144 Çağlayangil'in 12 Mart'tan sonraki ünlü "CIA altımızı oymuş" sözleri.

Kıbrıs Savaşı nedeniyle silah ambargosu uygulanan Türkiye'ye nasıl uçak satılabildiğini de araştırıyordu.

Haberin duyulmasıyla birlikte "Locheed rüşvet skandalı" bütün Türkiye'nin konuştuğu tek konu haline geliverdi.

Türk Silahlı Kuvvetleri, Kıbrıs Müdahalesi sırasında düşen uçaklarını yenilemek ve hava gücünü artırmak için 1974-1975 yıllarında Locheed firmasından 40 adet F-104 savaş uçağı satın almıştı. Uçaklar Lockheed lisansıyla İtalya'da üretim yapan Aeritalia şirketinden alınmıştı.

Hemen TSK ile Millî Savunma Bakanlığı yetkililerinden oluşan bir araştırma komisyonu kuruldu, başına da Korgeneral Musa Öğün getirildi. TBMM de olayı soruşturmak için bir meclis araştırma komisyonu kurulmasına karar verdi.

Komisyonlar çalışmaya henüz başlamışlardı ki, skandal içinde yeni bir skandal ortaya çıktı: Aeritalia şirketi, eylül 1975'te deprem felaketine uğrayan Lice'ye okul yapılması için Hava Kuvvetleri Komutanı Emin Alpkaya'ya 30 000 dolar göndermişti. Bütün gözlerin üzerine çevrildiği Alpkaya, "konudan Genelkurmay Başkanı Semih Sancar'ın haberinin olduğunu" söyledi.

İşte kıyamet de o zaman koptu. Genelkurmay başkanının haberi yoktu! Sancar'ın Cumhurbaşkanı Korutürk ve Başbakan Demirel'le anlaşarak istifaya zorladığı Emin Alpkaya, 5 martta kendi isteğiyle emekli oldu. Yerine gelecek komutan terfi sırasına göre Orgeneral İrfan Özaydınlı veya Orgeneral Ethem Ayan'dı. Genelkurmay'ın önerisine karşın Başbakan Demirel sürpriz yaparak komutanlığa Korgenaral Cemal Ergin'i atadı. Özaydınlı, Yüksek İdare Mahkemesi'ne dava açıp bu tayini iptal ettirdi. Bunun üzerine Hava Kuvvetleri komutanlığına Ethem Ayan getirildi.

Alpkaya hakkında 7 nisanda açılan dava jet hızıyla görüldü ve 30 nisanda beraatla sonuçlandı. Genelkurmay Başkanı Sancar kararı temyiz ettiyse de Askerî Yargıtay beraat kararını onayladı. Bir genel, bir ara seçim geçti, hükûmetler değişti, Ordu komuta kademesi değişti, Lockheed skandalıyla ilgili soruşturmalar da sürdü gitti. Sonunda dosya 12 Eylül'den önceki son hükûmetin başbakanı Demirel'in şu sözleriyle kapandı: "Bence Lockheed bir muammadır. Üzerinde çok uğraşılmış, bir şey çıkarılamamıştır. Kişi suçu ispatlanmadıkça suçsuzdur. İspatlarlarsa ben de üstüne varırım. Biz üstümüze düşeni yaptık. Çok iyi yaptık..."[145]

Ağustos tayinlerinde Ordu'nun üst kademelerinde de MİT'te olduğu gibi MHP'ye yakın isimler kritik görevlere getiriliyordu:

Kenan Evren Ege ordu komutanlığına atandı. Evren'in bu göreve gelmesinde Türkeş'in de katkısı olmuştu. Başbakan Yardımcısı Alparslan Türkeş, Başbakan Demirel'e "Evren benim sınıf arkadaşımdır. Ordu komutanı yapılsa iyi olur" demişti. Bu görüş, Demirel tarafından Genelkurmay Başkanı Sancar'a iletilmişti. Ondan boşalan ve Özel Harp Dairesi'nin bağlı olduğu Genelkurmay ikinci başkanlığına Orgeneral Vecihi Akın geldi. Genelkurmay istihbaratının başına Özel Harp Dairesi'nin ilk komutanı Korgeneral Recai Engin getirildi.

Ama en önemlisi Orgeneral Namık Kemal Ersun'un Kara Kuvvetleri komutanlığına getirilmesiydi.

Ankara sıkıyönetim komutanlığından sonra emekli olmaması için yıllardır kullanılmayan Kara Kuvvetleri komutan yardımcılığı kadrosu onun için yeniden açılmıştı.

Aslında Cumhurbaşkanı Fahri Korutürk, Ersun'un Kara Kuvvetleri komutanı olmasını istemiyordu. Bu nedenle kararnamesini de bir süre imzalamadı. Ancak hükûmetin ısrarı sonucu imzalamak zorunda kalmıştı.

Bu isimlerin kritik noktalara gelmesinin TSK içindeki kulisini yapan kişi ise Genelkurmay Başkanı Sancar'ın özel kalemi Albay Orhan Kilercioğlu'ydu. Bir yıl sonra, yani 1977'de Genelkurmay Başkanı Sancar'ın görev süresi doluyordu. Yerine gelecek kişi ise Ordu geleneklerine göre Kara Kuvvetleri Komutanı Orgeneral Namık Kemal Ersun'du...

"MHP devletin en önemli kalelerini bir bir ele geçirdi, MC'den acilen kurtulmak gerek" diyen Ecevit ile kendine öz-

145 Lockheed olayıyla ilgili belgeler ve ayrıntılar için bkz. Betül Uncular, *Ses Duvarındaki Generaller,* Bilgi Yayınevi, 1990.

gü nedenlerle seçimden "tek başına iktidar" uman AP anlaşınca, TBMM 5 haziran 1977 tarihinde erken genel seçim yapılmasına karar verdi.

Seçimlere giderken MİT'teki durum Uğur Mumcu'nun bir yazısında anlatılıyordu: "Acaba Ülkü Ocakları, MHP ve kanlı olaylar hakkında Millî Güvenlik Kurulu'na şimdiye dek hiç rapor verilmiş midir? Siyasal Partiler Yasası'nda herhangi bir derneğin bir siyasal partiyi desteklemesi yasaklanmıştır. Acaba MİT Müsteşarı Sayın Hamza Gürgüç, Millî Güvenlik Kurulu'na bu konuda bir bilgi vermiş midir?

Millî Güvenlik Kurulu'nun yaşadığımız olaylar hakkında tam, güvenilir ve inanılır bilgi alabilmesi için, MİT ve öteki güvenlik kuvvetlerine çöreklenmiş MHP eğilimli görevlilerin temizlenmesi gerekmektedir. Türkeş bir bakıma köşeleri tutmuştur: kendisi Millî Güvenlik Kurulu'nda, yandaşları ise güvenlik örgütlerinde...

Türkeş Millî Güvenlik Kurulu'ndayken, yaşadığımız olaylar konusunda hiçbir etkili önlem alınamaz. MİT, Türkeş yanlılarından arındırılmalıdır."[146]

Meclisin erken seçim kararını alır almaz hem MİT içindeki hem de Ordu ve ÖHD içindeki MHP yanlıları harekete geçti.

Sol yani CHP tek başına hükûmet olabilirdi. Bu "düzen değişikliği" demekti! MİT, CHP milletvekillerinin 64'ünün aşırı solla irtibatlı olduğunu bildiriyordu. Teşkilatın iddiasına göre yeni seçimde bu rakam daha da artacaktı!

MİT'in cunta raporu kayboluyor!

Bir şeyler yapmak gerekiyordu. Kollar sıvandı...

İstanbul Göztepe Yeşil Çeşme Sokak 9/9 adresindeki daire nisan ayı boyunca hayli hareketli gecelere tanıklık etti.

Ev sahibi Rafet Kaplangı başta bazı üst düzey komutanlar olmak üzere işadamları, siyasetçiler ve bürokratları ağırlıyordu.

Ev toplantılarının değişmez baş konuğu ise Kara Kuvvet-

146 *Cumhuriyet,* 1 şubat 1977.

leri Komutanı Orgeneral Namık Kemal Ersun'du...

İşin garip yanı ise MİT'in bütün bu ev toplantılarını rapor etmesine rağmen bu bilgilerin nedense ne Cumhurbaşkanlığı'na, ne Başbakanlık'a ve ne de Genelkurmay Başkanlığı'na bir türlü ulaşamamasıydı!

Raporlar teşkilat içinde görünmez eller tarafından yok ediliyordu...

12 Mart generallerinden hepsi tasfiye olmamıştı. O dönemden kalanlardan Kara Kuvvetleri Komutanı Orgeneral Namık Kemal Ersun, seçimlerde tek başına iktidar olacağına kesin gözüyle bakılan CHP'nin önünü kesmek için darbe girişimine hazırlanıyordu.

Ersun, 1961'de Yassıada İrtibat Bürosu'nda görev yaparken Silahlı Kuvvetler Birliği adlı örgütün üyesiydi ve örgütün 21 ekim 1961 ihtilal protokolünü imzalayanlardandı. Talat Aydemir 1963'te komutanı olduğu Harp Okulu'nun öğrencileriyle birlikte giriştiği darbede başarısız olup idam edilmişti. Ardından Türk Silahlı Kuvvetleri'nde ilk kez yaşanan bir olay olmuştu: öğrencilerinin hepsinin Ordu'dan atıldığı Kara Harp Okulu 1963 ve 1964 dönemlerinde mezun vermemişti. İşte böyle bir dönemde Aydemir'in arkasından Harp Okulu komutanlığına getirilen Namık Kemal Ersun, 1968'e kadar bu görevde kalmıştı.

Ersun'un yıldızı 12 Mart'ta parlamıştı. Emekliliğini beklerken, önce Genelkurmay Başkanı Orgeneral Memduh Tağmaç tarafından sıkıyönetim koordinasyon kurulu başkanlığına, arkasından da Semih Sancar'dan sonra Ankara sıkıyönetim komutanlığına sonra da Sıkıyönetim Koordinasyon Komitesi'nin başına getirildi.

Darbe hazırlığı içinde yer aldığı iddia edilen Orgeneral Suat Aktolga da aynen Namık Kemal Ersun gibi 21 ekim protokolünü imzalayan eski cuntacı subaylardandı. Harp akademileri komutanlığı yapmıştı.

Aydemir'in 1963'teki darbe girişimiyle Ersun'un 1977'deki darbe girişimi arasında ilginç bir benzerlik daha vardı: Alparslan Türkeş desteği! Türkeş, Talat Aydemir'le işbirliği yapmış fakat sonunda cuntayı ihbar etmişti. Şimdi de Namık Kemal Ersun'la işbirliği yapıyordu.

Acaba sonları da benzeyecek miydi?

5 haziran 1977 seçimlerine giderken Türkiye, art arda gelen depremler gibi peş peşe gelen olaylarla sarsıldı. CHP'nin seçimlerden tek başına iktidar olarak çıkma olasılığının belirmesi üzerine seçimleri yaptırmama planı artık devreye girmişti.

Yılın ilk üç ayında terörden ölenlerin sayısı 59'ken, seçim kararının alındığı nisandan seçimin yapıldığı 5 hazirana kadar bir buçuk ayda tam 133 kişi ölmüştü.

Ve provokasyonların ardı arkası kesilmiyordu...

İnsan ister istemez 12 Mart 1971 Askerî Darbesi'yle ilgili *Daily Telegraph*'ın yazdıklarını anımsıyordu: "1971. Türkiye. Ordu'nun girişiminden hemen sonra hükûmetin zorunlu istifasında CIA ajanlarının eylemli katkıları..."

1 Mayıs 1977'de İstanbul Taksim Meydanı'nda düzenlenen ve Türkiye'nin o güne kadarki en büyük kitle gösterisi olan İşçi Bayramı kutlamalarına yapılan provokasyon sonucu 34 kişi hayatını kaybetti.

29 mayısta Sirkeci Garı'na ve Yeşilköy Havaalanı'na valiz içinde bırakılan saatli bombaların patlaması sonucu 5 kişi hayatını kaybetti.[147] İnceleme sonucu patlayıcıların "Ordu malı" olduğu anlaşıldı!

Psikolojik harp de stratejinin bir parçasıydı;

31 mayıs 1977 tarihli *Tercüman* gazetesinde "Almanya'da kurulduğu" bildirilen "Türkiye Sosyalist Devrim Konseyi" (TÜSDEK) imzalı bir bildirinin haberi yayımlandı. Bildiri: "Grevler 1977 seçim öncesi 39 BS 4 KK, 63 BKL eylemleri ile istenilen düzeye ulaşamazsa, süratle THY-4, DD-6, MEK-4 ve DİSK 19, 23, 27 eylemleri uygulamaya alınacaktır" gibi şifreli izlenimi veren 11 maddeden oluşuyordu.

TÜSDEK adlı "örgüt", 1 Mayıs Katliamı'nın ve Yeşilköy Havaalanı ve Sirkeci Garı bombalamalarının hemen ardından "zuhur etmişti". Ve haziranda Orgeneral Ersun'un darbe girişiminin açığa çıkarılmasından sonra ortadan kaybolacak, bir daha da TÜSDEK adını duyan olmayacaktı!

147 İtalyan Gladio'sunun 1980'de Bologna Garı'na bir valiz içinde bıraktığı bombanın patlaması sonucu 85 kişi ölmüştü. Yöntemler arasındaki benzerlik ilginç değil mi?

25 mayısta Başbakan Demirel, "Seçime üç gün kala talihsiz işler olabilir, hiç görmediğimiz talihsiz işler" dedi.

29 mayısta İzmir Çiğli Havaalanı'nda CHP lideri Bülent Ecevit'e suikast girişiminde bulunuldu. Alandaki bir güvenlik görevlisinin "özel" silahından çıkan mermi Ecevit'e isabet etmedi, CHP yöneticisi Mehmet İsvan'ı yaraladı. Ecevit olayı şöyle değerlendirdi: "Çiğli Havaalanı'nda, önce varlığı inkâr edilen, sonra gizli bir devlet deposundan alındığı ortaya çıkan bir silahla, bana ve eşime düzenlenen ve arkadaşımız Mehmet İsvan'ın ağır yaralanmasıyla sonuçlanan suikast girişimi."[148]

Ve seçime iki gün kala, CHP'nin 3 haziranda Taksim'de yapacağı seçim mitinginden önce Başbakan Demirel'den Ecevit'e Taksim mitinginde suikast yapılacağı uyarısı geldi. Demirel suikastın, "3 haziran Taksim Meydanı'nda CHP mitingi sırasında Sheraton Oteli üst katlarındaki odalardan birinden uzun namlulu ve dürbünlü bir tüfekle ateş edileceği, bu teşebbüsün 29 mayıs 1977 günü İzmir'in Çiğli Havaalanı'nda cereyan eden olayla birlikte 1 Mayıs 1977'de Taksim Meydanı'nda vukua gelen olaydan cesaret alan, iç barışı büyük ölçüde sarsabilecek kanlı tertiplere karar veren ve ayrıca 5 haziran 1977 tarihinde yapılacak olan seçimlerden bir fayda ummayan, seçimlerin yapılmasını istemeyen kişilerce" yapılacağını bildiriyordu.

Bu uyarıya rağmen CHP mitingi görkemli geçti ve "O gün orada olacağım" diyen Ecevit de konuşmasını yaptı. Bir şey olmadı.

Ama Demirel'in bu bilgiyi nereden aldığı tartışma konusu oldu.

Demirel olayı gazeteci Cüneyt Arcayürek'e şöyle anlattı: "MİT'ten altında imza olmayan -onlar böyle davranır- antetsiz bir kâğıt getirdiler. Bu yazıda Ecevit'e Taksim Meydanı'ndaki CHP mitingi sırasında suikast yapılacağının ihbar edildiği bildiriliyordu. Sordum MİT'e doğruladılar. Vahim bir olaydı. Düşündüm, Ecevit'e gerçekten bir suikast yapılırsa bunu daha önce neden bildirmediğim söz konusu olabilirdi.

148 Bülent Ecevit, *Karşı Anılar,* s. 46.

Bildirirsem haberin yayılması başka etkiler yapabilirdi. Fakat düşündüm taşındım Ecevit'e bu ihbarı bildirmenin başbakanın sorumluluğu gereği olduğuna karar verdim."[149]

Bu kitabın yazarlarının görüştüğü emekli bir MİT mensubu da aynı yönde konuştu: "Ecevit'e suikast haberi bize geldi. KGB'den gelen bir yanlış yönlendirme de olabilirdi. Ama biz Başbakan Demirel'e bildirmeye mecburduk."

Ama olayla ilgili önemli bir iddia daha vardı. Alman İstihbarat Örgütü'nün (BND) önemli isimlerinden Dr. Hans Ekart Kannapin, suikast bilgisini *Tercüman* gazetesinin sahibi Kemal Ilıcak'a söylemiş, o da Başbakan Süleyman Demirel'e aktarmıştı. Uğur Mumcu'nun verdiği bu bilgiyi, Cüneyt Arcayürek *Darbeler ve Gizli Servisler* kitabının ikinci baskısına not olarak ekledi.[150] Dr. Kannapin, Gladio'nun kurucusu Nazi Generali Gehlen'in öğrencisi, CIA ajanı Ruzi Nazar ile Alparslan Türkeş'in yakın dostu, MİT görevlisi Enver Altaylı'nın "hamisi", Alman istihbaratçı bir Türkolog'du!

ÖHD konusu Köşk'te

Daha 5 haziran seçimlerinin sonuçları kesinleşmeden, iki önemli gelişme yaşandı.

1) CHP lideri Ecevit ÖHD'yi Cumhurbaşkanı Korutürk'e şikâyet etti.

2) Namık Kemal Ersun, ağustos şûrası beklenmeden emekliye sevk edildi.

Ecevit, 1974'te, Kıbrıs Müdahalesi'nden önce Sancar'dan duyduğu "devlet sırrını, yani ÖHD gerçeğini, kendi deyimiyle "bir zehir gibi içinde saklamıştı." Ama 1 Mayıs ve kendisinin Taksim mitingi provokasyonlarında ÖHD'nin "sivil kesiminin" kuvvetli kuşkuları vardı ve bu sırrı artık saklayamayacağına karar verdi.

6 mayısta Cumhurbaşkanı Fahri Korutürk'e gidip bütün kuşkularını bir bir anlattı. Korutürk bunları yazılı vermesini istedi.

149 C. Arcayürek, *Demokrasinin Sonbaharı,* s. 104.
150 C. Arcayürek, a.g.e., s. 205.

Ecevit, bu isteği yerine getirmeden önce partisinin 7 mayısta İzmir'de yapılan açık hava toplantısında isim vermeden, "devlet içinde fakat devletin bilgisi ve denetimi dışında" bir örgütten söz etti. Herkes bunu MİT sandı!

Sonra da Korutürk'e istediği bilgileri içeren bir mektup gönderdi. Ecevit'in mektubunda yazanlarla ÖHD ve kontrgerilla başbakanlık yapmış bir devlet adamının kaleminden ilk kez resmiyet kazanmış oluyordu. Bu bakımdan mektubun önemli maddelerini anımsamakta yarar var:

"Söz konusu örgüt gerilla ve kontrgerilla savaşları için ve her türlü yeraltı faaliyetleri için planlar yapar ve insan yetiştirir. Gizlilik içinde çalışır, demokratik hukuk dışındadır.

12 Mart döneminde sözü çok geçen ve 'kontrgerilla' denen kimselerin bu örgüte bağlı olma olasılığı vardır.

Bu eylemlerden bazıları görünürdeki çoluk çocuk değil, ancak güçlü bir örgüt tarafından düzenlenecek niteliktedir. Özellikle 1 Mayıs 1977 Taksim Olayı bu izlenimi vermektedir.

Bu örgütte görev almış, yönetici olarak çalışmış kimselerden bazılarının emekli olduktan sonra da, bilgilerini ve yetiştirdikleri elemanları, siyasal nitelikteki eylemler için kullandıklarını gösteren belirtiler vardır."

Ecevit mektubunda komando kadrolarından ve maddî destek veren bazı işadamlarından da isim vererek söz ediyordu.[151]

Korutürk mektubun birer kopyasını, 10 mayısta Başbakan Demirel ve Genelkurmay Başkanı Sancar'a gönderdi.

Mektubu alan Demirel de Ecevit'e bir mektup gönderdi ve vehme dayanarak tahkikat yapılamayacağını, en ufak bir delili varsa bildirmesini istedi.

Bu mektupların 5 şubat 1978'de basında çıkmasıyla birlikte tartışma yeniden hareketlenecekti.

Hareketlenen bir başka yer ise Ordu üst kademeleriydi.

Namık Kemal Ersun'un ağustosa iki ay kala zamansız emekli edilmesi kamuoyu için şaşırtıcı olmuştu.

151 Bu işadamlarının isimleri açığa çıkmadı. Ama bir yıl sonra Konya'da yapılan bir cunta toplantısına Sakıp Sabancı ile Halit Narin'in de katıldığını göreceğiz. Yorum yok !..

O arada Genelkurmay Başkanı Sancar'ın "Türk Silahlı Kuvvetleri macera peşinde koşanlara asla iltifat etmeyecektir" demesinden gereken anlam çıkarılabilirdi, ama biz bu zamansız emekliliğin esas nedenini yine yabancılardan öğrenecektik: *Washington Post*'un yazdığı habere göre, 5 haziran seçimlerinin hemen öncesinde ihtilal girişiminde bulunan başta Orgeneral Namık Kemal Ersun olmak üzere 200 subay emekliye sevk edilmiş ya da tutuklanmıştı.

New York'ta yayımlanan *The Christian Science Monitor* ise biraz daha ayrıntı veriyordu: Türkiye'de 5 haziran seçimlerinden önce girişilen bir ihtilal teşebbüsü güçlükle önlenmişti. MHP lideri Albay Alparslan Türkeş'in idaresinde aşırı sağcı 200 kadar subay ihtilal teşebbüsüne girişmiş, bu teşebbüste üç de general yer almıştı. Amerikan gazetesine göre bu generallerden ikisi Namık Kemal Ersun ile Musa Öğün'dü.

Önce darbenin lideri Kara Kuvvetleri Komutanı Namık Kemal Ersun tasfiye edilmişti. 1963'te darbe girişiminde bulunan Talat Aydemir'den Harp Okulu komutanlığını devralan Ersun'un yazgısı da halefine benzeyecekti ama bir farkla: Aydemir hayatını kaybetmişti, Ersun sadece üniformasını kaybedecekti. Üstelik birkaç yıl sonra da İş Bankası Yönetim Kurulu'na alınacaktı![152]

Darbenin öteki liderlerinin tasfiyesi ağustostaki Yüksek Askeri Şûra'ya kalmıştı.

Ordu'da büyük operasyon

Kara Kuvvetleri Komutanı Orgeneral Ersun'un emekli edilmesinden birkaç gün sonra 5 haziran genel seçimlerinin kesin sonuçları da açıklanıyordu: CHP 213, AP 189, MSP

152 Orgeneral Ersun darbesinin o zamanki PKK yönetimine de dolaylı etkileri olmuştu. Abdullah Öcalan, yanından hiç ayrılmayan Pilot Necati'nin "merkez"den yönlendirildiğinden hatta "MİT'in adamı" olmasından şüpheleniyordu ya. İşte o Pilot Necati bir ara ortadan kayboldu. Öcalan bunu "Ankara Emniyet Müdürlüğü'nden Komiser Kemal'in -Yazıcıoğlu- kendilerine yönelik bir provokasyonu sırasında keşfettiklerini" söylüyordu. Pilot Necati'nin Namık Kemal Ersun'un yapması beklenen darbe girişiminde yer aldığını öğrenmişlerdi. Darbe olacak ve kendilerinin işi de sabaha karşı bitirilecekti. Darbe yarım kalınca Pilot da grup içindeki görevine geri dönmüştü. (*Gazete Pazar*, 22 haziran 1997.)

24, MHP 16, CGP 3, DP 1 sandalye kazanmışlardı.

Darbecilerin önlemek uğruna Türkiye'yi kan gölüne çevirdikleri sonuç gerçekleşmiş, CHP seçimden birinci parti olarak çıkmıştı.

Cumhurbaşkanı Korutürk, hükûmeti kurma görevini Ecevit'e verdi. CHP liderinin kurduğu azınlık hükûmeti meclisten güvenoyu alamadı.

21 temmuzda Demirel'in başbakanlığında AP, MSP ve MHP'den oluşan İkinci MC Hükûmeti kuruldu. Böylece geri kalan darbecilerin emekliliklerini imzalamak yine Demirel'e kalmış oluyordu!

Ersun'dan iki ay sonra, ağustos tayinlerinde de darbenin öteki elemanları tasfiye edildi. Genelkurmay İstihbarat'ın başında bulunan Recai Engin[153] emekli edilen komutanlar arasındaydı.

12 Mart Darbesi'nin TRT Genel Müdürü, Lockheed Soruşturma Komisyonu Başkanı Musa Öğün de emekli kervanına katılan isimlerdendi. Perde arkasında Türkeş'in bulunduğu bir cunta daha tasfiye edilmişti...

Ordu'daki çalkantılar durulmadığı için, Genelkurmay Başkanı Orgeneral Sancar'ın görev süresi bir yıl uzatıldı.

Orgeneral Ersun yerine Kara Kuvvetleri komutanlığına kimin getirileceği Demirel Hükûmeti ile Köşk'ün arasını açtı:

Teamüllere göre 1. Ordu Komutanı Orgeneral Adnan Ersöz'ün Kara Kuvvetleri komutanı olması ve ertesi yıl Orgeneral Sancar'dan boşalacak Genelkurmay başkanlığına gelmesi gerekiyordu. Cumhurbaşkanı Korutürk'ün tercihi de Orgeneral Ersöz'den yanaydı.

Ama Başbakan Demirel'in 3. Ordu Komutanı Orgeneral Ali Fethi Esener'i[154] Kara Kuvvetleri komutanı yapmak istemesi ortalığı karıştırdı.

153 1977 seçimleri yapılmadan önce darbe girişiminde bulunduğu için emekli edilen Recai Engin'in kardeşi Vasıf Engin, MİT binasına çıkarak intihara teşebbüs etti, kurtarıldı. Ancak daha sonraki yıl bu kez tabancasıyla intihar ederek hayatını noktaladı.

154 Orgeneral Ali Fethi Esener 12 Eylül'den sonra Süleyman Demirel'in emriyle kurulan "Büyük Türkiye Partisi"nin genel başkanlığına getirildi. Ancak Esener Paşa, eski arkadaşlarından oluşan Millî Güvenlik Konseyi'nin vetosunu yemekten kurtulamadı ve partisi kapatıldı.

Bu çekişme sonucu bir karar verilemeyince Orgeneral Esener de, (daha sonra MİT müsteşarı olacak olan) Orgeneral Ersöz de emekli edildi.

Ferruh Sezgin, binbaşı rütbesindeyken TSK'dan ayrılmak zorunda kalan MHP'li subay. Parti içinde genel sekreter yardımcılığına kadar yükseldi. Yazdığı kitapta şunları anlatıyor:

"Ersöz de Ersun gibi Silahlı Kuvvetler'deki 'nadir beyinlerden' biriydi. Olağanüstü meslekî bilgisi ve sergilediği 'ikna edici lider' tipiyle bir cazibe odağıydı. Kuvvet komutanlığı için adı söz konusu olunca, kendisinin solcu olduğu dedikoduları başlatıldı.

Ersöz solcu değildi. Değildi ama, geleneksel devletçilikten ayrılmaya kapitalizme kaymaya da hiç taraftar değildi. O günlerde Silahlı Kuvvetler'in meyli de Ersöz'den yanaydı. Rahatça iddia edilebilir ki, Ersöz şayet Genelkurmay başkanlığına kadar yükselse ve 12 Eylül kendisinin komutasında yapılsaydı, ne milliyetçiliğin katledilmesine bulaşırdı ne de kapitalizme geçişe izin verirdi. Belki Türk milliyetçileri hayallerindeki milliyetçi asker modelini yine göremezlerdi ama, Türkiye de bugünkü Türkiye olmazdı."[155]

Kara Kuvvetleri komutanlığı aniden boşalınca, devlet kuşu sonradan herkesin tanıyacağı bir ismin başına kondu: İzmir'de Ege Ordu komutanlığında emekliliğini beklemekte olan Orgeneral Kenan Evren Kara Kuvvetleri komutanı oldu. Evren'in yazgısını değiştiren ve önce Genelkurmay başkanlığı, sonra da devlet başkanlığı yolunu açan bu atamada yine Türkeş'in rolü vardı: "30 ağustos 1977'de Kara Kuvvetleri komutanlığına bir atama yapılmadan orası boş kaldı. Ben de yeni komutan adayı olarak hükûmete Kenan Evren Paşa'yı önerdim. Koalisyon ortaklarıma dedim ki: 'Madem Ali Fethi Paşa'yı atamak mümkün olamadı. Kenan Evren Paşa'yı Kara Kuvvetleri komutanı yapalım. Şartları da müsaittir."[156] Kenan Evren'e bu desteği veren Türkeş, onun gün gelip darbe yapacağını, partisini kapatacağını ve kendisini hapse atacağını nereden bilebilirdi ki? Ama bir bildiği doğruydu; Evren'le aynı görüşteydiler ve bu nedenle 12 Eylül Askerî Dar-

155 Ferruh Sezgin, *Sistem'in İntikamı,* Yeni Düşünce Yayınları, 1990, s. 7, 8.
156 Hulusi Turgut, Türkeş'in anıları, *Şahinlerin Dansı,* s. 422, 423.

besi sonrasında partisi için, "fikirleri iktidarda kendisi hapiste" tanımını yapacaktı...

Darbecilerden boşalan yerlere gelenler arasında yine 12 Eylül'de tanıyacağımız başka ilginç isimler vardı:

Sedat Celasun Genelkurmay ikinci başkanlığına;

Tahsin Şahinkaya Millî Güvenlik Kurulu genel sekreterliğine;

Nurettin Ersin 1. Ordu komutanlığına getirildi...

Donanma komutanlığına getirilen Oramiral Nejat Tümer ise 1980'de Bülend Ulusu'dan boşalacak Deniz Kuvvetleri komutanlığına hazırlanıyordu...[157]

Evet, görünüşe göre darbeciler tasfiye edilmişti. Ama haziran 1977 darbecileri tasfiye edilmiş, onların yerini 12 Eylül 1980 darbecileri almıştı!..

"CIA ajanı" yakalanıyor

– 118-52-17, tamam,

– 126-14-61, tamam.

İstihbarat Daire Başkanı Necip Yusufoğlu ile Kontrespiyonaj Daire Başkanı Hiram Abas "karargâhta"[158] telsizden gelen şifreli mesajları dinliyorlardı. Yusufoğlu'nun odasındaydılar ve Mehmet Eymür'ün Takip Şubesi'nin yürüttüğü çok kritik ve riskli bir operasyonu izliyorlardı.

– 118-52-17, tamam,

– 126-14-61, tamam.

"Ne diyorlar?" diye sordu İstihbarat Daire Başkanı Yusufoğlu. Şifreler sadece bu operasyon için özel olarak düzenlenmişti, takipçilerle Hiram Abas'tan başkasının anlaması olanaksızdı.

"Hedef elindeki çantayla bilinen sokağa girdi Paşam, çok tedirgin, sık sık arkasına bakıyor" diye izah etti Hiram Abas.

157 12 Eylül Darbesi sırasında, Alparslan Türkeş'in MHP Genel Merkezi'ndeki odasında Deniz Kuvvetleri komutanlığına, Oramiral Arif Akdoğanlar'ın yerine Oramiral Nejat Tümer'in getirilmesini istediği yazılı belge bulundu. Oramiral Tümer'in Deniz Kuvvetleri komutanı olması için Bülend Ulusu'nun görev süresi bir yıl uzatılmıştı.

158 MİT'çiler Ankara Yenimahalle'deki MİT merkezine "karargâh" derler. O zamanlar MİT personelinin büyük çoğunluğunun asker olmasından ileri gelen bir alışkanlık olabilir.

"Eyvah" dedi Yusufoğlu, "çok tecrübelidir, takibi fark etmesin?"

Hiram Abas sakindi, "Merak etmeyin Paşam, bizimkilerin hepsi işinin ehlidir. Zaten artık gittiği adres belli oldu."

Zaman geçmek bilmiyordu. Aralık ayındaydılar, "karargâhtaki" oda çok iyi ısınmıyordu ama paşanın alnında boncuk boncuk terler birikmişti. Yusufoğlu çok sıkıntılıydı. Müsteşar operasyona razı olmuştu, ama baskın yapılmasına kesinlikle karşıydı. Sadece uzaktan fotoğraf ve videoyla kanıt toplanmasını istemişti. Takipçilerin ufacık bir hatası her şeyi berbat edebilirdi. Bu endişe onu bunaltırken telsiz yine çalıştı:

– 120-43-34, tamam,

– 126-14-61, tamam.

"Hedef apartmana girdi" dedi Hiram Abas sorulmasını beklemeden. "Girerken de arkasına bakıyordu, acemi gibi davranıyor." Yusufoğlu'nun heyecanı yatışmamıştı, alnındaki terleri mendiliyle silerken sordu:

"Bir aksilik çıkmaz değil mi? Yani bir hata falan... Belki de artık takibi kesmelerini söyleyebiliriz."

Hiram Abas bir yandan soluk almadan telsizi dinliyor diğer yandan istihbarat daire başkanını sakinleştirmeye çalışıyordu. Operasyonu durdurmasından korkuyordu. "Müsterih olun Paşam, şimdiye kadar çok iyi gitti. Apartmandan çıkarken de videoya kaydetmeleri gerek. Biraz sonra her şey biter..." Ama çok kısa bir süre içinde telsizden cızırtılar gelmeye başladı. Gürültüler arasından güçlükle bir şifre duyulabildi:

– 128-35-35, 128-35-35...

"Neler oluyor?" diyerek ayağa fırladı Yusufoğlu. Hiram Abas, bu sonucu önceden biliyormuş gibi, "Bizimkiler içeri girdiler" dedi. Yusufoğlu durmadan "Olamaz, yapamazlar. Yetkileri yok. Mahvolduk" demeye başlamıştı ki, telsiz yeniden çalıştı, artık şifre yoktu:

- Hedef enterne, tamam... Görev bitti, tamam...

"Bu bizim Mehmet" dedi Hiram Abas, "operasyon başarıldı Paşam, adam iş üstünde yakalandı. Kader müsteşarlığın emrini dinlemedi!.." Keyifle piposunu yaktı...

Takvimler 10 aralık 1977'yi gösteriyordu.

MİT istihbarat daire başkan yardımcısı, başka bir deyişle

teşkilatın üç numaralı adamı Sabahattin Savaşman, Amerikalılara "devlet sırlarını" verirken suçüstü yakalanmıştı...

Neler olduğunu anlamak için biraz geriye dönmemiz gerekecek. Çünkü bu öykünün ayrıntıları, MİT içindeki ekipler kavgasında akla gelen gelmeyen her türlü casusluk yönteminin nasıl kullanıldığını gözler önüne serecektir...

Hiram Abas'ın Ankara'da başına getirildiği Kontrespiyonaj Dairesi, Sabahattin Savaşman'a bağlıydı. Yani Hiram Abas, operasyon düzenlediği Savaşman'ın maiyetinde çalışıyordu.

Hiram Abas Ankara'ya geldikten kısa bir süre sonra Nuri Gündeş-Hiram Abas kavgasındaki saflar aşağı yukarı bir netlik kazanmıştı. İki tarafın güçleri mevkilerinin önemine göre şu şekilde sıralanmışlardı:

Emekli Kurmay Albay Nuri Gündeş cephesi:

Sabahattin Savaşman (istihbarat daire başkan yardımcısı, asker).

Nuri Gündeş (personel daire başkanı, asker).

Mehmet Ali Kaşıkçılar (MAH başkanvekili, sivil).

Müsteşar ve müsteşar yardımcısı askerdi ve reorganizasyon hareketinde Nuri Gündeş'i desteklemişlerdi. Kavga başlayınca tarafsız kalacak, kavga bitip ortalık yatışınca Gündeş'ten yana olacaklardı.

Hiram Abas cephesi:

Necip Yusufoğlu (istihbarat daire başkanı, asker).

Süleyman Yenilmez (Ankara bölge başkanı, asker).

Hiram Abas (Kontrespiyonaj daire başkanı, sivil).

Mahir Kaynak (ekonomik işler daire başkanı, sivil).

Mehmet Eymür (takip şube müdürü, sivil).

Galip Tuğcu (iç istihbarat başkan yardımcısı).

Ayrıca hukuk dairesi başkanı, Türkeş'in dünürü Şahap Homriş gibi MHP'liler de kavga başlayınca bu cepheden yana olacaklardı.

Bu tablodan çıkarılabilecek sonuçlar şunlardı:

1) Hiram Abas Ankara'ya geldikten sonra yaklaşık bir yıl içinde önemli bir gücü lehine çevirmeyi başarmıştı. Girişeceği "büyük" bir operasyonu sonuna kadar götürebilecek kadar desteği vardı. Hatta müsteşarın sessiz kalmasını bile

sağlayabilirdi. Bu öyle bir operasyon olmalıydı ki, hem Kontrespiyonaj dairesini "pasifleştirme" çabalarını kırmalı hem Nuri Gündeş cephesinden parça kopartmalı hem de kendisinin hedefine ilerlemesini sağlayacak derecede prestij kazandırmalıydı.

2) MİT içindeki mücadelenin temeli sık sık iddia edildiği gibi bir asker-sivil karşıtlığı değildi. Nuri Gündeş'in onun "asker düşmanı" olduğu propagandasını yaymasına karşın, Hiram Abas'ı koruyanlar arasında MİT'te önemli bir gücü temsil eden askerler de vardı. Zaten asker-sivil ayrımı uygulamada değil, kafalardaydı. Hiram Abas'ı yıllarca koruyup destekleyen, yükselmesini sağlayan eski Müsteşar Fuat Doğu asker değil miydi? Teşkilata her fırsatta sivil personel alan Fuat Paşa olmamış mıydı? İstihbarat Daire Başkan Yardımcısı emekli Kurmay Albay Sabahattin Savaşman'a teşkilattakiler "En Sivil Asker" adını takmamışlar mıydı?

MİT'te "Takiş" grubu

1926'da doğan Sabahattin Savaşman muhabere subayı olarak Kore Savaşı'nda görev yaptı, 1963'te de Kahire'ye askerî ataşe olarak gönderildi. 1968'de kurmay albay rütbesiyle Ordu'dan ayrıldıktan sonra MİT'e girdi. Kısa süre içinde Ortadoğu bölgesi muavinliği, Ortadoğu bölgesi başkanlığı, "elçilik başkâtibi" görüntüsü altında üç yıl Kahire'de istihbaratçılık yaptıktan sonra Ankara'ya dönüp MİT Okulu'nda öğretmenliğe başladı. 1976'da istihbarat dairesi başkanlığına getirildi. Basamakları öyle hızlı çıkmıştı ki, sekiz yıl içinde sıradan bir haber değerlendiriciliğinden, MİT'in üçüncü adamlığına yükselmişti. Savaşman, 12 Mart öncesi ve sonrasında MGK'ya brifing veren MİT ekiplerinde de yer almıştı.

Hiram Abas, yönetimi altında bulunduğu Savaşman'la daha ilk günlerden itibaren anlaşmazlık içine girmişti. Bu anlaşmazlığın nedeniyle ilgili olarak olayın kahramanlarının farklı iddiaları vardı:

Mehmet Eymür'ün iddiası: "Hiram Bey'in amiri durumunda olan Savaşman'ın Batılılarla ilgili çalışmalara özel ilgi göstermesi, bu konulardaki evrakları bir süre elinde alıkoyması dikkatini çekmiş. Hiram Bey'in kanaati, Savaşman'ın İran'da askerî ataşelik yaptığı zaman angaje edildiğiydi."[159] Görüşlerine başvurduğumuz emekli iki üst düzey MİT mensubu da bize benzer şeyler söylediler: Sabahattin Savaşman istihbarat raporlarını 'Ben bunları inceleyeyim' diye bir iki gün kendinde tutardı. Sonra üzerinde hiç not, karalama falan olmadan temiz geri verirdi."

Sabahattin Savaşman'ın iddiası: "Darbeden sonra (12 Mart, y.n.) iki büyük şehre karargâh kurmuş ve yönetimin en üst katlarından kaynaklanan asker-sivil karması, cunta adı verilen bir ekip doğdu. Bana karşı düzenlenen operasyonun planlarını yapan kişi cuntanın karşıcasusluk bölümündeki koludur. Kendisiyle aramda uzunca bir süredir husumet bulunması hadisenin nedenidir. Daha sonraları ben kudret kazanınca, menfaat yolları kapandı tabiî. Aktif görev imkânları kalmadı. Bir bölgenin başına da gelemedi. Yabancı uyruklu bir kadınla ilişkisini açığa çıkarmam bana olan nefretini daha da artırdı. Darbe döneminin beşli çetesi içinde yer almıştı bu şahıs. Meşhur köşkte (Ziverbey, y.n.) bir araya gelen bu beş kişi (Yusufoğlu, Yenilmez, Savaş, Abas, Eymür, y.n.) CIA'ya yaptıkları hizmetleri örtbas etmek, kanundışı eylemlerini unutturmak için şimdi de bana karşı birleştiler. Bu operasyonda karşıma çıkarılanlar hep o günkü iktidarın, hatta iktidarın bir kanadının (MHP) adamlarıydı."[160]

Ve Mahir Kaynak'ın bize söyledikleri: "Hiram Abas iddialı bir isimdi. Tavrı hükmediciydi. Lider konumundaydı. Liderliğini kimseyle paylaşmak istemezdi."

Peki ama, MAH'a girdiği andan itibaren kendini CIA'yla içlidışlı ilişkiler içinde bulan, hatta bazen maaşını bile oradan alan, ilerleyen yıllar içinde ortak operasyonlara katılan Hiram Abas, ne olmuştu da birdenbire CIA düşmanı kesilmişti? Çantasına uydurma belgeler koyduğu amirini neden Amerikalılara "Devlet sırlarını satıyor" diye suçüstü yakalatmıştı?

159 Mehmet Eymür, a.g.e., s.109.
160 Sabahattin Savaşman, *3. Adam Anlatıyor,* s. 31, 32.

Yabana atılamayacak bir iddiaya göre, Savaşman ile Hiram Abas MİT'in denetimi dışında ayrı bir istihbarat ekibi kurmuşlardı. "Takiş" adı verilen bu grup, başta CIA olmak üzere yabancı istihbarat örgütlerine dolar karşılığı bilgi ve belge satıyordu. İki istihbaratçı zaman içinde anlaşmazlığa düşünce Hiram Abas bir komplo düzenleyerek Savaşman'ı tasfiye hareketini gerçekleştirmişti.

Bu iddia, 12 kasım 1990'da çeşitli kişi ve kuruluşlar ile gazete yazarlarına gönderilen imzasız bir mektupta yer alıyordu. İmzasız mektupta yer alan iddialardan bazıları şöyleydi: "Eski MİT müsteşarlık binasının 4'üncü katında CIA ile müşterek operasyonlar yürüten "Takiş" grubu MİT'ten ayrı olarak ayrı bir takip ünitesi oluşturmuştur. Oluşturulan bu ekip elemanları da maaşlarını dolar bazında almaktaydılar. Bu takip grubunun başına da rahmetli Hiram Abas ve takip müdürü olarak Mehmet Eymür getirilmişti. MİT takip şube ile Takiş aradaki katı kompartımantasyon nedeniyle, kesinlikle yatay ve dikey örgütlenmede birbirlerini tanımamakta idiler. Standart olarak Takiş daha yüksek konumda idi. Hiram Abas o günkü kariyeri itibariyle Kurmay Albay Sabahattin Savaşman'a karşı sorumlu idi. Savaşman olayı Takiş grubunun 1976'da lağvedilmesiyle ortaya çıkmıştır. O güne kadar MİT'in elde ettiği bilgiler Farabi'deki binada CIA'nın süzgecinden geçirilmekteydi. Türkiye'nin 70 cent'e muhtaç olduğu dönemlerde bazı önemli haberler ilgili dış ülkelere niteliğine göre 500 000 US dolara satılabiliyordu. Sabahattin Savaşman bu dönem içinde mahkûm olmuştur. Teşkilat içinde bu durumu denetleyecek herhangi bir makam söz konusu değildi."

Mektubun yazarı bu bilgileri 13 yıl saklamış, Hiram Abas'ın öldürülmesinden bir buçuk ay sonra açıklamıştı. MİT mensubu olduğunu söylüyor, can güvenliği nedeniyle isim ve imza koyamadığı için özür diliyordu.

Mektupta yazılanları bir an için doğru kabul ettiğinde, insanın aklına çeşitli sorular takılıyordu:

Acaba mektubun yazarı da "Takiş" görevlilerinden biri miydi? Savaşman'ın başına gelenlerden korktuğu için sakladığı sırlarını, Hiram Abas ölünce mi açıklamaya karar vermişti?

Hiram Abas ile Savaşman bu işte ortaklarsa sonra ne olmuş da birbirlerine girmişlerdi? Takiş neden lağvedilmişti? Yoksa Takiş lağvedilince Hiram Abas bu ortaklığın ortaya çıkacağından çekinmiş de onun için mi Savaşman'a bu komployu hazırlamıştı?

Geçelim.

Mektup imzasız olduğu için üzerinde yorum yapmanın gereği de kalmıyor. Ama, Savaşman'ın anılarında da bu mektubu tamamlayan ve doğrulayan bazı bilgiler olduğunu söylemeden geçmeyelim. Ayrıca Mehmet Eymür'ün, Savaşman'ın bu işten aldığı bir maaş ikramiyenin, Amerika'da bir "çöpçü maaşı" kadar düşük olduğunu belirterek, "Devletin hayatî, çok gizli millî bilgileri ucuza satılmıştı"[161] dediğini de unutmayalım.

Bu iddialardan hangisinin doğru olduğunu bilemeyiz, çünkü MİT gibi gizli bir teşkilatın içinde çıkar çatışması olursa, herkes rakibi veya rakipleri hakkında "inandırıcı" suçlamalarda bulunabilir, kanıtlar ve deliller imal edebilirdi.

Ama bu iddialardan hangisi doğru olursa olsun, Hiram Abas'ın, Savaşman'ı gözüne kestirdiği ve mücadeleyi onun şahsına yöneltmeye karar verdiği açıkça görülüyordu.

Bunun için arkadaşları Süleyman Yenilmez ve Mehmet Eymür vasıtasıyla birkaç "deneme" yaptı, yani Savaşman'ı takip ettirdi. MİT'in MİT'i takibi işi yine Mehmet Eymür'e düşmüştü. Eymür bu konuda artık epey tecrübe kazanmış sayılırdı: İstanbul'da Yılmaz Güney'e bilgi sızdıran Necati Binbaşı'yı, Ankara'da önce Necip Yusufoğlu ile Faik Kelican'ı, sonra da Kemal Eker'i takip etmişti. Bu takipten sonra, "Kemal Eker olayı benim de gözümü açtı ve başında bulunduğum ünitenin bir daha bu tip olaylarda kullanılmamasına gayret ettim"[162] demişti. Demişti demesine ama o söz o zaman söylenmişti. Şimdi Hiram Abas istiyordu ve Savaşman takip edilecekti. Emrinde yeni teknik araçlarla donatılmış yeni kadrolarla güçlendirilmiş aralarında kadın memurların da bulunduğu bir ekip vardı.

161 Mehmet Eymür, a.g.e., s. 116.
162 Mehmet Eymür, a.g.e., s. 109.

Takipçiler, Savaşman'ın bir İngiliz'in ve bir Amerikalının evine girip çıktığını "saptadılar". Daha doğrusu saptamadılar da bilgi tazelediler, çünkü her ikisi de MİT'in yakından tanıdığı kişilerdi. İngiliz gizli servisinden Robin Seeley, gizli bir ajan değil, MİT'in tanıdığı resmî hüviyete sahip biriydi. Amerikalı William Philips ise CIA'nın Türkiye istasyon şefiydi. Gerçi diplomat hüviyetindeydi ama gerek MİT, gerekse Ankara'nın diplomatik çevreleri onun kim olduğunu biliyordu. Örneğin takipçilerden Süleyman Yenilmez, Philips'i Savaşman'dan daha iyi tanıyordu. Savaşman'ın iddiasına göre "Kafkasyalı (Süleyman Yenilmez), Jimmy (William Philips) ile birlikte operasyonlara girmişti, onun yemek ve kokteyl arkadaşıydı, içtiği su ayrı gitmezdi. Her yaz tatilinde bütün ailesini Amerikalıların kampında barındırırdı."[163]

MİT'in 3. adamı Savaşman, Philips'i, CIA'nın eski İstasyon Şefi Paul Henze onuruna MİT'in Marmara Köşkü'nde verdiği veda davetinde tanımıştı. Paul Henze ile Hiram Abas ve Mehmet Eymür'ün ne kadar yakın ilişkiler içinde olduklarını bilmeyen yoktu. Eski CIA şefinin giderken ilişkilerini yeni şefe devretmiş olduğu muhakkaktı.

O tarihlerde bu olaylara çok yakın olan eski bir MİT mensubuna göre; "NATO ülkelerinin teşkilatların iç içelik ilişkilerine son verilmiş, yeni yaratılan kurala göre, her teşkilat diğer teşkilatlarla ilişki kuracağı irtibat elemanları saptamıştı. Savaşman MİT'in CIA'yla irtibat subayıydı. CIA MİT'e bir bilgi vereceği zaman Savaşman'a veriyordu. MİT CIA'yla bir şey vereceği zaman Savaşman bunu iletiyordu. Savaşman yakalandığı o buluşmada normal görevini yapıyordu."

Savaşman bunu kendisi de söylüyor: "Biz teşkilat olarak Philips'in başında bulunduğu heyete istihbaratı, kendi ülke-

163 Sabahattin Savaşman, *3. Adam Anlatıyor,* s. 37. Doğan Yurdakul'un notu: Sabahattin Savaşman'ın savunması ve anıları 1979'da *Aydınlık* gazetesinin Ankara temsilcisiyken elime geçmişti. Savaşman hakkındaki yargı kararı kesinleşmemişti ve üstelik duruşmalarla ilgili yayın yasağı vardı. Anıları, herhangi bir Ortadoğu ülkesinde geçiyormuş şekline sokarak ve isimleri değiştirerek 30 temmuz 1979 gününden başlayarak yayımladık. Örneğin anılardaki "Jimmy", CIA İstasyon Şefi William Philips'tir. "Kafkasyalı" MİT Ankara Bölge Başkanı Süleyman Yenilmez'dir, vs. Savaşman'ın anılarında isimleri geçenlerin gerçek kimlikleri ilk kez *Bay Pipo*'da yazılıyor.

mizin başkentinde, düzenli raporlar halinde teslim ediyorduk. Hatta bununla kalmıyor, konular üzerinde tartışmalı toplantılar düzenliyor, CIA mensuplarının sorularını cevaplıyorduk."[164]

Mehmet Eymür'e göre, Müsteşar Hamza Gürgüç başkanlarla görüşüp konuyu onlara da açmış, ne yapılması gerektiği konusunda fikirlerini almıştı. Hiram Abas'ın suçüstü yapılması teklifine karşı Mehmet Ali Kaşıkçılar ve Nuri Gündeş bir başkanlar toplantısında konuyu ortaya atıp Savaşman'ı itirafa zorlamayı telkin etmişlerdi. Kesin bir karar alınamamıştı. Yine Eymür'e göre bu tip faaliyetlerde personel daire başkanının (Nuri Gündeş) operasyonel konularda bilgisi olması ve fikir yürütmesi mutat bir davranış değildi.

Hiram Abas Savaşman'ı izletirken, 10 aralık 1977 günü eline hiç beklemediği müthiş bir fırsat geçti. Savaşman, Mahir Kaynak'a gidip bir belge istemişti. Gerisini Mahir Kaynak'tan dinleyelim:

"Hiram'la sohbetlerimizde, bazı kişilerin teşkilata sızma olduğunu konuşurduk, ortak tespitler yapardık. Savaşman bana göre sızmaydı. Onu ben keşfettim.

Bir gün Savaşman bana geldi. Dışişleri Bakanı İhsan Sabri Çağlayangil Sovyetler Birliği'nden dönmüştü ve iki ülke ikili bir anlaşma imzalamıştı. 'Bu metni bulabilir miyiz' diye sordu. Ben hemen bu isteğin Savaşman'ı kullananlar tarafından istendiğini anladım. Durumu Hiram Abas'a söyledim. Hiram Abas, 'Metni ele geçirip verelim sonra takip ederiz' dedi. 'Nasıl ele geçiririz, Dışişleri bunu bize vermez' dedim. Ne yapacağımızı düşünürken, ben dedim ki, 'Ben uyduruk bir metin yazayım, bir elemanımızı da Dışişleri'ne metni almaya gönderir gibi yaparız.' Savaşman inansın diye kendisine gittim, 'Metni Dışişleri'nden alacağız ancak hemen gidip gelmesi için otomobilinizi verebilir misiniz ?' dedim. Kendisi çok cimriydi ama hemen verdi. Bizim eleman Dışişleri'nde dolaşırken ben uyduruk bir metin yazdım. Eleman dönünce hazırladığım metni Savaşman'a verdim. Savaşman mesai bitimini bile beklemeden hemen dışarı çıktı. Hiram

164 Sabahattin Savaşman, a.g.e., s. 17.

Abas ekibi bunu takip etti ve evde yakaladı. Yakalandığında masanın üzerinde benim hazırladığım uyduruk ikili anlaşma metni vardı. Biz Savaşman'ın hangi istihbarat adına çalıştığını bilmiyorduk. Öyle söyledikleri gibi günlerce filan da takibe almadık. Her şey o gün oldu ve bitti. Bizimkiler içeri girince Amerikalı ve İngiliz'le karşılaştılar. Bunlar başka ülkenin elemanları da olabilirdi."

Mahir Kaynak için olay bu kadar basit bir şekilde olup bitmişti.

Taraflar operasyonu anlatıyor

Ama biz şimdi bölümün başındaki 10 aralık 1977 akşamına dönelim. Öyküyü bir de birinci derecedeki görgü tanıklarının, Eymür ile Savaşman'ın anılarından yan yana getirerek izleyelim.

Savaşman o akşam karargâhtan çıkarken Mehmet Ali Kaşıkçılar'a rastlamıştı. Kaşıkçılar ona "Sabahattin, çantan yeni mi?" diye sormuştu. Yani Başkanlar Kurulu kararını Savaşman'a hissettirmeye çalışmıştı. O zaman bu soruya bir anlam veremeyen Savaşman yakalandıktan sonra bu ikazı anlamadığına çok yanacaktı.

Sabahattin Savaşman (S. S.): "Yağmurlu bir kış günüydü. William ile buluşmak için oğlumun işlerini örtü olarak kullanmaya karar vermiştik." (Savaşman oğlunu öğrenim için Oxford'a göndermek istiyordu.)

Mehmet Eymür (M. E.): "Neticede karargâh Savaşman'a suçüstü yapılmasına karar verdi. Kapıda bekleyecek ve çıktığı zaman suçüstü yapacaktık. Evlerin içine girmemiz uygun görülmemişti. Ben böyle bir suçüstüne karşıydım. Böyle bir suçüstü Savaşman'a hiçbir suç yüklemeyecekti, her şeyi inkâr edip kurtulabilirdi. Hiram Bey de böyle bir suçüstü yapılmasına köpürmüş, böyle yapılacaksa hiç yapılmasın diyordu." (Zaten bu yüzden emri dinlemeyip eve girdiler!)

S. S.: "Odamdaki masamın gözünden belgeleri alıp eve getirmiştim. Bunlar yabancı bir ülkeyle ilgili olduğu için riski azdı."

(Mahir Kaynak'ın hazırladığı sahte belgeden söz etmiyor.)

M. E.: "Ses tespiti yapacak, video ve fotoğraf çekecek, kapıdan çıkar çıkmaz Savaşman'ı enterne edecek personel toplu halde ve ayrı ayrı her iki adrese göre talimatlandırıldı. Savaşman alındıktan sonra bindirileceği kapalı minibüs bile hazırdı."

(Yani Savaşman'ı mutlaka alacaklardı.)

S. S.: "Evden belirlenmiş saatte çıktık, kontrtakipçinin peşimde olduğunu sanıyordum. Oğlumu bıraktıktan sonra eve dönerken William'ın evinin bulunduğu bir alt sokakta arabayı park ettim. Bizim takipçiden ses seda yoktu."

(Takipçiler cümbür cemaat oradaydı ama Savaşman fark etmiyordu.)

M. E.: "Savaşman Çankaya'dan aşağıya Nenehatun Caddesi'nin altındaki eve doğru yürüyor, tereddütlü adımlarla kaderine doğru gidiyordu. Adres belli olmuştu."

(Birine göre Güvenlik Caddesi, diğerine göre Nenehatun. Ankara'yı tanıyanlar bu caddelerin pek de yakın olmadığını bilirler.)

S. S.: "Hiçbir şeyden şüphelenmediğim ve ziyaretimi Amerikalıların bayramı vesilesine bağlayabileceğim için eve girdim."

(Arkasından da takipçiler topluluğu !)

M. E.: "Y. S. Albay (Süleyman Yenilmez), ben, teknik ekip, birkaç takip personeli apartmanın içine girdik. Onsager'in kapısına kadar gelip kulağımızı dayayıp içeriyi dinlemeye çalıştık. İçeriden gelen konuşmalar anlaşılmıyordu."

(Yani her türlü riski almış, tedbiri bırakmış durumdalar. İçerden biri tesadüfen kapıyı açacak olsa, kulakları kapıya dayalı vaziyette yakalanmalarını nasıl izah edecekler ?)

S. S.: "Bizimki, arkadaşı, aileleri hep oradaydı."

(İçerdekiler rahat, Noel kutlaması havasındalar.)

M. E.: "Bir ara üst üste çekilen ve bir fotoğraf makinesinin deklanşör sesine benzeyen bir ses duyduk. Arada evin içinde gelip gidenlerin ayak sesleri duyuluyordu."

(Eymür'ün kulağı mikrofilm makinesi sesi duyacak kadar hassas, mikrofilm makinesinin "çıt" sesi ayak sesinden kuvvetli !)

S. S.: "Daha esas mevzuya girme imkânı bile bulamadan kapı çalındı."

(Dışardakilerin acelesi var.)

M. E.: "Her şey bir anda oldu. Kader müsteşarlığın emirlerini dinlememiş ve Savaşman'ın kurtulmasına imkân vermemişti."

(Kader mi, yoksa Hiram Abas mı müsteşarlığın emirlerini dinlememişti?)

S. S.: "Meslektaşım sakin bir şekilde yerinden kalktı, kapıyı açınca beynimden vurulmuşa döndüm."

(Davetsiz misafir!)

M. E.: "Birden kapı açıldı ve Lyle Onsager ile karşı karşıya kaldık. Kocası İnarae de arkasındaydı."

(Biz dememiş miydik, şimdi ayıkla pirincin taşını!)

S. S: "Kafkasyalı (Süleyman Yenilmez) ve silahlı adamları karşımdaydı. Demek uzun süredir izliyorlardı. Bir anda şimşek çaktı kafamda; Williams'la irtibat halinde miydiler?"

(Bir anda bu kadar çok şeyi düşünebilmek için doğrusu çok hızlı çalışan bir beyin.)

M. E.: "Y. S. Albay (Yenilmez) ayağını araya koyarak kapıyı yüzümüze kapatmak isteyen ev sahiplerine mani oldu. Kapıyı iterek önde biz, arkada ses ve film ekibi ve de diğerleri içeri girdik."

(Sürpriz! Herkese iyi Noeller!)

Bizce bu iki hikâye arasında, birinin "Kapı çalındı", ötekinin "Aniden içerden açıldı" demeleri dışında bir çelişki yoktu!

Hikâyelerin bundan sonrası birbirini az çok tutuyor. Savaşman enterne edildi. Takipçiler belgeleri elleriyle koymuş gibi buldu. Savaşman aşağıda kendini bekleyen minibüse tıkılarak karargâha götürüldü.

MİT merkezinde zamanında kendisinin hazırlamış olduğu odada sorgulandı. Hiram Abas, Savaşman'ı sorgularken bol bol poz verip fotoğraf çektirdi. Hem bir gövde gösterisi hem de Savaşman'ın iyi muamele gördüğünü gösterme amaçlı olan bu fotoğraflar daha sonra gazetelerde yayımlanacaktı.[165]

Hiram Abas-Mehmet Eymür ikilisi operasyon sonucunda ceplerini de doldurmuşlardı. Hiram Abas 1 500 TL, Mehmet

165 Bu fotoğraflar yıllar sonra Mehmet Eymür'ün *Milliyet* gazetesinde yayımlanan anılarında kullanılacaktı. *Milliyet*, 23.5.1991.

Eymür 500 TL ikramiye almışlardı MİT müsteşarından.

CIA İstasyon Şefi William Philips'in defterinden çıkan ve başka MİT mensuplarıyla yaptığı görüşmeler üzerinde durulmadı, bunlar örtbas edildi.

Çok gizli kalması gereken böyle büyük bir casusluk olayı, sorgulama bittikten sonra gazetelere sızdırıldı. 25 ve 26 aralık 1977 tarihli gazetelerde; "MİT istihbarat daire başkan yardımcısı casusluk iddiasıyla tutuklandı", "Amerika ve İngiltere hesabına casusluk yapıyordu" haberleri yer alıyordu.[166]

Olayın mahkemeye intikal edene kadarki süreci tam bir kanunsuzluk örneğiydi. Basına sızdırılan haberlerle sanık suçlu ilan edilmiş, mahkemeye çıktığında çoktan "casus" damgasını yemişti.

Daha sonra Türkeş'in dünürü MİT Hukuk Dairesi Başkanı Şahap Homriş de devreye girdi. İddianamenin hazırlanmasında çalıştı. Yani Savaşman'a komployu kurup yakalayanlar şimdi iddia makamı olmuşlardı.

Savaşman'ın avukatları Münir Tüfekçibaşı ile Süreyya Uysal'a baskı yapılıyordu. Necip Yusufoğlu, Tüfekçibaşı'nın bürosuna kadar gelmiş, "Bırak bu dosyanın peşini!" demişti.

Hatta Savaşman dosyası bir gün ansızın avukatların bürosundan kayboluvermişti! Dosyanın içinde elbette Savaşman'ın mahkemede yapacağı savunma da vardı!

MİT'çi MİT'çiye işkence yapıyor!

Gizli yapılan duruşmalar sırasında Savaşman MİT'teki ifadelerinin işkenceyle yapıldığını söyledi.

MİT'çi MİT'çiye işkence yapar mı?

Aslında bunu en iyi Savaşman biliyordu; çünkü kendisi de işkenceciydi ve anılarında da anlatmaktaydı: "İstihbarat okulunda verdiğim sorgulama tekniği derslerinin bir gün bana karşı kullanılacağını hiç düşünmemiştim. Bu konuda en son Amerikan kaynaklarını tarayarak derlemeler yapmış-

166 Hiram Abas ekibinin basına haber ve belge sızdırma alışkanlığına ilerleyen bölümlerde de rastlayacağız.

tım. Sorgu odasına (MİT merkezindeki, y.n.) elektrikli işkence aletlerini ve ışık verme aparatlarını ben yerleştirmiştim. İşkencenin maddî ıstırabı üzerinde değil, metotlu bir şekilde beyin yıkanması ve psikolojik etkiler üzerinde sıkça dururdum. Hatta birçok meslektaş beni robotlaştırma uzmanı olarak tanırdı..."

Ve Savaşman bir meslektaşına yaptığı işkenceyi anlatıyordu: "Yıllar önce, bir sosyalist ülke hesabına casusluk yaptığı iddiasıyla bir görevlimizin ifadesi alınmıştı. Sorgu sırasında uyguladığımız yöntemler sonunda kendisinin de katkısıyla eşsiz bir senaryo hazırlandı. Ama mahkeme safhasında, her şeyi inkâr etti ve heyete bir kibrit kutusu uzattı. Kutunun içinde sorgu odasında topladığı soyulmuş deri parçaları bulunuyordu. Sonunda bizim delillerle görevli ağır bir cezaya çarptırıldı. Ancak, Yüksek Mahkeme'nin kararı sonunda beraat etti."[167]

Demek ki MİT'çi MİT'çiye işkence yapıyormuş!

Ama Mehmet Eymür bunu reddediyordu: "Sorgusu kısa sürmüştü. Kendisine iyi muamele etmiştik. Akşam yemeklerinde beraber oluyor, zaman zaman gece dışarıya yürüyüşe çıkarıyorduk."[168]

Şahap Homriş'in de "katkılarıyla" hazırlanan iddianameye göre Savaşman, CIA'nın Türkiye İstasyon Şefi William Philipps'e Türk Sovyet ilişkileri, Kıbrıs'taki göçmenler ve tarım işçileri, Suriye Genelkurmay başkanının Moskova gezisi notları ve KGB'nin Türkiye'deki çalışmaları hakkında bilgi ve belge vermişti. İngilizlere de; Suriye, Irak ve öteki Ortadoğu ülkeleri hakkında gizli kalması gereken bilgileri vermişti.[169]

Hiram Abas ekibi, "Savaşman suçunu itiraf etti" diyordu. Ama Savaşman MİT sorgusundaki ifadelerini reddettiği mahkemede çok daha önemli itiraflarda bulunmuştu: MİT, kuruluşundan beri CIA'yla iç içeydi. MİT'in CIA'dan gizli saklı hiçbir sırrı yoktu. 20 MİT görevlisi CIA adına çalışmaktaydı. Üstelik bu bilgilerin CIA'nın Türkiye İstasyon Şefi Philips'e verilmesiyle bizzat Savaşman'ın kendisi "resmen" görevlendirilmişti...

167 Savaşman'ın anıları, a.g.e., s. 35
168 M. Eymür, *Analiz,* s. 116.
169 *Aktüel,* 10.8.1994.

Sonuçta görünen o ki; belgelerin verilmesi normaldi ama Savaşman'ın yaptığı tek hata, bunları üstlerini atlayarak CIA'ya vermiş olmasıydı.

Savaşman bu son itirafıyla "vatana ihanet" suçu değil, olsa olsa idarî soruşturmaya konu olabilecek bir disiplin suçu işlemiş olduğunu kabul ediyordu.

Genelkurmay Askerî Mahkemesi 9 nisan 1979'da MİT İstihbarat Daire Başkan Yardımcısı Sabahattin Savaşman'ı 17 yıl 6 ay ağır hapis cezasına çarptırdı.

Dava sonuçlandıktan sonra Savaşman'ın yakınları çeşitli girişimlerde bulundular. Savaşman'ın akrabası olan Deniz Kuvvetleri Komutanı Oramiral Hilmi Fırat, MİT'in Hamza Gürgüç'ten sonraki MİT Müsteşarı Adnan Ersöz'e gitti.

12 Eylül'den sonra da Millî Güvenlik Konseyi Genel Sekreteri Haydar Saltık'a gidildi. Talep aynıydı; "yeniden muhakeme" için başvuruda bulunulsun!...

Bunlardan bir sonuç çıkmadı. Savaşman 1985'e kadar yattığı askerî hapishaneden meşruten tahliye oldu. Birkaç yıl sonra beyin damarlarında bir kireçlenme oldu ve felç geçirdi. Bir yıl sonra kalp krizi sonucunda öldü.

Hiram Abas'ın MİT'in üç numaralı adamını "casuslukla" suçlayıp mahkûm ettirmeye kalkışmak kadar son derece büyük bir riski göze almış olmasının en önemli nedenlerinden biri de MİT İstanbul bölge başkanlığı koltuğuydu. Hiram Abas-Nuri Gündeş kavgasının temelinde İstanbul'u paylaşamamak vardı.

Hiram Abas, Savaşman'dan giderek Nuri Gündeş'e ulaşmayı hedefliyordu. Ama olmamıştı...

Şimdi bize, "Peki ama İstanbul'da bu kadar paylaşamayacak ne var?" diye soracak olursanız, buna "Ne yok ki!" yanıtını veririz. İlerleyen bölümlerde bu sorunun yanıtını bol bol alacaksınız. Ama yine de birkaç ipucu verelim: İstanbul'da güç, para, yeraltı dünyası, iktidar vardır. MİT bölge başkanlığı İstanbul'un imparatorluklarından biridir. Ve en önemlisi teşkilatta daha yukarıya giden yollar oradan geçmektedir.

Mahir Kaynak da söylüyor: "Hiram Abas İstanbul bölge daire başkanlığını istiyordu. Ankara'ya gönderildiği için bozuktu, İstanbul yaptığı iş için daha etkiliydi. Hiram Abas iddialı bir isimdi. Tavrı hükmediciydi. Lider konumundaydı. Liderliğini kimseyle paylaşmak istemezdi. Yenilgiyi asla kabul etmezdi, zamanı gelince strateji gereği geri çekilmeyi bilmezdi. O yüzden kaybetti." Nuri Gündeş de Susurluk Komisyonu'na verdiği ifadede anlatıyor; "Hiram Abas beni, onun İstanbul'a tayinini önlemekle suçladı."

Sabahattin Savaşman operasyonu tamamlandıktan sonra Hiram Abas ve Mehmet Eymür ödüllendirildiler. Kutlamaları kabul ettiler. Ama ödüller Hiram Abas'a, İstanbul Nuri Gündeş'e verilmişti!

Nuri Gündeş, bundan sonra 7 yıl (1977-1984) bölge başkanlığı yapacağı İstanbul'a hareket ediyordu...

Hiram Abas ekibi arkasından dedikoduya başladı; "Nuri Gündeş, MİT personel daire başkanlığı döneminde Müsteşar Hamza Gürgüç'ün oğlunu iyi bir yere tayin ettirdiği için ödül olarak İstanbul'u aldı."

Konya'da cunta toplantısı

MİT'te kapışmalar sürerken Türkiye'de oluk oluk kan akıyordu. MİT Müsteşarı Hamza Gürgüç'ün Ankara'daki evinin önünde bile bombalar patlıyordu.

Sakin, heyecansız kişiliğiyle tanınan Hamza Gürgüç bile ne yapacağını şaşırmış durumdaydı...

Ve "İkinci MC" fazla hükûmette kalamıyor, AP'den 12 milletvekilinin istifasıyla 31 aralık 1977 tarihinde düşürülüyordu.

Bu 12 kişiden 11'inin bakan olduğu Ecevit başbakanlığı'ndaki CHP+bağımsızlar hükûmeti 2 ocak günü kuruldu.

MC hükûmetinin gensoruyla düşürülüp CHP hükûmetinin kurulduğu son iki haftada siyasî cinayetler sonucu 30 kişi öldürülmüştü.

Türkiye bir kez daha Özel Harp Dairesi tartışmalarına sahne oluyordu...

12 Mart'ın Başbakan Yardımcısı Sadi Koçaş'ın nisan 1978'de *Milliyet*'te yayımlanan anıları ÖHD ve kontrgerilla tartışmalarını bir kez daha alevlendirdi. Koçaş yazı dizisinde kontrgerilla ve işkence konusuna da değiniyor ve başta

Memduh Ünlütürk olmak üzere suçlananları açıklama yaparak kendilerini aklamaya çağırıyordu.

CHP Erzincan Senatörü Niyazi Ünsal, CHP İzmir Milletvekili Süleyman Genç konuyu meclis kürsüsüne taşımışlardı.

Özel Harp Dairesi eski başkanı Cihat Akyol kendisinin hedef olarak gösterilmesinin nedenini sohbetlerinde söylüyordu. MİT içindeki Fuat Doğu ekibinin bilinçli olarak adını ortaya attıklarını belirtiyordu. Fuat Doğu'nun kininin geçmediğini belirtiyordu.

Özel Harp Dairesi ve Cihat Akyol'la ilgili bilgilerin ne kadarının Fuat Doğu tarafından sızdırıldığı bilinmiyor.

Ancak ÖHD "içinden" bazı CHP'lilere bilgi veren kişi, Havacı Yüzbaşı Salih Zeki Yılmaz'dı. Bu sosyal demokrat subay, devletin birtakım illegal işlere girip solcuları provoke etmesini hiç hazmedememişti...

Mecliste, Özel Harp Dairesi'yle ilgili hareretli, kavgalı oturumlar yapılırken, Başbakan Ecevit, 30 mayıs 1978'de Washington'da ABD Başkanı J. Carter'la görüşme yapıyordu.

Amerika'dan binlerce kilometre uzakta Konya'da ise, bambaşka bir toplantı yapılıyordu. Özel Harpçilerin pes etmeye hiç niyetleri yoktu...

Bir yıl önceki Askerî Şûra'da Orgeneral Sancar'dan boşalan Genelkurmay başkanlığına 2. Ordu Komutanı Orgeneral Vecihi Akın'ın adını kimse önermemişti.

Çünkü herkes biliyordu ki, tasfiye edilen Kara Kuvvetleri Komutanı Orgeneral Namık Kemal Ersun'a en yakın komutanlardan biri de Vecihi Akın'dı. Bu nedenle adı telaffuz bile edilmemişti. Orgeneral Akın 2. Ordu'ya atanmıştı.

Ancak "cunta virüsü" bir komutanın kanına girmeye görsün!..

Tarih 13 nisan 1978.

Yer 2. Ordu Komutanlığı'na bağlı Konya Orduevi.

Orgeneral Vecihi Akın'ın konukları var:

Özel Harp Dairesi'nden Genelkurmay istihbaratının başına gelip 1977 cuntasıyla emekli edilen Recai Engin konuklar arasında.

Kara Harp Okulu Komutanı Sami Karamısır,[170] Özel Harp Dairesi Komutanı Albay İsmail Hakkı Özkan, Eğridir Komando Okulu Komutanı Aşir Özözer,[171] Suat Aktolga gibi subayların yanında iş dünyasından da iki tanınmış isim vardı: Sakıp Sabancı ve Halit Narin.

MİT toplantıyı rapor edince, 2. Ordu Komutanı Orgeneral Vecihi Akın İzmir'de, NATO karargâhında kızağa çekilecekti!..[172]

Burada bir ayrıntıyı not etmek gerekiyor; 1970'li yıllarda TSK içinde Konya'daki 2. Ordu Komutanlığı çok önemliydi. Genelde 2. Ordu komutanları, Kara Kuvvetleri komutanlığına getiriliyordu. Ancak bu teamül daha sonraki yıllarda değişecek, İstanbul'daki 1. Ordu Komutanlığı daha fazla önem kazanacak ve buradan Kara Kuvvetleri komutanı olma teamülü başlayacaktı.

Bunun nedeni İstanbul sermayesinin Ordu içindeki gücünün artmasıydı!..

Ne tesadüftür, 1960'lı, 1970'li yıllardaki cunta hareketlerinin pek çoğunda hep Özel Harp Dairesi'nin komutanları yer alıyordu...

Hep söylendiği gibi Özel Harp Dairesi, küçük bir karargâh ise ve amacı da sadece işgal durumunda düşman kuvvetlerine sabotaj yapacak örgütlenmeyi sağlamaktan ibaretse, bu Özel Harpçi komutanlar neden hep cuntaların içindeydi?

Yoksa söylenenlerin tersine Özel Harp Dairesi, kontrgerillanın merkezi miydi? Yoksa Özel Harp Dairesi 12 Mart öncesi ve sonrası, 1977 seçimleri öncesi ve sonrası birçok provokasyonun tertipçisi miydi?

170 Sami Karamısır, Seferberlik Tetkik Kurulu'nun ilk komutanlarındandı. Emekli olduktan sonra 1983 yılında Kuzey Kıbrıs'ta Zefiros Oteli yakınlarında bir kampta CIA ve Suudî Arabistan istihbarat örgütünün denetiminde Suud askerlerine eğitim yaptırdığı MİT tarafından saptanınca Kuzey Kıbrıs'tan kovuldu. Daha sonra Suudî Arabistan şirketi Faisal Finans Kurumu'nun Faisal Eğitim Yardımlaşma Vakfı'nın (FEY) başkanlığını yaptı. 10 ekim 1993 tarihinde Refah Partisi'ne kaydoldu.

171 12 Mart Darbesi'nin ünlü komutanı Faik Türün'ün damadı.

172 Yıllar sonra, Konya toplantısına katılan komutanlardan Vecihi Akın, Ak Sigorta YK üyeliğine; Namık Kemal Ersun, İş Bankası YK üyeliğine; Suat Aktolga, Lassa; dönemin Genelkurmay Başkanı Semih Sancar, Akbank YK üyeliğine geleceklerdi. Generaller yıllar sonra Sabancı Holding'de buluşacaklardı.

Başbakan Ecevit MİT'e güvenmiyor ve teşkilata çekidüzen vermek istiyordu. Gerçi MİT, Ecevit Başbakan olur olmaz, "dosyasını" yırtmıştı.[173]

Ecevit'in MİT'e güvenmediğinin en somut örneği şuydu: Başbakan Ecevit'in bir özelliği vardı, bazı gazetecilerle çaylı toplantılar yapar, Türkiye'yi ve dünyayı değerlendirirdi. Birkaç kez Marmara Köşkü'nde toplantı yapıldı, sonra Ecevit birden Köşk'te gazetecileri toplamaktan vazgeçti. Nedeni MİT'in orayı dinlediğiydi...

Başbakan Ecevit, Müsteşar emekli Orgeneral Hamza Gürgüç'ten memnun değildi. MİT müsteşarlığına emekli Orgeneral Adnan Ersöz'ün getirilmesini MGK'ya kabul ettirdi.

Ersöz, 13 temmuz 1978 tarihinde görevine başladı.

Daha önce görmüştük; Adnan Ersöz'ün Kara Kuvvetleri komutanı olmasını dönemin başbakanı Demirel istememişti.

"İşkenceci Hiram Abas"

Hiram Abas ve arkadaşları o günlerde oldukça sıkıntılıydı. Adnan Ersöz'ün "solcu" olduğu ve MHP tandanslı teşkilat mensuplarını MİT'ten atacağı dedikoduları kulaklarına gelmişti...

Sonunda korktukları başlarına gelecek Müsteşar Ersöz, MİT içindeki ülkücüleri dağıtmaya başlayacaktı.

Başbakan Ecevit özel olarak Mahir Kaynak'ın teşkilattan atılmasını istiyordu. Kışkırtıcı ajanların MİT'ten temizlenmesini istiyordu...

Bu arada MİT'ten yoğun istifalar yaşandığı bilgileri basına sızıyordu. Dönemin İçişleri Bakanı İrfan Özaydınlı MİT'ten ayrılmaları istifa değil, partizan olan bazı kişilerin istifaya zorlandığı şeklinde açıklıyordu. Özaydınlı'nın iddiasına göre bu kişiler *Aydınlık* gazetesine bilgi ve fotoğraf veriyorlardı.

12 temmuz 1978 tarihinde *Aydınlık* gazetesinin İstanbul'daki merkezini polis bastı.

Gazete 7 ağustos günü haberi patlattı: "İşte kontrgerilla şefleri!"

173 *Milliyet,* 26 şubat 1988.

İlk sırada Nuri Gündeş vardı.

Bir gün sonra 8 ağustos günü *Aydınlık*'ın manşetinde Hiram Abas vardı: "İstanbul'daki bütün provokasyon ve tertiplerin ardındaki beyin: M. Hiram Abas. CIA ve MİT adına Faik Türün'e danışmanlık yapıyor. İstanbul kontrgerilla karargâhı ile CIA ve MİT'in irtibatını sağlıyordu. Gemi batırma olayları, Elrom olayı, Fırtına tatbikatları gibi tertip ve saldırılar Hiram Abas'ın başı altından çıktı. Hiram Abas operasyon ve işkence hastası. Görevli olmadığı halde 12 Mart'taki bütün baskınlara, operasyonlara en önde katıldı. Provokasyonları yönetti. Yeni işkence yöntemleri geliştirdi ve bu yöntemlerin uygulanmasına bizzat katıldı."

Aydınlık gazetesinin yayını üzerine Necati Zincirkıran *Günaydın* gazetesindeki başyazısında, "Hiram Abas Ortadoğu'nun en önemli casusuydu. *Aydınlık* gazetesini böylesine önemli bir casusumuzu ortaya çıkardığı için kınıyorum" diye yazıyordu...

Hiram Abas, gazeteye manşet olmasına üstelik fotoğrafının yayımlanmasına çok kızmıştı. Yıllarca gizliliğe dikkat ettiğini söylüyordu. Yine deşifre olmuştu. Kimliğini korumak için, Ali Çankaya'nın hazırladığı *Mülkiye ve Mülkiyeliler Tarihi* kitabına bile biyografisini göndermemişti.

Ali Çankaya yine de Hiram Abas'ın biyografisini kitabına alıyordu:

"Hilmi Abbas ile Fatma Hanım'ın oğludur. 1932'de İstanbul'da doğdu. 1952'de Saint-Joseph Fransız Lisesi'ni (İstanbul) bitirdi. SBF'den mezuniyetini müteakip tayin edildiği İstanbul maiyet memurluğunda bir süre bulunup silah altına alındı; yedek teğmen rütbesiyle terhis olduktan sonra tekrar İstanbul maiyet memurluğuna döndü. Eylül 1961'de Dışişleri Bakanlığı Teşkilatı'na girdi. Bir süre bu teşkilatta çalışıp tespit edilemeyen bir tarihte Batum Başkonsolosluğu muavinliğine getirildi. Bu görevden ne zaman merkeze döndüğü belli değildir. Yine bir süre merkezde Kıbrıs-Yunanistan Dairesi'nde çalışıp 6.1.1966'da Atina Büyükelçiği'nde 2. kâtipliğe; 27.9.1969'da da merkezde bir göreve getirildi. Halen (nisan 1970) merkezde çalışmaktadır. Evli olup cinsleri tespit edilemeyen iki çocuğu vardır (haziran 1968). Fransızca bildiği sicilinde yazılıdır. Tamamlayıcı bilgi için muhtelif tarihlerde kendisine yazılan 5 mektuba, mantıkla bağdaştırılması mümkün olmayan birtakım sudan bahaneler ileri sürmek suretiyle, cevap vermek nezaketini ve izanını göstermemiştir. Resmi 1952-1957 yıllarından birine ait olup SBF Arşivi'nden alındı."

MİT'te çalıştığı bilgisini yine de saklamayı becermişti. Ali Çankaya *Dışişleri Yıllığı*'na bakarak Hiram Abas'ın biyografisini kaleme almıştı. Ancak bilmiyordu ki, yıllıktaki bilgiler Hiram Abas'ın gittiği ülkelerde deşifre olmaması için bilerek yanlış yazılmıştı...

Adını basına kim sızdırdı?

Hiram Abas ve Nuri Gündeş neden gazeteye manşet oldular?

12 Mart operasyonları sırasında MİT İstanbul Bölge Başkanı Turan Deniz inisiyatif dışı bırakılmış, MİT elemanları emirleri doğrudan doğruya Memduh Ünlütürk ve Faik Türün'den almışlardı.

Zaten daha sonra da Turan Deniz Bonn'a atanmış yerine de Nuri Gündeş getirilmişti...

Gazeteye bilgi veren emekli Kurmay Albay Turan Çağlar, adaşı Turan Deniz'in çok yakın arkadaşıydı. İkisi de 1942 Harbiye çıkışlı, hava muhabere sınıfındandı.

Turan Çağlar, arkadaşına yardım etmek için Hiram Abas, Nuri Gündeş ve bazı MİT'çilerin 12 Mart'ta işkenceci olduklarını Gazeteci Nimet Arzık'a sızdırdı.

Turan Deniz yıllar sonra bu yayın aracılığıyla intikam almış oluyordu.

Fakat Turan Çağlar'ın "bilgi sızdırması" yanına kalmıyordu! MİT görevlileri tarafından kaçırılıp bir güzel dövülüp ifadesi alınacaktı... Turan Çağlar'ın dövülmesi üzerine MİT Müsteşar Yardımcısı Recep Ergun, İstanbul MİT Bölge Başkanı Nuri Gündeş'i, "Sen kim oluyorsun da bir emekli kurmay albayı keyfi olarak alıp sopalı-işkenceli sorgulayabiliyorsun" diye azarladı.

Turan Çağlar sıradan bir asker değildi. 21 ekim 1961 protokolüne imza atan 38 subaydan biriydi. Üstelik cuntanın Hava Kuvvetleri İstanbul temsilcisiydi...

Yalnız küçük bir kusuru vardı; ağzı fazla sıkı değildi.

İstanbul Harp Akademileri'ndeki toplantıyı da gazeteci Bedii Faik'e söylemişti. Böylece cuntacılar arasına bir de gazeteci katılmıştı...

Turan Çağlar 22 şubat 1962 cuntası içinde de vardı. O dönem İstanbul Radyosu müdürüydü. Radyo o yıllarda oldukça önemli bir ihtilal aracıydı. Kim radyoyu ele geçirirse onun darbe yapma şansı daha yüksekti! Bu nedenle böylesine önemli bir sorumluluğu ona vermişlerdi.

Gerçi başarısız olmuşlardı.

Ancak ne Talat Aydemir ne de Turan Çağlar yılacaktı.

Turan Çağlar, bu kez 21 mayıs 1963 cuntası içinde yer alacaktı. İhtilal gecesi Talat Aydemir'i Kara Harp Okulu kapısının önünde karşılayan üç emekli subaydan biriydi.

Fakat yine hezimete uğradılar...

Son darbe üç idam sehpasının kurulmasına neden olmuştu. Turan Çağlar canını kurtarmıştı...

Bu kitabın yazırlarından Doğan Yurdakul da Turan Çağlar'ı yakından tanıyordu: "Turan Çağlar'ı, Nimet Arzık aracılığıyla tanımıştım. Kısa zamanda iyi dost olduk. Bu dostluğumuz *Aydınlık*'ın 'kontrgerilla' yayınından sonra da sürdü. İstanbul'a gidişlerimde zamanım varsa Çağlar'a da muhakkak uğrar hatırını sorardım. Barış Manço'nun kayınpederi olduğunu da o gidişlerimde öğrenmiştim. Oldukça mütevazı bir yaşantısı vardı. Annesi de onun evinde kalıyordu. Bu uğrayışlardan birinde annesiyle birlikte mahallelerinde geçen gülünç bir olayı anlatmışlar, ben de bunu köşe yazılarımdan birinde isim vermeden kullanmıştım.

Turan Çağlar 12 Eylül'den bir ay kadar önce beni Ankara'dan arayarak heyecanlı bir sesle İstanbul'a çağırdı. Randevuyu evinde değil, Divan Oteli'nin pastanesinde vermişti. Önemli şeyler anlatacağını sezdiğimden, iznini alarak randevuya yanımda *Aydınlık* yazı kurulundan (onun da tanıyıp güvendiği) bir arkadaşla birlikte gittim. Takım elbisesine uygun bir papyon takmıştı. Bizi bekliyordu. Hemen söze girdi: 'Darbe geliyor. Komuta kademesi emir komuta zinciri içinde yönetime el koyacak. Haydar Saltık da kuracakları yönetimin genel sekreteri ve güçlü adamı olacak. İrticayı, Kürtçülük hareketlerini ve anarşiyi gerekçe yapacaklar.' Ama beni sadece bunları söylemek için çağırmamıştı. Asıl kendisi için endişeleniyordu. 'Size de vuracaklar. Onun için beni tanıyan arkadaşlarınız lütfen bir süre ortadan kaybolsunlar. İşkenceye dayanamayıp benim adımı verirler. Tutuklanırım. Bu yaşımda buna dayanamam' demişti..."

Aydınlık gazetesinin bilgi kaynağı sadece Turan Çağlar değildi. 1976 yılında MİT'te "temizlik operasyonu" sonucu 8 üst düzey yöneticiyi teşkilattan zorunlu emekliye ayırmışlardı. Hemen hepsi "sosyal demokrat" kimlikle tanınıyordu. Bunlardan Kemal Eker, "gelini yabancı uyruklu" diye teşkilattan "kovuluyordu!" Belçikalı gelini Eker'in makam otomobiline girerken görüntülenmişti. Tabiî bu işi Mehmet Eymür'ün başında olduğu Takip Şubesi yapmıştı.

Kemal Eker kimlerin kendisine oyun oynadığını iyi biliyordu.

Çoğu daire başkanlığı görevinde bulunmuş 8 MİT görevlisi Danıştay'a dava açıp tekrar MİT'e dönüyorlardı...

Gazetenin bilgi kaynakları arasında Kemal Eker de vardı.

Kemal Eker'in verdiği bilgi ve belgeleri trenle Ankara'dan İstanbul'a getiren *Aydınlık* muhabiri, "Ahtapot Operasyonu" sonucu trende MİT tarafından soyuluyordu.[174]

Gazetecinin çantasında işkenceci MİT görevlilerinin adları vardı. 12 Mart Darbesi'nin Başbakan Yardımcısı Sadi Koçaş'ın MİT müsteşarlığına getirmek istediği akrabası (MİT personel daire başkanı) Abdullah Argun, adını listede görünce kalp krizi geçirip vefat ediyordu.

Başta MİT, Emniyet olmak üzere devletin birçok kurumundaki iç çatışmalar taraflar tarafından hep basına sızdırılır. Nitekim *Aydınlık*'ın yaptığı yayın da bunun somut bir örneğiydi. *Aydınlık*'ın bilgi kaynakları arasında, 12 Mart döneminde işkenceden geçmiş kişilerde vardı. Yapılan bir çağ-

174 *Aydınlık* gazetesi muhabiri Ünal İnanç'ı trende soyan MİT görevlisi Kemal Düşünceli, yıllar sonra çantasını çaldığı gazeteciyle arkadaş olacaktı.

rı üzerine toplanan onlarca işkence mağduru, işkencecilerin kimliğini, "iğneyle kuyu kazar" gibi birbirleriyle konuşarak tespit etmişlerdi.

Gazetenin yazdığını MİT Müsteşarı Adnan Ersöz de doğruluyordu. Müsteşar Ersöz, 15 ekim 1978 tarihinde *Yankı* dergisinin yazılı sorularına şu yanıtları veriyordu:

"12 Mart'tan sonraki operasyonlarda MİT mensupları zaman zaman ve yer yer soruşturmalarda uzman olarak bulunmuşlardır. Ama bunların içlerinde aşırı işgüzarlık yapmış, iddia edilen suçları işlemiş kimseler olmadığını bugün kimse iddia edemez.

MİT'te temizlik yapılmasını isteyenler (CHP hükûmeti) kısmen haklı olabilir. Geçmiş devirlerde en hafif tabiriyle usulsüzlük yapmış olanlar, emir ve direktiflerin sınırlarını aşmış olanlar bu yollardan gayretkeşlikle suç işlemiş olanlar, kafaları sadece bir tarafa göre şartlanmış olanlar vardır. Ama bunların tespit edilmesi, haksızlığa maruz kalmadan kanun çerçevesinde tesirsiz hale getirilmeleri kolay olmayacaktır. MİT mensupları 12 Mart sonrasının çok küçük bir grup tarafından yaratılan aşırılıklarının ezikliği içindedirler."

MİT Müsteşarı Adnan Ersöz teşkilata bambaşka bir hava getirmişti. Kapalı kapılar ardındaki MİT'i kamuoyuna açıyordu. İlk kez bir MİT müsteşarı açıkça basına demeç veriyordu.

Müsteşar Ersöz, o günlerde resepsiyonlara, törenlere, toplantılara katılıyor, sık sık sivillerle sohbet ediyordu. Ersöz Paşa'nın sıcak yaklaşımı ve teşkilatı konusunda yer yer özeleştiri yapması takdir ediliyordu.

Peki MİT Müsteşarı Ersöz, teşkilatındaki "aşırılığa, işgüzarlığa" tamamen son vermiş miydi?..

Milletvekili oğluna MİT dayağı

Tarih 6 kasım 1978.

Yunanistan'ın Ankara Büyükelçiliği binasının inşaatı sürüyor.

MİT, "böcek" denilen dinleme cihazlarını binaya yerleştirmek için operasyon düzenleyecek. Mehmet Eymür'ün başında olduğu Takip Şubesi de gözcülük yapacak.

Operasyonun güvenliğini sağlayacak personeli taşıyan iki askerî kamyon MİT merkezinden yola çıkıyor.

Ancak yolda bir aksilik oluyor. Özel bir otomobil en arkadaki kamyondan yol istiyor ancak bir türlü alamıyor. Kamyon şoförü MİT görevlisi biraz acemi, önündeki kamyonu kaybedeceğinden korkuyor.

Otomobil sürücüsü sürekli klaksona basıyor. Mehmet Eymür olaya müdahale ediyor, özel otomobildeki genci cadde ortasında "evire çevire" dövüyor.

Eymür'ün bu hareketi operasyonu tehlikeye sokuyor. Hırsını alamıyor, otomobil plakasından evin adresini tespit ediyor. Eve gidip genci kolundan tutup MİT'e götürüyor...

Mehmet Eymür'ün bu hırsını arkadaşları bile anlamakta zorlanıyor.

Sorgulama için MİT'e götürülen genç teşkilatta da dayak yemekten kurtulamıyor. Ancak gencin CHP Erzincan Milletvekili Nurettin Karsu'nun oğlu olduğunun ortaya çıkması bir anda ortalığı karıştırıyor.

CHP bu olaydan sonra mecliste MİT'in faaliyetleriyle ilgili olarak genel görüşme açılmasını talep ediyor. Başbakan Ecevit, partililerini sakinleştirmek için, Mehmet Eymür'ün teşkilattan hemen uzaklaştırılmasını istiyor. Eymür, MİT Okulu'na "öğretim görevlisi" olarak atanıyor.

Mehmet Eymür "ortalık yatışıncaya kadar" Amerika'ya gidiyor. Ancak CHP'liler olayın peşini bırakmıyor. "İşkenceci" MİT görevlisinin teşkilattan atılmasını istiyorlar. Bunun üzerine Mehmet Eymür MİT'ten alınarak, Devlet İstatistik Enstitüsü'ne veriliyor. Tam bu sırada CHP hükûmeti düşüyor. AP azınlık hükûmeti kurulunca Mehmet Eymür tekrar MİT'e dönüyor. Yeni görev yeri Kontrespiyonaj Daire Başkanlığı emrinde, Batı devletleri şube müdürlüğüydü. Amiri Hiram Abas'tı. İkili yine buluşmuşlardı...

12 Mart Askerî Darbesi'nden sonra artık MİT'in kirli operasyonları arka arkaya kamuoyu tarafından öğrenilmeye başlanmıştı. Teşkilat sürekli prestij kaybediyordu. Personel bulmakta bile zorluk çekiliyordu...

MİT daire başkanları özellikle Ankara'daki Mamak, Polatlı gibi askerî okullara gidip komutanlardan, akıllı yedeksubayların MİT'te çalışması için aracı olmaları isteniyordu. Hatta bazı askerî okullara yedeksubayların askerlik bitiminde MİT'te çalışmaları için el ilanları asılıyordu.

Öğrencilere MİT'ten mektup

1978 öğrenim yılının sonuna doğru Ankara Siyasal Bilgiler Fakültesi ile Hukuk Fakültesi'nin bazı öğrencilerine pulsuz kimden geldiği belli olmayan mektuplar gelmeye başladı.

Gelen mektup, bir devlet kurumunun personele ihtiyacı olduğunu belirtiyor ve işe girmek isteyenlerin "posta kutusu 507" numaraya mektupla başvurmasını istiyordu. Mektubun altında personel daire başkanvekili sıfatıyla bir imza vardı.

Başvuran öğrenciler olayın sırrını çözdüler. "Bir devlet kurumu" olarak belirtilen yer MİT'ti!

Bu yöntemle teşkilatın üniversite mezunu açığını kapatmak isteyen kişi ise Personel Daire Başkanvekili Erkan Ersil'di.[175]

MİT'e o tarihe kadar genellikle tavsiyeyle personel alınıyordu. Tavsiye edilenler de ya personel ya da asker çocuğuydu.

644 sayılı yeni MİT Yasası'ndan sonra yine tavsiyeyle eleman alımı vardı, ancak personel adayı dilekçeyle teşkilata başvurmak zorundaydı. Sonra hakkında tahkikat yapılırdı: kim vs gibi. 1971 yılından sonra sınavlar başladı. Artık sınavla personel alınmaya başlandı. Sınavlarda güvenlikle ilgili basit sorular soruluyordu. Yine de MİT'e o yıllarda giren kişi sayısı oldukça azdı.

MİT "harıl harıl" personel aradığı o günlerde ülke kaynıyordu.

"Görünmez eller" devreye girmişti...

17 nisan 1978... Malatya Bağımsız Belediye Başkanı Hamit Fendoğlu'na gönderilen bombalı paketin patlaması sonucu, belediye başkanı, gelini ve iki torunu can veriyordu.

Kahveler, belediye otobüsleri taranıyor, vapur iskelelerin-

175 *Yankı*, 9-15 ekim 1978.

de, postanelerde saatli bombalar patlatılıyordu.

Cezaevinden sadece Gazeteci Abdi İpekçi'nin katili Mehmet Ali Ağca kaçmamıştı. Son 1,5 yıl içinde Erzurum'dan 11, Sağmalcılar'dan 13, Van'dan 58, Adana'dan 16 mahkûm kaçmıştı...

Öğretim üyeleri, gazeteciler, eski bakanlar ve başbakanlar, senatörler, milletvekilleri; toplumda saygınlık uyandırmış isimler tek tek öldürülüyordu...

Toplumsal kıyımlar yaşanıyordu; Kahramanmaraş'ta, Çorum'da, Sivas'ta...

MİT o günlerde ne yapıyordu, hiç istihbarat alamıyor muydu?

Tarih 13 ekim 1979.

Adana Sıkıyönetim Komutanı Korgeneral Nevzat Bölügiray MİT Bölge Müdürlüğü'nü ziyarete gitti.

"Hem ziyaret etmek hem de bazı isteklerimi iletmek amacı ile MİT personelinin bulunduğu yere gittim. Bir cadde üzerinde büyük bir apartmanın önünde durduk. Apartmanın kapısında beni karşıladılar ve içeri girdik. MİT diye girdiğim yer bildiğimiz bir apartman dairesiydi. Ben ise geniş bir bahçe içerisinde gizlenmiş güvenli özel yapılmış bir bina ve kapısında da sivil bir kuruluş adı yazılı bir levha göreceğimi sanıyordum. Şaşırdığımı gören görevliler özel bir binalarının bulunmadığını ve bu nedenle bir apartman dairesinde oturduklarını açıklıyordu. Ya güvenlik? Apartmanın kapısına dikilen iki nöbetçi erle sağlanıyordu. Güya gizliydi, ama burasını herkes biliyordu..." [176]

Yıllar geçti ama uygulama hiç değişmedi. MİT binaları çoğu zaman espri konusu olmaya hâlâ devam ediyordu: beyaz eşya satan Trabzonlu bir esnaf, mağazasını başka bir yere taşımış, boşalttığı dükkânın camına da, "Yeni yerimiz MİT'in tam karşısıdır" diye yazmıştı..

27 nisan 1999 tarihli *Milliyet* gazetesindeki küçük ilan dikkat çekiciydi: "Demetevler'de geniş, MİT manzaralı şahane daire, acilen satılık."

Diyarbakır'da ise dolmuş şoförleri, MİT'in bulunduğu

176 Nevzat Bölügiray, *Sokaktaki Askerin Dönüşü,* s. 71, 72.

bölgeye giderken, "MİT'e... MİT'e" diye bağırarak yolcu topluyorlardı. Aynı durum Ankara Bahçelievler semti için de geçerliydi...

MİT sorguya girsin mi, girmesin mi?

Kanın Türkiye'yi yutmaya çalıştığı o günlerde MİT toplayabildiği kadar istihbaratı sarı zarflar içerisinde sıkıyönetim komutanlarına göndermekle meşguldü...

Adana Sıkıyönetim Komutanı Korgeneral Nevzat Bölügiray anlatmaya devam ediyor:

"Bölgedeki MİT görevlilerine iki de bir, 'Bana laf değil, somut hedef gerek' dedikçe onları üzdüğümü biliyordum. Sınırlı olanaklarıyla benim istediğimi yapmaları olanaksız gibiydi. Buna karşın Adana'da çok önemli bir terör örgütünün içine sızmayı başarmışlardı. Ancak örgütü suçüstünde yakalayabilmek için zamanlamayı sağlayamıyorlardı. Örgüt içindeki elemanın bunu o anda bildirmesi çok güç bir işti. İki ay süren bu çalışmaları büyük bir sabır ve umutla izledim. Sonunda zamanlama ayarlanmış ve operasyonun düzenlenebileceği bildirilmişti. MİT'in eşgüdümünde güvenlik amirleri gerekli planlamayı ve hazırlıkları yaptıktan sonra kararlaştırılan günde örgüt evine baskın düzenlenerek ikisi polis, kırk sekiz örgüt üyesi ele geçirildi.

Birkaç ay sonra yeterli kanıt bulunmadığından bu tutuklular bırakılınca MİT, Emniyet ve mahkeme arasındaki birbirini suçlamalar yinelendi.

Gerçekte MİT terörün genel tablosunu çizer, geleceğe dönük genel yorumlar yapar, örgütleri saptar ve bir kısım üyelerini de ismen belirler ve Emniyet'e verir. Bundan sonra onları suç kanıtlarıyla yakalamak için operasyonlar düzenlemek güvenlik kuvvetlerine düşmektedir. Eğer operasyon başarılı olursa bu başarı Emniyet'in oluyordu. Başarı sağlanmazsa Emniyet suçluların kanıtlarıyla yakalanmalarını sağlayacak tüm ayrıntılı bilgileri MİT'in vermediğinden yakınırdı. MİT ise yasalar nedeniyle bizzat bir operasyon yönetemez ancak yardımcı olabilir.

Genelde bunların hepsinde de bir gerçeklik payı vardır. MİT bazen bu tür suçlamalara yanıt vermek ister gibi derlediği bilgileri Emniyet yerine daha üst kademelere verebilir, Emniyet de başarısının sadece kendisinde olması için MİT'e bilgi vermeyebilirdi.

MİT ve Emniyet arasında eşgüdüm eksikliği ve rekabet her zaman sürmüştür. Ancak bir toplantımızda hukukî bir sorun ortaya çıktı.

MİT temsilcisi: 'Efendim, bazen çok önemli örgüt elemanları yakalanıyor. Bunların sorgulanmalarında çok önemli ipuçlarının ele geçirilmesi olası. Ancak Emniyet bizim sorguda bulunmamıza izin vermiyor ya da zorluk çıkarıyor.'

Emniyet müdürü: 'Yasalara göre soruşturmada polisten başka hiç kimse bulunamaz. Biz önemli ifadeleri onlara verebiliriz.'

MİT temsilcisi: 'Önemli olan sadece ifadelerin bize verilmesi değildir. Gerek örgütlerin gerekse ideolojilerin çok geniş ve karmaşık yapıları bakımından bu konular da özel bir bilgi ve yetişmeyi gerektirmektedir. MİT'in elemanları bu konuda uzmandırlar.'

Emniyet müdürü: 'Ama yasaya göre sorgulara katılamazsınız'."

Sıkıyönetim Komutanı Korgeneral Bölügiray'ın kafası karışmış, ikilemde kalmıştı. Yine de kararını verdi:

"Geçmişteki sıkıyönetim dönemlerinde MİT'in özel sorgulama ve işkence savlarına bulaştığı düşünülürse buna izin vermem olanaksızdır benim için."

Ancak yine de orta yol bulundu: "Sorgulamayı polis yaparken uygun bir yerden MİT uzmanı dinlesin. Bu arada sorulması gereken bir konu olursa uygun bir zamanda sorgulamayı yapan polise bildirsin ve o da sorgulamasında bunları göz önüne alsın."

Komedi filmi gibi...

MİT ile polisin ortak hareket etmesi isteniyordu. Ancak ne MİT içinde ne de Emniyet içinde bir birlik yoktu.

Valiler, emniyet müdürleri bile bölünmüştü:

1979 yılının meclisteki son birleşiminde, eski vali ve eski Emniyet Müdürü AP Milletvekili Ömer Naci Bozkurt, İçişleri Bakanı Hasan Fehmi Güneş'le tartışıp, öfkeyle çantasını bakana fırlatınca, açılan çanta bir gerçeği gözler önüne serdi.

Belgelerde, vali ve emniyet müdürlerinin "menfi-müspet" diye ikiye ayrılmış oldukları görüldü.. Yani vali ve emniyet müdürleri sağcı ve solcu diye ayrılmıştı! Listeyi kimin hazırladığı hiçbir zaman bilinemedi.

İçişleri Bakanı Hasan Fehmi Güneş'in "başından bela eksik olmuyor"du.

FKÖ'nün Ankara'da büro açmasının hemen ardından, Filistinli dört gerilla 13 temmuz 1979'da Mısır'ın Ankara Büyükelçiliği'ni bastılar. Bir polis memuruyla bir bekçiyi öldürdükten sonra elçilik personelini rehin aldılar. Kaçmaya çalışan bir Mısır görevlisi de pencereden düşüp öldü. Gerillalar, Türkiye'nin Mısır'la diplomatik ilişkisinin kesilmesini, Filistin devletinin meşruiyetinin tanınmasını, Mısır'da tutuklu bulunan arkadaşlarının serbest bırakılmasını ve Türkiye'den gitmek için uçak istiyorlardı.

"Filistin Devriminin Kartalları" adlı örgüt adına hareket ettiklerini söyleyen gerillalar Türkiye halkına karşı olmadıklarını vurguluyorlardı. Başında Ebu Firas'ın bulunduğu FKÖ temsil heyeti Türkiye'ye geldi. Yapılan görüşmeler sonrasında gerillalar baskının ikinci günü teslim oldular. Gerillaların teslim olması sırasında CHP hükûmetinin İçişleri Bakanı Hasan Fehmi Güneş'in Filistinlileri yanağından öpmesi uzun zaman tartışma konusu oldu. Güneş ise baskınla ilgili istihbarat yoksunluğundan yakınmıştı. Güneş şöyle diyordu: "MİT'ten birkaç Filistinlinin gelerek İsrail Büyükelçiliği'ne eylem yapacakları bilgisini vermişlerdi. Aylarca aradık, bütün otelleri gözledik. MİT'e başvurdum. 'Daha ne kadar bilgi varsa gönderin' dedim. Şöyle düşünüyordum: MİT herhalde aldığı ilk bilgiyi kovalıyordu. İstihbaratın gereği buydu. MİT'ten gelen cevap: 'Kaynağımız bilgiyi kesti' oldu. İşte tam bu sırada Filistinliler Mısır Büyükelçiliği'ni bastı."

İstihbaratı vermesi gereken kişi Kontrespiyonaj'ın başında bulunan Hiram Abas'tı. Filistinlilerin kendisine "attığı kazığın" öcünü yıllar sonra alacaktı Hiram Abas!..

CIA ajanları Türkiye'de esrarengiz işler yapıyor, ama MİT Kontrespiyonaj Bölümü duyarsız davranıyor. Hükûmet belgeleri değişik kanallarla öğreniyordu.

İçişleri Bakanı Hasan Fehmi Güneş'i telefonla arayan

Amasya Belediye Başkanı CHP'li Gündüz Türen heyecanlı bir sesle şöyle diyordu: "Sayın Bakanım, Robert Alexander Peck[177] adında bir Amerikalı dolaşıyor buralarda. Ankara'daki büyükelçilikte ikinci kâtipmiş. Bana da geldi ilginç sorular soruyor; 'Amasya'da Sünnîlerle Alevîlerin oranı nedir; Amasya'da sağcı mı, solcu mu çok; Amasya'daki çatışmalar mezhepsel mi, etnik mi yoksa ideolojik nedenlerden mi kaynaklanıyor gibi.' Amerikalı benzer soruları Çorum'da da sormuş. Sayın Bakanım ne yapalım?"

Bakan, Amasya Valisi Aydemir Ceylan'ı arayarak durumla ilgilenmesini istedi. "Esrarengiz Amerikalı" kibar bir biçimde göz hapsine alındı.[178]

Olaydan iki gün sonra Karadeniz gezisine çıkan Bakan Güneş'e gazeteciler "esrarengiz Amerikalı"yı sordular. Bakan, "Her şeyden haberimiz var, Amerikalı diplomatı dikkatlice izliyoruz" deyince, ABD Ankara Büyükelçisi Spain, Hasan Fehmi Güneş'in "özür dilemesi ve sözlerini geri almasını" istedi.

Amerikan büyükelçisinin tabiî isteği olmadı. Ama İçişleri Bakanı Hasan Fehmi Güneş, 5 ekim 1979 tarihinde, "Aynur Aydan tertibi" nedeniyle istifa etmek zorunda bırakılıyordu...

CHP hükûmeti de uzun ömürlü olmuyordu...

Yeni müsteşar Türker

16 ekim 1979 tarihinde Ecevit başbakanlıktan istifa etti.

Ardından MİT Müsteşarı Adnan Ersöz görevinden ayrıldı.

Hiram Abas ve arkadaşları rahatlamışlardı.

O günlerde piposunu keyifli tüttürüyordu Hiram Abas...

MİT'e 19 kasım 1979 tarihinde atama yapıldı. Göreve Korgeneral Bülent Türker getirildi.

Müsteşar Bülent Türker teşkilata yabancı biri değildi.

26 temmuz 1973-27 şubat 1974 tarihleri arasında vekâ-

177 Robert Alexander Peck o tarihte CIA'nın istasyon şefiydi. Açığa çıkınca yerine Paul Henze ikinci kez Türkiye'ye gönderildi.

178 "Esrarengiz Amerikalı"yı Orman İdaresi'nin misafirhanesinde göz hapsinde tutan dönemin Amasya Valisi Aydemir Ceylan, bu onurlu tavrının ödülünü, bir daha hiçbir şehre vali yapılmayarak aldı. Emekliliğine kadar yaklaşık 20 yıl merkez valiliğinde bulundu !

leten ve 26 eylül 1974-24 kasım 1974 tarihleri arasında asil olarak iki kez müsteşarlık koltuğuna oturmuştu.

Şimdi üçüncü kez görevinin başındaydı!

25 kasım 1979 tarihinde meclisten güvenoyu alan AP azınlık hükûmeti göreve başladı. Başbakan Demirel, yeni MİT Müsteşarı Türker'le çalışacaktı! Başbakan Demirel'in MİT müsteşarını kendisinin seçmesine izin verilmemişti. Askerlerin herhalde bir bildiği vardı!..

Başbakan Demirel'in bir numaralı sorunu ülkede akan kanın bir türlü durmamasıydı. MİT Müsteşarı Türker'i çağırarak brifing aldı.

Acil önlemler alınması için, Devlet Bakanı Ekrem Ceyhun'un başkanlık ettiği, Adalet Bakanı Ömer Ucuzal, Millî Savunma Bakanı A. İhsan Birincioğlu, İçişleri Bakanı Mustafa Gülcügil ile MGK Genel Sekreteri Oramiral Arif Akdoğanlar'ın katıldığı 27 kasım tarihli toplantıda MİT müsteşarı olarak Bülent Türker de vardı. "Devleti harekete geçirmek" için bir an önce çalışmalara başlama kararı aldılar.

Benzer sözler 4 aralıkta Genelkurmay Başkanlığı toplantı salonunda da dile getirildi. Sıkıyönetim komutanları toplantısında ilk konuşmayı, İstanbul Sıkıyönetim Komutanı Orgeneral Necdet Üruğ yaptı:

"Gerekli istihbarat sağlanamamaktadır. MİT'ten ve Emniyet'ten zikre şayan bir destek görülmemiştir. MİT ile polisin arası kopuktur. MİT anarşik istihbarat yapmalıdır. MİT-polis işbirliği kanunlaştırılmalıdır. İki teşkilat arasında karşılıklı güven havası yaratılmalıdır. Bugün MİT'ten maalesef hiçbir resmî rapor alınamamaktadır. MİT de polis teşkilatı gibi politikadan arındırılmalıdır."

Diğer sıkıyönetim komutanları benzer sözler sarf ettiler. Orgeneral Selahattin Demircioğlu: "İstihbarat gelmiyor, çok iyi bir istihbarat teşkilatı kurulmalıdır. İstihbarat için özel eğitimli personel yetiştirilmelidir."

Korgeneral Ragıp Uluğbay: "İstihbarat yok denecek kadar azdır."

4 aralık toplantısından sonra Genelkurmay Başkanlığı Sıkıyönetim Koordinasyon Dairesi Başkanı Tümgeneral Se-

lahattin Cambazoğlu hazırladığı "tedbirler" dosyasını başta Başbakanlık olmak üzere "devletin sinir merkezlerine" gönderdi.

Raporun MİT'le ilgili bölümlerinde Tümgeneral Cambazoğlu şunları yazıyordu:

"Polis ve MİT'teki soruşturmaların zaman zaman sıkıyönetim savcılarının nezaretinde yapılmasına yetki verilmelidir.

"MİT de polis gibi siyasetten arındırılmalıdır.

MİT tarafından yeterli düzeyde istihbarat temini ve süratle ulaştırılması yönünde ciddi tedbirler alınmalıdır. İstihbarat temini için harcanan ödenekler artırılmalıdır.

Esas istihbarat sağlayıcı organ olarak MİT, anarşik istihbarat yapacak şekilde yetki, teşkilat çalışma yöntemleri bakımından yeni bir reorganizasyona tabi tutulmalıdır.

İstanbul MİT Bölge Başkanlığı daha tecrübeli personel ile takviye edilerek daha etkin ve verimli yöntemleri uygulaması sağlanmalıdır."

15 aralıkta Başbakan Demirel'in başkanlığında, Başbakanlık Müsteşarı Turgut Özal, MGK Genel Sekreteri Oramiral Arif Akdoğanlar, Genelkurmay Başkanlığı Sıkıyönetim Komutanlıkları Genel Koordinatörü Tümgeneral Selahattin Cambazoğlu ve MİT Müsteşarı Bülent Türker'le üniversite rektörlerinin katıldığı bir toplantı yapıldı.

Demirel MİT merkezinde

22 aralıkta Başbakan Demirel MİT merkezine giderek brifing aldı. Demirel, "Komutanlar teşkilatınızın örgütler hakkında bilgisinin bulunmadığını şikâyet ediyorlar. Eğer varsa da biz bu bilgileri alamıyoruz diye yakınıyorlar. Neden vermiyorsunuz" diye sordu.

Müsteşar Bülent Türker kısık sesle, "Ama efendim hepsini verdik" dedi.

Şaşırma sırası Demirel'deydi. Toparladı, "Canım siz de bir daha verin" dedi.

Başbakan Demirel 25 aralık 1979'da MİT Müsteşarlığı'na resmî bir yazı gönderdi. (Başbakan özel/11-03214.)

Demirel MİT Müsteşarı Türker'den, "ülkede huzursuzluk çıkaran kaynakların, mihrakların ve bunların mensuplarının tümünün" tarafına gönderilmesini rica ediyordu.

MİT zaten komutanlar için böyle dosya hazırlamıştı. İstenilen dosya başbakana gönderildi. Başbakan da dosyaların içeriğine bile bakmadan Genelkurmay başkanı, millî savunma bakanı, içişleri bakanı, adalet bakanına gönderdi.

Sıkıyönetim komutanları şikâyetçiydi. Adana Sıkıyönetim Komutanı Korgeneral Nevzat Bölügiray anlatıyor:

"Başbakan Süleyman Demirel'in emriyle MİT Müsteşarlığı, Sıkıyönetim Komutanlıkları'na birer dosya gönderdi. Bu dosyada terör örgütlerinin; örgüt şemaları, ilişkileri, yapısal özellikleri, bilinen liderleri genel çizgileriyle anlatılıyor ve bazı isimler de bildiriliyordu. Bu dosyanın gönderilmesinden sonra artık teröristlerin belirlendiğine ve gerisinin sıkıyönetimlerin çabasına kaldığına inanmış görünen büyüklerimiz, bizim hemen davranıp teröristleri yakalamamızı bekler gibiydiler. Ne çare ki, güvenlik güçlerinin bir kişiyi suçlayıp adaletin önüne çıkarabilmesi için bazı somut tanık ve kanıtlara gereksinme vardı..."[179]

AP hükûmeti ülkede akan kanı durdurmak için elinden geleni yapmaya çalışıyordu.

Başbakan Demirel 5-6 şubat günleri Ankara'da 16 ilin valisiyle bir toplantı yaptı. Hassas illerin valileri bölgelerindeki durumları özetlediler. Valiler MİT'ten de şikâyetçiydiler.

Şanlıurfa valisi: "MİT ile sıkıyönetim arasında diyalog kesilmiştir. MİT, 'Biz istihbarat yapıyoruz, sıkıyönetim çalışmıyor' derken, sıkıyönetim komutanı da, 'MİT bir şey vermiyor' diyor. MİT takviye edilmeli."

Tunceli valisi: "İstihbarat yok. MİT deşifre olmuş, binası filan bombalanıyor."

Van valisi: "İstihbarat yok, acilen düzeltilmelidir."

Artvin, Kars, Ordu, Hatay, Ağrı, Adıyaman, Hakkâri, Siirt, Mardin, İçel, Adana, Diyarbakır, Gaziantep valileri genellikle hep aynı nokta üzerinde duruyorlardı: istihbarat yok!..

179 N. Bölügiray, *Sokaktaki Askerin Dönüşü,* s. 262

Herkesin yakındığı MİT, o günlerde neler yapıyordu?

Hiram Abas-Klaus Kinkel dostluğu

Alman istihbaratçıların Hiram Abas'a verdikleri kodun adı; "Hanf"tı. Türkçesi kenevir![180]

Klaus Kinkel adı, Türkiye kamuoyunun bildiği bir isimdi. 1990'lı yıllarda Almanya dışişleri bakanlığı görevinde bulunan Klaus Kinkel, 1978-1982 yılları arasında da Alman İstihbarat Teşkilatı'nın (BND) başında bulunmuştu.

Weilheim Barış Politikası Araştırmalar Enstitüsü Başkanı Erich Schmidt-Eenboom, Klaus Kinkel'in BND'nin başında bulunduğu dönemi *Gölge Savaşçısı* adlı bir kitapta anlattı.

Kitapta Kinkel ile MİT ilişkisi hakkında ilginç bilgiler bulunuyordu. BND'nin yurtdışında kurulan ilk merkezlerinden birisi, Gehlen kolu tarafından Ankara'daki Alman Büyükelçiliği'nde ve İstanbul'da kurulmuştu. Samsun'da da üssü vardı. BND ve MİT bu dönemde İstanbul Boğazı'ndan geçen Sovyetler Birliği gemilerini fotoğraflıyorlardı.

MİT ile BND ilişkisi çok iyiydi. Hitler'in komutanlarından Albert Kesselring'in oğlu Rainer Kesselring, 1978'de MİT'in bilgi ve arşiv sistemini kurmuştu.

Klaus Kinkel'in MİT'ten direkt temas kurduğu kişi Hiram Abas'tı. BND, Hiram Abas'a "Hanf" (kenevir) kod adını vermişti. BND'nin "patronu" Kinkel, neden MİT müsteşarlarıyla değil de Hiram Abas'la ilişki kurmuştu?

Nazi Generali Gehlen'in "çıraklarının" bir gün "usta" olup birbirleriyle ilişki kurması doğaldı.

Peki, "hassas görevler" üstlenen "Hanf" kod adlı Hiram Abas ne tür bilgiler veriyordu Klaus Kinkel'e?

Gölge Savaşçısı adlı kitap bu sorunun yanıtını vermiyor. Ancak MİT'in BND'den aldığı bilgilerle neler yaptığını yazıyor:

"BND, Almanya'ya iltica eden muhalif kişiler hakkında bilgileri 'Hanf'a iletti. Bu bilgiler üzerine MİT, Batı Avrupa'da

180 Türk Dil Kurumu tarafından yayımlanan *Türkçe Sözlük* kitabında kenevir: "Kendirgillerden, sapındaki liflerden halat, çuval gibi kaba örgüler yapılan, iki evcikli bir bitki"

ağustos 1980'de Achim kentinde Kâtip Sultan'ı, Hollanda'da Nubar Yalım'ı öldürdü. Berlin'de ise Celalettin Kesim ocak 1980 tarihinde MİT'in talebi üzerine 'Türk Federasyonu' militanları tarafından öldürüldü."[181] Kitaba göre, Hiram Abas ve arkadaşları, Türkiye'de akan kanı durdurmak değil daha fazla akması için çaba sarf ediyorlardı sanki!..

İşte, darbe planı

Hükûmet toplantı üzerine toplantı yapıyor, silahların susması için hal çareleri arıyordu. Ancak "birileri" hal çaresini çoktan bulmuştu...

1976-1980 yılları arasında ABD Başkanı Jimmy Carter'ın millî güvenlik müşavirliğini yapan Zbigniew Brezinski, Power and Principle adlı kitabının 373'üncü sayfasında bakın ne yazıyor:

"İran İslam devrimiyle ilgili durum Başkan Carter'ın huzurunda tartışılırken ben, 'bir siyasal değişikliğin harekete geçmesi gerektiğini ifade ettikten sonra, Türkiye'de tıpkı Brezilya'da olduğu gibi bir askerî darbenin -ki zamanla sivil idareye dönüşmektedir- en iyi çare olduğunu savundum."

Burada anımsatma yapmakta yarar var. Kenan Evren Genelkurmay başkanı olarak 7-18 haziran 1980 tarihinde ABD'ye gitti. Gezisi sırasında Brezinski'yle de görüştü. Başkan Danışmanı Brezinski, "İstikrarlı bir Türkiye istiyoruz. Ancak Türkiye bu konuda iyiye gitmiyor, bir şeyler yapmak lazım" diyordu.

Öyle ya, ABD'nin elinin altından İran ve Afganistan kaymıştı. Türkiye'yi kaybetmeyi göze alamazdı.

İspanyol siyaset bilimcisi Prof. Miguel Angel Cabrera, *Avrupa'da Güvenlik: Yunanistan* adlı kitabında benzer şeyler yazdı: "Beyaz Saray başlangıçta müdahaleyi istemiyordu. Washington, Türkiye'de demokrasinin sürmesinden yanaydı ve bu nedenle Ecevit'i destekler görünüyordu. Ancak Pentagon ve CIA darbede ısrar edince, Beyaz Saray operasyona onay vermek zorunda kaldı."

181 *Frankfurt IM Press,* 12 mayıs 1995.

Emekli Korgeneral Nevzat Bölügiray *Sokaktaki Asker* adlı kitabında 12 Eylül Müdahalesi'ne giden olayların tarihsel sıralamasını şöyle yazıyor:

6 mart 1978... Kenan Evren Genelkurmay başkanı oldu. Temmuz ayında müdahale fikri Genelkurmay'da konuşulmaya başlandı.

11 eylül 1979... Orgeneral Haydar Saltık, Genelkurmay Başkanı Kenan Evren'in emriyle cunta hazırlıklarına girişti. "Darbe Planlama Birimi"ni oluşturmaya başladı.

19 kasım 1979... Generaller müdahaleyi tartıştılar.

27 aralık 1979... Hükûmete uyarı mektubu verildi.

19 şubat 1980... Kara Kuvvetleri Komutanı Orgeneral Nurettin Ersin'in görev süresi bir yıl uzatıldı.

4-16 mart 1980... Genelkurmay Başkanı Evren ve kuvvet komutanları, Orgeneral Haydar Saltık başkanlığındaki grup tarafından hazırlanan, "müdahale stratejisini" içeren dosyaları incelediler.

2 nisan 1980... Kenan Evren ve kuvvet komutanları, sıkıyönetim komutanları tek tek dolaşarak müdahale kararına onay aldılar.

4 haziran 1980... "Bayrak Harekât Planı" hazırlandı.

17 haziran 1980... Müdahale kararı sıkıyönetim komutanlarına sözlü olarak tebliğ edildi.

4 ağustos 1980... Müdahaleden vazgeçildi.

2-4 eylül 1980... Bayrak Harekât Planı ikinci kez sıkıyönetim komutanlarına tebliğ edildi.

Ve 12 Eylül 1980... Askerler "komuta zinciri dahilinde" yönetime el koydular. Hükûmet düşürüldü, parlamento feshedildi, siyasî partiler kapatıldı.

Askerî darbenin bilançosu korkunçtu; 650 000 kişi gözaltına alındı... 50 kişi idam edildi... 229 kişi işkencede can verdi... Kayıpların sayısı ise hâlâ bilinmiyor!

Dördüncü bölüm

İstifa etmesi istendi

MİT Müsteşar Yardımcısı Tümgeneral Mustafa Arda'nın kendisiyle acilen görüşmek istemesine bir anlam veremedi.

Makam odasına girdiğinde Tümgeneral Arda kafasını kaldırmadı bile, dosya içindeki birtakım kâğıtlara imza atıyordu.

Bir an ayakta durdu, oturması söylenmemişti, yine de masanın yanında duran iki siyah meşin koltuktan birine oturdu...

Tümgeneral Arda imzalarını bitirmiş olacak ki, dosyayı kapatıp, kafasını kaldırdı, soğuk bir ses tonuyla, "Hoş geldin" dedi.

"Hoş bulduk Paşam, beni emretmişsiniz."

Tümgeneral Arda, oldukça ağır sözler söyleyerek Hiram Abas'ın hemen teşkilattan ayrılmasını istedi...

Hiç beklemiyordu. Tokat yemiş gibi oldu...

"Askerlere" karşı olmadığını gösterir birkaç cümle sarf etti. Ama bunlar formalite konuşmalarıydı, bunu ikisi de biliyordu...

İstifasını yazmak için izin isteyip kalktı...

Süngüsü düşmüştü...

Kızgındı; oysa üç ay önce, 23 ağustos 1980 tarihinde istifa etmişti.

İstifa metnini İstanbul Bölge Başkanı Nuri Gündeş'e vermişti.

"... Sonra Hiram Abas bu 12 Eylül'den evvel istifa ediyor, istifasını veriyor. Kime veriyor, bana getiriyor veriyor, 'Ağabey sana veririm ancak' diye.

On tane madde yazmış, benim de iştirak ettiğim şeyler var içerisinde, bazı düzeltilmesi gereken şeyler var. Ben dedim ki, 'Hiram öyle olmaz bu iki maddeyle olur. Bir istifa dilekçesinde bu olmaz geçerli değildir' ama Ankara bunu muameleye koyuyor, bunlar iki kişi istifa ediyorlar. Mustafa Arda Paşa diyor ki, 'Bayrak harekâtına ait istifa emirleri geçerli değildir, buyurun gidin' diyorlar."[1]

"İstifa metninde" Hiram Abas ne yazmıştı:

"Ülkemizdeki sıkıyönetim ve rejiimin, yıpratan anarşi ve terör ile Türkiye'ye karşı, bilhassa Varşova Paktı üyesi ülkelerin yürüttüğü espiyonaj ve yıkıcı faaliyetlere karşı mücadelenin ana görev olarak MİT Müsteşarlığı'na ait olduğuna inanmaktayım.

Türkiye dışında ülkemiz misyon mensuplarına devamlı yapılan saldırıların önlenebilmesi için uygulanacak karşı çalışmaların da MİT Müsteşarlığı vazifeleri arasında bulunduğu kanısındayım.

Türkiye'yi parçalamaya yönelik anaşi ve terör ile bölücülük eylem ve çalışmalarının durdurulamamış olması, MİT Müsteşarlığı'nın görevinde başarı sağlayamadığını göstermektedir. Bu ise müsteşarlığın çalışma usul ve metotlarında, personel politikasında acele revizyona gidilmesi gereğini ortaya koymaktadır.

Böyle olduğu halde, MİT Müsteşarlığı'na bir sene süreden beri yeni personel alınmamakta, kadrolar ortalama yüzde 30 seviyesinde tutulmakta ve MİT Müsteşarlığı iç ve faaliyet politikasından memnun olmamaları neticesi, son sekiz ayda 150 kişi civarında, yetişmiş ve aktif görevde çalışan memur ve idareci, MİT Müsteşarlığı'ndan ayrılmış bulunmaktadır.

Ayrıca müsteşarlıktan kopmaların devam edeceği, personelin büyükçe bir bölümünün dışarıda iş aramasından anlaşılmaktadır.

1 Meclis Susurluk Komisyonu Tutanakları, Nuri Gündeş'in ifadesi, s. 1174.

Bu sene yapılan terfilerden sonra, kadrosu yükselmiş olduğunda daha üst görevlere tayinlerinin yapılması gereken MİT Müsteşarlığı mensuplarının atamalarının yapılmamış ve bütün tayinlerin de durdurulmuş olduğunu öğrenmiş bulunmaktayım.

Mezkûr husus, MİT Müsteşarlığı'nın mevcut ve yararsız faaliyet ve personel politikasını, önümüzdeki günlerde de sürdüreceğini göstermektedir.

Maruz durum muvacehesinde, bugünkü MİT Müsteşarlığı yönetiminde yararlı hizmet yapamayacağıma inandığımdan, emeklilik muamelelerimin yapılmasını emir ve tensiplerinize sunarım.

23 ağustos 1980
Hiram Abas
KED (Kontrespiyonaj Daire) Başkanı"

İşin özeti, sondan ikinci paragraftı; Hiram Abas terfisi geldiği halde yükseltilmediğinden, özellikle de; "İstanbul bölge başkanı" veya "istihbarat daire başkanı" yapılmamasından şikâyetciydi.

İstanbul bölge başkanlığı "yolunu" Nuri Gündeş'in kestiğini düşünüyordu ve bu nedenle de gidip "istifa metnini" ona vermişti!..

Zaten bunu Nuri Gündeş de söylüyordu: "İstanbul'a gelmesine mani olduk diye, herhalde bunlarda bir sıkıntı başladı."[2]

Nuri Gündeş, "Zapt edemeyiz/" diyerek Hiram Abas'ın İstanbul bölge başkanı olmasını engellediği iddiası, aradan bunca zaman geçmesine rağmen hâlâ çürütülemedi....

Nuri Gündeş ile Hiram Abas arasındaki kavga 1980 yılında daha da artmıştı. Yıllar sonra Meclis Susurluk Komisyonu'na ifade veren Nuri Gündeş bakın o günkü çekişmeleri nasıl anlatacaktı:

"Başbakan Demirel'e bir mektup yazıyorlar. Diyorlar ki, 'Nuri Gündeş, (Deniz) Baykal'la işbirliği yaparak komünistleri doldurdu.' Baykal Bey'i hiç tanımam. 'Ama eğer siz bu-

2 aynı yer, s. 1174.

nu İstanbul'da tutarsanız, teşkilata komünistler doldurur' diyorlar. Tam hiç unutmuyorum, Nihat Erim'in öldüğü zamana rastlıyor, ağustosun 20'sinde bu mektup yazılmış. Ben de Armutlu'dayım. Başbakan Demirel beni alelacele çağırdılar. Hani bayrak yarışında ıstaka teslim eder gibi, bölgeler beni arabayla getirdiler. (İstanbul valisi) Nevzat Ayaz'ın odasına gittim. Sayın Demirel dedi ki (İstanbul'da terörü önlemek için), 'Neler yapacaksın?' dedi. Ona anlattım, işin önüne nasıl geçilir, 15 tane madde saydım. 'Bunları bana anlatma, bunlar meclis aritmetiği' dedi. 'Ama bunların çoğunu bana söyleyen olmuyor' dedi. 'Göreve devam edin' dedi. Bu görüşmeye hiçbir anlam veremedim. Sonra bir yerden bir mektup ele geçirdik. Bunun altıncı sayfasında şu yazılı: 'Milliyetçi Hiram Abas'ın İstanbul'a gitmesini komünist Nuri Gündeş engelliyor!' İstanbul'da Ordu komutanı filan beni o kadar seviyorlar ki terfi ettiğim halde 79'uncu maddeye göre İstanbul'da kalmam için ısrar ediyorlar. Bunlar da benim kendilerini engellediğimi düşünüp başbakana mektup yazıyorlar..."[3]

"Köstebek Hiram Abas mı?"

Tekrar başa dönelim; MİT Müsteşar Yardımcısı Tümgeneral Arda, Hiram Abas'ı çağırıp, oldukça ağır sözler sarf ederek neden istifasını istemişti.

Sorunun yanıtını, o dönemde MİT'te daire başkanı olarak görev yapan Mahir Kaynak verdi:

"Teşkilatta güç mücadelelerinde hep mektuplar dolaşır ortalıklarda. 12 Eylül öncesinde de, hemen sonrasında da Müsteşar Bülent Türker için de, diğer üst düzey yöneticiler için de mektuplar ortalıkta dolaşıyordu. Sonra bir dedikodu çıktı, 'Mektupları Mahir Kaynak yazıyor' diye. Müsteşara çıktım, 'Sayın Müsteşar ben size karşı biriyim, ama mektupları ben yazmadım, ayrıca yazanı da biliyorum, ancak size söyleyemem' dedim. Müsteşar Türker, 'Ben mektupları kimin yazdırdığını biliyorum; çünkü mektupları daktilo eden kişi, bir nüshasını da bana veriyor' dedi. Evet, müsteşar da

3 Meclis Susurluk Komisyonu Tutanakları, s. 1174.

mektupları Hiram Abas'ın yazdığını öğrenmişti. Ve Hiram Abas'a 'Git' dediler, teşkilattan ayrılmaya mecbur ettiler..."

Askerler MİT içinde kapışmada, "sivil" Hiram Abas'ı değil; "Albay" Nuri Gündeş'i destekliyorlardı...

İstifa metnini iki satır yazdı, ilişik kesme formlarını doldurdu, yakın arkadaşlarıyla vedalaştı ve 23 yıldır görev yaptığı teşkilattan ayrıldı.

Son günlerde piposunu dişleme alışkanlığı edinmişti. Hakarete uğradığını hissediyordu, rahatlamak için müsteşara mektup yazmaya karar verdi:

"Ülkemizi bütünüyle sarsan, demokratik rejimi ve sıkıyönetimin amacına ulaşamaması nedeniyle, Ordumuzu ve devletin temel kuruluşlarını yıpratan, iç ve dış terörizm ile anarşiye karşı, MİT Müsteşarlığı'nın etkin bir mücadele veremediğine inandığımdan, görevimden ayrılırken, aşağıdaki hususların, makamlarına arzında yarar görmekteyim.

Hizmetten artık ayrılmış bulunduğumdan, davranışımda, vatanımın selameti dışında bir amaç gütmediğimin bilinmesini takdirlerine sunarım.

– İstihbarat servisleri, iş konularda derledikleri bilgileri ilgili makamlara ulaştırmakla beraber, bu bilgileri operasyonlarda da hasmı tesirsiz hale getirmeye, ifna etmeye yöneltirler. Anarşi ve terör konularında bu durum örgütlerin parçalanması, lider kadrosunun gözden düşürülmesi, dışarıdan oluşturulan silah, para yardımının kestirilmesi çarelerinin araştırılması ve uygulanması şeklinde olabilir.

– Terör ve eylemlere karşı mücadele, eylemden sonra suçluların aranıp, yakalanması şeklinde olamaz. Suç odakları kurutulur, bu da istihbaratla sağlanır. Halbuki, maruz husus MİT Müsteşarlığı'nın bugünkü çalışmalarıyla yapılmamaktadır. Müsteşarlık, örgüt kadrolarında tespit edebildiği isimleri ilgililere vermekle yetinmekte olup, görevini yaptığını zannetmektedir.

– Tevkifatlarda, sorgulamalara girmekten müsteşarlık emirleri ile kaçınılmakta ve istihbaratın ana kan damarlarını oluşturan ajanlama faaliyeti yapılmamaktadır.

Terör, anarşi dönemlerinde, tetkik, tahkik, yaklaşma gibi uzun süreli çalışmalar için devlet güçlerinin zamanı yoktur.

Ajanlar verdikleri bilgi ve hasıla ile kontrolde tutulur, hizmete zorlanırlar. Ayrıca, çabuk ve ani sorgulamalarla yeni terör odaklarına da yönelinilir. Servis bu çalışmaları yapmadığından, inisiyatifi teröre kaptırmaktadır.

– Terör ve anarşiye karşın, halkın, devletin yanında olmasını sağlamak büyük önem taşımaktadır. Bu ise devletin anarşiye karşı üstünlüğü yavaş yavaş ele geçirmesi ve halkın psikolojik şekilde bu yardıma hazırlanması ile olur.

MİT Müsteşarlığı'nda bir Psikolojik Savunma Bakanlığı mevcut olduğu halde, hiçbir faaliyet yürütülememektedir."

Burada araya girip yukarıda paragrafların özetini yapmak gerekiyor.

1) Hiram Abas, tıpkı 12 Mart Askerî Darbesi'nde olduğu gibi, 12 Eylül'de de MİT'in operasyonlara aktif olarak katılmasını;

2) MİT elemanlarının sorgulara mutlak surette girmesini istemektedir.

3) "Ani" ve "çabuk" sorgulamaktan maksadı ise; MİT'te "bilgiyi getiren" ile "bilgiyi değerlendiren" birimler farklıydı. İki ayrı birim oluşturulmasının nedeni, bilgiyi getirenin, bilgisinin doğru olduğuna inanıp yanlış değerlendirmeler yapmasını önlemekti. Ancak bu görüş teşkilat içinde tartışmalara neden oldu. Hiram Abas ve arkadaşları "bilgiyi getirenin" onu aynı zamanda "değerlendiren kişi" de olmasını istiyorlardı. Karşı görüş ise, "aynı kişiler, hem istihbaratı yapar hem de operasyona giderse orada sanık karşısında tarafsız olamaz" görüşünü ileri sürüyorlardı.

4) Hiram Abas, psikolojik savaşın yapılmamasından yakınmaktaydı. Yanılıyordu; üstelik psikolojik harbin Cumhuriyet tarihindeki en "bayağısı" yapılıyordu: örneğin, 12 Eylül 1980 Askerî Darbesi'nin hemen ertesi gününde, 27 Mayıs 1960 Hareketi'nin içinde yer alan, Millî Birlik Komitesi Üyesi Ahmet Yıldız'ın, belediye otobüsünde bir genç delikanlıya sarkıntılık ettiği iddiasıyla gözaltına alınması tertipleniyordu. *Tercüman* gibi sağ görüşlü gazeteler haberi birinci sayfalarında veriyordu. Komplonun amacı, 27 Mayıs Hareketi'nin gözden düşürülmesiydi.

Neler yazdırılmıyordu ki gazetelere; örgütü için anneannesini öldürenler, 37 kişiyi gözünü kırpmadan katleden Akrep Nalan, gözleri görmeyen kocası ve 4 aylık yavrusunu bırakıp örgüte kaçan kadınlar vs vs...

Psikolojik savaş öyle bir yapılıyordu ki buna alet olan gazeteciler bu utancı ölüme kadar taşıyacaklardı...

Mektubuna kaldığımız yerden devam edelim.

Mossad hayranlığı

"– Türkiye'deki anarşi ve terörizmin gelişmesi ve örgütlerin silah ihtiyacını temin konusunda, kaçakçılık büyük bir faktör teşkil etmektedir. Alınan bazı bilgilere göre, Türkiye'den uyuşturucu madde yurtdışına çıkmakta, karşılığında silah girişi olmaktadır. Kaçakçılık konusunda, ilgili merciler arasında birçok toplantı yapılmış, MİT Müsteşarlığı'nın bu konuda bilgi derlemesi kararına varılmıştır.

Ancak, kaçakçılık konusunun şaibeli bir iş olması, hudutlardaki bazı askerî ve sivil şahısların, görevlilerin bu konuya karıştıkları müşahade edildiğinden, MİT Müsteşarlığı konu üzerine yeterince eğilmemektedir. Müsteşarlıkta kaçakçılık ile ilgili bölümler kurulmamış ve kaçakçılık üzerine ajanlanma şifahî emirler ile önlenmiştir. Devletin kararına uygun olarak ve anarşi ile terörizmin önlenebilmesi yönünden MİT, mezkûr konuya çalışmalarını teksif etmelidir."

Araya girip bir not ekleyelim; Hiram Abas'ın bu teklifi, üç yıl sonra MİT'te yeni bir birimin (Kaçakçılık Daire Başkanlığı) kurulmasına neden olacaktı...

– Ülkemizin yurtdışında bulunan görevlileri, bir devamlılık içerisinde, Ermeniler tarafından şehit edilmekte ve kanlarının yerde bırakılmayacağı beyanları verildiği halde, herhangi bir işleme tevessül edilmemektedir. Konuyla ilgili olarak, MİT'in iç ve dışta elemanlanması, örgütlerin içine sızma çalışmaları yapmış olması gerekirken, böyle bir faaliyet yürütülememiştir.

Yurtdışında görevli vatandaşlarımızın hayatlarını, Ermeni eylemlerine karşı ve ülkemiz dışında mukabil eylemler düzenleyerek korumaları icap etmektedir. Bunun geçerli örnekleri, Filistinlilere karşı İsrail tarafından verilmiştir. Görevin de sadece MİT Müsteşarlığı'na düştüğü kanısı taşımaktadır."

Hiram Abas, yaşamı boyunca teklif ettiği, hatta uyguladığı yöntemi bir kez daha dile getirmekteydi; teröristlere, onların metotlarıyla yanıt verelim!

Zaten yaşamı boyunca "hukuk devleti" sözünü duyduğunda hep bıyık altından gülmüştü...

Verdiği örnek ise ilginçti! Arkadaşlarıyla sohbetlerinde hep Mossad'ın yöntemlerini beğendiğini, gerçek istihbarat teşkilatını İsraillilerin kurduğunu söylüyordu.

Hiram Abas'a göre, "gerekirse provokasyon yapılabilmeli, insan öldürmekten, bombalar atmaktan kaçınılmamalıdır!"

Bu yöntemleri fırsat buldukça da uygulayacaktı...

Bu arada buraya bir not düşmekte yarar var:

19 ağustos 1980 tarihinde Filistin Kurtuluş Örgütü (FKÖ) Temsilcisi Ebu Firas'a Ankara'da Mossad tarafından suikast girişiminde bulunulduğu ileri sürüldü...[4]

Mektuba devam:

"– Siyasî ağırlık koyma bakımından Amerika, Kanada gibi ülkelerde Türk lobisi tesisinde yine MİT Müsteşarlığı'nın bazı görevleri yüklenmesi gerekli ise de bu konuda da müsteşarlık bir çalışma yapmamaktadır.

– MİT Müsteşarlığı'nın bugünkü kadroları tetkik edildiği zaman, ortalama 314 kadrosunun destek personeli olduğu, bu kadrolarda çok fazla kadın ve birbirleri ile yakın akrabalar (aile şirketleri gibi) ile emeklilerin çalıştığı görülecektir.

Aktif faaliyeti gayet kısıtlı bir kadro ile yürütmeye çalışan bir istihbarat servisinden daha fazla başarı beklemek, çok iyimserlik olacaktır.

– MİT Müsteşarlığı'nın kadrolarında müsteşarlık katına karşı bir güvensizlik doğmuştur. Bu, alt ile üst kopukluğu, tabiî olarak hasılayı menfi yönden etkilemektedir."

Mektup, tıpkı 12 Mart 1971 Askerî Darbe sonrasında yazdıkları gibi "muhtıra" şeklinde kaleme alınmıştı.

Müsteşar Bülent Türker mektubu okumamış, sekreterine "arşive" kaldırmasını söylemişti... Hiram Abas da mektu-

4 Mossad, 1972-1988 yılları arasında Filistin Kurtuluş Örgütü'nün 27 yöneticisine çoğu ölümle biten, suikast düzenledi.

bun bir nüshasını saklayacaktı, "ileride lazım olur" diye...

Birden teşkilattan ayrılınca ne yapacağını şaşıran Hiram Abas'ın aksine, İstanbul MİT Bölge Başkanı Nuri Gündeş'in "yıldızı" günden güne parlıyordu....

Bir gün Nuri Gündeş soluk soluğa Orgeneral Necdet Ürüğ'un makamına çıktı. Çok önemli bir istihbarat almışlardı: Sosyal Sigortalar Göztepe Hastanesi'nin yataklarının altında, dolaplarının içinde silahlar saklanıyordu! Hastane silah deposu haline gelmişti...

Hemen Orgeneral Necdet Ürüğ başkanlığında, MİT'ten Nuri Gündeş, Emniyet'ten Hayri Kozakçıoğlu, Jandarma'dan Albay Ömer İskender'den oluşan bir operasyon heyeti oluşturuldu.

Yapılan operasyonda son derece titiz olunması gerekiyordu, söz konusu olan binlerce silahtı.

Nuri Gündeş koordinatörlüğünde operasyon yapıldı. Hastane didik didik arandı. Sonuçta sadece hastanenin iki kadın çalışanı, mesai saati içinde sevgililerinin kollarında yakalandı!..

Bir tek silah bulunamamıştı...

Halit Narin'in yanında

Dönemin parasıyla Hiram Abas'ın emekli maaşı 30 000 TL'ydi. Ekonomik olarak zor durumdaydı.

Millî Güvenlik Konseyi, 160 kişilik Danışma Meclisi'ni oluşturmak için başvuruları tek tek inceliyordu. Hiram Abas da aday olmak için başvurmayı düşündü. Sonra "Askerler beni istemez" diyerek vazgeçti..

Yardımına bir "birader" yetişti. Halit Narin!

İşadamı, aynı zamanda Türkiye İşverenler Sendikası'nın (TİSK) Başkanı Halit Narin'in yanında çalışmaya başladı.[5]

5 Hiram Abas'ın, Koç Grubu'nda "güvenlik danışmanı" olarak görev yaptığı iddia edildi. Ancak kitabın yazarları bu iddianın doğruluğunu veya yanlışlığını teyit ettiremediler. Sadece bir not düşmek gerekiyor; Hiram Abas'ın anne tarafından akrabası ünlü mimar İsmail Hakkı Eldem, Koç ailesinin çok yakın dostuydu. Aynı zamanda Koç Grubu'nda çalışıyordu. Belki onun aracılığıyla bir süre çalışmış olabilir.

Halit Narin o günlerde ödeme güçlüğü içindeydi.

Zor durumda olan iki "birader" birbirlerine kenetlenmişlerdi.

Kimine göre Halit Narin'in bir şirketin yönetim kurulu üyesiydi.

Kimine göre ise korumasıydı. Hiram Abas'ın, Halit Narin'in yanına "Bodyguard olarak girdi" diye teşkilattaki rakipleri alay ediyordu.

Bir daire başkanının işadamının yanında çalışması belki anlayışla karşılanabilirdi. Ancak Hiram Abas gibi teşkilatta "taraf" olan birinin bir işadamının yanında çalışması çok kabul görmemişti...

Aslında işin özü aynıydı; her ikisi de "taraftı."

TİSK Başkanı Halit Narin, askerî darbeyi arkasına alarak, devletin işçinin değil, işverenin yanında olması için çaba sarf ediyor ve bunda hayli başarı kazanıyordu...

MİT'in "Ekonomi Masası" teşkilatta "kızak" yer olarak biliniyordu. Bu bölümde çalışanların öyle işadamlarıyla bilgi düzeyinde bile ilişkisi yoktu.

Tartışılan "Ekonomi Masası"nın bile ilişkisi yokken, Hiram Abas'ın İstanbul sermaye çevresiyle ilişkisi nasıl başlamıştı...

Bir istihbaratçı işadamından ne alırdı ve karşılığında ne verirdi?

Hiram Abas, iş dünyasından bilgi mi almıştı, yoksa kendisini teşkilatta "bir yerlere" getirecek güç mü?

İşadamları, tıpkı geleceği parlak siyasîlere "yatırım" yaptıkları gibi, MİT içinde de bazı personele "yatırım" yapmış mıdır?..

Görünen o ki, işadamı MİT içindeki güçler savaşında taraf olmuyordu.

Halit Narin, Hiram Abas'ın "başdüşmanı" Nuri Gündeş'in de yakın dostuydu. Halit Narin, İstanbul MİT Bölge Başkanı Nuri Gündeş'i de ziyaret ediyordu...

Peki, İşadamı Halit Narin ile Hiram Abas'ın ilişkisi ne zaman başlamıştı?

İlişkinin Hiram Abas teşkilatta görevliyken başladığının kanıtı; Gazeteci Rahmetullah Karakaya'nın kaleme aldığı *İkitelli'de Biten Babıali* kitabı.

"Yıl 1979. *Milliyet*'te çalışıyordum. Ali Oğuz MSP İstanbul senatörüdür. (...) Kayseri'nin şimdi mahallesi olan Germir köyündendir. Narin Tekstil'in sahibi Halit Narin'in köylüsüdür. Köklü aile dostlukları İstanbul'da da sürüyordu. Halit Narin o dönem, Türkiye İşveren Sendikaları Konfederasyonu, TİSK'in de başkanıydı. Babası Nurullah Narin'in Fatih Camii'ndeki cenaze namazına Senatör Ali Oğuz'la katıldık. Hatta Turgut Özal'ı da ilk kez orada gördüm.

Ali Oğuz (ortanca damadımız) Abdürrezzak'ın işe girmesi için Halit Narin'den randevu aldı. İstanbul'u bilmediği için (Abdürrezzak'la) birlikte Bakırköy Yenimahalle'deki, Narin Mensucat Fabrikası'na gittik. Halit Narin'le randevumuz olduğunu söyleyince bizi odaya aldılar. İçeride, esmer, 'yüzünden düşen bin parça' misali sert bakışlı biri vardı. Kendimi takdim ettim. Durumu anlattım. Bizi oturttu. Başladı bizim damada ahiret soruları sormaya. Önce 'Normaldir, işe alınan bir insana bazı sorular sormak gerekir' diye düşündüm. Fakat, durum o hale geldi ki, resmen sorguya alındık. Ben, sadece rehber olduğum için tahammül etmeye çalıştım. Müdahale etmemek için dişlerimi sıktım. Çünkü bir aksilik olsaydı, işin sorumlusu ben olurdum...

İçeride yarım saatten fazla durduk. Belki de hayatımın en büyük sabrını gösterdim o gün. Yoksa kapıyı vurup çıkmak, yapmayacağım şey değildi.

Sorular, sorular, sorular... Şaşırtmaca sorular... Tuzak sorular... Damat son derece saygılı, sıkılgan biriydi. Her sorusuna cevap yetiştirmeye çalıştı. Öyle bir sınavdan geçtik ki, damadın soykütüğü bile ortaya döküldü.

Nihayet sorgu sual bitti. Sonucu bize bildireceğini söyleyince, büyük bir baskıdan kurtulduk. Kendimizi dışarı atıp rahatladık.

Aradan yıllar geçti... Başbakan Özal'ın Suriye gezisinde bir MİT yetkilisi deşifre oldu. *Hürriyet*'te fotoğrafını görür görmez tanıdım. Meğer bizi yıllar önce Halit Narin'in odasında sorguya çeken kişi MİT'çi Hiram Abasmış!.."[6]

Halit Narin, antikomünist cephenin başında gelen bir adamdı. Gözü karaydı; işçi grevlerine ve ücret artışlarına

6 Rahmetullah Karakaya, *İkitelli'de Biten Babıali,* Scala Yayıncılık, 1998, s. 107, 108.

sert demeçleriyle karşı çıkan Halit Narin birçok çevrenin tepkisini alıyordu. Muhtemelen ölüm tehditlerine de maruz kalıyordu...

Anlaşılıyor ki, bu zor günlerinde İşadamı Halit Narin'in yanında hep Hiram Abas vardı...

"Ah de vefa"... 30 000 liralık aile bütçesine Halit Narin'in katkısı Abasları rahatlatmıştı..

Halit Narin ile Hiram Abas ilişkisi çok enterasandı.

Uzaktan bakıldığında Hiram Abas İşadamı Narin'in koruması gibiydi. Ancak Halit Narin, Hiram Abas'ın evine yemeğe gidiyordu, ailece de görüşüyorlardı. Samimiydiler.

Hiram Abas'ın şirkete öyle sık uğradığı yoktu.

Bazen Çınar Oteli'ne gidip arkadaşlarıyla kâğıt oynuyordu...

İbrahim Tatlıses'in söylediği "Ayağında Kundura" türküsüne bayılıyordu..

Sık sık İstanbul Emniyet Müdürlüğü'nün atış poligonuna gidip ateş ediyordu.

Mehmet Eymür'ün tanıştırdığı, İkinci Şube Müdürü Mehmet Ağar'ın yanına uğrayıp çayını içiyordu. Zaman gelecek karşılıklı silah çekecek kadar birbirlerinden nefret edeceklerini, o günlerde ikisi de bilmiyordu.

Tüm bunlar Hiram Abas'ın, Narinlerin şirketlerinde hiç iş yapmıyor anlamına da gelmemeli.

Yıl 1981.

Halit Narin, sahibi olduğu Marmaris'teki Martı Otel'de, Millî Güvenlik Konseyi Üyesi Kara Kuvvetleri Komutanı Orgeneral Nurettin Ersin'i ağırlamak istiyordu. Ancak Muğla Valisi Çetin Birmek de Orgeneral Ersin'i bırakmak istemiyordu.

İşadamı Narin ile Vali Birmek tartışırken araya Hiram Abas girdi.

Vali Çetin Birmek Siyasal Bilgiler Fakültesi'nden sınıf arkadaşıydı. Müzik yarışmasında sürekli "yendiği" arkadaşı...

Hiram Abas üniversite arkadaşını ikna etmeyi başardı.

İşin trajikomik yanı, bir zamanlar hakkında imzasız mektuplar yazılan MİT Müsteşarı Nurettin Ersin'in, "rahat edip, güzel saatler geçirmesi" için "muhalif personeli" Hiram Abas'ın çaba sarf etmesiydi.

Valinin direnmesine rağmen Halit Narin, Orgeneral Ersin'i otelinde ağırladı. 12 Eylül Darbesi'nin güçlü generali Ersin, bir dönem birlikte çalıştığı bir MİT görevlisinin, işadamının yanında "koruma" gibi çalışmasından hiç etkilenmedi.

"İltifatlara" rağmen, MİT eski Müsteşarı Ersin, sekiz yıl önceki teşkilat içindeki zor günlerini unutmamıştı, Hiram Abas'la, ne 12 Mart'taki mektuplar fırtınasını ne de Halit Narin'le ilişkisini konuştu. Tanımamazlıktan gelmişti.

Konsey Üyesi Orgeneral Nurettin Ersin'in ağırlanması için elinden gelen çabayı gösteren Hiram Abas'ın, bazı gazetecilerle arası hep iyi oldu. Bu ilişkilerini Halit Narin'e de taşıdı. Bazı gazetecilere Marmaris Martı Motel'de ücretsiz tatil olanağı sağladı. Misafirperverliğin bir karşılığı var mıydı? Kim bilir!..

12 Mart Askerî Darbesi'nin MİT müsteşarı, 12 Eylül Askerî Darbesi'nin "kudretli generali" Nurettin Ersin, her yıl kutlanan "27 Mayıs Bayramı"nın kaldırılmasını Millî Güvenlik Konseyi'ne getirecekti. 1960 İhtilali'nden 21 yıl sonra, 27 Mayıs artık tamamen tarihe mal olmuştu...

26 mayıs 1981 tarihinde Anıtkabir'e yürümek isteyen 27 Mayıs'ın bazı Millî Birlik Komitesi üyelerine, Ankara Sıkıyönetim Komutanlığı izin vermemişti...

Hiram Abas "istihbarat deneyimlerini" İşadamı Halit Narin'in hizmetine sunarken, MİT de boşdurmuyordu. "Sakıncalı yasaklı" politikacıları takip edip, haklarında rapor hazırlıyordu. Örnekler çoktu;

"Necmettin Erbakan manavdan bir kilo yeşil elma aldı. Yolda bir tanesini yiyip sapını çöpe attı."

Eski İçişleri Bakanı Hasan Fehmi Güneş'in, 6 mayıs 1981 günü eşi ve arkadaşlarıyla Şanlıurfa gezisi de ayrıntılarıyla rapor ediliyordu. Üstelik Bakan Güneş'in not aldığı özel defterinin fotokopisi çekilip, rapora ek belge olarak sunuluyordu!

MİT'in o günlerde harıl harıl siyasetçilerin peşinde koşmasının bir nedeni vardı. Millî Güvenlik Konseyi, 17 haziran 1981 tarihinde, 52 numaralı bildirisiyle MİT'e emir vermişti: "Sıkıyönetim komutanlıkları ve MİT Müsteşarlığı, bilhassa AP ve CHP mensuplarının 12 Eylül'den evvel olduğu gibi birbirlerini suçlayıp suçlamadıklarını, gazete, mecmua ve diğer yayınlardan araştıracaklardır. Bu tür açıklamalara ve yorumlara rastlanırsa, Genelkurmay Başkanlığı'na bildirilecektir."

"Yazar" MİT müsteşarı!

Hiram Abas'ın, İşadamı Halit Narin'in peşinde; MİT'in de politikacı takibinde olduğu o günlerde, MİT'te görev devir teslimi yapıldı.

Teşkilatın yeni "patronu" Korgeneral Burhanettin Bigalı'ydı.

MİT Müsteşarı Korgeneral Bülent Türker Adana'ya, 6. Kolordu ve Sıkıyönetim Komutanı olarak atanmıştı.

"MİT'in yeni patronu" Korgeneral Bigalı; üsteğmen olarak Kore Savaşı'na katılıp Liyakat madalyası almış; "millî güvenlik" konusunda kitaplar yazmış; Kara Kuvvetleri istihbarat başkanlığında bulunmuş, bir komutandı...

İlginç tesadüf; o da bazı MİT müsteşarları gibi Çerkez'di!..

MİT Müsteşarı Bigalı göreve başlayalı yirmi gün olmuştu ki Ankara'da, tüm istihbarat örgütlerinin bir çatı altında toplanması fikri tartışmaya açıldı...

Dönemin Genelkurmay Sıkıyönetim Koordinasyon Başkanı Korgeneral Nevzat Bölügiray anlatıyor:

"28 ağustos 1981 tarihinde Türkiye'deki terörün nedenleri, önleme yöntemleri ve teşkilat gereksinmesini inceleyerek bir direktif hazırlanmasına başladık. Bu direktif benim başkanlığımda; İçişleri Bakanlığı, MGK Genel Sekreterliği, MİT Müsteşarlığı, Genelkurmay İstihbarat Başkanlığı ve (Özel Harp Dairesi'nin bağlı olduğu, y.n.) Genelkurmay Hareket Dairesi Başkanlığı temsilcilerinden oluşan bir çalışma grubunca hazırlanıyordu. Aylarca süren bu çalışmalar arasında her temsilcinin hazırladıkları bölümleri bana getirmelerini istedim. Hepsi değerli çalışmalar yapmışlardı.

MİT'ten iki temsilci geliyordu; biri 'komünizm terör örgütleri', diğeri ise 'irtica terör örgütleri' ile ilgili bilgiler hazırlıyordu. Komünizm belgesi onlarca sayfalık geniş bir hazırlığı içerirken, irtica belgesi sadece 3-4 sayfayı buluyordu. Bunu görünce birden sinirlenerek görevliye bağırdım. 'Kardeşim Türkiye'de irtica tehdidi, bu denli hafif mi ki anlatması birkaç sayfaya sığıyor. Biz burada tehdidin ayrıntılı bir değerlendirmesini yaptığımızı anlatmıştık. Gerçi MİT'in sağ gözü iyi görmez, ama siz yine de irtica tehtidini yeniden ve ayrıntılı olarak değerlendirmeye çalışın' dedim. Bir hafta sonra geniş bir irtica belgesi önüme geliverdi.

Sonuçta dört parmak kalınlığında terör direktifi hazırlanarak, mart 1982 tarihinde Kenan Evren başkanlığındaki MGK'ya sunuldu. (...) Bu direktifin iki temel konusu vardı; Temel Öneriler ve İçgüvenlik Komutanlığı.

İçgüvenlik Komutanlığı adını verdiğimiz bir kuruluş çatısı altında; Jandarma Genel Komutanlığı, Emniyet Genel Müdürlüğü, Sahil Koruma, Sivil Savunma Komutanlığı, Psikolojik Harp Harekâtı Komutanlığı gibi kuruluşların toplanmasını öneriyorduk.

İçişleri Bakanı Selahattin Çetiner, buraya MİT Müsteşarlığı ile Gümrük Muhafaza Genel Müdürlüğü'nün de eklenmesini talep etti.

· Kara Kuvvetleri Komutanı Nurettin Ersin, 'Eskiden politikacılar devlet yerine geçtiler. MİT'e politika girmiştir, güçsüz kalmıştır ve hâlâ da güçsüzdür. İç istihbaratı Emniyet yapmalı, MİT'in iç istihbaratı Emniyet'e verilmeli. Devlet istihbaratı MİT'te kalmalı. İçgüvenlik Komutanlığı kuruluşu bence uygundur."[7]

Ancak Millî Güvenlik Konseyi Başkanı Orgeneral Kenan Evren ve bazı komutanlar öneriye sıcak bakmayınca, çalışmalar durdurulacaktı...

Devlet istihbarat örgütlerinin bir çatı altında toplama önerisinin tozlu raflara kalktığı günlerde, Hiram Abas da ceza olarak köpeği Efe'yi evin küçük tuvaletine kapattı.

7 Emekli Korgeneral Nevzat Bölügiray, *Sokaktaki Askerin Dönüşü,* Tekin Yayınevi, 1991, s. 61-66.

Köpeği Efe'nin sert olması için elinden geleni yaptıysa da, köpek aksine o derece uysal olmuştu. Efe'nin eve gelen herkesle samimi olması Hiram Abas'ı çıldırtıyordu. Bu nedenle zavallı köpeğe sık sık tuvalete kapatma cezası veriliyordu!

Hiram Abas köpek eğitimi konusunda hassastı. Yılışık, sokak köpeklerinden nefret ediyordu.

Bir gün lokantada, İstanbul Terörle Mücadele Şube-si'ndeki dostlarıyla otururken, gazeteci bir arkadaşının beyaz kanişinin kendilerini rahatsız etmesine çok sinirlendi. Önce gazeteci arkadaşını köpeğini alıp götürmesi için ikaz etti ve arkasından ekledi: "Eğer bu iti buradan götürmezsen, ölüsünü götürmek zorunda kalırsın!"

Yedicanlar Lokantası'ndaki herkes bu sözlerin şaka olduğunu sanıyor, ancak birkaç dakika sonra patlayan tabanca sesi, Hiram Abas'ın ne kadar ciddi olduğunu gösterdi! Gazeteci, beyaz kanişinin cansız bedenini Volkswagen otomobilinin arkasına koyup götürürken, gözyaşlarına hâkim olamıyordu. Ancak ağzını açıp Hiram Abas'a bir cümle bile söylememişti. Biliyordu ki, yıllardır tanıdığı bu adamın sinirlenince gözü hiçbir şey görmüyordu...

Hiram Abas emeklilik günlerinde de çelik yeleğini sürekli giyiyordu. Tabancasını da yanından hiç eksik etmiyordu...

Kıyafetleri ise çoğu zaman spordu; kadife pantolon, uzun balıkçı kazaklar, gömlekler ve mont...

Bazen yürüyüşlerine eski dostları da iştirak ediyordu. Onlara, "serüvenlerini" anlatmaya bayılıyordu: "Bundan iki yıl önceydi; Ankara'dan izin alıp İstanbul'a çocukları görmeye gelmiştim. Tam apartmana girerken birden evin sağ tarafında iki kişinin silahlarını çektiğini gördüm. Onlar daha ateşe başlamamıştı ki kendimi yere attım, yuvarlanarak park etmiş arabaları kendime siper ettim. Tabiî bunlar beni vuramadıklarını anladılar ve topuklayıp uzaklaştılar..."

Hiram Abas da anı çoktu; fakat Ziverbey Köşkü'nden hiç bahsetmiyordu...

Ancak MİT'teki işkencelerin sadece Ziverbey'le sınırlı olmadığı daha sonraki yıllarda açığa çıkacaktı...

Evren'in damadıyla dost

Adı Ferdi Tamer.

Türk Silahlı Kuvvetleri'nde görev yaparken kolunu kaybettiği için, 1966 yılında üstteğmen rütbesinden emekli olunca yeni adresi MİT oldu.

MİT İstanbul Bölge Başkanlığı'nda, sorgu şubesi başkan yardımcısı olarak çalışmaya başladı. Emekli olduğu 1983 yılına kadar, "12 Eylül işkencelerine" bizzat tanıklık yaptı.

Askerî darbenin kara günleri ortadan kalkınca, vicdanına uyup bildiklerini basına açıkladı.

Ferdi Tamer'in konuşmasına dönemin MİT İstanbul Bölge Başkanı Nuri Gündeş neden olmuştu. Gündeş, 3 eylül 1988 tarihinde *Güneş* gazetesine, "Ben şerefli bir insanım ve önemli bir ismim var. Benim zamanımda teşkilatta bir tek kişiye bile işkence yapılmamıştır" dedi.

"Birincisi, 1980-1981 yılında casusluk suçuyla sorgulanan müstafi Yüzbaşı Muzaffer'le bağlantılı bulunduğu iddiasıyla biri doğudan, diğeri Trakya'daki birliklerinden getirilen iki üstteğmene işkence yapıldı. Sonra da iki üstteğmenin suçsuz olduğu anlaşıldı. Nuri Gündeş tüm bu işkencelere izin vermiştir.

İkincisi, Hasan Erol Aslan adlı kişi, bir kaçakçılık olayıyla ilgili listede adı geçtiği için sorgulanmak üzere MİT'e alındı. Ama gözaltına alınan Hasan Erol Aslan, Gölcük'teki bir paşanın yaveri binbaşının kardeşiydi. Bu ilişki kaçakçının serbest bırakılması için yeterli görüldü."

Her zaman eleştiri konusu oldu; işadamlarının, özellikle de adı yeraltı dünyasıyla anılan karanlık isimlerin, MİT'e maddî yardımda bulunmaları. Kimse eleştiriden etkilenmedi, bunlar, MİT'in eski binalarını onarttılar, yeni yapılan binaların yapımlarını üstlendiler, otomobil bağışladılar vs.

Taraflar, "Ne yapalım devlet ödenek vermiyor" bahanesiyle açıkladılar bu ilişkileri hep.

Ferdi Tamer her çevrede, hırsızlık ve yolsuzluk iddialarını gündeme getiriyordu. Sonunda iddialar ayyuka çıkınca MİT Müsteşarı Korgeneral Burhanettin Bigalı, İç İstihbarat Başkanı Tümgeneral Doğan Solman'ı soruşturma için görevlendirdi. Ayrıca, Başbakanlık, Adalet Bakanlığı, Maliye ve Gümrük Bakanlığı ve Jandarma Genel Komutanlığı'ndan oluşan beş kişilik soruşturma komisyonu iki ay araştırma yaptı.

Bu arada Ferdi Tamer MİT Müsteşarlığı emriyle başka bir göreve atandı!..

Soruşturmanın "selameti" açısından Ferdi Tamer bir başka yere gönderilmişti, ama şikâyete konu alan Bölge Başkanı Nuri Gündeş, makamında "unutulmuştu"!..

Soruşturmadan bir sonuç çıkmadı..

Ancak Ferdi Tamer susmamaya kararlıydı.

Üstelik bir diğer iddiası ise, Hiram Abas ile Nuri Gündeş çekişmesinin boyutunu gözler önüne seriyordu:

"Doğu Bloku'ndan bir istihbarat yetkilisi Türk Emniyeti'ne sığındı. İstanbul Emniyeti, MİT İstanbul Bölgesi'nden yetkili birini istedi. MİT'ten bir uzman Emniyet'e gönderildi. Yetkili adamın bir talebiyle döndü. Ajan, 200 000 Türk lirası karşılığında Türkiye'deki tüm yerli ve yabancı ajanların listesini verecekti. Ancak Nuri Gündeş, ajanın kendi ülkesinde karşılaştığı bir olaya tepki sonucu giriştiği bu pazarlığı, söz konusu ülkenin bir operasyonu olarak değerlendirdi. Yetkili mercileri de bilgilendirmedi. Oysa zayıf bir ihtimal dahi olsa böyle bir olayda MİT Müsteşarlığı'nın ilgili dairesi haberdar edilmeliydi. Edilmedi, çünkü ilgili dairenin (Kontrespinoaj'ın) başında Hiram Abas vardı."

Ferdi Tamer emekli olunca bu olayı Hiram Abas'a anlattı. Hiram Abas, konuyla ilgili olarak kendisine hiçbir bilginin ulaşmadığını söyledi. Ferdi Tamer, "Durumu acaba Cumhurbaşkanlığı'na bildirsem mi?" diye Hiram Abas'a danıştı. Hiram Abas yerinden kalkarak heyecanla, "Tabiî tabiî mutlaka arz etmen gerekir" dedi.

Ferdi Tamer Ankara'ya gidip, Cumhurbaşkanı Kenan Evren'in MİT'çi danışmanı Bedri Özdemir'le görüştü. Sözlerinin ispatı olan belgeleri tek tek verdi. Bu arada yanlarına Kenan Evren'in MİT'çi damadı, aynı zamanda Cumhurbaşkanlığı güvenlik müşaviri olan Erkan Gürvit gelip, belgelere bir gözatınca, "Ooo, bu konuları kesinlikle intikal ettiremeyiz" diyordu.

Sorgu Amiri Ferdi Tamer ne tanığı olduğu işkenceleri ne

de yolsuzlukları Çankaya Köşkü'ne sunamadan İstanbul'a geri dönmek zorunda kalıyordu...[8]

Kenan Evren'in damadı MİT görevlisi Erkan Gürvit o gün meslaktaşı Ferdi Tamer'e nezaketen kötü davranmıştı. Ancak Ferdi Tamer'i Cumhurbaşkanlığı Köşkü'ne Hiram Abas'ın gönderdiğini bilmiyordu. Eğer bilseydi tavrı belki başka türlü olurdu. Çünkü Erkan Gürvit ile Hiram Abas çok samimiydiler...

TKP üyesi damat

Erkan Gürvit, 1971 yılında Kenan Evren'in kızı Şenay'la dünya evine girdiğinde, gün gelecek kayınpederinin "darbe lideri" olacağını bilmiyordu.

Gün gelecek, kayınpederi Cumhurbaşkanlığı Köşkü'ne kurulacak, yanına da "güvenlik müşaviri" olarak kendisini alacaktı.

12 Eylül Askerî Darbesi sonrasında karıkoca Gürvitler yurtdışındaki görevlerinden Türkiye'ye dönmüşlerdi.

Şenay Gürvit, MİT Dış İstihbarat Dairesi başkan yardımcısıydı. Annesi vefat edince, babası Cumhurbaşkanı Kenan Evren'i temsilen yurtdışı gezilerine, "first lady" olarak Şenay Gürvit katıldı. Muhtemelen bu geziler sırasında yasal olarak MİT'ten izin alıyordu. İşin garip tarafı, MİT personeli, ister işinin başında, ister mesai dışında veya tatilde olsun, yaptıkları her görüşmeyi, bulundukları her ortamı rapor etmek zorundaydılar. Şenay Gürvit, babası Cumhurbaşkanı Kenan Evren'le birlikte gittiği dış ülkelerdeki temaslarını rapor ediyor muydu? Şenay Gürvit'le görüşen kral, cumhurbaşkanı, başbakan ve eşleri, onun bir istihbarat yetkilisi olduğunu ve her söyleneni rapor etmek zorunda olduğunu biliyorlar mıydı?

8 MİT'teki işkenceleri basına açıklayan Ferdi Tamer 18 aralık 1990 tarihinde, emekli maaşı yetmediği için, yeraltı dünyasının ünlü ismi Dündar Kılıç'tan aldığı sermayeyle açtığı Üsküdar'daki tüpçü dükkânının önünde öldürüldü ! Suikastı, gazeteleri telefonla arayarak, "İşkenceci Ferdi Tamer'i Ünalan Mahallesi'nde cezalandırdık" diyen TKP/ML TİKKO örgütü üstlendi. Bir gün sonra gazeteleri arayan kişiler saldırıyla TKP/ML TİKKO örgütünün ilgisi olmadığını söylediler. Ancak olaydan bir hafta sonra, örgütün yayın organları suikastı üstlendiklerini belirttiler.

Abaslar ve Gürvitler ailece görüşüyorlardı... Gürvit ailesi İstanbul'a geldiğinde bir gece mutlaka Hiram Abas'ın evine konuk oluyorlardı...

Cumhurbaşkanı kızı ve damadı olsalar da, arkalarında onlarca koruma bulunsa da, güvenlikleri açısından misafirlikte fazla kalamıyor, genelde kaldıkları Harbiye ya da Fenerbahçe Orduevine'ne gidiyorlardı...

Erkan Gürvit'e, görev yaptığı Cumhurbaşkanlığı Köşkü'nde ve orduevlerinde hep "Komutanım" diye hitap ediliyordu...[9]

Türkiye'nin en güvenlikli mekânlarından orduevlerinde Şenay-Erkan Gürvit çifti, "aranan bir kişiyle" rahatlıkla buluşup, saatlerce sohbet ediyorlardı...

Kimdi bu güvenlik güçlerinin aradığı kaçak?

İstanbul 1. Ordu ve Sıkıyönetim Komutanlığı'nın, 2 aralık 1982 gün ve 1980/3971 sayılı yakalama emri listesinin 267. sırasında bulunan bu kaçağa kimse dokunamıyordu...

İbrahim oğlu, 1948 Malatya doğumlu, Ankara Erzurum Mahallesi, Geçim Sokak 31/8'de oturan sanık, Türkiye Komünist Partisi (TKP) üyesi olma iddiasıyla aranıyordu.

Maksut Göksu adındaki bu aranan şahsa kimsenin dokunamamasının nedeni, onun Cumhurbaşkanı Kenan Evren'in damadı olmasıydı![10]

Evren'in; bir damadı MİT görevlisi, diğeri TKP üyesiydi!

Damatlar, orduevinde buluşup, kayınpederleri sayesinde "Türkiye'nin nasıl kurtulacağını değil, kurtulduğunu" konuşuyorlardı...

9 "Bizim bazı arkadaşlarımız kendilerini albay, yarbay, binbaşı olarak tanıtmaya pek meraklıdırlar. Bazen askerî pantolon giyerler. Buluştukları, görüştükleri insanlara asker intibaı vermek için kendilerini asker diye tanıtırlar. Bir arkadaşım vardı benim, astsubaylıktan ayrılma, evine gittim bir gün, baktım karısıyla albay üniforması giymiş olarak fotoğraf çektirip evinin duvarına asmış. Tabiî bunlar hep özenti." Mehmet Eymür röportajı, *Bulvar* gazetesi, 17 haziran 1988.

10 Maksut Göksu'nun evlerine damat olarak gelmesine Şenay-Erkan Gürvit karşı çıkmışlardı. O nedenle damat adayının MİT dosyasını Kenan Evren'e vermişlerdi. Ancak Sekine Hanım, kızına destek vererek Maksut Göksu'nun evlerine damat gelmesine önayak olmuştu.

Öğrencilik yıllarında arkadaşlarıyla, "Türkiye'nin nasıl kurtulacağı" tartışmalarını çoktan unutmuşlardı..

Kayınpederleri de gelecek kuşakların benzer tartışmaları yapmaması için çaba sarf ediyordu o günlerde...

Kod adı "Mihri"

Yüksek Öğretim Kanunu (YÖK), 6 kasım 1981'de yürürlüğe girdi. Harp Okulları'nın müfredatı da yine değiştirildi. Örneğin, 12 Eylül Darbesi'nden önce, Türk inkılap tarihi, ders kitabında 27 Mayıs 1960 Askerî Harekâtı'na geniş yer verilmekte ve Demokrat Parti yöneticileri sert bir biçimde eleştirilmekteydi. Ancak bu dersten 27 Mayıs bölümü çıkarılıveriyordu! Tıpkı 27 Mayıs Bayramı'nın kaldırıldığı gibi...

Üniversitelerdeki idarî özerklik kaldırıldı. 1402 sayılı kanunla "sakıncalı öğretim üyeleri" üniversiteden uzaklaştırıldı. Kimdi bu sakıncalı bilim adamları?

"Bunları (öğrencileri) asıl kışkırtan ağababaları (öğretim üyeleri) nerede? Asıl suçlu onlar, neden yakalanmıyorlar? Bu düşünceyi bizim kafamıza (askerlerin) sokan, MİT'in sürekli olarak bu yönde verdiği bilgiler ve raporlardı.

5 ocak 1983 tarihinde Genelkurmay ikinci başkanı (Orgeneral Necdet Öztorun) beni çağırarak elime bir dosya verdi.

– Bölügiray, bu dosyada üniversite ve yüksek okullardaki sakıncalı öğretim üyelerinin isimleri ve eylemleri var. Bunları sıkıyönetim komutanlıklarına bildirelim ve işlerine son verilmesini isteyelim.

– Yazılı emir olarak mı göndereceğiz?

– Hayır hayır. Sadece isimleri bir yazı ile bildirelim. Görevlerine son verilmesini sıkıyönetim komutanlarına ben telefonla bildiririm.

– Dosya nereden geldi/ üzerinde resmî bir yazı göremiyorum.

– MGK'dan geldi, (Orgeneral Necdet) Ürüğ Paşa elden gönderdi. İsimleri (MİT) saptamış ve bize göndermişler, uygulamasını biz yapacağız."

Durum çok ilginçti. Dosyada 82 öğretim üyesinin adı bulunuyordu. Bunlardan sadece üçü irtica, ikisi MHP yanlısıydı. 69

öğretim görevlisi solcuydu. 8'inin ne olduğu bile belli değildi.

(...) Kuşkusuz görevine son vermede en büyük rolü MİT üstleniyordu. Göreve alınmada yapılması zorunlu güvenlik soruşturmaları MİT ve Emniyet Genel Müdürlüğü'nden yapılıyordu.

"Çoktan rahmetli olmuş bir komutanımızın dul eşi bana başvurdu. Oğluna Ordu Pazarı'na giriş kartı çıkarmak istiyor, ancak verilmiyordu. Nedeni; on yıl önce 1971 yılında SBF'de (yasal) bir derneğe üyeymiş!

Başkanlığımıza sivil memur alınacak, MİT'ten temiz bilgi geldi, Emniyet'ten sakıncalı!"[11]

Bir anısını da MİT Mersin sorumlusu anlattı Gazeteci İrfan Taştemur'a; "Ben Mersin'e tayin olduktan sonra, bir gün önüme evrak getirdiler. Bir öğretmenin güvenlik soruşturmasıyla ilgiliydi. Açtım baktım ki benden sordukları, benimle birlikte Mersin'e tayin olan eşim. Şu işe bakın benim karımı bana soruyorlar, güvenilir mi, güvenilmez mi diye."

Üniversitede okuyan Cengiz Abas'ın "güvenlik soruşturması" diye bir sorunu hiçbir zaman olmadı.

Onun sorunu babasıyla ilişkilerindeydi. Hiram Abas oğlunu kendisi gibi yetiştirmek istiyordu; maço, sert ve serüvenci...

Zaten adını da "Cengiz" koymasının nedeni, ünlü Moğol İmparatoru Cengizhan gibi güçlü olması isteğindendi.

Ancak Cengiz Abas, babasına inat annesine benzedi; içekapanık, zarif, duygusal, romantik...

Cenan Abas ise tıpkı babasıydı. Atak, maceracı ve silahlara düşkün!

Fenerbahçe kürek takımındaydı. Kaslarını; hızlı kürek çekmek için değil, iyi tabanca kullanmak için geliştiriyordu.

Hiram Abas kızının üzerine titriyordu.

Cenan, televizyonda bir dizide küçük bir rol aldı. Kızının "artist olmasına" çok kızacağından, dizinin yayınlandığı gün, Hiram Abas'ın televizyon karşısına geçirmemek için tüm apartman seferber olmuştu.

Fuat Doğu nasıl Alman Nazi Generali Gehlen'den etkilen-

11 N. Bölügiray, *Sokaktaki Askerin Dönüşü,* Tekin Yayınevi, 1991, s. 154, 159.

mişse, Hiram Abas da Fuat Doğu'dan etkilenmişti.

Sıralamanın son halkasında ise, Mehmet Eymür'ün Hiram Abas'ı örnek alması var... Gehlen-Fuat Doğu-Hiram Abas-Mehmet Eymür...

Mehmet Eymür, 12 Mart Darbesi'ni yakından yaşamıştı. Ancak 12 Eylül Darbesi'nin "sıcak günlerini" Bulgaristan'da geçirdi. "Mihri" takma adıyla Bulgaristan'daki Türk mafyasının içine sızdı!

Bu "içine sızma" konusu Türkiye'de sonraki yıllarda çok tartışılacaktı. İstanbul Emniyet Müdürlüğü eski amirlerinden Ahmet Ateşli, "Mehmet Eymür Türkiye'de yaşadığı pembe hayatı yeterli bulmamış, yurtdışına görevli gitmiş, görevine ihanet ederek, vatandaşlıktan çıkarılan kişiyle beraber gezip dolaşmış, yiyip içmiştir"[12] diyerek konuya bambaşka bir boyut getirmişti.

Atina'da Hiram Abas'ın başına gelenler, Bulgaristan'da da Mehmet Eymür'ün başına geldi. Yeraltı dünyasının ünlü isimlerinden Dündar Kılıç o tarihlerde Bulgaristan'da bulunan "meslektaşı" aynı zamanda eniştesi Oflu İsmail'den (Hacısüleymanoğlu) duyduklarını şöyle aktaracaktı: "Mehmet Eymür'ü Bulgarlar öldürecekti. Bulgar üst düzey yöneticilerinden birinin kızına lokantada sarkıntılık yaptı. Daha sonra kızın evine gitmiş, sarkıntılığı uzatmış, Bulgarlar bunu öldürmeye karar vermişler. Eymür zannederek, (10 eylül 1982) Yüzbaşı Bora Süerkan'ı öldürdüler."[13]

Mehmet Eymür'ün Bulgaristan'dan apar topar döndüğü 1982 yılında Hiram Abas, "özel bir görev" aldı ve silahlarını kuşanarak bir kez daha Beyrut'a gitti...

1,5 yıl çalıştığı İşadamı Halit Narin'in yanından ayrılmış yine devlet "hizmetine" dönmüştü!..

12 *Nokta* dergisi, 28 ağustos 1988.

13 İlginçtir; Mehmet Eymür anılarını kaleme aldığı *Analiz* adlı kitabında, Bulgaristan'daki günlerine sadece iki satır değinmektedir ! Niye acaba ? Meraklılar; Mehmet Eymür'ün Bulgaristan'daki "maceraları" ve yeraltı dünyasıyla "mücadelesi" için, bu kitap yazarlarının çıkardığı; *Reis, Gladio'nun Türk Tetikçisi* ve *Beco, Behçet Cantürk'ün Anıları* adlı kitaplara bakabilirler. (y.n.)

Kod adı "Mehmet Ali"

Beyrut...

Lübnan Havaalanı'nda Siyasal Bilgiler Fakültesi'nden arkadaşı Hiram Abas'ı birden karşısında gören "Harlem Erol", "Vay, Hiramcığım" diye okul arkadaşına sarılmak üzereyken, Hiram Abas'tan midesine bir yumruk yiyor, "Sus ulan, burada sakın bir daha ismimi söyleme; benim adım Mehmet Ali!"

"Harlem Erol" şaşırsa da hemen kendine geliyor, öyle ya okul arkadaşı bir MİT görevlisi. O da oyunun bir parçası oluyor kısa bir süre, "Hey Mehmet Ali nasılsın?" diyor, sesini de biraz yükselterek!..

Hiram Abas, 10 yıl önce, 12 Mart Darbesi sırasında yaptıkları baskınlarda kullandığı "Mehmet Ali" kod adını değiştirmemişti...

Yanındaki genç arkadaşı da "Yakup" kod ismi kullanıyordu. "Yakup" Hiram Abas'a yakın bir meslektaşının emanetiydi.

İki ay önce...

Tarih 8 ağustos 1982.

İki Asala militanı; Levon Ekmekçiyan ve Zohrap Sarkisyan Ankara Esenboğa Havaalanı'nı bekleme salonundaki yolcuların üzerine bomba atıp, otomatik silahlarla ateş açtılar. Kanlı bilanço: 9 ölü 78 yaralı. Ölenlerden biri de Sarkisyan'dı.

Asala artık Türkiye'nin göbeğinde, ülkenin başkentinde eylem yapmaya başlamıştı. Devletin üst zirvesi artık "bir şeyler" yapmak gerektiğine inanıyorlardı...[14]

Asala eylemleri bitmiyordu. Önce bireysel olarak başlayan Asala eylemleri artık sistemli, organize bir şekilde yapılıyordu.

İlginçti, Asala'nın hedefindeki Dışişleri mensuplarının yüzde 60'ı MİT görevlisiydi. Şaşırtıcı bir biçimde, özellikle Bey-

14 24 ekim 1975 tarihinde Büyükelçi İsmail Erez öldürüldüğünde, KGB Türkiye'ye işbirliği önerdi. "Batı, Ermeni milliyetçiliğini körüklüyor, bu konu Ermenistan'a sıçrayabilir, gelin işbirliği yapalım" dediler. Türkiye öneriyi ABD'ye götürdü. Yani akıl aldı ! Tabiî sonuç çıkmadı, işbirliği yapılamadı.

rut'ta görev yapan Türk istihbaratçılar Asala'nın hedefiydi.[15]

27 ağustos 1982 tarihinde, Asala eylemlere başladığı 1973 yılından beri ilk kez bir askerî kişiyi hedef almıştı; Türkiye'nin Kanada'daki kıdemli askerî ataşesi öldürüldüğünde, Cumhurbaşkanı Kenan Evren, "Türk hükûmeti, Türkiye Cumhuriyeti'ne açılmış bir savaş olarak gördüğü bu cinayetleri sona erdirmek için gerekli bütün önlemleri almakta kararlıdır. Bu bağlamda gücümüzü gerekli yerlerde ve gereken zamanlarda kullanmamız doğal karşılanmalıdır" diye demeç verdi.

İşte tam o günlerde Kenan Evren'in damadı MİT görevlisi Erkan Gürvit, Hiram Abas'ın evine misafirliğe gitti.

İki meslektaş Asala eylemlerini konuştular, neler yapılacağını tartıştılar.

Hiram Abas "göreve" hazır olduğunu söyledi...

Erkan Gürvit, ağabeyi Hiram Abas'tan aldığı yanıtla Ankara'ya döndü.

Ağustos ayının son günü...

Cumhurbaşkanlığı Güvenlik İstihbarat Daire Başkanı Erkan Gürvit, Ankara Emniyet Müdürü Ünal Erkan, Siyasî Şube Müdür Yardımcısı Cevdet Saral'la birlikte Mamak Cezaevi'ne gitti. Tutuklu bulunan Levon Ekmekçiyan bir günlüğüne alınıp Ankara Emniyet Müdürlüğü'nde yeniden sorgulandı.

"Yeniden" olmasının nedeni, bu kez sorguda Hiram Abas'ın olmasıydı...

Hiram Abas sordu, Asala militanı Ekmekçiyan -belki idam cezasından kurtulurum diye- yanıtladı.[16]

Hiram Abas özellikle Asala'nın Beyrut'taki merkezini öğrenmeye çalışıyordu. İsimler, adresler...

Hiram Abas bütün bilgileri kafasına yazıp, sahte pasaportla Beyrut'a uçtu...

Yanında kimler vardı?..

Farklı görüşler var; kitabın yazarlarının görüştüğü iki üst düzey MİT yetkilisi şunları söylüyordu:

15 *Aksiyon* dergisi, 16 şubat 1996.

16 Levon Ekmekçiyan, 28 ocak 1983 tarihinde Ankara Kapalı Cezaevi'nde idam edildi.

"Başlarında Hiram Abas olduğu halde ipini koparmış 14 kişi Beyrut'a gitti, Mossad yardımıyla Asala'ya misillemelerde bulunuldu. Sonra durum ortaya çıktı. Hiram Abas emekliydi, kendisini orada resmîleştirmek çok zordu. Az kalsın dünyayı ayağa kaldıracak büyük bir skandal yaşanacaktı. Bu işten teşkilat zor sıyrıldı."

Bir başka iddiaya göre ki, -bu iddianın sahibi çok deneyimli bir gazetecidir- "Beyrut'a iki kişi gitti; Hiram Abas ve binbaşı rütbesiyle Ordu'dan ayrılan emekli bir Özel Harpçi. Hiram Abas Beyrut'taki eski ilişkilerini kullanarak, 9 kişi (lejyoner) kiraladı. Eylemi Asala'ya karşı bu 11 kişi yaptı. Hiram Abas burada yaralandı..."[17]

Dönemin *Günaydın* gazetesine göre ise, "Beş kişilik bir vurucu tim Lübnan'a gönderildi."[18]

Bir başka deneyimle Gazeteci Yalçın Bayer köşesinde, "1980'in başlarında Ermeni terörü ile dışarıda mücadele eden efsaneleşen 6 kişi vardı. Onlar sahte kahraman değillerdi. Liderleri Hiram Abas öldürüldü, diğer üçü eceliyle öldü. Kalanlardan biri bugün üst düzey görevde, biri de sivil hayatta..."[19] diye yazdı.

Sonuç; Asala'ya karşı eylemlerde bulunmak üzere Hiram Abas Beyrut'a gönderilmişti...

Erkan Gürvit yıllar sonra, 1 mart 1998 tarihinde, Hiram Abas'ın Beyrut'a nasıl gittiğini *Hürriyet* gazetesi Ankara Temsilcisi Gazeteci Sedat Ergin'e anlattı: "Bilindiği üzere 1982 ağustosunda Esenboğa Havaalanı'nda kanlı bir eylem yapılmış, eylemcilerden biri ölü diğeri yaralı ele geçirilmiş ve zannediyorum tem celsede idama mahkûm edilmiş idi. Karardan sonra eylemci Levon Ekmekçiyan, Millî Güvenlik Konseyi'ne müracaat ederek pişman olduğunu, kandırıldığını, her şeyi açıklayacağını belirterek, ölüm cezasının affedilmesini talep etmiştir.

17 İstihbarat servislerinin "adam kiralayıp" kullanmaları bilinen bir gerçektir. Örneğin, CIA, 8 mart 1985 tarihinde Beyrut'ta, tamamen "yerlilerden" kiraladığı bir ajan gruba, İslamî Cihat lideri Fadlallah'a patlayıcı dolu otomobille suikast düzenletti. Fadlallah'ın sağ kurtulduğu suikastta, 80 kişi ölmüş, 200 kişi yaralanmıştı.

18 *Günaydın,* 29 ağustos 1982.

19 *Hürriyet,* 27 nisan 1999.

Bu müracaat üzerine Ekmekçiyan'la Mamak Cezaevi'nde müteaddit görüşmeler yapılmıştır. Ekmekçiyan'ın vereceği bilgilere çok önem veriyorduk. Zira 1976'dan itibaren örgütlü bir şekilde yurtdışındaki temsilciliklerimize saldıran ve nihayet Ankara'da da eylem yapan Asala hakkında hemen hemen hiç bilgi sahibi değildik ve ilk kez Asala militanı ele geçmişti.

Bu görüşmelerde Ekmekçiyan Türkiye'deki eylem hazırlıklarıyla Beyrut'taki Asala merkezleri ve eğitim yerleri ile ilgili bilgiler vermiştir. Bu bilgiler büyük ölçüde teyide muhtaçtı ve bunların bir şekilde çözülmesi gerekiyordu. O tarihlerde bölgede MİT'in imkânları yoktu. Dışişleri Bakanlığı'nın ise imkânları çok kısıtlıydı. Beyrut'ta tam bir kargaşa hüküm sürüyordu. İşte bu sırada Ankara'ya her geldiğinde bana uğrayan merhum Hiram Abas, bu adresleri bulabileceğini belirterek, ısrarla gönüllü olarak gitmek istemiştir.

Sonuç olarak en sağlıklı bilgilerin Hiram Abas tarafından temin edileceği kanaatine varılmış ve Beyrut'a gönderilmiştir. Nitekim merhum Hiram Abas bir süre dönmüş, bazı bilgileri temin etmiş bazılarına ise ulaşamamıştır. Gelen bu son bilgilerle dosya tamamlanmış ve 'Ekmekçiyan'ın Verdiği Bilgiler' adı altında MİT'e gönderilmiştir. İşte Cumhurbaşkanlığı'nda yapılan bütün işler budur."

Burada araya girip, sizleri birkaç yıl geriye götürelim:

Asala'ya karşı "aynı yöntemlerle" cevap verilmesi düşüncesi, 12 Eylül'den daha gerilere, Alparslan Türkeş'in MHP'sinin de içinde yer aldığı, Başbakan Demirel'in MC hükûmetlerinin ürünüydü:

MİT müsteşarlığı yapan, emekli Orgeneral Hamza Gürgüç anılarında bu olayı anlatıyor:

"Dış memleketlerde diplomatlarımız Ermeni teröristler tarafından öldürülmeye başlanınca, 'Biz de öldürelim' düşüncesi aldı yürüdü. Bu yaklaşım Millî Güvenlik Kurulu'nda da dile getirildi. Birçok işte olduğu gibi bu tür girişimler için de gözlerini MİT'e dikenler oldu.

MİT yalnız istihbarata karşı koymada silah kullanmaya yetkili bir teşkilattı. Yurtdışında silah kullanması mümkün olmadığı gibi, bu tür bir eğitimi yoktu. Devletin, MİT'ten böyle bir görev beklemesini doğru bulmuyorduk. Bu girişim ister bir devlet teşekkülü, ister özel bir teşkilatla yapılsın, 'devlet' olmaya yakışmazdı kanısındayım. Ayrıca diplomatlarımıza yapılan suikastları arttırabilirdi de. Devletimizin böyle bir işe girişmesinin zaman içinde dünya kamuoyunu aleyhimize çevireceğini hesap etmemek akılsızlık olurdu. Ermeni'nin öldürdüğü Türk, devletimizin memuruydu. Yankısı büyüktü. Öldürülecek Ermeni böyle miydi?

Bu ve benzeri düşüncelerle MİT'in veya tutulmuş insanların bu tür girişimlerine karşı çıkarak, 'Öldür' emrini verecek makamların, bu makam ne olursa olsun günün birinde açıklanacağını belirttim. Başbakan Demirel'in ben bu konuşmayı yaparken yüzüme tebessümle baktığını hatırlıyorum. MGK'da bu konu bir daha konuşulmadı..."[20]

Köprünün altından çok sular akmıştı. "Türk James Bond"u Hiram Abas görev başındaydı.

İşte "Mete Bey"

"Mehmet Ali" kod ismini kullanan Hiram Abas Beyrut'a iki kez gitti. İkincisinde sağ kolunun omuza yakın yerinden kurşun yedi. Türk Büyükelçiliği'nde tedavi edildi.

Hiram Abas'ın altı kişilik ekibi vardı. Kendisi ve "Yakup" sivildi. Diğer dördü Özel Harpçi askerdi. Askerlerden biri bugün general rütbesinde görev yapıyor!

Beyrut'un ünlü Apart Oteli'nde kalıyorlardı. İkişer ikişer dolaşıyorlardı. Yani kompartıman usulü çalışıyorlardı. Gündüz uyuyup gece "mesai" yapıyorlardı. Ekmekçiyan'ın köyüne gidip annesiyle bile görüştüler. Oğlunun idam edilmeyeceği sözünü verdiler.

Hiram Abas çok iyi Arapça konuşuyordu. Bu özelliği ona başka kapılar da açıyordu. Asala operasyonu için Beyrut'a giden Hiram Abas, Filistinliler ile Mossad arasındaki "esir değişiminin hakemliğini" yapmıştı!

Kendilerini yeraltı dünyasının elemanları olarak göstermişlerdi, ama istihbaratçı oldukları kısa zamanda kulaktan kulağa yayılmaya başlamıştı.

Asala'nın iki merkezi vardı; Beyrut ve Paris.

20 *Aktüel*, 18-24 temmuz 1991.

Hiram Abas, Beyrut ile Paris arasında mekik dokuyordu. Beyrut Elçiliği'nden yeterli yardımı alıyorlardı. Ancak Paris biraz sorun çıkarıyordu. Sonunda Hiram Abas'ın isteği oldu, Paris'e "tanıdık" bir isim atandı!

MİT personeli, yurtdışı görevlerine genellikle; konsolos muavini, ikinci kâtip gibi unvanlarla atanırlar. İlk kez 1982 yılında bir MİT görevlisi Paris'e, müsteşar yardımcısı statüsüyle atandı.

Asala'nın merkezi Paris'e gönderilen bu MİT görevlisinin adı; Metin Olgaç'tı!

İsmi anımsamışsınızdır; Metin Olgaç, Hiram Abas'ın Galatasaray Kulübü'ndeki boksör arkadaşıydı! Ringe çıkmaya ve pipo içmeye birlikte başlamışlardı...

1967 yılında MİT'e girmesini Hiram Abas sağlamıştı.

Müsteşar yardımcısı olarak Paris'e atanmasının nedenini yazmaya gerek yok!

Ancak sorulacak bir soru var; yıllardır basında yazılan, Susurluk Olayı'nda da adı geçen Asala'ya karşı eylemler organize eden, "Mete Bey" kimdi?

Genellikle Türk istihbarat görevlileri kod isimleri şöyle belirliyorlardı: görevlinin isminin ilk iki harfinden bir başka isim üretiliyordu:

Örneğin; Kâ-mil; Kaan Bey oluyor. Veya Tu-ncay; Turan Bey oluveriyordu!

Biz tersten gidelim; "Mete Bey"in gerçek adı neydi?

Mecit, Metin, Melih, Merdan, Mert, Mehmet, Mesut, Mestan, Mevlüt...

Hangisi?..

Önce bir olayı nakledelim:

Yıl 29 kasım 1990.

Yer Ankara, Farabi Sokak'taki Mehmet Eymür'ün özel bürosu.

2000'e Doğru dergisinde Asala'ya karşı yurtdışındaki kaçak ülkücülerin kullanıldığı haberini yapmıştık.

Mehmet Eymür, ülkücüleri Avrupa'da kullanan MİT görevlisinin adını vermişti: "Teşkilat içinde Mete Bey olarak bilinir, asıl adı Metin Günyol'dur! Teşkilat onları kullandı. İlişkiyi Mete Ağabey dedikleri Metin Günyol ile kurdular. Bu konuda Günyol ile birbirimize girdik. Çünkü bunlar uyuşturucu ve yasadışı faaliyetlere karışmışlardı. Yapılanların yanlışlığı ve bu insanların kullanılmaması gerektiğini Nurettin Ersin Paşa'ya yazılı olarak bildirdim."

Mehmet Eymür'e göre "Mete Bey" Metin Günyol'du.

Acaba doğru mu?

Metin Günyol, 23 eylül 1935 İstanbul doğumlu. Haydarpaşa Lisesi'ni bitirdikten sonra, iki yıl İstanbul Üniversitesi'nde okuduktan sonra öğrenimini yarıda bırakıp Almanya'ya gitti. Döndüğünde 30 yaşında, 1965 yılında MİT'e girdi. 1974-1978 yılları arasında MİT görevlisi olarak Almanya'da bulundu. Burada MHP teşkilatlarıyla yakından ilgilendi! Bu nedenle tekrar Türkiye'ye döndüğünde, Abdi İpekçi suikastını MİT adına soruşturdu. Mehmet Ali Ağca'yı ilk sorgulayan ekip içinde yer aldı.

Bir iddiaya göre, iki yıllık üniversite tahsili olduğu için, hep ikinci sınıf uzmanlık kadrosunda kaldı, bir türlü terfi edemedi ve 22 mart 1981 tarihinde MİT'ten ayrıldı.

İkinci bir iddiaya göre ise, MİT'ten ayrılmasının nedeni, Asala'ya karşı yapılacak eylemlerde görev alacaktı, resmî bir görevi olması Türkiye'yi zor durumda sokacağı için emekli edilmiş görünüyordu!

Tura Turizm'in görevlisi olarak İspanya-Mayorka Adası'na gitti.

"İpekçi cinayetini soruşturan MİT görevlisi, bu soruşturmadan sonra istifa edip, İspanya'nın Mayorka Adası'nda turizm bürosu açıyor. Ağca her nedense, Papa suikastından önce Mayorka Adası'na gidiyor!"[21]

O tarihlerde Mehmet Ali Ağca'nın Mayorka Adası'nda bulunmasını Metin Günyol tesadüf olarak açıkladı.

Metin Günyol Meclis Susurluk Komisyonu'nda şunları söyledi: "Ben 'Mete Bey' diye karşınıza getirildim. Basın kupürlerini biriktirdim hep, kilit adam 'Mete Bey' diye geçiyor. Demek ki 'Mete Bey' diye biri var. Ama 'Mete Bey' Metin Günyol mudur? İşte onu bilmiyorum. Bildiğim ben değilim."

21 Uğur Mumcu, "Karanlık Bilmece, Mayorka", *Milliyet,* 2 şubat 1992.

Metin Günyol, 1982'nin ekim ayında tekrar MİT'e döndü. Görünen o ki, Metin Günyol yedi aylık kısa bir görev için teşkilattan ayrılmıştı. Aksini düşünmek biraz saflık olur!..

Ancak bir noktanın altını çizmekte yarar var; Metin Günyol, MİT'e döndükten sonra Avrupa'da özelikle de Paris'te Asala'ya karşı eylemler yapılmaya başlandı.

Eylemlerin kod adı "Marsilya Operasyonu"ydu...

22 mart 1983... Paris'te Asala lideri Ara Toranyan'ın otosuna bomba konulması; (bomba patlamadı).

3 temmuz 1983... Paris'te Ara Toranyan'ın babasının emlak dükkânına bomba konulması (bomba patlamadı); aynı gün bir Ermeni kitapçısının bombalanması.

27 temmuz 1983... Fransa/Alfortville Ermeni Kültürevi ve Asala'nın basın bürosunun bombalanması.

28 temmuz 1983... Paris Ermeni Kültürevi ve Radyoevi'nin bombalanması;

6 aralık 1983... Paris, Ara Toranyan'ın otosuna ikinci kez bomba konulması; 17 mart 1984... Fransa/Marsilya Ermeni Gençlik Örgütü binasının bombalanması;

1 mayıs 1984... Paris, Henri Papazyan'ın otosuna bomba konulması; (bomba patlamadı).

4 mayıs 1984... Fransa/Alfortville Ermeni Anıtı, Ermeni Gençlik Örgütü binası, spor salonu ve karakol ile itfaiye aracının bombalanması.

24 haziran 1984... Paris, Ermeni Gençlik Yurdu'nun bombalanması.

25 kasım 1984... Fransa/Salle Pieyel, 16 Ermeni örgütünün toplantı yaptığı salonun bombalanması.

5 aralık 1985... Paris, Ermeni bir şahsın öldürülmesi.

15 aralık 1985... Fransa Lyon, Hayk Demircioğlu'nun öldürülmesi...[22]

Burada bir yanlışlık yapmayalım, Asala'ya karşı eylemler sadece Fransa'da olmamıştı. İngiltere, Belçika, Hollanda,

22 27 temmuz 1983 tarihinde, BBC televizyonunun "Newsnight" adlı haber programına katılan Dışişleri Bakanı İlter Türkmen, programın sunucusu Linda Alexander'ın, "Asala'nın iki merkezi olduğunu biliyoruz, bunlardan birisi Beyrut'ta diğeri Paris'te. Türk gizli servislerinin buralara gönderdiği timlerin, teröristleri elimine etmek için operasyonlar yaptıkları doğru mu" şeklindeki sorusunu şöyle yanıtlıyordu: "Hayır, biz resmî (devlet) terörü reddediyoruz ve bu tür eylemlere başvurmuş değiliz."

Avusturya, Almanya'da da benzer operasyonlar gerçekleştirilmişti. Ancak Avrupa'daki eylemler genellikle Paris merkezli yapılmıştı.

Operasyonları gerçekleştiren timler, kompartıman usulü çalışıyordu. Yani herkes kendi birimini biliyordu. Örneğin Hiram Abas'ın altı kişilik ekibini diğerleri bilmiyordu.

Asala'ya karşı yapılan eylemlerde genellikle yurtdışındaki işçiler kullanılmıştı. Özellikle de kesin dönüş yapacak aileler seçiliyordu. Ülkücülerin kullanıldığı iddiası ise hep reklam amacıyla o çevreler tarafından çıkarılmış yalanlardı.

Kullanılan kişiler genellikle resmî kişilerle temas kurmazdı. Yasaktı.

Bütün ülkeler için kuraldı; legal rezistansla kesinlikle illegal iş yapılmazdı. Ancak silahların ülkeye sokulmasında "diplomatik valizlerin" kullanıldığı da bir gerçekti!

"Dışarıdan kullanılan ajan kişi, ya millî motifle ya da maddî motifle hareket eder. Hiçbir istihbarat örgütünün bundan başka metodu yoktur. Maddî motifle hareket eden para karşılığı yapar, kimseyi tanımaz, hapse düşerse kendine sahip çıkılmayacağını bilir. Millî motifle hareket eden zaten gönüllüdür, başına bir aksilik gelse de ülkesini kolay kolay satmaz."

Tekrar sorumuza dönelim; Asala'ya karşı eylemleri organize eden "Mete Bey" kimdi?

Acaba, MİT tarihinde görülmemiş bir kadroyla Paris'e, müsteşar yardımcısı sıfatıyla giden Hiram Abas'ın yakın arkadaşı Me-tin Olgaç, bu "Mete Bey"in kim olduğunu bilir mi?

Ne ilginç, Asala'nın iki merkez üssünde; Beyrut'ta Hiram Abas; Paris'te Metin Olgaç görevliydi...

"Lübnan'da Türk teröristler"

MİT'in o kadar personeli varken, Beyrut'a Hiram Abas'ın gönderilmesinin nedenleri vardı:

Birincisi Beyrut'u; ikincisi bölgedeki Mossad ilişkilerini iyi biliyordu!

Asala ve Beyrut'taki Filistin Kurtuluş Örgütü'yle son derece iyi ilişkileri vardı. Bu ittifak Asala'nın da tıpkı FKÖ gibi, Mossad'ın "düşman örgütler" sıralamasında yer almasına neden olmuştu. Zaten İsrail Asala'yı, 1972 Münih Olimpiyatları Köyü Baskını'nda Filistinli Kara Eylül örgütüyle işbirliği yaptığını belirleyip kara listesine almıştı.

Asala konusunda Mossad ile MİT işbirliği yapıyordu.

Örneğin İsrail, 4 temmuz 1982 yılında Lübnan'a saldırdığında, Türkiye'ye, "başta Bekaa Vadisi olmak üzere Lübnan'daki birçok gerilla kampını basacaklarını, eğer isterse Asala kamplarının bulunduğu yerlerdeki operasyonlara katılabileceğini" bildirdi.

İsrail'in o yıllarda Türkiye'ye Asala konusunda "yardım" etmesinin nedeni vardı. 12 Eylül 1980 Darbesi öncesi, AP Azınlık Hükûmeti Dışişleri Bakanı Hayrettin Erkmen, İsrail'le sıcak ilişkileri nedeniyle bakanlıktan gensoruyla düşürülmüştü. 12 Eylül Askerî Darbesi'nden sonra da İsrail'le ilişkiler dondurulmuş, diplomatik ilişkiler en alt düzeye indirilmişti. Bunun nedeni İsrail'in, Müslümanların kutsal şehri olan Kudüs'ü başkent ilan etmesiydi...

Türkiye küçük bir grupla, Zahle kenti yakınlarındaki Asala kamplarına yapılan operasyonlara katıldı. Burada ilginç bir olay meydana geldi; Asala'nın örgüt kayıtları, üyeleri, tetikçileri, para kaynakları listeleri de ele geçirildi, ancak Mossad bunu Türkiye'ye vermedi...[23]

Bu arada İsrail'in Lübnan'daki baskınları sürerken, Türkiye'deki (6 temmuz 1982 tarihli) gazetelerin manşetlerini Mossad "üretimi" haberler süslüyordu:

"İsraillilerin ellerine geçen Türk teröristlerin adlarını açıklıyoruz..."

"İşte İsrail'in ele geçirdiği 26 Türk terörist."

"FKÖ umutsuz bir direniş içinde."

"Kaçak Türk teröristler Şam'da bakkal dükkânı açmış."

Asala, Lübnan'daki kamplarına yapılan baskınlarda Türkiye'nin de yer aldığını öğrenir öğrenmez, iki militanını; Levon Ekmekçiyan ve Zohrap Sarkisyan'ı, Esenboğa Havaalanı'nı bombalamaları için Türkiye'ye gönderdi...

23 Murat Yetkin, *Ateş Hattında Aktif Politika,* Alan Yayıncılık, 1992, s. 175, 176.

Hiram Abas, 1968-1970 yılları arasında, Lübnan'da, Mossad'la çok iyi ilişkiler geliştirmişti. Özellikle, Filistinliler Türkiye'yi dost bilip Beyrut Elçiliği'yle yakın ilişki içindeydi. Hiram Abas bu yakın ilişkiden elde ettiği bilgileri verip, Mossad'dan Filistin kamplarındaki Türkler konusunda ayrıntılı istihbarat raporları alıyordu...

Bu istihbarat alışverişinde, 1950'li yıllardan beri Beyrut'ta silah kaçakçılığı yaptığı iddia edilen, Hiram Abas'ın yakın dostları Gandur ailesinin de yardımları var mıydı?

Beyrut silah kaçakçılarının merkeziydi. Alman, Günther Leinhauser, Ermeni asıllı Amerikalı Sarkis Soghanalian, CIA Albayı Sam Cummings, CIA ajanı Frank Terpil, CIA ajanı Edward Wilson başta gelen silah kaçakçılarıydı.

Asala gibi illegal silahlı örgütün "savaş malzemelerinin" nereden geldiğini kuşkusuz en iyi silah kaçakçıları bilirdi!..

Hiram Abas'ın silah kaçakçılarıyla ilişkisi ne düzeydeydi?

Gerek CIA ve Mossad'la, gerekse silah kaçakçılarıyla, Asala konusunda bilgi alışverişi yaptığı konusunda, "eski meslektaşlarının" kafasında kuşku yoktu...

İsrail 2 500 kişiyi öldürmüş, FKÖ ve Asala gibi "düşman unsurlarının" önemli kadrolarını Lübnan'dan atmış, ancak Lübnan'a tam anlamıyla hâkim olamamıştı...

Lübnan'daki vahşetin görüntüleri dünya televizyonlarında gösterilince, birçok ülkede olduğu gibi Türkiye kamuoyu da İsrail'e tavır aldı.

O güne kadar İsrail'le ilişkilerini hep gizli yürüten Türkiye hükûmeti de, Filistinlilere karşı yapılan bu vahşet karşısında suskun kalamadı, İsrail'i kınadı. İlişkilerini dondurduğunu açıkladı.

İsrail'in yardımına her zaman olduğu gibi Amerika Birleşik Devletleri koştu...

28 eylül 1982.

Ankara Esenboğa Havaalanı'nında olağanüstü önlemler göze çarpıyordu. Dışişleri Bakanlığı Protokol Genel Müdürü Akgün Kıcıman son hazırlıkları titizlikle kontrol ediyordu.

Kenya, Fas ve Mısır'a da uğrayan özel uçak, havaalanına indi.

Protokol genel müdürü heyecanla uçağın kapısına yöneldi. Heyecanlı olmasının iki nedeni vardı. Nedense bu önemli konuğun gelmesi Dışişleri Bakanlığı'nca gizli tutulmuştu. Birkaç Dışişleri bürokratı dışında konuğun Türkiye'ye geleceğinden kimsenin haberi yoktu.

Heyecanlı olmasının ikinci nedeni ise, protokol müdürü yaşamında ilk kez bir CIA başkanını görecek olmasıydı...

CIA başkanı 36 saat süren Türkiye gezisinde bir dizi resmî görüşme yaptı. Başbakan Bülend Ulusu'yla da görüştü.

CIA başkanıyla görüştüğünün duyulmasının ardından Başbakan Ulusu şöyle diyecekti, "Her dost ve müttefik ülkeyle çeşitli konularda işbirliği söz konusudur. Haberalma ve istihbarat konusunda da işbirliği yapılması tabiîdir. Görüşülen konular arasında nelerin olduğunu söylemem mümkün değildir. Konuların devlet istihbaratı ile ilgili olduğu açıktır."

CIA, Türkiye'nin, Arapların ve kamuoyunun baskısıyla, İsrail'e karşı cephe almamasını ve soğukkanlı tutumundan vazgeçmemesi gerektiğini söylemişti. Sorunu çözeceğini de belirtmişti. CIA; Ortadoğu'da Arap olmayan ve Batı yanlısı iki ülke, Türkiye ile İsrail'in gizli flörtünün bozulmasını istemiyordu.

Hiram Abas'ın, Asala operasyonun da kullanılmasının önemli bir nedeni de birkaç yıl sonra ortaya çıkacaktı...

Aslında Beyrut'taki Asala baskınları bir başka istihbarat servisinin "sponsorluğunda" yapılmıştı. Yani Beyrut'a, kim gönderilirse gönderilsin, "Asala'yı yok eden kişi" olarak anılacaktı. Üstelik Hiram Abas'ın imajını daha da güçlendirmek için, Beyrut'ta girdiği bir çatışmada yaralandığı da iddia ediliyordu!..

İşin özünde, Hiram Abas sadece bir Ermeni'yi angaje ederek, Asala militanlarının gittiği bir kahveye bomba koydurmuştu! Hepsi buydu.

Ancak amaç, Beyrut'taki "başarının" getirisini bir başka

alana taşımaktı. "Asala'yı yok eden yaralı kahraman" Hiram Abas, birkaç yıl sonra hangi göreve soyundurulacaktı?

Beyrut operasyonu yoksa sadece "imaj tazelemek" için mi yapılmıştı?

MİT'in 3. adamı Sabahattin Savaşman'ın, "CIA ajanı" olarak yakalanması gibi, sözde Beyrut operasyonu da, MİT'e hâkim olmak için ileride kullanılacak stratejik bir taktik miydi?

Yine CIA ajanı!

Emekli Kurmay Albay Sabahattin Savaşman'ın "kaderini", 5 yıl sonra, meslektaşı; emekli Kurmay Albay Turan Çağlar da paylaşacaktı...

Turan Çağlar, 16 mart 1983'te, eşinin ifadesine göre, "bir operasyon için bilgisine başvurulmak üzere" İstanbul'daki evinden alındı. Nuri Gündeş başkanlığını yaptığı MİT İstanbul Bölge Başkanlığı'nda 20 gün sorgulandıktan sonra, TCK'nın 133'üncü maddesi uyarınca casusluk suçlamasıyla Genelkurmay Askerî Mahkemesi'nde yargılanmak üzere Ankara'ya gönderildi. İddianamede, ABD'li diplomat William Philips'e güncel haberleri değerlendirme notları verdiği yazılıydı. Alışveriş fotoğraflanmış, notlar ele geçmişti. Komployla karşı karşıya olduğunu söyleyen Turan Çağlar, hapisten bazı gazetecilere hayatının tehlikede olduğunu yazdı.[24]

Konuyu fazla dağıtmadan buraya bir olayı aktarmak gerekiyor. Çünkü casusluk tanımı, görünen o ki Türkiye'de "göreceli" bir kavram.

12 Eylül Darbesi'nin TRT Genel Müdürü Doğan Kasaroğlu, 12 Mart Darbesi'nin TRT Genel Müdürü Korgeneral Musa Öğün'e, yemek yedikleri bir sırada Ankara Milka Restaurant'ta bir anısını anlatıyor:

"Şimdi size bir sır vereceğim. Onu dinleyin; biliyorsunuz siyasete bulaşmadan önce SİSAV'ın genel koordinatörü idim. 1982'de Anayasa taslağının açıklanacağı günlerde

24 *Hürriyet*, 28 temmuz 1983.

CIA'nın Türkiye'deki görevli adamı Paul Henze, vakfa geldi. Bizden, Anayasa taslağını istedi. Acele ediyordu. Danışma Meclisi Anayasa Komisyonu Başkanı Prof. Orhan Aldıkaçtı, SİSAV yönetim kurulu üyesi olduğu için hemen ondan bir taslak istettik. Taslak geldi, CIA görevlisi Amerikalıya verdik. Adam baştan sona şöyle bir göz gezdirdi. Sonra arka sayfaya takılıp, 'Bunlar olmamalıydı' dedi. Adeta sinirlendi. Takıldığı maddeler, eski siyasîlere yasaklar getiren maddelerdi."[25]

Peki Turan Çağlar Amerikalıya ne tür bilgiler belgeler vermişti? Bu konuda hiçbir bilgi yok! Nuri Gündeş, Turan Çağlar'ın haklarındaki bilgiyi nereden bulup *Aydınlık* gazetesine verdiğini röportajında söylüyor: "Turan Çağlar çok iyi bir arşivci. Gazetelerden derlediklerini dosya haline getiriyor. Hiram Abas ile ilgili *Aydınlık*'a verdikleri de gazete haberleriydi."

Ahlakî yönü ayrı; herhangi bir Türkiye Cumhuriyeti vatandaşı, açık istihbaratı, yani gazete ve dergilerden kestiği kupürleri derleyip, dosya haline getirip, bir Amerikalıya verirse casusluk mu yapmış olur? Üstelik bunun karşılığında para da alırsa suç islemiş olur mu? Ya da Türkiye'deki gelişmeler konusunda bir Amerikalıya siyasî analizler, değerlendirmeler yaparsa, casusluk, vatana ihanet gibi çok ağır bir suçlamayla kendisini hâkim karşısında bulur mu? Yani bu işin cezaî bir müeyyidesi var mı?

Soruların yanıtlarını birkaç sayfa erteleyip, biz tekrar kaldığımız yerden Turan Çağlar olayına devam edelim:

"Casus değil, Amerikan sempatizanıyım, fakat bu husus hiçbir zaman memleket sevgisi üzerine çıkamaz, çıkmamıştı." Duruşmaları sırasında bu sözlerle casusluk iddialarını reddeden Turan Çağlar'ın avukatı Yüksel Özdemir, savunmasında müvekkilinin casuslukla değil, ancak zaman aşımına uğramış bir dolandırıcılıkla suçlanabileceğini belirtti. Avukat Özdemir, "Lakabı sarhoş olan Amerikalı, müvekkilimden yazılı mütalaa isteyince ve para teklif edince, Ameri-

25 Hulusi Turgut, *12 Eylül Partileri,* ABC Ajansı Yayınları, 1986, s. 41.

kalıyı dolandırmayı düşünmüş ve TCK'nın 503. maddesini oluşturan dolandırıcılık olayının bütün koşullarını gerçekleştirmiştir" dedi.

Başta başbakanlık yapmış Tansu Çiller olmak üzere Türkiye'de birçok siyasetçi, akademisyen, ABD Büyükelçiliği'ne, Türkiye'yle ilgili değerlendirmeler, analizler içeren raporlar yazıp vermişlerdi.

Peki niye emekli bir kurmay albay en ağır iddia, casusluk ithamıyla kamuoyu önünde suçlu duruma sokuluyordu?

"Mesleği" konusunda hayli tartışmalar yapılan Amerikalı bir kadınla, birkaç yıl aynı evi paylaşan üst düzey bir MİT yönetici, neden soruşturma bile geçirmezken, emekli bir kurmay albay yaşamına mal olacak bir iddiayla kamuoyu karşısına çıkarılmıştı?

Bu ne acımasız bir "kan davasıydı?"

Sonuçta 15 yıla kadar hapsi istenen Turan Çağlar tutuklu bulunduğu Mamak Askerî Cezaevi'nde, 29 temmuz 1983 tarihinde öldü. GATA'nın otopsi raporuna göre, ölüm nedeni enfarktüstü.

Turan Çağlar, kalbi için gerekli ilaçları almamıştı...

Nuri Gündeş'in inanılmaz hırsı

Kitabın önceki sayfalarında Turan Çağlar'ın kimliği konusunda az çok ipucu yakalamışsınızdır; Türk Silahlı Kuvvetleri içinde 27 Mayıs 1960 Askerî Hareketi'nden önceki cuntalar içinde yer almış bir subaydı.

"İhtilal amacına ulaşmadı" deyip başkaldıran subaylar içinde yine o vardı. Kurmay Albay Talat Aydemir'in iki ihtilal girişiminde de ismini görüyoruz. Ordu içinde etkili bir isim ki emekli olduktan sonra Sabancı Grubu kendisini bünyesine aldı.

Gazetecilerle ilişkileri iyiydi.

MİT içinde taraftı. Bir dönem MİT İstanbul bölge başkanlığı yapan Turan Deniz'le sınıf arkadaşlığının ötesinde çok yakındılar. Nuri Gündeş ve Hiram Abas ekiplerine karşıydılar.

Turan Çağlar'ın özelliklerini sıraladıktan sonra soralım; Turan Çağlar, öldü mü, öldürüldü mü, yoksa intihar mı etti?

Cezaevinde bulunduğu gazetecilere, "öldürülme tehlikesinden" bahsetmişti. Demek ki Turan Çağlar, başına gelecekleri önceden tahmin etmişti.

Yıllar sonra Meclis Susurluk Komisyonu'na ifade veren Nuri Gündeş önemli bir ayrıntıyı ele veriyor: "Kalp hastasıydı. Mutlaka ilaçlarını alması gerekiyordu. İstanbul'da sorgu sürecince ilaç almasını kendisine biz hatırlatıyorduk. Ankara'ya gönderdiğimizde de yetkilileri uyardık, 'Aman bu adam ilacını alması lazım, yoksa ölür' diye."[26]

Nuri Gündeş'in sözlerine bakılırsa, "sakınan göze çöp batmıştı!"

Nuri Gündeş, 1976-1984 yılları arasında İstanbul MİT bölge başkanlığı görevinde bulundu. Bu sırada Turan Çağlar birkaç kez MİT elemanları tarafından kaçırılıp taciz edildi. *Aktüel* dergisinin iddiasına göre, gazeteci dostu Nimet Arzık'la birlikte suikasttan kurtuldu.[27]

Nuri Gündeş'in, adını *Aydınlık* gazetesine veren Turan Çağlar'ı susturmak için, bazı tertipler içine girdiğini düşünmek haksızlık olur!..

Zaten kendisi de o olaylardan sonra Turan Çağlar'la ilişkisini bakın nasıl anlatıyor:

"Soru:

– Teşkilata zarar verdiğini belirttiğiniz bir insanın peşini bıraktığınızı, 1983'e kadar onunla uğraşmadığınızı söylüyorsunuz. Neden?

Nuri Gündeş:

– Bir mektupla bizden özür diledi. O günden sonra da bize karşı faaliyeti olmadı. Zaten bizi, MİT müsteşarına, Başbakan Ecevit'e şikâyet etmişti. Kasaya belgeler koyup başına bir şey gelirse sorumlu olacağımızı söyledi. Peşini bıraktık. Başına taş düşse sorumlusu biz olacaktık. Koruduk bi-

26 Nuri Gündeş, Meclis Susurluk Komisyonu İfadesi, s. 1171.
27 *Aktüel,* sayı 346, 28 mart-1 nisan 1998.

le diyebilirim. Kontrespiyonaj zanlısı olarak karşımıza çıkana kadar da görüşmedik.

– Çağlar'ın 12 Mart'ta İstanbul MİT başkanı olan Turan Deniz'in kuryesi olduğu, Turan Deniz'in o dönemle ilgili adını aklamak için böyle bir operasyona giriştiği söyleniyor. Ne dersiniz?

– Sınıf arkadaşı ve dosttular. İkisi de hava muhabere subayıydı. 1971'e kadar İstanbul'da Turan Deniz'e yardımcılık yaptım. 1976'da başkan olarak geri döndüğümde beni çok övmüş bir insan için, bana husumeti olduğunu düşünmek istemiyorum."[28]

Sonra MİT İstanbul teşkilatı, tesadüf eseri Turan Çağlar'ın ajan olduğunu keşfediyor!

Amerikalıya bilgi sızdırırken yakalanması da ilginçti: "Bağlantıda olduğu Amerikalı ajan ile yaptığı telefon görüşmelerinde kendisini 'John' diye tanıtır. CIA görevlisinin telefonları MİT tarafından dinlenmektedir. Bir Türk'ün Amerikalılara kendisini başka bir adla tanıtmasından kuşku duyarak yola çıkan MİT elemanları araştırmalarını derinleştirdiklerinde karşılarında Turan Çağlar'ı bulurlar."[29]

Buradan şu sonuç çıkıyor; MİT, Türkiye'deki CIA ajanlarının telefonlarını dinliyor!

Telefonlarının dinlendiğini, hem CIA ajanı hem de Turan Çağlar biliyor ki, takma isim kullanıyorlar.

Sonra da CIA ajanı ile Turan Çağlar adım adım izleniyor ve yakalanıyorlar...

Ne acı! CIA, Türkiye gibi bölgesel açıdan oldukça stratejik bir konumda bulunan bir yere "çaylak ajanlarını" gönderiyor!

Türk Silahları Kuvvetleri içinde ihtilal girişimlerinde önemli görevler alan bir kurmay subay, bu kadar basit bir istihbarî operasyon sonucu yakalanıveriyor!..

Her neyse!

Nuri Gündeş röportajına devam edelim:

"– Casusluk suçlamasından önce de Turan Çağlar'ın defalarca kaçırıldığı, sorgulandığı, hatta dövüldüğü söyleniyor.

28 *Aktüel,* sayı 349, 28 mart-1 nisan 1998.
29 Tuncay Özkan, *Bir Gizli Servisin Tarihi,* Milliyet Yayınları, 1995, s. 1995.

– Kötü muamele hiç yapılmamıştır. Kaçırıldığını iddia ettiği süreçle kontrespiyonaj zanlısı olduğu süreç farklıdır. Mektup, Batılı bir ülke adına haber derleme suçuyla sorgulanıp yargılanmasına başlandığı süreçle ilgilidir.

– *Aydınlık*'taki yazı dizisi sırasında ne oldu?

– Bu MİT'i ve Ordu'yu hedef alan bir yazı dizisiydi. Kişisel kanaatıma göre güçlü bir Batılı gizli servisin 12 Mart döneminde görev alan kişileri hedef alarak alt ve üst kademe arasına nifak sokma girişimiydi. *Aydınlık*'la ilişkisi tespit edilmiştir. Bana bir mektup yazmış ve hiçbir ilgisinin olmadığını söylemiştir. Sözüne itibar edilip hakkında işlem yapılmamıştır.

– Çağlar'ın gazete kapısında adamlarınızca yakalanıp, Belgrad Ormanı'nda dövüldükten sonra yanınıza getirildiği söyleniyor.

– 15 ağustos 1978'de gazetede ismimin çıkacağını haber aldım. Ayrıntılarını hatırlamıyorum, Çağlar'ı getirdiler. Kendisine, bahsedilen dönemde yurtdışında görevli olduğumu hatırlattım. Neden beni sorumlu tuttuğunu sordum. 'İhtiyarlık' dedi. Yanımdan aradı. 'Yanlışlık olmuş, Nuri Bey o dönemde yurtdışındaymış' dedi. Baskıya girildiğini söylemişler. 'Eyvah' dedi, gitti; bir daha da görmedik.

– Kontrespiyonaj olayı nasıl ortaya çıktı?

– Askerî sırların bir Batılı servis mensubuna İstanbul'da verilmesi olayıdır. Suçüstü, alışveriş anında yakalanmıştır. Sorgusunda her şeyi, biz sormadan anlattı. 'Her şeyimizi biliyorlar, bunu da bilseler ne olur' diye yaklaşıyordu konuya.

– Ailesi soruşturma için evden alınıp götürüldüğünü söylüyor. Siz, 'Suçüstü yakalandı' diyorsunuz. Sabahattin Savaşman olayında suçüstü vakasının tüm ayrıntıları, satılan belgenin niteliği biliniyor. Çağlar olayında ise meçhul...

– Biz bunları açıklama yetkisine sahip değildik. Ankara ne düşündü bilemiyorum.

– Ailesi İstanbul'daki sorgu döneminde telefonla konuştuklarında, yüz yüze görüştüklerinde Çağlar'ın endişeli olmadığını, normal davrandığını söylüyor. Ankara'ya gönderildiğinde ise bir komployla karşı karşıya olduğunu, hatta öldürüleceğini söylemiş.

– Ona televizyonlu özel bir oda verdik. Başına bir şey gelmesin diye doktor gözetiminde tuttuk. Her akşam doktorla videoya kaydettik. Kalp hastasıydı. İlacını almasını bile hatırlatıyorduk. İstanbul'daki sorgusu bittiğinde Şenkal (Atasagun), evine götürüp ailesiyle görüştürmeyi düşündü. Ailesini MİT'e çağırmaya karar verdik. Mavi odamızda buluşup hasret giderdiler. Sorgu odasına sadece bir kez, son gün girdim. Amerikalılara yazdığı mektubu hatırlatıp onun söylediği gibi oyunu kurallarına göre oynamamız gerektiğini, onun kaybedip bizim kazandığımızı söyledim. Ayrılırken yanaklarından öptüm. Sonra yargılanmak üzere Ankara'ya gönderdik. İstanbul'da şikâyeti olan adam Ankara'dan bu mektubu yazmaz."

Nuri Gündeş, 15 yıl sonra, Turan Çağlar'ın Mamak Askerî Cezaevi'nden kendisine yazdığı mektubu medyaya verdi.

Mektubun yazılış tarihi; 17 nisan 1983.

"Aziz kardeşim Gündeş" diye başlayan mektup şöyle devam ediyordu:

"Sana bu mektubu 16 Mart 1983 tarihine kadar olanlara bir çizik atarak yazıyorum. Sizde, hatta şeref misafiri olarak değerlendirebileceğim kaldığım 15 gün içinde, en başta sağlığımı düşünerek yaptığınız ikram kadar her türlü hüsnü kabulü candan ve minnet dolu teşekkürlerimle mukabele etmek isterim. Sözlerimde katiyen bir dalkavukluk veya Osmanlı murailiği olamaz, ama MİT'e bu elemanlar yetkili olarak 20 sene evvel gelselerdi, Türkiye'de ne 12 Mart ve ne de 12 Eylül olurdu. İsimlerini bilmediğim için sorgumu yaparken, benim sevgi ve saygımı kazanan iki değerli arkadaşıma veda mektubumu yazmak isterdim. Hepinizin gözlerinden öperim. Milyonda bir dahi muğberliğim yoktur bunu bilhassa bilmenizi isterim.

İmza
Turan Çağlar
Mamak Askerî Tutukevi
B Blok Subay Koğuşu,
ANKARA"

Nuri Gündeş'in kişiliği konusunda ipuçları bulunan röportaja devam edelim.

"– 17 nisan 1983 tarihini taşıyan bir mektubu neden bugün açıklıyorsunuz?

– İçeriği açısından bugünkü koşullara uygun bulduğum için. Çağlar, mektupta İstanbul'da, MİT'te sorguda bulunduğu günlerde şeref misafiri muamelesi gördüğünü, sağlığına özen gösterildiğini belirtiyor. Tarafımdan sorgu için görevlendirilen iki Kontrespiyonaj uzmanı hakkında 'Bu elemanlar yetkili olarak yönetime gelseydi ne 12 Mart ne de 12 Eylül olurdu. İsimlerini bilmediğim, sorgum sırasında sevgimi ve saygımı kazanan bu iki değerli arkadaşıma da veda mektubu yazmak isterdim' diyor. Bu iki kişiden biri bugün MİT müsteşarı olan Sayın Şenkal Atasagun'dur. Diğeri ise 52 yaşında, yaş sınırından emekliye sevk edilmiştir. Zanlı da olsa Çağlar niteliklerine sahip bir insanın değerlendirmesi önemlidir. Yani teşkilat içinden yetişmiş Şenkal Atasagun gibi bir kişinin MİT'in başına geçmesi bir şanstır; şans iyi değerlendirilmeli.[30]

– 'Şans'ın iyi değerlendirilemeyeceği yolunda endişelere mi sahipsiniz?

– Evet. Göreve yeni gelmiş birinin icraatını beklemeden değerlendirmeler yapılıyor. Fikri Sağlar MİT'in lağvedilmesini istiyor. Personel Daire Başkanlığı dahil üst seviyede birçok görev ifa ettiğim için biliyorum, MİT personeli böyle yaklaşımlardan rencide olur, çalışma arzuları körelir.

– Bir parlamenterin "MİT lağvedilmeli" görüşü neden sizi böyle bir mektubu açıklamaya zorladı?

– Nedenini biraz önce söyledim. Ayrıca Şenkal Atasagun'la birlikte sorgu yapan diğer elemanımız yaş sınırı nedeniyle emekli olmuştu. 52 yaşında emeklilik zorunluluğu bir gizli serviste olmamalı. İstihbaratçı şarap gibi eskidikçe de-

30 12 şubat 1998 tarihinde MİT Müsteşarlığı'na atanan Şenkal Atasagun, "Fransa ekolündendi !" Galatasaray Lisesi'ni bitirip, iki yıl Fransa'da kaldıktan sonra dönüp Siyasal Bilgiler Fakültesi'ni bitirdi ve 1967 yılında MİT'e girdi. Girmesinde babası emekli General Şahabettin Atasagun'un katkısı vardı. Fuat Doğu ve Hiram Abas ekolündendi. "İstihbaratçılığı, çömezlikten getir götüründen başlayarak öğrenecekti Hiram Abas'ın yanında." (*Aktüel,* "Flaş", sayı 346, 1998.) Uzun yıllar Kontrespiyonaj Bölümü'nde Sovyetler Masası'na baktı. MİT İstanbul bölge başkanlığı, Brüksel'de dış görevden geldikten sonra 1994-1997 operasyonel daire başkanlığını yaptı. Londra'ya "kızak" göreve gönderildi. Sonra MİT müsteşarlığı koltuğuna oturdu.

(Not: MİT'in önemli isimleri nedense hep "Fransa ekolünden !" Şenkal Atasagun'dan önce, 9 kasım 1992-11 şubat 1998 tarihleri arasında MİT koltuğunda oturan Sönmez Köksal da, Hiram Abas gibi Saint-Joseph mezunuydu. Nuri Gündeş de anadili gibi Fransızca konuşuyordu !)

ğerlenir. İstihbaratçılık usta-çırak ilişkisiyle öğrenilir. Ustayı emekli edip genç yetiştiremezsiniz. Kaydırma gerekiyorsa, Yaş Haddi Kararnamesi yerine 2937 sayılı kanunun 19'uncu maddesince başka bir birime atanabilirler. Başbakan danışmanlığım döneminde yaş haddi taslağı incelemem için verildi. Doğru olmadığını belirttim. Bu ve benzeri konulardaki görüşlerim dikkate alınmadı. Ben de istifa ettim."

Özetle, Nuri Gündeş, bu mektubu medyaya vererek önce MİT Müsteşarı Şenkal Atasagun'un imajını güçlendiriyor. Ardından da, yaşın önemli olmadığını her türlü göreve hazır olduğunu ima ediyor. Bunun içinde yıllar önce vefat etmiş emekli bir kurmay subayın özel mektubunu kullanmaktan da rahatsızlık duymuyor...

Bu ne meslek hırsı, anlaşılır gibi değil!

Emekli Kurmay Albay Turan Çağlar "Amerikalılara bilgi satarken yakalandığı" günlerde, Turgut Özal, kuracağı siyasî parti için nabız yoklamak amacıyla Amerika'ya gitti. Endişeliydi, Millî Güvenlik Konseyi'nin parti kurmasına izin verip vermeyeceğini tahmin edemiyordu.

Katıldığı Uluslararası Stratejik Araştırmalar Merkezi'ndeki (CSİS) toplantıda ilginç konuklar vardı; çoğu Türkiye'de büyükelçilik yapmış CIA'nın önemli isimleri; Robert Commer, George McGhee, Parker Hart, William Macomber ve CIA eski başkanı William Colby.

Ulusal Güvenlik Konseyi'nden de isimler vardı: Geoffrey Kemp, Dennis Blair, James Rentschler. ABD Dışişleri Türk Masası'ndan Larry Benedict ve Ed Dillory. Pentagon adına ise Yarbay Ken Hamilton ve Dwight Beach katılmıştı.[31]

Washington, New York, Houston arasında mekik dokuyan Özal, Dünya Bankası ve İMF yetkilileriyle de görüşmelerde bulundu...

Döndü, partisini kurdu. Anavatan Partisi "veto" yemedi.

İsmet İnönü'nün oğlu Erdal İnönü'nün veto edildiği sıkı bir elemeden nasıl olduysa kurtuluvermişti!..

Emekli Korgeneral Nevzat Bölügiray, MİT'ten emekli olan

31 Yılmaz Polat, *Washington Entrikaları,* Milliyet Yayınları, 1999, s. 47, 48.

general arkadaşına eylül 1992 tarihinde soruyor; "MİT yalnız solcular hakkında mı rapor verir? Bakın Sayın Evren konuşmalarında ve anılarında, 'Özal'ın Nakşibendî tarikatından olduğunu bilseydim kesinlikle seçimlere girmesine izin vermezdim' diyor. MİT'ten gönderilen Sayın Erdal İnönü ile ilgili -veto edilmesine neden olan- raporu gördüm; ama Sayın Özal hakkında bir belge görmedim. Özal'ın irtica ile ilişkilerini, o zaman Sayın Evren'e bildirmediniz mi?"

MİT'ten emekli general; "Nasıl olur? Ben Özal hakkında da bilgi verdiğimizi anımsıyorum. Özal'ın Nakşibendî tarikatı ve irtica ile ilişkilerini anlatan 15 sayfalık bir raporu Millî Güvenlik Konseyi'ne gönderdik" diye yanıtlıyordu meslektaşının sorusunu.[32]

Veto edilmemesinde, vetoların açıklanacağı tarihten bir gün önce, 22 haziran 1983 tarihinde Türkiye'ye gelerek Kenan Evren'le görüşen ABD eski dışişleri bakanı Henry Kissinger'in, bir etkisi var mıydı?..

Genelkurmay'da özel bir toplantı

Türkiye, "yeşil tonlu yeni elbisesini" giymeye hazırlanıyordu...

27 Mayıs Anayasası Türkiye'ye "bol gelmişti!" Öyle deniyordu...

Yeni Anayasa yüzde 91,3 oy yüzdesiyle kabul edildi.

Kenan Evren cumhurbaşkanı oldu...

Eski politikacılara 10 yıl yasak getirildi...

Askerler yönetimi tekrar sivillere bırakmaya hazırlanıyordu. Ancak devir teslimden önce devletin bazı kurumlarında değişiklik yapmak istiyorlardı.

23 aralık 1982.

Genelkurmay İkinci Başkanı Orgeneral Necdet Öztorun'un odasında, MİT Müsteşarı Burhanettin Bigalı, MİT Müsteşar Yardımcısı Tümgeneral Doğan Solman, MİT Daire Başkanı Galip Tuğcu, Emniyet Genel Müdürü Fahri Görgülü, Genelkurmay İstihbarat Başkanı Korgeneral İrfan Tınaz,

32 Nevzat Bölügiray, *Doruktaki İrtica,* Tekin Yayınları, 1994, s. 27, 28.

Sıkıyönetim Koordinasyon Başkanı Korgeneral Nevzat Bölügiray ve yardımcı personellerin katıldığı bir toplantı yapılıyor.

Toplantının gündemi: kaçakçılık-terör ilişkisinin sahibinin bulunmadığı ve bu çok önemli konuya el atacak bir sorumlu bulunması ve devreye MİT'in de girmesi.

İlk sözü Orgeneral Öztorun aldı:

"Dünyanın kanaati bizim kaçakçılıkla mücadelemizin yetersiz olduğu ve ilgisiz olduğumuz yönündedir. Bu nedenle Ankara 4. Kolordu ve Sıkıyönetim Komutanlığı'nda özel bir mahkeme ve ekip oluşturuldu. Ayrıca (CIA ajanı, y.n.) C. Sterling ve (Uğur) Mumcu gibi özel çalışan yazarlar da var. Yakalananlara ait belgeler yarım yamalak olduğu için mahkeme adamları bırakıyor. Bu iş yalnız Emniyet ile yürümez. MİT de bu işe girmeli. Zaten yasaya göre bütün bilgilerin MİT'e verilmesi gerekiyor. Kaçakçılık istihbaratını Genelkurmay İstihbarat Başkanlığı kompütürüne yüklemeli."

MİT Müsteşarı Bigalı:

"Komutanım biliyorsunuz kaçakçılık konusu MİT Yasası'nda yok. Bu nedenle bizim kaçakçılık ile ilgili hiçbir çalışmamız da bulunmuyor."

Emniyet Genel Müdürü Görgülü:

"Kaçakçılıkla herkes uğraştığı için hiç kimse bir şey yapamıyor. Yönlendirecek bir merkez lazım. Halen Emniyet Genel Müdürlüğü'nde bulunan başkanlık bir istihbarat örgütüdür ve bunun operasyon yapma yetkisi yoktur."

Devlet yeniden yapılanıyor

Bu toplantıyı 6 mart 1983 tarihinde benzeri takip etti.

Toplantılar sonucunda: 6 haziran 1983 tarihinde MİT'te, Kontrespiyonaj Daire Başkanlığı bünyesinde Kaçakçılık Şubesi kuruldu.

Kaçakçılık Şubesi'nin başına Mehmet Eymür getirildi. Bulgaristan'dan apar topar döndükten sonra Mardin MİT bölge müdürlüğüne atanan Mehmet Eymür burada başta Yarbay Veli Küçük olmak üzere askerlerle yakın diyalog kurmuştu...

Aslında MİT'te sadece yeni bir şube kurulmamıştı, teşkilat yeni bir yapılanmaya gidiyordu. 1965 yılında sivil parlamentonun ürünü olan 644 sayılı yasanın aksine, beş generalden oluşan Millî Güvenlik Konseyi tarafından çıkarılan 2937 sayılı kanunla MİT'in üstüne peçe örtüldü.

Yeni yasa MİT'te neleri değiştirdi:

Millî Emniyet Hizmetleri (MAH) ve 1965 yılında MİT Kanunu çıkana kadar personel kadrolarının çoğunluğu Millî Savunma Bakanlığı başta olmak üzere Emniyet Genel Müdürlüğü'nde bulunuyordu. Ordu'dan subay, astsubay ve askerî memur "ödünç" alınıyordu. Bunların terfi ve tayinlerinde büyük sorun çıkması üzerine 1965 yılında istihbaratçı askerî personelin MİT inhası ve MSB oluruyla çalıştırılmaya başlanmıştı.

1983 yılındaki değişikliğe göre; "Türk Silahlı Kuvvetleri kadrolarında olup MİT'te görevlendirilecek subay, astsubay, sivil memur, erbaş ve erlerin sınıf, rütbe ve miktarları her yıl ihtiyaca göre Genelkurmay Başkanlığı ve MİT Müsteşarlığı'nca müştereken tespit edilir" denildi.

Yani kontrol tamamen askerlere geçti. Öyle ki bir önceki yasada, asker müsteşarın görev süresince Silahlı Kuvvetler makamlarınca denetlenemeyeceği, teftiş edilemeyeceği hükme bağlanmıştı. 1983 yılında yasada bu hüküm kaldırıldı! Ordu'nun sivillere karşı MİT'i elde tutma yöntemlerinden biri de bu değişiklikti.

MİT müsteşarı Başbakanlık'a değil, başbakana bağlıydı.

Bu arada MİT Müsteşarlığı askerler için de "kıta hizmeti" sayılacaktı. Korgeneral dört yıllık hizmetini MİT Müsteşarlığı'nda geçirebilecekti.

Mensupları arasında "Şirket"[33] diye anılan MİT'in örgüt yapısı, malî kaynakları, kadro imkânları ve araç gereç durumu konusunda yıllardır sürdürülen açıklık terk edildi. Her yıl Bütçe Kanunu'yla birlikte mensuplarının tam sayısını, silah ihtiyacını kamuoyuna açık toplantılarda vermek MİT'i rahatsız etmişti. Örtü bunların hepsinin üzerini kapatıyordu...

33 "Şirket" aslında CIA mensuplarının kendi örgütlerine verdikleri addır. Bazı MİT mensuplarının da bu adı kullanması bir benzerlik mi, yoksa oradan etkilenme, taklit etme dürtüsü mü?

MİT'i yeniden düzenleyen yasa, Danışma Meclisi'nde hiç tartışılmadan geçirildi. Zaten bu konuda basına haber yapma yasağı getirilmişti.

Yeni yasa MİT Müsteşarı Korgeneral Burhanettin Bigalı döneminde çıkarılmıştı.

"Benim zamanımda biz bu MİT Kanunu çıkardık, MİT'i yeniden reorganize ettik. O zaman sayın başbakana, devlet büyüklerine dedik ki: 'Efendim, dışarı giden heyetlerimiz var... (Görüşmelerden sonra) gece geliyorlar otel odasında bunu tezekkür ediyorlar, yarınki müteakip taktiği belirliyorlar. Bunu belirlerken dinleniyor odaları. Biz bunları brife edelim... (Heyetlerden önce) biz daha 15 gün evvel gidiyoruz, kontrol ediyoruz dinlemeler var mı? Emin olun çantalar dolusu dinleme cihazlarıyla, ben kendi elimle götürüp göstermişimdir. Yani MİT'in çok kıymetli, özel vazifeleri var. Dışarıya giden bütün büyükelçileri biz MİT'e davet ediyoruz, brifing veriyoruz. Bütün büyükelçilerimizin (elçilikleri) şeylerini senede iki üç defa gidip ekiplerimiz kontrol ediyor, dinleme var mı diyor. Şaşarsınız öyle memleketlerden, öyle şeyler çıkarıyoruz ki, hiç ummadığımız şeyler. Onun için bu gizli teşkilatların âleminde bu işler oluyor."[34]

1983 yılında devlet sanki yeniden reorganizasyona tabi tutulmuştu. Devletin "sinir merkezleri" yeni baştan tek tek ele alınıyordu. Sivil parlamento kurulmadan önce "yangından mal kaçırır" gibi yasa değişiklikleri arka arkaya çıkarılıyordu..

17.8.1983'te Cumhurbaşkanlığı Genel Sekreterliği Kanunu,

13.10.1983'te TBMM Genel Sekreterlik Teşkilat Kanunu,

1.11.1983'te MİT Kanunu,

9.11.1983 yılında Millî Güvenlik Kurulu Genel Sekreterliği, kanunları değiştirildi.

Millî Güvenlik Konseyi, "psikolojik savaşı" MİT'ten alıp, Millî Güvenlik Kurulu Genel Sekreterliği bünyesinde kurulan Toplumla İlişkiler Başkanlığı'na (TİB) verdi... Türk Silahlı Kuvvetleri bünyesinde "psikolojik harp" konusunda kitap yazan komutanlardan biri de, İstanbul'daki azınlıklara yönelik 6-7 Eylül Olayları'nın planlayıcılarından Sabri Yirmi-

34 Burhanettin Bigalı, Meclis Susurluk Komisyonu ifadesi, s. 2138-2198.

beşoğlu'ydu. *Modern Mücadele Yöntemi ve Özel Harp Uygulaması* adlı kitabında Yirmibeşoğlu, psikolojik savaşı yürütecek bir kuruluşa neden "Toplumla İlişkiler Başkanlığı" adını verdiklerini şöyle açıklıyordu: "Günümüzde büyük bir uygulama alanı bulan psikolojik faaliyetlere, 'psikolojik harp' ve 'psikolojik hareket' deyimlerini kullanmaktan kaçınılmaktadır. Zira bu terimler uluslararası alanda politikacıların, diplomatların ve hatta bazı komutanların bile şüphe ile karşıladıkları sevilmeyen sözcükler olmuştur."

Asker, psikolojik harbe çok önem veriyordu. Bu nedenle, TİB'in başına, bir dönem Özel Harp Dairesi (ÖHD) Başkanlığı'nı yapan Tuğgeneral Doğan Beyazıt getirildi.

Devlette bu değişiklikler olurken siyasî yaşam yeniden şekilleniyordu.

Hiram Abas da 20 milyon seçmen gibi, 6 kasım 1983 tarihinde seçim sandığının başına gidip oyunu kullandı. Turgut Özal'a sıcak bakıyordu. Halkın yüzde 45'i gibi, o da oyunu ANAP'a verdi.

ANAP'a sıcak bakan başkaları da vardı: Amerikan sermaye çevrelerinin en güvendiği yayın organı, *Wall Street Journal*, Özal'ın veto yememesi için ABD yönetiminin Kenan Evren'e baskı yaptığını yazıyordu![35]

ABD Dışişleri eski bakanı Kissinger'ın vetolardan bir gün önce Türkiye'ye gelip Kenan Evren'le görüştüğünü yazmıştık.

Turgut Özal'ın "başına olmadık bir iş gelmemesi" için, Kenan Evren'in NATO'dan arkadaşı ABD Dışişleri Bakanı General Alexander Haig de, 13 mayıs 1982 ve 12 Eylül 1983 tarihinde iki kez Türkiye'ye gelmişti...

Seçimlerden hemen sonra, Turgut Özal, ABD Ankara Büyükelçisi Robert Strausz Hupe'ye, yaptıkları yardımlardan dolayı "şükran mektubu" yazdı.[36]

35 *Wall Street Journal,* 26 ağustos 1983.

36 Gazeteci Muammer Yaşar Bostancı, 16 ekim 1991 tarihinde "şükran mektubu"nun, orijinal metnini *Sabah* gazetesinde yayımladı. Gazeteci Ufuk Güldemir, *Texas Malatya* adlı kitabında Turgut Özal'ın CIA'daki biyografisini şöyle yazdı: "Biz CIA'nın Özal biyografisini bizzat görmedik. Ama bunu gören bir kaynağın aktardığına göre, Özal bu dökümanda gelmiş geçmiş en Amerikan yanlısı Türk lideri olarak takdim edilmektedir." Bilgi Yayınevi, 1992, s. 85, 86.

Millî Güvenlik Konseyi, ABD'nin baskısıyla Turgut Özal'a başbakanlığı verdi. Ama bir de sürpriz yaptı; adada, Kuzey Kıbrıs Türk Cumhuriyeti'nin kurulduğunu dünyaya ilan etti!..

Yeni bir dönem başlıyordu:

Cumhurbaşkanı Kenan Evren,

Başbakan Turgut Özal,

Genelkurmay Başkanı Orgeneral Necdet Üruğ,

MGK Genel Sekreteri Orgeneral Necip Torumtay...

Yeni dönemde Türkiye ilk olarak "çikita muz ithalini", "faturalı yaşamı" ve "döviz serbestisini" tartışmaya başladı.

Ekonomide köklü kurumsal "reformlar" yapılıyordu...

Kültürel yaşamda da değişiklikler yavaş yavaş kendini hissettirmeye başlamıştı. "Kamu yararı, kamu hizmeti" unutulmuş, "köşe dönmecilik" baştacı edilmişti...

"Sistem" bir kez daha kendini "yeniliyordu!.."

Babalar Operasyonu sonucu kavga başlıyor!

"Piyasa"nın yeniden şekillendiği o günlerde, Mehmet Eymür Hiram Abas'la ilişkisini hiç kesmedi. Her daim ustasından feyiz aldı. Tıpkı Babalar Operasyonu'nda olduğu gibi...

Yeraltı dünyasının ünlü isimlerini, Behçet Cantürk, Dündar Kılıç ve Abuzer Uğurlu'yu MİT'te sorgulamak için Genelkurmay Başkanlığı'ndan izin istedi.[37]

Mehmet Eymür'ün isteği Genelkurmay Başkanlığı'nca uygun bulundu...

Aslında, 12 Eylül Askerî Darbesi'nin ilk günlerinde, 11 ekim 1980 tarihinde İstanbul'da yeraltı dünyasına mensup 27 kişi Kabakoz'daki Deniz Piyade Üssü'ndeki gözetimevinde gözaltına alınmış, sorgularından sonra hepsi serbest bırakılmıştı. Ancak ikna olunmamış olacak ki, bu kez yeraltı dünyasının ünlü isimlerinden 23 kişi, 22 nisan 1981 tarihinde bir kez daha gözaltına alınmıştı.

"Babaları", MİT İstanbul Bölge Başkanlığı ve İstanbul

37 MİT'in 9 şubat 1984 tarih, 01.10-11.02-254/214177-152711 sayılı yazısı.

Emniyet Müdürlüğü birlikte sorgulamış, daha sonra polis sorgulamadan çekilip operasyonu MİT'e teslim etmişti. Sorgulamayı Cengiz Abaoğlu başkanlığında MİT İstanbul Kaçakçılık Birimi yapıyordu.

Silah kaçakçılığıyla örgütlerin direkt bağlantısı olduğu düşünülüyor ve altında "ideolojik nedenler" aranıyor, örgütlerin dış bağlantıları üzerinde de duruluyordu. Ancak yine sonuç alınamamıştı.

13 aralık 1981 günü gözaltına alınan yeraltı dünyasının 15 ünlü ismi tutuklandı. Ancak onlar da mahkemede salıverildi...

Dündar Kılıç ise 3 ocak 1982 tarihinde gözaltına alınıp, 17 ocak günü özgürlüğüne kavuştu!..

Peki 12 Eylül'ün en sıcak günlerinde gözaltına alınan "Babalar Operasyonu"ndan niye bir sonuç alınamamıştı...

Mehmet Eymür, yeraltı dünyasıyla MİT İstanbul Bölge Başkanlığı'nın "organik ilişkisi" olduğunu tahmin ediyordu.

İşte bu nedenle üçüncü kez Babalar Operasyonu'na start verildi.

Mehmet Eymür kendisine güveniyordu, hemen kolları sıvadı.

2 yıl sonra "babalar" bir kez daha "babalara geldiler!.."

Abuzer Uğurlu zaten Mamak Askerî Cezaevi'ndeydi, "yakalanması" kolay oldu!

Dündar Kılıç ve Behçet Cantürk ise İstanbul'da oturuyorlardı.

Mehmet Eymür, Emniyet Genel Müdürlüğü bünyesinde kurulan Kaçakçılık İstihbarat Hareket Daire Başkanı Atilla Aytek'le birlikte, İstanbul'a baskınlar düzenleyip, iki ünlü "baba"yı yakalayıp Ankara'ya getirdiler.[38]

Dündar Kılıç 29 şubat 1984 günü saat 13.30'da Ankara'dan hareket eden Atilla Aytek ekibi tarafından, aynı gün

38 Behçet Cantürk'ün, nasıl yakalandığı, kendisinin ve ailesinin işkenceli sorgudan nasıl geçirildiği, ifadesi ve mahkeme aşamaları, yurtdışı, mafya-Asala-PKK bağlantıları, cezaevi yaşamıyla nasıl öldürüldüğü konusunda ayrıntılı bilgi için; Soner Yalçın'ın *Beco, Behçet Cantürk'ün Anıları* adlı kitabına bakılabilir. Behçet Cantürk konusunda ayrıntılı bir kitap yazıldığı için, biz bu çalışmamızda sadece Dündar Kılıç'ın sorgusu üzerinde duracağız. Dündar Kılıç kitap yayına hazırlanırken 10 ağustos 1999 tarihinde vefat etti.

saat 23.45'te İstanbul'da yakalanıp Ankara'ya getirildi.

Burada araya girip bir bilgi aktaralım; Abdullah Çatlı, Oral Çelik gibi yurtdışındaki kaçak ülkücülerin Asala'ya karşı kullanılması gündem geldiğinde, bunların uyuşturucu kaçakçılığına bulaştığını tespit edip Hiram Abas'ı uyaran kişi Atilla Aytek'ti...

Hiram Abas Asala operasyonunda kendini hep yeraltı dünyasına mensup biri gibi göstermişti. Özellikle Beyrut'ta, Türkiye'den gelmiş uyuşturucu kaçakçılarıyla bol bol sohbet yapmıştı. Bu bilgilerini şimdi Mehmet Eymür ile Atilla Aytek'e aktarıyordu.

İlginçtir, Mehmet Eymür de, Bulgaristan'da görev yaparken, kendisini yeraltı dünyasına mensup biri gibi göstermiş, kaçakçılarla içli dışlı olmuştu...

İki İstanbul doğumlu Mehmet Eymür ve Atilla Aytek'in; Ankara yerine, "kendi sahaları İstanbul'da at koşturmaları" MİT İstanbul Bölge Başkanlığı ile İstanbul Emniyet Müdürlüğü'nü ayağa kaldırdı.

Türkiye'nin güvenliğinden sorumlu teşkilatlar bölünmüştü. Aralarında yıllarca sürecek inanılmaz bir mücadelenin temeli atılmıştı.

MİT Kaçakçılık Daire Başkanı Mehmet Eymür ile Emniyet Genel Müdürlüğü Kaçakçılık ve İstihbarat Hareket Daire Başkanı Atilla Aytek birlikte hareket ediyorlardı. Karşılarında ise MİT İstanbul Bölge Başkanı Nuri Gündeş, İstanbul Emniyet Müdürü Ünal Erkan ile yardımcısı Mehmet Ağar vardı...

Eymür-Ağar dostluğu

Aslında her şey bir yıl önce oldukça farklıydı...

Mehmet Eymür teşkilattan ayrılan Aydın Torunoğlu adlı arkadaşı aracılığıyla Mehmet Ağar'la tanışmış, adaş Mehmetler kısa sürede kaynaşmıştı. İkisinin de babası 27 Mayıs Askerî Harekâtı'nda "mağdur" olmuştu.

Ancak Mehmet Ağar o günlerde biraz üzgündü; MİT'in kendisi hakkında bir rapor yazdığını öğrenmişti.

Mehmet Eymür, arkadaşının daha fazla üzülmemesi için raporu soruşturdu.

Araştırması sonucu MİT İstanbul Bölge Başkanı Nuri Gündeş imzasıyla müsteşarlığa bir yazının ulaştığını öğrendi.

MİT raporunda, İşadamı Kemal Derinkök'le ilgili infaz işinin savsaklanması için Mehmet Ağar'ın, Kemal Derinkök'e aracılık yapan Türker İnanoğlu'ndan rüşvet aldığı belirtiyordu.

Yapacak bir şey yoktu; MİT Müsteşarlığı, raporu Cumhurbaşkanlığı, Başbakanlık ve Genelkurmay Başkanlığı'na iletmişti. Bunun üzerine Mehmet Ağar'ı müfettişler soruşturmaya başlamışlardı.

Mehmet Eymür bir İstanbul gezisinde durumu Nuri Gündeş'e açtı. Gündeş hemen telefonla Mehmet Ağar'ı arayıp, raporu okumadan imzaladığını söyleyip özür diledi.

Nuri Gündeş daha sonra Mehmet Ağar'dan müfettişlerin isimlerini alıp kendileriyle konuşup dosyayı kapattırmıştı!..

Bu olay, Mehmet Eymür ile Mehmet Ağar arasındaki dostluğun güçlenmesine vesile oldu.

"Adaşlar" birlikte çapkınlık yapıyor; Mehmet Ağar Ankara'ya gittiğinde Mehmet Eymür'ün bekâr evinde kalıyor, Eymür İstanbul'a gittiğinde Ağar'da kalıyordu...

Mehmet Eymür "adaşı" Ağar vasıtasıyla Ünal Erkan'la da tanışmıştı.

Ancak Ünal Erkan'la aralarında bir soğukluk vardı:

"Ünal Erkan'ı İstanbul emniyet müdürü olmadan önce Kemal Horzum'a karşı yürüttüğüm operasyonel bir faaliyetten isim olarak tanıyordum. Ünal Erkan'ın Kemal Horzum ve Ankaralı babalardan Kürt Ahmet'le çok içli dışlı olduğunu, bazı masraflarının Kemal Horzum tarafından ödendiğini, Kemal Horzum'un Ünal Erkan'ı İstanbul emniyet müdürü yapmak için çaba harcadığını biliyordum. Ünal Erkan ile ilgili bir diğer bilgim ise Ankara'da emniyet müdürü olduğu tarihte Birinci Şube'de görevli Cevdet Saral ile birlikte Hicabi Koçyiğit (MİT ajanı olduğu iddia edilmişti, y.n.) isimli ülkücüye düzmece ifadeler verdirerek ve bunu gazetelere el altından yazdırarak MİT'i çok güç durumda bıraktığıydı.

Sonuçta Kemal Horzum'un vaatleri yerine geldi ve Ünal

Erkan ve yakın kadrosu İstanbul'a atandılar. Bu atanmadan önce tayine konu olanlar için üst makamlardan (MİT'ten) bilgi istenmişti. Ünal Erkan için olumsuz bilgi vermiştik. Atamalar buna rağmen gerçekleşti. Neden böyle seçim yapılmış, niye bu olumsuz bilgilere rağmen ısrarla Ünal Erkan üzerinde durulmuştu?"[39]

MİT görevlisi Mehmet Eymür ve Emniyet Müdürü Ünal Erkan tanışmalarıyla birlikte, eski olayların üzerine "sünger" çekildi...

Ancak Mehmet Eymür, Atilla Aytek'le birlikte İstanbul'da operasyonlar yapmaya başlayınca "geçmiş olaylar" bir kez daha gündeme geliverdi...

Tabiî dostluk rafa kaldırılıyordu...

"Ünal Erkan, Atilla Aytek'in İstanbul'da faaliyet göstermesini hazmedemiyordu. Ancak hangi kaçakçılık olayını ele alsanız mutlaka bir İstanbul bağlantısı çıkıyordu. İstanbul polisine havale edilen işler ya yön değiştiriyor ya da iki kelime ifade alınarak kapatılıyordu. Dündar Kılıç, Behçet Cantürk olaylarında bunu yaşamıştık.

"Bütün bu olumsuzluklara rağmen Atilla Aytek'i alıp İstanbul'a götürdüm. Ünal Erkan, Mehmet Ağar, Necati Altuntaş hep birlikte yemek yedik. O tarihte görevde olmayan Hiram Abas da yemeğe katıldı."

Hiram Abas tarafları barıştırmak için arabulucu rolüne soyundu...

İki tarafı da İstanbul'da bir et lokantasında buluşturdu.

Ancak yemekte bir sonuç alınamadı. Ünal Erkan'ın olumsuz tutumu ve Atilla Aytek'i suçlayan konuşmaları keyifleri kaçırmıştı.

Yemekte anlaşma olmadı...

Mehmet Eymür'ün anlatımlarına devam edelim:

39 Mehmet Eymür'ün sözünü ettiği bilgiler, 30 nisan 1984 tarihli, "çok gizli" kayıtlı MİT raporunda geçmekteydi. Söz konusu MİT raporu, Kemal Horzum'un Emniyet içindeki ilişkilerini, Nusret Demirel'le yakınlığını ve yolsuzluklarını ele almaktaydı. Rapor, cumhurbaşkanı, başbakan ve Genelkurmay başkanına gönderilmişti. İlginçtir, rapordan beş ay sonra Başbakan Turgut Özal, 5 ekim 1984 tarihinde Kemal Horzum'un Afyon'daki su şişeleme tesislerini hizmete açtı !

"Ünal Erkan ile arkadaşları bu mücadelede her türlü yöntemi kullanıyorlardı. İstanbul'da görev yapmanın avantajlarından yararlanarak basında aleyhimizde yazılar çıkartıyorlardı. MİT'e ve Emniyet Kaçakçılık Dairesi'ne bilgi veren ajanları gözaltına alıp hakkımızda sorgularına başvuruyor, bunları deşifre ediyorlardı. Bize yakınlığı ile tanınan basın mensuplarını sindirip işlerinden attırıyorlardı. Atilla Aytek ve ben İstanbul'a gidişlerimizde bizi takibe aldırıyor, telefonlarımızı dinletiyorlardı."

Nasıl kapışma ama!..

MİT'te büyük kapışma

Aynı kapışma MİT içinde de sürüyordu.

Hiram Abas-Nuri Gündeş taraflarının yıllardır süren kavgalarında yeni bir sayfa daha açılmıştı.

Dündar Kılıç, 1-24 mart 1984 tarihleri arasında Ankara'da Ordu İstihbarat Okulu'nda sorgulandığında, MİT içindeki kapışmayı da bir gün açığa çıkaracağını o günlerde elbette bilmiyordu.

İlk günleri Mehmet Eymür şöyle anlatıyordu:

"Dündar Kılıç ilk sorguya alındığında kendinden çok emin ve adeta birkaç gün sonra serbest kalacağına inanmış bir halde idi. Sorguyu yapanlara karşı, küstah ve tehditkâr bir hava ile konuşuyordu. Bana, 'En üst kademelerden, paşalardan size bir talimat verilmedi mi' diye soruyordu. Gülüp karşılık vermiyordum. Aynı şeyi tekrarladığı bir gün, 'Kimlerin talimat vermesi lazım' diye sordum. 'Sizin amirleriniz' diye cevap verdi. Biraz daha deşince (MİT) Müsteşar Yardımcısı Sedat Semerci'nin adını vererek, 'Beni iyi tanıması lazım. Allah Allah, demek talimat vermedi' diyerek hayretini belirtti. Sedat Semerci Paşa'ya Dündar Kılıç'ın söylediklerini ilettim. Kızarak tepki gösterdi ve Dündar Kılıç'a küfür etti. Kendi adının karıştırılmasından rahatsız olmuştu."[40]

Tanıdığı üst düzey yetkililerden umduğunu bulamayan

40 Mehmet Eymür'ün 8.3.1988 tarihinde Başbakanlık Teftiş Kurulu'na verdiği 18 sayfalık yazılı ifadesi.

Dündar Kılıç, gördüğü işkenceler dolasıyla bilip bilmediği her konuda, ne soruluyorsa yanıt vermeye başlayacağı uzun sorgu dönemine girdi...

"İstanbul'da MİT'te kaçakçılık olaylarına baktığını bildiğim Cengiz Abaoğlu'nu 1980 yılı (12 Eylül Darbesi) barış harekâtından sonra 27 kişiyle birlikte Kabakoz'da sıkıyönetimce gözaltında tutulduğumuz zaman tanıdım. Buradaki sorgu ekiplerinin başında MİT'ten Cengiz (Abaoğlu) Bey, Emniyet'ten Malî Şube Müdürü Hikmet Yapar vardı. Ancak sona doğru polisleri bu görevden aldılar. Ben Cengiz (Abaoğlu) Beyi ilk olarak o tarihlerde tanıdım. Kabakoz'dan çıktıktan üç ay sonra Yaşar Yamak (Topal Yaşar) İstanbul'da Kabataş setüstündeki bir büroya beni çağırdı. Gittiğimde Cengiz (Abaoğlu) Bey de oradaydı.

Kabakoz'da bulunan Nizamettin Aytemiz (Laz Nizam) mahkemede, Cengiz (Abaoğlu) Bey'in aleyhinde ifade vermişti. Kendisine işkence yapıp zorla ifade alındığını, buna karşılık başkalarının korunduğunu söylemişti. Cengiz Bey, Nizamettin Aytemiz'in bir açığını yakalamak istiyordu, Yaşar Yamak'a onun için gelmişti. Ama Yaşar Yamak'la Nizamettin Aytemiz'in araları bozuktu. Benden yardım istiyorlardı. Ben teklifi olumlu karşıladım.

Cengiz Abaoğlu ile bu şekilde gelişen bir yakınlığımız oldu. İlişkilerimiz bir dostluk ve onun işyeriyle ilgili konularda oldu. Hatta birkaç kez kendisine 'Ağabey para filan lazım olur mu?' diye sordum. Reddetti.

1984 yılbaşından 3-4 gün önce Cengiz Bey beni ziyarete geldi. Yılbaşı nedeniyle kendisine iki adet Lonjin marka saat verdim. Bir tanesini İstanbul MİT Şefi Nuri Gündeş'e götürmesini, bir tanesini de kendisinde alıkoymasını istedim. Cengiz Abaoğlu'na başka hediye vermedim."

Mehmet Eymür başkanlığındaki MİT sorgu ekibi Dündar Kılıç'tan, teşkilat içindeki "bir numaralı hasımları" Nuri Gündeş ve ekibi hakkında bilgi almak için var güçleriyle çalışıyorlardı.

Dündar Kılıç, MİT İstanbul Bölge Başkanı Nuri Gündeş'le ilişkisinin nasıl başladığını da anlattı:

"Ankara Hacettepe'den gençlik arkadaşım olan Ali Aslan

yaklaşık 4 yıl kadar önce İstanbul'da büroma geldi. Kendisi İstanbul MİT Bölge Başkanı Nuri Gündeş'in akrabasıymış. Nuri Gündeş'i telefonla aradı, konuşurken benden de söz etti. Telefonu bana verdi, ben de Nuri Bey'e hürmetlerimi sundum.

Oflu İsmail'in adamlarının karıştığı bir olayda (Nuri Gündeş) benden yardım istedi ve iki adamını göndererek bir Renault Station ile beni aldırttı. Kendisinin elini öptüm ve bana yakınlık gösterdi, çay ikram etti.

Yanımda çalışan eski MİT mensubu olan Şemsi Ülengin'in iyi bir insan olmadığını, yanına yabancı uyruklu kişilerin gelmesi halinde kendisine bilgi vermemi istedi. Bunun dışında ben Nuri Bey'in bürosuna gitmedim. Ancak kendisi ile birkaç kez Maksim, Bebek Belediye ve Taşlık gibi yerlerde karşılaştık. Bir kez de Erdoğan Demirören'in bürosunda karşılaştım. Ancak, beni orada tanımadı veya tanımamazlıktan geldi."[41]

"Cem Reklam'ın müdür odası şirketin sahibi Dündar Kılıç, MİT İstanbul Bölgesi eski takip müdürü Cem Reklam yöneticisi Şemsu Ülengin ve MİT yurtdışı istihbarat başkanlığı, Diyarbakır bölge başkanlığı gibi görevler yaptıktan sonra MİT'ten ayrılan emekli Hava Albay Faik Kelican, hararetli bir konuşmaya dalmışlar. Faik Kelican, MİT'ten arkadaşı Ülengin'e dert yanıyor; 'Şemsiciğim, inanır mısın evime bile gidemiyorum. Anarşistler peşimde. 20 günde 18 ilçe gezdim onları atlatabilmkek için.' Lafın burasına Dündar Kılıç giriyor ve soruyor, 'Ağabey devlet seni korumuyor mu?' Kelican, belinden silahını çıkarıp gösteriyor, 'Vallahi bir tabancamız var işte...' Bundan sonraki gelişmeleri Dündar Kılıç anlatıyor: 'Cem Reklam'da Faik Bey'le konuştuğumuz günlerde Ben Hilton'un kumarhanesini işletiyordum. Faik Bey durumunu anlatınca derhal Hilton'da kendisine bir oda ayırttım ve 3 sene orada ağırladım. Kapısında bekledik, silahlı biri gelip vurmasın diye.."

Dündar Kılıç'ın videolu sorgusunun metni MİT Müsteşarı Burhanettin Bigalı'nın önüne götürüldü. Nuri Gündeş ve

41 *Nokta* dergisi, 9 ekim 1988 tarihinde Dündar Kılıç'ın "hatıralara defterini" haber yaptı.

Cengiz Abaoğlu hakkında hemen soruşturma açıldı.

Nuri Gündeş ve en yakın adamı Cengiz Abaoğlu Ankara'ya çağrıldı. Dündar Kılıç'ın ifadesi, yüzlerine okundu. İkisi de iddiaları reddetti. Bu arada Nuri Gündeş, "Dündar Kılıç'ın sorgusuna ben de katılayım, birkaç soru da ben sorayım" dedi. İsteği yerine getirildi. Dündar Kılıç'a daha önceki söyledikleriyle ilgili birkaç soru sordu. Yeraltı dünyasında nice ince ayak oyunlarını atlatıp yıllarca ayakta kalmış Dündar Kılıç, "vaziyeti" hemen anladı. Daha önceki verdiği ifadeleri bir güzel yumuşattı.

MİT'in İstanbul kanadı soruşturmayı başarıyla geçti.

Ancak karşı taraf pes edecek gibi görünmüyordu.

Hiram Abas emekli olduğu halde konuyla yakından ilgiliydi...

Dündar Kılıç'ın ifade tutanaklarının bir nüshası da Hiram Abas'a geliyordu!

Nuri Gündeş aleyhine ifade bulmak için, o da çaba harcamaya başladı...

Örneğin, MİT görevlisi Mustafa Ercan'ı Nuri Gündeş aleyhine ifade vermeye ikna etti. Mustafa Ercan, Ankara'ya giderek Mehmet Eymür'e ifade verdi.

"14 ekim 1984.

Dündar Kılıç'la ilgili soruşturma sürdürüldüğü sırada İstanbul Bölge Daire Başkanlığı'ndan Mustafa Ercan benimle görüşme arzusunu eski mensuplarımızdan Hiram Abas kanalıyla belirtmişti. O tarihte işlerin yoğunluğu dolasıyla bu mümkün olmamıştı. Mustafa'nın telefon numarası ve görüşme arzusu sayın iç istihbarat başkan yardımcısına iletilmişti.

Bilahare İstanbul'a gittiğim zaman ziyaret ettiğim Hiram Abas'ta, Mustafa'nın el yazısı ile vermiş olduğu bir imzalı ifadesinin suretini gördüm. Nuri Gündeş, Cengiz Abaoğlu ve Bilgeç Kurtuluş'u suçlar mahiyette bazı bilgileri ihtiva ediyordu. Bildiğim kadarıyla bu ifade cumhurbaşkanına verilmiştir.

10-15 gün kadar önce Mustafa, Ankara'dan telefon etti. Kendisiyle ancak akşam görüşeceğimi söylemem üzerine akşam evime geldi. Sayın Süleyman Yenilmez'le görüşmek istemesi üzerine kendisini başkanıma götürdüm.

Bana anlattığı hususlar aşağıda sunulmuştur:

1- Benim Dündar Kılıç ile ilişkim emir ile olmuştur. Daire Başkanı Nuri Gündeş ve Cengiz Abaoğlu beni Dündar Kılıç'a kendileri yolladılar. Bana Dündar'a söyle, bu Şemsi Ülengin (emekli MİT mensubu) çok konuşuyormuş, bunu yanından atsın dediler. (...)

Ben Ankara'ya gelip ifade vermek istedim, ancak kabil olmadı. Bunu engellediler. Hatta Cengiz Abaoğlu, Nuri Bey'in bana çok kızdığını zira müsteşara mektup yolladığımı duyduğunu söyledi. Ben de kesinlikle böyle bir şey olmadığını belirttim. Bunun üzerine Cengiz benim yanımdan Nuri Bey'e telefon etti ve benim söylediklerimi tekrarladı. Nuri Bey de, 'Ben Mustafa'ya inandım, zaten bu işi Süleyman (Yenilmez) Bey ile Mehmet Eymür kurcalıyor. Bütün İstanbul'la uğraşan onlar' demiş. Cengiz bana herkesin yanında, 'Benim bildiğim Mustafa bunu Eymür'ün yanına koymaz' dedi. Yani beni tahrik etmeye çalıştı. Bu konuşma sırasında Şenkal Atasagun (şimdiki MİT müsteşarı, y.n.) da yanımızdaydı."[42]

MİT görevlisi Mustafa Ercan İstanbul'a döner dönmez, evinin önünde saldırıya uğradı, dövüldü. Ve iddialarını geri almak zorunda bırakıldı...

Aynı şekilde MİT görevlisi Alpan Atikkan da, MİT görevlisi Cengiz Abaoğlu hakkında benzer iddialar ortaya atınca, dayaktan payını aldı...

Uzatmayalım, sonuçta ne oldu?

Nuri Gündeş makam olarak yükseltilerek MİT dış istihbarat başkanlığına getirildi...

MİT'te bir kez daha mektuplar raporlar savaşı başlamıştı.

Bu kez Mehmet Eymür hakkında imzasız yazılar ortaya çıktı.

"Mehmet Eymür Bulgaristan'da görev yaparken Türki-

42 10 kasım 1987 tarihinde Mehmet Eymür tarafından yazılan ve kamuoyunda Birinci MİT Raporu olarak bilinen "etüt" çalışmasının, "1 no'lu belgesi: MİT görevlisi Mustafa Ercan'ın ifadesi."

ye'den kaçan yeraltı dünyasının ünlü isimleriyle yakın ilişki içine girdi. Hatta Oflu İsmail'den 65 000 dolar rüşvet alıp ona sahte pasaport sağladı..."

"Çukurova Holding'le ilgili bir kaçakçılık soruşturmasında Mehmet Rado'nun adının dosyadan çıkarılmasını sağladı..."

"Bulgaristan'da birlikte olduğu kadını (Fatma İshakova Demirova) Türkiye'ye getirip ona sürücü belgesi almak için uğraştı!.."

"12 Eylül Harekâtı sırasında polisin aradığı bir Kürt'ü günlerce evinde sakladı..."

"Dedikodular" soruşturmalara neden oluyordu...

Yeraltı dünyasının ünlü isimlerinden Behçet Cantürk'le "ilişkisi" olduğu gerekçesiyle 18 haziran 1984 tarihinde İstanbul'dan gözaltına alınarak Ankara'ya getirilen Ahu Tuğba ve Oya Aydoğan'ı Kaçakçılık İstihbarat Daire Başkanlığı'nın Karanfil Sokak'taki merkezinde Atilla Aytek sorguladı...

İfadeleri alınan "sanatçılar" serbest bırakıldı. Ama olayın dedikodusu kolay kolay unutulmadı. Atilla Aytek, Ahu Tuğba ve Oya Aydoğan ile "ilişki kurmuştu!"

Önceleri "basit bir dedikodudan" ibaret olan bu olay, daha sonra Atilla Aytek hakkında soruşturma açılmasına neden oldu...

Kavga inanılmaz boyutlara gelmişti. Emniyet İstihbarat Daire Başkanı Fevzi Karaman'ın mektuplarının MİT görevlisi tarafından çalındığı ortaya çıktı.[43]

Taraflar yeri gelince "alttan" da vuruyordu.

Mehmet Eymür'ün bir gece kulübünden sarmaş dolaş çıktığı Hülya Süer adlı şarkıcıyla fotoğrafı çekilmişti. Fotoğraf Mehmet Ağar'ın kasasında saklanıyordu, "ileride lazım olur" diye...

Mehmet Eymür ve Atilla Aytek, Dündar Kılıç ve Behçet Cantürk'e İstanbul Emniyet Müdürlüğü'nün "icraatlarını" soruyorlardı.

Dündar Kılıç en ağır ithamları İstanbul Emniyet eski mü-

43 F. Sağlar/E. Özgönül, *Kod Adı Susurluk,* Boyut Yayınları, 1998.

dürü Şükrü Balcı için yaptı:

"Şükrü Balcı halen Amerika'dadır.[44] Şükrü Balcı'nın duyduğuma göre oğlu da Amerika'daymış. Orada bir çiftlik satın aldığını duydum. Şükrü Balcı 'İstanbul Gazinocular Kralı' diye tanınan Fahrettin Aslan ile yakın münasebetleri vardır. Duyduğuma göre, kendisi Fahrettin'le birtakım gayrimüslimlere baskı yapıp korkutarak, 2 milyara yakın veya daha fazla para toplamışlar."

Atilla Aytek yeraltı dünyasına düzenledikleri operasyonlar sırasında Mehmet Eymür'e bir kişiyi tanıttı: Tarık Ümit![45]

Tarık Ümit o tarihten sonra MİT ajanı olarak çalışmaya başladı.

Mehmet Eymür'ün MİT'teki personel hakkında elde ettiği bilgileri müsteşarının önüne koyduğu gibi; Atilla Aytek de öğrendiklerini rapor haline getirip İçişleri Bakanlığı'na verdi.

İçişleri Bakanlığı Müsteşarı Galip Demirel, 14 mayıs 1984 tarih ve 34-2/1612 sayılı yazıyla Başbakanlık'a soruşturma açılmasını isteyen bir yazı gönderdi:

"Ankara Sıkıyönetim Komutanlığı'nca gözaltına alınan Dündar Ali Kılıç'ın ifade tutanağında adı geçen bazı kamu görevlilerinin kaçakçılarla ilişki kurduğu, bazılarının İstanbul'da gayrimüslimlere baskı yaparak para topladığı, döviz ve hammadde kaçakçılığı yaptığı iddiası ile bazı kişilere şantaj yaparak para sızdırdığı, bazı kumarhaneleri ve lüks randevuevlerini haraca bağladığı, bazılarının sağlanan bu paralarla yurtdışında çiftlik aldığı, bazı görevlilerin kaçakçılara bilgi sızdırdığı, hakkında yakalama emri çıkartılan kaçakçılara yakalanacağını duyurduğu ve kaçakçılar tarafından maaşa bağlandığı, lüks otellerde misafir edildiği, emirlerine koruma görevlisi ve özel araba tahsis edildiği konularını incelemek, (...) belirtilen konularda adı geçen MİT görevlilerinin ifadesinin alınmasını arz ederim."

44 1979 yılında İstanbul emniyet müdürlüğüne getirilen Şükrü Balcı, 12 Eylül 1980 Askeri Darbesi'nde koltuğunu koruyan ender emniyet müdürlerindendi. 3 mayıs 1983 tarihinde ABD Büyükelçiliği'ne güvenlik müşaviri olarak atandı. 1999 yılında vefat etti.

45 Tarık Ümit'in; biyografisi, Mehmet Eymür, Mehmet Ağar, Korkut Eken, Abdullah Çatlı gibi "Susurluk kahramanlarıyla" ilişkileri ve ölümüyle ilgili bilgiler için bakınız; S. Yalçın/D. Yurdakul, *Reis, Gladio'nun Türk Tetikçisi,* Su Yayınları, 1999.

Sonuçta, Ünal Erkan ile Mehmet Ağar yapılan soruşturmalar sonucu aklandı!

Ünal Erkan ile Mehmet Ağar'ın, "öğretmenleri" Şükrü Balcı da, İstanbul 7. Ağır Ceza Mahkemesi'nin 2 aralık 1986 tarihli duruşmasında beraat etti...

Ne MİT'teki, ne de İstanbul Emniyeti'ndeki rakiplerini yerlerinden etmişlerdi. Üstelik rakipleri hiç de kolay lokma değildi. Ancak pes etmeye hiç niyetleri yoktu. İleriki yıllarda yazacakları "MİT raporu" Türkiye'nin dengelerini sarsacaktı.

Kavga bitmemiş, sadece ertelenmişti!

MİT'in magazin merakı

Bir noktanın altını çizmekte yarar var; Mehmet Eymür yine "kanunsuz" bir iş yapıyordu, tıpkı 12 Mart Askerî Darbesi'nde olduğu gibi.

1983 yılında "reforma" tabi tutulan MİT Yasası, tıpkı 1965 yılında olduğu gibi teşkilatın görev sahasını şöyle belirliyordu: "MİT, devlet güvenliği için istihbarat oluşturur, ifade alma ve sorgulama yapma yetkisi yoktur."

Peki Mehmet Eymür nasıl oluyor da, Dündar Kılıç, Behçet Cantürk gibi yeraltı dünyasının ünlü isimlerini Ankara'da, -sanıkların mahkeme ifadelerine göre- 55 gün MİT binalarında sorguya çekebiliyordu?

Türkiye'de yasaların tatbiki kişilere göre değişiyor muydu?

MİT görevi dışına çıkmıştı.

Ve iş bir kere "zıvanadan" çıkınca bakın neler neler oluyordu...

Yeraltı dünyasının ünlü isimlerine salt kaçakçılıkla ilgili değil, başka konularda da sorular yöneltiyorlardı...

İşte MİT Müsteşarlığı'nın Ankara Sıkıyönetim Savcılığı'na gönderdiği Dündar Kılıç'ın sorgu bantlarından bazı ilginç notlar:[46]

46 MİT Müsteşarlığı 8 ekim 1985, 01.10-11.02-254/241095-119849 sayılı yazısında şöyle diyor: "1-25 mart 1984 tarihleri arasında ifadesi alınan Dündar Kılıç'la ilgili ses bantları ve bant özetlerini havi liste ilişikte sunulmuştur. Arz ederim. Müsteşar adına Tümgeneral Hilmi Şengün."

"13-B" numaralı banttan:
"Sorgulayacı:
– Daha önceleri Emel Sayın'la Semiramis Pekkan'la dost hayatı yaşayan Abdi İpekçi sonraları bu yaşantısını şarkıcı Hümeyra ile sürdürmeye başlamıştır. Böyle bir şey var mı?
– Vallahi hiç duymadım efendim.
– Bu ilişkiden haberdar olan Hümeyra'nın kocası kimdi? Fikret Hakan mı?
– O da ib..nin biri efendim. (...)"

"6-A" numaralı banttan:
"– Banu kim?
– Banu, Banu Alkan'dır efendim.
– Bilmiyorum herhalde o...
– Banu Alkan'ı öyle şahsen tanırım efendim.
– Nereden tanıyorsun?
– Film artisti.
– Var mı bir şeyin münasebetin?
– Yok, yok münasebetim yok. Ben hiç öyle kadınlarla ilişki kurmam efendim.
– Niye?
– Onlar tehlikeli olur.
– İsimliler yani.
– Zararlı onlar efendim.
– Ne zararı olacak yani.
– Olur olur efendim.
– Koparırsın kafasını olur biter, zararlı olur mu?"

"5-A" numaralı banttan:
"– Muazzez Abacı ile tanışıyorsunuz herhalde?
– Tanışırız efendim.
– Şimdi kimlen yaşıyor, ne yapıyor?
– Vallahi bilmiyorum, birisini bulmuştur.
– Bulmuştur dimi?
– Tabiî tabiî."

"11-A" numaralı banttan:
"– Daha hoş şeyler bahsedelim yorulduk biraz. Bu artist-

lerden kimleri tanıyorsun. Gönül Yazar'ı tanırsın bir kere.
– Hepsini tanırım efendim, fazla samimiyetim olmaz.
– Samimi tanıdığından "şey olup" kimleri tanıyorsun.
– İbrahim Tatlıses'i tanırım.
– Ne yapayım İbrahim Tatlıses'i, ben diyorum ki şöyle Emel Sayın, Ajda majda filan.
– Hiç görüşmedim ki.
– Hangisini tanırsın.
– Görüşmem onlarla.
– Hani zamparalık ara sıra var diyordun, bunlardan yok mu?
– Bunlara sadece şov yapar..."

"5-B" numaralı banttan:
"– Erdoğan Demirören'in var mıdır, öyle dolambaçlı işleri?
– Vallahı hiç duymadım inanır mısınız.
– Ajda Pekkan'la geziyormuş, ne yapıyormuş?
– Evet, öyle efendim."

Sorgu bu şekilde uzayıp gidiyordu...

Bu tür soruların bir "anlamı" vardı kuşkusuz..

Cinsel şantaj ve komplo, Türkiye'de olduğu gibi dünyada da istihbarat teşkilatlarının kullandığı en iyi metotlardan biriydi...

Örneğin; 5 ekim 1979 tarihinde *Hafta Sonu* gazetesi, İçişleri Bakanı Hasan Fehmi Güneş'in dansöz Aynur Aydan'ın Beşiktaş Barbaros Bulvarı'ndaki evine geleceğini, kendilerine telefonla bir erkek sesinin ihbar ettiğini yazıyordu. Telefondaki erkek, evin adresini de vermişti.

Haber sonrası ne oldu; başta Gazeteci Abdi İpekçi cinayeti olmak üzere birçok suikastın, karanlık provokasyonların üzerine cesaretle giden; olayların altında dış bağlantılar arayan; CIA ajanlarına rahat vermeyen, MİT'te baypas yapılmasını Başbakan Ecevit'e öneren; Emniyet Genel Müdürlüğü istihbaratını güçlendirip, bu amaçla okul açan; İçişleri Bakanı Hasan Fehmi Güneş istifa etmek zorunda bırakılıyordu...

Bu nedenle Dündar Kılıç'a yöneltilen sorulara "basit magazin haberleri" diye bakmamak gerekiyor...

"Baba" ajanlar!

Mehmet Eymür ile Atilla Aytek'in yeraltı dünyasına dönük operasyonlarının gürültü koparmasının bir başka nedeni daha vardı:

MİT ve Emniyet yeraltı dünyasından bazı isimleri kendisine "angaje" etmiş, ajan olarak kullanıyordu. İşin gereği, kullandıkları kişilerin ufak tefek yasadışı işine göz yumuyordu. Bu metot aslında dünyanın her yanında aynıydı.

Ancak iş Türkiye'de biraz farklıydı. Çünkü, yeraltı dünyasının yarısı MİT'e, yarısı da Emniyet'e ajanlık yapıyordu! Dolasıyla her gözaltına alınan şahıs istihbarat kurumları arasında kavgaya yol açıyordu; "Vay sen benim ajanımı nasıl alıp sorgularsın?"

İstanbul Emniyeti'nin operasyonlara tepki duymasının nedeni, yeraltı dünyasındaki ajanlarının yakalanıp sorgulanmasıydı.

Teorik anlamda İstanbul polisi haksızdı. Çünkü, "ajan" kullanma hakkı yasal olarak sadece istihbaratçılar için geçerliydi. Polisin "ajan" kullanma yetkisi yoktu. Yasa açıkça demiyor, ama ima ediyordu; "Polis ajan kullanırsa, o ajan, 'ajan provokatör' olur. Çünkü eylemlere karışır. Polis de kendi istihbaratına dayalı dosya karşısında tarafsız kalmaz."

Bu hâlâ çok tartışılan bir konudur, biz kitaba dönelim;

Emniyet ile MİT arasında kavga olduğu gibi bir de, MİT'in kendi içinde "benim ajanım" kavgası vardı. MİT İstanbul Bölge Başkanlığı, kullandığı adamlarının Mehmet Eymür tarafından kasıtlı olarak gözaltına alındığını iddia ediyordu.

Ünlü babalardan Topal Yaşar, yani Yaşar Yamak MİT içindeki kavga nedenlerinden biriydi. MİT İstanbul Bölge Başkanlığı, "Topal Yaşar benim ajanım" diyordu. Mehmet Eymür ekibi ise, "Topal Yaşar yasadışı işler yapmaktadır" deyip gözaltına almıştı.

Hadi çıkın işin içinden, acaba kim haklı?

"Ajan" Topal Yaşar tüm "mesaisini" MİT'e vermiyordu...

"1980 yılının ilkbaharında Avni Karadurmuş, Bedri İstanbullu, Yaşar Yamak (Topal Yaşar) ve Hayrettin Yağcı'nın olduğu bir silah bağlantısına 5 milyon lira ile ortak olmuş, 12 Eylül sonucunda geciktirilen bu silah bağlantısı, 15 000 adet İtalyan yapısı Baretta marka silahı, 1981 yılında Mersin Limanı'ndan makine parçası adı altında çıkartarak İran'a sevk edilmek üzere, İran Kürt Demokrat Partisi Lideri Kasım Lo'nun yakını İranlı Hacı Abdullah'a teslim etmiş ve bu silah işinden 15 milyon lira kâr sağlamıştık..."[47]

Yüce Divan'da yargılanan Gümrük ve Tekel eski bakanı Tuncay Mataracı, MİT ajanı Topal Yaşar'la ilgili olarak şunları söylüyordu:

"Ben Yüce Divan'da yargılanırken Topal Yaşar isminde biri, tanık olarak dinlendi. İnanması güç, ama bu tanık, mahkemede resmen sigara kaçakçılığı yaptığını söyledi. İşin ilginç yanı, ne savcı, ne de yargıçlar bu adam hakkında bir işlem yaptılar. Kimse ona dokunmadı, dokunamadı."

MİT'in ajan olarak kullandığı bir diğer yeraltı dünyasının ünlü ismi Abuzer Uğurlu'ydu. 1974-1979 yılları arasında "Yıldırım" takma adıyla MİT tarafından kullanılmıştı.

Mehmet Eymür, MİT Kaçakçılık Daire Başkanlığı bünyesinde, "Hizmete Özel" kaşeli *Kaçakçılık, Terör ve Devletin Güvenliğine Etkileri* adlı "Kırmızı Kitap"ında Abuzer Uğurlu hakkında bilgiler vardı. Bu kitaba göre, M. Ali Ağca "İpekçi'yi vur" talimatını, Abuzer Uğurlu'dan almıştı. Aksaray ve Beyazıt civarında Marlbora sigarası işinin Ağca'ya ihale edileceği de kendisine vaat edilmişti.[48]

Papa suikastı soruşturmasını yürüten İtalyan savcılığı, Mehmet Ali Ağca'nın Abdi İpekçi'yi, Abuzer Uğurlu'nun emriyle öldürdüğünü iddia etmişti.[49]

Bulgaristan'ın yıllarca kullandıktan sonra Türkiye'ye iade ettiği ve döner dönmez Mamak Askerî Cezaevi'ndeki hücresinde ölü bulunan yeraltı dünyasının ünlü isimlerinden Bekir Çelenk de MİT ajanı mıydı?..

47 Behçet Cantürk'ün 6 temmuz 1984 tarihli adlî müş. 1984/2439 18 sayılı sorgusu, s. 13.

48 Abuzer Uğurlu'nun Abdi İpekçi cinayetiyle ilgisi, ülkücülerle bağlantısı ve yeraltı dünyasındaki "ağırlığı" gibi ayrıntılı bilgiler için bkz. *Reis, Gladio'nun Türk Tetikçisi.*

49 *The New York Times,* 11 haziran 1984.

Papa suikastını soruşturan İtalyan savcılar, Bekir Çelenk'in telefon defterinde İstanbul MİT'e ait telefon numaraları tespit etmişti.

Peki yeraltı dünyasının ünlü isimleri MİT'e "yardımcı" oluyor da, MİT personeli yeraltı dünyasına çalışmıyor muydu?..

Kimin eli kimin cebinde

Tümgeneral Mustafa Arda adını anımsadınız mı?

Hiram Abas'ı teşkilattan kovan MİT müsteşar yardımcısı.

Tümgeneral Mustafa Arda emekli olduktan sonra ne yaptı dersiniz? Meslektaşı emekli Korgeneral Orhan Süerdem'le birlikte "İşadamı" Kemal Horzum'un Hortaş şirketine ortak oldu.

Kemal Horzum kim? Emlak Bankası'nı dolandırdığı için yargılanan (ki sonra mahkûm oldu); mafyayla içli dışlı olduğu söylenen; kara para akladığı belirtilen; hayalî ihracaatçı ve kaçakçı olduğu iddia edilen "işadamı!.."

MİT eski müsteşar yardımcısı Tümgeneral Arda, Kemal Horzum, "demir kaçakçılığı" yaptığı şeklindeki teşkilatının raporunu da okumamıştı herhalde! Yoksa "şaibeli" bir işadamıyla niye ortak olsun?..

5 mayıs 1983'te, iki paşa toplam 1 milyar TL (500 000 dolar, y.n.) ile Hortaş hisselerinin yüzde 82'sini elinde bulunduruyordu.

Hayli yüksek bu parayı iki emekli generalin nereden buldukları o günlerde hayli tartışıldı. Ancak hiçbir devlet yetkilisinin aklına bir soruşturma açmak gelmedi!

Tümgeneral Mustafa Arda siyasetle de ilgiliydi; MDP Genel Başkanı Turgut Sunalp'e, Kemal Horzum'u tanıştıran kişi olarak biliniyordu. Malum, MDP Ankara'daki ilk siyasal çalışmalarını Horzum'un "Mavi Ev"inde yapmıştı!..

MİT Müsteşar Yardımcısı Arda ile Kemal Horzum ayrıca, özel havayolları şirketlerine izin veren yasa çıkınca, 9 kasım 1984 tarihinde B. C. Havayolları AŞ'yi kurmuşlardı.

Bu şirketin öyküsü de hayli ilginçti. Şirketin adı "İrangate" skandalında da geçmişti...

CIA'nın, İran'a gizli yollardan sattığı füzeleri Horzum'un bu şirketi mi taşımıştı?[50]

Tümgeneral Mustafa Arda ve onun MİT'ten "kovduğu" Hiram Abas; emekliliklerinde, ikisi de özel sektöre hizmet yarışına girmişlerdi.

Biri Kemal Horzum'un yanında diğeri Halit Narin'in!..

Bu arada teşkilat içindeki "yarış" da gizliden gizliye devam ediyordu...

Dış İstihbarat Daire Başkanı Nuri Gündeş, bir yurtdışı gezisinden dönen Mehmet Eymür'ün çantasını arattırıyordu...

Nuri Gündeş bu gücü nereden bulmuştu?

Anlatalım.

Yeraltı dünyasının ünlü isimleri hakkında işkenceli sorgulamalarda alınan ifadeler dışında hiçbir delil bulunamamıştı.

Ankara 1 No'lu Sıkıyönetim Mahkemesi, MİT'e devamlı "Elinizde delil var mı" diye soruyordu. Mahkemeye sadece sorgu bantları, videoları gönderiliyordu.

Burada araya girip bazı tanımlara açıklık getirelim.

İfade, istihbarat açısından sadece bir hipotezdir. Hipotezin doğruluğu yanlışlığı ancak araştırma yapılarak bulunabilir.

Ancak polisteki anlayış MİT'te de vardı; delilden zanlıya değil, zanlıdan delile gidiliyordu. Yani, sanığı alıp işkence yapıyorlar sonra da aldıkları ifadeleri delil diye mahkemeye sunuyorlardı!..

Bu kolaycılık "Babalar Operasyonu"nu yürüten Mehmet Eymür'ün de gözden düşmesine neden oldu.

MİT Adana Bölgesi'nin emrine verildi. Eymür Ankara'dan gitmek istemiyordu. Devreye, Hiram Abas'ın ricasıyla Cumnurbaşkanı Kenan Evren'in damadı Erkan Gürvit girdi, Müsteşar Burhanettin Bigalı'yla görüştü.

Torpil etkisini gösterdi, Mehmet Eymür'ün ailevî durumu gözönünde bulundurularak tayini MİT Okulu'na yapıldı.

Mehmet Eymür ANAP'a da dargındı. Yeraltı dünyasıyla DYP ve Genel Başkanı Hüsamettin Cindoruk'un ilişkisi ol-

50 Kemal Horzum'la ilgili ayrıntılı bilgi için bkz. Atilla Akar, *Horzum Labirenti*, BDS Yayınları, 1989.

duğunu göstermek için çok çaba sarf etmişti. Bu konuda Dündar Kılıç'ı çok zorlamıştı. Aldığı bilgileri "özel dosya"yla Başbakanlık Konutu'na göndermişti.

Fakat Turgut Özal, şimdi kendisini ortada bırakmış, sahip çıkmamıştı...

Üstelik Özal ailesi için, "Ermenilerle savaşmıştı!"

Nasıl savaştığını kendi ağzından dinleyelim:

"Kızıyla (Zeynep Özal) ilgili operasyonu bana ilk olarak Semra Özal söyledi. Davulcunun (Asım Ekren) etrafında Ermenilerin bulunduğunu, çok borca battığını, bu nedenle aileye sokulmak istendiğini söyledi. Ben ise kızlarına dikkat etmeleri gerektiğini, kötü yerlere girip çıktığını söyledim. İsteklerini müsteşarıma açıp açamayacağımı sordum. Açın dedi. Müsteşarlık emir verdi, davulcuyu araştırdık. Gerçekten de makul biri değildi. Ben Semra Özal'a, 'Kulağını çekip biraz sıkıştıralım mı?' diye sordum. Onaylayınca İskender'e (Çolak, Ankaralı mafya babası) söyledik. 'Madem devlet istiyor' diye adamın yakasına yapışmışlar."

"Zeynep Özal-Asım Ekren Operasyonu"nu Mehmet Eymür kimle birlikte organize ediyordu dersiniz: "Korkunç Yenge" Bilge Erol'la!

"MİT'in Papatya Kanadı" diye isim takılmıştı o günlerde...

Hiram Abas'ın yakın arkadaşı Bilge Erol, o günlerde "First Lady" Semra Özal'ın en yakın dostuydu...

Operasyonla sadece Mehmet Eymür-Bilge Erol ikilisi ilgilenmiyordu. Mehmet Ağar başta olmak üzere, İstanbul Emniyeti'nden bir ekip de davulcu damadın peşine düşmüştü...

Ama helal olsun, âşıklar hepsini alt edip evlendiler...

Ekipler aileden zılgıt yediler.

Belki de Özallar evliliği engelleyemediği için, bu zor gününde Mehmet Eymür'e destek vermemişti...[51]

51 Ancak MİT, Asım Ekren'in peşini bırakmadı. 1 ağustos 1985 tarihli MİT Müsteşarı Burhanettin Bigalı'nın imzasıyla MİT İstanbul Bölge Başkanlığı'na bir yazı gönderilerek, "Asım Ekren'in çevresinde genellikle Ermenilerin bulunduğu ve dikkat edilmesi" gerektiği bildiriliyordu. MİT, "konunun dar çerçevede tutulması kaydıyla, güvenilir elemanlar tarafından araştırılmasını" istiyordu. Erbil Tuşalp, *Plastik Papatya Kokusu,* Bilgi Yayınevi, 1993, s. 113, 114.

MİT'teki Kaçakçılık Birimi önce küçültüldü, yurtiçindeki ünitelerinin kapısına kilit vuruldu, sonra da 1988 yılında tamamen kaldırıldı.

İşte Nuri Gündeş bu nedenlerle gözden düşen Mehmet Eymür'ün üzerini arattırabiliyordu.

Birim etkisizleştirildi, ama dosyalar yok edilmedi. Üstelik dosyaların tamamı Mehmet Eymür'ün özel arşivinin en müstesna yerine konmuştu, zamanı gelince oradan çıkarılmak üzere...

Kaçakçılık birimlerinin kapatılmalarına neden olan bir başka olay ise az kalsın Kuzey Kıbrıs'la diplomatik krize yol açacaktı.

Yeraltı dünyasının ünlü ismi Behçet Cantürk'ün yargılandığı Ankara Sıkıyönetim Komutanlığı'nın 4 no'lu mahkemesinin 6 aralık 1985 tarihli duruşmasına adeta "bomba" düştü.

Duruşmada Behçet Cantürk'ün MİT'teki videolu ifadesi izlendi. Cantürk, ifadesinin bir yerinde, "Kıbrıs'a Mehmet Gözen denilen kişiye eroin sevkıyatı yaptık. Mehmet Gözen'in Rauf Denktaş'ın oğlu Raif Denktaş'la ilişkisi vardı. Bunlar çok iş yaptılar. Raif Denktaş İngiltere'ye eroin sevk ediyormuş. Biz Kıbrıs'a üç seferde 15 kilo eroin gönderdik."

Duruşmayı izleyen basın mensupları Behçet Cantürk'ün ifadesinin bu bölümünü gazetelerinin manşetlerine taşıyınca iki ülke arasında diplomatik sorun ortaya çıktı.

KKTC Cumhurbaşkanlığı Siyasî İşler Özel Danışmanı Raif Denktaş sert bir açıklama yaparak, "konuyla ilgili olarak ne kendisine ne de KKTC güvenlik birimlerine hiçbir soru sorulmadığına" dikkat çekerek, MİT'i eleştirdi.

Duruşmadan 19 gün sonra Raif Denktaş, Magosa-Lefkoşa karayolunda arabasıyla bir kamyonun çarpışması sonucu can verdi.[52]

KKTC Cumhurbaşkanı Rauf Denktaş yıllar sonra, MİT'in oğluyla ilgili iddialarını şöyle yorumladı: "Raif'e sırf soyadı

52 Soner Yalçın, *Beco, Behçet Cantürk'ün Anıları,* Su Yayınları, 5. baskı, 1999, s. 214, 215.

Denktaş olduğu için çok hakaret, çok saldırı yapıldı. İthamlarda bulunuldu. Türkiye'de bilinmeyen eller beni uzlaşmaya mecbur etmek için aleyhime veya Raif'in aleyhine çeşitli bilgiler sızdırdılar. Bunları MİT'ten bazı işgüzarların sızdırdığını tespit ettik. Amaç bizim zayıflayıp, anlaşmaya mecbur kalmamızdı. Bunu beni sindirmek için Türk istihbaratının bir kesimi veya bazı isimleri yaptı."

Cumhurbaşkanı Denktaş "bu gücü" MİT'ten bazı kişilerin nereden aldığını bilmediğini belirtirken satır arasından mesaj veriyordu: "Turgut Özal'ın Kıbrıs'a olan öfkesi şu idi; Kendisinin tam göreve (başbakanlığa) geleceği günlerde 1983'te KKTC'yi ilan etmekle başına bir sıkıntılı hal yarattık. O, onu anlayamadı bir türlü."[53]

Hakikaten kimin eli kimin cebindeydi, anlamak zor!..

Özal'ın gizli planı

"Asala'yı bitiren Hiram Abas teşkilata geri dönüyor!"

1985 yılının ortalarına doğru MİT'te herkes bu dedikoduyu yayıyordu.

Hiram Abas'ın adı, geçtiği sohbetlerde mutlaka "Asala'yı bitiren adam" olarak anılıyordu.

Sahi, 1982-1984 yılları arasında Beyrut ve Paris'te bulunan Hiram Abas, Asala'yı bitirmiş miydi?

Tarih aksini iddia ediyor; çünkü Asala eylemleri bitmemişti:

9 mart 1983... Belgrat Büyükelçisi Galip Balkar ve şoförü Necati Kaya öldürüldü.

16 haziran 1983... İstanbul Kapalıçarşı'yı kana bulayan Asala militanları 3 kişinin ölmesine 25 kişinin yaralanmasına neden oldular.

14 temmuz 1983... Brüksel Ataşesi Dursun Aksoy öldürüldü...

15 temmuz 1983... THY'nin Paris'te Orly Havaalanı Bürosu bombalandı. İkisi Türk, sekiz kişi öldü...

29 ekim 1983... Beyrut Büyükelçiliği'ne üç Asala militanı bomba ve otomatik silahlarla saldırı girişiminde bulundu.

53 *Milliyet*, 9 ocak 1985.

28 mart 1984... Tahran Büyükelçiliği saldırıya uğradı. Askerî Ataşe Yardımcısı İsmail Pamukçu ağır yaralandı.

15 nisan 1984... Tahran İdarî Ataşesi İbrahim Özdemirci'nin evi tarandı.

28 nisan 1984... Tahran Büyükelçiliği Sekreteri Şadiye Yönder ve eşi Işık Yönder'e yaylım ateşi açıldı. Işık Yönder vefat etti.

20 haziran 1984... Viyana Büyükelçiliği çalışma Ataşesi Erdoğan Özen otomobiline yerleştirilen bombanın patlaması sonucu öldü.

19 kasım 1984... Viyana'da BM'de görevli Enver Ergun otomobiline açılan ateş sonucu öldü.

15 mart 1985... Kanada Ottawa Büyükelçiliği'ni basan üç Asala militanı aralarında Büyükelçi Coşkun Kırca'nın 14 yaşındaki kızının dahil olduğu 11 elçilik mensubunu rehin aldı. Kırca ikinci kattan atlarken yaralandı. Beş saat süren operasyon sonucu militanlar yakalandı, bir Kanada güvenlik görevlisi öldü.[54]

Tarihî gerçeklerin bir önemi yoktu! Psikolojik savaşın bütün metotları kullanılıyor ve Hiram Abas, Ankara'da "Asala'yı bitiren adam" olarak takdim ediliyordu devlet ricaline!..

Peki Hiram Abas'ın adı ne oldu da birdenbire başkent kulislerinde konuşulmaya başlamıştı. Ankara'da neler oluyordu?..

Hiram Abas'ı kim önerdi?

Başbakan Turgut Özal artık somut bir gerçeğin farkındaydı: hükûmet olmuştu, ancak iktidar değildi.

Örneğin, Genelkurmay Başkanı Orgeneral Necdet Ürüğ'la ilişkisi çok kötüydü. Genelkurmay Başkanı, Özal'ı "yok" sa-

54 Asala'yı; ne Hiram Abas gibi "özel görevliler" ne de kullanılan eski ülkücüler bitirmişti. Kuşkusuz bu "örtülü operasyonların" etkisi vardı. Ancak Asala'yı asıl bitiren unsurlar; a) Orly gibi Avrupa'da kitleleri hedef alan "kör teröre" başvurarak büyük taktik hatası yapması, b) kendi içindeki Hınçak-Taşnak fraksiyonlarına bölünmesi, c) Türkiye içindeki Ermeni vatandaşlardan hiç destek görmemesi, d) başta ABD olmak üzere Batı'dan yeterli destek alamamasıdır...

yıyordu. Hitap ederken "sayın" sözcüğünü hiç kullanmıyordu. "Başbakan" diye hitap ediyordu ! Dost sohbetlerinde Özal'dan, "o adam" diye bahsediyordu. MSP ve MHP'den aday olan bir politikacının nasıl veto edilmediğini bir türlü anlamıyordu zaten...

Başbakan Özal, hakkında konuşulanları biliyordu. Ayrıca, Orgeneral Üruğ'un, kendinden sonra Genelkurmay Başkanlığı'na Orgeneral Necdet Öztorun'u getirmek istediğini duyuyordu.

Cumhurbaşkanı Kenan Evren ise hâlâ Ordu'nun etkisindeydi. Meclisten geçen birçok yasayı imzalamaktan kaçınıyordu. Başbakan Özal da kanun hükmünde kararnamelerle yönetiyordu ülkeyi !..

Başbakan Özal, iktidarı ele geçirmek için, kafasındaki dört aşamalı bir stratejiyi yaşama geçirmek istiyordu:

1) Ordu'nun tepesinde Necdet Üruğ-Necdet Öztorun'un 2000 yılına uzanan askerî hiyerarşisini bozmak.

2) Genelkurmay Başkanlığı'nı Millî Savunma Bakanlığı'na bağlamak.

3) Güneydoğu'da bir "süper vali" aracılığıyla askerî güçleri denetim altına almak.

4) MİT'i sivilleştirmek; başına öncelikle sivil müsteşar getirmek...

İşe önce MİT'ten başladı...

Başbakan Turgut Özal'ın bir özelliği İsmet İnönü'ye benziyordu. İkisi de istihbaratı seviyordu. Bu nedenle teşkilatla ilişkilerini hep sıcak tutmak istemişler, gelen istihbarat raporlarını Süleyman Demirel gibi yardımcılarına bırakmayıp, bizzat kendileri okumuştu.

Başbakan Özal, bunca yıllık devlet bürokrasisindeki görevinden dolayı biliyordu ki Millî İstihbarat Teşkilatı hep sivillere uzak olmuştu.

MİT'i yanına almadan iktidar olamayacağını biliyordu.

Hükûmete ilk geldiği günlerde MİT'ten alamadığı istihbaratı polisten almak için Emniyet'i yeni baştan oluşturmayı planlamış ve yeni bir Polis Yasası çıkarmak istemişti. Ancak istediği yasa teklifi meclis ve Cumhurbaşkanı Kenan Evren tarafından çok biçilmişti. Hatta yasa tasarısının görüşmesi sırasında ANAP'lılar ile Halkçı Partili milletvekilleri yumruklaşmışlardı.

Polisten sonra tekrar MİT'e yöneldi.

MİT'in başına birdenbire sivil bir müsteşar getirmesinin imkânsız olduğunu biliyordu. Genelkurmay'ı bu konuda ikna etmek zordu.

Bu nedenle ikinci adamlığa sivil birini getirmeyi düşünüyordu...

Danışmanlarıyla kolları sıvadı...

Önce Saffet Arıkan Bedük düşünüldü. Fakat Bedük sempatiyle bakmadı.

Sonra Vecdi Gönül'ün adı üzerinde duruldu. Ancak Vecdi Gönül'ün İslamcı kimliği yüzünden, "askerler istemez" diye hemen vazgeçildi.

Bir ara Kutlu Savaş'ın adı geçti. O zamanlar Başbakanlık Teftiş Kurulu başkanıydı. "Pratiktir, sorunları çabuk giderir" denildi. Çok genç olması nedeniyle vazgeçildi...

Özal yakın ekibiyle birlikte MİT'e sokacağı "kulağını" ararken, danışmanlarından Bülent Öztürkmen, Hiram Abas'ın ismini ortaya attı.

Hiram Abas ile Bülent Öztürkmen MİT'ten tanışıyorlardı. Özellikle 12 Mart Askerî Darbesi döneminde yakın mesai içinde olmuşlardı. Bülent Öztürkmen, Ankara Üniversitesi Hukuk Fakültesi'ni 1962 yılında bitirip MİT'e girdi. MİT içinde MHP ekibine yakındı. Zaten MHP'li Agâh Oktay Güner'in bakanlığı döneminde, Ticaret Bakanlığı müsteşar yardımcılığı görevine getirildi. 12 Eylül'den kısa bir süre önce silahlı saldırıya uğrayıp ağır yaralandı. Amerika'da tedavi gördü. (Bu suikastın siyasî değil, çapkınlık yüzünden yapıldığı da iddia ediliyor.) Aynı zamanda bu ülkede ticaret müşaviri olarak büyükelçilikte görev yaptı. Özal Hükûmeti'nin kurulmasıyla birlikte DPT müsteşar yardımcılığına getirildi. Aynı zamanda Eximbank Yönetim Kurulu üyeliği yapıyordu! Basında adı "hayalî ihracata yol veren bürokrat" olarak geçti.

OYAK-Renault Yönetim Kurulu başkanlığından, şirketin ortağı Fransızların baskısıyla ayrılmak zorunda kalmıştı.

Bu arada Semra Özal'ın yanından ayrılmayan, Hiram Abas'ın "Beyrut arkadaşı" Bilge Erol da devreye sokulmuştu.

"Hiram Abas lobisi" Başbakanlık Konutu'nu sarıp sarmalamıştı.

Cumhurbaşkanlığı Köşkü'ndeki kulis çalışmasını ise damat Erkan Gürvit yürütüyordu. Zaten Hiram Abas son bir yıldır sık sık Ankara'ya geliyor, Yalı Restaurant'ta, RV'de Erkan Gürvit ve MİT içindeki en yakın arkadaşlarından Bedri Özdemir'le buluşuyordu.

Arkadaşlarına artık açık açık söylüyordu: "Teşkilata dönmek istiyorum!"

TBMM Başkanı Necmettin Karaduman da "işin" içine çekilmişti. Başbakan Özal, Karaduman'ı, MİT eski müsteşarı Fuat Doğu'ya göndermişti.

Karaduman ile Fuat Doğu'nun dostlukları 1950'li yıllara dayanıyordu. Fuat Doğu MAH Adana bölge başkanıyken, Necmettin Karaduman da mülkî idare basamaklarını tırmanmaya Adana'dan başlamıştı.

ANAP, Fuat Doğu'nun "MİT'in sivilleştirilmesi" isteğine sıcak baktığını biliyordu. Yaşı 65'i aşmamış olsa, Özal'ın MİT Müsteşarlığı için düşündüğü tek isim Fuat Doğu'ydu.

Meclis Başkanı Karaduman gençlik arkadaşından akıl istedi, bir de isimler...

Fuat Doğu'nun verdiği isimler arasında Hiram Abas da vardı...

Turgut Özal ve yakın çevresinin kafası karışıktı. Hiram Abas'ı tanımıyorlardı. Özellikle de "Hiram" adına takılmışlardı.

Özal sonunda sağ kolu Hasan Celal Güzel'e, "Sen adamı çağır, bir konuş bakalım, nedir ne değildir, öğrenelim" dedi...

"Gel bakalım Hiram Usta"

Ağzında piposuyla, Ankara Kızılay'daki Başbakanlık binasına girerken, 28 yıl önce Başbakanlık Müsteşarı Ahmet Salih Korur'la yaptığı görüşmeyi anımsadı.

Yaşamında ne çok değişiklikler olmuştu.

Yanında Erkan Gürvit vardı. Sekreter fazla bekletmeden içeri aldı.

Duyduğu sesle hafif irkildi: "Gel bakalım Hiram Usta!"

Yüzünün kızardığını hissetti. Mason olduğunun ima edilmesinden hep rahatsızlık duymuştu. Özal ve çevresinin muhafazakâr olduğunu biliyordu. "Hiram Usta" sözünde hafif bir alay hissetmişti...

Başbakanlık Müsteşarı Hasan Celal Güzel, gönlünü almak için, "Sizin için Asala'yı bitiren kişi diyorlar. Methinizi çok duyduk. Lütfen buyurun oturun" dedi.

Hiram Abas'ın bürokratlara hiç benzemeyen rahat tavrı; bacak bacak üstüne atması, pipo yakması ve hoş sohbet olması Hasan Celal Güzel'i etkiledi.

Güzel, Turgut Özal'ın MİT konusundaki düşüncelerini anlatmaya başladı; "Biz teşkilatın daha operasyonel olmasını, dinamik hale gelmesini istiyoruz."

Hiram Abas ile Erkan Gürvit birbirlerine bakıp gülümsediler.

Aynı şeyleri düşünüyorlardı...

Görüşme olumlu geçti. Hasan Celal Güzel raporunu verdi; "Müspettir!"

Başbakanlık binasına 10 km uzaklıktaki Çankaya'daki Başbakanlık Konutu'nda da yine Hiram Abas hakkında kulis yapılıyordu.

Mehmet Eymür, Atilla Aytek ve Bilge Erol, Semra Özal'ı ikna etmeye çalışıyorlardı. Hiram Abas'ı öve öve bitiremiyorlardı.

Semra Özal da ağzındaki baklayı çıkardı: "Hiram Abas'ı bize çok sevdiğimiz, saydığımız bir dostumuz olan Bülent Öztürkmen tavsiye etti. Kaldıki teşkilatın başına bize muti olacak bir adam istiyoruz. MİT'e ait hiçbir rapor ne bize ne de Köşk'e gönderiliyor. Bunlar devlet içinde devlet gibi davranıyorlar. Ne Konut'u ne de Köşk'ü adam yerine saymıyorlar."

Semra Özal'ın kastettiği kişi Genelkurmay Başkanı Orgeneral Üruğ'du.

Konuklar hep bir ağızdan, "İnanın Hiram Bey tam sizin istediğiniz biri" dediler. Sonra da aynı cümleyi söyledikleri için hep birlikte tebessüm ettiler...

Turgut-Semra Özal çiftinin MİT'ten yakınmalarının en önemli nedenlerinden biri de, teşkilatın Başbakanlık Konutu'nu dinlediğini düşünmeleriydi... Telefon dinlenme olaylarını, *Gizli Kulaklar Ülkesi* kitabında toplayan Gazeteci Faruk Bildirici, Başbakanlık Konutu'nda ortaya çıkan vericilerle ilgili ilginç bilgiler toplamıştı.[55]

Turgut Özal'ın 1983 seçimlerinden sonra Başbakanlık Konutu'na yerleşmesi kolay olmadı. Birkaç ay sonra tatsız bir süprizle karşılaştı. Dönemin bakanlarından biri Özal'ın masasında duran telefonla oynarken ahizenin içinde minik bir verici buldu. Heyecanla Özal'ın yanına koştu. Telefondan çıkardığı böcegi gösterdi. Özal, 'Bunu kimseye söyleme, gizli kalsın' dedi. Öbür telefonlara da bakıldı, aynı tip verici yatak odasındaki telefondan da çıktı.

Özal, MİT'te güvendiği bir kişiyi çağırdı. Konut'un elektronik cihazlarla kontrol edilmesini istedi. Beş yerde daha böcek çıktı. Duvarların içinde bile böcek vardı! Özal anladı ki, özel konuşmalarını Konut'ta yapmayacaktı...

Konut'u dinleyen dinleyeneydi. Bir ara böcekler daha çok saksılardan çıkmaya başlamıştı. O dönemde Konut'a sürekli çicekler geliyordu. Böceklerle ilgili bir araştırma sonucunda da, Konut'un bahçıvanı, ABD Büyükelçiliği'nin bahçıvanıyla dost olduğu ve çiceklerin oradan geldiği ortaya çıkmıştı!

Genelkurmay Başkanı Ürüğ, Hiram Abas isminin MİT müsteşar yardımcılığı için telaffuz edildiğini duymuştu.

MİT Müsteşar Yardımcısı Tümgeneral Teoman Koman'dan boşalan yere Dış İstihbarat Daire Başkanı Nuri Gündeş'in gelmesini istiyordu.

Aslında daha birkaç ay önce Cumhurbaşkanı Evren de, "Müsteşar yardımcılığına kendi içlerinden birini getirsinler" demişti. "Evren de, Nuri Gündeş'e yeşil ışık yaktı" şeklinde yorumlanmıştı bu sözler.

MİT Müsteşarı Korgeneral Burhanettin Bigalı da, Hiram

55 Faruk Bildirici, a.g.e., s. 137-139.

Abas'ın teşkilata gelmesine şiddetle karşı çıkıyordu. Ancak onun muhalefeti de etkisiz kaldı. Çünkü askerler "damat faktörünü" unutmuşlardı!..

Sonunda Hiram Abas kararnamesi, Genelkurmay'ı ikna için tam 45 gün Başbakanlık'ta bekletildi. Özal, Ordu'yu bu atamayla tamamen karşısına almak istemiyordu...

Cumhurbaşkanı Evren'le yaptığı görüşme sonrasında Hiram Abas'ın kararnamesini imzalayıp Köşk'e gönderdi.

Cumhurbaşkanı Evren de beklemeden bastı imzayı.

Hiram Abas MİT müsteşar yardımcısı olmuştu...

Hiram Abas'ın MİT'in "ikinci adamlığına" getirildiğinin duyulmasının ardından, Ankara'nın Yenimahalle semtindeki MİT merkez binasında, Nuri Gündeş beyaz bir kâğıda istifasını yazıyordu...

"En kıdemli başkan bendim. Millî Güvenlik Kurulu'nda Kenan Paşa, Necdet Üruğ Paşa'ya demiş ki, 'Onlar içinden seçsinler yardımcıyı.' Beni namzet gösterdiler. Sonra türlü sebeplerden dolayı olmadı, ben de devlet ricaline, 'Ben askerim ve benim emrimde çalışan bir adamın emrine girmem; onure bir insanım, on saniye bile durmam' dedim. Necdet Üruğ Paşa'nın ricalarına rağmen Hiram Abas'ın gelişiyle o gün teşkilattan ayrıldım."[56]

Tarih 12 ocak 1986.

MİT binasından bu kez Hiram Abas içeri giriyor, Nuri Gündeş dışarı çıkıyordu. "Hiram Abas MİT'e tekrar geldi" diye teşkilattan ayrılan sadece Nuri Gündeş değildi. Ayrılanlardan biri de Metin Günyol'du. Peki emekliliğini isteyen Metin Günyol kimin yanında çalışmaya başladı dersiniz: Halit Narin! Gelin de çıkın bu karmaşık ilişkiler zincirinden!

Bu raundu "Hiram Usta" kazanmıştı...

Çatışmanın temelinde, Hiram Abas ile Nuri Gündeş'in kişisel çekişmesi mi vardı? Tabiî ki hayır...

Kapışmanın tarafları; sermaye içinde, Ordu içinde ve siyasetin içinde de vardı...

56 Nuri Gündeş, Meclis Susurluk Komisyonu ifade tutanakları, s. 1166.

Eymür'ün evine taşındı

İstanbul'daki Abas ailesinde sevinç ve hüzün iç içe geçmişti. Üniversiteyi bitiren oğulları Cengiz Abas, özel bir şirketin yurtdışı şantiyesinde çalışmak için Libya'ya gitmişti. Şimdi de, MİT'e dönen "evin reisi silahlarını kuşanıp" Ankara'ya gidiyordu.

Evini Ankara'ya taşımayı düşünmüyordu.

Evin iki erkeği de gurbete gidiyordu...

İstanbul'da hüzün Ankara'da sevinç vardı;

MİT içindeki Hiram Abas ekibi bayram yapıyordu. Beş yıllık hasret sona ermişti...

Mehmet Eymür, "patronu" Hiram Abas'ın gelişini çoşkuyla anlatıyor: "Dönüşü birçok kişi tarafından samimi bir sevinçle karşılandı. Daha önce arkasından atıp tutanlar, küfür edenler, teşkilata dönmemesi için bakanları, paşaları, parti liderlerini kapı kapı dolaşanlar da, artık onu ne kadar sevdiklerini, nasıl yakın olduklarını söylüyorlardı. Hiram Bey onların da dostu, kardeşi ve ağabeysi olmuştu.

Müsteşar Yardımcısı Hiram Bey'in odasının açıldığı koridorda uzun bir kuyruk oluşmuştu. Herkes tebrik etmeye gelmişti."[57]

Tebrikleri kabul eden Hiram Abas hemen Müsteşar Bigalı'nın makamına çıktı.

Korgeneral Bigalı, Hiram Abas'ı ilk kez o gün gördü. Asker ciddiyeti içinde Korgeneral Bigalı, Hiram Abas'a, elini uzatıp, soğuk ses tonuyla, "Hoş geldiniz" dedi...

Gelmesine çok karşı çıkmıştı, ama Cumhurbaşkanı Evren ile Başbakan Özal'ın, bir bürokrat için bu kadar istekli olmalarını da anlayamamıştı.

Bu nedenle uzun uzun Hiram Abas'ı süzdü.

Aklına son Millî Güvenlik Kurulu toplantısında Başbakan Özal'ın kendisine dönüp, "Alın bir güzel yetiştirin, çalıştırın" sözlerini anımsadı.

Hiram Abas'ın dört kademe birden atlayarak MİT müste-

57 Mehmet Eymür, *Analiz,* Milliyet Yayınları, 1991, s. 137.

şar yardımcılığına gelmesi teşkilatta tepkilere neden oldu. Sadece merkezde daire başkanlığı görevinde bulunmuştu. Bölge başkanlığı bile yapmayan biri, birden teşkilatın iki numaralı adamı yapılıvermişti.

Türkiye bünyesinde oluşturulan 11 bölgenin istihbaratı Hiram Abas'a bağlıydı.

Bu, şu anlama geliyordu: "MİT dört paketten oluşur. En etkini istihbarattır. Devletin tüm istihbarat birimlerinin bir araya geldiği, Millî İstihbarat Koordinasyon Kurulu'nda, konuya en çok hâkim olan kişi iç istihbarat başkanıdır. MİT'in iç istihbarat başkanlığını ele geçiren, bir bakıma devleti ele geçirmiş demektir."

Hiram Abas'ın oturduğu koltuğun stratejik önemi bu nedenle çok fazlaydı...

Teşkilata geldiğini "hissettirmek" için birtakım değişiklikler yapmak istiyordu. Neler yapmak istediği sır değildi, 1980 yılında MİT müsteşarına yazdığı mektupta bunun izleri vardı...

Örneğin, psikolojik savaş...

MİT bünyesinde psikolojik harbi yapacak en iyi kişi Hiram Abas'a göre, Mahir Kaynak'tı. Onun insanları etkilediğini yakinen biliyordu.

Mahir Kaynak o tarihte MİT'ten emekli olmuş, Ankara'da Gazi Üniversitesi'nde öğretim üyeliği yapıyordu.

Bir akşam yemeğinde yan yana geldiler.

Yemeğin bir başka nedeni daha vardı; Mahir Kaynak, meslektaşı Hiram Abas'ın teşkilata geri dönmesi için ANAP nezlinde kulis çalışması yürütenlerden biriydi.

Yemek Hiram Abas'ın teşekkür etmesiyle başladı.

Sonra konu asıl meseleye geldi.

Teşkilatı daha operasyonel yapmak istediğini, aktif istihbarattan yana olduğunu, MİT'i tam kapasiteyle çalıştırmayı planladığını heyacanla anlattı.

Ancak Mahir Kaynak üniversitede kalmaktan yanaydı...

Hiram Abas, yaşamı boyunca "operasyonel-istihbarattan" yanaydı.

O tıpkı 12 Mart Askerî Darbesi'nde kendisinin yaptığı gibi, istihbaratçıların elinde silah, operasyon yapmasını istiyordu. Tıpkı CIA ve Mossad ajanları gibi...

Bu amaçla "Güvenlik Daire Başkanlığı"nı[58] kurdu.

Başına Mehmet Eymür'ü getirdiği birimin tüm elemanları, Genelkurmay Özel Harp Dairesi'nden alındı. Bunların en ünlüsü Yarbay Korkut Eken'di!..

Özel Harpçi Yarbay Korkut Eken, Güvenlik Dairesi başkan yardımcısı yapılmıştı...

Hiram Abas ile Mehmet Eymür, 1986 yılında Ankara Gölbaşı'ndaki Özel Tim Eğitim Merkezi'nde yeni bir silahın denemesini yaparlarken tanımışlardı Korkut Eken'i.

Hiram Abas kendisi gibi attığını vuran, ABD'de özel harp eğitimi alan Yarbay Korkut Eken'e hayran olmuştu.

Korkut Eken gibi Özel Harp Dairesi'nden ayrılıp, MİT'e girerek Hiram Abas ekibine katılan bir başka subay ise, Binbaşı Yavuz Ataç'tı.[59]

MİT'te o döneme kadar, iç ve dış istihbaratının başında tümgeneral ve tuğgeneral rütbesinde bir paşa bulunurdu. Psikolojik İstihbarat Propaganda Birimi'nin başında ise albay bulunurdu.

58 Bu dairenin adı zamanla Kontrterör Dairesi adını aldı.

59 Kamuoyu Yavuz Ataç adını 1990'lı yılların sonlarında öğrenecekti. MİT'in Dış Operasyonlar Dairesi Başkan Yardımcısı Ataç'ın, Tevfik Ağansoy, Alaattin Çakıcı gibi ülkücülerle yakın ilişkisi vardı. Bu "ilişki" Ataç'ın ülkücülere pasaport vermesi seviyesinden, Çakıcı'nın, Ataç için MİT müsteşar yardımcılığına getirilmesi için hükûmet nezlinde kulis faaliyetleri yürütmesine kadar geldi !.. Çakıcı ile Ataç dostluğu herkesi kıskandıracak düzeydeydi. Alaattin Çakıcı Fransa'da yakalandığında üzerinden çıkan "kırmızı pasaportu" Yavuz Ataç vermişti ! Zaten Alaattin Çakıcı'nın kız kardeşinin nikâhında da iki şahitten biri Yavuz Ataç'tı. İHD Başkanı Akın Birdal'ın vurulması olayını düzenleyenlerden M. Cemal Kulaksızoğlu da Yavuz Ataç'ın yakın ilişkide bulunduğu ülkücülerdendi. Emekli olmadan önce son görev yeri Pekin Türk Büyükelçiliği'nde idarî ataşe olarak çalıştığı iddia edildi. Çin'i bölmek için Sinkiang Bölgesi'nde (Doğu Türkistan) ayaklanma çıkartmaya çalışıyordu ! Bu provokasyon kokan eylemleri kim adına yaptığı ise "meçhuldu". MİT'in bazı operasyonlarda kullandığı iddia edilen ülkücü Alaattin Çakıcı'yla ilişki kurduğu iddia edilen ANAP Milletvekili Eyüp Aşık, 7 ocak 1999 tarihinde İstanbul 6 No'lu DGM'de verdiği ifadesinde, "Çakıcı'nın yakalanması konusunda görüştüğümüz Emniyet yetkilileri, Çakıcı'yı Amerika'da CIA'nın kullandığını ve Türkiye'ye vermeyeceğini iddia ettiler. Çakıcı'yı, 'Hükûmet ABD ile anlaştı, seni Türkiye'ye verecekler' diye kandırıp Amerika'dan çıkmasını sağladık, sonra gittiği Fransa'da yakalandı" dedi. Milletvekili Aşık'ın sözleri doğruydu. ABD'de yeraltı dünyasıyla mücadele eden "Marchal Servis" adlı polis örgütü, Çakıcı'nın yerini öğrenmesine rağmen yakalamak için elini bile oynatmıyordu. Sürekli Türkiye'yi oyalıyordu. Niye ?.. Sorunun yanıtını, MİT, ülkücü ve CIA sacayağında aramak gerekiyordu...

Not: ilginçtir, Korkut Eken de, Yavuz Ataç da, bir dönem birlikte çalıştıkları eski şefleri Mehmet Eymür'le zamanla kanlı bıçaklı oldular !..

Şimdi yeni kurulan güvenlik daire başkanlığına bir sivil getirilmişti. MİT'teki siviller kritik görevlere getiriliyordu. Askerler durumdan hiç hoşnut değillerdi...

Hiram Abas, MİT Yasası'na rağmen, teşkilatı silahlı operasyon yapacak, "küçük CIA" haline getirmeye başlamıştı...

Hiram Abas'ın teşkilatı CIA ve MOSSAD gibi operasyonel hale getirmek istemesi salt kendi düşüncesi değildi. Hiram Abas bu fikri, "öğretmeni" MİT eski müsteşarı Fuat Doğu'dan almıştı.

Zaten Fuat Doğu'yla ilişkisini hiç koparmamıştı.

Şimdi de Başbakan Turgut Özal arkalarındaydı ve sınırsız destek veriyordu...

Başbakan Özal Genelkurmay'a, Güvenlik Daire Başkanlığı'nın PKK'ya karşı kullanılacağını söylemişti..

İki yıl önce, PKK'nın 15 ağustos 1984 tarihinde Eruh ve Şemdinli baskınlarıyla start verdiği silahlı eylemlerini "önemsiz bir olay" olarak değerlendirip, tatilini kesmeyen Başbakan Özal, şimdi MİT'i yeni konsepte uygun hale getirmek istediğini söylüyordu.

Başta Hiram Abas olmak üzere Güvenlik Daire Başkanlığı'nın Özel Harpçi subayları sık sık, Güneydoğu'ya gidip, "incelemelerde" bulunuyorlardı. Hatta gizlice sınırı bile geçiyorlardı. Maceracı hareketleri askerler kadar polislerin de tepkisini çekiyordu.

Dönemin Diyarbakır Emniyet Müdürlüğü İstihbarat Başkanı Hanefi Avcı, o günleri şöyle anlatıyor: "Önemli bir sanığın sorgusunu yapıyorduk, o tarihte Ankara MİT'ten bazı görevliler gelmişti, onlar da sorguya katıldılar. İçlerinden biri, 'Ben sorguyu sanığın gözleri bağlı yapmam. Gözlerinin içine bakarım, doğru söyleyip söylemediği gözlerinden belli olur' dedi. O zaman 'Amma da hava basıyor' diye düşündük, adının Hiram Abas olduğunu sonradan öğrendik."

Tıpkı Hanefi Avcı gibi, Türkiye'deki Filistinliler de o günlerde Hiram Abas'ın adını yeni öğreneceklerdi...

Sati Davası...

Tarih 24 temmuz 1985.

Ürdün Büyükelçiliği Birinci Kâtibi Ziyad Sati, Ankara'da

uğradığı silahlı saldırı sonucu öldürüldü. MİT ve Emniyet, suikastın sorumluluğunu Filistinli Ebu Nidal Örgütü'nün üstlendiğini açıkladı.

Aradan bir yıl geçti.

MİT Müsteşar Yardımcılığı Hiram Abas ve Özel Harpçilerden oluşan Güvenlik Daire Başkanlığı olaya el attılar.

Ekip imaja yönelik ilk çıkışını yapmaya hazırdı.

1986 sonbaharının ilk ayında Ankara'da Filistinli avı başlatıldı. Özellikle üniversitelerde okuyan Filistinli öğrenciler. Ziyad Sati'nin suikastına karıştıkları gerekçesiyle bir bir gözaltına alındı.

Filistinli öğrenciler, MİT ve Emniyet'in katıldığı işkenceli sorgulamalardan geçiriliyordu.

Bu arada Muhammed Hilmi Musa adındaki Filistinli öğrenci işkence tezgâhında can verdi. Türk yetkilileri böyle birini gözaltına almadıklarını, yakalamaya gittikleri kahvede Hilmi Musa'nın kahvehanenin tuvaletinin penceresinden kaçıp kayıplara karıştığını iddia ettiler. Ancak ortada bir türlü açıklanamayan Filistinli öğrenci Musa'nın kanlı giysileri vardı...

Sorgulamanın ardından Filistinli öğrencilerden 6'sı, 11 ekim 1986 günü devlet televizyonundan milyonlarca kişiye katil sanığı olarak gösterildi. Ancak 6 kişiden 2'si ertesi gün serbest bırakıldı.

Psikolojik harp uzmanları görev başındaydı. Filistinliler "terörist" olarak gösterilmeye başlandı. Bu arada 80 Filistinli öğrenci sınırdışı edildi...

Gözaltındaki 6 kişiden ilk serbest bırakılanın adı, Rafet Şaban'dı. ODTÜ öğrencisiydi. Gözaltındaki ifadesinde, Filistin Kurtuluş Örgütü'nün (FKÖ) Ankara temsilcisi Ebu Firas'ı, Ebu Nidal'ın adamı olarak göstermişti.

Rafet Şaban'a göre, Ebu Firas, Türkiye'ye karşı çeşitli sabotaj planları yapmaktaydı.

Serbest bırakılan Rafet Şaban nereden bulduğu anlaşılamayan(!) cebindeki Amerikan dolarlarıyla birlikte soluğu Avustralya'da aldı.

Ancak Ürdün devleti, diplomatını kimin öldürdüğünü öğrenmek istiyordu. Avustralya'ya kaçırılan vatandaşı Rafet Şaban'ı kolundan tutup Ürdün'e getirdi. Rafet Şaban, Ürdün adalet bakanıyla birlikte televizyona çıkıp açıklamalarda bulundu: ODTÜ öğrencisiyken uyuşturucu işi kullanılarak MİT'e ajan yapılmıştı. Kendisinin imzaladığı ifadeyi aslında MİT yazmıştı. Hedefleri Filistin'in Ankara temsilcisi Ebu Firas'tı.

Rafet Şaban bu komplonun ardında kimin olduğunu da televizyonda açıkladı: Hiram Abas!..

Rafet Şaban ne kadar doğruyu söylüyor bilinmez!.. Ancak o tarihte Hiram Abas'ın bir Filistinli lidere, "Ankara'daki diplomatınızı çekerseniz size her türlü kolaylığı sağlarız" dediği bilinen bir gerçek.

Ankara'yı terk etmesi istenen diplomat Ebu Firas'tı...

Aslında o günlerde Firas'ın tayini çıkmıştı. Gideceği yer bile belli olmuştu: Moskova. Ancak Filistinliler, Hiram Abas'ın bu pervasızca çıkışından rahatsız olmuşlardı.

Üstelik Hiram Abas ikinci kez tehdit etmişti Filistinli lideri: "Bu adamı buradan alın, yoksa kefen içinde yollayacağız!"

Ebu Firas'ın eşine de telefonlar geliyordu o günlerde, "Dul mu kalmak istersin, yoksa boşanmak mı?"

Bu arada gazetelere haberler uçuruluyor, manşetler atılıyordu: "Ebu Firas takibe alındı"; "Bu ne biçim diplomat"; "Arafat, Firas'tan desteğini çekti"; "Firas, Nidal'ın adamı"; "Ebu Firas uyarıldı" vs vs vs...

Tehditler geri tepiyor ve Filistin yönetimi, Ebu Firas'ın Türkiye'de kalmasına karar veriyordu...

FKÖ lideri Yaser Arafat Türkiye'deki gelişmeleri şaşkınlıkla izliyordu. 26 şubat 1986 tarihinde Türkiye'ye resmî bir ziyarette bulunmuştu. Birkaç ay önce "devlet adamı protokolü"yle karşılanmıştı. Çok sıcak ilişkiler, ne olmuştu da birdenbire bozulup, Filistinlilere yönelik operasyonlar başlamıştı? Bir türlü anlam veremiyordu...

Yaser Arafat, "diplomatının başına bir şey gelmemesi için" en önemli adamı, FKÖ Dış İlişkiler Daire Başkanı Faruk Kaddumi'yi Ankara'ya gönderdi.

Faruk Kaddumi, Türkiye'ye gelişinde gazetecilere, "Bir istihbarat odağının Filistinlilere karşı önyargılı davrandığını" söyledi.

Kaddumi diplomatik bir dil kullanmış, isim vermeden, Hiram Abas ekibini kastetmişti...

O günlerde Mümtaz Soysal da gazetesindeki köşesinde olayların "Mossad imalatı" olduğunu iddia ediyordu.[60]

Yaser Arafat da, 16 aralık 1986 tarihinde Türk basınına demeç veriyordu: "Kardeş Türklerle bizim aramızdaki ilişkileri bulandurmak isteyenler Rafet Şaban'ı kullanmışlardır."

FKÖ; Mossad'ın ünlü şeflerinden Aria Levin ile İsrail Millî Savunma Bakanlığı Genel Müdürü David Kemhi'nin, Hiram Abas'la birlikte kendilerine komplo hazırladıklarını iddia ediyordu...

Türkiye'deki gelişmeler Arap dünyasında da bomba gibi patlamıştı.

13 haziran 1987 tarihli sayısında Arapların ünlü gazetesi *El Ray El Em* manşetinde, "Türkiye istihbarat teşkilatıyla (MİT), İsrail istihbaratı arasında (Mossad) sıkı işbirliği ortaya çıktı..." İngiliz Gazeteci Richard Deacon yazdığı *İsrail Gizli Servisi* (The İsraeli Secret Service) adlı kitabında; "İsrail'in en büyük şansı gizli servisinin yabancı ülkelerin gizli servisleriyle kurmuş olduğu çok iyi bağlantılardı. Yabancı gizli servislerdeki bazı ajanlar da İsrail adına çalışıyorlardı. Bu ajanlar genellikle çift taraflı çalışan türden olmalarına karşın Siyonizm'e karşı sempati duyuyorlardı. Ancak bu ajanların hiçbiri kendi ülkeleri için hayatî önem taşıyan sırları İsrail'e vererek ülkelerine ihanette bulunmamışlardır"[61] diye yazıyordu...

Karşılıklı iddialar sürerken dört Filistinli genç hakkında Ürdünlü diplomat Sati'yi öldürmekten açılan dava 7 temmuz 1987 tarihinde sonuçlandı:

Dört Filistinli beraat etti...

Büyük tantanalarla açılan dava sessizce sona ermişti.

Aslında "Ortadoğu uzmanı" Hiram Abas da biliyordu, FKÖ ile Ebu Nidal Örgütü'nün kanlı bıçaklı olduğunu. 1982 yılında FKÖ'lü Muhammed Kaddumi, Türkiye'de Ebu Nidal taraftarlarınca öldürülmüştü. Ebu Firas da, Ebu Nidal Ör-

60 *Hürriyet,* 16 kasım 1986.

61 Richard Deacon, *İsrail Gizli Sergisi,* Anahtar Kitaplar, 1977, s. 146.

gütü'nün ölüm listesindeydi ve 1982-1984 yıllarında Ebu Nidal'ın iki suikast teşebbüsünden kurtulmuştu. Peki Hiram Abas ve arkadaşlarının "amacı" neydi?..

Filistinli gençlerin avukatları Veli Devecioğlu ve Günfer Karadeniz savunmalarında şöyle diyorlardı: "Olay, CIA-Mossad-MİT senaryosudur. Amaçlar arasında Türkiye'deki Filistin Kurtuluş Örgütü temsilciliğini kapatmak da vardır."

Filistinlilere karşı operasyonu yürüten Mehmet Eymür, olayın üzerinden üç yıl geçtikten sonra, 6 ağustos 1989 tarihinde, *2000'e Doğru* dergisi Ankara temsilcisi Hasan Yalçın'a, "Sati Davası"nın perde arkasını anlattı:

"Sıcak bakmıyorduk yani Ebu Firas'a. Çünkü devamlı sağı solu bizim aleyhimize kışkırtan, devletin aleyhine kışkırtan yabancı bir temsilci olursa, Türkiye'nin işlerine bu kadar karışmaya yeltenirse ona kimse sıcak bakmaz. Sizin bir yayınınız vardı: 'Şeytan Üçgeni: CIA-Mossad-MİT İlişkisi' diye. İçinde Hiram Bey'le ilgili bir şey yok, ama gene siz içine yorum olarak Hiram Bey'i katmışsınız. Hiram Bey'i yıpratma kampanyasına Ebu Firas'la girdiğinizi söyleyebilirim. (...) Ebu Firas'ın amacı, Hiram Bey'i mevkiinden attırmaktı. Ebu Firas, başbakana (Özal) gitmiş ve Hiram Bey'i şikâyet etmiş bu Sati olayından sonra. Bütün yabancı misyon elçilerini kapı kapı dolaşıp propagandasını yapmıştır. Tabiî MİT-CIA-Mossad ilişkisi fikrine yakın olan kişilerin kapısını çalmıştır."[62]

Mehmet Eymür, *2000'e Doğru* dergisindeki röportajında, Ebu Firas için "Bombalı mektup konusunda uzman bir terörist" demişti.

Mehmet Eymür nereden biliyordu acaba Ebu Firas'ın bu özelliğini?

Ebu Firas, Mehmet Eymür'ü ilginç bir noktadan yakalamıştı: "Mossad'ın benim hakkımda tuttuğu dosyada aynen bu ifade var, sözcüğü sözcüğüne."

62 Mehmet Eymür'ün adını vermediği "yabancı misyon şeflerinden" biri de Suudî Arabistan'ın Ankara büyükelçisiydi. Başbakan Özal'la görüşen Suudî elçisi Özal'a, "Müsteşar yardımcınız Hiram Abas, birçok Arap ülkesinde çok kötü tanınıyor ve kara listeye alınıyor, kendisi Mossad ajanı muamelesi görüyor" demişti...

İşin tuhafı, Firas'ın bombalı mektuplarla tanışmasının hayli ilginç bir anısı vardı. Brezilya'da Rio de Janeiro kentinde Filistin temsilciliği yaparken, "Kardeş Ebu Firas'a" yazılı bir paket geliyor yılbaşı hediyesi olarak. Paketi konsolosluk önünde duran polise, Firas'ın kız kardeşi olduğunu söyleyen bir bayan bırakmıştı.

Firas'ın Brezilya'da oturan bir kız kardeşi vardı, ama o Rio'da oturmuyordu. Rio'ya gelse neden yukarı çıkmasındı? Üstelik paketteki yazı da kardeşinin el yazısına benzemiyordu.

Mossad hata yapmıştı...

Firas paketi hızla pencereden bahçeye fırlattı. Ve korkunç patlama meydana geldi. Brezilya polisine göre, paket içindeki bomba on kişiyi öldürecek güçteydi...

Hiram Abas, Filistin Temsilcisi Ebu Firas'ın kendisini yıpratmak için yoğun çaba harcadığını iddia ediyordu. Kendisiyle ilgili "yalan yanlış" bilgileri gazete ve dergilere Ebu Firas veriyordu. Ve Hiram Abas'ın bu nedenle, o yıllarda en büyük amacı, "terörist" olarak nitelendirdiği Ebu Firas'ın Türkiye'den kovulmasını sağlamaktı... İsrail, dolasıyla Mossad'la ilişkiler zamanla o kadar arttı ki, Londra'da yayımlanan *Foreign Report* adlı derginin 24.2.1999 tarihli sayısında, Mossad ile MİT arasındaki işbirliğinin, 1993'te dışişleri bakanı olan Hikmet Çetin'in İsrail ziyareti sırasında imzalanan 12 maddelik anlaşmayla apayrı bir içerik kazandığını yazdı. Anlaşma sonrası, geniş bir Mossad ajanları ağının İstanbul ve Ankara'da kurulduğu kaydedildi. Dergi, Mossad'ın Tel-Aviv'deki iki departmanından "Tevel" (dost yabancı örgütlerle işbirliği yürüten birim) ve "Tzomet" (Arap ajanlarını eğitmekten sorumlu birim) şubelerini Türkiye'de açtıklarını da yazıyordu. Bu dış kaynaklı habere bir de bizden bir haberle ek yapalım: *Milliyet* gazetesi 5 kasım 1994 tarihinde Başbakan Tansu Çiller'in İsrail gezisine ilişkin bir ayrıntıyı şöyle aktarıyordu: "Başbakan Tansu Çiller'in İsrail ziyareti sırasında güvenlik alanında yapılan anlaşmadan sonra dün MİT ve Mossad'dan yetkililer bir toplantı düzenledi. Başbakan Çiller'in hazır bulunduğu toplantıya MİT Müsteşarı Sönmez Köksal'ın dün uçakla gelerek katıldığı ve bugün de Türkiye'ye dönmesi bekleniyor."

"Boks tekniğiyle işkence"

O günlerde bir haber, gazete manşetlerinden, dergi kapaklarından düşmüyordu:

Ürdün'ün Ankara Büyükelçiliği Başkâtibi Zait Sati suikastıyla ilgili olarak, Ürdün Büyükelçiliği'nde tercüman olarak çalışan Adnan Musa Süleyman Amerin ile Esin Turizm firması müdürü, Azerbaycanlı Ali Kent ifadesinde yakalanmıştı. İki sanık da Suriye casusuydu! Gazete ve dergilerde boy boy fotoğrafları çıkıyordu.

Suç listeleri hayli kabarıktı; Afşin-Elbistan Termik Santralı'nı bombalamışlar, Kırıkkale MKE Barut Fabrikası'nı havaya uçurmak istemişlerdi.

İslamî Cihat Örgütü mensubu Ali Kent, Sivas'ta Alevî-Sünnî çatışması çıkarmak için provokasyon yapacaklarını, Atatürk Barajı'nı bombalayacaklarını da söylemişti.

Bitmedi. İran İslam Devrimi'nin propagandasını yapmak, devrimi ihraç etmek amacıyla Türkiye'den gençleri kandırıp İran'a yolladığını, bomba, sabotaj konularında eğittiklerini ve Refah Partisi'yle çok sıkı ilişkiler içinde olduklarını da itiraf etmişti!..

Ali Kent, 1967 yılında İran'dan Türkiye'ye gelip TC vatandaşı olmuştu. TRT Dış Yayınlar Bölümü'nde tercüman olarak çalışıyordu.

1986 yılının son aylarında, gazete ve dergiler günlerce Ali Kent'in itiraflarına yer verdiler. Sonra ne oldu?

Ne olacak; Ali Kent önce 7 kişinin öldüğü 24 kişinin yaralandığı Kırıkkale MKE davasından beraat etti. Olayda sabotaj yoktu, patlamanın nedeni teknik arızaydı.

Sonra, Afşin-Elbistan Termik Santralı'ndaki patlamalarında proje hatasından meydana geldiği ortaya çıktı. Ondan da beraat etti. 13 ekim 1986 tarihinde gözaltına alınmasıyla başlayan "bombalı sabotajlı serüveni" 12 nisan 1988 tarihinde aldığı tahliye kararıyla son buldu...

Gazeteci Neyyire Özkan, 1980'li yılların son dönemlerinde Türkiye gündemini epey meşgul eden olayın peşini bırakmadı. Ali Kent'i, 1992 yılında İstanbul'un varoşlarında buldu ve konuşturdu:

"Bir sabah evimden çıkıp işime giderken yanımda duran otomobildeki şahıslar ismimi sordu, söyledim. Beni otomobile bindirip, boynuma torba geçirip, ağır hakaretler ederek MİT'e götürdüler.

İlk olarak bana, 'İslamî Cihat Örgütü üyesisin, Ebu Nidal'ın Türkiye temsilcisisin, Ürdünlü diplomatı öldürenlere de araba temin ettin' dediler. İçime müthiş bir korku girdi. Bana 'MİT'tesin' deniyordu. Böyle söyleyen bana yumruk atmadan önce, 'Ya bunları kabul edeceksin ya da biz sana kabul ettirmesini biliriz' dedi. Ondan sonra girişti, boksör tekniği ile yumruklar indirdi. Gerisini hatırlamıyorum. Hücrede buldum kendimi.

Bunlar kimdi, biliyor musunuz? Biri, Hiram Abas, diğeri Mehmet Eymür, Abas'ı ilk defa Başbakan Özal'ın yanında Suriye gezisine giden MİT görevlisi olarak fotoğrafı gazetelerde çıktığında tanıdım. Eymür'ü de öyle, çıkan fotoğraflarından. Yumruklarla başlamışlardı, suçlamaları kabul etmeyince falaka, elektrik, türlü türlü işkence, insanlıktan çıktım. Sorgunun üç ya da dördüncü günüydü GATA'ya kaldırılmışım. 13 ekimde gözaltına alınmıştım.

Sorgu 31 gün sürdü. Bu süre boyunca nelere 'Evet' demedim ki: yüzünü görmediğim birine İran'dan oluk gibi akan paraları verdim! Hiç gitmediğim Elbistan'ın olmayan Posta Caddesi'nde, bulunmayan bir kahvehanede nasıl buluştuğumuzu uzun uzun anlattım! Sadece fotoğrafını gördüğüm kişilerin iş ortaklarım olduğunu teyit ettim. En fazla da tanıdığım 'o zavallı müteahhit' ile işlediğim cürümü itiraf etmekte zorlandım, ama kızım imdadıma yetişti! Yan odadan gelen çığlıkları o zaman 15 yaşında olan genç kızıma ait olduğu söylendiğinde, artık suçlamalarla ilgili 'tereddüt' etmeyi bıraktım! Sonunda isnat olmuş tüm suçlamalara, 'Ben yaptım' demek zorunda bırakıldım.

Hayretler içinde kalıyorsunuz; gerçekten o ıstıraplar içinde, insan vücudunun kabul edemeyeceği ağırlıktaki işkenceler altında, çaresiz her şeye 'Evet' dedim. 20 yıldır görmediğim arkadaşlarımı suçladım, yüzlerine nasıl bakarım, diye düşüne düşüne..."[63]

Ali Kent'e neden çok ağır suçlamalar yapılmıştı?

"Suriye casusu" ve aynı zamanda "İran İslamî Cihat Ör-

63 *Aktüel* dergisi, 15 ekim 1992.

gütü'nün mensubu" Ali Kent, cezaevinden çıktıktan sonra, elini kolunu sallaya sallaya İstanbul'da nasıl dolaşıyordu? Bu kadar tehlikeli bir casusun, İstanbul'a yerleşmesine nasıl izin verilmişti?

Anlaşılan Ali Kent'in yıllarına neden olan olaylar zinciri, başka amaçlar için kullanılmıştı. Ali Kent piyon olarak kullanılmıştı!

Neydi o amaçlar?

Hiram Abas'ın "yükselme" hırsıyla açıklanabilir mi bu amaçlar?

Yoksa, Türkiye-İran ilişkilerini "baltalamak" isteyenlerin bir senaryosu mu, tüm bunlar?

Ortadoğu'da oyun çoktu...

Sinagog katliamı

Türkiye'de bulunan, İranlı, Filistinli, Suriyeli kısaca Ortadoğuluların arka arkaya gözaltına alındığı 1986 yılının sonbaharı hayli hareketli geçiyordu. İstanbul'da meydana gelen Sinagog katliamı dünya ajanslarını harekete geçirdi.

6 eylül 1986 günü sabah saat 09.15 sıralarında, İstanbul Kuledibi'ndeki Neve Şalom Sinagogu açılış yapıldığı gün, silahlı dört kişinin saldırısına maruz kaldı. Saldırganlar önce kapıdaki görevliyi, sonra da iç kapıdaki bir başka kişiyi öldürüp, ardından kapıları kapatıp sinagogda bulunanları otomatik silahlarla taramaya başladılar. Ayinde bulunan Eyüp, Balat, Fener gibi semtlerde oturan Musevî vatandaşlardan 21'i öldü. Saldırganlar intihar saldırısı düzenlemişlerdi, attıkları bombayla ikisi can vermiş, ancak diğeri ikisi kaçmıştı...

Kanlı saldırıdan sonra Beyrut, Lefkoşa ve İstanbul'daki haber ajanslarını arayan kimliği belirsiz kişiler saldırıyı, "İslamî Direniş", "Filistin İntikam Örgütü", "Kuzey Arap Birliği Teşkilatı" adlı örgütlerin üstlendiklerini bildirdiler.

Gazeteci Cengiz Çandar, 14-20 eylül 1986 tarihli *Yeni Gündem* dergisine, Neve Şalom Sinagogu'ndaki katliamı kimin yaptırdığına ilişkin ilginç bir değerlendirmede bulundu:

"Yapılan saldırı emsalleri hatırlandığında Ebu Nidal grubu tarafından gerçekleştirildiği izlenimi veriyor. Arap ve Filistin örgütlerinin birçoğuna İsrail Gizli İstihbarat Örgütü sızmış durumdadır. Mossad, Arap ve Filistinli örgütlerdeki maksimalist eğilimleri özendiriyor olabilir. Zehirlenecek atmosfer barıştan yana olmayan İsrail'in işine gelir."

Filistin Ankara Temsilcisi Ebu Firas'ın, 21 eylül 1986 tarihinde *Nokta* dergisine yaptığı açıklama, Gazeteci Cengiz Çandar'ın değerlendirmesiyle örtüşüyordu:

"Bu eylemler Mossad'ın işine yarıyor. Bu sinagog baskınından kim kazançlı çıkacak? Bu noktada İsrail sempati topladı ve insanlar Filistinlilerden nefret etti. Bunu yapanlar bunun böyle sonuçlanacağını çok iyi biliyorlardı."

Ebu Firas bu arada "küçük bir ayrıntıyı" da sözlerine ekliyordu: "Türk yetkililer ekim ayının sonlarına doğru Michel Herbert isimli bir İsrailliyi İzmir Sinagogu'nun önünde yakalamışlardı. Bu adamın yanında içinde patlayıcı madde bulunan bir çanta ele geçirilmişti..."

Tartışmaya son noktayı Dışişleri eski bakanı İhsan Sabri Çağlayangil koydu ve olayın bir provokasyon olduğunu söyledi.[64]

Eylemi kimin yaptığı ve yaptırdığı uzun süre gündemi meşgul ettikten sonra dosya kapatıldı...

Olaya kuşkuyla bakanlar, "Sinagog saldırısını, Türkiye ile Filistin Kurtuluş Örgütü'nün arasını açmak isteyenler mi yaptı?" sorusunu hep akıllarında tuttular...

Özal "sivil general" arıyor!

Korgeneral Hayri Ündül, dünyayı şoke eden sinagog baskınından bir gün önce oturmuştu MİT müsteşarlığı koltuğuna.

Ve bu şanssızlığı, MİT'te görev yaptığı iki yıl boyunca da Korgeneral Ündül'ün yakasını bırakmayacaktı...

Süresini dolduran Korgeneral Burhanettin Bigalı'dan sonra MİT müsteşarlığına kimin geleceği, Başbakan Turgut Özal ile Genelkurmay Başkanlığı arasında yine soğuk rüzgârların esmesine neden olmuştu.

64 *Nokta*, 14 haziran 1987.

Başbakan Özal'ın kafasındaki plan, Hiram Abas'ı müsteşar yapmaktı. Ancak 1986 yılında henüz bunu yapacak gücü yoktu.

Hiram Abas ve ekibinin Filistinli avı da işe yaramamıştı!

Bu nedenle MİT müsteşarlığı için "sivil paşa" aramaya başladı.

Aslında Burhanettin Bigalı'dan memmundu. MİT müsteşarlığında kalması için teklif götürdü: "Bigalı Paşa, seni Korgenerallik rütbesinden emekli yapalım ve uzun yıllar MİT'in başında tutalım."

Korgeneral Bigalı teklife çok kızdı. Orgeneral olmak istiyordu. Başbakanın aksine kendisini hiç sevmiyordu. Genelkurmay Başkanı Orgeneral Necdet Üruğ'a çok yakındı.

Özal MİT'in başına, Millî Güvenlik Kurulu toplantılarına bazen katılan, MGK Genel Sekreterliği Toplumla İlişkiler Başkanı Tümgeneral Teoman Koman'ı getirmeyi düşündü. Ancak Koman Paşa'nın "rütbesi" uygun değildi.

Askerler, Başbakan Özal'ın "sivil paşa" aradığını öğrenmişlerdi.

Bastırdılar, 12 Eylül döneminde, sıkıyönetim askerî hizmetler koordinasyon daire başkanlığı gibi kritik bir görevde bulunan Korgeneral Hayri Ündül'ü, MİT müsteşarı yaptılar.

Başbakan Özal, yeni müsteşarı hiç tanımıyordu. Tek bildiği, öyle kolay yabana atılacak bir general olmadığı ve istihbarat işlerine kafası çalışan biri olmasıydı.

En önemli özelliği şüpheciliğiydi...

Hayri Ündül, teşkilat hakkında kulis almak için bir akrabası aracılığıyla eski bir MİT mensubuyla görüşmek istedi.

Ündül Paşa'nın akrabası MİT eski mensubuna randevuyu şöyle veriyordu:

"Ben sana telefon edeceğim. Telefonda, çocuğunun hastaymış gibi durumunu soracağım. Ve şu saatte gelebilir miyim diyeceğim. Verdiğim saat görüşmenin saati olacak. Buluşma yerini ise ben sana bir aracı aracılığıyla bildireceğim!"

MİT Müsteşarı Ündül, telefonlarının dinlendiğinden şüphelenip bu çareye başvuruyordu. Ne kadar haklı olduğunu, Türkiye iki yıl sonra öğrenecekti...

Özal ekibinin MİT'teki kodu: F-2

MİT Müsteşarı Hayri Ündül'ün işi hayli zordu. Teşkilat bölünmüştü.

Teşkilat içindeki Özalcıların kodu, "F-2"ydi.

MİT'ten emekli olup da Özal'a yakın olanların kodu ise, "F-02"ydi.

Teşkilatın içinden hiçbir zaman gitmemiş "siyaset rüzgârı" yine güçlü esmeye başlamıştı. Başbakan Özal'ın, "özel büro" kurduğu ve siyasî rakipleri ile parti içindeki grupları izlettirdiği iddia ediliyordu.

Hasan Celal Güzel, Meclis Susurluk Komisyonu'na verdiği ifade de, bazı ANAP'lı milletvekilleri ile bakanlar hakkında dosyalar düzenlendiğinden bahsediyordu.[65]

Bir dönem Adnan Menderes'in yaptığı gibi kendisine karşı çıkanlara Özal, dosyalarını gösteriyordu!

Örneğin, Turgut Özal, "Mustafa Taşar dosyası"nı bir kurmayına gösterip, "Bak senin Mustafa ne haltlar yiyor" diyordu. Ayrıca elinde Mustafa Taşar'la ilgili video bant da vardı!

Nereden geliyordu bu dosyalar, kimler veriyordu bu video kasetlerini?

Hiram Abas, Müsteşar Hayri Ündül'ü atlayarak direkt başbakana raporlar sunuyor, brifingler veriyordu.

Hiram Abas'ın, ANAP kabinesinden sıcak ilişkiler kurduğu bir diğer kişi ise Adnan Kahveci'ydi. O da kendisi gibi istihbarata, gizli dinlemeye ve "James Bond'luk oynamaya" çok meraklıydı...[66]

Aklı hep silahlı operasyonlarda olan Hiram Abas, Başbakan Özal'la çoğu zaman aynı görüşleri paylaşıyordu. Teşkilatın en önemli işi kontrespiyonaj neredeyse unutulmuştu. Zaten Özal, Emniyet Genel Müdürlüğü Kanunu'na geçici 7'nci maddeyi ekledi. MİT'in dış görevleri sanki Emniyet'e de verilmişti!..

65 Hasan Celal Güzel, Meclis Susurluk Komisyonu ifade tutanakları, s. 846-850,852.

66 MİT Yasası'na göre müsteşarın kimlere bilgi ve rapor vereceği belliydi. Aksi takdirde, yasaya göre, 2 ile 8 yıl arasında değişen hapis cezalarına mahkûm olabilirdi. Ancak Türkiye ileriki yıllarda daha nelerle karşılaşacaktı; MİT'in başına öyle müsteşarlar gelecekti ki, başbakan eşine bile brifing vereceklerdi...

Dış istihbarat şahtı şahbaz oldu.

O tarihten sonra yurtdışına birde, Emniyet kadrolarından "güvenlik ataşeleri" gönderilmeye başlandı. Devlete çok büyük bir maliyet yükleniyor, hiçbir iş yapmayan "güvenlik ataşeleri" elçiliklerde, konsolosluklarda, koruma memuru gibi oturuyorlardı. En güzel örneği, ABD'ye giden Şükrü Balcı'ydı. İddiaya göre ABD'den aldığı çiftliğinde yaşıyor, devletten de maaş alıyordu!..

MİT'in "ikinci adamlığı"na getirilen Hiram Abas kısa sürede iki kez ABD'ye gitmişti. Gidişi, görüşmeleri ve dönüşü nedense sır gibi saklanmıştı...

Ancak döndükten sonra bazı fikirleri daha hararetli savunmaya başladığı gözleniyordu...

Başbakanlık Konutu'nda Özal, Hiram Abas'ın da bazen bulunduğu sohbetlerde MİT'in sivilleştirilmesini tartışmaya açıyordu.

"Sivilleşmeden" herkes başka anlamlar çıkarıyordu. Ancak Özal ile Hiram Abas'ın görüşü birbirine çok yakındı.

Onlara göre sivilleşme MİT'in başına asker olmayan birinin getirilmesi demek değildi. Teşkilatın içe ve dışa dönük olmak üzere, Amerika'daki CIA ve FBI gibi iki başlı olmasını istiyorlardı.

"MİT ikiye bölünsün, iç ve dış istihbarat olsun" diyenlerin gerçek maksatları bugüne kadar Türkiye'de hiç tartışılmadı.

Aslında, Amerikan metodunun ortaya atılmasının altında, Türkiye'nin federatif bir yönetimle idare edilme isteği yatmaktaydı. Çünkü, ikiye ayrılmış modelleri genelde federal sistemler uygulamaktaydı. Bu modeli ortaya atanların gerçek niyetlerini söyleyememesinin altında, kamuoyundan alacakları tepki vardı...

MİT'i "sivilleştirmek" için, "siyasî atmosferin" uygun olmasını bekliyorlardı.

Bu nedenle Türk siyasetinin temel "yasalarını" tartışmaya açmışlardı...

Nazi Generali Gehlen'in "öğrencisi"; Hiram Abas'ın "öğretmeni"; MİT eski müsteşarı Fuat Doğu, *Yeni Forum* dergisinde, "Bırakalım artık şu, 'Yurtta sulh cihanda sulh' ilkesini. Cihan Türklüğüne dönelim" diye yazıyordu.[67]

Yeni Forum, 1983 yılında kurulan, "CIA'nın örtülü kontrolü altındaki" Ulusal Demokrasi Vakfı'ndan (National Endowment For Democracy) 100 000 dolar yardım almıştı. Aydın Yalçın, neden yardım aldıklarını 1-15 nisan 1989 tarihli *Yeni Forum*'da, yardımın "Türkiye'de totaliter rejimlere karşı ve demokrasinin yerleşmesiyle ilgili mücadeleye" katkı için verildiğini yazıyordu! CIA eski başkanı Stanfield Turner, *CIA, Gizlilik Demokrasi* adlı kitabında, CIA'nın paravan dernekler, vakıflar, sendikalar aracılığıyla "yararlı dost unsurları" desteklemek için her yıl milyonlarca doların gönderildiğini açıklıyordu. "Sendikalar, dernekler bir tür paravan kuruluş görevi yaparak, para kaynağının CIA olduğu gerçeğinin öğrenilmesini önlüyordu. Böylece bizden para alan yabancı sendika ve derneklerin 'Amerikan kuklası' diye anılmasını da önlüyorduk."[68]

MİT eski müsteşarı Fuat Doğu, Türkiye'nin Ortadoğu'da, Kafkaslar'da, Balkanlar'da aktif olmasını istiyordu. Hem siyaseten hem de askerî açıdan!

Fuat Doğu Türkiye'ye, Sovyetler Birliği'ne karşı "koçbaşı misyonu"nu üstlenmesini öneriyordu.

CIA'nın Türkiye İstasyon Şefi Paul Henze de, o yıllarda benzer sözler sarf ediyordu. CIA Ortadoğu Masası eski şefi Graham Fuller, "Türkiye artık bir alt süper devlettir" sözlerini sık sık tekrarlıyordu: "Sovyetler Birliği'nin çöküşünden sonra bütün Orta Asya ve Balkanlar, Türkiye'nin politik, ekonomik ve askerî etkisine açık hale gelmiştir." Hiram Abas ile CIA şefleriyle aynı görüşü paylaşıyordu...[69]

"Yeniosmanlılık" fikri Türkiye'de yavaş yavaş dile getiriliyor, "Ortadoğu'da en yakın müttefikimiz artık İsrail" den-

67 *Yeni Forum,* 15 ekim 1986.

68 Adnan Akfırat, *Pentagon ve CIA Belgeleriyle Özel Savaş,* Kaynak Yayınları, 1997, s. 109, 110.

69 Konuyla ilgilenenler, Gazeteci Ufuk Güldemir, Graham Fuller röportajının yer aldığı 26.2.1990 tarihli *Cumhuriyet* gazetesine ve Paul Henze'in ABD Hava Kuvvetleri için hazırladığı, 32 sayfalık, "21'inci Yüzyıla Doğru Türkiye" raporunun yer aldığı, 22 haziran 1994 tarihli *Aktüel* dergisine bakabilirler.

meye başlanıyordu...[70]

ABD'nin yeni projesi, "Turancılar"la aynı noktada birleşmişti...

İşte bunun için MİT'in "sivilleşmesi" gerekiyordu; Türkiye sınırötesinde kirli operasyonlar yapacak "kendi CIA"sını kurmalıydı!..

"Türk CIA"sı, sadece SB'nin istikrarsızlaştırılması için değil, en yakın komşu ülkelerde de faaliyet gösterecekti kuşkusuz...

Musul-Kerkük senaryosu

İran-Irak Savaşı 22 eylül 1980 tarihinde başladı.

Savaş "denk güçlerin mücadelesi ekseninde" geçiyordu. Batı ülkeleri de iki tarafa milyarlarca dolarlık silah satıyordu.

Ancak işler 1986 yılında değişmeye başladı. İran cephelerde üstünlük sağlamaya başlamıştı.

1986 ekim ayı ortalarından sonra İran-Irak Savaşı kızışırken, Kerkük Petrol Tesisleri önem kazanıyordu. Dünya basınında Türkiye'nin ABD'nin tavsiyesiyle Kerkük-Musul'a gireceği haberleri sıklaşıyordu. Başta ABD olmak üzere Batı, Irak petrollerinin İran'ın eline geçmesiyle İslam fundamentalist hareketlerin Ortadoğu'ya hâkim olacağı tehlikesinden söz ediyordu.

18 ekim: Irak, Kerkük'e saldıran ve boruhattını tehdit eden, İran'dan destek alan Kürt Barzanî kuvvetlerini geri püskürtmek üzere harekete geçti.

Aynı gün İran dışişleri bakan yardımcısı Ankara'ya geldi. İranlı yetkili Kerkük'le ilgili mesaj getirmişti. İran hükûmeti, ileride Türkiye'nin Musul-Kerkük'e sahip çıkabileceği iddiaları karşısında, Türkiye'yle görüşme ihtiyacını hissetmişti.

26 ekim: Millî Güvenlik Kurulu Cumhurbaşkanı Kenan

70 19 kasım 1992 tarihinde, milliyetçi lider Alparslan Türkeş bile 6 köşeli yıldızın altında İstanbul Balat'taki Ahrida Sinagogu'nun açılışına katılacaktı. İsrail Cumhurbaşkanı Herzog'un Türkiye gezisinde protokoldeki yerini alıyordu. Amerika gezisinde görüşme yaptıkları kuruluşlar arasında hep Yahudiler vardı!.. 1960'lı yıllarda demokrasinin hep bir Yahudi oyunu olduğunu söyleyen Türkeş, artık değişmişti! Türkiye, Orta Asya'ya İsrail'le birlikte kol kola giriyordu. Rakip ise İran'dı!

Evren başkanlığında "Musul-Kerkük toplantısı" yaptı.

29 ekim: Mesud Barzanî Kerkük'e saldırı hazırlığına giriyordu. Gazeteler, İran hükûmetinin Barzanî'yle birlikte Kerkük'e girerek Irak'ı kesin yenilgiye uğratacağına inandığını yazıyordu.

31 ekim: CIA'nın ünlü "İstasyon Şefi" Paul Henze, GAP bölgesinde ABD'li ve İsveçli iki bayanla dolaşıyordu. Hiram Abas da aynı tarihlerde, MİT'in Güvenlik Daire Başkanlığı ekipleriyle bölgede dolaşıyor, bazen sınırötesine geçiyorlardı...

1-2 kasım: ABD'nin ünlü *International Herald Tribune* gazetesinde William Pfaff imzasıyla "İstanbul senaryosu" yayımlanıyordu. Senaryonun başlığı "Petrol Alanlarına Bir ABD Saldırısı" şeklindeydi. Senaryo İran'ın Kerkük'e yönelttiği komando saldırısı üzerine kaleme alınmıştı.

5 kasım: İran Meclis Başkanı Rafsancani, Tahran Radyosu'nun haberine göre, cuma hutbesinde şunları söylüyordu: "Türk yetkililerden bazıları Saddam'ın çöküşünden sonra Irak'ın kuzey bölümü ile Kerkük bölgesindeki petroller üzerinde çıkarları bulunduğuna dair görüşler beyan etmektedir. Bunlar çiğ sözlerdir. Türk yetkililerden bundan sonra Irak'ın kuzeyine kimse el atamaz. Petrolü alıp götüremez. Orası Kürt halkına aittir ve onların olacaktır!

6 kasım: NATO'nun 13-18 kasım günü İstanbul'da yapılan genel kurulunda dört Türk tümeninin İran, Irak ve Suriye sınırına kaydırıldığı açıklanacaktı. 2. ve 3. Ordu teyakkuza geçmişti.

26 kasım, İran uçakları, Türkiye-Irak Boruhattı'nın geçtiği Kerkük'ü bombaladı. Basra'ya birkaç km kalacak kadar yaklaşmıştı...

İşte bu sıcak günlerde, Türkiye'de "Musul-Kerkük senaryoları" hareretle tartışılıyordu. MİT eski müsteşarı Fuat Doğu'nun ileri sürdüğü, "Yurtta sulh cihanda sulh" parolasından vazgeçilmesi tezi, özellikle Başbakan Özal'a yakın çevrelerde hayli olumlu puanlar topluyordu.

Fuat Doğu, "dünya Türklüğünü" savunuyordu.

"Dünya Türklüğüne" geçişin ilk adımı, Irak'tan Musul ve Kerkük'ün alınmasıydı!..

Bunun hukukî dayanakları da yok değildi!

Yeni Forum dergisinde Aydın Yalçın, "Bir yerin statüsü değişince, (yani İran, Irak'a girerse) eski anlaşmalarda kabul edilen esasları gözden geçirmek söz konusu olabilir"[71] diyordu.

Neydi eski anlaşmalar; "Musul-Kerkük, Misakı Millî sınırlar içindedir."

1936 yılında yapılan anlaşmaya göre de, Türkiye'nin Musul petrollerinde yüzde 10 hissesi vardı. Irak 50 yıldır bu hissenin kârını ödemiyordu!

Zaten o bölgeler eskiden beri Türkmen değil miydi?

"Ku(ü)rt politikacı" Kâmran İnan, 10 kasım 1986 tarihli *Milliyet*'te, "Kerkük'te Türk varlığı bulunmaktadır. Dolasıyla Türkiye bu müdahalede hiç yoktur diye düşünülemez" diyor ve gerekirse askerî müdahaleyi de içeren aktif politikalar öneriyordu.

Tartışmaların yoğunlaştığı günlerde, ABD Savunma Bakan Yardımcısı William Taft, 7 kasım 1986 tarihinde, 24 saatlik bir yıldırım ziyaret için Ankara'ya geldi. Basın, Amerikalı Taft'ın koltuğunun altında "Pentagon'un Musul-Kerkük senaryosu"nun bulunduğunu yazıyordu...

Genelkurmay Başkanı Orgeneral Necdet Üruğ, randevusuz gelen ABD'li yetkiliyi kabul etmedi. ABD'liler, genelkurmayın bu tavrına çok şaşırdılar.

Amerikalılar anladılar ki, Türk Silahlı Kuvvetleri, Musul ve Kerkük'e müdahaleye karşıydı...

Türk Silahlı Kuvvetleri Musul ve Kerkük'e müdahale etmiyordu, ancak 15 ağustos 1986 tarihinde Kuzey Irak'ta bulunan PKK kamplarını havadan bombalıyordu. Ardından Türk Silahlı Kuvvetleri, 13 yıl sonra yine bir askerî operasyona başlıyor ve Kuzey Irak'a giriyordu. Ancak kalmak için değil, PKK kamplarını basıp dönmek için giriyordu...

Genelkurmay, Amerika'nın Kuzey Irak'ta 1965 yılından beri bir planı yürürlüğe koymak istediğini biliyordu. Musul-Kerkük bahaneydi, asıl amaç, bölgede özerk bir "Kürdistan" kurmaktı. Bunun "hamisi de" Türkiye olacaktı.

Genelkurmay, İran ve Irak'ı parçalamayı amaçlayan

71 a.g.e., s. 4-14.

Amerika'nın, "Özerk Kürdistan" planının, ileriki yıllarda Türkiye'yi de böleceğini düşünüyordu...

Plandan haberdar olan Türk Silahlı Kuvvetleri, bu nedenle; ne siyasî otoriteyi ne de müttefiki ABD'yi dinliyordu!..

Başbakan Özal, 2 şubat 1987 tarihinde ABD'ye gitti. Başkan Ronald Reagan'la görüştü. Özal'ın bu görüşmede, Genelkurmay Başkanı Üruğ'u "şikâyet ettiği" iddia edildiyse de doğrulanamadı...

Başbakan Özal Amerika'da Houston Methodist Hastanesi'nde baypas olup, iki ay sonra Türkiye'ye geldiğinde bir sürprizle karşılaşacaktı...

TSK'nın üst tepesinde de "baypas"lar yapılacaktı...

Özal'ın "kulağı" paşalar!

Tarih 18 nisan 1987.

Türkiye, tarihinde ilk kez bir Genelkurmay başkanının görev süresi dolmadan emekliliğini istiyordu.

Genelkurmay Başkanı Orgeneral Necdet Üruğ, prosedür gereği ağustos ayını beklemeden, 15 haziran tarihi itibariyle emekli olacağını açıkladı...

Orgeneral Üruğ neden erken emekli olmak istemişti? Eğer Orgeneral Necdet Üruğ, temmuz ayında toplanacak Yüksek Askerî Şûra'yı beklerse, temmuz itibariyle Kara Kuvvetleri Komutanlığı'ndaki görev süresini doldurmuş olan Orgeneral Necdet Öztorun emekli olacaktı.

Orgeneral Necdet Üruğ, adaşının emekli olmasını istemiyor, yerine Genelkurmay başkanlığı koltuğuna oturmasını arzu ediyordu. İşte bu nedenle emekliliğini öne almıştı...

Genelkurmay Başkanı Üruğ'un böyle davranmasının nedeni olarak şu yorum yapılıyordu: "Üruğ ve Öztorun Belçika Kulübü'nün üyeleridir. Bu ekip TSK'nın başına kimin geleceğini 2000 yılına kadar planlamışlardır."

Genelkurmay başkanıyla "yıldızları hiç barışmayan" Başbakan Özal, Orgeneral Üruğ'un emekli olmasını "dört gözle" bekliyordu. TSK içinde kendine yakın bazı paşaların bulunduğu kulağına fısıldanmıştı.

Bunlardan biri; Orgeneral Recep Ergun'du...

Turgut Özal, Recep Ergun'la ANAP'a geçen, eski MDP'li Mehmet Yazar'ın evinde düzenlediği müzikli ev toplantılarında samimi olmuştu.

Tanışmaları ise eskiydi; 1970'li yıllarda Millî İstihbarat Koordinasyon Kurulu toplantılarından tanışıyorlardı. Biri Devlet Planlama Teşkilatı müsteşarı, diğeri MİT müsteşar yardımcısıydı. Ancak o yıllarda ilişkileri bürokratik ilişkiden öteye geçmemişti.

Şimdi Mehmet Yazar'ın evinde, şarkılar söyleyip sohbetler yapıyorlardı.

Orgeneral Recep Ergun İstanbul 1. Ordu komutanıydı.

Genelkurmay Başkanı Orgeneral Necdet Üruğ, Başbakan Özal'ın yurtiçi ve yurtdışı seyahatlerinde karşılanmasını komutanlarına yasaklamıştı. Ancak Orgeneral Recep Ergun İstanbul'da bu yasağı deliyor, Fenerbahçe Orduevi'nin küçük pistini başbakanın helikopterine açmakta hiçbir sakınca görmüyordu.

Orgeneral Ergun gücünü yıllarca birlikte görev yaptığı Millî Güvenlik Konseyi Üyesi Nurettin Ersin'den alıyordu...

Recep Ergun, Başbakan Özal ve Nurettin Ersin'in desteğiyle önce Kara Kuvvetleri komutanı, arkasından da Genelkurmay başkanı olmayı düşlüyordu...

Bir dönem dayısı Genelkurmay başkanı Faruk Gürler'e destek veren iki komutan; Nurettin Ersin ve Recep Ergun şimdi yeğen Üruğ'a karşıydılar!

Üruğ'a karşı bir isim de, Güneş Taner'in babası Cengiz Taner'di. Cengiz Taner, Üruğ tarafından terfi ettirilmeyip emekli edilmesini hiç hazmedememişti.

Başbakan Özal'ın TSK içindeki ikinci "kulağı" Ege Ordu Komutanı Orgeneral Kemal Yamak'tı. Özal, Kemal Yamak'ı Genelkurmay başkanı yapmak istiyordu.

Başbakan Özal'a, TSK içinden bilgi taşıyan, nasıl stratejiler uygulaması gerektiğini söyleyen bir diğer kişi ise, Başbakanlık Müşaviri emekli Korgeneral Rüştü Naiboğlu'ydu!

ABD'de sürekli oturma kartı (Green Card) sahibi emekli

Korgeneral Naiboğlu, Özel Harp Dairesi komutanlığı yapmıştı. Naiboğlu, 1977 yılında Namık Kemal Ersun darbesine karıştığı için emekli edilmişti! İlginçtir Özal, devlet ricalinde bulunduğu dönemlerde, kendisine danışman olarak hep Özel Harpçileri ve darbecileri seçiyordu; Kemal Yamak, Recai Engin, Hulusi Sayın, Rüştü Naiboğlu vb.

Orgeneral Ürüğ cephesi ile Başbakan Özal cephesinde son durum böyleydi. Gözler temmuz ayına çevrilmişti. Orgeneral Ürüğ yapılacak bir törenle, Genelkurmay başkanlığını Orgeneral Öztorun'a devredeceğini davetiyelere bile yazdırmıştı.

Davetiyeyi gören Başbakanlık Müsteşarı Hasan Celal Güzel apar topar Başbakan Özal'ın yanına gidip elindeki davetiyeyi uzattı.

Özal ile Evren o akşam gizlice buluştular. Strateji belirlediler.

Orgeneral Ürüğ'u önce, Evren Köşk'e çağırıp konuştu, istifasının yanlış olacağını belirtti. Orgeneral Ürüğ kararlı olduğunu söyledi.

Genelkurmay Başkanı Ürüğ'un Ordu'daki gücünü bilen Özal, "elindeki kartların" zayıf olduğunu biliyordu. Ürüğ'a, "Görev sürenizi bir yıl daha uzatalım" teklifini götürdü. Ürüğ reddetti, emekliliğinde ve yerine Öztorun Paşa'yı bırakmaya kararlıydı...

Evren ve Özal bir kez daha gizlice buluşup, Öztorun'u tasfiye etme kararı aldılar. Hemen ardından Özal, 29 haziranda geceyarısına doğru, Bakanlar Kurulu'nu topladı, Genelkurmay 2. Başkanı Orgeneral Necip Torumtay'ın Kara Kuvvetleri Komutanlığı ile Genelkurmay Başkanlığı vekilliğine getirildiğini içeren kararnameyi, bakanlarına imzalatıp Köşk'e gönderdi. Başbakanlık önünde bekleyen gazetecilere, "Bakanlar Kurulu Orgeneral Öztorun'un Genelkurmay başkanı olmasını istemiyor" diye açıklama yaptı.

Ardından hemen İstanbul'a hareket etti. Tarabya Oteli'ne yerleşti. Orgeneral Recep Ergun'u çağırttı, TSK'nın tepkisini merak ediyordu. Orgeneral Ergun, "Ordu bir kişinin peşinden gitmez, merak etmeyin" dedi.

Rahatladı. Ancak otelin çevresinde onlarca sivil polisin dizilmesi de gözlerden kaçmamıştı.[72]

Özal aslında Genelkurmay başkanlığına Orgeneral Kemal Yamak'ı düşünmüştü. Ancak bunu yapacak gücü yoktu.

Evren ve Özal, Orgeneral Torumtay'ın, Genelkurmay başkanı olmasında hemfikir olmuşlardı. Torumtay'ın karşı tarafı da fazla rencide etmeyecek bir isim olduğunu düşünüyorlardı...

Sıcak saatler yaşanıyordu başkentte...

Cumhurbaşkanı Kenan Evren, ABD gezisini ağustos ayına ertelediğini Amerika'ya bildirdi.

Kararnamenin çıktığını öğrenen Kara Kuvvetleri Komutanı Orgeneral Öztorun emekliliğini istedi. İstifasının gerekçesini, "Özal ile laiklik konusunda farklılıklarımız var" diye açıkladı. Öztorun ile Özal'ın ilişkisi çok önceden bozulmuştu, Öztorun İstanbul 1. Ordu komutanlığı döneminde İlim Yayma Cemiyeti'ni kapattırmıştı. Kara Kuvvetleri komutanlığı döneminde de Özal'ın isteğine rağmen Ağrı'da "ABD'nin Sesi Radyosu"nun kurulmasına izin vermemişti.

25 temmuz günü Orgeneral Torumtay Genelkurmay başkanı oldu. Burada bir anekdotu anımsatmakta yarar var: önceki bölümlerde okudunuz; Kurmay Albay Talat Aydemir siyasîleri beğenmeyip darbe girişiminde bulundu iki kez. Sonuncusunda yakalanıp gözaltına alındı ve yargılanıp idam edildi. 22 şubat 1962 gecesi Kurmay Albay Talat Aydemir'i gözaltına almaya gelen askerî timin komutanı Kurmay Yarbay Necip Torumtay'dı. Talat Aydemir anılarında o geceyi anlatırken, Torumtay'ın çok acımasız olduğunu belirtiyordu. "Akademiyi beraber okumuştuk. Yassıada'da irtibat bürosunda çalışmıştı. Bizimle birlikte yeminli subaylar arasındaydı. Bana karşı hep o kadar çok hürmetkâr idi. Fakat ne olmuştu. Canavar kesilmişti; hiçbir isteğimi yerine getirmek istemiyor, dışarıda kar yağdığı halde, beni pijama ile sürükleyip kapıda bekleyen cipe bindirmek için uğraşıyordu..."

Kara Kuvvetleri komutanlığına, Ege Ordu Komutanı Orgeneral Kemal Yamak getirildi.

Bu göreve gelmeyi bekleyen İstanbul 1. Ordu Komutanı Orgeneral Recep Ergun, Özal'dan "bakanlık teklifi" alarak

72 Orhan Tokatlı, *Kırmızı Plakalar,* Doğan Kitapçılık, 1999, s. 79.

emekli olmaya razı olmuştu. Orgeneral Ergun, önümüzdeki seçim meclise sokulup, savunma bakanı yapılacağı sözünü almıştı. Öyle ya, nasıl olsa Genelkurmay Başkanlığı, Savunma Bakanlığı'na bağlanacaktı...

Recep Ergun'a MİT müsteşarlığı da teklif ediliyor ancak o, savunma bakanlığına sıcak bakıyordu.

1. Ordu'ya Orgeneral Doğan Güreş, Ege ordu komutanlığına ise Orgeneral Muhittin Fisunoğlu getirildi.

Orgeneral Ürüğ ekibi, Başbakan Özal'ın "Ordu'ya neşter atmasına" neden ses çıkarmamıştı?

1) Orgeneral Torumtay'ı Genelkurmay ikinci başkanlığına Ürüğ getirmişti. Ancak yine de kendisine mesafeliydi. Fakat karşı değillerdi, hatta ekipten sayılabilirdi!..

2) Yüksek Askerî Şûra'da, Sabri Yirmibeşoğlu, Burhanettin Bigalı gibi "Ürüğcü" korgeneraller, orgeneral olup kilit görevlere gelmişlerdi.

3) Orgeneral Ürüğ'un sevdiği, Kemal Yavuz, Eşref Bitlis, Hikmet Bayar korgeneral olmuşlardı. Atilla Ateş ise tümgeneralliğe getirilmişti.

Özetle, Ordu'nun diğer kademeleri söylendiği gibi "neşterden" hiç etkilenmemişti...

Başbakan Özal ise "Ordu'yu nasıl sivilleştirdiğini", Genelkurmay Başkanı Orgeneral Necip Torumtay'ın kendisine "ne kadar bağlı" olduğunu Körfez Savaşı günlerinde yakından görecekti...[73]

Gazete manşetlerinde

Ordu'yu ve MİT'i "sivilleştiren" Başbakan Özal, şimdi Doğu ve Güneydoğu bölgesinde, Olağanüstü Hal Bölge (OHAL) Valiliği'ni oluşturmak için meclisi harekete geçirmek istiyordu.

Meclisten gerekli desteği bulamayan Özal, OHAL Valiliği konusunda kanun hükmünde kararname (KHK) çıkardı. Artık bölgedeki askerî güçler, MİT, Emniyet, OHAL Valiliği'ne

73 Necdet Ürüğ ve Necdet Öztorun yıllar sonra, 10 eylül 1993 tarihinde asker-sivil arkadaşlarıyla birlikte Ulusal Birlik ve Dayanışma Derneği'ni kurdular.

bağlıydı. Yaptığı harcamalar, ihale ve Sayıştay yasaları kapsamındaydı. Köy ve mezraların yerlerini değiştirebilecekti. Yargıç, savcı ve jandarma dışında her kamu görevlisini görevden alma yetkisi vardı...

KHK'nin çıktığı 15 temmuz 1987 tarihinde OHAL valiliğine Hayri Kozakçıoğlu atandı...

Bölgede yeni bir dönem başlıyordu...

Aynı zamanda komşu ülkelerle de yeni bir döneme giriliyordu. En somut değişiklik ise, PKK'ya destek veren Suriye'yle yaşanıyordu..

OHAL valiliğine Hayri Kozakçıoğlu'nun atandığı gün, Başbakan Özal Suriye'ye gitti...

Uçakta Başbakan Özal'ın yanında ayakta duran, kollarını Özal'ın başının üzerindeki koltuğa "laubali" bir şekilde dayamış, teklifsizce araya girip başbakana yöneltilen soruları, duruş pozisyonunu bozmadan yanıtlayan, PKK'nın Şam'daki adreslerini, kamplarını bildiğini söyleyen bürokrat, gazetecilerin dikkatinden kaçmamıştı. Bilinen bürokrat tipine benzemiyordu, başbakanın yanında bile çok rahattı. Herkes birbirine "Kim bu adam" demeye başladı. Kimse tanımıyordu.

Sonunda öğrendiler merak ettikleri bürokratın kimliğini; MİT Müsteşar Yardımcısı Hiram Abas!..

Sorular Hiram Abas'a yöneldi. Gazeteciler için bulunmaz bir fırsattı, karşılarında soruları rahatlıkla yanıtlayan MİT üst düzey yöneticisi vardı.

Hiram Abas, gazetecilere MİT'e ilişkin düşüncelerini söylemekten kaçınmıyordu: MİT'in görüntüsü değişmeliydi, gizli kapaklı işlerle uğraşan karanlık bir örgüt imajı silinmeliydi. Avrupa ve Amerika'da olduğu gibi yeri, başkanı belli, açık, legal bir örgüt olmalıydı.

Hiram Abas bunun yanı sıra MİT'in görev alanının da değiştirilmesi gerektiğini özellikle vurguluyordu. Sürekli tekrarlıyordu gazetecilere; "Eskiden olduğu gibi MİT'in görevi solcu avına çıkmak olmamalı, dışarıdan gelen tehditlere yönelik bir istihbarat çalışması yürütülmeli" diyordu. "İç güvenliği ve iç istihbaratı emniyet güçleri üstlenmeliydi..."

Hiram Abas "medyanın desteğini istiyoruz" diye noktalıyordu konuşmalarını.

Destek geldi...

Hiram Abas, Suriye gezisinde gövde gösterisi yapmıştı. Medya, Hiram Abas'a geniş yer ayırdı. 17 temmuz 1987 tarihli *Sabah* gazetesi, "MİT müsteşarının (yardımcısının, y.n.) Şam'da büyük şovu" manşetini atmıştı. *Güneş* ve *Milliyet* gazeteleri, *Haftaya Bakış* dergisi Hiram Abas'ın boy boy fotoğraflarını yayımlayarak övgü dolu yazıları kaleme almışlardı.

Gazeteci M. Ali Kışlalı, Siyasal Bilgiler Fakültesi'nden yakın arkadaşı Hiram Abas için övgü dolu tanıtma yazıları yazıyor, medyayla kurduğu ilişkideki başarısını anlatıyor ve "hiçbir kampın adamı olmadığının" altını çiziyordu.

Medyanın projektörleri Hiram Abas'a çevrilmiş, flaşlar onun için patlamıştı. Geziye katılan Dışişleri Bakanı Vahit Halefoğlu, Müsteşar Nüzhet Kandemir ve "Su Raporu" hazırlayan Dışişleri bürokratları gölgede kalmışlardı.

Hiram Abas'ın protokoldeki yeri de ilginçti: iki bakan ve müsteşarların bulunduğu listede beşinci sırada yer almıştı.

Müsteşar yardımcısı değil sanki MİT müsteşarıydı!..

Dışişleri Bakanlığı'nın muhalefetine rağmen, Başbakan Özal, Hiram Abas'ın "desteğiyle" Suriye ile "Su Anlaşması" imzalıyordu. Örgütün "her şeyini" bildiğini söyeleyen Hiram Abas'ın bulunduğu gezide, nedense anlaşmada tek satır PKK'dan bahsedilmiyordu!..

Peki Hiram Abas neden böyle "cilalanıyordu?"

Başbakan Özal, Hiram Abas'ı MİT'in patronluğuna getirmek istiyordu.

Medya aracılığıyla kamuoyu yaratma peşindeydi...

Ama bu stratejiye destek vermeyenler de vardı:

2 ağustos 1987 tarihli sayısında, *2000'e Doğru* dergisi, "MİT müsteşar adayı mister komplo: Hiram Abas" kapağıyla çıktı.

Hiram Abas'ın, Suriye gezisinde çekilen ilk fotoğrafını kapaktan yayımlamıştı.

Dergi, Hiram Abas'ın Turgut Özal tarafından MİT'in başına getirilmeye hazırlandığını ileri sürüyordu. Özal'ın MİT'i sivilleştirmede kalkış noktası Hiram Abas'tı.

Dergi yayına hazırlanırken Hiram Abas'la görüşmek istedi.

Hiram Abas o güne kadar hiçbir yayın organıyla röportaj yapmamıştı. Nedense *2000'e Doğru* muhabirine yanıt vermek istemişti. Sesi madenî ve buz gibiydi. Ancak görüşme tam üç dakika sürdü. Hiram Abas tane tane konuştu:

"Hiçbir şekilde demeç vermeyeceğim. Şunu bilin ki devletin bazı makamları vardır ki, bunlar yalnız devlet için görev yaparlar. Siz en iyisi Başbakanlık'la görüşün, doğrudan başbakanla görüşün. Beni bulmak için harcadığınız çabayı onunla görüşmek için harcasaydınız, başarırdınız."

Muhabirin, "MİT'in reorganizasyonu konusu basında son günlerde neden çok işleniyor" sorusuna şu yanıtı verdi: "Teşkilat kendini her zaman tanıtmak ister. Ben size bir şey sorayım, devletin o kadar çok müşteşarlığı var, neden hep MİT Müsteşarlığı'yla ilgileniyorsunuz?"

Hiram Abas telefonu kapatırken, "İnşallah bir gün görüşürüz, başka konularda da görüşürüz" demişti.

2000'e Doğru dergisi, ağustos ayının ilk pazar günü bayilerdeydi. Pazartesi günü ise Hiram Abas'ın odasında ekip toplantısı vardı.

Mehmet Eymür anlatıyor:

"1987 yılında *2000'e Doğru* dergisinde Müsteşar Yardımcımız Hiram Abas'la ilgili aleyhte bir yayın çıktı. Araştırmalar ve gelen haberler bu yayının arkasında İstanbul Emniyet Müdür Muavini Tayyar Seven, MİT'ten yeni emekli olan Nuri Gündeş ve Cengiz Abaoğlu'nun olduğu doğrultusundaydı. Artık kendileri için çok tehlikeli buldukları Müsteşar Yardımcımız Hiram Abas'a karşı çalışmalara başlamışlardı."[74]

O günlerde Hiram Abas'ın odası sık sık bu tür toplantılara sahne oluyordu. Başta Mehmet Eymür olmak üzere bazı MİT görevlileri, Emniyet Müdürü Atilla Aytek, Hiram Abas'ın odasında sık sık bir araya geliyorlardı. Hiram Abas'ın hayalgücü ekibini bile şaşırtıyordu. İki kişiyi bir arada görse hemen bir örgüt senaryosu hazırlayıveriyordu. Ona göre MİT'in neredeyse yarısı ajandı!..

Müsteşar olduğunda hepsini teşkilattan atacaktı...

74 Cüneyt Arcayürek, *Darbeler ve Gizli Servisler,* Bilgi Yayınevi, 1989, s. 342.

MİT müsteşarını Özal'a şikâyet etti

Şımarmışlardı...

Hiram Abas, MİT Müsteşarı Korgeneral Hayri Ündül'ü artık hiç umursamıyordu. Müsteşarı atlayarak direkt başbakanla temas kuruyordu.

MİT'in "görünmez patronu" Hiram Abas olmuştu.

Ancak Müsteşar Hayri Ündül hiç de yabana atılacak biri değildi.

Müsteşar Ündül, Hiram Abas'ın kendisini atlayarak direkt Başbakan Özal'la görüşmesine tepki gösterdi. Müsteşar yardımcısının "adamlarını biçmeye" başladı.

Hiram Abas da, 31 ağustos 1987 tarihinde, Başbakan Özal'a "şikâyet mektubu" yazdı.

"Sayın Başbakanım,

Emrinizle 12 ocak 1986 tarihinden günümüze kadar MİT müsteşar yardımcılığı görevini şeref duyarak yürüttüm. Göreve başlarken hedefim MİT'i, içte ve dışta devlet istihbaratını üretebilecek yeni norm ve iç düzenlemelere kavuşturmaktı.

Zamanın MİT müsteşarı ve halen 2. Ordu Komutanı Orgeneral Burhanettin Bigalı döneminde, kendilerinin bana itimat göstermesiyle teşkilatta yeni kuruluşlar ve düzenleme oluşturabildim.

Ancak yeni müsteşar Korgeneral Hayri Ündül ile servisin istikbali yönünden düşünce ve görüşlerimiz tamamen zıt düşmektedir. Bu ana fikir ayrılıklarını aşağıda bilgilerinize sunmaktan zaruret duyuyorum.

a) Sn. müsteşar personel ile sözleşme yapılmasına, asker ve sivil arasında bölünme olacağı gerekçesi ile tam olarak karşıdır...

b) Güneydoğu ve PKK olaylarında da sn. müsteşar ile görüşlerimiz tamamen ayrı düşmektedir. Sn. cumhurbaşkanımız terör konusunda ülkelerarası işbirliğinin gerekliliğini çeşitli vesilelerle beyan etmişlerdir. Sadece bu konuda yabancı servislerle sıkı işbirliği gerekirken ve serviste bu bölümü yürüten Güvenlik Dairesi tarafından tesis edilmiş ve müsteşar yardımcılığına bağlanmışken, sn. müsteşar son olarak bu bölümü indi bir kararla kendine bağlamış ve işbirliğinin daha etkin hale gelmesi için Güvenlik Dairesi Başkanı Mehmet Eymür'ün bir dış seyahatini gerekçesiz iptal etmiştir."

Buraya bir not koymak gerekiyor:

1) "Servis" adını CIA elamanları kullanmaktadır. MİT'e "servis" diyen Türkiye'de sadece Hiram Abas'tır!..

2) "İşbirliği" yapılması tartışılan ülke İsrail'dir!..

3) Hiram Abas, Mehmet Eymür'ün İsrail'e gitmesinin engellenmesini şikâyet konusu etmiştir.

4) Güvenlik Dairesi'nin ne yaptığını bilmek isteyen Müsteşar Ündül, bu birimi kendisine bağlamıştır. Hiram Abas'ın öfkesi asıl bu uygulamayaydı.

Hiram Abas, "adamlarının biçildiğinden" yakınıyordu:

"c) Senelik tayinler haziran ve temmuz aylarında servis içerisinde icra edildiği halde sn. müsteşar eylül ayı içerisinde bana fikren yakın gördüğü güvenlik dairesi başkanı, dış istihbarat daire başkanı ile Ankara bölge daire başkanını değiştirme hazırlığına girmiştir. Bu bölümler çok önemli fonksiyonlar yerine getirmekte olup, başkanları tecrübeli ve muvaffak servis mensuplarıdır. Yerlerine kolay eleman bulunamayacağı ortadadır. Tayinlerin hissi olacağına kaniyim.

d) Türkiye'nin istihbaratının çok güçlü olması gereğinden hareketle bütçemizin, bilhassa operasyonlarda kullanılacak gizli ödeneğin biraz geniş tutulması sn. müsteşardan tarafımdan istenmiş, ancak bu da kabul ettirilememiştir.

e) Son olarak sn. müsteşar tarafından, sn. başbakan ve sn. başbakanlık müsteşarı ile, iş temasım yasaklanmış, sebep olarak teşkilatta tek muhatabın kendileri olduğu ifade edilmiştir."

Mektubun fikrini açalım:

1) MİT Müsteşarı Ündül, teşkilat içinde Hiram Abas ekibini dağıtmaya karar vermiştir.

2) Hiram Abas, operasyonları için gizli ödenekten daha fazla para istemektedir.

3) Müsteşar Ündül, Hiram Abas'ın; Turgut Özal, Adnan Kahveci ve Hasan Celal Güzel'le görüşmesini yasaklamıştır.

Mektubun bundan sonraki bölümünde Hiram Abas'ın "talepleri" vardı:

"Sn. Başbakanım,

Ağustos döneminde çeşitli gazeteler ve dergilerde çıkan,

değiştirileceği, yerine Sn. Recep Ergun'un veya benim atanacağım yazılarının müsteşarı çok rahatsız ettiği, makamına rakip olarak gördüğü beni tamamen pasifize etme çareleri aradığı anlaşılmaktadır.

MİT'te yetkiler tamamen müsteşarda toplandığından, bu durumda servise ve Türkiye'nin istihbarî çalışmalarına bir katkıda bulunamayacağım düşünülmektedir. MİT müsteşarı olarak ancak bir senedir iş başında olan sn. korgeneralin ise, olaylara tamamen hâkim olamayacağına, personeli vasıfları ile bilemeyeceğine inanıldığından, yardımcı olarak, yanlışlığına inandığım kararların kuru takipçisi olmak istemiyorum. Servis personelinin müsteşar ve müsteşar yardımcısı arasında kararsızlığa düşmelerinden de endişeleniyorum.

Devlet görevinde veya haricinde her an Türkiye'nin hizmetinde bulunacağıma emin olmanızı istirham ederim. Karar ve emirlerinizi bekleyeceğimi saygılarımla arz ederim."

Mektubun ana fikri: "Ben tam sizin istediğiniz gibi biriyim, beni hemen MİT müsteşarı yapın, yoksa ben ayrılıyorum!"

Hiram Abas, "teşkilattan ayrılıyorum" diye blöf yapıyordu. Bunu Turgut Özal da, Hasan Celal Güzel de biliyordu.

Biliyorlardı ki Hiram Abas kırılmıştı. Özal, kendisini Başbakanlık Konutu'na çağırdı, gönlünü aldı, ve "sabretmesi" gerektiğini belirtti...

Hiram Abas, "akıl hocası" Fuat Doğu'dan aynı sözleri işitmişti. Beklemesi gerekiyordu. Ne de olsa, "sabreden derviş muradına ermiş"ti!..

Hiram Abas sıkıntılı günlerinde, hemen boks eldivenlerini giyip, ringe çıkıp idman yapıyordu. Ne bokstan ne taşıdığı iki tabancasından ne de piposundan hiç vazgeçmemişti...
Bir de MHP'yle ilişkisinden kopamamıştı...

Ülkücülere Hiram Abas çengeli

"MHP'nin devamı olduğunu" söyleyen Muhafazakâr Parti, 7 temmuz 1983 tarihinde kuruldu. Ancak bir türlü MHP'nin 12 Eylül 1980'den önceki gücüne ulaşamıyordu.

Ali Koç'un genel başkanlığı döneminde Muhafazakâr Parti'nin, MDP'ye katılması fikri parti içinde hayli taraftar buluyordu.

İkisi de "devlet partisiydi!"

İkisi de Aydınlar Ocağı'ndan feyiz alıyordu!

Ancak 1985 yılında MDP kongresinde emekli Orgeneral Turgut Sunalp genel başkanlığı kaybedince proje askıya alındı.

O günlerde Muhafazakâr Parti'nin üzerinde ANAP lideri Turgut Özal'ın da gözü vardı.

Turgut Özal, ülkücülerin bir bölümünü ANAP'a almıştı. Ancak hepsini istiyordu. Muhafazakâr Parti'nin kendini feshederek ANAP'a katılmasını istiyordu.

Bu nedenle ülkücülere yakın kurmaylarını kulis faaliyeti için görevlendirdi.

Kurmaylardan biri de Hiram Abas'tı!

Hiram Abas çalışmaya başlayınca karşısında Alparslan Türkeş'i buldu. Yılların kurt politikacısı yaslanacağı dayanağı biliyordu; Hiram Abas'ın çalışmalarını yoğunlaştırdığı günlerde Muhafazakâr Parti birdenbire emekli subayların istilasına uğradı! Üstelik çoğu parti yöneticisi olmuşlardı.

Görünen o ki bazı çevreler, "MHP'nin sivilleştirilmesine" karşı çıkıyordu!..

Turgut Özal-Hiram Abas operasyonu ülkücü camiada ters tepki alıyordu...

Hiram Abas karşısında Özel Harpçi subayları bulmuştu...

Tarihî kavga başlıyor

Hiram Abas ve MHP'li MİT ekibi, ülkücüleri ANAP'a getirme konusunda başarısız olmuşlardı.

Üstelik, Başbakan Özal'ın Ünal Erkan-Mehmet Ağar ikilisine sürekli her türlü desteği vermesi morallerini bozmuştu.

Ünal Erkan'ı İstanbul emniyet müdürlüğünden uzaklaştıramadıkları gibi, Mehmet Ağar da Ankara emniyet müdürü olmuştu.

Başbakanlık Konutu "Emniyet"in etkisine girmişti.

Üstelik Ünal Erkan-Mehmet Ağar ikilisi kendilerine "meydan okuyordu!"

4 kasım 1987.

Erkan-Ağar ikilisi, 13 yıldır MİT'e ajanlık yapan Timur Hanoğlu'nun adını medyaya sızdırmıştı. Gazete manşetlerinde, "Sahte pasaportçu MİT ajanı çıktı" başlıkları vardı.

Peki ne olmuştu da birdenbire, 13 yıldır sahte pasaport hazırlayan MİT ajanı manşetlere çıkmıştı?

Mehmet Eymür kapışmanın perde arkasını şöyle anlatıyordu:[75]

"4 kasım 1987 tarihinde *Hürriyet* gazetesinde 'Ürperten itiraf, devlet uyuyor mu?' başlığı ile Timur Hanoğlu isimli bir pasaport sahtekârıyla ilgili manşetten haber verildi. Dört gün süren yayında MİT Kaçakçılık Dairesi'nin ajanı olan Timur Hanoğlu'nun bütün kaçakçılara ve Mehmet Ali Ağca'ya sahte pasaport düzenlediği ve bunları yurtdışına çıkarttığı yazılıydı.

Timur Hanoğlu gerçekten de MİT'in kayıtlı elemanıydı. Teröristler ve kaçakçılarla ilgili binlerce bilgi vermiş ve birçoğunun yakalanmasını sağlamıştı. Teşkilat bu bilgileri polise de aktarıyordu. Timur Hanoğlu'nun MİT'le ilişkisi çeşitli nedenlerle İstahbul polisi tarafından da biliniyordu. Kendilerine yakın yeraltı mensupları ile ilgili bilgilerin bu kanaldan gelmesi İstanbul polisini rahatsız etmeye başlamıştı.

Sonuçta Timur Hanoğlu iki üç kez gözaltına alındı ve yıldırılmaya çalışıldı. Bu biçimde sonuca varılamayınca gazete yayınına başvurulup hem Timur Hanoğlu'nun can güvenliğini sarstılar hem de onu deşifre ederek MİT'i ve Emniyet Kaçakçılık İstihbarat Dairesi'ni küçük düşürdüler. Bütün bu çirkin olayların planlayıcıları Ünal Erkan ile Mehmet Ağar'dı."[76]

Mehmet Eymür bir noktayı unutuyordu. "Savaşı" başlatan Ünal Erkan ile Mehmet Ağar değil kendisiydi. 6 eylül 1987 tarihinde *Hürriyet* gazetesinde çıkan "Emniyet Örgüt'nde takunyalı kavgası" manşetini Erkan ile Ağar'ın yaz-

75 Mehmet Eymür'ün, "MİT Raporu Şeklinde Adlandırılan Etüdün Hazırlanması, Sızması ve İçerdiği Bilgiler" başlıklı 18 sayfalık, 8.3.1988 tarihli raporu.

76 Devletin istihbarat ve güvenlik güçleri arasındaki çatışma hiç bitmedi. Örneğin, Susurluk Olayı'nı araştıran Başbakanlık Teftiş Kurulu Başkanvekili Kutlu Savaş yazdığı raporda bu konuya değindi. Rapora göre, 1992 yılından 1997 sonuna kadar 100'ün üzerinde MİT kaynağı, yani MİT'e bilgi belge taşıyan kişi, diğer güvenlik birimlerince (polis-jandarma) sorguya alınmış, bunların önemli bir kısmı şiddet dahil baskıya tabi tutulmuş, 25 civarında kaynak taraf değiştirmiş, 15'i faaili meçhul cinayete kurban gitmişti.

dırdığını Emniyet Genel Müdürü Saffet Arıkan Bedük'e, Mehmet Eymür ihbar etmişti!

Hiram Abas, Mehmet Eymür ve Atilla Aytek gazete haberlerine ateş püskürüyorlardı. Ünal Erkan-Mehmet Ağar ikilisinin kendilerine açtığı "savaşa" karşılık vereceklerdi.

Kapışmaya Nuri Gündeş de katıldı. Emekliydi, ama öyle bir köşede oturacak bir istihbaratçı değildi. Hâlâ hırslıydı. MİT içindeki adamları sayesinde Hiram Abas ile arkadaşlarının her attıkları adımdan haberdar oluyordu. Hiram Abas ve ekibinin İstanbul polisi hakkında bilgiler belgeler topladığını ve bunun devlet içinde büyük kapışmalara neden olacağını Cumhurbaşkanı Kenan Evren'e ihbar etti.

MİT Müsteşarı Hayri Ündül, Köşk'te Cumhurbaşkanı Evren'den, "Müsteşarsın, ama dünyadan haberin yok" sert sözlerini işittikten sonra hırsla makamına gitti ve Mehmet Eymür'den, neler olduğuna dair rapor istedi:

"Tahterevallinin bir ucunda Hiram Abas, diğer ucunda Nuri Gündeş var, bir o çıkıyor, bir diğeri. Nedir bu konular, sen bu konuları iyi biliyormuşsun. Bu Dündar Kılıç olayını, Nuri Gündeş'i filan bana bir etraflıca anlat. Ben seyahate gidiyorum, dönünce seninle şu yandaki odaya kapanalım, kapıyı kapayalım, akşama kadar oturalım."

Burada bir noktanın altını çizmekte yarar var: Hiram Abas-Mehmet Eymür-Atilla Aytek üçlüsü, MİT raporunda yer alan "Banker Bako"-Hüsamettin Cindoruk (ve dolasıyla DYP) ilişkisini içeren bir dosyayı siyasî yasakların kalkıp kalkmayacağının oylandığı 6 eylül 1987 tarihinden önce Başbakan Turgut Özal'a vermişlerdi.

Raporu okuyan Başbakan Özal, basına demeçler vermeye başlamıştı: "1977'den, 1980'e kadar yeraltı dünyasının silah kaçakçılığını desteklediğini, terör ve anarşiye finansmanı bunların sağladığını biliyoruz. Biz, bunların çıkar için kullandığı yolları kestik. Bizim karşımızdakileri finanse eden güçler bunlardır. Biz Anavatan Partisi olarak, devletten en fazla yardımı alıyoruz, 800 küsur milyon. Doğru Yol'un aldığı 50-60 milyon lira. Bizden daha fazla harcama yapıyorlar. Onların yaptıkları kampanyayı biz yapamıyoruz. Bunların gerisinde biraz evvel bahsettiğim güçler var. Elimde bazı belgeler var. Ayrıca bir belge üzerindeyiz. Onu temin edersek, önemli bir şeyi ispat etmiş olacağız. 5 eylülden evvel elimizde olursa açıklamayı yapacağım. Konusunu şimdilik veremem."

Referandumdan önce televizyonda yaptığı konuşmada Özal benzer sözler sarf etti ve oylamadan bir gün önce çok önemli açıklamalar yapacağını söyledi.

Referandumdan 10 gün önce, Başbakan Özal'ın kızı Zeynep Ekren, Paris'te oturan arkadaşı ünlü Menajer Erkan Özerman'la telefonda sohbet ederken, "Babam yakında Banker Bako olayını patlatacak, ortalığı yerle bir edecek" diyordu.

Başbakan Özal, siyasî rakibi Süleyman Demirel'in yeraltı dünyasıyla ilişkisini açıklayarak, siyasî yasağının kalkmasını önlemeyi düşünüyordu.

Ancak Turgut Özal danışmanlarının uyarılarını dinleyerek beklenen açıklamayı yapmadı. Danışmanlarına göre rapordaki bilgilerin belgeleri yoktu...

Hatta belge bulmak için "bomba ihbarı var" numarasıyla DYP Genel Merkezi bile arattırılmış, ancak yine de belge bulunamamıştı![77]

İstanbul Emniyeti Malî Şube Müdürü Cevdet Saral, Banker Bako olayını DYP'yle ilişkilendirmeyi reddettiği için Bingöl'e sürülüyordu.

Özetle, MİT raporu, MİT Müsteşarı Korgeneral Hayri Ündül'ün, Mehmet Eymür'den bilgi istemesinden çok önce hazırlanıp Başbakan Özal'a sunulmuştu.

Kızı Cenan'ın düğünü

17 kasım 1987...

Mehmet Eymür raporuna son şeklini verdi; Başbakan Özal'a sadece Banker Bako olayıyla ilgili dosyayı sunmuşlardı. Yeni rapora, İstanbul Emniyeti'nin "faaliyetleri" ve Genelkurmay Başkanı Orgeneral Necdet Ürüğ da eklenmişti...

77 İlginçtir, 29 kasım 1987 genel seçimlerine Hüsamettin Cindoruk seçilmeyecek bir yerden aday gösterilmişti. Acaba Süleyman Demirel, MİT raporuna karşı "önlem" almak için mi Cindoruk'un milletvekili olmasını önlemişti ?

MİT raporu 23 sayfaydı. Ekleri ise 125 sayfa...

Hayli kalın dosyayı önce Hiram Abas gördü. Mehmet Eymür'e "Bırak birkaç gün okuyup, sana iade edeyim" dedi.

6 gün sonra...

Hiram Abas, Mehmet Eymür'ü makamına çağırdı. Raporu okuduğunu, içinden sadece eski bir MİT görevlisinin adını çıkardığını söyledi.

Hayri Ündül o tarihte Ayvalık'taki MİT tesislerinde dinleniyordu. Hiram Abas MİT müsteşarlığına vekâleten bakıyordu. Raporun üzerine, "İyi bir çalışma, müsteşara arzı" diye not düşmüştü.

2 aralık 1987...

Mehmet Eymür, Evren'in damadı Erkan Gürvit'e yazdığı rapordan bahsetti. Bahsetmesinin nedeni, son günlerde Gürvit'in sık sık Ünal Erkan ve Mehmet Ağar'la yan yana gelmesi ve Atilla Aytek aleyhinde konuşmasıydı. Erkan Gürvit'i etkilemek için yanında getirdiği raporu verdi.

Erkan Gürvit raporu soluksuz okudu, "Çok iddialı bir metin. Bu iddialar Atilla'nın (Aytek) ifadelerine benziyor" dedi. Eymür, Aytek'in rapora hiçbir katkısı olmadığını söyledi.

Damat Gürvit raporun kendisinde kalmasını istedi. Eymür, sadece tek nüshasının olduğunu, yarın fotokopi çekip ekleriyle birlikte Köşk'e göndereceğini söyledi.

6 aralık 1987...

MİT raporu İstanbul polisinin eline geçti. Erkan Gürvit raporu hemen Ünal Erkan-Mehmet Ağar ikilisine ulaştırmıştı.

Ortalık gerildi.

Ve bu gergin ortamda Hiram Abas, 12 aralık günü kızını evlendiriyordu.

Her iki taraf da Harbiye Orduevi'ndeki düğüne davetliydi...

Düğün salonu...

Gelin Cenan Abas, damat Taşkın Özgür ürkek bakışlarıyla konukları süzüyorlardı...

Ünal Erkan, Mehmet Ağar bir masada; Mehmet Eymür,

Atilla Aytek bir başka masada oturuyorlardı.

Bu arada İşadamı Vehbi Koç'un nikâh şahitliği yaptığı düğünde, orkestra hafif müzik çalıyor, davetliler dans ediyordu.

Mehmet Eymür'ün canı çok sıkkındı. Başbakan Turgut Özal, göz ameliyatı için ABD'ye giderken havaalanında koltuğuna bir rapor sıkıştırılmıştı. Raporu Ünal Erkan ile Mehmet Ağar hazırlamıştı. Rapora göre, bizzat Başbakan Özal'ın da izin verdiği altın kaçakçılığıyla ilgili haberleri gazetelere, Mehmet Eymür ile Atilla Aytek sızdırıyordu...

Mehmet Eymür, "hesap sormak" için kalkıp Ünal Erkan-Mehmet Ağar ikilisinin masasına gitti.

Mehmet Eymür'ün masalarına doğru geldiğini gören Mehmet Ağar hemen ayağa kalkarak, "Masamıza gelerek bizi mahcup ettin ağabey" dedi.

Taraflar soğukça el sıkıştılar...

Mehmet Eymür, adaşı Mehmet Ağar'a, "Bir saniye gelir misin, seninle biraz konuşalım" dedi.

Dügün orkestrası Sezen Aksu'nun "Gitme" şarkısını çalarken, Eymür ile Ağar salonun en ücra köşesinde duvar dibindeki boş bir masaya oturdular.

Erkan Gürvit, Saffet Arıkan Bedük gibi MİT'ten, Emniyet'ten birçok kişinin gözleri üzerlerine çevriliydi.

Mehmet Eymür henüz ağzını açmamıştı ki Mehmet Ağar, "Ağabey bizim hakkımızdaki raporu nasıl elin vardı da yazdın" deyiverdi.

Mehmet Eymür şaşırdı. Başbakan Özal'a kendisini neden şikâyet ettiklerini soracaktı. Ancak hiç beklemediği soruyla şoke oldu.

Yazdığı rapor Mehmet Ağar'ın eline, bu kadar kısa sürede nasıl geçmişti?

Hemen kendini toparladı, soruyu soruyla yanıtladı. "Altın kaçakçılığı ile ilgili haberleri benim sızdırdığımı başbakana nasıl rapor edersiniz?"

Konuşmalarını giderek yüksek sesle yapmaya başlamışlardı ki araya düğün sahibi Hiram Abas girdi. Kızının düğününde bir tatsızlık çıksın istemiyordu. Herkesi bir araya getirip fotoğraf çektirdi...

Bu tarafların son kez bir araya gelişiydi...

17 aralık 1987...

Erkan Gürvit telefonla Mehmet Eymür'ü aradı.

"İstanbul'dan bugün döndüm. Ünal Erkan ve Mehmet Ağar ile uzun uzun konuştum. İddialarınızı tek tek çürüttüler. Ben bu raporu senin kasıtlı yazdığını düşünüyorum" dedi.

Yarım saat süren telefon görüşmesinde Mehmet Eymür yanıt olarak, "Ağabey sen o zaman yıllarca onlarla birlikte çalışmış Kemal Yazıcıoğlu ile görüş. Bir de onu dinle" diye yanıt verdi.

Hemen araya girip Mehmet Eymür-Kemal Yazıcıoğlu ilişkisini yazmak gerekiyor. Bunu en iyisi Mehmet Eymür'ün anlatması: "Eski yıllarda birlikte çalıştığım Kemal Yazıcıoğlu namuslu, şerefine düşkün, devletini seven bir polis müdürüdür. Kemal Yazıcıoğlu İstanbul'da eski arkadaşı Ünal Erkan ve yardımcılarının (Mehmet Ağar vs) kanunsuz işlerini yakinen görmüş ve yapılanlara tahammül edemeyerek İstanbul'dan alınması için müracaat etmiştir. Ünal Erkan-Mehmet Ağar ekibi yakın tarihte *Hafta Sonu* gazetesinde yayımladıkları fotoğraf ve yazılarla Kemal Yazıcıoğlu'na bir darbe daha vurmuşlardır. Ünal Erkan-Mehmet Ağar ekibine karşı olan herkes çirkin faaliyetlerde karalanmaya mahkûmdur. Adı geçenler bu şantaj yöntemini pervasızca ve en üst makamlara kadar kullanmaya çalışabilirler."[78]

Erkan Gürvit ile Mehmet Eymür, 23 ocak 1988 tarihinde Uludağ'da kayak yaparken bir kez daha karşılaştılar. Bu kez ikisi de, rapor hakkında hiç konuşmadılar...

21 aralık 1987...

Emniyet Genel Müdürü Saffet Arıkan Bedük, MİT Müsteşarlığı'na resmî bir yazı (sayı 3210) göndererek raporu istedi: "Kuruluşunuzca, Emniyet Teşkilatı mensupları ile ilgili olarak hazırlanıp yetkili yerlere gönderildiği ve fakat genel müdürlüğümüze bildirilmediği anlaşılan, illegal olarak elde edilip tarafıma intikal ettirilen rapor ekte sunulmuştur. Rapor fevkalede ağır itham ve iddaları ihtiva etmektedir. (...)

78 Birinci MİT Raporu'ndaki İstanbul polisine ait birçok bilginin kaynağının Kemal Yazıcıoğlu olduğu iddia edilir.

Eki raporda belirtilen olaylar ve şahıslar hakkında tahkikat açılacağından kuruluşunuzda mevcut tüm bilgi, belge ve delillerin genel müdürlüğümüze gönderilmesini emirlerinize arz ederim."

22 aralık 1987...

MİT Müsteşarı Hayri Ündül hâlâ izinden dönmemişti. Vekil Hiram Abas, Emniyet Genel Müdürlüğü'ne cevabî bir yazı gönderdi:

"1- İlgide bahse konu rapor, 'istihbarî' mahiyette olup bu husus raporun ikinci ve son sayfasında özellikle belirtilmiştir. Rapor sonunda da sunulduğu üzere bu raporun 'hukukî bir delil olarak kullanılması' mümkün değildir.

2- Raporun dayanağı olan ve asılları mahfuz tutulan dokümanlardan bir kısmı bahsi geçen raporun ekinde ilgili üst makama sunulmuştur.

3- Çok gizli damgalı raporların illegal yollardan elde edilebildiği dikkate alındığında, ilgili yazıda talep edilen elimizdeki tüm bilgi, belge ve delillerin emirleri alınırsa, üst makama verilmesi uygun mütalaa edilmektedir."

Aynı günün akşamı...

Emniyet Genel Müdürlüğü'nden bir polis MİT'e giderek, gönderdikleri yazıyı alıp, teşkilatın gönderdiği cevabî yazıyı da iade etti. Böylece iki kurum arasında yazışma yapılmamış oldu!..

Aslında, Emniyet Genel Müdürü Saffet Arıkan Bedük, okuduğu MİT raporunu çok beğenmişti! Çünkü, Saffet Arıkan Bedük, Galip Demirel, Vecdi Gönül, Abdülkadir Aksu gibi "Korkut Özal'ın takunyalı öğrencileri" Ünal Erkan ile Mehmet Ağar'a rakiptiler...

Köstebek mektubu

MİT içinde kavga giderek dozajını artırmaktaydı.

Karşı ekip de Hiram Abas ve arkadaşlarına savaş açmıştı. Bu nedenle "TC Başbakanlık Millî İstihbarat Teşkilatı Müsteşarlığı" antetli "köstebek mektubu" ortaya çıkmıştı yine...

Köstebek mektubunda, "Hiram Abas'a en yakın MİT personeli" diye üç sayfa tutan isim listesi veriliyordu...

"Mehmet Eymür, Tarı Belen, İsmet Erensoy, Nejat Soygüder, Ferit Kalaycıoğlu, Mikdat Alpay, Hikmet Türel, Tanju Belen, Alaattin Bilaloğlu, Hüseyin Yücel, Faik Meral, Sadi Sancaktaroğlu, Turhan Tütel, Yalçın Bozkaya, Cafer Aksakal, Hüsamettin Eralp, Mesut Emre, Şeref Dalmaz, Hulusi Özatay, Erkan Gürvit, Selahattin Savaş, Fevzi İlkay, Oral Türkmen, Ferit Öztekin, Şemsettin Susantez, Nejat Sözgüder, Ertuğrul Güven, Sadi Sağlam, Galip Tuğcu, Sezai Erdoğan, Dursun Özberk, İsmet Almacık, Orbay Saran, Ertan Ömerbeyoğlu, Metin Olgaç, Kubilay Günay, Murtaza Sümer, Şenay Gürvit, Mustafa Savaşkan, Uğur Kentsu, Engin Taner, Erdoğan Akalın..."[79]

"İş zıvanadan çıkmıştı." MİT içindeki "köstebek" teşkilatın kullandığı ajanların isim listesini de rahatlıkla basına sızdırıveriyordu:

"Marmara, Ege, Akdeniz bölgesine bağlı bazı muhbirler: Veli Özataman, Niyazi Oktuna, Seçkin Ayna, Halifi Aşkaran, Aziz Çevrimen, Mustafa Poyraz, Kemal Tatar, Ahmet Şendul, Serdar Üzenç, Bilal Kumkent..."

"Köstebek" mektubuna ek belge olarak, Hiram Abas'ın MİT Müsteşarlığı'na 31 aralık 1987 tarihinde yazdığı, 21.001.14/441 sayılı yazıda eklenmişti. Yazının altında Hiram Abas'ın imzası vardı.

MİT antetli bu yazıda Hiram Abas, "konu"yu "teknik yerleşme" olarak belirtmişti. Köstebeğe göre Hiram Abas müsteşara gönderdiği yazıda, MİT'e ve kendisine yönelik bir kampanyadan söz ediyor. Ve, "Teşkilatımızı ve şahsımı tehdit edecek unsurları ortadan kaldırmak amacıyla Sayın Süleyman Demirel, Sayın Erdal İnönü, Sayın Doğu Perinçek, Sayın Erol Simavi, Sayın Uğur Mumcu'nun ev ve işyerlerine teknik yerleşme, posta denetimi hususunu emir ve müsadelerinize arz ederim" diyordu.

Köstebeğin mektubunda Hiram Abas'la ilgili bir diğer iddiası ise şuydu:

"Hiram Abas teşkilat arsası diye Hazine'den Ankara Oran şehrinde arsa alıp, Seçkinler Yapı Kooperatifi'ni kurup, (MİT

79 MİT içindeki köstebek mektubu, *2000'e Doğru* dergisinin 18 eylül 1988 tarihli sayısından alınmıştır.

daire) başkanlarıyla ortaklaşa Ceylan İnşaat'la anlaşıp bedava daire sahibi olmaya kalkmadılar mı?[80]

Yurtdışından teşkilata hibe arabalar arasında kaçak otomobil getirip burda satmadılar mı? İstanbul bölgeye ait motorlarla sigara, viski kaçakçılığı yapmadılar mı? Teşkilatı (Halit) Narin'in emrine vermediler mi? Ajda Pekkan'ı Dr. Sezai Erdoğan'ın oğluna getirip günlerce kapatan, Ahu Tuğba ile sorguda geceleyen bunlar değil mi?"

İddialar sürüp gidiyordu... Kavga giderek çirkinleşiyordu...

İki sayfalık mektupta Hiram Abas'ın CIA ve Mossad'la içlidışlı olduğu belirtiliyordu: "Hiram Abas teşkilat bilgilerini CIA, Mossad ile ortaklaşa kullanan asker düşmanı biridir. Savaşman'ı casus diye yakalatan Eymürler sayesinde şimdi Amerikalılar karargâhtan çıkmıyor, en gizli yerlere giriyorlar. Askerî tatbikatlara bile Hiram Abas'ın yanında MİT mensubu gibi giriyorlar."

Mektubu yazanlar, Cumhurbaşkanı Kenan Evren'in biraz daha atak olmasını istiyordu: "Hiram Abas kızınızı ve damadınızı da kullanıyor. Diğer damadınız TKP, Türkiye Komünist Partisi üyesi olduğu dosya da Hiram Abas'ta. O yüzden bir şey yapamıyorsunuz."

Köstebek MİT'e ilişkin istatistiksel çalışmaları da mektuba eklemişti: "MİT mensuplarının yüzde 25'i dinci; yüzde 38'i ülkücü ve yüzde 11'i ise sosyal demokrat."

Türkiye'nin en gizli teşkilatının bilgileri ortalığa serpiştiriliyordu...

26 ocak 1998...

Genelkurmay eski başkanı Orgeneral Necdet Ürüğ, Cumhurbaşkanı Kenan Evren'e, MİT raporundan bahsederek duyduğu üzüntüyü dile getiren bir mektup yazdı.

80 Mehmet Eymür, konuyla ilgili soruyu *Bulvar* gazetesine (15.6.1988) şöyle yanıtlıyordu: "Bir kere adı Seçkinler değil, Seçkinler yolu üzerinde bir başka kooperatif var, onun adı. Bizimkilerin kooperatifi o değil. Bizimki resmî kurulmuş teşkilat mensuplarının ilk kooperatifi de değil. Oran'da Hazine'den alınmış, yasalara uygun bir şekilde kurulan bir kooperatif. Erkan Gürvit de bu kooperatifin üyesi. Hiram Bey de bu kooperatifin üyesi, ben de üyeyim. İddia edildiği gibi Ceylan İnşaat yapmıyor, inşaatı MESA yapıyor."

3 şubat 1988...

MİT Müsteşarı Hayri Ündül oldukça sinirliydi. İzinden döneli iki gün olmuştu. Ama telefonları susmak bilmiyordu. Başta emekli Orgeneral Necdet Üruğ, emekli MİT görevlisi Nuri Gündeş olmak üzere birçok kişi rapor hakkında üzüntülerini dile getiriyorlardı.

"Görünmez bir el" raporu adı geçen kişilere tek tek el altından dağıtmaya başlamıştı. Rapora karşı güçlü bir "muhalefet cephesi" oluşuyordu.

Müsteşar Ündül son aldığı telefonla kış gününde terlemeye başladığını hissetmişti. Cumhurbaşkanı Evren kendisini acilen Köşk'e bekliyordu.

Köşk'e çıkmadan önce, Mehmet Eymür'ü makamına çağırttı. Kendisinden izin almadan nasıl böyle bir rapor hazırladığını sordu. Eymür, bilgilerin bizzat kendisi tarafından istendiğini hatırlattı. Hatta görüşme için randevu günü bile tespit ettiklerini, bunu da müsteşarın defterine yazdığını söyledi.

Müsteşar Ündül hemen defterine baktı, Mehmet Eymür'ün dediği doğruydu. Hata yaptığını hemen anladı, ama iş işten geçmişti...

MİT Merkezi'nde bir gazeteci

7 şubat 1988...

Rapor basına sızdı...

Peki kim sızdırmıştı?

Hürriyet gazetesinden Bedir Seferoğlu ve İrfan Taştemur, "altın kaçakçılığıyla" ilgili görüşmeler yapmak, bilgi ve belge toplamak için 15 aralık 1987 tarihinde, Ankara'ya gitmişlerdi. İrfan Taştemur bilgi almak için Mehmet Eymür'le görüştü.

"Lacivert renkli, sivil plakalı Renault binek otosu Ankara'daki MİT Müsteşarlığı'nın nizamiyesi önünde yavaşladı. Otomobili kullanan sivil yarbayı (Korkut Eken) gören nöbetçi asker, çift kızaklı otomotik kapının düğmesine bastı. Müsteşarlık binasıyla, daire başkanlarıyla, şube müdürlükleriyle yurtiçi ve yurtdışı istihbaratların toplandığı tesislerin bulunduğu alana girmiştim. İçinde teyp ve fotoğraf malzemeleri bulunan çantamı otomobilde bıraktım. Şube müdürü olduğunu öğrendiğim genç bir MİT elemanı bizi karşıladı. Yolun sağ yanında yer alan 'önemli bir merkeze' (Güvenlik Daire Başkanlığı) doğru yürüdük. Merdivenlerden çıktıktan sonra, karşımızdaki sahanlıkta yer alan rengârek çiçekler, en gizli soruşturma ve sorguların yapıldığı yerde değil de bir otel lobisinde bulunduğumuz izlenimini veriyordu. Tertemiz koridorun sağında makam odaları yer alıyordu. Solda asker görevlilerin hizmet verdiği küçük bir çay ocağı. Koridorun sonunda yer alan bir odaya girdik. Yeşil çuha örtülü masa daha kısa olsa bir kumar masası diye nitelenebilirdi.

Bu uzunlamasına, ama küçük oda, MİT'in önemli istihbarat ve harekât planlarının yapıldığı toplantı salonuydu. Odada küçük bir süre oturmuştuk ki donuk bakışlı bir yetkili gelerek elimizi sıktı. Adı söylendiğinde belleğimi zorladım. Karşımda 12 Mart ve sonrasında adı kontgerilla faaliyetleri içerisinde geçen ünlü bir uzman (Mehmet Eymür) vardı. 'Çocuklar karnınız acıkmıştır. Hamburger söyledim. Çaylarımız da hazır' dedi. Odada dört kişiydik. Biri bana aracılık eden 'bir dost', biri askerî bir MİT yetkilisi, biri MİT müdürü ve sonuncusu da eski kontrgerilla elemanıydı.

Odadaki en yetkili MİT görevlisine (M. Eymür'e) *Hürriyet* gazetesi için araştırdığımız konuyu kaba hatlarıyla anlattım. Bir kişi hakkında ('Berber Yaşar' Aktürk) bilgi almak istediğimizi söyledim. 'O iş kolay' dedi. 'Ben size başka bir şey göstereceğim.' Genç MİT'çiye dönerek, 'Benim masamın üzerindeki raporları getirir misin?' diye emretti.

Önümüze konan raporun aylar sonra Türkiye'de fırtınalar koparacak bir rapor olduğunu nereden bilebilirdim. Rapor, 'Banker Bako Olayı, Bazı Kamu Görevlileri ve Emniyet Üst Yöneticileriyle İlgili Rapor' başlığını taşıyordu. Ekim ayı içinde *Hürriyet*'te bu konuda dokuz gün süren bir yazı dizisi hazırladığımız için benim seçildiğimi anlamıştım.

Sayfaları çevirdikçe gözlerim fal taşı gibi açılıyordu. Birkaç sayfa okuduktan sonra, 'Okumakla yetinecek miyim?' diye sordum. O zaman önüme küçük teksir kâğıtları uzatıldı. İstediğim şeyleri not alabileceğimi söylediler. Raporu okuyup notlar tutmaya başladıktan bir süre sonra ünlü bir polis şefi de (Atilla Aytek) aramıza katıldı. Eymür, Atilla Aytek'e 'Ato' diye hitap ediyordu.

Bir yandan sohbet ediyor, bir yandan da notlar alıyordum.

'Siz yeni dönemde sivilleşiyormuşsunuz?..' diye sordum.

'Tabiî... Yeni politikamız, şahıs açık, faaliyet gizli politikası.'

'Bizde şahıs da açık, faaliyet de.'

Karşılıklı gülüştük.

MİT Müsteşarlığı'ndan yine kendilerine ait otomobille ayrılmadan önce sarılıp öpüştük. Konuşmalarımız arasında 'Patron' diye adı geçenin kim olduğunu öğrenememiştim.

Müsteşarlığın nizamiye kapısı yine açıldı ve biz de uzaklaştık."[81]

Gazeteci İrfan Taştemur heyecanla İstanbul'a döndü. Ancak gazete yönetimi bilgilerin belgelere dayanmadığını ileri sürerek haberi yayımlamadı.

Bunun üzerine rapor *Nokta* dergisine gitti. Onlar da çekindiler.

Raporun son durağı *2000'e Doğru* dergisi oldu.

Yayımlandığında son yılların en büyük skandalı patlak verdi.

İlginçtir, MİT raporunu yayımlayarak Türkiye'nin gündemini belirleyen *2000'e Doğru* dergisi ve Genel Yayın Yönetmeni Doğu Perinçek hakkında o günlerde iki "illegal yayın" milletvekillerine, işadamlarına, sol çevrelere ve medya gruplarına postalanmaya başlandı.

"*2000'e Doğru*'nun Yayınları ve Gerçekler" adlı broşürde, Doğu Perinçek'in, "TC devletini ve yerleşik değer yargılarını yıkıp, Türkiye'ye Marksist-Leninist-Maoist bir sistem getirmeyi amaçladığı veya kendisine bu tür faaliyetlerin yaptırıldığı açıkça gözlenmektedir" deniliyordu.

Özellikle sol çevrelere gönderilen broşür ise, "Muhbirlik, Devrime İhanet ve Doğu Perinçek" adını taşıyordu. "Sol jargonla" yazılmış broşür, anlatım bozukluklarıyla doluydu:

81 "MİT'teki görüşme" 15 mart 1988 tarihinde Gazeteci İrfan Taştemur'un İstanbul Cumhuriyet Savcı Yardımcısı Osman Cücük'e verdiği 8 sayfalık ifadeden özetlendi. Mehmet Eymür, 6 haziran 1988 tarihinde Ankara 3. Ağır Ceza Mahkemesi Başkanlığı'na verdiği 2,5 sayfalık yazılı ifadesinde Gazeteci İrfan Taştemur'un MİT'e gelmediğini, görüşme yapmadıklarını iddia etti.

"Doğu Perinçek'in karşıdevrimci olduğunu" belirtip konuyu hemen MİT raporuna getiriyor: "Rapor mu, etüt mü, ne idüğü belirsiz metinlerle aşk dedikoduları, Kuran yakılması, gibi aslı astarı olmayan konuları yayımlamak devrimcilerin görevi midir?

Perinçek (MİT raporu) bu yayınla ilgili olarak basın toplantısında MİT'çiler arasında geçen telefon konuşmalarını aldığı bir bandı da dinletmiştir. Bu bandı nasıl ele geçirdiği sorusunun yanıtı ise belirsizdir. Ancak akla ister istemez ilk olarak, Perinçek'in söz konusu bandı daha önceden de bilinen yakın ilişkilerine dayanarak MİT'ten temin ettiği hususu gelmektedir."

2000'e Doğru dergisi iki "illegal yayını" da MİT'in yazıp postaladığını iddia ediyordu. Dergi muhabirleri yaptıkları araştırmalarda broşürleri yazan kişilerin isimlerinin ve ajanslarının sahte olduğunu ortaya çıkarmışlardı...

Kaynaklar MİT'i gösteriyordu. MİT'in bu tür yayınlar için yayınevleri ve ajanslar kurduğu bilinen bir gerçekti. Ve Hiram Abas'ın, "Kullanmıyoruz" diye yakındığı, "MİT'in psikolojik savaş birimi" harekete geçmişti.[82]

9 şubat 1988...

Çankaya Köşkü basın açıklaması: "Cumhurbaşkanı Kenan Evren'e böyle bir rapor gelmedi."

Başbakan Özal: "Böyle bir MİT raporu yok."

Ürüğ: "Bu siyasî bir tuzaktır, resmî soruşturma açılmalıdır."

Perinçek: "Rapor gerçek ve doğrudur, bu anlaşıldığı zaman hükûmet istifa edecek midir?"

Turgut Sunalp: "Bu Ürüğ'a Çankaya yolunu (cumhurbaşkanlığı) kapama planıdır."

"Mehmet Ağar'ın çapkınlıkları"

"İstanbul dükalığını yıkacağız."

Hiram Abas ve Mehmet Eymür son günlerde sık sık bu sözü telaffuz ediyorlardı. Bu nedenle rapordaki en geniş bö-

82 O tarihlerde "psikolojik harp" amacıyla, MGK Genel Sekreterliği TİB'in "desteğiyle", yurtiçinde ve yurtdışında yayın organları çıkarılıyordu; *DTL Panorama*, *DTL Times*, *Gurbet*, *Karagöz*, *Boşver* gibi.

lüm İstanbul Emniyeti'ne ayrılmıştı.

"Ünal Erkan başkanlığındaki İstanbul Emniyet Müdürlüğü üst düzey kadrosu İstanbul'daki yeraltı dünyasıyla ilişki içindedir. Bu ilişkinin en büyük koordinatörü emekli Cinayet Masası Şefi Ahmet Ateşli ve Müdür Yardımcısı Mehmet Ağar'dır.

Emniyet Müdür Yardımcısı Mehmet Ağar, Süleymancı Kemal Kaçar'ın koordinatörlük yaptığı şirketin sahipleri İbrahim Arslan ve Mahmut Şahin'le yakın temas halinde olup, bu şahıslara gizli kalması icap eden soruşturma ve tahkikatlarla ilgili bilgi vermektedir. İbrahim Arslan Malatya valisinin şoförüyken uyuşturucu ve silah ticareti yapmıştır.

Yeraltı dünyasını Ankara'daki üst düzey bürokratlara da Mehmet Ağar empoze etmekte ve Turan Çevik, Fevzi Öz, Necdet Ulucan gibi ünlü isimleri üst düzey bürokratlara ve hatta bakanlara tanıştırarak bağlantılarını sağlamlaştırmakta, faaliyetlerini legalize etmektedir.

Mehmet Ağar, Nihat Camandan, İsmail Taşkafa, Ziver Öktem ve Necati Altuntaş'ın gayri meşru paraları Mehmet Ağar'ın dayısı Yılmaz Akçadağ ve ortağı Ekrem Gocay'a verilmekte, bu şahıslar da paraları büyük işadamlarına vererek faiz almaktadırlar.

Mehmet Ağar'a ait 18 adet ev ve arsa tapusu dayısı Yılmaz Akçadağ'ın boşanmış olan eşi Şükran Akçadağ'ın üzerinedir. Dayısının eski eşi bu tapuların üzerinde gözükmesinden rahatsızdır."

Mehmet Eymür, türkücü Hülya Süer'le gazinodan çıkarken çekilen fotoğrafının acısını hiç unutmadı. "İntikam"ını aldı:

"Mehmet Ağar, dansöz Yonca Yücel'le dost hayatı yaşamaktadır. Dansöz sevgilisiyle Mehmet Ağar Ankara'da da konsomatris Nur'un evinde buluşmaktadırlar.

Mehmet Ağar İstanbul'da. ... no'lu telefonda bulunan Pınar isimli bir kadını Emniyet Müdürlüğü'nde üst rütbede bir kişiye sürmüş ve bu şahsın Pınar ile olan ilişkileri ve fotoğrafları İstanbul Emniyeti'nde şantaj olarak kullanılmıştır.

Mehmet Ağar bazı üst düzey yetkililere İstanbul'a geldikleri dönemde kadın bulmakta ve daha sonra fotoğraflar çektirerek şantaj unsuru olarak kullanmaktadır."

Mehmet Eymür son cümlesinde bir şekilde kendi başına geleni mi anlatmaktaydı? Hülya Süer'i kim, kime "ikram" etmişti? "MİT ile Emniyet arkadaşlığı" bir dönem hayli ilginçti anlaşılan!..

MİT raporu basında yer aldıktan sonra gazetelerin manşetleri bile değişmişti. Artık basın MİT'le dalga geçmeye başlamıştı. 26 şubat 1988 tarihli *Hafta Sonu* gazetesinin manşeti şöyleydi: "MİT'in rapor etmediği aşk!"

Emel Sayın senaryosu

Rapor'un hedef aldığı ikinci ekip, Nuri Gündeş ve arkadaşlarıydı.

"Dündar Kılıç sorgusunda teşkilatımızı ilgilendiren hususların üzerinde durduk. İstanbul Daire Başkanı Nuri Gündeş, İstanbul (MİT) memurlarından Cengiz Abaoğlu, Haluk Anter, Mustafa Ercan ve Ankara (MİT) Daire Başkanlığı memurlarından Hacı Ali Aslan'ın Dündar Kılıç'la teşkilatın bilgisi dışında ve çıkar ilişkileri içinde bulunduklarını öğrendik. Öğrendiğimiz diğer bir husus Hacı Ali Aslan'ın, Dündar Kılıç'ın çok gizli bir biçimde Ankara'dan yollanacak bir ekip tarafından yakalanacağını haber alıp kendisine bildirmesiydi.

Nuri Gündeş'in Dündar Kılıç'la ilgili soruşturmada, Şükrü Balcı, İstanbul Valisi Nevzat Ayaz ve Fahrettin Aslan'la birlikte gayrimüslimlerden külliyetli miktarda haraç alınması olayına karışmış ancak bu konu bilahare çeşitli gerekçelerle örtbas edilmiştir.

Emin Cankurtaran'ın bir TIR'ı Edirne'de takılmıştı. Bunun üzerine Nuri (Gündeş) Bey, Cengiz'i (Abaoğlu) Edirne'ye yolladı. Cengiz Kapıkule Gümrük Müdürü Birol Kalkan'la görüşerek TIR'ı kurtardı."

Rapor Başbakan Özal'ın "siyasî hasmı" Hüsamettin Cindoruk'u da hedef almaktaydı:

"Yeraltı dünyasının avukatlığını ve bu meyanda Ofluların (Osman Cevahiroğlu) ve Dündar Kılıç'ın avukatlığını yapmış olan Karadenizli (Samsun) Hüsamettin Cindoruk, eski Ortaköy Şifa Yurdu sahibi Banker Fikri Erdöş (ölü) ile de iltisaklıdır. H. Cindoruk'un Banker Bako ilişkisi avukat-sanık münasebetlerinden doğmayıp, Hüsamettin Cindoruk'un yeraltı ilişkilerinden kaynaklanmaktadır.

O zaman ki MİT İstanbul daire başkanı olan Nuri Gündeş'in de Hüsamettin Cindoruk ve Dündar Kılıç'la yakın irtibatı bulunmaktadır. Nuri Gündeş zaman zaman teşkilatın imkânlarıyla Hüsamettin Cindoruk'un özel korumasını da yapmıştır.

1982'de Hüsamettin Cindoruk, Fikri Erdöş'ün Kuruçeşme'deki depolarına bir geminin mal boşaltması gerektiğini ancak İstanbul gümrüğünün buna izin vermediğini ve zorluk çıkartacaklarını söylemiştir. Bunun üzerine Nuri Gündeş İstanbul Limanı'nda görevli Gümrük Amiri Erkan Kılıçay'a bir personelini (Mustafa Ercan) göndererek işin halledilmesini istemiştir. Süleyman Demirel'e yakınlığı olan Fikri Erdöş zamanında bu yakınlıktan istifadeyle Yapı Kredi ve İş Bankası'ndan büyük krediler almıştır.

DYP-yeraltı ilişkilerine bir diğer örnek ise Sadettin Bilgiç-Kâğıthaneli Kürt Hasan ilişkisidir. Bu çok samimi ilişkinin yanı sıra Yahya Demirel'in bir ucu Selefyan'a diğer ucu Enis Karaduman'a uzanan ve sayısız irtibatları kapsayan yeraltı ilişkileri sayılabilir."

Bir dönem Süleyman Demirel'in koruma polisliğini yapan, yeğen Yahya Demirel'in en yakın arkadaşı olan, Atilla Aytek'in bu raporun hazırlanmasında bulunmuş olması DYP kanadını çok üzmüştü. Ve bunu hiç unutmayacaklardı...

Rapor basına yansıdığında en fazla gürültü koparan bölümü Genelkurmay eski başkanı Necdet Üruğ'la ilgili inanılmaz iddiaydı:

"Necdet Üruğ'un kadınlara düşkün olduğu ve 1981 yılında Fahrettin Aslan'ın İstanbul Sheraton Oteli'nde özel bir odada kalan N. Üruğ'a Emel Sayın'ı getirdiği, bu tarihte Emel Sayın'ın Fahrettin Aslan'ın oğluyla evli olduğu söylentiler arasındadır."

Rapor, Cumhurbaşkanı adayları arasında adı geçen Necdet Üruğ'un yeraltı dünyasıyla ilişkisi olduğunu iddia etmekteydi.

"... Adı geçenin İstanbul 1. Ordu Komutanı olduğu devrede Şükrü Balcı, Fahrettin Aslan, Albay Fuat Dinçer ve eski MİT görevlisi Nuri Gündeş kanalıyla bazı ilişkileri olmuştu. Bu ilişkiler arasında Topal Yaşar diye tanınan silah-uyuşturucu kaçakçısı Yaşar Yamak bulunmakta olup, bu şahıs daha sonra Orgeneral Necdet Üruğ önerisiyle MİT tarafından eleman olarak kullanılmıştı. Ancak MİT'e bir yararı olmamıştır.

N. Üruğ, yolsuzlukları kamuoyuna aksetmiş olan Şükrü Balcı'yı ve İstanbul bölgesi eski daire başkanı Nuri Gündeş'i devamlı himaye etmiş ve Şükrü Balcı'yı adeta kahraman gibi empoze ederek Sayın Cumhurbaşkanımız tarafından mükâfatlandırılmasını sağlamıştır. Şükrü Balcı'yla ilgili yolsuzluk soruşturmalarının kapatılmasını da sağlayan N. Üruğ'dur.

N. Üruğ oğlu Hadi Üruğ yıllarca İstanbul yeraltı mafyasıyla iç içe olmuş Dündar Kılıç'ın maden işlerine girmiş, yeraltı dünyasının işlerini takip etmiştir."

Rapor, Genelkurmay eski başkanı Üruğ'a "alttan" vurmaya devam ediyordu:

"Bir zamanlar İstanbul Şişli'de Günaydın Apartmanı'ndaki 'Randevucu Mükü'ye ait evde sermaye olarak çalışan Gülser Bayer (Gül Gülser Hastan) kendisini N. Üruğ'un yeğeni olarak tanıtmaktadır (dayısı)."

Üruğ'a suikastı Apo önledi!

Emekli Orgeneral Üruğ neden MİT raporunun hedefi olmuştu?

Üruğ, 26 ocak 1988 tarihinde Cumhurbaşkanı Kenan Evren'i rapor konusunda uyarmıştı. O tarihte rapor basına sızmamıştı.

Cumhurbaşkanı Evren, neden raporun sızmaması için önlemler almadı?

İki sorunun yanıtını almak için biraz gerilere gitmekte yarar var...

12 Eylül'ün stratejisi konusunda Evren ile Üruğ farklı düşünüyordu. Orgeneral Üruğ 12 Mart tipi bir askerî müdahaleden yanaydı. Yani meclis feshedilmemeli, meclis içinden oluşturulacak bir hükûmetle işler yürütülmeliydi.

Kenan Evren, Üruğ'un Ordu içindeki gücünü bildiği için

ondan kurtulmanın yollarını arıyordu. Kafasında kendisinden sonra Haydar Saltık'ın Genelkurmay başkanı olması planı vardı.

Plan şuydu: Evren Genelkurmay başkanı olarak bir dönem daha kalacak, Üruğ 1. Ordu'da orgenerallikte bekleme süresi 4 yılı doldurunca otomatikman emekli olacak.

Kenan Evren, Orgeneral Üruğ'u önce, "zayıf yerinden" vurmayı denedi.

Millî Güvenlik Konseyi ve devlet başkanı olarak darbeden sonra ilk kez geldiği İstanbul'da, 1. Ordu Karargâhı'nda brifing alıyordu. Birden Üruğ'a döndü, "Senin polis müdürün hırsızmış, görevden al" dedi.

Söz konusu Emniyet Müdürü Şükrü Balcı'ydı.

Evren bu çıkışı damadı MİT görevlisi Erkan Gürvit'in verdiği bilgiye güvenerek yapmıştı. Ancak polis müdürü, yapılan soruşturmalarda ve mahkemelerde aklandı.

Orgeneral Üruğ, Kenan Evren'in planlarını tek tek bozup atağa kalktı; Türk Silahlı Kuvvetleri'nde, kendisi için, ilk kez "Kara Kuvvetleri komutanlığı vekili" diye bir kadro oluşturuldu. Böylece emekli olması önlendi.

Genelkurmay Başkanı Orgeneral Üruğ Ankara'ya geldikten sonra gücünü artırdı. Hatta Kenan Evren sık sık, "Bu devleti biz mi idare ediyoruz o mu" demeye başladı. Orgeneral Üruğ'un yanıtı ise hep aynı oldu: "Bunlar politikacı oldular."

"1982 Anayasası hazırlanırken, cumhurbaşkanlığı maddesine, 'bir kez seçilme' zorunluluğunun, ileride Üruğ'a olanak tanımak için konulduğu söyleniyordu. Madde görüşülürken Evren'in karşısında Üruğ oturuyormuş, iki kez seçilmesi söz konusu olunca Evren, Üruğ'la göz göze gelmiş ve 'bir kez seçilir' şartını kabul etmek zorunda kalmış"tı.[83]

Kenan Evren ile Necdet Üruğ arasındaki gizli mücadele gizliden gizliye hep sürdü. 1983 yılında genel seçimlere gidilip gidilmemesi konsey üyeleri arasında tartışma konusu oldu. Millî Güvenlik Konseyi'nin bazı üyeleri iktidarı bırakma-

83 Cüneyt Arcayürek, *Çankaya*, Bilgi Yayınevi, 1989, s. 79.

ya eğilimli gözükmüyordu. Bunlar, Nurettin Ersin, Tahsin Şahinkaya ve Nejat Tümer'di. İşte bu kritik noktada Orgeneral Üruğ belirleyici rol oynadı. Ordu'nun terfi bekleyen komuta kademesi, seçimlerin bir an önce yapılması ve kışlaya dönülmesi taraftarıydı. Kuvvet onlardaydı. Böylece onların dediği oldu. Orgeneral Üruğ da Genelkurmay başkanı oldu.

6 kasımda seçimlere gidilecekti...

Genelkurmay Başkanı Üruğ bu arada bir "devlet partisi" kurarak yakın arkadaşı ve Belçika Kulübü'nün üyesi, emekli Orgeneral Turgut Sunalp'in başına gelmesi için çaba sarf etmişti.

Ancak Evren'in 4 kasım tarihinde televizyonda yaptığı konuşma MDP'yi değil ANAP'ı birinci parti yaptı.

Orgeneral Üruğ, ilk mağlubiyetini seçimlerden aldı. İkinci hezimeti ise, 1987 yılında Evren-Özal ittifakı karşısında gördü. Kendisiyle birlikte Orgeneral Necdet Öztorun da emekli edildi.

Genelkurmay Başkanı Ürüğ devir teslim töreninin yapıldığı 2 temmuz 1987 tarihinde Cumhurbaşkanı Evren'in kendisine verdiği şildi koltuğun üstüne attı! İçi ile dışı arasında sanki bir zırh varmış gibi, duygularını hiç belli etmeyen, ölçülü ve iradeli asker, nasıl olmuştu da öfkesini açığa vuruvermişti?..[84]

Evren ve Özal'ın, 2000'li yıllara kadar sürecek Ordu atamalarının önüne geçmesinin nedeni, Genelkurmay Başkanı Ürüğ'a cumhurbaşkanlığı yolunu kapatmaktı. Planları şuydu; Evren, cumhurbaşkanlığı süresinin uzatılmasından yanaydı, Özal ise cumhurbaşkanlığı koltuğuna kendisi oturmak istiyordu.

Evren-Özal ikilisi, emekli olmasına rağmen Ürüğ'un Ordu içinde hâlâ güçlü olduğunu biliyorlardı. Bu güçlülük Ürüğ'un hem karizmasından hem de Genelkurmay eski başkanı Orgeneral Faruk Gürler'den geliyordu.

12 Mart döneminin güçlü orgenerali Gürler, cumhurbaşkanlığı yolunu denemiş ancak başarılı olamamıştı. Şimdi

84 Evren ile Ürüğ'un ilişkileri bir daha hiç düzelmedi. Ürüğ, Evren'in bulunduğu ne bir açılışa ne de bir toplantıya katıldı.

aynı yoldan yeğeni Üruğ geçebilecek miydi?

Ne hazin bir olay; 12 Mart döneminde de Gürler-Batur-Kayacan ekibinin başarılı olmasını istemeyen Sunay-Tağmaç ikilisi, "Bomba Davası"nı, karşı ekibi gözden düşürmek için planlamışlardı.

Yıllar sonra yeğen Üruğ'un da başına aynı oyunlar geliyordu.

Her iki olayda da MİT başroldeydi...

Orgeneral Üruğ askerliği boyunca MİT'e hep soğuk bakmış ve teşkilatı sürekli "beceriksizlikle" itham edip aşağılamıştı.

MİT sanki şimdi yılların öcünü alıyordu...

MİT raporu medyada yer aldıktan sonra Emekli Orgeneral Necdet Üruğ, 14 mart 1988 tarihinde bu kez Başbakanlık'a (Başbakan Özal'a değil) sert bir mektup gönderdi. Başbakan Turgut Özal, konunun üzerinde "ehemmiyetle" durduklarını belirtmek için, 13 haziran 1988 tarihinde kendi el yazısıyla Üruğ'a cevabî mektup yazdı.

Ancak olan olmuştu; iddialar karşısında sadece Üruğ değil herkes şoke oldu. Üruğ 200 milyon TL'lik tazminat davası açıp, 40 milyon TL kazandı.[85] Ancak olan olmuştu, Üruğ konusunda şaibeler yaratılmıştı...

Zaten bu arada Amerika'da yayımlanan *Long İsland Newsday* gazetesi Pentagon'un hazırladığı bir raporu yayımlıyordu. Pentagon'un cumhurbaşkanı adayı Turgut Özal'dı![86]

Aradan iki yıl geçti...

16 ocak 1989 tarihli gazetelerde, Genelkurmay eski başkanı Necdet Üruğ'un ve Kara Kuvvetleri eski komutanı Necdet Öztorun'un "ani koruma" altına alındığı haberleri yer aldı. Emniyet Genel Müdürlüğü "bir suikast düzenleneceği yolunda bilgiler" edinilmesi üzerine, İstanbul Emniyet Müdürlüğü'nü uyarmış ve sıkı önlemler almıştı.

Polis PKK'den şüpheleniyordu...

10 ay sonra...

PKK lideri Abdullah Öcalan 1 ekim 1989 tarihinde hafta-

85 24 nisan 1989, Danıştay 10'uncu Dairesi kararı.

86 Yılmaz Polat, *Washington Entrikaları*, Milliyet Yayınları, 1999, s. 51.

lık *2000'e Doğru* dergisine inanılması zor açıklamalarda bulundu. PKK lideri Öcalan'a göre MİT, genelkurmay eski başkanı Orgeneral Necdet Ürüğ'a suikast yapacaktı. Öcalan'ın ikinci cümlesi en az birincisi kadar şaşırtıcıydı: "Ürüğ suikastını biz önledik!"

Emekli Orgeneral Ürüğ'un, "yaşamının bir tesadüf sonucu kurtulmasını" Öcalan şöyle anlattı: "PKK gruplarının silahlı olarak İstanbul'a geldiğine ve eylem yapacağına dair haberler üzerine kuşkulandım. Nasıl olur, bizim İstanbul'da eylem yapmak diye bir düşünce yönlendirmemiz yoktu. Bu arada eylem yapacak grup İstanbul'da yakalandı. Gazetelerde Ürüğ'a PKK'nin suikast düzenlediği haberini okuyunca o an kafamda kuşku uyandı. Örgütte hemen araştırma yaptırdım. Biz, Ürüğ suikast eylemini MİT ajanının kontrol ettiği bir grubun planladığını ve Siğbetullah Batur adlı ajanın burada başrolü oynadığını saptadık. Ama MİT'in amacının ne olduğunu bilemeyiz. Olabilir ki, egemenler arasındaki bir çelişmeyi de bu şekilde halledeceklerdi ve eylem PKK'nin üzerine atılacaktı."

Meclis MİT'i tartışıyor

Bu notumuzdan sonra, tekrar kaldığımız yere, MİT raporunun yankılarına dönebiliriz:

MİT raporu basında yer alınca ortalık karışmıştı. Herkes raporu okuma peşindeydi. TBMM Anayasa Komisyonu başkanı 80 yaşındaki Kâmil Tuğrul Coşkunoğlu, odacısıyla meclis koridorlarında MİT raporu arattırıyordu!

Başbakan Turgut Özal gazeteleri hep geceleri okuyordu. Gazetelerin taşra baskılarını Konut'a getirtiyordu. O günlerde MİT raporuyla ilgili kendisini eleştiren makalelere ateş püskürüyordu.

16 şubat 1988...

MİT raporu meclis gündemine de geldi. SHP milletvekilleri MİT hakkında meclis araştırması yapılması için önerge verdiler. "MİT'in bu rapor içerisinde ileri sürdüğü iddialar doğru mudur? Bizim öncelikle araştırılmasını istediğimiz konu bu değildir. Bizi meclis araştırması istemeye yönelten nedenlerin başında MİT'in söyledikleri değil, tarafsızlığını yitirmiş bir görüntü vermesi, siyasal amaçlarla kullanıldığı izlenimini yaratmasıdır. Öyle ki, raporda, iktidarı kollayan, kayıran cümlelere bile rastlamak olası. Raporda, 'Anavatan Partisi'nin aldığı ekonomik tedbirlerle illegal gelir kaynaklarının kurutulması' sözcükleri başbakanın seçim bildirgelerindeki sözcükler ile aynı."

Meclis araştırması açılması önergesinin altında 71 SHP milletvekilinin imzası vardı.

Mehmet Eymür, aynı gece saat 02.30'da, haklarında *Milliyet* gazetesine açıklamalarda bulunan, bir dönem Hiram Abas'ın MİT'e dönmesi için birlikte kulis yaptıkları "Korkunç Yenge" Konsolos Bilge Erol'un evini "basıyordu."

Eymür en çok özel yaşamıyla ilgili, "Mehmet Eymür de tıpkı Hiram Abas gibi karısıyla iki kez boşanıp evlendi" demesine kızmıştı...

Herkes gergindi. Dostluklar bitivermişti...

Hiram Abas-Mehmet Eymür ikilisi ile Erkan Gürvit, basında birbirleri aleyhine demeçler vermeye başladılar. Her iki taraf da birbirini raporu basına sızdırmakla itham ediyordu.

Erkan Gürvit 19-20 şubat 1988 tarihlerinde *Tercüman* gazetesinden Yavuz Donat'la konuştu:

"MİT'e yakışmayan bir olay bu. Hesabı sorulmalıdır. Sızmanın hesabı, ihanetin hesabı... Bu etüt MİT tarihinin yüz karasıdır... Keşke raporu getirene, 'Al git, bana gelmemiş ol, ben bunu görmemiş olayım' deseydim."

Mehmet Eymür, Erkan Gürvit'e hemen yanıt verdi:

"Raporu Gürvit sızdırdı... Raporu elden ele dağıtıp, karşı bir cephe yaratmaya, raporu sulandırmaya çalışanlar düşünsün... Erkan Gürvit kimsesiz büyümüş, bazı kompleksleri olan bir kişi, meslek hayatında başarılı bir kişi değil bu nedenle daireden daireye sürülmüştür. Şimdi evlilik cüzdanının verdiği imtiyazla birçok kişinin hürmetini görüyor..."[87]

87 *Bulvar* gazetesi, 16-22 şubat 1988.

1 mart 1988...

MİT Müsteşarı Hayri Ündül teşkilat mensuplarına, (01.427.41.28 sayıyla) bir yazı gönderdi: "Muhtemelen yanlış davranışların önlenmesi maksadıyla her konuda olduğu gibi bu konuda da bütün teşkilat mensuplarımızın soğukkanlılığını muhafaza etmelerini, lüzumsuz ve yersiz yorumlara sebep olabilecek davranışları önlemelerini, mevcut talimatlara ve geleneklere uygun çalışma düzenini sürdürmelerini ve konunun müsteşarlıkça en hassas şekilde takip edildiğini bilmelerini rica ederim."

Cumhurbaşkanı Evren 15 mart 1988 günü, İstanbul Harbiye Orduevi'nde medya mensuplarıyla yaptığı sohbet toplantısında damadına arka çıktı.

Evren gazetecilere MİT raporunu damadı Erkan Gürvit'in sızdırmadığını kanıtlarıyla açıkladı. Bir kere, damadı Gürvit'in elindeki raporun kenarlarında notlar vardı. Öte yandan dışarı sızan ve elden ele dolaşan kopyada Gürvit'in elindeki kopyadan farklı olarak satırların altı çiziliydi. Ayrıca "Erkan'da fotokopi makinesi de yok. Erkan çektirip dağıtmış olamaz"dı.

Cumhurbaşkanı Evren'in bu kadar rahat konuşmasının bir başka nedeni, SHP milletvekilleri tarafından verilen MİT hakkındaki meclis araştırma önergesinin 8 mart 1988 tarihinde ANAP milletvekillerinin oylarıyla reddedilmesiydi.

Hiram Abas o sıcak günlerde hiç konuşmamayı yeğledi. Aslında oyuna getirildiğini geç de olsa anlamıştı. Emekli olmasına rağmen Nuri Gündeş yılların hasmına karşı geniş bir cephe oluşturmayı başarmıştı.

Zaten Hiram Abas da, Mehmet Eymür'le ilişkisini dondurmuştu...

MİT'te gizli teyp

Tarih 15 nisan 1988.

MİT Müsteşarı Korgeneral Hayri Ündül, Mehmet Eymür'ü sohbet etmek için odasına çağırdı...

– Ne var, ne yok Mehmet?

– Sağ olun Sayın Müsteşarım, iyiyim, odamda oturuyor kompüter çalışıyorum.

– Haberler var diyordun?

– Şenay (Gürvit) Hanım'ın[88] odasında toplanıyorlar. Emre (Taner) Bey, Tarı (Belen).

– Allah Allah Emre de mi?

– Evet, Erkan (Gürvit) Bey sağda solda konuşuyormuş, hepimizi dağıtacaklarmış.

– En başta ben, başka kim var?

– Siz gidersiniz tabiî, Hiram Bey gider, ben de giderim.

(...)

– Yarın öbür gün seni alırlar, bilmem Ulaştırma Bakanlığı'na, Hiram'ı alıp bilmem nereye danışmanlığa verirler. Benim çok işim var. Ama üzülüyorum, benim olanlarla ilgim alakam yok. Bunun için üzülüyorum. Esas davacı olacak benim. Hepinizden şikâyetçi olan benim. Neden; çünkü sizler hep beraber gruptunuz. İşte Hiram, Erkan, ondan sonra Tunç, ondan sonra Tarı, bunlar değiller miydi burayı (MİT'i) çevirenler?

– Evet efendim.

– Köstebek bunlar değil miydi oğlum. Buz gibi köstebek bunlardı. Birisi Köşk'e götürüyordu, taşıyordu. Birisi Başbakanlık'a taşıyordu. Ondan sonra burada tayinler, tefeyyüzler, bilmem neler. Yapmayın yahu. Fakat her zaman söylüyorum, Hiram (Abas) benim şahsımla uğraşmamıştır.

– Hayır efendim.

– Makamla uğraşmış olabilir ama şahsımla asla. O bakımdan ben Hiram'a hiç kızmıyorum. Ama burada benim seninle konuşmama bile bozuluyorlar.

– Evet.

– Burda dedikodu çıkardılar, "Bu müsteşar ne biçim adam" diye. Ne yapacaktım, ne yapacaktım yani. Ben rahat konuşurum, cumhurbaşkanına da söyledim, "Ben mi getirdim Hiram'ı buraya" dedim. Başbakanlık'a bilgi gidiyor demedim mi? Dedim. Başbakana da söyledim, emir komutayı bozmayın, ayıp oluyor demedim mi? Dedim. Onun için yaptıklarını çekecekler. Ben tavrımı söyledim. Hiram için müsteşarlığa oynuyor dedim. Çünkü vaat edilmiş.

88 Bir kez hatırlatmakta yarar var. Şenay Gürvit, Kenan Evren'in MİT'te çalışan kızıdır. Hiram Abas'ın MİT müsteşar yardımcılığına getirilmesinde eşi Erkan Gürvit'le birlikte etkin kulis görevi yaptı. (y.n.)

– Evet vaat edilmiş tabiî.
– Bu arkadaşı bu duruma sokan, ona burayı vaat edenlerdir.
– Doğru efendim, çünkü bir ara ayrılmaya kalktı. Bekle dediler. Teşkilata gelişi de öyle.
– Ama ben dedim ki, "Kişisel olarak benimle hiçbir ilgisi yok. Ama bu bir mevki mücadelesidir. Suçu olanlar ona mevki vaat edenlerdir." Ve en önemlisi dedim ki, "O bilgi veriyorsa alanlar da onun kadar suçludur." Ama aynı bilgiyi Köşk de alıyordu. Hiram onlara da bilgi veriyordu.
– Bunu ben bilmiyordum efendim. Bu Erkan Gürvit, Dündar Kılıç'ın sorgusuna gelmiş girmiş.
– Girmiş mi?
– Tabiî bizim sorgu şube müdür yardımcısı var, o biliyor.
– Vallahi evladım işler böyle...

Mehmet Eymür MİT müsteşarıyla yaptığı konuşmayı gizlice teybe kaydetmişti. İnanılacak gibi değildi. MİT görevlisi, MİT müsteşarıyla sohbetini teybe alıyordu. İşin garip yanı, MİT Müsteşarı Ündül de, kendi elemanına güvenmeyip, makamına girişinde Mehmet Eymür'ü arattırmıştı! Ancak aramada teyp bulunamamıştı!..

Aslında olayın belki de çok basit bir açıklaması vardı. O tarihlerde, 14 mart 1988'de Başbakanlık'ın yaptığı açıklamaya göre, MİT ve Emniyet Genel Müdürlüğü, 1 700 000 Türkiye Cumhuriyeti vatandaşını fişlemişti...
Kimse kimseye güvenmiyordu! Ne kurumlar insanlara, ne kurumlar birbirine.

MİT'i karıştıran "belge"

Müsteşar Hayri Ündül, anlatmaktan artık yorulmuştu:
"Tamam imza benim, bizim yazışma yaptığımız antetli kâğıtlara yazmışlar, bizim kaşeyi kullanmışlar, ama bu mektubu ben yazmadım!"
MİT Müsteşarı Ündül'ün imzasını taşıyan, teşkilat antetli mektubun üzerinde, 10 şubat 1988 yazılıydı. 44.651.21/11 sayılı mektubun konusu, müsteşarın istifasıydı.

Cumhurbaşkanına arz edilen mektubun sahte olduğu ortaya çıktı. Ancak MİT müsteşarının imzasının atılabilmesi, teşkilattan antetli kâğıt alınması hayli ilginçti. Üstelik mektuptaki bilgileri herhangi bir kişinin bilmesine de olanak yoktu. Güya Müsteşar Ündül'ün yazdığı mektup şöyleydi;

"Sayın Cumhurbaşkanım, basına sızan bu son olaylar teşkilatta uygulanmakta olan yanlış kararların ürünüdür. Ancak kadrosu her ne kadar müsteşar yardımcısı olsa da Hiram Abas, kızınız ve de damadınız olan Erkan Gürvit, (ayrıca) Semra Özal, (Jandarma Genel Komutanı Orgeneral) Sedat Celasun'un oğlu Yüzbaşı Celasun sayesinde benden yetkili durumdadır. Kendisine bağlı Güvenlik Şubesi bile vardır. Sadece kendisine hesap verir. Başına da zamanında (Sabahattin) Savaşman olayında kendisine yardım eden ancak dosyası her türlü adi suçla dolu olan Başkan Mehmet Eymür vardır. Şu anda teşkilat tam bir çıkmazdadır. Son olaylar nedeniyle dosyalar kaybolmaya başlamıştır; başta tüm Türkiye genelinde teşkilata hizmet eden eleman listeleri, parti liderlerinin eşlerinin, Fikri Sağlar'ın, Doğu Perinçek'in dosyası, hükûmet içerisindeki aşırı dinci yetkililerin, Ordu mensuplarının dosyaları kaybolmuştur."

Sahte mektup, MİT Müsteşarı Ündül'ün ağzından son günlerde teşkilat içinde neden "köstebek" olaylarının çıktığını da şöyle anlatıyordu:

"İhtimal teşkilat içinde 'köstebek'e sebep olan başlıca neden, son sözleşme olayı. Teşkilatın üçte biri aylık 900 000 TL üzerinden sözleşme ve üç ayda bir, bir milyon TL ikramiye statüsünde, geri kalan personel ayda 130 000 TL alıyor. Çoğunun MİT personeliyim diyecek kimliği dahi yok. Bu konuları Sayın Özal'a ilettiğim halde yalnız kaldım."

"Köstebek" mektubunda Hiram Abas'a da yer ayırmıştı:

"Sayın Abas teşkilattan ayrı kaldığı yıllarda da MİT ile ilişkiyi sürdürmüş, Halit Narin'in karanlık işlerini MİT personeline yaptırmıştır."

Sahte istifa metni Türk basınını bir süre oyalayacaktı.

"Köstebek"in mektubundan bir ay sonra Mehmet Eymür, "gerçekleri" anlatmak için Başbakanlık Teftiş Kurulu Başkanı Kutlu Savaş'ın karşısına geçti.

8 mart 1988 tarihinde Mehmet Eymür, Başbakanlık Tef-

tiş Kurulu'na 27 sayfalık ifade verdi.

Kutlu Savaş ile Mehmet Eymür, 10 yıl sonra bir başka MİT raporunda yine karşılaşacaklardı...

Ve yine istifaya zorlandı

27 mayıs 1988...

Teşkilata girerken ilk görüştüğü kişi, Başbakanlık Müsteşarı Ahmet Salih Korur'du.

MİT'e ikinci kez dönüşünde bu kez, Başbakanlık Müsteşarı Hasan Celal Güzel'le görüşmüştü.

Şimdi yine bir Başbakanlık Müsteşarı Ahmet Selçuk'un makamındaydı...

Yorgun olduğunu hissetti. Canı konuşmak istemiyordu.

Biliyordu ki, yenilmişti...

Piposunu yaktı...

Başbakanlık Teftiş Kurulu Başkanı Kutlu Savaş'ın gelip kendisinin ifadesini alması gururunu kırmıştı.

Başbakan Özal'a kırılmıştı. Görev yaptığı sırada haftada iki üç gün mutlaka görüşürlerdi. Oysa şimdi kendisini telefonla bile aramamıştı...

Hiram Abas belki farkında değildi ama, Başbakan Özal kendisinden soğumaya başlamıştı. Performansı Özal ve çevresini şaşırtmıştı. Stratejik düşünen analizci bir kafa yapısına sahip olmadığını anlamışlardı.

"İstihbarat" sözcüğünün uluslararası karşılığı *intelligence*, Türkçe'de "zekâ" anlamına geliyordu. Oysa Hiram Abas "zekâ"sıyla değil "tabanca"sıyla hareket ediyordu. Halbuki, istihbarat entelektüel bir faaliyetti...

Biliyorlardı ki, onun aklı fikri vurup kırmadaydı. Maceracıydı. Özal'ın kulağına kadar gelmişti, teşkilat içinde bazı kişiler Hiram Abas'a "Kovboy" adını vermişlerdi...[89]

89 Serüvencilik Hiram Abas'ın ruhuna sinmişti. Mehmet Eymür'ün *Analiz* kitabında yazdığına göre, MİT raporundan sonra emekli olduğunda, "Afrika'nın küçük bir ülkesine gidip mesleğini orada icra etmeyi düşünmüştü" (s. 152.). Sorulmadan edilmiyor; kim adına yapacaktı Afrika'nın o küçük ülkesinde mesleğini ?

Koskoca müsteşar yardımcısı, Ankara'nın göbeğinde, "yol vermedi" diye bir kamyon şoförünü dövmüştü.

Ayrıca müsteşar olacak birinin teşkilatta herkesi kucaklaması gerekiyordu. Halbuki Hiram Abas çok sınırlı bir ekiple çalışmıştı.

Şansı dönmüştü gazetecilerle çok yakın ilişkisi vardı. Yükselmek için onlarla iyi ilişkiler kurmak gerektiğine inanıyordu. Ama işte o ilişkiler bazen başına bela açıyordu. Hiram Abas bir gazetenin üst düzey yöneticisiyle telefonda konuşurken, MİT'in bir komşu ülkeye yerleştirmek için, o ülkeden devşirip yetiştirdiği bir ajanın açığa çıkmasına neden olmuştu.

Olmadık zamanda övünüyordu, aslında bu huyu bir istihbaratçı için gerçekten kötüydü ve ne yazık ki bu kötü huy onda vardı...

Başbakanlık Müsteşarı Ahmet Selçuk, Başbakan Turgut Özal'ın isteğini iletti:

"Sayın Abas, sizi bırakmak istemiyoruz. Başbakanlık müşaviri olarak sizi aramızda görmek istiyoruz."

Reddetti. Bilmiyordu ki, beş yıl sonra "rakibi" Nuri Gündeş o koltuk için kimleri devreye sokacaktı. Başta da Hüsamettin Cindoruk'u!..[90]

Başbakanlık Müsteşarı Selçuk konuşuyor ancak Hiram Abas dinlemiyordu, kafası bambaşka yerlerdeydi.

MİT'e ikinci kez dönmesinde en büyük yardımı yakın dostu Erkan Gürvit'ten almıştı. MİT'ten ayrılmasında da en büyük çabayı da yine o göstermişti!..

Üstelik bu olaydan kısa bir sonra Erkan Gürvit terfi almıştı...

Aslında MİT raporu patlak verdiğinde bir köşeye çekilip gelişmeleri izlemişti. İlgisiz görünmeye çalışmıştı. Hatta Mehmet Eymür'ü feda etmeyi bile düşünmüştü. Ancak rakipleri, raporu fırsat olarak değerlendirmiş, "kellesini" istemişlerdi!

Cumhurbaşkanı Kenan Evren, teşkilattan 6-7 kişinin "başını istediğini" açıkça söylemişti. Gazeteci Tayyar Şafak, 7 ekim 1998 tarihinde *Akşam* gazetesinde bir anısını kaleme aldı: "5-6 yıl önce bir televizyon programının çekimi için Marmaris'e gitmiştim. Kenan Paşa'nın konuğuydum. Saatlerce hemen her konuyu konuştuk. O sırada yeni bir kitaba

90 Nuri Gündeş 1993 yılında başbakanlık güvenlik müşaviri olarak Başbakan Tansu Çiller'e danışmanlık yaptı. Meclis Susurluk Komisyonu'nda, "Sizi, Sayın Çiller'e kim önerdi" sorusunu şöyle yanıtladı: "Hüsamettin (Cindoruk) Bey söylemiş olabilir." (Meclis Susurluk Komisyonu Tutanakları, s. 1187.)

başlamıştı. Anılarında yazamadıklarını anlatacaktı. 'Mesela' dedim, bir örnek verdi: 'Mesela MİT olayını yazıyorum. O zaman rapor hakkında soruşturma yapılması için müfettişlere emir vermiştim. Kitabımda o soruşturmayla ilgili raporlara yer vereceğim. Raporlara göre, Hiram Abas'la Mehmet Eymür'ün işine son verilmesi gerekiyordu. Ama verilmedi. Bana kalırsa birisi onları korudu. Benimki şüphe, kimden şüphelendiğimi belki kitabımda anlatırım.' Kenan Paşa söylemedi ama, onu o günlerde güç duruma sokan, o raporu yazdıran birisinin; ta 1987 yılından beri Çankaya'ya çıkma hesapları yapan Turgut Bey olduğunu düşündüm."

Kimdi bu "kellesi" istenenler: müsteşar yardımcısı, güvenlik daire başkanı ve yardımcısı, iç istihbarat daire başkanı, MİT'in Esenboğa Havaalanı'ndaki görevlisi vs...[91]

Başbakanlık Müsteşarı Selçuk, gözlerini bir noktaya bakıp öylece kalan Hiram Abas'a, Mehmet Eymür ve Korkut Eken gibi bazı arkadaşlarının Başbakanlık bölümlerine tayin edileceğini söyledi. Olumlayan bir şekilde kafasını salladı.

Aslında yine de "bir şekilde" korunmuşlardı. Çünkü MİT Yasası'nın 26. maddesi, "MİT mensuplarının görevlerini yerine getirirken, görevin niteliğinden doğan veya görevin ifası sırasında işledikleri iddia olunan suçlardan ötürü haklarında cezaî takibat yapılması başbakanın iznine tabidir" hükmünü içeriyordu.

Başbakan Özal, cezaî takibata gerek görmemişti...

Öte yandan İçişleri Bakanı Mustafa Kalemli, basının yazdığının aksine, Kaçakçılık İstihbarat Hareket Daire Başkanı Atilla Aytek'in görevden alınmadığını açıkladı. Bakan Kalemli, "Atilla Aytek'i görevden almadık, kimseyi bir yere tayin etmedik" şeklinde demeç verdi. Ancak Atilla Aytek, önce Eskişehir emniyet müdürlüğüne, ardından da Emniyet'in "kızak kadrosu" olarak bilinen APK'da "çürümeye terk edildi!"[92]

91 Görevden alınanlar arasında, Hiram Abas'ın ekibinden, MİT Esenboğa Sorumlusu Kaya Ülgen de vardı. Kaya Ülgen, Millî Savunma Bakanlığı'na atandı. 28 aralık 1990 tarihinde Millî Savunma Bakanlığı'ndan "çok gizli" ibareli 70 adet belgeyi çalıp İran'a verdiği iddiasıyla tutuklandı.

92 Atilla Aytek her gittiği yere, ABD Ankara Büyükelçisi Hupe tarafından kendisine verilen "teşekkür belgesi"ni götürdü, makamına astı.

Tarihin tokatı mıydı; Hiram Abas, teşkilatta görev yaptığı yıllar boyu hep, 27 Mayıs 1960 İhtilali'ne karşı mücadele vermişti. Ve askerî hareketin 28. yılında MİT'ten ayrılmak zorunda kalmıştı!..

Bir gün sonra...

Son kez MİT'e gitti. Makamından özel eşyalarını topladı. Bazı "lüzumsuz" belgeleri yok etti. Pipolarını özenle sarıp çantasına koydu. Makamındaki kitaplar arasından bir tanesini yanında götürecekti. Zaten onu hiç yanından ayırmamıştı: "Başusta" olarak kabul ettiği Nazi İstihbaratçısı Gehlen'in *Servis* adlı kitabını...

Beyaz kâğıda istifa dilekçesini yazdı. Her ayrılan teşkilat mensubuna personel işlerinden getirilen, "bildikleriyle ilgili hiçbir açıklamada bulunmayacağına" ait yemin belgesini imzaladı.

Büyük toplantı salonunda, başta Müsteşar Hayri Ündül, başkan ve daire başkanları olmak üzere küçük bir toplulukta veda seremonisi yapıldı. Müsteşar Ündül ve Hiram Abas birkaç cümle formalite konuşmaları yaptılar.

Ve el sıkışmalar, öpüşmeler faslından sonra, küçük el çantasını alıp teşkilattan ayrıldı, bir daha hiç dönmemek üzere...[93]

MİT Müsteşarı Hayri Ündül ise 29 ağustos 1988 tarihinde görevinden ayrılıp, Milli Savunma Bakanlığı müsteşarı oldu.

Yerine, iki yıl önce Özal'ın MİT'in başına getirmeyi düşündüğü Korgeneral Teoman Koman geldi...

MİT'in yeni "patronu" 27 Mayıs 1960 Hareketi'nde İmralı'da infaz subayı olarak görev yapmıştı. 41 yaşında evlenmişti. En büyük zevki ata binmekti. Kırbaç koleksiyonu yapıyordu, bir de tabanca koleksiyonu.

Analizciydi. Kritik yerlerde görev yapmıştı; Özel Harp Da-

93 Aradan yıllar geçti. MİT raporunun hedef aldığı Süleyman Demirel başbakan, Hüsamettin Cindoruk TBMM başkanı, Nevzat Ayaz millî savunma bakanı oldu, Mehmet Ağar emniyet genel müdürlüğünden içişleri bakanlığına kadar yükseldi, Ünal Erkan rapordan sonra Edirne valisi yapılmıştı. O da devlet bakanlığı koltuğuna oturdu...

Yeraltı dünyası mı ? Onlar yine bildikleri işleri yapıyorlar...

Hiçbir yayın organının yayımlamaya cesaret edemediği MİT raporunu ortaya çıkaran Doğu Perinçek ise bu kitap yayına hazırlanırken "düşüncelerinin cezasını" Haymana Cezaevi'nde çekip yeni tahliye oluyordu !..

iresi, MGK Genel Sekreterliği, TİB ve Kıbrıs.

Zaten devletin "sinir merkezlerinde" bulunanlar, hep bu "çelik çekirdek" içinde görev yapıyorlardı!

Yeni Müsteşar Koman, göreve gelir gelmez aşırı dinci hareketlere dikkat çekti, "asıl tehlikenin" komünizm değil, aşırı dinciler olduğunu söyleyerek herkesi şaşırttı.

MİT'te artık "yeni bir dönem" başlıyordu...

Turgut Özal'ın bir dönem MİT'in başına önerdiği Teoman Koman iki yıl sonra teşkilatın başına geçmişti. Peki bu atama, "Özal'ın dediği oldu" anlamında yorumlanabilir miydi?

Hayır!

Özal ilk tanıdığı yıllarda "sivil paşa" olarak değerlendirdiği Teoman Koman'ın, demeçlerini basından okuyup, istihbarî yaklaşımını öğrenince çok şaşıracaktı.

Örneğin Korgeneral Koman'ın şu sözlerine hiç katılmayacaktı:

"Kimin söylediği belli değil, 'MİT artık fonksiyonunu yerine getiremez hale gelmiştir, köklü değişikliğe ihtiyaç vardır' denmektedir. Bu sözler devamlı söyleniyor. 'Amerikan modeli çerçevesinde MİT'te de, CIA-FBI gibi iki ayrı model yapalım' tartışmaları yapılıyor. Herkesin millî yapısı kendi varlığına, kendi düzenine göre teşekkül eder. Elâlem ikiye ayırmışsa bizim de böyle olması gerekmez. İkiye ayrılmış modeller federal sistemlerde görülür. Amerika Birleşik Devletleri'nde olduğu gibi. Bir süper güç olmuş, dünya çapında menfaatleri, alakaları var, oturmuş bir dış istihbarat kurmuş; merkezî haberalma teşkilatı. İçeride de FBI kurmuş. Bizim gibi tek servis olan ülkeler de var. Şimdi Amerika öyle diye bizim de illa CIA-FBI türü olmamız mı gerekir? Efendim, 'başka ülkelerde olduğu gibi ikiye ayrılmalı' diyorlar. Neden? Vasıfları değişikmiş. Hayır. Haber toplamanın vasıfları değişik değildir. Ülkelerin vasıfları değişiktir. Biz bir süper güç değiliz. Hal böyle iken niye bölelim. Bunları söyleyenler ne kadar ciddi etüt yaptılar? Ama herkes konuşuyor. Neye istinaden böyle söylüyorlar, o da belli değil."[94]

MİT Müsteşarı Korgeneral Koman, 1950'lerde, ABD dün-

94 9 temmuz 1992 tarihinde, MİT Müsteşarı Korgeneral Teoman Koman'ın, teşkilata çağırıp akşam yemeği verdiği 48 gazeteciye yaptığı konuşma.

yaya hükmetmek için nasıl CIA'yı kurduysa, "bulunduğu coğrafyaya etki etmek için Türkiye de 'kendi CIA'sını kurmalıdır" sözlerini kimlerin söylediğini iyi biliyordu. Ama "diplomatik bir dil kullanmayı" yeğliyordu... sivilleştirebilirdi.

Başbakan Özal'ın "MİT operasyonu" Hiram Abas ve ekibinin tasfiyesiyle hüsranla sonuçlanmıştı...

Müsteşar Teoman Koman döneminde, "sokakta dolaşan emekli subay kalmadı, hemen herkesi MİT'e aldılar" diye dedikodular çıkmaya başlamıştı...

Dedikodunun doğruluk payı da vardı: Hiram Abas'tan sonra sivillere karşın yine askerlerin teşkilat içindeki inisiyatifi veya sayısal olarak oranı artmıştı...[95]

"Sivil Paşa" Teoman Koman, Başbakan Özal'ı hayal kırıklığına uğratmıştı!..

Basına ilk kez konuştu

7 haziran 1988...

Hiram Abas yaşamında ilk kez *Sabah* gazetesinden Güngör Mengi'ye röportaj verdi.

Aslında tek bir gazeteye röportaj vermek istemiyordu. Basın toplantısı düzenlemeyi düşünüyordu. Ancak yakın arkadaşı bir gazeteci, "Şimdi basın toplantısına her yayın organından muhabir gelecek. Tabiî *2000'e Doğru, Nokta, Cumhuriyet, Söz* gibi sol yayın temsilcileri gelip, gerekli gereksiz sorular soracaklar. En iyisi siz bir gazeteciyle röportaj yapın daha iyi olur" dedi.

Önce *Hürriyet* gazetesinden televizyon kökenli bir gazeteciyle röportaj ayarlandı. Ancak nedense ondan hiç ses çıkmıyordu. "Herhalde röportajın gazetelerinde yayımlanmasını istemiyorlar" diye düşündüler.

Son günlerde kendilerine yakın bazı gazetecilerin haberleri de gazete yönetimleri tarafından "kırpılmaya" başlanmıştı.

95 MİT'teki sivil-asker çatışmasının bir başka boyutu daha vardı; teşkilatta çay servisini erler yapıyordu. Sivillere göre, erler kendilerine iyi çay getirmiyor, taze çayları hep subaylara götürüyorlardı ! Siviller, "Eğer bir gün teşkilattaki çaycılar sivil olursa o zaman MİT sivilleşmiş olacak" diye espri yapıyorlardı.

Erkan Gürvit, Mehmet Ali Yılmaz gibi bazı gazete patronlarını arayarak, ricalarda bulunuyordu.

Güngör Mengi röportaj için günlerdir arayıp duruyordu, *Sabah* gazetesinde karar kıldılar...[96]

Röportajın giriş bölümünde Hiram Abas'ın biyografisine ilişkin sorular vardı..

"G. Mengi:

– Boğazınızda bir yara izi görüyorum...

H. Abas:

– Kendi ekibimle yaptığım, kendi yetiştirdiğim ekibimle yaptığım 156-157 baskın vardır. Bunların bir kısmı içerden ateş açıldığı için silahlı çatışma şeklinde geçmiştir. Ve hepsi muvaffakiyetle bitmiştir. Bir tanesinde ben yaralandım. Sonra bir arkadaşım yaralandı. Ama işler başarıyla bitirildi.

Boğazımdan yemiştim kurşunu... Boğazımdan girdi, çenemden çıktı. İki metreden yedim kurşunları... Odanın içinde yedim yani...

Ama benim çalışma azmim ve arzum bitmediği için 15 gün sonra omzum bağlı olarak ben yine ekibimin başındaydım. Sağ elim askıda sol elim serbest..."

MİT'e ikinci dönüşünü şöyle anlatıyordu Hiram Abas;

"Karım pek istemedi ama ben onları da burada (İstanbul) bırakarak, Ankara'da göreve başladım. Daha kızım evlenmemişti. Ankara'daki 2,5 senelik görevimde günlük mesaim 11 saatti. Fazla mesailer de oluyordu. Cumartesi günü 4 saat, ayrıca pazar günü 4-5 saat çalışırdım. Yani bu 2,5 sene içinde, çalışmaktan başka bir hayatım olmamıştır.

Ailem burada (İstanbul) olduğu halde çok az izinliydim ve hep hizmet verdim. İnanıyorum ki, bir hizmet de gördüm, bazı görüşler teşkilatta değişmiştir. Ve teşkilatıma daha fazlasını verme imkânı her zaman vardı."

Ve konu MİT raporuna geldi...

"H. Abas:

– Şimdi rapor olayı geniş çapta ilk başlangıçta istismar

96 Hiram Abas ile Güngör Mengi'nin röportajı dört gün *Sabah* gazetesinde yayımlandı. Ayrıntılar için 7-11 haziran 1988 tarihli *Sabah* gazetesine bakılabilir. Bu kitapta sadece önemli bölümlerin altını çizmek için özet yapıldı.

edildi. Başbakanımızın bir politikası olarak seçimlerde kullanılacağı noktası üzerinde spekülasyon oldu. Bu katiyen doğru değildir, katiyen... Başbakandan böyle bir emir alınmamıştır, başka makamlardan da böyle bir emir alınmamıştır.

G. Mengi:

– Kutlu Savaş'ın hazırladığı raporda sizin de baştan beri olaylardan haberdar olduğunuz havası var. Ne diyorsunuz?

– Tabiî... Ondan evvel etütten haberim var gayet tabiî ki... Ancak çocuğumun, kızımın düğününde ben bu raporun elde olduğunu duydum. Hatta ertesi günü bu Mehmet Ağar ve arkadaşlarını alarak, hiçbir şey de söylemeden yemek yedim. 'Nedir bu aradaki mücadele' diye... Onun için diyorum ki, işin içinde baştan itibaren yokum. Katiyen yokum...

Ocak sonuna kadar raporun etüdü, muayyen sayfalarının fotokopisinin elden ele gezdiği, hatta basında olduğu hepimiz tarafından öğrenilmiştir. Ancak raporda konu olan şahıslar tarafından hiçbir müracaat yapılmamıştır. Neden olduğu belli değildir. Beklenen tarih nedir? Beklenen tarih nedir? Beklenen husus nedir? Bilinmemektedir.

Ocak sonunda eski mensubumuz Nuri Gündeş'in, Necdet Üruğ'un mektubunu da alarak cumhurbaşkanına gittiği, Ankara valisiyle ve bizim müsteşarla görüştüğü haberi alınmıştır. Bu 2 aylık devrede niye iş uyutulmuştur? Yahut neden bir müracaat yapılmamıştır; bilinmemektedir.

– 'Mehmet Eymür'ün arkasında Hiram'ın beyni vardır' deniyor...

– Evet, böyle denmiştir. Ama Hiram bu operasyonu bir yere karşı yapmaz ki... Kazancım ne olacak? Ben devletime hizmet vermek için görev yaparım, operasyonları yaparım. Ben masada çalışmadım. Az çalıştım.

Ben operasyon yaparken hâsıla görürüm. Bu operasyondaki hâsıla nedir? Benim Üruğ'la bir düşmanlığım yok. Benim Üruğ'la bir mücadelem yoktur. Cumhurbaşkanlığına aday veyahut değil; beni hiç alakadar etmez. Belki cumhurbaşkanlığı seçimine girecekti. Bilmiyorum. Belki politik bir güç kazanacaktı. Belki bazı güçleri devam etmekteydi...

Ben çeşitli hükûmetlerle görev yaptım ve hepsinden gayet iyi muamele gördüm. Demirel'le defalarca temas ettim, çalıştım ve takdirini gördüm. Ecevit zamanında da görevimde yükseldim... Özal'la gayet iyi anlaşıyordum ve istihbarî yönden anlaşıyordum.

Ben size bu konuyu biraz açayım. Şimdi MİT'te sivil orijinliler, asker orijinliler vardır. Bana karşı olan gruplar tarafından, benim askere düşman olduğum fikri yayılmak istenmiştir. Size hakikati açıklayayım.

Ben bu arkadaşlarımı ve buna mümasil kaç kişiyi ordudan koparıp teşkilata aldığımı, isterse teşkilat verebilir adet olarak. Ben bunların peşinde koştum... Çünkü onlara ihtiyacım vardı. Ben ayrıca bizim kaynağımızı oluşturması için Harbiye'de 50 kişilik bir istihbarat sınıfı kurulmasını önermişimdir. Çünkü üniversiteden gelen miktarı az oluyor. Çeşitli yerlerde bunu ifade etmişimdir. "Bunları bize verin ama bir daha geri almayın." Bazı insanları çok rahatsız etmiştir... Nedeni şudur: benim 2 sene çalışıp Ordu'ya dönecek adama ihtiyacım yok. Hem her şeyini açıyorsun, geliştiriyorsun, sonra alıyorsun... Böyle adamlarla çalışamazsınız. Çünkü bu iş uzmanlık istemektedir. Bütün hayatını profesyonelce buna göre kurmak zorundadır.

Mossad'ın büyüklüğü... Mossad çok büyük deniliyor. Mossad'da aslında bir büyüklük yok. Ama Mossad aldığı bilgiyi anında icraata koyuyor. Biz de aslında o kadar bilgi topluyoruz, ama biz icraata daha az yöneliyoruz.

– Neden?

– Onlar harp içinde. Ve etraflarındaki diğer devletlerin tepkilerine bakmadan çalışıyor... Tabiî artık Türkiye dışındaki görevlere de daha geniş olarak yönelmemiz gerekmektedir. Hem Türkiye'ye karşı yürütülen yıkıcı faaliyetler yönünden hem de dünyanın çeşitli yerlerinde bulunan Türk varlığının bir güç oluşturması yönünden. Bu Türklerin bir potansiyel olduğunu kabul etmemiz gerekir. Bir de dışarda her türlü yıkıcı faaliyete karşı savunma halinde olmamız gerekir.

– Yurtdışındaki Türklerden kastınız, Türk vatandaşları mı?

– Türk vatandaşları ve Türk kökenliler. En azından Türklüklerini devamlı hatırlarında tutmaları gerekir. Türkiye'nin içerisinde yaptıkları yıkıcı faaliyete karşı da, yabancıların faaliyetine karşı da çalışma yapıyoruz. Halkla çok iyi bütünleşmezsek, başarılı olmamız imkânsızdır."

Gazeteci arkadaşından destek makalesi

M. Ali Kışlalı, Hiram Abas MİT'ten ayrıldıktan sonra 8 haziran 1988 tarihinde *Tercüman* gazetesindeki köşesinden bir makale yazdı arkadaşı için:

"Arkadaşım Hiram,

Gazetecinin görevinin temelini, izlediği olaylarda mümkün olduğunca objektif kalarak araştırma teşkil eder. Gazeteci deneyim kazandıkça bu yeteneklerini de geliştirir. Günün birinde izlediği olayın kahramanları kendisine ne kadar 'yakın' olurlarsa olsunlar gazeteci, okurun kendisinden beklediği 'mümkün olduğunca tarafsız' tutumu otomatik bir şekilde sergiler hale gelir.

Bu girişi, kendisini 1953-1957 Siyasal Bilgiler Fakültesi öğrencilik yıllarından itibaren sürekli olarak ve çok yakından tanıdığımız Hiram Abas ile ilgili bir yazı yazmak istediğimiz için yapıyoruz.

Türkiye'yi tehdit ettiği düşünülen 'aşırı akımlar'dan hiçbirine ilgi duymayan, son derece sevdiği, karakterine kişiliğine uygun düşen mesleğinin gereklerini yerine getirmekten başka bir şey düşünmeyen Hiram Abas hakkında, zaman zaman gerçekle hiç ilgisi olmayan, yakıştırma haber ve yorumlara basında da rastlanmıştır. 12 Mart döneminde 'işkenceci' olduğu, tedhiş ile mücadele ederken sağ eğilime sahip bulunduğu yazılmıştır... 'İşkenceci' eleştirisi karşısında yıllarca suskun kalıp o 'işkenceci' denilen dönemde sorgulama görevinde bulunmadığı basit gerçeğini açıklamak gereğini bile duymamıştır.

1978-1979 yıllarında CHP iktidarında, 12 Mart döneminde unutulmaz gözüpek ve son derece yararlı davranışlarından dolayı hakkında MİT içerisinde olumsuz bir hava estirildiğini duyduğumuz zaman teşkilatı bağımsız, siyasî havalardan uzak ve diri tutmaya çaba gösteren Org. Adnan Ersöz'e bütün samimiyetimizle Hiram Abas hakkında bildiklerimizi anlatmamız, hakkındaki tek görüş ifademiz olmuştur."

Hiram Abas, arkadaşı M. Ali Kışlalı'nın makalesine kısa bir mektupla teşekkür etti:

"Sevgili Mehmet Aliciğim,

Bugün gazetende, benim için yazdıklarını okurken hislendim. Düşündüklerine ve ifade tarzındaki inceliğine teşekkürler ederim.

Ankara'ya gelirsem mutlaka seni arayacağım. Benim İstanbul ev telefon numaram 359... Sen gelirsen bir haber verir misin.

Seni saygıyla ve tekrar teşekkürle lokum yanaklarından öperim.

Hiram Abas. 9 haziran 1988"

Röportaja dönersek,

Hiram Abas'ın röportajında ortaya bir gerçek çıkıyor; MİT raporu aylardır devletin elindeydi ve hiçbir devlet yetkilisi bir şey söylememişti.

Peki sonra neden fırtınalar koparılmıştı?

Hiram Abas bunu Ürüğ'un cumhurbaşkanı seçilmesini engellemek için yapıldığını iddia etmekteydi...

Peki bu komployu kim yapmış olabilirdi?

Kenan Evren, Turgut Özal... kim... kim...

Cumhurbaşkanlığı seçimine bir yıl kalmıştı ve Türkiye'de arka arkaya ilginç olaylar meydana geliyordu...

Finale kanla gidiliyordu...

Kan dökülüyor!..

17 haziran 1988.

Yer: Ankara Atatürk Spor Salonu.

ANAP İkinci Olağan Kongresi yapılıyor. Belki de bu Genel Başkan Turgut Özal'ın son kongresi. Çünkü cumhurbaşkanı olmak istediği artık partililerce de biliniyordu.

Saat: 12.15.

Kürsüde konuşan Turgut Özal'a üç el ateş açıldı. Kurşunlardan biri başparmağına gelen Özal, kürsünün altına saklandı...

Saldırgan Kartal Demirağ hemen salonda yakalandı. Önce adının Hayati İpek olduğunu söyledi ancak sonra gerçek hüviyetini açıkladı.

Afyon Dazkırı ilçesi doğumluydu. 12 Eylül 1980 öncesi Dazkırı Ülkü Ocakları ikinci başkanlığı yapmıştı. Yakın arkadaşını bıçakla yaraladığı için 17 ağustos 1985 tarihinde cezaevine girmişti. 20 ocak 1988 tarihinde Dalaman Ya-

nıaçık Cezaevi'ne gönderilmişti. Buradaki dördüncü gününde firar etmişti.

Başbakan Özal'a suikasttan 6 ay önce cezaevinden kaçan Kartal Demirağ'ın cebinden, 100 dolar, 200 mark ve 200 000 TL para çıkmıştı. Paraların kaynağı bilinmiyordu, tıpkı 6 ay nerede saklandığının öğrenilemediği gibi.

Kartal Demirağ askerî kamplarda eğitildiğini, MİT'ten bazı kişilerle görüştüğünü iddia etmekteydi...[97]

Turgut Özal'a yapılan suikastın cumhurbaşkanlığı seçimiyle bir ilgisi var mıydı?

Hiram Abas'ın Başbakan Özal'a çektiği "geçmiş olsun" telgrafı ilişkilerinin tekrar başlamasına neden oldu.

Özal suikastı "kendi olanaklarıyla çözmek" istiyordu. Bunun altında, biraz da "devletin istihbarat örgütlerine güvenmeme" duygusu yatıyordu.

Yakın çevresindeki danışmanlarıyla birlikte Hiram Abas'ı da suikast araştırmasında görevlendirdi.

Suikastla ilgili olarak "akla hayale gelmeyecek" senaryolar üretiyorlardı. Bunlardan biri, suikastın arkasında Millî Güvenlik Kurulu Genel Sekreteri Orgeneral Sabri Yirmibeşoğlu'nun olduğu iddiasıydı! İddiaya göre Türkiye'deki azınlıklara yönelik, 6-7 Eylül 1955 Olayları'nın "organizatörü" Özel Harpçi Yirmibeşoğlu, suikastı Özal'a cumhurbaşkanlığı yolunu kesmek için planlamıştı!..

"Belçika Kulübü"nün üyesi Orgeneral Yirmibeşoğlu'nun adı o günlerde Kara Kuvvetleri komutanlığı için geçiyordu.

Bir başka yoruma göre, Orgeneral Yirmibeşoğlu'nun önünü kesmek isteyenler bu senaryoyu ortaya atmıştı!..

Başbakan Özal, yaş haddi nedeniyle emekliliği gelen, Ordu içinde kendisine en yakın bulduğu Kara Kuvvetleri Komutanı Orgeneral Kemal Yamak'ın süresini uzatmak istiyordu.

Orgeneral Yamak'ın yerine üç aday vardı; MGK Genel Sekreteri Orgeneral Sabri Yirmibeşoğlu, Genelkurmay İkinci Başkanı Orgeneral Kaya Yazgan ve 1. Ordu Komutanı Orgeneral Doğan Güreş...

Bu atamanın çok önemli bir nedeni vardı; Kara Kuvvetle-

97 Gazeteci Çiğdem Anat'ın Kartal Demirağ'la yaptığı röportaj, "32. Gün", 14.6.1992.

ri komutanı olacak orgeneral, bir aksilik olmazsa muhtemelen, 1991 yılının Genelkurmay başkanı olacaktı!..

Eğer Orgeneral Yamak'ın süresi uzatılırsa üç orgeneral de emekli olacaktı. Hatta Orgeneral Yamak eylül ayına kadar koltuğunda oturduğu takdirde, Orgenerallikte bekleme süresini dolduran üç orgeneral de otomatikman emekli olacaktı.

Ne oldu dersiniz?

Tatilini Side'de geçiren Başbakan Özal'a, başlarında bir tümgeneral olmak üzere üç kişilik bir askerî heyet gidip, Yüksek Askerî Şûra'nın kararını imzalattılar.

Ordu'nun kararına göre, Kemal Yamak emekli, Doğan Güreş Kara Kuvvetleri Komutanı yapılmıştı...[98]

Askerler Özal'ı "met etmişti."

Biz tekrar Özal suikastına dönelim:

Adı Uğur Tonik. Emekli Yargıtay savcısıydı. Kemal Horzum'un Emlakbank'ı 70 milyon dolar dolandırmasıyla ilgili soruşturmaya, Başbakan Turgut Özal'ın direktifiyle katıldı. Suikast olayından sonra Horzum'un bu işte parmağı olup olmadığını araştırmak da yine kendisine düşmüştü.

Araştırmaya başladığı günlerde İstanbul Ortaköy'de üç MİT görevlisi tarafından tehdit edildiğini açıkladı.

Emekli Yargıtay savcısı, Özal suikastının Horzum'la ilgili olmadığını belirtiyor ve ekliyordu: "O zaman bana Meclis (Horzum) Komisyonu'nda sordular. Dedim ki, 'Acaba Kaya Erdem ile bunların arasında bir ilişki var mı?' Şu sorunun cevabı aranmalıydı; Kartal Demirağ'ın kurşunu hedefi bulsaydı, Özal ölseydi yerine kim gelecekti? O zaman en popüler isim kimdi?"[99]

Mutlaka tesadüftür ve suikastla ilgisi yoktur, ama biz bir notu aktaralım: Başbakan Özal suikastından 5 ay sonra Başbakan Yardımcısı Kaya Erdem görevinden istifa etti. Turgut Özal ile Kaya Erdem arasına "kara kedi" girdi, eski dostlukları bitti. Özal eski dostuna karşı çok kırgın davranıyordu.

98 Turgut Özal cumhurbaşkanı olduğunda, Özel Harpçi Kemal Yamak'ı unutmadı. Emekli Orgeneral Kemal Yamak'ı cumhurbaşkanı genel sekreteri yaptı. Genel sekreteri Kemal Yamak'la birlikte TSK içinde kendilerine yakın isimleri önemli görevlere getirmek istese de, hiç başarılı olamadı.

99 Röportaj Hakan Aygün/Reha Mağden, *Aktüel* dergisi, 25 haziran 1992.

Bu arada Turgut Özal, suikastıyla ilgili sırlar "toprağa" gömüldü... Denilir ki Özal, suikastın neden yapıldığını ve arkasında kimler olduğunu öğrenmişti...

Mektuplar savaşı sürüyor

Başbakan Özal ile emekli Hiram Abas gelişen olaylar karşısında birbirlerine yine yapışmak zorunda kalmışlardı...

Hiram Abas, Özal suikastının perde arkasını araştırırken, MİT içindeki mektuplar savaşı "kıran kırana" sürüyordu.

MİT içindeki "köstebek", basına gönderdiği, 16 ağustos 1988 tarihli mektubunda, "Şayet Türkiye'de mafyanın beli kırılacaksa" bazı MİT personelinin kesinlikle tasfiye edilmesi gerektiğini yazıyordu:

"Hiram Abas, Mehmet Eymür, A. Tarı Belen, M. Ali Kaşıkçılar (MİT eski MAH başkanı), Nuri Gündeş (eski İstanbul bölge daire başkanı), Erkan Gürvit, İsmet Erensoy, Dursun Özberk, Emre Taner (iç. ish. bşk.), Hilmi Turgut (eski ATI başkanı) Nihat Doğramacı ve bunların ayakçı takımının araştırılması gerekiyor."

"Köstebek", teşkilat içindeki sözleşmeli uygulamasına son verilmesini istiyordu. Aksi takdirde MİT'in arşivindeki tüm bilgilerini kamuoyuna açıklayacaktı: "Gerekirse en gizli belgeler (Ankara) Ulus Meydanı'nda halka dağıtılacak."

"Köstebek", 1984 yılında Hiram Abas'ın emekli olmasına rağmen Dündar Kılıç'ın sorgusuna katıldığını iddia ediyordu.

Diğer sorgucuların da adlarını veriyordu: "Mehmet Eymür, Atilla Aytek, Dursun Özberk, Sorgu Şube Müdürü Ayhan Özmen (Komutan denen şahıs) Süleyman Yenilmez, revir başhekimi Sezai Bey, İsmet Erensoy, Turan Tüten, Nejat Albay, Tarı Belen."

"Köstebek" üst düzey mafya babalarına MİT'ten belge düzenlenerek, teşkilat görevlisiymiş gibi yurtdışına çıkarıldıklarını açıklıyor ve belgelerin basına postalanacağı tehdidinde bulunuyordu.

Hiram Abas ve Mehmet Eymür'ün Dündar Kılıç'ın sorgulamasında adı geçenlerle birlikte bir üst kadro oluşturduklarını açıklayan "köstebek" babalara pasaport sağlayanların da aynı ekip olduğunu belirtiyordu.

"Köstebek" mektubunun sonunda Müsteşar Korgeneral Teoman Koman'a sesleniyordu: "Mafyanın ve Hiram'ın adamlarını temizlemedikçe teşkilatı idare edeceğini sanma." [100]

Mehmet Eymür ile yardımcısı Korkut Eken Antalya'da buz fabrikası kurmuşlardı. Hiram Abas ise yıllar önce Beyrut'ta yakın arkadaş olduğu Fevzi Gandur'un, taşımacılık yapan şirketinde çalışmaya başlamıştı...

Hiram Abas arkadaşlarına yarı şaka yarı ciddi espri yapıyordu; "Sizler para kazanma peşine düştünüz, ben hâlâ devletin hizmetindeyim!"

Hiram Abas emekliliğinde sadece Özal suikastıyla ilgilenmiyordu. Başka "işleri" de vardı.

Sık sık Diyarbakır'a gidiyordu. OHAL Valisi Hayri Kozakçıoğlu'yla çok samimiydi. Ancak daha çok yakın olduğu kişi, bir dönem yardımcılığını yapan Diyarbakır MİT Bölge Başkanı Galip Tuğcu'ydu.

Hiram Abas'n Diyarbakır'a sık sık gitmesinin nedeni yanında çalıştığı Ali Fevzi Gandur'un silahlarını pazarlamak için miydi? Bilinmiyor!..

Bilinen, Hiram Abas'ın Diyarbakır'a gittiğini hep gizli tutması. Dönemin OHAL Valisi Hayri Kozakçıoğlu'yla otelde buluşmasını bile bir gizlilik içinde yapıyordu. Bu gizlilik ne içindi?

Saklamalarına rağmen, MİT'in Ankara merkezi, bu görüşmelerden nasıl haberdar oluyordu? [101]

Başbakan Özal'a rapor

Hiram Abas emekliliğinde de silah sevdasından vazgeçmedi.

Haftada iki üç kere İstanbul'daki Sipahi Ocağı Atış Poligonu'nda atışlar yaptı. Bu arada başta bir gazetenin patro-

100 Yeraltı dünyasının bazı isimleri ile aranan eski ülkücülerin MİT'ten aldıkları sahte pasaportla yurtdışına çıktıkları köstebeğin mektubundan 10 yıl sonra Türkiye'nin gündemine gelecekti. (y.n.)

101 Hiram Abas ve İstanbul'daki avcı arkadaşlarının Güneydoğu'da macera olsun diye "PKK avına" çıktıkları iddia edildi. Ancak bu sözler iddianın ötesine geçemedi.

nu olmak üzere bazı gazetecilere atış talimleri yaptırıp, nasıl silah kullanılacağını öğretti...

Kitapla arası iyi değildi, ama "çok okuyan biri" havasını vermeyi seviyordu. Analizci bir kafası yoktu, ama onu da varmış gibi göstermek istiyordu.

Başbakan Özal'la yakınlaştıktan sonra özellikle Ortadoğu konusunda bazı değerlendirme raporları göndermeye başladı.

Alışkanlıktı; tıpkı MİT personelinin yazdığı gibi, raporunu beyaz bir kâğıda yazdı, raporun altında ne bir tarih, ne de imzası vardı.

Raporların bir özelliği de olayların hep maddeler halinde yazılmasıydı...

6 eylül 1989 tarihli rapor bunun tipik bir örneğiydi:

"Amerika'nın Kissinger devri döneminden itibaren bir Ortadoğu planı mevcuttur ve Amerika'nın; politik, ekonomik yönden bölgeye hâkim olabilmesini hedeflemektedir. Bu plana göre;

1- Bölgede Amerika'nın jandarmalığını yapacak olan İsrail, büyük İsrail planına uygun vaziyette Fırat-Nil nehirleri arasındaki sahada hâkim ve etkili duruma girmelidir.

2- Bölgedeki Alevî, Sünnî, Hıristiyan toplumları, Ermeniler, Kürtler, ekalliyetler kullanılarak, bölünerek, plana karşı gücü meydana getirebilecek devletler zayıflatılmalı ve iç problemleri ile uğraşır duruma sokulmalıdır.

3- Filistin'in davasını ortadan kaldırmak için, Lübnan bölünmeli ve topraklarının güney bölümü üzerinde bir Filistin iskânı imkânı sağlanmalıdır.

4- Lübnan'daki malî çevreler iç karışıklıklarla tahrip edilmeli ve petrodolar Lübnan dışına kaydırılmalıdır.

5- İsrail ve Suriye arasındaki Golan problemini çözüme ulaştırmak yönünden Lübnan'ın büyük bir bölgesinin Suriye'ye verilmesi gerekmektedir."

"Amerikan planını" yazan Hiram Abas, bu senaryo neticesinde neler olduğunu da şöyle tahlil etmekteydi:

"Yukarıdaki maruz plan, İsrail ve Suriye'nin çıkarlarına uyduğu ve petrodoların bankalarına akabileceği düşüncesiyle, başta İsviçre olmak üzere Avrupa ülkelerine de ters gelmediği için, bir karşı koyma ile karşılaşmamıştır.

– Ancak; İsrail-Lübnan Harbi, İsrail'in bir istila savaşını yapamayacağını göstermiş ve İsrail'in bölge jandarmalığı hayalini çürütmüştür.

– Amerika'nın petrodolar nedeniyle yanında olan Avrupa, Lübnan Savaşı'nın kısa sürede değil, 15 senede bile sonuca ulaşamaması, sivil halkın katliamı ve bombardımanlar karşısında, Amerikan planına karşı cephe almıştır.

– Kendi içlerinde de Alevî, Sünnî mezhep farklılıkları olan İslam ülkeleri, Lübnan bölünmesinin kendi ülkelerinde de inikâsları olacağı endişesiyle politik çareler aramaya başlamışlar ve Suriye'nin Lübnan'daki aktif tutumuna karşı cephe oluşturmuşlardır.

– İnsan hakları konusunda öncü durumunu korumak isteyen Amerikan hükûmeti kendi halkı karşısında dahi zor duruma düşmüştür.

– Sovyetler'in bölgedeki sızmaları eskiden endişe yarattığı halde, Lübnan'daki katliam karşısında bölgeye bir temsilci göndererek, siyasî girişim yapabilmişler ve çeşitli çevrelerde Sovyetler'in bu politik girişimi müspet karşılanmıştır.

– Amerika son ana kadar Lübnan ve Ortadoğu politikasını ısrarla sürdürmüş ve Suriye ile müştereken Fransız filosunun Lübnan önlerinden ayrılmasını, Fransa'ya yaptığı baskı ile sağlamış ise de plan artık çökmüştür.

– General Michel Aoun birkaç gün evvel yabancı basına, Lübnan'da yaptığı bir açıklamada, Amerika'nın Lübnan'daki siyasetini izah etmiş, Orta Amerika'da uyuşturucu mafyasına karşı aktif önlemler alan Amerikan idaresinin Lübnan Bekaa'daki afyon ve uyuşturucu yetiştirilmesi, imali ve dünyaya pazarlanması konusunda Suriye'ye göz yumduğu ve bu suretle Suriye ekonomisinin, Suriye'nin kendi politikasını bölgede yürütmesi karşılığında ayakta tutmaya çalıştığından bahsetmiştir.

Ayrıca, Beyrut'taki bombalı arabalarda CIA'nın parmağı bulunduğuna dair elde ettikleri delil ve emareleri sıralamıştır.

Son olarak General Michel Aoun kendilerinin de Lübnan ve dünyanın her tarafında rehineler ele geçirip baskı unsuru olarak kullanılabileceğinden bahisle Amerikan idaresini tehdit etmiştir.

– Bu beyanatın hemen akabinde Beyrut'ta Amerikan

aleyhindeki nümayiş ve elçiliğe saldırılar başlamış, Amerika Lübnan'daki elçiliğini boşaltarak, memurlarını Kıbrıs'a göndermeye mecburiyet hissetmiştir.

– Gelişmeler, Amerika'nın Lübnan-Ortadoğu politikasında değişiklikler yapacağı kanısını uyandırmaktadır.

– Muhtemelen önümüzdeki günlerde Lübnan'da bombardımanlar duracak, üç ay müddetle ateşkese gidilecek ve politik çözümler araştırılacak ve Lübnan'da herkesin kabul edeceği bir cumhurbaşkanı seçimi yapılacaktır.

– Ortadoğu'daki yeni politika ve gelişmeler, Türkiye için de önemli hususlar ortaya çıkarmaktadır.

– İsrail'in Ortadoğu'da jandarmalık yapamayacağının ortaya çıkması, Türkiye'nin Amerikan nezdindeki önemini artırmıştır. Ancak Amerika jandarmalık görevini Türkiye'ye yüklemek için imkânlar araştıracak, belki Kürt ve Ermeni problemleri içerisinde, en azından bilgi toplamak vs için daha fazla olacaktır.

– Suriye Lübnan'da olaylara batmış, Amerika ile işbirliği içerisinde tam görülmüş ve diğer İslam ülkelerinin tepkisini çekmiş, zayıflamıştır. PKK'yı desteklemesi muvacehesinde Türkiye'nin çok sert şekilde üzerine gitmesi mümkündür. Tepki gösterebilmesi imkânına sahip bulunmamaktadır.

– Lübnan'daki gelişmeleri Türkiye yakinen takip etmelidir. Ortadoğu'daki politik gelişmelerin ve değişimlerin en iyi takip edebileceği saha Lübnan'dır. Sahada istihbarat olanaklarımız üst seviyede götürülmelidir.

Arz ederim."

İstihbaratçıların göremediği şoke olay !

Bu analizlerinde, dünyadaki birçok istihbaratçı gibi Hiram Abas da bir büyük gelişmeyi hesap edememişti. "Çift kutuplu dünya" artık çözülüyor, Sovyetler Birliği'nin dağılmasıyla Soğuk Savaş dönemi sona eriyordu...

Dünya iki "sihirli" sözcüğü tartışmaya başlamıştı: glasnost ve perestroyka!

Berlin Duvarı yıkılıyor, Varşova Paktı ortadan kalkıyordu...

Bu doğal olarak, her ülkenin dış politikalarına yansıyacak; dengeler, ittifaklar yeniden kurulacaktı...

Nükleer savaş çıkma olasılığı artık ortadan kalkıyordu. Yeni bir savaş biçimi ortaya çıkıyordu. Gözler Üçüncü Dünya ülkelerindeki "düşük yoğunluklu ihtilaflara" çevrilmişti.

Müttefik tanımı da değişiyordu; artık müttefikten eskisinden çok daha fazla riske katılması isteniyordu.

Türkiye'nin "var olduğu söylenen" kuzeydeki tehdidi ortadan kalkıyordu!.. Yeni tehditler, doğu, batı ve güneyden de gelebilirdi.

Rusya, Irak, İran, Suriye "yeni düşmanlardı!.."

"Caydırıcılık teorisi" kalkıyordu, en iyi savunma, saldırıydı!

"İç tehdit" değerlendirmeleri de silbaştan yapılıyordu...

TSK bile yeni döneme yapısal değişiklikle giriyor, alayları, tümenleri kaldırmayı, hareket kabiliyeti daha fazla, "profesyonel" orduyu tartışmaya başlıyordu. Teçhizatlar elden geçiriliyor, milyarlarca dolarlık yeni silah ihaleleri arka arkaya açılıyordu...

Yıllardır savunma rolü verilen TSK'ya, "bir çivi bile çakmayan" siyasî iktidarlar, bu kez para musluklarını ardına kadar açıyorlardı...

Dünya ve Türkiye "yeni bir döneme" girer de ABD boş durur mu? ABD'nin Ankara büyükelçisi değişti.

Yeni büyükelçisi Morton Abramowitz, Dışişleri Bakanlığı istihbarat ve araştırma müsteşar yardımcılığı görevini bırakarak Türkiye'ye gelmişti. CIA-FBI, Güvenlik İstihbarat Örgütü (SIA) ve Savunma İstihbarat Örgütü (DIA) gibi Amerika'nın en önemli istihbarat kuruluşları arasında koordinasyon görevini bırakmıştı. Tayland ve Viyana'da büyükelçilik yapmıştı. KGB'ye göre CIA'nın en tehlikeli isimlerinden biriydi. CIA-Mossad ilişkilerinde hep aktifti.

Mısır, Malezya ve Pakistan Abramowitz'i ülkelerinde büyükelçi olarak istememişlerdi. Arap dünyası Abramowitz'le birlikte ABD Büyükelçiliği'nin İsrail sefareti gibi çalışacağını öngürüyorlardı.[102]

Yeni ABD büyükelçisi ANAP'a "uğur" getirmedi.

102 Dedikleri daha sonraki yıllarda haklılık kazandı. Türkiye, Abramowitz ve ondan sonraki yıllarda İsrail'le birçok ikili anlaşmaya imza attı.

27 mart 1989 tarihinde yapılan yerel seçimlerde ANAP hezimete uğradı. Bu sonucu, ne ANAP ne de ABD bekliyordu.

O tarihte *Cumhuriyet* gazetesinin Washington temsilcisi olan Ufuk Güldemir *Texas Malatya* kitabında seçimin ABD'deki yansılamalarını şöyle değerlendiriyordu: "Mart 1989 yerel seçimlerindeki ANAP yenilgisi Washington'da tam bir soğuk duş etkisi yaptı. Dışişleri'nin Türkiye ile ilgili dairesi geç vakitlere kadar mesai yaparak inanılmaz olarak niteledikleri seçim sonuçlarını analiz ederken şu sorulara yanıt arıyorlardı: ANAP'ın kaderi ne olacak? Cumhurbaşkanlığı seçimi hangi yönde gelişecek?"

ABD'nin korktuğu olmadı.

31 temmuz 1989 tarihinde meclisteki üçüncü tur oylamada 263 oy alan Turgut Özal, Türkiye Cumhuriyeti'nin 8'inci cumhurbaşkanı oldu... Özal'ın cumhurbaşkanı olmasıyla Çankaya Köşkü'ne MİT'ten imzasız mektuplar yağmaya başladı. Bunlara bir örnek: "... Genelkurmay'ın bir yan ünitesi gibi çalışıyoruz. Evlenecek olan paşa çocuklarının güvenlik tahkikatını bile bize yaptırıyorlar. Bu kız iyi midir; bu erkek nereye gider, ne yapıyor gibi... Sanki biz bunları yapmak için kurulduk?.." 25 ocak 1990 tarihli bu mektubu kaleme alan "yaşlı Bir MİT görevlisi" kafasını evlenmelere takmıştı: "Teşkilat bir kapalı kutu olması nedeniyle teşkilat içi evlenmeler çok fazladır. Bunun neticesinde şark hizmetini ancak, bekâr memurlar veya eşi çalışmayanlar ile eşi öğretmen devlet memuru gibi olan personel yapmaktadır. Özellikle riyaset makamındaki bayanlarla evli memurlar (bu konuda sırf şark hizmetine gitmemek için, DEBİ, Dış İstihbarat, ETİ bünyesindeki bayan memurlar tercih ediliyor) yıllardır Ankara dışına ancak yaz kampına gitmek için çıkmışlardır..."

Cumhurbaşkanı Özal ile Hiram Abas'ın ilişkileri sürüyordu.

Cumhurbaşkanı Özal, 7 mart 1990 tarihinde evinden çıkarken öldürülen *Hürriyet* gazetesi Genel Yayın Yönetmeni Çetin Emeç'e kimler tarafından suikast tertiplendiğini öğrenmek için de Hiram Abas'tan bilgi istemişti.

Aslında Hiram Abas, MİT'in bazı hukukdışı uygulamarını eleştiren Gazeteci Çetin Emeç'i sevmiyordu.

Çetin Emeç, Hiram Abas'ın kızının düğününde olanları, "Mahut Düğün" diye kaleme almıştı.

Hiram Abas ne kadar sevmese ve kızsa da, Çetin Emeç suikastını Özal istediği için araştırmaya başladı...

Bu arada Türkiye'nin doğu sınırında sıcak gelişmeler oluyordu...

Ordu, 27 Mayıs'ın arkasında!

2 ağustos 1990 Irak, Kuveyt'i işgal etti...

ABD Körfez'e asker yığmaya başladı.

Körfez Krizi'nin yaşandığı 1990 yılında Türk Silahlı Kuvvetleri'nde neler oluyordu?

Cumhurbaşkanı Özal, "çiçeği burnunda" Genel Sekreteri emekli Orgeneral Kemal Yamak'la kafa kafaya verip, TSK içindeki atamalarla ilgili stratejiler tespit ediyordu.

Özal, jandarma genel komutanlığına 2. Ordu Komutanı Orgeneral İbrahim Türkgenci'ni düşünüyordu. Gazeteler, Orgeneral Türkgenci'nin bu göreve getirileceğini ağız birliği etmişçesine haber yapıyorlardı.

Ne var ki, Yüksek Askerî Şûra, Orgeneral Türkgenci'ni Harp Akademileri komutanlığına göndermişti. Jandarma genel komutanlığına ise sürpriz bir isim Orgeneral Eşref Bitlis getirilmişti.

Türk Silahlı Kuvvetleri'nde Ordu komutanlığı yapmamış bir orgeneralin, kuvvet komutanı olması yasa gereği olmasa da, temayüller gereği şarttı. Ancak Orgeneral Bitlis Ordu komutanlığı yapmadan bu göreve getirilmişti!...[103]

Jandarma genel komutanlığı için adı geçen bir diğer komutan, Avrupa Müttefik Kara Kuvvetleri Komutanı Orgeneral Aşir Özözer'di. 12 Mart Askerî Darbesi'nin ünlü komutanı Faik Türün'ün damadı olan Orgeneral Özözer de, o yıl yüzü gülmeyen paşalar arasındaydı...

"Gölge başbakanlık" olarak bilinen MGK genel sekreterli-

103 Orgeneral Eşref Bitlis'in ölümüyle ilgili olarak, araştırmacı gazeteciler; Adnan Akfırat (Kaynak Yayınları, 1997) ve Cüneyt Özdemir'in (İletişim Yayınevi, 1998) kitaplarına bakabilirler. Orgeneral Bitlis'in "kazaya mı" yoksa "suikasta mı" kurban gittiğini öğrenmek isteyenler, gerekli yanıtı bu kitaplardan bulabilirler.

ğine Orgeneral Nezihi Çakar getirildi. Orgeneral Çakar Ordu içinde Özal'a karşıtlığıyla biliniyordu. Üruğ ekibindendi.[104]

Cumhurbaşkanı Özal karşıtı olarak bilinen 5. Kolordu Komutanı Korgeneral Kemal Yavuz terfi ettirilerek orgeneral yapıldı ve 2. Ordu komutanı oldu. Orgeneral Kemal Yavuz'a geleceğin Genelkurmay başkanı olarak bakılıyordu. O da Üruğ'a yakındı!

Ordu'nun üst komuta kademesinin çoğunluğu 27 Mayıs Askerî Hareketi'nin içinde yer almış askerlerdi. Kemal Yavuz, Doğan Beyazıt ve Eşref Bitlis, "Sol-Kemalist" 9 Mart 1971 hareketinin de içinde bulunmuşlardı.

1990 Askerî Şûrası bir şekilde, Yamak-Üruğ çekişmesi olarak geçmişti... Kazanan Üruğ ekibiydi.

Birkaç yıl önce Genelkurmay Başkanlığı'nı Millî Savunma Bakanlığı'na bağlamayı düşünen Özal'ın artık Ordu'da hiç ağırlığı yoktu.

Aynı yıl, Özal'ın çok istemesine rağmen, Adnan Menderes, Fatin Rüştü Zorlu, Hasan Polatkan'ın, İmralı'dan İstanbul'a getirilen naaşları için yapılan devlet törenine hiçbir subay katılmamıştı. Genelkurmay temsilci bile göndermemişti.

Ordu, 27 Mayıs'a tekrar sahip çıkmanın işaretlerini veriyordu...

Özal ise Ordu'yu Irak'a sokup, "bir koyup üç almanın hesaplarını" yapıyordu...

Körfez Krizi'ndeki çizgiyi belirlemişti Özal; "aktif dış politika."

"Aktif dış politika", kuşkusuz aktif Ordu ve aktif istihbarat anlamına geliyordu. "Aktif Ordu"yu oluşturmanın yolu paradan geçiyordu. Körfez Krizi'nin başladığı günlerde dünya, Sovyetler Birliği'ndeki değişimlerle paralel olarak, süper güçlerin silahsızlanma görüşmelerine tanık oluyordu. Ancak bu arada başta Ortadoğu olmak üzere "dünyanın yoksulları" silahlanıyordu. 1989 yılında Ortadoğu'ya 8 milyar dolar-

104 "Belçika Kulübü"nün önemli isimlerinden olduğu ve Genelkurmay başkanlığı için adı geçen Orgeneral Nezihi Çakar emekli olduktan sonra Cumhurbaşkanı Süleyman Demirel'in danışmanı oldu.

lık silah satan ABD, 1990 yılında bu rakamı 18,5 milyar dolara çıkardı! Aynı yıllarda, Fransa, İngiltere, İtalya ve Almanya silah üretimini yüzde 22,4'ten yüzde 32'ye çıkardılar!..

Ne tesadüf; Körfez Krizi'nde Ortadoğu ülkelerine, Pentagon aracılığıyla silah satan ABD'nin silah devleri Mc Donnel Douglas, General Dynamics, General Electric, Yahudi firmalarıydı. Kuveyt'in 60 milyar dolarlık imarını gerçekleştiren, General Motors, Chrysler, Motorola, Kenet, FMC Corporation, Betchel, Mitel, Raythelon, Caterpillar da Yahudi şirketleriydi!

Buna karşı çıkanları korkaklık ve sünepelikle eleştiriyordu.

Özal, kendisine karşı çıkanların isimlerini açıklıyordu: Genelkurmay (Harbiye) ve Dışişleri Bakanlığı (Mülkiye).

Türkiye'nin sınırında sıcak saatler yaşanırken, devletin zirvesinde soğuk savaş vardı...

"Köşk İstihbarat Teşkilatı"

Hiram Abas, "emekli istihbaratçı" kimliğiyle Cumhurbaşkanlığı Köşkü'ne rahatlıkla girip çıkıyordu. Özal'a istihbarat ve Ortadoğu politikaları konusunda brifingler vermişti. Özal, Hiram Abas'a söylediklerini rapor haline getirip kendisine göndermesini istemişti.

21 ağustos 1990 tarihinde Hiram Abas artık raporlarına "Sayın Cumhurbaşkanım" diye başlıyordu.

Hiram Abas raporunda, Cumhurbaşkanı Özal'a, "aktif dış politikası"nın gerçekleşmesi için "aktif istihbaratın şart olduğunu" belirtiyordu...

"Sayın Cumhurbaşkanım,

Türkiye'nin Ortadoğu ve dünya devletleri muvacehesinde son günlerdeki aktif politikası, istihbarat ihtiyacını önemli ölçüde artıracak ve aynı zamanda hedefleri ile yöntemlerinde de değişiklik gerektirecektir.

1960 İhtilali'nden sonra Genelkurmay patronajına giren istihbarat örgütümüz, ülke içerisindeki aşırı uçların çalışmalarına sızma ve onları ifna etmeye, dışarıda ise birinci kuşak devletlerin askerî güçlerini tespite yönelmiş, görevini, topladığı bilgileri ilgili makamlara intikal ettirmekle sınırlamıştır.

Bu maruz sınırlamanın gerekçesi de, servisin yıpranmaması olmuştur. Türkiye'nin dış devletlerden ziyade içe dönük politikası ve Genelkurmay'ın sadece dış devletlerdeki askerî konuş, kuruluşa, içerde de yıkıcı bölücü faaliyetlere ilgi göstermesi ise üst makamların MİT'i ana görevine yöneltme fonksiyonlarında zaafiyet meydana getirmiştir.

Bugünkü çalışma ve yöntemleriyle MİT'in devletimizin aktif politikasında vazgeçilmeyecek unsur olan 'millî istihbarat' ve enformasyonu oluşturamayacağı düşündürmektedir.

Diğer yönden istihbarat kuruluşları sadece bilgi toplamakla yetinmezler. Devletlerinin gizli politikalarının tatbiki için önemli bir alettirler. Bush'un, Saddam Hüseyin'i devirme görevini CIA'ya vermesi, Suriye'nin Ortadoğu'daki bugünkü gücüne Muhaberat Teşkilatı ile kavuşması, Muhaberat'ın Asala, PKK, AMAL vs gibi örgütleri devletlerinin politikası muvacehesinde kontrolü ve kullanılması, arz ettiğim hususlara yakın birer misaldir. Bir askerî harekât ile Saddam rejimi düşürülse bile Ortadoğu büyük değişiklik ve gelişmelere sahne olacaktır kanaatindeyim.

Türkiye'de işleme koyduğumuz aktif politikanın bölgede tatbiki ve olaylardan ülkemizin kazançlı çıkabilmesi için acele bir reforma tabi tutulmuş istihbarat çalışmalarına ihtiyaç göstermektedir.

Irak'ın askerî güçlerinin konuş ve kuruluşları hakkında toplayabileceğimiz bilgilerin çok daha teferruatlı ve doğru doneleri, Amerikalıların uyduları sayesinde ulaştıkları istihbarattan ve kendilerinden günü gününe alınabilir.

Türkiye'deki yıkıcı, bölücü ve terör faaliyetleri için ise polis istihbaratı az farklılıkla MİT seviyesinde çalışmalarını götürmektedir. Dolayısıyla istihbaratımızın Irak, Suriye, İran, Yunanistan ve Batı devletlerinin bölgedeki azınlık, Kürt konularındaki çalışmalarına, tamamen yeni bir anlayış içerisinde tevcih edilmesi gerekmektedir.

Bu ülkelerde üst seviyede tesir ajanlarına ihtiyaç ortadadır. Bush'un CIA'ya yüklediği Saddam'ı devirme görevini, askerî bir harekâta başvurulmazsa, sadece ekonomik tedbirler ile CIA'nın uygulayabilmesi fevkalade zordur. Kendileri de Irak'a sızabilmiş değillerdir.

Dolayısıyla CIA bu faaliyet için İsrail, Suriye ve Türkiye'nin imkânlarından da yararlanma çarelerini araştıracaktır.

Türkiye'nin imkânlarını CIA yetersiz görür ve İsrail, Suriye işbirliğine yönelirse bu ülkenin imkânları bilhassa Kürtler üzerinde mevcuttur ve Türkiye için tehlikeli bir durum çıkacaktır. İstihbaratımızın oyunu çok ustaca oynaması gerekmektedir.

Sayın Cumhurbaşkanım, dinlemek lütfunu gösterdiğiniz şifahî arzıma ilaveten çok kısa olarak önemli gördüğüm istihbarî ana noktaları bu notta bilgilerinize sunmaya çalıştım.

Türkiye istihbaratı Ortadoğu'da müessiriyete kavuşabilir. Şimdiye kadar Irak kontrolündeki bazı örgütleri, yeni gelişmelerden faydalanarak kontrole alabilir, üst seviyede ajanlar angaje edebilir. Bu çalışmalar Türkiye içerisinden veya Kıbrıs gibi ülke dışından sevk edilebilir.

Ülkemiz için çok önemli bir geçiş döneminde iyi bildiğim istihbarat konusunda her hizmeti ülkeme sunmaya hazır olduğumu saygılarımla arz ederim."

Çıkardığımız sonuçları alt alta yazalım.

1) İstihbaratın "içedönük" olmasının sorumlusu olarak 27 Mayıs 1960 Hareketi ile Genelkurmay'ı görmektedir. Yanılıyor, "içedönük istihbarat" 27 Mayıs Hareketi'nden çok önce başlamıştı. Kitabın ilk bölümlerinde bunun ayrıntılı bilgisi var.

2) MİT'in "yapısını" ve "çizgisini" beğenmemektedir. Acilen reform yapılmasını istemektedir. Teşkilatın dezinformasyona açık olduğunu iddia etmektedir. Medyanın kimlerin kontrolünde olduğu tespitini yapmaktadır. Ancak iki paragraf sonrasında, Irak'ın askerî güçleriyle ilgili bilgilerin CIA'dan alınması gerektiğini söylemektedir. Bu konuda dezinformasyon olmayacağından nasıl emindi?

3) CIA, Muhaberat Teşkilatı gibi, MİT'in de, silahlı örgütlerle ilişkiye girmesi, bunların ülkenin politikaları paralelinde kullanılması gerektiğini söylemektedir.

4) Hiram Abas, Kürt sorununa; İsrail'in, CIA ajanları Graham Fuller, Paul Henze'in penceresinden bakmaktaydı...[105]

105 ABD ve İsrail'in Kürt sorununu nasıl değerlendirdikleri konusunda; Turan Yavuz'un *ABD'nin Kürt Kartı* kitabına bakılabilir. Milliyet Yayınları, 1993.

5) CIA ile hemen, acilen sıkı işbirliğine girilmesini önermektedir. Aksi takdirde CIA'nın, İsrail ve Suriye'yle işbirliğine gireceğini, bunun da Türkiye'nin menfaatine olmayacağını iddia etmektedir.

6) Mektubunda ne kadar çok "aktif politika"dan bahsetmektedir. Aktif politikadan kastettiği, İsrail gibi saldırgan olmaktı. (Hiram Abas'ın, MİT'i tıpkı CIA, Mossad gibi aktif, operasyon yapacak bir teşkilat haline gelmesi hayalini, yıllarca yan yana görev yaptığı MİT Müsteşarı Şenkal Atasagun 1999 yılında hayata geçirdi. Artık MİT "timleri" yurtdışında operasyon yapıp, başta PKK lideri Abdullah Öcalan olmak üzere örgütün kurmaylarını yakalayıp Türkiye'ye getiriyorlardı. Peki bu yurtdışı operasyonları MİT Yasası'na göre yasadışı değil miydi? Kimse bunu niye sormuyordu? Operasyonlar başarılıydı ve kamuoyunun büyük çoğunluğunun takdirini alıyordu. Peki yarın bu yasal olmayan operasyonların Türkiye'nin başına büyük diplomatik sorunlar getirmeyeceğini kim garanti edebilirdi? Eğer operasyonları MİT değil başka bir özel birim yapıyorsa, MİT neden üstleniyordu?)

7) Rapor gösteriyor ki, Hiram Abas'ın söylediklerinin hemen tümü yasadışı! Kuralları ve gerekirse yasaları bile çiğnemekten bahsediyordu satır aralarında. Makyavelistti!

8) Cumhurbaşkanı Özal'dan, "her türlü hizmete hazır olduğunu" belirterek tekrar MİT'e dönmek veya bir dönem yakın arkadaşı Erkan Gürvit'ten boşalan cumhurbaşkanlığı güvenlik müşavirliğine gelmek istediğini üstü kapalı bir biçimde talep ediyordu... Bilgi: Erkan Gürvit, Kenan Evren'in Cumhurbaşkanlığı süresinin dolmasına çok az bir süre kala emekli oldu. Asil Nadir'in yanında 5,5 milyon TL (dolar 2 300 TL'ydi) süper maaşla işe başladı. Asil Nadir'in Medi Print şirketinin genel müdürlüğünü yapıyordu. Bu arada kayınpederini "ayarlayıp" Asil Nadir'in Manisa Organize Sanayi Bölgesi'ndeki Vestel tesislerini gezdirip basında yer almasını da sağlıyordu. 19 ağustos 1989 tarihli gazetelere göre, Cumhurbaşkanı Evren, Vestel tesislerine hayran kalmış ve Asil Nadir'e teşekkür etmişti. Hey gidi günler hey! Birkaç yıl önce "Ülkeye girmesi son derece sakıncalıdır" diye hakkında MİT tarafından rapor yazılan Asil Nadir, şimdi Cumhurbaşkanı Evren'in teşekkürünü kabul ediyordu!.. Daha o

günlerde, "Kaşıkçı-Koskotas-Nadir" işbirliğinin belgeleri ortaya dökülmemişti.

Bu arada Cumhurbaşkanı Özal, Irak lideri Saddam gibi "Köşk İstihbarat Teşkilatı" kurmak istiyordu. Artık MİT'e hâkim olamayacağını anlamıştı. Ancak bu örgütle, MİT'i enterne etmeye çalışacaktı!..

Başkanlık sistemine geçince ABD'de olduğu gibi bir "istihbarat konseyi" oluşturmayı planlıyordu. İşte "Köşk İstihbarat Teşkilatı", başkanlık sistemine geçince "İstihbarat Konseyi"ne dönüşecekti...

Cumhurbaşkanı Özal bu "akılları" kimden alıyordu acaba? Yakın arkadaşı olduğunu söylediği ABD Başkanı George Bush'tan almış olabilir miydi? 1990 yılında Uğur Dündar'ın, TRT'deki "Hodri Meydan" programında, sık sık telefonda konuştuğunu söylediği ABD Başkanı George Bush'la arkadaşlığının "maziye" dayandığını anlatıyordu. Ne ilginçtir ki Bush "mazide" CIA mensubuydu. Buraya birde, 15 temmuz 1991 tarihli *Günaydın* gazetesinin, "Bush, CIA ajanı olarak Türkiye'de görev yaptı" haberini eklemek gerekiyor...

Özal'a Gehlen'i anlattı

"İstihbarat Konseyi"nin yapısı nasıl olacaktı?

Cumhurbaşkanı Özal, bu konuda da Hiram Abas'tan rapor istedi.

Hiram Abas'ın "yardım" aldığı kişi ise eski Nazi Generali Gehlen'di.

Hiram Abas'ın "istihbarat raporu"ndan önce Gehlen'den nasıl etkilendiğini belirtmek gerekiyor...

Mehmet Eymür, yazdığı *Analiz* adlı kitabında Gehlen'den nasıl etkilendiklerini bakın nasıl anlatıyordu:

"Hiram Bey, müsteşar muavinliği sırasında, makam odasındaki kütüphanesinde bulunan Gehlen'in anıları ile ilgili kitabı birkaç kez okumuş ve bu kitaptan bazı notlar çıkarmıştı. Reinhard Gehlen, Batı Alman İstihbarat Teşkilatı BND'nin (Bundesnachrichtendienst) kurucusuydu. 1945-

1968 yılları arasında bu kuruluşun şefliğini yapmıştı. Kitabının adı *Servis*'ti.

Gehlen'in hatıratında istihbarat servisleri ile ilgili önemli görüşler yer almaktaydı. Son yıllarda devamlı gündemde olan Millî İstihbarat Teşkilatımız ile yurdumuzda ayrı ayrı birçok birim tarafından yürütülen istihbarat faaliyetleri açısından Gehlen'in hatıratından önemli mesajlar kapmak mümkündür. Tecrübeli bir istihbaratçı olan Gehlen'in görüşleri için bir yorum yapmaya gerek yoktur. Bu görüşler, yurdumuzda yürütülen istihbarî faaliyetler açısından mevcut eksiklikleri gösterecek ve yorumu beraberinde getirecektir."

Gehlen'in istihbarat konusundaki bazı görüşleri şöyleydi:

"İstihbarat faaliyetlerinin özü, her konuda bilgi edinme gereğinden başka, tarihin akışını izlemek ve istikbali görebilmektir.

Var olan büyük bir teşkilatı alıp modernize etmek, değiştirmek, geçmişteki tecrübelerden yararlanmak, sıfırdan başlamaktan daha zordur.

Tek bir rapor, rapor değildir. Ayrı ve bağımsız bir kaynak tarafından doğrulanmadıkça, hiçbir bilginin önemi yoktur.

(Millî) istihbarat servislerinin sayılarının çoğalması halinde, ortaya rekabet, güvensizlik ve birbirinin işine karışma gibi tehlikeler doğar. Bu gibi servislerin sayılarının çokluğu, düşman istihbarat unsurlarının bunların içlerine sızmalarını da kolaylaştıracak ideal ortamlar oluşturur.

Bir istihbarat servisinin, devletin diğer kuruluşları için konulan kurallarla yönetilmesi her zaman mümkün değildir.

Bir gizli servis için, bürokrasinin verimi azalttığı, hatta yok ettiği, tecrübelerle görülmüştür. İstihbarat servisinde yetkili kişilerin en önemli görevlerinden biri bürokrasi ile savaşmaktır.

En büyük güvenlik ilkemiz 'su geçmeyecek derecede kompartımantasyon'dur.

Gizli servis makinasındaki her çark, bir diğeriyle o kadar iyi uyuşmalıdır ki hiçbir çark diğerinden bağımsız olarak hareket edemesin.

Müttefik hükûmetler gizli servis şeflerine servislerinin organizasyonu konusunda serbestî tanımışlarsa bunun nedeni işin en iyi bu şekilde yapılabileceği gerçeğidir.

Bir devlet görevlisi ne denli üstün niteliklere sahip olursa olsun, evvelce istihbarat alanında tecrübe kazanmamışsa, istihbarat servisinde üst düzeydeki bir göreve getirilmez.

Kendisinin ya da ailesinin karşılaşabileceği tehlikelerin tamamen veya kısmen ortadan kalkacağı konusunda ikna edilmeden hiçbir aday göreve sevk edilemez.

İstihbarat işi, karargâhla büro dışında, yurtiçi ile yurtdışında birbirinden çok farklılıklar gösterir. İnisiyatif, karakter, enerji, kararlılık, yaratıcılık, zekice uygulama, geliştirme ve hayal gücü, uzmanca bir bilgiyle birlikte, bir istihbarat ajanında bulunması gereken niteliklerdir.

İstihbaratta sadece emir vermekle çok az şey elde edilebilir. Hele tamamen askerî yöntemlerin kullanılması hiç de uygun değildir.

Bir istihbarat servisinin başı, personelini, güçlü kişiliği, dehası, tecrübesi ve kişisel yetenekleriyle etkileyebilir.

Servis şefinin hem kendi hem de yardımcısı için tek bir kural vardır. Emrine tevdi edilen teşkilatı, kendisinin şahsen yaratacağı güvene bağlı olarak yönetebilmektir. Fazla ileri gitmeden ve kontrolü bütünü ile kaybetmeden yapılabilecek en uygun şey sorumlulukları doğru olarak dağıtması ve önemli kararların alınmasını gerektiren konularda açık düşünmesini bilmesidir. Her şeyden önce, personel atamalarını bizzat kontrol etmesi gerekir.

Elde mevcut tecrübeler, bir istihbarat servisinin kurulması ve onun ahenkli bir şekilde çalışabilmesi için en azından beş yıla ihtiyaç olduğunu göstermektedir servis dışında, tecrübesi ve yeterli bilgisi olmayan kişiler önemli görevlere atanırlarsa, servis için bir tehlike haline gelirler. Normal emeklilik çağını çoktan aşmış bazı uzman kişileri göreve almak yararlı olur. Bir istihbarat servisinin uzun süredir görev yapan mensupları yoğun bir tecrübe sergilerler. Hiçbir servis bu nimeti cömertçe harcayamaz..."[106]

Hiram Abas, Gehlen'in bu son cümlesini sık sık telaffuz ediyordu...

106 Mehmet Eymür, a.g.e., s. 39-41.

"Sayın Cumhurbaşkanım"

Hiram Abas'ın, Cumhurbaşkanı Özal'a yazdığı istihbaratla ilgili bir raporunda bol bol Gehlen'den alıntılar yaptığı göze çarpıyordu:

"Sayın Cumhurbaşkanım,

1- Dünyadaki devletlerin istihbarat örgütlerinin kuruluş amacı, yöneldikleri hedefler ve çalışma tarzları etüt edildiğinde bu istihbarat kuruluşlarının devletin rejimlerine göre 2 ana grupta toplandıkları görülebilir.

a- Dikta rejimlerinde istihbarat servisinin ana görevi, rejimi ayakta tutabilmek ve kendi hakkında demokratik oluşumları, rejime karşı davranış ve fikirleri zamanında tespit ederek karşı tedbirleri oluşturmaktır.

Dikta rejiminin, normal olarak halkın iradesine karşı iktidarı sürdürmesi nedeniyle rejim, polis devleti hüviyetini taşır ve silahlı kuvvetler, istihbarat ve güvenlik teşkilatlarına dayanır.

Mezkûr devlet ve rejimlerde istihbarat servislerinin idaresi şahsî güvenlik endişesiyle ya diktatörün akraba ve yakınları veya Ordu mensuplarına diktatör tarafından tevdi edilir. İstihbarat servisleri de bahse konu devletler de, her türlü hukukî çerçevenin dışında, ülke içinde ve dışında rejimi kollama faaliyeti yürütürler.

Son olarak Romanya Securitatesi ve Suriye Muhaberatı arz edilen istihbarat servisleri modeline misal gösterilebilirler.

b- Demokrasilerde ise, istihbarat servislerinin yöneldikleri hedef, halk rejiminin yanında olduğu için, yabancı devletlerden ülkeye yönelecek tehdit ve çalışmaları tespit ve ifna ile ülkenin politikasına yön verecek bilgilerin temini, ayrıca dış politikada devletin ihtiyacı olabilecek bilgilerin teminidir.

Demokrasilerde halka karşı rejimi koruma görevini servisler yüklenmediğinden, Ordu ile istihbarat servisinin çok yakın olmasına ihtiyaç yoktur.

Demokrasilerde istihbarat görevi bilhassa dış ülkelere yönelik olduğundan ve istihbarat bir ihtisas kabul edildiğinden, istihbarat teşkilatlarının üst seviyesinde görevde yetişmiş istihbaratçılar tercih edilirler.

Demokrasilerde, istihbarat teşkilatlarının askerî güçler ile ilişkileri, hedef devletler konusunda Ordu'nun ihtiyacı olabilecek bilgileri servislerin elde etmesi ve Ordu'ya aktarması ile sınırlıdır. Servisler demokratik siyasî otoritenin idaresi ve kontrolü altında görev yaparlar.

2- Yabancı istihbarat örgütlerinin ana hatları, MİT:

a- Amerika:

İç istihbarat ve dış istihbarat çalışmaları olarak iki ayrı örgüt; FBI ve CIA tarafından yürütülmektedir. İki örgütte tamamen sivil kadrolara dayanmakta ve Amerika başkanı katında bir istihbarat bürosuyla temsil edilmektedir. Ordu'nun ayrı istihbarat kuruluşları bulunmaktadır.

Devlet çapındaki İstihbarat Komisyonu'nun seçtiği hedeflere karşı çalışmalara yönelen CIA, gelen bilgilerin kıymetlendirilmesini ve istihbaratın oluşmasını da kendi bünyesinde yapmaktadır. CIA başkanı, Amerika başkanı tarafından seçilmekte ve Amerika'daki diğer istihbarat örgütlerinin de başkanlığını deruhte etmektedir.

b- İngiltere:

İç istihbarat ve dış istihbarat çalışmaları esas olarak iki ayrı örgüt Mİ5 ve Mİ6 tarafından yürütülmektedir. İki örgüt de sivil orijinlidir. Dış istihbarat kuruluşu Mİ6, Amerika'nın CIA'sına göre bir değişiklik arz etmektedir.

İlgili bakanlıklar bilgi isteklerini direkt olarak Mİ6'dan yapmakta ve Mİ6 topladığı bilgileri operasyonel kıymetlendirme haricinde bir kıymetlendirmeye tabi tutmadan istek makamına intikal ettirmekte, bilgi burada kıymetlendirilerek istihbarata dönüştürülmektedir. Örgütler sivil otoriteye bağlıdır.

c- SSCB:

KGB ve GRU isimleri altındaki iki ana istihbarat örgütü mevcuttur. GRU asker orijinli, KGB ise SSCB Komünist Partisi'ne bağlı sivil orijinlidir ve esas kudret KGB'de toplanmıştır. Bu örgüt topladığı bilgileri bünyesinde kıymetlendirmeye tabi tutarak istihbaratı oluşturmaktadır. Hudut emniyeti ve iç güvenlikten de KGB sorumludur.

d- MİT:

Devletimizde MİT'in hangi makama tam olarak bağlı bulunduğu vuzuha kavuşmamıştır.

MİT Kanunu'nda teşkilat başbakana bağlı olarak gösterilmekte ise de MİT müsteşarının seçimi için MGK'nın tespit ettiği adayların devamlı muvazzaf general olması ve dolayısıyla

Genelkurmay ile ast-üst ilişkilerinin görevdeki etkinliği, 1980 yılı öncesi ve sonrasında cumhurbaşkanlarının asker kökenli bulunmaları ve MİT başındaki general vasıtasıyla teşkilata direkt karışmaları, kuruluşu günümüze kadar üç başlı ve nerenin emrine uyacağını şaşırmış duruma getirmiştir.

Mezkûr zafiyet, eski yıllarda, Türkiye'de askerî darbe olacağının adeta herkes tarafından öğrenildiği zamanlarda bile, MİT'in başbakanı durumdan haberdar etmemesi veya ön tedbirlerle darbeye karşı önlemlere yönelmemesi sonucunu doğurmuştur.

1980 öncesinde anarşiye ve siyasî cinayetlere karşı MİT etkin çalışmalara yönelebilse ve aktivitesi asgarî durumda tutulmasa memleketteki darbe şartlarının o zaman içinde oluşamayacağı düşünülmektedir.

1960 yılından 29 sene sonra devletimin başına geçen ilk sivil cumhurbaşkanının, ülkemiz için hayatî bir kuruluş olan MİT'i demokrat ülkeler servisleri normlarına kavuşturma ve esas hedeflerine etkin şekilde yöneltmek için çareler oluşturabileceğine inanılmaktadır."

Hiram Abas raporunun bundan sonraki bölümlerinde, Türkiye'de iç ve dış istihbarat faaliyetlerini yürüten makamları saymakta, bunların arasında bir koordinasyonun bulunmamasından bahisle, bir istihbarat komitesinin kurulmasını önermekteydi.

Raporun devamında 1969 yılından sonra MİT'in aslî görevlerinden uzaklaştığını, adeta bir polis örgütüne dönüştüğünü, sonuç olarak da Türkiye'de bir istihbarat boşluğu yaşandığını ifade etmekteydi.

Bu arada Nazi Generali Gehlen'in anılarındaki üç pasajı aynen raporuna koyuyordu:

"Hem İngiltere'de hem Amerika'da kabul edilen bir gerçek vardır. Eski bir devlet görevlisi ne denli üstün niteliklere sahip olursa olsun, evvelce istihbarat alanında tecrübe kazanmamışsa, istihbarat servisinde üst düzeydeki bir göreve getirilemez.

İstihbaratta sadece emir vermekle çok az şey elde edilebilir, hele tamamen askerî yöntemlerin kullanılması hiç de uygun değildir.

Bir istihbarat servisinde çalışan personel ne kadar değerli ise, o serviste o kadar mükemmeldir. İstihbarat servislerini ayakta tutan, karakterini oluşturan öğe, o serviste çalışan kişilerdir."

Alıntılardan yola çıkan Hiram Abas teşhisini de rapora şöyle yazıyordu:

"MİT'in personel politikası Gehlen'in işaret ettiği bu hakikatlere şimdiye kadar tamamen aykırı şekilde yürütülmüştür. Servisin başına, mutlaka mesleğinde çok başarılı, ancak istihbaratta tecrübesiz generaller getirilmiş, askerî emirler ile teşkilatın yürütülebileceği sanılmış, tecrübeli personel kaybına uğramıştır.

Gayet normal olarak da sonuç memnuniyet verici değildir."

Cumhurbaşkanı Özal ile Hiram Abas'ın "gizli bilgi alışverişi" o günlerde bilinmiyordu. Ancak o günlerde, Millî Savunma eski bakanı Ercan Vuralhan, bazı ipuçları veriyordu: "Zamanlamasını söylemek zor, ama önümüzdeki dönemler içerisinde MİT'te bir sivilleşme programı olacaktır. Alt kademeden geçmiş ihtisas elemanlarının etkili ve yetkili yerlere gelmelerini temin eden bir sistem oluşturulmasından yanayız. Türkiye'nin dinamik yapısına uygun bir yapılanmaya kavuşturmak üzere, sayın cumhurbaşkanımızın da birtakım çalışmaları, birtakım düşünceleri olduğunu biliyoruz. Zannediyorum ki MİT de aynı sistem içerisinde yer alacaktır. MİT'in de diğer kuruluşlar gibi modern Türkiye'nin dinamiğine uygun bir yapıya ve bir iç strüktüre kavuşturmanın artık zamanının geldiğine ben de inanıyorum."[107]

Hiram Abas'ın Cumhurbaşkanı Özal'a gönderdiği raporla, Ercan Vuralhan'ın sözleri aynı günlere rastlamıştı...

Özal, MİT'ten ve Hiram Abas'tan vazgeçmemişti!..

Gladio ortaya çıktı

Hiram Abas'ın, Gehlen'den alıntılar yaparak yazdığı raporun tarihî bir anlamı vardı. Gehlen'in, CIA işbirliği ile tüm NATO ülkelerinde "Gladio" örgütleri kurduğunu önceki bölümlerde yazmıştık.

107 *Nokta* dergisi, 5 ağustos 1990.

Hiram Abas'ın Gehlen alıntılarıyla rapor yazdığı günlerde, başta İtalya olmak üzere Avrupa ülkeleri, yürekli bir savcının ortaya çıkardığı "Gladio"yu tartışıyordu...

Venedikli, 37 yaşındaki Tahkik Hâkimi Felice Casson, üç jandarmanın öldürülmesini araştırırken, 1956 yılından beri mevcut olduğu anlaşılan ancak resmî hiçbir sıfatı bulunmayan, NATO'nun "Gladio" örgütüyle karşılaştı. Yargıç Casson "illegal örgütle" ilgili soruşturma başlattığını 24 ekim 1989 tarihinde kamuoyuna açıkladı.

İki tarafı keskin küçük Roma kılıcı anlamına gelen "Gladio" Soğuk Savaş'a paralel olarak 1951 yılında NATO bünyesindeki tüm ülkelerde kurulduğu ortaya çıktı. "Gladio"nun birkaç amacı vardı; ülke içinde isyan hareketlerini, kontrol etmek ve engellemek için suikastlar, provokasyonlar yapmak. Ülke Sovyetler Birliği tarafından işgal edilirse, ülke içinde direniş hareketi organize etmek.

İtalya'nın ardından Fransa, Belçika, Hollanda, Norveç, Almanya, Yunanistan gibi NATO ülkelerinde, zincirleme olarak değişik isimlerle kurulmuş "Gladio" örgütleri ortaya çıkmaya başladı.

Ancak sadece NATO üyesi Türk hükûmetinden ses çıkmıyordu. Yetkililere göre Türkiye'de "Gladio" yoktu!

Ancak "çatlak sesler" de yok değildi. Soğuk Savaş döneminin başbakanlarından Bülent Ecevit, "Devletin uzun süre gizli tutulan bir kuruluşu var; Özel Harp Dairesi. Yasalara ve Anayasa'ya aykırı olarak devleti yönetelenlerden gizli tutuluyor bu örgüt. Bu örgütün bir de sivil uzantısı var. Bu örgüte bağlı olarak bazı sivil vatandaşlar ömür boyu görevlendirilmiş. Bu vatandaşların isimleri gizli tutuluyor ve emirlerinde gizli silah depoları var. Örgütün parası uzun süre Amerika'dan gelmiş" diyordu.

Tartışmaya dönemin cumhurbaşkanı Kenan Evren de katıldı ve ilginç açıklamalarda bulundu: "Benim Genelkurmay başkanlığım sırasında dönemin başbakanı Süleyman Demirel bana geldi. Özel Harp Dairesi'nin anarşi ve terörle mücadelede kullanılmasını istedi. Ben olmaz cevabını verdim. Demirel bana, 'Ama 1971'deki sıkıyönetim döneminde bu amaçla kullanılmıştı' dedi. Ben yine kullanmayacağımı söyledim. Kanaatim o ki, Genelkurmay başkanlığım sırasında bu teşkilat görevi dışında kullanılmadı. Ama belki bana intikal ettirilmeden bazı yerlerde gayri resmî olarak teşkilattan bazı kişiler bu işe bulaşmış olabilir, Onu bilemem!"

1973-1976 yılları arasında CIA başkanlığını yapan William Colby, "NATO üyesi olması dolasıyla Türkiye'de benzeri bir kurumun varlığı ihtimalinin bulunduğunu" söylüyordu.

Gehlen'in öğrencileri "görevlerini başarıyla" tamamlamışlardı. Soğuk Savaş'ın bitmesiyle birlikte bazı kirli operasyonlar ortaya çıkmaya başlamıştı. Artık NATO üyesi ülkelerin "Gladio"ya ihtiyaçları kalmamıştı.

Ancak Türkiye istisnaydı. Çünkü Türkiye'nin "Gladio"ya hâlâ ihtiyacı vardı...

31 ocak 1990... Laiklik savunucularının simge isimlerinden Profesör Muammer Aksoy silahlı saldırıda öldürüldü. Faili bulunamadı.

7 mart 1990... *Hürriyet* gazetesi Genel Yayın Yönetmeni Çetin Emeç vurularak öldürüldü.

4 eylül 1990... Din bilgini, aydınlanmacı yazar Turan Dursun katledildi.

6 ekim 1990... İlahiyatçı, SHP Parti Meclisi Üyesi Doç. Bahriye Üçok evine gönderilen bombalı paketin patlaması sonucu can verdi. Faili bulunamadı.

Türkiye, "laik-antilaik" tartışmalarına sahne olmaya başladı...

Hiram Abas arka arkaya gelen bu suikastları nasıl değerlendiriyordu?

Cumhurbaşkanı Özal'a gönderdiği "terör raporu"nda bunun izleri vardı...

"Terör raporu"

"Yıkıcı, bölücü ve terör faaliyetlerinin amaç ve yöneldikleri hedefler aşağıda sıralandığı üzere özetlenebilir.

a- Hedef, devletin iç ve dış politikasında güçsüzleştirilmesi, zayıflatılması.

b- Ekonomik yönden yıpratılması.

– Dış yatırımların durması.

– Ülke içinden dışa sermaye kaçışlarının başlaması.

c- Halkta istikbale ve devlete güvensizlik, şaşkınlık yaratılması.

d- Hedef, ülkenin rejimi demokrasi ise rejimin yıpratılması, hürriyetlerin kısıntıya uğratılması.

e- Ordu ve istihbaratının ana görevlerinden uzaklaştırılarak terör ve yıkıcı faaliyetleri ile boğuşur duruma düşürülmeleri.

f- Terör faaliyetlerine girişen gücün yavaş yavaş politik hüviyet kazanması (Ermeni ve Kürt eylemleri gibi).

– Günümüzde ülkemize yönelik yıkıcı ve bölücü faaliyetler ile terörün görüldüğü sahalar ise aşağıda sunulmuştur.

a- Güneydoğu Anadolu'da etkin bir PKK terörü ve Kürtçülük hareketleri.

b- Büyükşehirlerde üst seviyede şahıslara karşı yapılan suikastlar ve bunların uyandırdığı geniş yankılar.

c- Provoke edilen talebe hareketleri.

d- Toplu sözleşmeler ve anormal işçi ücreti artış istekleriyle kışkırtılacak grev ve lokavtlar.

– Laik düzeni yıkmaya matuf görülen toplu eylemler.

– Yıkıcı ve bölücü faaliyetler ile eylemlerinin bir ülkede tutunabilmesi için iç ve dış desteklerden yardım görmesi gerektiği açıktır.

Güneydoğu bölgemizde eylemlerini sürdüren PKK, Lübnan Bekaa bölgeleri ile Suriye ve İran'da kamplara sahiptir. Militan teminini ve siyasî faaliyetlerini Avrupa'nın demokratik ülkelerinde dahi rahatlıkla yapmaktadır. Kamplarda eğitimi Suriyeli ve yabancı hocaların yaptırdığına dair bilgiler alınmıştır. Silah, mühimmat, haberleşme araçları sıkıntısı çekmemektedirler.

– Büyükşehirlerde icra edilen suikastlar da düşündürücüdür. İstanbul'da Halkın Mücahitleri örgütü mensupları, İran rejimini yıkmaya çalıştıkları nedeniyle belirli aralıklarla öldürülmektedirler. Eylemlerin İran tarafından planlandığı, destek verildiği ve hatta icra edildiği ortadadır. Benzeri en az bir eylemin de Irak tarafından yapıldığı bilinmektedir. Suriye'nin ise diplomatik yolla bir tarihte Türkiye'ye silah soktuğu tespit edilmiştir.

– Emekli subay, polis, Prof. Muammer Aksoy, Gazeteci Çetin Emeç'in öldürülmeleri ise kısa aralıklarla birbirini takip eden ve Türkiye'yi karıştıran eylemlerdir. Bu suikastlar ayrı örgütlerin faaliyetleri de olsa, arkasında yabancı devlet ve planlama desteği olup olmadığı hususlarının öğrenilmesi lüzumludur. Çünkü sonuç ve güdülerle gayenin, Türkiye'nin stabilitesini bozmak olduğu düşünülmektedir.

– Büyükşehirlerdeki suikast ve eylemlere karşı yapılacak çalışmalar ise bu şehirlerde kuvvetli bir istihbarat ağının MİT ve poliçe tesisine, yabancı misyonların tam kontrolüne, hudutlarımızdan giriş yapan bilhassa Arap orijinli yabancıların imkânları nispetinde gözaltında tutulmalarına, ihtiyaç göstermektedir. Bilhassa Muammer Aksoy ve Çetin Emeç'in hangi güçler ve örgüt tarafından öldürüldükleri konusunda emareler elde edilebilirse, o zaman devletçe yapılacak karşı çalışmaların hedef tevcihi imkânı hasıl olacaktır.

Devletin iç ve dış politikasında güçsüzleştirilmesi, zayıflatılması, ekonomik yönden yıpratılması, boş yatırımların durması, ülke içinden dışarıya sermaye kaçışlarının başlatılması, halkta istikbale ve devlete güvensizliğin, şaşkınlığın yaratılması, demokrasinin yıpratılması, hürriyetlerin kısıntıya uğraması, ordu, polis ve istihbaratın ana görevlerinden uzaklaştırılarak terör ve yıkıcı faaliyetler ile boğuşur duruma düşürülmeleri" şeklinde özetliyor, Emeç ve Aksoy cinayetlerinin arkasında kimlerin olduğunu tespite çalışıyor. "Bu suikastlar ayrı örgütlerin faaliyetleri olsa, arkasında yabancı devlet ve planlama desteği olup olmadığı hususlarının öğrenilmesi lüzumludur. Çünkü sonuç ve güdüler, gayenin Türkiye'nin stabilitesini bozmak olduğunu düşündürmektedir.

Güneydoğu'da silahlı güçlerimizin ordu jandarma olarak personel sayısının 100 000 civarında olduğu ifade edilmektedir. PKK ise, 20-70 kişilik timlerle gezmekte, eylem yapmaktadır. Atıl ve bu kadar geniş tutulmuş askerî güçlerin, esas görevlerinin dışına kaymasının hudut komşumuz ve hedefimiz ülkelerin menfaatine olduğu düşünülmektedir. Büyük çapta askerî güçlerin ve tedbirlerin bölge halkını huzursuz etmesi ihtimali de mevcuttur.

Bölgedeki profesyonel PKK'ya karşı sayıca az fakat nitelikleri üstün, profesyonelleşmiş jandarma ile karşı koymanın gerekliliğine inanılmaktadır.

– Türkiye'deki bölücü ve terörist faaliyetlere destek veren ülkeler hakkındaki her emarenin MİT tarafından titizlikle kıymetlendirilmesi ve geçerli görülüyorsa onların yaptıklarına karşılık teşkil edecek aktif faaliyetlere tereddütsüz girişilmelidir. Ayrıca eksik bilgi ihtiyacını gidermek yönünden MİT, uygun istihbarat servisleri ile bilgi teatisine girişmeli ve bunu lehimize çalıştırmaya uğraşmalıdır.

– İran'da PKK kampları bulunduğu, himaye gördükleri, İran'ın dinî kesimleri Türkiye'de kontrol ve tesiri altına almaya çalıştığı konularında ciddi bilgiler mevcuttur. İran'la da bir savaşa girilmeyeceğine göre, bu ülkeye karşı rejimi devirme çalışmaları yapan kuruluşların, basit destekler isteyen İran Kürtlerinin ve soydaşlarımızın, karşı faaliyetlerimiz için desteklenmeleri, yönlendirilmeleri imkânımız vardır. Türkiye fazla zorlanmadan mezkûr çalışmaları yapabilecek durumdadır.

– Irak'ın Kerkük-Musul bölgesindeki soydaşlarımız, Türkiye'ye yerleşen Peşmergeler, bahse konu ülkedeki (Mesud) Barzanî güçleri, kullanılmasına karar verildiği zaman, Türkiye için önemli bir potansiyel oluşturmaktadır."

Hiram Abas siyasî cinayetlerle ilgili değerlendirmelerini kaleme aldığı raporla aynı yıl öldürüleceğini -sanırız- hiç tahmin etmiyordu...

Dev-Sol mu öldürdü?

Hiram Abas 26 eylül 1990 günü öldürüldü...

Suikast ertesi gün tüm gazetelerin manşetindeydi:

"Son hedef MİT"

"MİT şefine ölüm tuzağı"

"MİT'in eski patronu öldürüldü!"

"Öldürülme sırası kimde?"

Suikastı Dev-Sol üstlendi...

Örgüt, suikastın olduğu akşam saat 21.00'de *Cumhuriyet* ve *Güneş* gazetelerine yakın yerlere bıraktıkları bildiri ile suikastın nedenini açıkladı:

"12 Mart ve 12 Eylül'de halkımıza açılan savaşın kurmaylarından ve yürütücülerinden biri olduğu;

Kontrgerilla şefi olarak birçok karanlık cinayetin ve katliamın tertipleyicisi olduğu;

Bir işkence, cinayet ve komplo örgütü olan MİT'in yöneticisi sıfatıyla onlarca devrimcinin katledilmesi, binlercesinin işkence görmesi ve zindanlara atılmasından sorumlu olduğu;

Kürt ulusal hareketini yok etmek için çeşitli devletlerle işbirliği halinde saldırı ve komplo planları yaptığı ve uyguladığı;

CIA ve Mossad'la işbirliği yaparak Filistin halkına karşı komplolar tezgâhladığı;

Terör, takip, tehdit ve cinayetlerle korku yayarak halkı sindirmeyi amaçlayan politikanın uygulayıcısı olduğu için;

Örgütümüz tarafından ölüme mahkûm edilerek cezalandırılmıştır.

Hiram Abas'ın işlediği suçları kanıtlamak için belgelere ihtiyaç yoktur.

Türkiyeli devrimciler ve yurtseverler onu işkencehanelerden, kanlı operasyonlardan tanırlar.

Türk ve Kürt halkları onu, oligarşiye sadık bir uşak olarak yaptığı hizmetlerden, terör eylemleri ve cinayetlerinden tanır. Kendi itirafıyla 'kelleyi koltuğa alarak' canla başla çalışmış, 140'dan fazla operasyona doğrudan katılmıştır.

Filistinli yurtseverler ve Ortadoğu halkları onu, CIA ve Mossad'la işbirliği yaparak kendilerine karşı düzenlediği cinayet ve tertiplerden, hakları birbirine düşman etmek için gösterdiği faaliyetlerden tanırlar.

Ülkemiz aydınları onu, Ziverbey Köşkü'nden, MİT'in gizli işkence merkezlerinden tanırlar.

Onu tanımayan yoktur.

O, THKP-C önderlerinden Yiğit Savaşçı ve Ulaş Bardakçı'nın katledildiği operasyonu yöneten ve tetiği çeken biridir.

O, CIA ve Mossad'ın işkence yöntemlerini ülkemize taşıyan, işkence uzmanları yetiştiren, işkence tekniklerini yaygınlaştıran bir işkence uzmanıdır.

O, MİT karargâhlarında, gizli MİT binalarında, ülkemiz insanına yapılan işkenceleri yöneten ve bizzat işkence yapan biridir.

1 Mayıs 1977'de on binlerce insana kurşun yağdırılarak,

34 devrimci ve yurtseverin katledilmesiyle sonuçlanan katliamı organize edenlerden biri odur.

Faşist MHP çetesiyle işbirliği yaparak, devrimci mücadeleyi engellemek için devlet adına katliamlar ve karanlık cinayetler tezgâhlayan kontrgerillanın önde gelen şeflerinden biri odur.

Onun işlediği suçlar sayılmayacak kadar çoktur.

Hiram Abas'ın halk düşmanı kimliğinin artık gizli olan yanı yoktur.

O, halk ve devrimcilere karşı işlediği suçlar yüzünden bir kez değil bin kez ölümü hak etmiştir. Örgütümüz onu cezalandırarak, kim olursa olsun halkın adaletinden kaçamayacağını göstermiştir.

Hiram Abas, bütün halk düşmanı faaliyetlerine rağmen oligarşinin ihtiyacı kalmadığı aşamada bir kenara atılmıştır. Bu bütün burjuva ve faşist iktidarın ortak karakteridir. Hangi yetkiye ve konuma sahip olursa olsun, işi bitenin, devlet tarafından bir yana atıldığı gerçeği yüzlerce kez yaşandı ve hâlâ yaşanıyor.

Bir kez daha ilan ediyoruz: devlet, ister korusun isterse korumasın, halk düşmanları halkın adaletinden kaçamayacaktır. 12 Eylül şeflerinin sonu da Hiram Abas'ın sonu gibi olacaktır.

Devrimci adalet, mutlaka uygulanacaktır!

Yaşasın devrimci adalet. Devrimci Sol/silahlı devrimci birlikler."

Bildiri böyle...

Ancak örgütün suikastı gerçekleştirip gerçekleştirmediği konusunda bazı kişilerin şüpheleri vardı. Bunlardan biri de Mehmet Eymür'dü.

Hiram Abas'ın öldürülmesinin üzerinden bir ay geçmişti. Hasan Yalçın ve Soner Yalçın, Ankara Farabi Caddesi'ndeki Mehmet Eymür'ün bürosunda onunla bir görüşme yaptılar. 31 ekim 1990 tarihli görüşmenin Hiram Abas cinayetiyle ilgili bölümü şöyleydi:

"Ben tanık raporlarını okudum. Hiram Bey'in bir elinde direksiyon bir elinde pipo var, tam vitesi değiştireceği esnada vuruluyor. Yani son derece iyi etüt edilmiş ve son derece profesyonelce. Dev-Sol'un yapması için parti cephenin (THKP-C) öcünü alması gerekir. Onun için yapmış olabilir.

Bizim Dev-Sol'la hiçbir ilgimiz yoktu. Biz çoğunlukla karşıcasusluk bölümündeydik. 1970'li yıllarda bir ara çalıştık. 1980'den sonra tamamen bizim alanımız dışındaydı.

Bir kere şunun çok iyi istihbarat edilmesi gerekiyor. Hiram Bey'in sokakta, araba içinde gözlenmesi son derece zordur. Hiram Bey çok dikkatliydi. Duran adamı bile dikkatlice süzerdi. Evden çıkışlarında filan son derece dikkatliydi. Etrafını kontrol ederdi. Örneğin evinin arkasında bahçe var. Arabasını oraya park ederdi. Aslında sıradan biri olsa orada öldürülürdü. Halbuki son derece profesyonelce hiç savunması olmayan bir yerde öldürdüler.

Hiram Bey'i bir yerlere gelmesini önlemek için öldürdüler diye düşünüyorum. Belki MİT'e müsteşar filan olmazdı, ama neden cumhurbaşkanlığı ile ilgili bir şeyler olmasın?"

Benzer görüşü benimseyenlerin hareket noktaları, "Hiram Abas'ın iyi silah kullanması, kendisini takip edenleri mutlaka yakalayabileceği ve çok iyi takipçi" olmasıydı.

Bu tezi şimdilik bir kenara bırakıp, o tarihlerde Dev-Sol'da neler olduğuna bakalım.

1978 haziran ayı ortasında "Tasfiyecilik ve Devrimci Çizgi" broşürüyle Dursun Karataş önderliğinde, "siyasî arenaya" çıkan, 12 Eylül 1980 Askerî Darbesi'yle ağır bir darbe yiyen örgüt, 1989 yılında Sağmalcılar Cezaevi'nde, "yeniden yapılanma" tartışmalarını başlattı. 1990 mart ayında; hareketin inşa edilmesi, komiteler, hücreler, silahlı devrimci birlikler oluşturulması gibi bir dizi kararlar aldı.[108]

Örgüt bu kararları almadan önce ve sonra cezaevlerinden firarlar olmaya başladı. Örgütün üst düzey yöneticilerinin hemen hemen tümü cezaevinden firar ettiler...

25 ekim 1989... Dev-Sol lideri Dursun Karataş ve lider kadrosundan Bedri Yağan, Sağmalcılar Cezaevi'nden kaçtılar.

2 ocak 1990... Dev-Sol liderlerinden Sinan Kukul, Metris Cezaevi'nden firar etti.

28 mayıs 1990... Bayrampaşa Cezaevi'nden dört Dev-Sol-

108 Örgütün, "Komiteler, Hücreler, İşleyiş ve Bazı Kurallar" yazısı, mart 1990; "Yolun Neresindeyiz" broşürü, ağustos 1990. Alıntı yapılan kaynak; *Devrimci Harekette Darbe*, temmuz 1994, Haziran Yayınları.

cu ile bir TİKKO militanı firar ettiler.

31 aralık 1990... İbrahim Yalçın ve Ahmet Fazıl Ercüment adlı iki Dev-Solcu, Gaziantep Özel E Tipi Cezaevi'nden firar ettiler...

Örgüt sadece Hiram Abas'ı öldürdüğünü üstlenmedi.

Hiram Abas suikastından önce şu eylemleri gerçekleştirdiler:

30 ocak 1990... 1 Mayıs 1989 İşçi Bayramı'nda işçi Mehmet Akif Dalcı'ya ateş ederek öldürdüğü gerekçesiyle trafik polisi Mehmet Kâzım Çakmakçı;

7 haziran 1990... Kâmuran Özcan, Âdem Demirci, 12 Eylül Darbesi sonrası itirafçı oldukları gerekçesiyle;

27 temmuz 1990... İstanbul Çevik Kuvvet Polisi İsmail Kılıç;

25 ağustos 1990... İzmir'de Nihat Deniz, Yaşar Kankal, Nazım Kavak adlı öğrenciler "MİT ajanı" oldukları gerekçesiyle;

26 ağustos 1990... Metris Cezaevi eski iç güvenlik müdürü emekli Binbaşı Adnan Özbey;

5 eylül 1990... Emekli Başkomiser İbrahim Çağlar, örgüt tarafından öldürüldü.

Hiram Abas'tan sonra da örgüt eylemlerini sürdürdü:[109]

12 kasım 1990... Bayrampaşa Kapalı Cezaevi Savcısı Niyazi Fikret Aygen,

9 ocak 1991... Emekli Yarbay Ata Burcu,

30 ocak 1991... Emekli Korgeneral Hulusi Sayın,

22 şubat 1991... Komiser Zeki Kaya,

15 mart 1991... Ankara Etlik'te kahve taranması sonucu, 2 polis memuru,

21 mart 1991... Amerikalı şirket müdürü Vinnell Brown,

7 nisan 1991... Emekli Tümgeneral Memduh Ünlütürk,

13 nisan 1991... İstanbul'da polis otosu taranması sonucu, 2 polis memuru,

16 mayıs 1991... İstanbul'da üç polis memuru,

23 mayıs 1991... Emekli Korgeneral İsmail Selen ve Ada-

109 Aynı yıl tıpkı Dev-Sol gibi, TİKKO/ML örgütünün militanları da cezaevinden firar ettiler, siyasî suikastlar yapmaya başladılar. 18.12.1990 tarihinde öldürülen MİT eski görevlisi Ferdi Tamer bunlardan biriydi !

na Bölge Jandarma Komutanı Tümgeneral Temel Cingöz,[110]

30 temmuz 1991... Ankara ve İstanbul'da üç sivil polis memuru,

14 ekim 1991... MİT eski müsteşarı emekli Orgeneral Adnan Ersöz,

12 eylül 1991... Üç polis memuru,

3 şubat 1992... İstanbul ve Ankara'da polis otoları taranması sonucu, 4 polis memuru,

20 mart 1992... İzmir'de ekip otosu taranması sonucu, 2 polis memuru,

24 mart 1992... MİT'e ait servis aracı taranması sonucu, 2 MİT görevlisi,

9 nisan 1992... İzmir'de polis otosu taranması sonucu, 1 polis öğretmen,

20 nisan 1992... İstanbul'da bir polis memuru,

2 mayıs 1992... İstanbul'da 5 polis memuru,

29 temmuz 1992... Deniz Kuvvetleri Komutanı emekli Oramiral Kemal Kayacan, öldürüldü...[111]

Siyasal suikastlar olanca hızıyla 1993 yılına kadar sürdü... Dev-Sol, o yıl bölünme yaşadı; Örgütün iki kurmayı, Dursun Karataş ile Bedri Yağan'ın yolları ayrıldı.

Bedri Yağan'ın Suriye üzerinden Türkiye'ye giriş yaptığını öğrenen MİT, durumu İstanbul Emniyet Müdürlüğü'ne bildirdi. 6 mart 1993 günü Bedri Yağan'ın Kartal'da kaldığı ev basıldı. Bedri Yağan ve 4 arkadaşı "çıkan çatışmada ölü ele geçirildi." SHP Merkez Yönetim Kurulu olayı yargısız infaz olarak nitelendirdi. Çünkü çatışmada nedense hiçbir kurşun duvarlara isabet etmemiş, hepsi 5 militanın vücuduna saplanmıştı!..

110 İlginçtir; öldürülen emekli Korgeneral Hulusi Sayın ile emekli Korgeneral İsmail Selen, ikisi de Jandarma asayiş komutanlığı yaptılar. İkisi de yıllarca Jandarma içinde, iki ayrı "kutbun" temsilcisi olarak biliniyordu. Hulusi Sayın MHP tandanslıydı, İsmail Selen ise Sosyal Demokrat. Birbirleriyle konuşmuyorlardı bile. Ancak akibetleri aynı oldu, öldürüldüler. Hulusi Sayın ve İsmail Selen suikastı sanıkları Dev-Solcu Lütfü Topal ve İbrahim Bingöl 30 ekim 1991 tarihinde cezaevinden firar ettiler.

111 Sosyal Demokrat olarak bilinen emekli Orgeneral Adnan Ersöz'den sonra, CHP üyesi emekli Oramiral Kemal Kayacan'ın öldürülmesi kafalarda birçok soru işaretinin doğmasına neden oldu.

Kemal Kayacan'ın kızı Fatoş Hataylı, "Dev Sol'un da intikamı olamaz. Açık konuşuyorum, Sosyal Demokrat bir adamın, solcu bir grup tarafından vurulmasını imkânsız görüyorum" dedi. Kayacan'ın kızı onun gibi bazı subayların da aynı görüşte olduklarını söylüyordu. (*EP* dergisi, 25 temmuz 1993.)

Örgüt yara almıştı, ama Dev-Sol eylemleri 1996 yılına kadar sürdü. Sonra siyasal suikastlarda azalma baş gösterdi. İstihbaratçılar bir olayı öncelikle, en kısa yoldan giderek, en basit çözümlerle çözmek isterler. Eğer çıkış yolu yoksa, nedenleri niçinleri üzerinde dururlar.

En kısa ve basit yoldan gidersek; tüm siyasal suikastlara bakınca, Dev-Sol'un, Hiram Abas'ı öldürdüğü konusunda kuşku kalmıyordu.

Üstelik bu iddiayı kuvvetlendiren bir başka olgu daha vardı: Gestapo, Alman tabancası Barebellum'la suikastını gerçekleştirdikten sonra ölen kişinin sağ iç cebine beyaz bir kâğıt bırakıyordu. Alman polisi, öldürülen kişinin iç cebinde o beyaz kâğıdı görünce anlıyordu ki cinayeti Gestapo işlemiş, soruşturmayı rafa kaldırıyordu!

Dev-Sol, suikastlarında genellikle yakın mesafe silahı olarak bilinen 7,65 çapında tabancalar kullanıyordu. Hedefine yakın mesafeden susturucu takılmış tabancayla ateş ediyordu.

Hiram Abas'ın da benzer yöntemle öldürülmesi, suikastı Dev-Sol'un yaptığının bir başka göstergesiydi...

Zaten İstanbul Emniyet Müdürlüğü de, Hiram Abas'ın, Dev-Sol militanları; Hayri Koç, Ferit Eliuygun, Bahattin Anık ve Ahmet Fazıl Ercüment Özdemir tarafından öldürüldüğünü belirlemişti...[112]

Ancak, Hiram Abas suikastı konusunda bazı iddialar da vardı...

"Silah kaçakçıları öldürdü"

"Hiram Abas silah kaçakçılığının kapışmasına kurban gitmiştir."

Bu iddiayı ortaya *Yüzyıl* dergisi attı:[113]

112 22 aralık 1996 tarihinde Çankaya Köşkü'nde toplanan liderler zirvesine MİT bir rapor sundu. 20 sayfalık raporda, Hiram Abas suikastıyla ilgili olarak, *Aydınlık* dergisinin, Emniyet Müdürü Hüseyin Kocadağ'ın adını ortaya atmasına şöyle yanıt veriliyordu: "Hiram Abas'ın Çiller Özel Örgütü tarafından öldürüldüğü iddiası, bu eylemin 26.09.1990 tarihinde Dev-Sol militanları Hayri Koç, Ferit Eliuygun, Bahattin Anık ve Ahmet Fazıl Ercüment Özdemir tarafından gerçekleştirildiğinin bilinmesi nedeniyle önem taşımamaktadır."

113 *Yüzyıl* dergisi, 30 eylül 1990.

Dergi Hiram Abas'ın öldürülmesini kapak konusu yaptı: "Son durağı mafya"

Haber şöyleydi:

"Silah işi nedeniyle mafya ile ilişkileri sıklaşmıştı. Oğlu da gemi acentalığı yapıyor. Silah işinde şilepleri kullanıyorlardı.

Hiram Abas'ı yakından bilen ilk tanık, Abas'ın Caddebostan'daki Çınardibi Oteli'ne sık sık gittiğini ekliyor. 'O otel, kalburüstü mafyacıların toplanma, iş bağlama ve eğlenme yeridir.' Hiram Abas aynı otele gelip giden Fevzi Öz ve Hasan Heybetli ile orada buluşup görüşür. Poker oynarmış. Yeraltı dünyasından bir tanık, Çınardibi Oteli'nin Fevzi Öz kontrolünde olduğunu söyledi. *Yüzyıl*, otelin mülkiyetinin ise Gazanfer Bilge'ye ait olduğunu öğrendi.

Hiram Abas, yeraltı dünyasının ne kadar içindeydi? Bir MİT müşaviri *Yüzyıl*'a şunları anlattı: 'Hiram MİT'te iken de karanlıkta dolaşan biriydi. MİT'ten ayrılınca karanlığa bütün boyuyla daldı. Bunun dünyada da örneği var. Turner CIA'nın başına geçince çok sayıda adamı dışarıda bıkaktı. Bunların hepsi uyuşturucu ve silah işlerine daldılar. Kaddafi'nin danışmalığını üstlendiler. Örneğin Frank Terpill. Bu adamlar önce devletin gölgesinde karanlık işler yapıyorlardı, sonra mafya içinde karanlık faaliyete devam ettiler.' Bu uzun açıklama sadece Hiram Abas'ın yaşamı değil, istihbarat örgütlerinin bir yasasını da sergiliyor olmalı.

Gazeteler; Hiram Abas'ın emekli olduktan sonra çalıştığı yer hakkında bulanık ifadeler kullandılar. Çoğu, 'Bir deniz nakliye şirketinde müşavirdi' deyip geçti. Sanılır ki şirketin reklamı olmasın diye bu yol tutuluyor. *Hürriyet* (gazetesi) ise gene isim vermeden şöyle yazmış: '(Hiram) Abas son olarak büyük bir Amerikan silah firmasının temsilciliğini yapıyordu.'

Hiram Abas, Abdurrahman Fevzi Gandur müessesesinde çalışıyordu. Gandur'un ticaret sicilinde denizcilik şirketi olduğu da yazılı olabilir. Ancak işte o, 'silah ticareti, bu ticarette şileplerden yararlanılması' anlatımı birdenbire anlam kazanıyor. Aslında Hiram Abas'ın bir silah ticareti işinde çalıştığı iki senedir eski yakın dostları tarafından da söyleniyordu.

MİT müşaviri, Gandurlar hakkında şu bilgiyi verdi: 'Gandurlar Lübnan, Beyrutlu, uluslararası silah kaçakçısı. Henüz Kaşıkçılar ortada yokken 50'li yılların en büyüklerindendi. Çok karanlık bir çevredir. Türkiye'nin içinden değil, dışarıdan çalışır. Akdeniz kanalını kullanır. Nakliyat ve gemicilik işleri paravandır. Zaten işlerini de bu yolla yapıyorlar. 50'li yıllarda Gandurlar hakkında Türk basınında geniş yazılar çıktı.'

Başka bir kaynak ise 1960-1970 arasında Gandurların soruşturma geçirip, Türkiye'ye girişlerinin yasaklandığını anlattı.

Söylediklerine göre Gandurların Türkiye'ye yeniden gelişleri İran-Irak Savaşı'nın başlaması üzerine oluyor. Bu noktada dikkat edilmesi gerekiyor. Belirtildiğine göre, Hiram Abas, Fevzi Gandur'un Türkiye'ye girişine ilişkin yasağın kaldırılmasını sağlıyor, MİT'te görevliyken. Dostlukları eski yani.

Hiram Abas'ın uyuşturucu işiyle de ilgili olduğuna birbirlerinden habersiz iki kaynak değindi. MİT müşaviri onun öldürülüşü konusunda olasılıklar sıralarken şu yorumu yaptı: 'Mafya içi hesaplaşma olabilir. Beyaz işinde bir atak yapmaya kalkışmış, rakipleri tarafından ortadan kaldırılmış olabilir.' Müşavir bu noktada Hiram Abas'ın kişiliğine gönderme yapıyor. Onun her konuda çılgın olduğunu söylüyor, 'Gandurlar lehine büyük bir atak yapıp kaybettiği itibarını yeniden toplamaya çalışmıştır.' Yeraltı dünyasının orta düzey liderlerinden biri ise şunu söylüyor: 'Hiram Abas beyaz piyasasına çok hızlı girmiş, bazılarının ayağına basmış!' Dediğine göre öldürülmesinde bu 'hızlı dalışın' önemli rolü olmuş.

MİT'te müşavir olarak görev yapan yorumcu, Hiram Abas'ın koruma görevlisi verilmemiş olmasını 'MİT koruma vermiyor' diye açıkladı. Nuri Gündeş emekli olduğunda da koruma verilmemiş. Sonra bir işadamı para verip Nuri Gündeş'e iki koruma görevlisi tutmuş. 'Sonra, Hiram Abas da bu karanlık işlerini yürütürken yanında koruma olmasını istemezdi.' Nitekim bazı gazeteler Hiram Abas'ın koruma almayı reddettiğini yazdılar. Gösterilen gerekçe ise Hiram Abas'ın cesareti ve attığını vuran bir silahşör oluşu. Hiram Abas'ın birinci zevki işkence ise, ikincisi herhalde silahtı. Bu konuda kendine gövenmesi uzak olasılık değil. Nuri Gündeş, Hiram Abas'ı hiç sevmezdi. Yakınlarına şu tahlili sık sık yaptığı anlatılır:

'MİT'te senyörler ve silahşörler vardır. Senyörler ortaya çıkmayı sevmezler, silahşörler ise şova bayılırlar. Ben senyörüm, Hiram silahşör.'

Müşavir şöyle anlatıyor: 'Hiram kafasıyla değil, eliyle çalışan bir adamdı. Böyle bir suikasta en hazırlıklı insanlardan biriydi. Ama öldüğünde eli tabancasında değil, piposundaydı.'

Kabul edilmeli ki düşmanı çoktu. Dolayısıyla katilini saptamak çok zordu. Dev-Sol açıklaması olmasaydı, belki pekçok parlak spekülasyon günlerce kamuoyunu uğraştıracaktı. Kaldı ki, açıklama olduğu halde bizzat MİT'çilerde 'Sol yapmamıştır' fikri çok etkili. Eski üst düzey MİT görevlisi, 'Hiram Abas'ın öldürülüşü benim üzerimde hiç sürpriz etkisi yapmadı' diyor.

Kim öldürmüş olabilir sorusunu ise 'MİT içi hesaplaşma olamaz, solun intikam eylemi olamaz' diye başlayan bir yorumla yanıtlıyor.

Müşavir ise, MİT içi hesaplaşmayı olasılıkların dışına atmıyor. 'Bunun için MİT üst düzeyi emir çıkarmaz. Hiram Abas çok önemli bazı bilgiler açıklayacaksa, bundan zarar görecek bir kesim onu ortadan kaldırmış olabilir.'

Mafya lideri de aynı yönde konuşuyor: 'Hiram Abas daha önce açıklamalarda bulundu, MİT'ten atıldı. Yeni açıklamalarda bulunacaktı, öldürdüler. Dosyalardan bir kısmı Erkan Gürvit'te, bir kısmı kendisindeydi.' ANAP milletvekili, MİT eski müsteşar yardımcısı Recep Ergun da *Yüzyıl*'a, 'olayın ideolojik olduğuna inanmadığını' söyledi."

Oğlu tekzip gönderiyor

Yüzyıl dergisinin yayını üzerine Hiram Abas'ın oğlu Cengiz Abas dergiye tekzip metni gönderdi:

"O, Türkiye Cumhuriyeti'ne ve demokrasiye hizmetin şerefli bir sembolüdür.

Babam Türkiyemizin kalkınmasını ve refahını istemeyen, ülkemizin birlik ve beraberliğine kasteden, uluslararası terörizmin ülkemizdeki çağdışı ilkel temsilcileri tarafından şehit edilmiştir.

Katliamı üstlenen Dev-Sol silahlı devrimci birliklerinin bildirisi bile, birçok yalanla dolu olmasına ve düşmanca bir ifade ile yazılmasına rağmen, sizin yayınınızdan daha ciddi bir dille kaleme alınmıştır.

Sözde kendisini çok yakından tanıyan birine atfen, 'Hiram (Abas) son aylarda çok tedirgin ve telaşlıydı' demişsiniz. Onu yakından tanıyanlar, onun ne kadar korkusuz, hayatının hiçbir döneminde tedirginlik ve telaş emaresi göstermeyen biri olduğunu çok iyi bilirler. O tedirgin olduysa şahsı için değil sadece ve sadece çok sevdiği memleketinin karanlık güçlerin marifetiyle bir kan gölüne dönmesinden tedirgin olmuştur.

Yine aynı uydurma kaynağınıza atfen, 'Yirmi gün kadar önce çok özel ve anormal bir Magnum aldı. Bunu bizzat silahı veren kişiden dinledim' demiş, silah dünyasını bilen diğer bir uydurma tanığa atfen de, 'Evet. Türkiye'ye bir Magnum 337 girdi. Siparişi başka birisi verdi. Ama silah siparişi yapana değil Hiram Abas'a verildi' şeklinde yazınıza devam etmişsiniz. Mesleği dolayısıyla silah taşımaya kanunen hak kazanmış bir kimsenin silah alması çok büyük bir haber mi ki bu asılsız bilgiyi önemli bir habermiş gibi yayımladınız.

Yazınızda babamın 'mafya ile ilişkili olduğunu, silah işi yani silah kaçakçılığı yaptığını, silah işinde benim acentalığını yaptığım şilepleri kullandığımızı, babamın kalburüstü mafyacıların gittiği Caddebostan'daki Çınardibi Oteli'ne gittiğini ve burada kanunsuz işlerin bağlantısını yaptığını, aynı yere gelip giden Fevzi Öz ve Hasan Heybetli gibi yeraltı dünyasına mensup kişilerle poker oynadığını Dragos'ta ise Dündar Kılıç'la poker oyunlarının devam ettiğini' iddia etmişsiniz. Bunlar, çirkin yalanlardır. Sizden ve sözde kaynaklarınızdan bu iddialarınızın hukuksal sorumluluğu yargı makamlarından talep edilecektir.

Ayrıca, kendi mülkümüzde gemilerimiz olmayıp, sürekli acentalığını yaptığımız ve gemilerinin Türk limanlarına uğrağı olan armatör, 5-10 gemisi olan şahıs veya şirket olmayıp, beynelmilel itibarlı bir devlet kuruluşudur. Tıpkı Türkiye'deki Türk Deniz Nakliyat gibi.

Babamın 'uyuşturucu ve silah kaçakçılığı' ile ilgili bir bilgisi varsa, (size bunları söyleyen) bu şahıs bugüne kadar neden susmuştur? Hepsi ağır bir suç oluşturan bu gibi kaçakçılık eylemleri için söz konusu müşavir, neden yasal yollara başvurmamıştır. Babamın, özellikle görevde olduğu sürece bu tip yasadışı faaliyetlerle nasıl başarılı mücadele verdiği, herkesçe bilinen bir husustur."[114]

Hiram Abas gerçekte yeraltı dünyasındaki bir kapışmanın sonucu mu öldürülmüştü?

CIA ajanı kaçırılıyor

Hiram Abas öldürüldükten 45 gün sonra, 11 aralık 1990 tarihinde, CIA ajanı Frank Terpil Beyrut'ta silahlı üç kişi tarafından kaçırıldı...

Frank Terpil kendisi gibi CIA ajanı olan Edwin P. Wilson'la, ABD'de çıktıkları bir televizyon haber programında, Türkiye'de bazı kişilere silah sattıklarını açıkladılar. Delex İnternational isimli şirketlerinin önemli müşterilerinden biri de MHP Genel İdare Kurulu Üyesi Murat Bayrak'tı.[115]

CIA ajanı Frank Terpil'ın adı, Abdi İpekçi suikastına da karışmıştı. Ölüm kusan tabancayı MHP'li ülkücülere CIA ajanı F. Terpil'ın verdiği iddia ediliyordu. Aynı zamanda Papa Davası'nın görüldüğü İtalya'daki mahkemede de Terpil'ın adı M. Ali Ağca'yı Bulgaristan üzerinden Avrupa'ya kaçıran kişi olarak geçiyordu...

27 mart 1983 tarihli *Dublin Sunday Press* gazetesine demeç veren Terpil'ın sekreteri, "Terpil CIA ajanıdır ve (M. Ali) Ağca ile ilişkisi vardı" diyordu.

114 Cengiz Abas tarafından *Yüzyıl* dergisine Beyoğlu 10. Noterliği'nin 082755 ve 088656 yevmiye no'lu, 24 ekim 1990 tarihiyle gönderilen tekzip metni. Aslında Cengiz Abas, *Yüzyıl* dergisine biraz haksızlık yapıyordu. Çünkü dergiye Hiram Abas konusunda gerçekten inanılması zor iddialar içeren mektuplar geliyordu. Dergi, ne bu tür mektupları ne de özellikle Hiram Abas'ın özel hayatına ilişkin hiçbir bilgiyi kullanmıyordu. Biz de kitabı yazarken aynı kaygıyla hareket edip, Hiram Abas'ın "özel dünyasına" girmedik.

115 1987 yılında iki MİT görevlisi Murat Bayrak'la görüşmek için Almanya'ya Bonn'a gittiler. Görüşme isteği Bayrak'tan gelmişti. İki MİT görevlisi görüşmeyi teşkilata rapor ettiler. Murat Bayrak şunları söylüyordu: "Hatırladığım kadarıyla bir ara neşredilen hatıralarında (Dışişleri eski bakanı İhsan Sabri) Çağlayangil, Türkiye'deki askerî darbelerin, CIA'nın oyun ve tasvipleriyle tezgâhlandığını iddia etmişti. Bu doğru, ama Türkiye'de, Rus tehlikesine karşı çıkmak, CIA'dan ve Amerika'dan bir manevî intikam almak yolu değildir."

Frank Terpil ile Hiram Abas'ın öldürülmesi arasında bir ilişki var mıydı?

İkisi de bir dönem Beyrut'u "mesken" tutmuşlardı. İkisinin de silah kaçakçılığıyla ilgili yakın dostları vardı...

CIA ajanı Frank Terpil yaşamı boyunca hep ikili oynamıştı. Beyrut'ta Asala'yı da, "Bozkurtlar"ı da eğittiği söyleniyordu...

1990 yılında başta Avrupa olmak üzere, dünya artık yavaş yavaş ortaya çıkan "Gladio"nun faaliyetlerini öğreniyordu!..

Acaba "Gladio" içinde önemli görevler üstlenen bazı isimler bertaraf mı ediliyordu?..

Bilinen yöntemdi, işi biten tasfiye ediliyordu; Henry Aslanyan, Bekir Çelenk, Vahe Ohannes, Licio Gelli, Michele Sindona, Roberto Calvi, Karl Köfler gibi...[116]

Listede Frank Terpil ile Hiram Abas'ın da adı var mıydı?..

Susurluk Çetesi mi öldürdü?

İhtimalı zor ama; bazı çevreler Hiram Abas'ın öldürülmesiyle Paris'te işlenen bir suikast arasında ilişki kuruyor:

Solun yeraltı dünyasıyla tanışmasının 12 Mart 1971 Askerî Darbesi'nden sonra Kartal Maltepe Cezaevi olduğu biliniyor. O tarihlerde, Dündar Kılıç, Oflu İsmail (Hacı Süleymanoğlu), Dede Sultan (Demircan) gibi yeraltı dünyasının ünlü isimleri solcularla aynı koğuşta kalmaya başlamış ve "dostluklar" kurmuşlardı.

1974 affından sonra dışarı çıkan bazı "babalar" ile bazı "solcular" ilişkilerini sürdürdüler. Örneğin, "Askı Bildirileriyle" Dev-Yol'u pasiflikle suçlayın Dev-Sol'u Dursun Karataş'la birlikte kuran Paşa Güven'in, Dündar Kılıç'la sık sık bir araya geldiği söyleniyordu.

12 Eylül Darbesi'nden sonra yurtdışına çıkan Paşa Güven, Dev-Sol'la ilişkisini koparmıştı. Paşa Güven'in yeraltı dünyasıyla ilişkilerinin Avrupa'daki "kaçak günlerinde de"

116 Meraklı okuyucular, *Reis, Gladio'nun Türk Tetikçisi* adlı Soner Yalçın/Doğan Yurdakul tarafından kaleme alınan kitaba bakabilirler.

sürdüğü, "uyuşturucu kaçakçılığı" yaptığı iddia ediliyordu.

Yeraltı dünyasının, "solcularla" ilişkili bir diğer ünlü ismi Liceli Hüseyin Baybaşin, "Paşa Güven, kontrgerilla tarafından yetiştirildi" diyordu.[117]

12 temmuz 1991 tarihinde Paşa Güven Paris'te uğradığı silahlı saldırı sonucu öldürüldü...

O günlerde hayli ilginç olaylar, hayli ilginç isimlerin başına geliyordu; Hiram Abas, Frank Terpil, Paşa Güven... Bir noktanın altını çizmekte yarar var; bir siyasî örgütü MİT'in, Kontrgerilla'nın kontrolünde göstermek, hatta ima etmek kolaycılık ve basitlik olur. Ancak her örgütte olduğu gibi, Dev-Sol'un da her kademesine, istihbarat örgütlerinin elemanları sızmaktadır. Örneğin, 22 kasım 1992 tarihinde, İzmir DGM'de yargılanan, 8 yıl cezaevinde yatmış, Dev-Solcu Ahmet Yücekaya mahkemeye MİT ajanı olduğunu itiraf eden 9 sayfalık bir dilekçe verdi... Bir örnek de dışarıdan verelim: Philip Willan'ın, *The Puppetmasters* (Kukla Ustaları) adlı kitabında, İtalya'nın radikal solcu Kızıl Tugaylar örgütünün Gladio, dolasıyla CIA ilişkisini anlatıyordu. İlişkiyi belgelerle ortaya döken Willan, Kızıl Tugaylar'ın CIA tarafından yönlendirilmesinin amacını, aşırı uçların şiddeti tırmandırmasına zemin yaratmak ve solun tamamının saygınlık yitirmesini sağlamak olarak açıklıyordu.

Listeye başka isimleri de ilave etmek gerekiyordu:

O tarihlerde, bir isim "özgürlüğüne" kavuşuyordu...

21 mart 1990 tarihinde, Abdullah Çatlı, İsviçre'nin Bostadel ZG Cezaevi'nden kaçırılıp, Türkiye'ye getirildi...

Abdullah Çatlı, Türkiye'ye geldiğinde yeni arkadaşlıklar kurdu.

Bunlardan biri de Sami Hoştan'dı.

Sami Hoştan'ın kim olduğunu "İkinci MİT Raporu"ndan öğrenelim: "(Arnavut Sami) Dev-Sol'la ilişkili. Özellikle İspanya, Hollanda ve Kolombiya bağlantılı uyuşturucu kaçakçılığı yapıyor. Ataköy Galeria'da Natural ayakkabı mağazasının sahiplerinden ve İstanbul Sheraton Oteli gazinosunun ortaklarından, grubu finansörü."[118]

117 15 nisan 1996 tarihinde Avrupa'da yayımlanan *Özgür Politika* gazetesi.
118 *Aydınlık* dergisi, 22 eylül 1996.

Bilgileri bir kenara not ettikten sonra, konuyu fazla dağıtmadan tekrar Hiram Abas suikastına dönüp, bir iddiayı daha yazalım; "Hiram Abas, Susurluk Çetesi'nin ilk cinayetidir!"

İddia sahipleri diyordu ki; "Hiram Abas otomobiyle giderken tam kasise geldiğinde, karşısına tanıdığı, 40 yaşlarında biri çıktı. Hiram Abas, o güvendiği tanıdığı yüzünden boş bulundu ve arkasından kurşunu yedi."

Burada yine araya girip bir olayı anımsatmakta yarar var:
Yüzyıl dergisini 10 aralık 1990 tarihinde arayan ve adının "Ahmet" olduğunu söyleyen kişi telefonda şu bilgiyi veriyordu: "Hiram Abas'ın öldürüleceğini İstanbul Emniyeti'nin istihbaratına bildirdik.(...) Hiram Abas önce durdu, çünkü tanıdığı çocuktu, evvelce onunla görüşmüştü, öbürü arkadan geldi vurdu.(...)"

Telefondaki "Ahmet", Hiram Abas'la ilgili ilginç ayrıntılar veriyordu:

"Hiram Abas, 22 kasım 1987 günü Tuz Gölü'nde Şereflikoçhisar'da Unilever'in müfettişi ile buluştu. Hollanda firması var ya, Sana'yı, Vita'yı satıyor. Ne konuştular, araştırın, önemli. 7 ocak 1988 günü de Düzce'de bir Çerkez köyünde buluştular."

Mehmet Eymür, "Ahmet"in söylediklerini dergiye şöyle değerlendiriyordu: "Telefon edenin Hiram Bey hakkında söyledikleri gerçeğe dayanıyor. O tarihte benim de arasında bulunduğum dost çevresiyle Sapanca Gölü'nde yemek yedik. Fethi Altanlar filan vardı. Düzce Çerkez köyü deyince aklıma Fethi Altanlar geldi. Onlar oralı. Ayrıca Hiram Bey Unilever şirketinin sahibinin oğluyla arkadaştır. Demek ki bu kişi Hiram Bey'in yakın çevresinden bilgi alıyor. Bunları bilmesinden ve terörün kaynağının tek olduğunu söylemesinden dolayı ciddiye alıyorum."

Yani, "Hiram Abas suikastçılardan birini tanıyordu" tezini Mehmet Eymür de destekliyordu!

İddiayı ortaya atanlar, Hiram Abas'ın öldürüldüğü dönemde İstanbul emniyet müdürü koltuğunda oturan Hamdi Ardalı'nın cinayetten hemen birkaç saat sonra, silahın balistik incelemesinin bile yapılmasını beklemeden, tabancanın kirli olduğunu açıklamasını, "Bu ne telaş" diye değerlendiriyor. "Bir şeylerin üzeri mi örtülmek isteniyor?" yorumları yapılıyordu?

İddia sahipleri soruyordu, "Kimdi bu elinde James Bond çanta taşıyan, 40 yaşlarındaki adam?"

Abdullah Çatlı olabilir mi?

Hiram Abas ile Abdullah Çatlı birbirlerini tanıyorlar mıydı?

Evet. Gerek Mehmet Eymür'ün gerekse Korkut Eken'in Susurluk Komisyonu'ndaki ifadeleri bunu teyit ediyordu. İlişki 1970'li yıllarda başlayıp 1980'li yılların başında bitmişti.

Ayrıca Başbakanlık Teftiş Kurulu Başkanvekili Kutlu Savaş tarafından yazılan Susurluk Raporu'nun, sansürlenen sayfalarında da Hiram Abas'ın Abdullah Çatlı'yı Asala'ya karşı kullandığı yazılıyordu.[119]

1998 yılının son gününde yakalanan "Susurluk kahramanlarından" Haluk Kırcı, İstanbul Emniyet Müdürlüğü'ndeki sorgusunda Hiram Abas suikastıyla ilgili sorularla da karşılaştı.

Polisler, Haluk Kırcı'ya Hiram Abas suikastıyla ilgisini sordular.

Bir kere sorunun Haluk Kırcı'ya yöneltilmesi ilginçti. Demek ki İstanbul polisinin kafasında Hiram Abas suikastıyla ilgili olarak bazı kuşkular vardı.

Ancak polis, Haluk Kırcı'ya, "Hiram Abas cinayetiyle ilgin var mı?" diye sormuştu.

"İlgin" sözcüğü, yerine "bilgin" dense soru anlamlı olacaktı.

Çünkü Hiram Abas öldürüldüğünde Haluk Kırcı cezaevindeydi ve "ilgisi" olamazdı. Ama, tahliye olduktan sonra, Susurluk Çetesi'yle yakın mesai içinde olmuştu, "ilgisi" olmasa da, belki "bilgisi" olabilirdi...

Fakat "bilgisi" sorulmadı...

119 Kutlu Savaş'ın yazdığı "Susurluk Raporu"nda, ciddi maddî hatalar var. Örneğin, Raporun 79'uncu sayfasında, Hiram Abas'ın Asala'ya karşı Abdullah Çatlı, Haluk Kırcı gibi ülkücüleri organize ettiği belirtiliyordu. Oysa Haluk Kırcı, 8 kasım 1980 tarihinde yakalanıp cezaevine konmuş ve 11 yıl cezaevinde yattıktan sonra nisan 1991'de "yanlışlıkla" tahliye edilmişti... O halde Haluk Kırcı, 1982 yılında nasıl Hiram Abas'la diyalog kurup Asala'ya karşı "mücadele" vermişti?

Tezi sürdürelim: Abdullah Çatlı veya "çeteden" bir başka isim her neyse Hiram Abas'ı niçin öldürmek istemişti?

1987 yılında yazılan MİT raporunun intikamı olabilir mi? Abdullah Çatlı'nın Türkiye'ye geldikten sonra, Mehmet Ağar'ın himayesine girdiği bugün artık resmî belgelerle doğrulanıyor. Ancak Mehmet Ağar'ın MİT raporunun intikamı için suikast yaptıracağını düşünmek ne kadar doğru olur!

Ancak konunun uzmanları farklı düşünüyor.

MİT eski daire başkanı Mahir Kaynak MİT raporunun tartışıldığı o günlerde, (31 ağustos 1988) *2000'e Doğru* dergisine şunları söylüyordu: "Bundan sonra bu mesele unutulur ve bunların savaşı sokaklarda tabancayla sürer!"

Mahir Kaynak meslektaşı Hiram Abas öldürüldükten sonra ise şu değerlendirmeyi yapmıştı: "Bana göre Hiram Abas'ın öldürülmesi siyasal bir operasyondur. Teşkilatın tekrar Hiram'ın kontrolüne geçmesini istemeyen güçlerce öldürüldü."

İlginç!

MİT raporunun taraflarından Emniyet Müdürü Atilla Aytek de Mahir Kaynak gibi düşünüyordu: "Finale kansız gelinmez!"[120]

Eymür'ün şaşırtan ifadesi

"Susurluk Çetesi", Hiram Abas'ı öldürdü mü, bilinmiyor. Ancak çetenin bazı kişileri öldürmek için tertipler içinde olduğu artık gün yüzüne çıktı...

İstanbul 6 No'lu DGM'de görülen Susurluk Davası'nın 12 ekim 1998 tarihli 11'inci duruşmasında, Mehmet Eymür'ün ifadesi çok kişiyi şoke etti:

"Bana anlatılanlara göre, Dev-Sol lideri Dursun Karataş'ı öldürmek için bir plan yapılmış. Plana göre Nurettin Güven, 80 kilo eroinle İngiltere'de Dursun Karataş'la ilişki kuracak, yeri tespit edilen Dursun Karataş öldürülecekti. Yaşar Öz, Tarık Ümit de işin içindeydi. 80 kilo eroinle Nurettin Güven yurtdışına çıktı. Ancak Almanya'da uyuşturucuyla birlikte yakalandı. Tarık Ümit, Alman polisine 80 kilo uyuşturucu-

120 *2000'e Doğru* dergisi, 14 şubat 1988.

yu ihbar edip yakalattığı için öldürülmüş olabilir. Öldürülmeden önce Abdullah Çatlı ve ekibi, Tarık Ümit'i Sami Hoştan'ın çiftliğinde sorgulamışlar."

Mehmet Eymür, bu işi organize eden kişinin adını da açıklıyordu: Mehmet Ağar!

Mehmet Eymür 16 ekim 1998 günü, ifadesindeki bazı yanlışlıkları düzeltmek için, İstanbul 6 No'lu DGM'ye 12 belge verdi. Bunlardan "Fiş 2" belgesi hayli ilginçti:

"Tarih 18 ağustos 1994. Kaynak: Tarık Ümit. Görüşen: İsmail Buğday. '... Hakkı Aksoy (Siirtli, Arap asıllı). Kaynak, Dev-Sol lideri Dursun Karataş'a ulaşmak için Hakkı Aksoy ile ortak olmuştur. 291,5 kg eroinin 29 kg'ının Hakkı Aksoy'a ait olduğu ve Nurettin Güven tarafından Avrupa'ya gönderildiği, ancak eroinin teslim edilemeden Nurettin Güven'in yakalandığı, bunun üzerine malın da kendi ihbarları üzerine Belçika'da yakalandığı..."

Bu karışıklığın altından kitabın yazarlarının da, okuyucunun da çıkması zor gibi görünüyor! Bazı soruların altını çizerek, bu karmaşık olayı aydınlatmaya çalışalım:

1- Dev-Sol lideri Dursun Karataş'ı öldürmek isteyen Susurluk Çetesi, neden uyuşturucuyu "yem" olarak kullanıyor? Dursun Karataş'ın uyuşturucuyla ne ilgisi var?

2- Dev-Sol lideri Dursun Karataş'la "ilişki" kurması için, neden yeraltı dünyasının ülkücü isimlerinden, yeşil pasaportlu Nurettin Güven, görevlendiriliyor? Devletin ajan olarak kullandığı bir ülkücü ile bir Dev-Solcunun nasıl bir ilişkisi olabilir?

3- Yeraltı dünyasının bir başka ünlü ismi Tarık Ümit, neden arkadaşlarını polise ihbar etti?

4- Susurluk Çetesi ile Dev-Sol örgütünün sürekli yan yana getirilmesi, bazı çevrelerin psikolojik savaş metodu mu?

Aydınlık dergisi 11 ekim 1988 tarihinde, "Çetenin kilit ismi Nurettin Güven" başlıklı haberde olayın bir başka yönünü yazdı:

"Olayları yakından izleyen bir istihbaratçı, Eymür'ün DGM'deki ifadesinde, 'Eroin, Dev-Sol lideri Dursun Karataş'ı yakalamak için yem olarak kullanılacaktı' açıklamasını palavra olarak nitelendiriyor: 'Nurettin Güven'in İngiltere'ye gitmesinin nedeni eroinin satışıdır. Nurettin Güven, Londra'da Dursun Karataş'la aynı binada kaldı. Dursun Karataş'ı yakalamak ya da öldürmek gibi bir amaçları yoktu. Bu, kamuoyu için uydurulmuş bir yalandır. Kaldı ki dediklerini doğru kabul etsek bile, 80 kilo eroini almaya herhalde Dursun Karataş gelmezdi.' Nurettin Güven'in üzerinden tabanca ve 'Ali Erdal' adına düzenlenmiş yeşil pasaport çıktı."

Tartışma sonunda ilginç bir noktaya geldi:

Mehmet Eymür DGM'de bir de MİT'i suçlayarak, "Dev-Sol lideri Dursun Karataş'a yapılacak eylemi MİT üst düzey yöneticilerine bildirdim. Bir şey yapmadılar" dedi.

MİT, bu iddia üzerine, Müsteşar Şenkal Atasagun imzasıyla basın açıklaması yaptı. Açıklamada, Mehmet Eymür'ün kendi kusurunu örtmek için teşkilatı suçladığı belirtiliyordu...[121]

Acaba okur, Hiram Abas'ı kimlerin niçin öldürdüğünün ipuçlarını bulabildi mi?

Kafaları biraz daha karıştıralım:

Hiram Abas suikastını sadece Dev-Sol üstlenmedi. Daha sonraki günlerde gazeteleri arayan bir kişi Hiram Abas'ın öldürülme olayını İslam Savaşçıları adlı örgütün gerçekleştirdiğini bildirdi.

Ardından bazı gazetelere postayla bir açıklama gönderen TKP/ML örgütü, eylemi Dev-Sol'un değil, kendilerinin askerî kanadı TİKKO'nun gerçekleştirdiğini belirtti. Hiram Abas'ın halk düşmanlığıyla suçlandığı bildiride öldürülme nedenini şöyle açıkladılar: "Muharrem Çiçek, Atilla Özkan, İsmail Hanoğlu, Süleyman Cihan ve Kâzım Çelik yoldaşlarımızın katlinde birinci derecede rol almıştı. Faşist diktatörlüğün ajanı ve halk düşmanı Hiram Abas'ın cezalandırılması kaçınılmazdı."

2 ekim 1990 tarihinde, yani bu haberin bazı gazetelerde yer almasının ardından ne oldu dersiniz?

121 MİT'teki kontrterör daire başkanlığı görevinden önce Washington Büyükelçiliği'ne hukuk müşaviri olarak atanan Mehmet Eymür, sonra Türkiye'ye çağrıldı. Türkiye Şeker Fabrikaları'na uzman olarak atanan Eymür, görevinden istifa edip Amerika'ya yerleşti...

TKP/ML Merkez Komitesi, gazetelere "tekzip" gönderdi ve Hiram Abas'ın öldürülmesinin örgütlerine mal edilmek istendiğini, oysa eylemi Devrimci Sol'un üstlendiğini açıkladı. Örgüt, MİT'i, "Partimizi; yapmadığı işleri üstlenen bir örgüt görünümüne büründürmek istemektedir" diye suçluyordu.

Açıklamada, örgütün Hiram Abas'ın öldürülmesini devrimci bir eylem olarak gördüğü ve desteklediği belirtilerek, kamuoyunda örgütün prestijini sarsma amacındaki bazı gazetelerin, bu olayı çarpıttıkları görüşüne yer verilmişti.

Sahi, TKP/ML adına kim gazetelere bildiri gönderip suikastı örgütün üzerine atmak istemişti?

Örgüt, daha önce gerçekleştirdikleri silahlı eylemlerin hemen hepsini üstleniyordu, yaptıklarının üzerini örtmüyordu.

O halde sahte bildiri niçin kaleme alınıp basına sızdırılmıştı?

Kimler kafa karıştırıyordu?...

Yoksa, kafa karıştıranlar mı Hiram Abas'ı öldürmüştü?..

Peki Hiram Abas'ın katilleri bulunabildi mi? Hiram Abas suikastıyla ilgili dava aradan 9 yıl geçmesine rağmen hâlâ İstanbul 3 No'lu DGM'de sürüyor... İşin garip yanı davaya müdahil olarak kimse katılmıyor...

Kaynakça

Belgeler

Saint-Joseph Lisesi, *1950-1951 Palmares Yıllığı.*

Dışişleri Bakanlığı, *1967 Yıllığı.*

ABD Dışişleri Bakanlığı İstihbarat ve Araştırma Dairesi'nin 17.4.1961 tarihli, 8453 sayılı gizli raporu.

Ankara Sıkıyönetim Askerî Savcısı Mustafa Denizli'nin, Cemal Madanoğlu ve arkadaşları hakkındaki 9 ekim 1971 tarih ve 1971/131 sayılı yetkisizlik kararı.

İstanbul Sıkıyönetim Komutanlığı Askerî Savcılığı'nın 9.1.1973 tarih, 1973/2 no'lu iddianamesi (Madanoğlu Cuntası Davası iddianamesi).

MİT Müsteşarlığı'nın 15.2.1985 tarihli, Emniyet Genel Müdürlüğü'ne gönderdiği Kemal Horzum Raporu.

MİT Müsteşarlığı'nın 8.10.1985 tarihli, Ankara 1 No'lu Sıkıyönetim Mahkemesi Savcılığı'na gönderdiği, Dündar Kılıç'ın 1-25 mart 1984 tarihleri arasında alınan ifadesinin ses bantları dökümü.

Mehmet Eymür'ün 8.3.1988 tarihinde, Başbakanlık Teftiş Kurulu'na sunduğu MİT raporuyla ilgili 27 sayfalık savunması,

Mehmet Eymür'ün 6.6.1988 tarihinde, Ankara 3. Ağır Ceza Mahkemesi Başkanlığı'na verdiği 3 sayfalık yazılı ifadesi.

Gazeteci İrfan Taştemur'un 15.3.1988 tarihinde, İstanbul Cumhuriyet Savcı Yardımcısı Osman Cücek'e verdiği 8 sayfalık yazılı ifadesi.

SHP'nin 16.2.1988 tarihinde meclise sunduğu, MİT Konusunda

Genel Görüşme ve Meclis Araştırması Yapılmasına Dair İsteminin Gerekçeli Raporu.
TBMM Faili Meçhul Siyasal Cinayetleri Araştırma Komisyonu Raporu.
THKP-C Davası iddianamesi.
TİKP Davası savunması.
THKO Davası, iddianame ve savunma.
Birinci MİT Raporu, Banker Bako Olayı, polis içindeki çekişme ve yeraltı- polis-kamu görevlileri ilişkileri ve ekleri, 10 kasım 1987.
İkinci MİT Raporu, Mehmet Eymür tarafından kaleme alınan ve basına sızdırılan Abdullah Çatlı ve arkadaşlarının illegal işleriyle ilgili bilgiler içeren rapor, 2 eylül 1996.
MİT Müsteşarı Sönmez Köksal tarafından Susurluk konusuyla ilgili olarak Başbakan Necmettin Erbakan'a sunduğu rapor, 17 aralık 1996.
Başbakanlık Teftiş Kurulu Başkanı Kutlu Savaş'ın Başbakan Mesut Yılmaz'a sunduğu rapor, aralık 1997.
TBMM Susurluk Komisyonu Tutanakları (4 cilt).

Kitaplar

Ağaoğlu, Samet, *Babamın Arkadaşları*, İletişim Yayınları, 1998.
Ahmad, Feroz ve Bedia, *Türkiye'de Çokpartili Politikanın Açıklamalı Kronolojisi*, Bilgi Yayınevi, 1976.
Akar, Atilla, *Horzum Labirenti*, BDS Yayınları, 1989.
Akfırat, Adnan, *Özel Savaş*, Kaynak Yayınları, 1997.
Akyol, M. Cihat, *Kontgerilla*, Şafak Matbaası, 1990.
Alpat, İnönü, *Türk Soru Sözlüğü*, Mayıs Yayınları, şubat 1998.
Altan, Çetin, *Suçlanan Yazılar*, Kitaş Yayınları, 1970.
Ambrose, Stephen E., *Dünyaya Açılım*, Dış Politika Enstitüsü, 1992.
Arcayürek, Cüneyt, *Darbeler ve Gizli Servisler*, Bilgi Yayınevi, 1989.
Cüneyt Arcayürek Açıklıyor, 10 cilt, Bilgi Yayınevi, 1985.
Arzık, Nimet, *Tek At, Tek Mızrak Anılar-3*, Kaynak Yayınları, 1985.
Avcıoğlu, Doğan, *Devrim ve Demokrasi üzerine*, Tekin Yayınevi, 1980.
Aykol, Hüseyin, *Ortadoğu Denkleminde İsrail-Türkiye İlişkileri*, Öteki Yayınevi, 1998.
Bağcı, Hüseyin, *DP Dönemi Dış Politikası*, İmge Kitabevi, 1990.
Batur, Muhsin, *Anılar ve Görüşler*, Milliyet Yayınları, 1985.

Baykam, Bedri, *27 Mayıs İlk Aşkımızdı*, Ümit Yayıncılık, 1994.
Behramoğlu, Namık, *Türkiye-Amerikan İlişkileri (Demokrat Parti Dönemi)*, Yar Yayınları, 1973.
Belli, Mihri, *Mihri Belli'nin Anıları, İnsanlar Tanıdım I*, Doğan Kitapçılık, mayıs 1999.
Mihri Belli'nin Anıları, İnsanlar Tanıdım II, Doğan Kitapçılık, mayıs 1999.
Bildirici, Faruk, *Gizli Kulaklar Ülkesi*, İletişim Yayınları, 1998.
Bilge, A. Suat, *Ankara, Atina, Lefkoşe Üçgeni*, İmge Kitapevi, 1996.
Birand, Mehmet Ali, *Emret Komutanım*, Milliyet Yayınları, 1986.
Birand, Mehmet Ali/Dündar, Can/Çaplı, Bülent, *12 Mart*, İmge Kitabevi, 1994.
Bora, Tanıl, *Türk Sağının Üç Hilali*, Birikim Yayınları, 1998.
Bosch, Juan, *Pentagonizm*, Ant Yayınları, kasım 1969.
Bölügiray, Nevzat, *Sokaktaki Askerin Dönüşü*, Milliyet Yayınları, 1989.
Doruktaki İrtica, Tekin Yayınevi, 1994.
Bulut, Faik, *Filistin Rüyası*, Öteki Yayınevi, 1995.
Cem, İsmail, *Tarih Açısından 12 Mart*, Cem Yayınevi, 1973.
Cemal, Hasan, *Tank Sesiyle Uyanmak*, Bilgi Yayınevi, 1986.
Kimse Kızmasın Kendimi Yazdım, Doğan Kitapçılık, 1998.
Demokrasi Korkusu, Bilgi Yayınevi, ağustos 1986.
Cevizoğlu, Hulki, *Masonluk ve Rotaryenlik*, Beyaz Yayınları, 1998.
Copeland, Miles, *Devletler Oyunu*, Nehir Yayınları, 1988.
Çağlayangil, İhsan Sabri, *Anılarım*, Yılmaz Yayınları, 1990.
Çandar, Cengiz, *Ortadoğu Çıkmazı*, Seçkin Yayıncılık, 1988.
Çankaya, Ali, *Yeni Mülkiye Tarihi ve Mülkiyeliler*, Mars Matbaası, 1970.
Çınar, Bekir, *Devlet Güvenliği, İstihbarat ve Terör*, Sam Yayınları, 1997.
Çitlioğlu, Ercan, *Yedekteki Taşeron, ASALA-PKK*, Ümit Yayıncılık, 1997.
Çoşkun, Enis, *Gizli Dinleme*, May Yayınları, 1974.
Çoşkun, Süleyman, *Türkiye'de Politika; 1920-1995*, Cem Yayınevi, 1995.
Çölaşan, Emin, *24 Ocak, Bir Dönemin Perde Arkası*, Milliyet Yayınları, 1984.
Deacon, Richard, *İsrail Gizli Servisi*, Anahtar Yayınevi, 1993.

Değer, Emin, *Oltadaki Balık Türkiye,* Çınar Yayınları, 1993.

Devrimci Harekette Darbe, Haziran Yayınları, 1994.

CIA, Kontrgerilla ve Türkiye, Çağlar Matbaası, 1977.

Dikerdem, Mahmut, *Ortadoğu'da Devrim Yılları,* İstanbul Matbaası, 1977.

Doğan, Yalçın, *Dar Sokakta Siyaset (1980-1983),* Tekin Yayınevi, eylül 1985.

Donat, Yavuz, *Özalizmin Son Yılları,* Ümit Yayıncılık, 1997.

Dosdoğru, M. Hulusi, *6/7 Eylül Olayları,* Bağlam Yayınları, 1993.

Düzgören, Koray, *THKP-C ve Kızıldere,* BDS Yayınları, 1998.

Fahri, M, *Amerikan Harp Doktrinleri,* Yön Yayınları, 1966.

Elevli, Avni, *Hürriyet İçin,* Yeni Desen Matbaası, 1960.

Elverdi, Ali, *Bu Vatana Kastedenler,* Yeni Asya Yayınları, 1976.

Eymür, Mehmet, *Analiz,* Milliyet Yayınları, 1991.

Genç, Süleyman, *CIA-MİT Kontrgerilla,* Der Yayınları, 1978.

Gevgilili, Ali, *Türkiye 1971 Rejimi,* Milliyet Yayınları, nisan 1973.

Güldemir, Ufuk, *Texas Malatya,* Tekin Yayınevi, 1992.

Kanat Operasyonu, Tekin Yayınevi, 1986.

Güllapoğlu, Fatih, *Tanksız Topsuz Harekât,* Tekin Yayınevi, 1991.

Güneş, Turan, *Araba Devrilmeden Önce,* Kaynak Yayınları, nisan 1983.

Türk Demokrasisinin Analizi, Ümit Yayıncılık, aralık 1996.

Günver, Semih, *Fatin Rüştü Zorlu'nun Öyküsü,* Bilgi Yayınevi, 1985.

Güreli, Nail, *İki 1 Mayıs,* Gür Yayınları, 1979.

Gürkan, Celil, *12 Mart'a Beş Kala,* Tekin Yayınevi, 1986.

Gürsoy, Nilüfer, *27 Mayıs ve Bizler,* Yapı Tasarım, Üretim, 1993.

Hekimoğlu, İnci, *Vatan Yahut Susurluk, (Siyas^ Cinayetler),* Papirüs Yayınevi.

Hekimoğlu, Müşerref, *27 Mayıs'ın Romanı,* Çağdaş Yayınları, 1975.

Hiçyılmaz, Ergun, *Osmanlıdan Cumhuriyete Gizli Teşkilatlar,* Altın Kitaplar Yayınevi, 1994.

Teşkilatı Mahsusa'dan MİT'e, Varlık Yayınları, 1990.

"Bozkurt" Yazarı Ajan Armstrong ve Casusluk Örgütleri, Kamer Yayınları, 1997.

İba, Şaban, *Ordu, Devlet, Siyaset,* Çivi Yazıları, 1998.

Hoy, Claire/Ostrovsky, Victor, *Hile Yolu,* E Yayınları, 1990.

Kabacalı, Alpay, *Türkiye'de Siyasal Cinayetler,* Altın Kitaplar, 1993.

Kahraman, Ahmet, *Üç Asılmışların Hikâyesi*, Öteki Yayınevi.
İslamköylü Süleyman, Öteki Yayınevi, 1998.
Karabekir, Kâzım, *Gizli Harp*, Kamer Yayınları, 1998.
Karakaya, Rahmetullah, *İkitelli'de Biten Babıali*, Scala Yayıncılık, 1998.
Kaynak, Mahir, *Komplo Yok*, Timaş Yayınları, 1999.
Kemal, Mehmet, *12 Mart, Öfkeli Generaller ve İşkence*, Soyut Yayınları, 1974.
Koçaş, Sadi, *Atatürk'ten 12 Mart'a*, 4 cilt, Tomurcuk Matbaası, 1977.
12 Mart Anıları, Reyo Basımevi, 1978.
Küçük, Yalçın, *Türkiye Üzerine Tezler*, 3 cilt, Tekin Yayınevi, 1987.
Lütem, İlhan, *Erim'den Mektuplar*, Kurtiş Matbaası, 1992.
Marchetti, Victor/Marks, John D., *La CIA*, Robert Laffon Yayınevi, 1975.
McGhee, George, *ABD-Türkiye-NATO-Ortadoğu*, Bilgi Yayınevi, 1992.
Mecklenburg, Jens, *Gladio, NATO'nun Gizli Terör Örgütü*, Sorun Yayınları, 1999.
Mumcu, Uğur, *Rabıta*, um:ag, mayıs 1997.
Bir Pulsuz Dilekçe, um:ag, 1997.
Çıkmaz Sokak, um:ag, mayıs 1997.
Sakıncalı Piyade, um:ag, mart 1997.
Nadi, Nadir, *27 Mayıs'tan 12 Mart'a*, Sinan Yayınları, 1971.
Nebiler, Halil, *Mafyanın Ekonomi Politiği*, Sarmal Yayınevi, 1995.
Olgaçay, İsmail Berdük, *Tasmalı Çekirge*, İz Yayıncılık, 1990.
Orkunt, Sezai, *Türkiye-ABD Askeri İlişkileri*, Milliyet Yayınları, 1978.
Özbalkan, Müslim, *Gizli Belgelerle Barış Gönüllüleri*, Ant, 1970.
Öymen, Örsan, *Bir İhtilal Daha Var*, Milliyet Yayınları, 1886.
Özdemir, Hikmet, *Rejim ve Asker*, AFA Yayıncılık, 1989.
Özkan, Tuncay, *Bir Gizli Servisin Tarihi*, Milliyet Yayınları, 1996.
Parlar, Suat, *Kirli İşler İmparatorluğu*, Bibliotek Yayınları, 1998.
Silahlı Bürokrasinin Ekonomi Politiği, Bibliotek Yayınları, 1997.
Pehlivanlı, Hamid, *Tetkik Heyeti Amirlikleri*, Genelkurmay Basımevi, 1993.
Perinçek, Doğu, *Çiller Özel Örgütü*, Kaynak Yayınları, 1997.
Polat, Yılmaz, *Washington Entrikaları*, Milliyet Yayınları, 1999.
Rubin, Barry, *İstanbul Entrikaları*, Milliyet Yayınları, 1994.

Savaşman, Sabahattin, *3. Adam Anlatıyor MİT-CIA İlişkisi,* Kaynak Yayınları.
Sağlamer, Kayhan, *Ecevit Olayı (Bir Başbakanın Doğuşu),* Belge Yayınları, 1974.
Sağlar, Fikri/Özgönül, Emin, *Kod Adı Susurluk,* Boyut Yayınları, 1998.
Samlı, Güner, *İşkence,* Tan Yayınları.
Sezgin, Ferruh, *Sistemin İntikamı,* Yeni Düşünce Yayınları, 1990.
Sirmen, Ali, *Onikiden Onikiye Türkiye,* Çağdaş Yayınları, şubat 1986.
Soysal, İlhami, *Türkiye'de ve Dünyada Masonluk ve Masonlar,* Der Yayıncılık, 1978.
Sügen, Yücel, *Karanlık Güçler,* AFA Matbaacılık, 1987.
Tokatlı, Orhan, *Kırmızı Plakalar,* Doğan Kitapçılık, haziran 1999.
Toker, Metin, *DP'nin Altın Yılları,* Bilgi Yayınevi. 1990.
Topuz, Hıfzı, *Parisli Yıllar,* Bilgi Yayınevi, mayıs 1994.
Torumtay, Necip, *Orgeneral Torumtay'ın Anıları,* Milliyet Yayınları, 1993.
Tunçkanat, Haydar, *Amerika Emperyalizm ve CIA,* Tekin Yayınevi, 1987.
27 Mayıs 1960 Devrimi, Çağdaş Yayınları, 1996.
Turgut, Hulusi, *12 Eylül Partileri,* ABC Yayınları, 1986.
Şahinlerin Dansı, ABC Yayınları, 1995.
Menderes, Zorlu, Polatkan, Yaptırılmayan Savunmalar, ABC Yayınları, 1988.
Turhan, Talat, *Doruk Operasyonu,* Sorun Yayınları, 1989.
Bomba Davası Savunma 1 ve 2, kendi yayını, 1986.
Kontrgerilla Cumhuriyeti, Tümzamanlar Yayıncılık, 1993.
Tuşalp, Erbil, *Plastik Papatya Kokusu,* Bilgi Yayınevi, 1994.
Ben Tarihim Bay Başkan, Bilgi Yayınevi, 1990,
Uluç, Sıtkı, *Gizli Servis Öyküleri,* İmge Yayınları.
Uncular, Betül, *Ses Duvarındaki Generaller,* Bilgi Yayınevi, 1990.
Urgan, Mina, *Bir Dinozorun Anıları,* Yapı Kredi Yayınları, haziran 1998.
Üstün, Nevzat, *Türkiye'deki Amerika,* Var Yayınevi, 1967.
Welsh, D./Morris, G., *CIA,* Sol Yayınları, 1969.
Wise, David/B. Ross, Thomas, *Görünmeyen Hükümet CIA,* Onur Yayınları, 1976.
Yalçın, Feza K., *Hangi Lider Daha Zengin,* Öteki Yayınevi, 1998.

Yalçın, Soner, *Binbaşı Ersever'in İtirafları*, Kaynak Yayınları, 1994.
Beco, Behçet Cantürk'ün Anıları, Su Yayıncılık, 1996.
Hangi Erbakan, Öteki Yayınevi, 1994.
Yalçın, Soner/Yurdakul, Doğan, *Reis, Gladio'nun Türk Tetikçisi*, Su Yayınları, 1997.
Yavuz, Turan, *ABD'nin Kürt Kartı*, Milliyet Yayınları, 1993.
Yazgan, Aykut, *Duvarcı Ustaları*, Ayna Yayınevi, 1998.
Yetkin, Çetin, *Vatan Sağolsun*, Toplumsal Dönüşüm Yayınları, 1997.
Yetkin, Murat, *Ateş Hattında Aktif Politika*, Alan Yayıncılık, 1992.
Yirmibeşoğlu, Sabri, *Asker^ ve Siyas^ Anılarım*, Kastaş Yayınları, 1999.
Yurdakul, Doğan/Erdinç, Cengiz, *Çetele*, Ümit Yayıncılık, 1998.
Yücel, Kemal, *Kontrgerilla*, Yar Yayınları, 1973.
Zepezauer, Mark, *CIA'nın Büyük Operasyonları*, Kaynak Yayınları, ekim 1996.

Alman Dışişleri Dairesi Belgeleri: Türkiye'deki Alman Politikası (1941-1943), Havass Yayınları, ekim 1977.
"Kırmızı Kitap", *Kaçakçılık, Terör ve Devletin Güvenliği'ne Etkileri* adlı "Hizmete Özel" Kitap, 1984.
Kontrgerilla ve MHP, Aydınlık Yayınları, 1978.
Marmara Brifingi, Kaynak Yayınları, 1995.
MİT Raporu Olayı, Kaynak Yayınları, 1988.
Pentagon Raporları, May Yayınları, 1971.
Tempo dergisi eki, "Gün Gün Cumhuriyet Tarihi; 1923-1998".
Terör ve Terörle Mücadelede Durum Değerlendirmesi, Başbakanlık Yayınları, nisan 1983.
Türkiye'de Terör, Gazeteciler Cemiyeti Yayınları, 1980.
Türkiye Tarihi, 5 cilt, Cem Yayınevi, 1997.

Dizin

A

Abacı, Muazzez 35, 391
Abaoğlu, Cengiz 15, 16, 20, 22, 85, 105, 138
Abas (Eldem), Roksan 15, 22, 26, 27, 212
Abas, Cengiz 379, 384, 386, 387, 434, 453
Abas, Gülsen 15, 22, 81-83, 85, 135, 138, 147
Abas, Hilmi (Abas Kaptan) 26, 57, 135, 136
Abazoviç, Süleyman Nadir 26
Abdullah 62, 66
Abdülnasır, Cemal
Abramowitz, Morton 483
Acuner, Ekrem 142, 154, 155
Agee, Philippe 242
Ağaoğlu, Samet 83
Ağar, Mehmet 91, 92, 340, 380, 382, 388-390, 397, 438-440, 442-445, 451, 452, 463, 472, 518, 519
Ağar, Zülküf 92
Ağca, Mehmet Ali 317, 358, 394, 439
Ağırnaslı, Niyazi 166
Akalın, Erdoğan 446
Akalın, Sezai 225
Akan, Turgut 234
Akbay, Cemal 52
Akbulut, Yıldırım 23
Akçadağ, Şükran 452
Akçadağ, Yılmaz 452
Akdoğanlar, Arif 291, 322, 323
Akgüner, Tayfun 164
Akıl, Ethem 89
Akın, Vecihi 106, 281, 307, 308
Akıncı, Eşref 247
Aknoz, Nurettin 49
Akrep Nalan 334, 335
Aksakal, Cafer 446
Aksoy, Dursun 399
Aksoy, Erdem 29
Aksoy, Hakkı 519
Aksoy, İhsan 86
Aksoy, Mahmut Nedim 143
Aksoy, Muammer 191, 499, 501
Aksu, Abdülkadir 23, 445
Aksu, Sezen 443
Aktolga, Münir 208
Aktürk, Yaşar (Berber Yaşar) 449
Akyol Türkân 200
Akyol, Cihat 93, 127-129, 132, 183, 184, 186, 196, 307

Alacakaptan, Uğur 191, 225
Albayrak, İlyas 244
Aldıkaçtı, Orhan 365
Alexandr, Linda 359
Alican, Ekrem 108
Alkan, Banu 391
Almacık, İsmet 446
Alp, Saffet 220
Alpay, Mikdat 133, 152, 446
Alpay, Şahin 249
Alpay, Talat 72
Alpkartal, Nurettin Fuat 78
Alpkaya, Emin 106, 280
Alptekin, Cihan 203, 220
Altan, Çetin 81, 135, 189
Altaylı, Enver 135, 200, 286
Altıok, Oktay 35
Altıparmak, Niogos 29
Altuntaş, Necati 382
Amerin, Adnan Musa Süleyman 416
Ames, Aldrich 166
Anday, Melih Cevdet 82
Anık, Bahattin 508
Anter, Haluk 453
Ar, Sabahattin 234
Arafat, Yaser 180
Aragon, Louis 40
Arat, Nedim 244
Arda, Mustafa 329, 330, 395, 396
Arda, Nahit 234
Ardalı, Hamdi 22
Aren, Sadun 191
Argun, Abdullah 183, 184, 313
Arıburun, Tekin 121, 240
Arıkan, Hüdai 220
Arıkdal, Lale 209-214, 216
Arslan, İbrahim 452
Arzık, Nimet 78-80, 189, 245, 246, 311, 312, 367,
Arzık, Şerif 77
Aslan, Ali 384, 453
Aslan, Emrullah 218
Aslan, Fahrettin 84, 389, 453-455
Aslan, Hasan Erol 345
Aslan, Yusuf 162
Aslanyan, Henry 514
Asutay, Naci 97
Aşçıoğlu, Yüksel 130
Aşkun, Naci 95, 103-105, 107-111
Ataç, Yavuz 409
Ataklı, Mucip 154
Atalay, Kemal 152
Atalay, Şahap 245
Atalay, Şerafettin 166
Atasagun, Şenkal 133, 371, 372, 387, 490, 520
Atasoy, Ahmet 220
Atatürk, Mustafa Kemal 95, 110, 143, 149, 152, 154, 186, 234
Ataünal, Emrullah 205
Ateş, Atilla 431
Ateşli, Ahmet 351, 452
Atikkan, Alpan 387
Avcı, Hanefi 410
Avcıoğlu, Doğan 155-158, 230
Avşari, Muhammed 73
Ayan, Ethem 280
Ayaz, Nevzat 53, 332, 453, 468
Aydan, Aynur 321
Aydemir, Talat 91, 93, 96, 104, 106-109, 111-113, 154, 200, 246, 283, 288, 312
Aydın, İlyas 193, 194
Aydoğan, Oya 388
Aygen, Niyazi Fikret 506
Aykutlu, Ilgız 194
Ayna, Ömer 209, 220
Ayna, Seçkin 446
Aytaç, Mehmet Ali 148
Aytek, Asım 88
Aytek, Atilla 450, 454, 467, 478, 518
Aytemiz, Nizamettin 384

B

Babacan, Hatice 143
Babüroğlu, Selahattin 200

Bağciyan, Alfred 29
Balaban, Nevzat 72
Balcı, Şükrü 112, 389
Balkar, Galip 399
Banner, Gordon 217
Barbarosoğlu, Osman 220
Bardakçı, Ulaş 94,95
Barut, İlhami 94,95
Barzanî, Mesud 425
Başdoğan, Ferhat 199
Başol, Salim 52, 169
Baştımar, Zeki 48
Batur, Muhsin 106, 108, 153-155, 159-161, 176, 233, 240, 247
Batur, Siğbetullah 459
Bayar, Celal 30, 31, 51, 62-64, 90, 92, 95, 96, 102
Bayar, Hikmet 431
Baybaşin, Hüseyin 595
Bayer, Gülsen (Gül Gülser Hastan) 455
Baykal, Deniz 271
Baykurt, Fakir 191
Bayrak, Murat 513
Bayraktar, Mevlut 225
Beach, Dwight 372
Bedük, Saffet Arıkan 402, 440, 443-445
Belen, Tanju 446
Belen, Tarı 446, 478
Belli, Mihri 180
Benedict, Larry 372
Berkes, Niyazi 32, 40
Berktay, İlhan 50
Beyazıt, Doğan 377, 486
Bezcioğlu, Hasan 72
Bicioğlu, Niyazi 90
Biçer, Tahsin 29
Bigalı, Burhanettin 342, 345, 373, 376, 385, 396, 397, 405, 419, 420, 431, 435
Bilaloğlu, Alaattin 446
Bilbilik, Erol 244
Bilge, Gazanfer 509
Bilget, Vedii 178
Bilgiç, Sadettin 121
Bingöl, İbrahim 507
Birgit, Orhan 271
Birler, İsmail Hakkı 257
Birmek, Çetin 44
Birsay, Fuat 270
Bitlis, Eşref 485
Blair, Dennis 372
Boran, Behice 32, 33
Boratav, Pertev Naili 32, 40
Bozbeyli, Ferruh 240
Bozkaya, Yalçın 446
Bozkurt, Mehmet 52
Bölügiray, Nevzat 142, 317, 318, 324, 327, 343
Brando, Marlon 55
Brown, Vinnel 506
Buğday, İsmail 519
Bulut, Faik 180, 250
Bundukos, Dimitri 89
Burcu, Ata 506
Bush, George 491

C

Cafer, Ülkü Ahmet 206
Calvi, Roberto 514
Camadan, Nihat 452
Camus, Albert 40
Camuzcu, Sünbül
Cankurtaran, Emin 23, 453
Cantimur, Metin 29
Cantürk, Behçet 174, 378, 379, 382, 388, 390, 394, 351, 398
Caraczi, Richard 167
Carım, Taha 78
Carp, Betty 145
Cebe, İzzettin 159
Celasun, Sedat 464
Cem, İsmail 177
Cemgil, Sinan 178
Cevahir, Hüseyin 192, 195
Cevahiroğlu, Osman 453
Church, Frank 279
Cihan, Süleyman 520
Cindoruk, Hüsamettin 441, 468
Cingöz, Temel 507
Cip, Sabahattin 199
Cizrelioğlu, Selahattin 271

Clarridge, Duane 145
Colby, William 372, 499
Commer, Robert 144, 372
Craig, İan 159
Cummings, Sam 362
Cücük, Osman 450

Ç

Çağlar, İbrahim 506
Çağlar, Muzaffer 194
Çağlar, Turan 246
Çağlayangil, İhsan Sabri 175
Çakar, Nezihi 486
Çakıcı, Alaattin 409
Çakmak, Adnan 245
Çakmak, Fevzi 244
Çakmakçı, Mehmet Kâzım 506
Çalışkan, Davut 89
Çandar, Cengiz 249, 418, 419
Çatlı, Abdullah 380, 389, 514, 516-519
Çayan, Mahir 194, 195, 203, 205, 206, 208, 213, 217-220
Çeki, Çetin 172
Çekti, Kadir 89
Çelenk, Bekir 394, 395, 514
Çelik, Kâzım 520
Çelik, Kemal 198
Çetin, Hikmet 415
Çetinelli, Necmi 200
Çetiner, Selahattin 343
Çevrimen, Aziz 446
Çiçek, Muharrem 520
Çilingiroğlu, Ayhan 200
Çiller, Özer 148
Çiller, Tansu 366, 415, 466, 508
Çobanoğlu, Emin 63, 65
Çokgör, Ömer 244
Çolak, İskender 397

D

Dağlarca, Fazıl Hüsnü 191
Dalcı, Mehmet Akif 506
Dalkılıç, Ahmet 95
Dalmaz, Şeref 446
Deadon, Richard 70
Dede, Sultan (Demircan) 514
Değmer, Şefik Hüsnü 48
Demir, İlkay 194
Demir, Necmi 194
Demirağ, Kartal 475, 476
Demircioğlu, Hayk 359
Demircioğlu, Vedat 144
Demirel, Bedrettin 106
Demirel, Galip 389, 445
Demirel, Hacı Ali 187
Demirel, Nazmiye 187
Demirel, Süleyman 23, 103, 117, 118, 121, 122, 127, 129, 135-137, 143, 150-153, 155, 158, 159, 162, 169-175, 178, 187, 198-201, 217, 229, 234, 238, 239, 241, 247, 252, 264, 266, 273, 274, 280, 281, 285, 286, 287, 289, 309, 322, 323, 324, 331, 332, 355, 356, 401, 441, 446, 454, 468, 472, 486, 498
Demirel, Şevket 158
Demirel, Yahya 454
Demirova, Fatma İshakova 388
Demirören, Erdoğan 385, 392
Deniz, Nihat 506
Deniz, Turan 366, 368
Denizli, Mustafa
Denktaş, Raif 398
Denktaş, Rauf 398
Derbil, Özer 200
Derinkök, Kemal 381
Devecioğlu, Veli 414
Dikler, Mahmut 214
Dikmen, Bülent 29
Dillory, Ed 372
Dinamo, Hasan İzzettin 50
Dinçer, Fuat 455
Dino, Abidin 40, 82
Diraduryan, Loris 29
Doğan, Koray 217
Doğramacı, Nihat 478

Doğu, Fuat 43, 61, 74-76, 109-114, 118, 121, 127-129, 132-134, 137, 146, 151, 152
Dosdoğru, Hulusi 51
Dulles, Allen Welsh 44
Dulles, John Foster 44, 66
Dursun, Turan 499
Düvencioğlu, Necdet 243

E

Ebu Firas 320, 336, 411-415, 419
Ebu Nidal 411, 413, 414, 417, 420
Ecevit, Bülent 89, 90, 117, 173, 179, 228, 236, 239-241, 243, 252-257, 259, 263, 264, 266-268, 271, 272, 281, 285-287, 289, 306, 307, 309, 315, 321, 326, 367, 392, 472, 498
Eisenhower, Dwight David 53, 86, 98
Eken, Kemalettin 227
Eken, Korkut 389, 409, 448, 467, 479, 517
Eker, Kemal 267, 275, 296, 313
Ekmekçiyan, Levon 352-354, 361
Ekren, Asım 397
Ekşi, Oktay 274
Elçi, Şerafettin 226
Eldem, İsmail Hakkı 357
Eldem, Mübarek Galip 25-27
Eliuygun, Ferit 508
Elrom, Efraim 90, 192, 249
Elverdi, Ali 200
Elverdi, Şükrü 200
Emeç, Çetin 484, 485, 499, 501
Emeksiz, Turan 90
Emre, Mesut 446
Engin, Oktay 8, 50
Engin, Recai 127, 129, 130, 134, 289
Engin, Vasıf 289
Eralp, Hüsamettin 446
Erbakan, Necmettin 35, 187, 253
Erberk, Hayrettin 33
Ercan, Mustafa 287
Ercüment, Ahmet Fazıl 508
Erçıkan, Atıf 159-161
Erdal, Ali 520
Erdelhun, Rüştü 103
Erdem, Hasan Cemil 270
Erdem, Kaya 23, 477
Erdem, Mehmet 227
Erdemir, Mehmet 227
Erdoğan, Mahmut 225
Erdoğan, Mükerrem 226
Erdoğan, Sezai 446, 447
Erdöş, Fikri 453, 454
Erel, Mehmet 250
Erensoy, İsmet 446, 478
Erensü, Şefik 197
Erez, İsmail 164, 352
Erez, Mesut 200
Ergeç, Abdurrahman 234
Ergin, Cemal 280
Ergin, Şemi 93-95
Ergun, Enver 400
Ergun, Recep 122, 428, 429
Erhan, Mehmet 245
Erhat, Azra 189
Erim, Nihat 31, 174, 179, 182, 186, 187, 189, 200, 201, 217, 221, 241, 332
Erinç, Nafi 29
Erkan, Sibel 195
Erkan, Ünal 353, 380-383, 390, 438-445, 452, 468
Erkin, Feridun Cemal 121
Erkmen, Hayrettin 278, 361
Erol, Bilge 261, 397, 403, 404
Ersin, Nurettin 159,199, 214, 215, 218, 224, 234-238, 246-248, 260, 261, 265, 266, 275, 291, 327, 340, 341, 343, 358, 428, 457
Ersöz, Adnan 289, 305, 309, 314, 321, 474, 507
Ersun, Namık Kemal 106, 109, 227, 240, 281, 283

Ersü, Muzaffer 94
Ertem, Fethi 199
Ertuğrul, Ali 227
Erzurumluoğlu, Erzan 227
Esad, Hafız 162
Esen, Bülent Nuri 191
Esen, Mekki Sait 62, 81
Esenbel, Melih 68
Esener, Ali Fethi 289
Esengin, Kenan 95
Esin, Numan 245
Esirci, Şükrü 45
Ethem Paşa, Sadrazam 26
Etiman, Oktay 192, 194
Evren, Kenan 220, 255, 281, 290, 326, 327, 343, 346-348, 353, 373, 377, 378, 396, 401, 402, 424, 430, 440, 447, 451, 455, 456, 462, 466, 475, 490, 498,
Eyiceoğlu, Celal 106, 107, 172
Eymür, Mazhar 126, 164, 180
Eymür, Mehmet 20, 58, 87, 92, 115, 137, 147, 180, 181, 191, 193-195, 204-206, 209, 210, 211-213, 215, 216, 218-220, 246, 248, 250, 251, 261, 262, 274-276-279, 291, 293-300, 302, 305, 306, 313, 315, 340, 348, 351, 356-358, 375, 378-384, 386-389, 391, 393, 394, 396-398, 404, 407, 409, 414, 417, 434, 436, 439-444, 446-450, 452, 460, 461, 463-467, 472, 478, 479, 493, 504, 516-520
Eyüboğlu, Sabahattin 189
Eyüpoğlu, Orhan 271

F

Fairless, Benjamin 53
Faysal, Melik 66
Fazıl, Ahmet 506, 508
Fer, Muhlis 123, 173
Feyzioğlu, Turhan 194
Fırat, Hilmi 305
Finley, James 166
Fisunoğlu, Muhittin 147, 431
Fisunoğlu, Neriman 27, 147
Fuller, Graham 134, 423, 489

G

Gagarin, Yuri 106
Gandur, Abdurrahman Fevzi 148, 509
Gedik, Namık 61, 92, 93, 95
Gehlen, Reinhard 74, 75, 111, 134, 286, 325, 350, 351, 422, 468, 492, 494, 496-499
Gelli, Licio 514
Gezmiş, Deniz 141, 162, 178, 200, 217, 221, 222
Gholson, James 167
Girgin, Orhan 46
Gocay, Ekrem 452
Gökakın, Altay 47
Gökçeli (Serere), Matilda 81
Gökçen, Sabiha 222
Gökdeniz, Ergun 61, 122
Gökmen, Füsun 217
Gökmen, Yavuz 217
Göksu, Maksut 348
Göktürk, Hüseyin Avni 63-65, 70, 72, 78, 80, 84, 248
Gökyüzü, Erdal 225
Gönül, Vecdi 402, 445
Görgülü, Fahri 373
Görmez, Sadık 130
Gözen, Bora 249
Gözen, Mehmet 398
Grivas 139, 258
Gun Çoe Yong 32
Gurion, Ben 67-70
Gücür, Muzaffer 226
Gülen, Fethullah
Güler, Avni 71
Güley, Ferda 271

Gümüşpala, Ragıp 103, 215
Günay, Kubilay 446
Günaydın, Visali 270
Gündeş, Nuri 164, 165, 183, 249
Güneş, Hasan Fehmi 275
Güneş, Turan 41
Güney, Yılmaz 192, 294
Günyol, Metin 357-359, 406
Gür, Naci 192, 238
Gürbüz, Tamer 213
Gürcan, Fethi 109
Güreş, Doğan 431, 476, 477
Gürgüç, Hamza 263, 267-269, 272, 282, 299, 305, 306, 309, 355
Güriş, Neşet 63
Gürkan, Celil 159, 161
Gürkan, Uluç 101, 222
Gürler, Faruk 106, 155, 159, 161
Gürler, Metin 245
Gürsel, Cemal 97, 98, 103, 108
Gürvit (Evren), Şenay 462
Gürvit, Erkan 348, 447, 462, 511,
Güven, Ertuğrul 133, 446
Güven, Nurettin 518-520
Güven, Paşa 514, 515
Güventürk, Faruk 93-95
Güz, Nükhet 164
Güzel, Hasan Celal 403, 404, 421, 429, 436, 437, 465, 421

H

Hacı, Abdullah 394
Hacıbeyoğlu, Kemal 20
Hacısüleymanoğlu, Oflu İsmail 351, 385, 388, 514,
Haevner, Larry 167
Haig, Alexandr 377
Hakan, Fikret 391, 433
Halefoğlu, Vahit 433
Hamilton, Ken 372
Hanağası, Hayrettin 109
Hanoğlu, İsmail 520
Hanoğlu, Timur 439
Hart, Parker 372
Hataylı, Fatoş 507
Henze, Paul 60, 134, 250, 321, 365, 423, 425, 489
Heparı, Uzay 176
Herbecht, Wilfried 89
Herbert, Michel 419
Homriş, Davud 273
Homriş, Şahap 273, 293, 303
Horozoğlu, Ragıp 234
Horzum, Kemal 381, 382, 395, 396, 477
Hoştan, Sami 515, 519
Hoy, Claire 249
Humeyni, Ayetullah 115
Hupe, Robert Strausz 377
Hümeyra 391
Hüseyin, Saddam 425, 488, 491

I

Ilıcak, Kemal 286
Işık, Hasan Esat 120, 121, 255, 271

İ

İbrahim, Ömer Efendi 76
İçsel, Taci 33
İlban, Gürol 249
İlkay, Fevzi 446
İlsever, Ferit
İlter, Zeki 108
İnan, Hüseyin 162, 221, 178
İnan, Kâmran 426
İnan, Vural 33
İnanoğlu, Türker 381
İnce, Celal 36
İnönü, Erdal 23, 167, 446
İnönü, İsmet 30, 86, 106, 117, 121, 122, 125, 149, 151, 226, 228, 239, 372, 401
İnönü, Ömer 228
İpek, Zihni 251

İpekçi, Abdi 151, 317, 358, 391, 392, 394, 513
İren, Cihat 98
İskender, Ömer 337
İstanbullu, Bedri 393, 403
İsvan, Mehmet 285
İyigün, Osman Cahit 211

J

Johnson, Lyndon 117

K

Kabibay, Orhan 154
Kaçar, Hıfzı 152, 155
Kaçar, Kemal 452
Kaddafi, Muammer 162, 509
Kaddumi, Faruk 412, 413
Kaddumi, Muhammed 413
Kahveci, Adnan 421, 436
Kalaycıoğlu, Ferit 446
Kalaycıoğlu, Rıza 71
Kalaylıoğlu, İlhan 226
Kalemli, Mustafa 467
Kalkan, Birol 453
Kandemir, Nüzhet 433
Kankal, Yaşar 506
Kannapin, Hans Ekart 286
Kantan, Avni 127
Kaplan, Mustafa 142
Kaplangı, Rafet 282
Karadeniz, Günfer 414
Karaduman, Mahmut 251
Karadurmuş, Avni (Sarı Avni) 393
Karakaş, Cahit 271
Karakaya, Rahmetullah 338
Karakuş, Emin 81, 82, 90, 91
Karaman, Fevzi 388
Karaman, Suphi 114, 142
Karaosmanoğlu, Atilla 182, 200
Karasapan, Celalettin Tevfik 88, 96
Karasapan, Nevzat 88, 248, 263
Karataş, Dursun 505, 506, 514, 518
Karayavuz, Emin 71
Kasaroğlu, Doğan 172, 364
Kasım, Abdülkerim 65
Kaşıkçılar, Mehmet Ali 184, 274, 293, 299, 300, 478, 510
Kavak, Nazım 506
Kavur, Kemal Nejat 88
Kaya, Necati 399
Kaya, Zeki 506
Kayacan, Kemal 66, 106, 243, 244, 246, 258, 507
Kaynak, Mahir 133, 152-154, 156, 165, 185, 231-233, 254, 278, 293, 295, 299, 300, 305, 309, 332, 408, 518
Kayra, Cahit 271
Kazan, Elia 55
Kazandağı, Rüştü 236, 237, 247, 265
Kelican, Faik 141, 200, 227, 274, 275, 297, 385
Kemhi, David 413
Kemp, Geoffrey 372
Kent, Ali 416-418
Kentsu, Uğur 446
Kıcıman, Akgün 362
Kılıç, Altemur 96
Kılıç, Dündar 351, 378, 379-390, 392, 397, 440, 453-455, 463, 478, 512, 514
Kılıç, İsmail 506
Kılıç, Kubilay 225
Kılıçay, Erkan 454
Kılıçoğlu, Ethem 125
Kınacıoğlu, Naci 227
Kıraç, Can 33
Kırca, Coşkun 400
Kırcı, Haluk 517
Kırıkoğlu, Kâmil 339
Kışlalı, Mehmet Ali 45, 88, 96, 433, 474
Kıvılcımlı, Hikmet 48
Kızılsu, Remzi 52
Kilercioğlu, Orhan 281
Kiraz, Ali 249

Kirişoğlu, Aydın 159
Kirtepe, Sedat 225
Kissinger, Henry 258, 259, 373, 377, 480
Koca Hüsrev Paşa, Sadrazam 26
Kocadağ, Hüseyin 508
Kocahakimoğlu, Cenan 141
Koç, Ali 438
Koç, Aydemir 212
Koç, Hayri 508
Koç, Şükrü 135
Koç, Vehbi 443
Koçaş, Sadi 93, 102, 159, 179, 181-190, 192, 193, 195-198, 200-202, 221, 231, 306, 313
Koçer, Kemal 76
Koçyiğit, Hicabi 381
Koman, Teoman 405, 420, 468-470, 479
Koral, Avni 65
Korkmazgil, Hasan Hüseyin 135
Korur, Ahmet Salih 57-62, 64, 76, 82, 84, 85, 135, 181, 403, 465
Korutürk, Fahri 120, 141, 248, 260, 280, 281, 286, 287, 289
Kozakçıoğlu, Hayri 337, 432, 479
Köfler, Karl 514
Köklü, Muzaffer 225
Köksal, Osman 155
Köksal, Sönmez 415
Köprülü, Fuat 52
Köseoğlu, Münir 143
Köseoğlu, Şükrü 161, 178
Köymen, Hulusi 83
Kubat, Ferit 218
Kukul, Sinan 505
Kulaksızoğlu, M. Cemal 409
Kumkent, Bilal 446
Kurt, Sabahattin 220
Kurtuluş, Bilgeç 386
Kuşçu, Samet 92-95
Küçük, Veli 374
Küçük, Yalçın 53
Küpeli, Fikret 91
Küpeli, Yusuf 162, 208
Kürkciyan, Harutyun 29
Kürkçü, Ertuğrul 194, 219, 220

L

Law, John Stuart 217
Leinhauser, Günther 362
Levin, Aria 413
Lindsay, Franklin A. 37
Lo, Kasım 394

M

Macomber, William 372
Madanoğlu, Cemal 103-105, 152, 153, 156, 157, 191, 231, 243, 254
Makarios 258, 259
Manas, Rüçhan 195, 203-205
Manga, Kadir 178
Marshall, George 31
Mataracı, Tuncay 394
McCarthy, Joseph 40, 55
Mehmed Akif 76
Meir, Golda 68, 70
Melen, Ferit 197, 221, 228, 238, 239, 248, 252
Melman, Yossi 69
Menderes, Adnan 32, 47, 49, 51, 57-61, 63, 64, 66, 68, 77, 81, 84, 89, 90-96, 99, 102, 106, 110, 119, 122, 151, 173, 181, 421
Menderes, Ethem 48
Mengi, Güngör 470-472
Menteşeoğlu, Haldun 167
Meral, Faik 446
Mete, Muslihittin Yılmaz 271
Miller, Arthur V. 100, 101
Montand, Yves 140
Mualla, Fikret 40
Mumcu, Uğur 191, 194, 197, 205, 222-225, 230, 238, 244, 247, 282, 286, 358, 374, 446,

Musa, Muhammed Hilmi 411
Musullu, Sedat 22
Müftüoğlu, Oğuzhan 217
Müren, Zeki 92, 96
Müşir Şakir Paşa 25
Mütercimler, Erol 262

N

Nadir, Asil 490, 491
Naiboğlu, Rüştü 247, 428, 429
Nakipoğlu, Hayrettin 94
Narin, Halit 23, 287, 308, 330, 337, 338, 340, 342, 345, 351, 394, 406, 447, 464
Narin, Nurullah 339
Nayır, Nabi Yaşar 82
Nazar, Ruzi 134, 135, 273, 286
Nâzım Hikmet 40
Nesin, Aziz 50, 52, 82, 135
Nikolai, Walther 41
Nixon, Richard 167, 201
Numeyri, Cafer El 162
Nuri, Said Paşa 62, 66

O

O'Malley, Brendan 269
Oğuz, Ali 339
Ohannes, Vahe 514
Ok, Mustafa 271
Okan, Sezai 113, 142
Okçu, Yaşar 199
Oksal, Abdül 172
Oktuna, Niyazi 446
Okyar, Fethi 41
Olcay, Osman 197, 200
Olgaç, Metin 33, 34, 133, 357, 360, 446
Olgaçak, Berdük 250
Omurtak, Salih 31
Onaran, Sami 33, 46, 199, 215
Onsager, İnarae 301, 302
Onsager, Lyle 301, 302
Orel, Şinasi 66, 122, 200
Orhan Kemal 82
Osman Hamdi Bey 26
Ostrovski, Victor 249
Ozansoy, Munis Faik 81, 151

Ö

Öcalan, Abdullah 221, 223, 288, 458, 488
Ögel, Şükrü Ali 42, 110
Öğün, Musa 172, 226, 280, 288, 289, 364
Öktem, İmran 149
Öktem, Ziver 452
Öktü, Şükrü 249
Ömerbeyoğlu, Ertan 446
Ömeroğlu, Hamdi 193, 200
Önal, Kâmil 51
Örge, Celal 78
Öymen, Altan 191, 226, 228
Öz, Erdal 226
Öz, Fevzi 452, 509, 512
Öz, Yaşar 518
Özal (Ekren), Zeynep 397
Özal, Korkut 445
Özal, Semra 397, 403-405, 464
Özal, Turgut 14, 16, 23, 117, 174, 297, 323, 339, 372, 373, 377, 378, 382, 399, 400-408, 414, 417, 418, 420-422, 425, 427-429, 430-433, 435-438, 440, 441, 443, 451, 453, 455, 457-459, 465-470, 474, 476, 477-480, 484-487, 490, 491, 494, 497, 499
Özalkuş, Eyüp 230, 244, 245, 246
Özataman, Veli 446
Özatay, Hulusi 446
Özaydınlı, İrfan 280, 309
Özbay, Şevket Can 225
Özbek, Yücel 246, 249
Özberk, Dursun 478
Özbey, Adnan 506
Özcan, Kamuran 506
Özdalga, Numan 243

Özdemir, Ahmet 249
Özdemir, Bedri 346, 403
Özdemir, Ercüment 508
Özdemir, Yüksel 364
Özdemirci, İbrahim 400
Özdilek, Fahri 97
Özdoğan, Alpaslan 178
Özen, Erdoğan 400
Özerman, Erkan 441
Özfakih, Fakih 160, 244
Özfırat, Kâzım 95
Özgener, Cano Aret 34
Özgüneş, Mehmet 187, 200
Özgür (Abas), Cenan 15, 22, 138, 141, 350, 441, 442
Özgür, Taşkın 442
Özgür, Taylan 149, 150
Özkan, Atilla 520
Özkan, Hüseyin 211
Özkan, Neyyire 416
Özkan, Safiye 209
Özkaya, Şükran 142
Özkol, Adil 191
Özmen, Ayhan 478
Özözer, Aşir 308, 485
Özsungur, Ahmet 71, 72
Öztekin, Ferit 446
Öztorun, Necdet 349, 373, 374, 401, 427, 429-431, 457, 458
Öztürk, Kerim 249
Öztürk, Seyfi 144, 162, 271, 272
Öztürkmen, Bülent 402-404
Özüdoğru, Sinan Kâzım 220
Özülker, Bahattin 66, 106, 260-263, 266, 267, 274

P

Pamukçu, İsmail 400
Pantelis, Atanassiadis 140, 141
Parlar, Vehbi 218
Pascal, Jean-Claude 54
Pehlevi, Rıza 61
Pekkan, Ajda 392, 447
Pekkan, Semiramis 391
Peres, Şimon 68
Perin, Mithat 49, 93
Perinçek, Doğu 222, 446, 450, 451, 464, 468
Perkel, Naci 42, 58, 111
Pfaff, William 425
Philips, William 298, 303, 304, 364
Pırıltı, Cemil 89
Picasso, Pablo 40
Pirgil, Ali 234
Polat, Fazıl 445, 234
Polat, Ömer 226
Polatkan, Hasan 106, 486
Powers, Gary 90
Poyraz, Mustafa 446

R

Rado, Mehmet 388
Rafsancani 425
Ramazan, Said 187
Raviv, Dan 69
Reagan, Ronald 427
Rentschler, James 372
Rijov, Nikita 121
Risen, James 148
Romano, Leon 29

S

Sabancı, Sakıp 287, 308
Sabuncu, Hasan 95
Sağır, Necati 194
Sağlam, Sadi 446
Sağlar, Fikri 371, 464
Salman, Güngör 44, 45, 133, 212
Saltık, Haydar 183, 184, 305, 313, 327, 456
Salungan, Nedret 29
Sampson, Nikos 259
Sancak, Cemal 51
Sancaktaroğlu, Sadi 446
Sancar, Semih 226, 227, 229, 234, 236, 239, 240, 247, 248, 255, 257, 280, 281, 283, 286-289, 307, 308

Sandalcı, Emil Galip 189, 226
Sani, Uğur 225
Saracoğlu, Rüşdü 110
Saraçoğlu, Vedat 29
Saral, Cevdet 353, 381, 441
Saran, Orbay 446
Sargın, Nihat 50, 191
Sarış, Nezih, 245
Sarkisyan, Zohrap 352, 361
Sarper, Selim 98
Sartre, Jean Paul 40
Saruhan, Ertan 220
Sasson, Eliahu 70, 412
Satır, Kemal 199, 239
Sati, Ziyad 410, 411, 413, 416
Sav, Atilla 200
Sav, Önder 271
Savaş, Kutlu 173, 174, 402, 438, 464, 465, 472, 516, 517
Savaş, Selahattin 446
Savaş, Yaşar 204, 218, 276
Savaşçı, Orhan 194, 203, 206
Savaşkan, Mustafa 446
Savaşman, Sabahattin 85, 163, 181, 274, 293-296, 300, 305, 306, 364, 368
Savcı, Bahri 191, 223
Savuran, Şehsuvar 220
Sayılgan, Aclan 135
Sayılır, Sefer 225
Sayın, Emel 391, 392, 453, 454
Sayın, Mahir 222
Seba, Süleyman 24
Seeley, Robin 298
Seferoğlu, Bedir 448
Selçuk, Ahmet 465, 466
Selçuk, İlhan 153, 189, 230
Selçuk, Turhan 189
Selefyan, Mıgırdıç 454
Selışık, Ziya 97, 98, 121-124, 126
Semerci, Sedat 383
Serdar, Şerafettin 211
Seri, Arman 29
Seven, Tayyar 434
Sexton, Jimmy 167
Seyhan, Dündar 93
Sezer, Vedat 227
Sezgin, Ferruh 290
Shorey, Hiram 26
Sibert, Luther 74
Sindona, Michel 514
Slavik, Adolf 136, 137
Soghanalian, Sarkis 362
Solman, Doğan 345, 373
Soygüder, Nejat 446
Soysal (Karasapan), Sevinç 88
Soysal, İlhami 129, 130, 181, 187, 230, 231
Soysal, Mümtaz 88, 191, 223, 227, 413
Soysal, Sevgi 228
Soyuyüce, Şefik 142
Sönmez, Sabahattin 81
Sözgüder, Nejat 446
Stalin, Yosif 75
Sterling, Claire 374
Sukarno, Ahmet 62
Sulukioğlu, Ali 113
Suman, Hulusi 234, 247
Suna, Mesut 117
Sunalp, Turgut 234, 235, 242, 243, 246, 253, 395, 436, 451, 457
Sunay, Atilla 252
Sunay, Cevdet 103, 106-108, 110, 111, 114, 118, 128, 129, 132, 133, 150-154, 161, 170-172, 179, 182, 184, 186, 188, 189, 196-200, 221, 228, 229, 231, 234, 238-241, 244, 252, 266, 458
Süer, Hülya 388, 452, 453
Süerdem, Orhan 395
Sükan, Faruk 129, 143
Sümer, Murtaza 446
Sürsal, Nurdan 159
Sürsal, Taner 159

Ş

Şaban, Rafet 411-413
Şahap, Şar 200

Şahin, Mahmut 452
Şahinkaya, Tahsin 176, 291, 457
Şen, Agasi 66
Şendul, Ahmet 446
Şengün, Hilmi 390
Şeyh İbrahim 89
Şiola, Reuven 70
Şişman, Hilmi 89

T

Taft, William 426
Tagar, Yorgo 36
Tağmaç, Memduh 108, 110, 111, 151-154, 160, 161, 170, 172, 179, 182, 188 189, 196, 197, 200, 202, 204, 228, 229, 233, 243, 244, 283, 458
Tahir, Kemal 50, 82
Tahsin, Hasan 76, 230
Takkeci, Süleyman 26
Talat Paşa, Sadrazam
Talu, Naim 247, 259
Tamer, Ferdi 345-347, 506
Tamraz, Roger 147, 148
Tan, Ata 95
Taner, Bahattin 244
Taner, Emre 478
Taner, Engin 446
Tansel, İrfan 47, 105, 108, 153
Tansel, Mete 47, 104
Tansuğ, Haydar 51
Tanyer, Doğan 49
Taran, Kemal 169, 172
Taşar, Mustafa 421
Taşkafa, İsmail 452
Taştemur, İrfan 448, 450, 350
Tatar, Kemal 446
Tatlıses, İbrahim 370, 392
Taylan, Muhittin 241
Tekgül, Özcan 62
Temeltaş, Eyüp 225
Temizer, Muzaffer 52
Terpil, Frank 148, 362, 509, 513-515
Tetik, Raci 130
Tevetoğlu, Fethi 135
Tınaz, İrfan 373
Tibet, Kartal 200
Timur, Necdet 234
Tomba, Abdullah 35, 36
Tonik, Uğur 477
Topal, Ö. Lütfü 507
Topal Yaşar bkz. Yamak, Yaşar
Topaloğlu, Ahmet 172
Topçu, Cafer 249
Topuz, Ali 271
Toranyan, Ara 359
Torumtay, Necip 378, 429, 430, 431
Torunoğlu, Aydın 380
Toskay, Tunca 24
Tosun, Alaattin 270
Töre, Nahit 181
Törk, Fevzi 34
Truman, Harry 31, 32
Tuğ, Baki 222-224
Tuğba, Ahu 388, 447
Tuğcu, Galip 293, 373, 446, 479
Tuğcu, Mehmet 178
Tuna, Ahmet Nusret 199
Tunaboylu, İsmail Hakkı 67
Tunagür, Yaşar 186, 187, 197
Tunaya, Tarık Zafer 191
Tunçkanat, Haydar 124
Tunusluoğlu, Kemal 175, 176
Tunusluoğlu, Zeynep 176
Tural, Cemal 95, 129, 150, 151
Turgut, Hilmi 478
Turner, Charles 217
Turner, Stanfield 423
Tüfekçibaşı, Münir 303
Tümer, Nejat 291, 457
Türel, Hikmet 446
Türk, Cezmi 33
Türker, Bülent 248, 258, 263, 266, 257, 322-324, 332, 336
Türkeş, Alparslan 23, 38, 66, 67, 91, 100, 101, 109, 112, 128, 142, 147, 149, 183, 186, 260, 262, 264, 266, 267, 270-273, 281-283, 288, 289, 291, 293, 303, 338, 355, 424

Türkgenci, İbrahim 485
Türkler, Kemal 191
Türkmen, Behçet 42, 43, 50, 51, 58, 60-63, 68, 78, 84, 126
Türkmen, Güner 63
Türkmen, İlter 63, 68, 358
Türkmen, Oral 446
Türkmenoğlu, Mahmut 271
Türün, Faik 152, 189, 191, 203, 204, 229, 231, 234, 235, 237, 238, 243, 245-247, 251, 253, 255, 308, 310, 311, 485
Türüng, Tevfik 218, 204
Tütel, Turhan 446

U

Uçar, Hasan 50
Uçar, İrfan 194
Uğurlu, Abuzer 378, 379, 394
Uğurlu, Hüseyin 251
Uğurlu, Mustafa 251
Uğurlutan, Rıfat 20
Uluğbay, Hikmet 66, 109
Uluğbay, Ragıp 66, 109, 110, 322
Ulusu, Bülend 291, 363
Utku, Ümit 245
Uyanık, Hüseyin 200
Uysal, Süreyya 303
Uzun, İbrahim 158, 159

Ü

Üçok, Bahriye 499
Ülengin, Şemsi 385, 387
Ülgen, Kaya 467
Ümit, Tarık 389, 518
Ündül, Hayri 419-421, 435, 438, 440, 442, 445, 448, 461, 463, 468
Ürgüplü, Suat Hayri 121, 123, 129, 186, 228
Ürüğ, Necdet 252, 322, 349, 377, 378, 400, 401, 404, 405, 420, 426-429, 431, 441, 447, 448, 451, 454-459, 472, 475, 486
Üstündağ, Mustafa 271
Üzenç, Serdar 446

V

Valli, Alida 54
Vartaliti, Vorj 29
Viktoroviç, Yuri 87
Vural, Cahit 270
Vuralhan, Ercan 497

W

Washington, George 77
Willan, Philip 515
Wilson, Edward 362
Wilson, P. Wilson 519

Y

Yafet, Marsel 29
Yağan, Bedri 505, 507
Yalçın, Aydın 53, 423, 426
Yalçın, Hasan 205, 414, 504
Yalçın, İbrahim 506
Yalçıner, Hayri 156
Yalçıntaş, Nevzat 174
Yalım, Mehmet Ali 46
Yamak, Kemal 297, 428-430, 476, 477, 485
Yamak, Yaşar 384, 393, 394, 455
Yamaner, Yaman 29
Yaşar Kemal 81, 82, 191
Yavuz, Kemal 431, 486
Yazar, Gönül 392
Yazar, Mehmet 428
Yazgan, Abdi 226
Yazgan, Kaya 476
Yazıcı, Ferruh 29
Yazıcı, Fuzuli 203-206
Yazıcı, Tahsin 23

Yazıcıoğlu, Kemal 444
Yengil, Galip 89
Yenilmez, Süleyman 183, 245, 262, 265, 277, 293, 297, 298, 301, 302, 386, 478
Yıldırım, Cemal 95
Yıldız, Ahmet 334
Yıldız, Nihat 272, 277
Yılmaz, Ahmet 225
Yılmaz, Mehmet Ali 471
Yılmaz, Nihat 194-195, 203, 205-210, 213, 218-220
Yılmaz, Ziya 194, 195, 203, 205-210, 213, 218, 219
Yırcalı, Sıtkı 84
Yirmibeşoğlu, Sabri 50, 51, 376, 377, 431, 476
Yusufoğlu Necip 180, 245, 274, 276, 291, 293, 297, 303,
Yücekaya, Ahmet 515
Yücel, Hüseyin 446
Yücel, Yonca 452

Z

Zakaryan, Garbis 35
Zorlu, Fatin Rüştü 44, 48, 68, 70, 71, 80, 106, 486
Zur, Zvi 68

İçindekiler

9 Önsöz

25 Birinci bölüm

"Adı Hiram olsun"

57 İkinci bölüm

Mason dayanışması

169 Üçüncü bölüm

Nazmiye Demirel istihbarat topluyor

329 Dördüncü bölüm

İstifa etmesi istendi

523 Kaynakça

531 Dizin